教育部哲學社會科學研究重大課題攻關項目

「十一五」國家重點圖書出版規劃項目·重大工程出版規劃
國家社會科學基金重大項目
北京大學「九八五工程」重點項目

儒藏

精華編二五一册

集部

儒藏

精華編

北京大學《儒藏》編纂與研究中心

《儒藏》精華編第二五一册

首席總編纂 季羡林

項目首席專家 湯一介

總編纂 湯一介 龐樸 孫欽善 安平秋（按年齡排序）

本册主編 董平

《儒藏》精華編凡例

一、中國傳統文化以儒家思想爲中心。《儒藏》爲儒家經典和反映儒家思想、體現儒家經世做人原則的典籍的叢編。收書時限自先秦至清代結束。

二、《儒藏》精華編爲《儒藏》的一部分，選收《儒藏》中的精要書籍。

三、《儒藏》精華編所收書籍，包括傳世文獻和出土文獻。傳世文獻按《四庫全書總目》經史子集四部分類法分類，大類、小類基本參照《中國叢書綜録》和《中國古籍善本書目》，於個別處略作調整。凡單書已收入入選的個人叢書或全集者，僅存目録，並注明互見。出土文獻單列爲一個部類，原件以古文字書寫者一律收其釋文文本。韓國、日本、越南儒學者用漢文寫作的儒學著作，編爲海外文獻部類。

四、所收書籍的篇目卷次，一仍底本原貌，不選編，不改編，保持原書的完整性和獨立性。

五、對入選書籍進行簡要校勘。以對校爲主，確定内容完足、精確率高的版本爲底本，精選有校勘價值的版本爲校本。出校堅持少而精，以校正誤爲主，酌校異同。校記力求規範、精煉。

六、根據現行標點符號用法，結合古籍標點通例，進行規範化標點。專名號除書名號用角號（《》）外，其他一律省略。

七、對較長的篇章，根據文字内容，適當劃分段落。正文原已分段者，不作改動。千字以内的短文一般不分段。

八、各書卷端由整理者撰寫《校點説明》，簡要介紹作者生平、該書成書背景、主要内容及影響，以及整理時所確定的底本、校本（舉全稱後括注簡稱）及其他有關情況。重複出現的作者，其生平事蹟按出現順序前詳後略。

九、本書用繁體漢字豎排，小注一律排爲單行。

《儒藏》精華編第二五一册

集部

曹月川先生遺書

〔明〕曹端　撰
董平
隋金波　校點

目録

校點説明

曹端，字正夫，自號月川子，學者稱爲月川先生，河南澠池人。生於明洪武九年（一三七六），卒於明宣德九年（一四三四）。少負奇志，行爲異於常人，父母謂其「儼然老成人一般」（《年譜》），因命名曰端。永樂六年（一四〇八），曹端鄉舉中副榜，次年會試南宫，登乙榜第一。任山西霍州、蒲州學正幾二十年，卒於霍州。

曹端極推崇周敦頤、張載、二程與朱熹之學，爲明代初期理學的代表人物，備受時人及後世的推崇，以爲明代理學之始。如明人彭澤説：「我朝一代文明之盛，經濟之學，莫盛於誠意伯劉公、潛溪宋公。至於道學之傳，則斷自澠池月川曹先生始。」（《頌言》）清代四庫館臣亦以爲「明代醇儒以（曹）端及胡居仁、薛瑄爲最，而端又開二人之先」。（《四庫全書總目·太極圖説述解》）就理學在明代的傳播與發展而言，這一評價是恰當的。

曹端的著作甚夥，然散亡嚴重。清四庫館臣云：「明初理學以端與薛瑄爲最醇。瑄詩文集、《讀書録》等皆傳於世，而端之遺書散佚幾盡，其集亦不復存。」（《四庫全書總目·曹月川集》）所謂「其集亦不復存」者，蓋就彙爲一帙的「文集」言，而非謂其著作在當時皆不可得。今曹端存世的著作，除本書所收各篇，尚有《月川語録》、《四書詳説》（今存明刻本，藏國家圖書館）等。而已經亡佚之著作，可考見其書名的尚有：《孝經述解》、《存疑録》、《儒家宗統譜》、《性理論》等。

曹端著作的刊行，大抵經過由各著作單行進而彙集的過程。今可考見最早的彙集本，當是著録爲「清初」刻本的《曹月川先生遺書》（八册，現藏國家圖書館）。該本題張璟編，收入曹端著作七種及年譜，編次爲：一、《明理學曹月川先生年譜》二卷（明張信民編、明韓養續編、清張璟裁定），二、《曹月川先生家規輯略》一卷（張璟裁定），三、《正學曹月川先生語録》一卷（明趙邦清輯），四、《夜行燭》一卷，五、《太極圖説述解》一卷，六、《西銘述解》一卷，七、《月川曹夫子通書述解》一卷，八、《月川曹先生録粹》一卷（明孟化鯉輯）。是當爲此後「曹月川先生遺書」各本的「母本」。

《四庫全書》所收《曹月川集》，則爲清初張伯行裒輯而成。四庫館臣謂曹端「其集亦不復存」，則或未見張璟所編《曹月川先生遺書》之故。四庫本首以《夜行燭》，次《家規輯略》，次《語録》，次《録粹》，次序七篇，次詩十五首，附以《諸儒評論》及《年譜》，而以《太極圖説述解》、《西銘述解》、《通書述解》單行。

今存内容相對豐富而又比較完整的曹端遺書本，當推道光十二年（一八三二）的《曹月川先生遺書》（簡稱「道光本」）及咸豐十一年（一八六一）的《曹月川先生遺書》（簡稱「咸豐本」）。道光十二年刻本彙集了曹端除《四書詳説》之外的存世著作，共十卷，附以《年譜》及《從祀録》，咸豐本仍之。今人王秉倫先生校點《曹端集》（二〇〇八年中華書局出版），則以咸豐本爲底本，以爲該本「是時至今日最爲完善的集子」（《曹端集・點校説明》），大抵得之。然王秉倫先生以爲「曹端的著作，明代没有刊本流傳下來」，則非也。事实上，我們雖然没有發現明代有「曹月川集」留存下來，但其著述的單行形式，則大多仍有明刻本留存。

此次對曹端著作的整理，即以中國人民大學圖書館藏、著録爲《曹月川先生遺書》的明刻本爲底本。現將各著作的版本情況簡要介紹如下：

一、《太極圖説述解》、《西銘述解》、《通書述解》。三種「述解」實爲曹端最重要的作品，歷來受到人們的重視。今用爲底本的明刻本將《太極圖説述解》與《西銘述解》刻爲同卷。末有蜀黎堯卿正德辛未（一五一一）跋。黎氏謂「余索而讀之，見其可階初學也，乃爲之補綴以梓之」，則最早刻《太極圖説述解》且將《西銘述解》同刻者，恐即爲黎氏。今底本題爲「澠池知縣高平田可久録梓，儒學署教諭事舉人丹徒越應捷、訓導淅川李克光、許昌王習古仝校」。據《山西通志》，田可久爲萬曆十年（一五八二）進士，則其任澠池知縣，當在萬曆十年中進士之後；越應捷者，據《河南通志》，於萬曆二十四年任修武縣知縣。然則該書之刻，當在萬曆十年至二十四年之間。《通書述解》題「澠池縣知縣閿西石允珍重梓，儒學署教諭事舉人丹徒越應捷、訓導膠西王夢旭、河陽潘汲仝校」，因二書皆有越應捷參與，且版式、字體均同，二書當刻於同時。

二、《夜行燭》一卷。《夜行燭》撰成於永樂六年。據宋承殷及方揚之序，該書由澠池縣儒學教諭宋承殷捐俸初刻於萬曆甲戌（二年），至萬曆乙未（二十三年）由潘汲補刻。今所用底本，即爲潘汲補刻本，當爲現存最早的《夜行燭》版本。

三、《月川先生録粹》一卷。今底本題爲「新安孟化鯉編著，澠池馬行坤、上官位、鄭國耀、張信民、七世孫曹繼儒校梓」，孟化鯉爲之序，署萬曆庚寅（十八年），前有鄒元標序，署萬曆壬辰（二十年）。然則該書當編成於萬曆十八年，而其刻則在萬曆二十年。

四、《理學印證要覽》上下二卷。今底本題爲「澠池縣儒學署教諭後學廬陵曠驥編輯，署澠池縣事永寧縣儒學訓導壽春鄧琨録梓，澠池縣儒學教諭桐柏楊繼明、訓導淅川李克光、許昌王習古仝校」，知該書爲曠驥所編，而據鄧琨所作序，知其萬曆二十年刊刻於澠池縣署。《理學印證要覽》二卷不見於其他各種「曹月川遺書」，道光本及咸豐本均未收入，王秉倫點校《曹端集》亦未收録。

五、《家規輯略》一卷。爲曹端採擇義門鄭氏家規之尤其切要者又有所增補而成，書成於永樂丙戌（四年）。今底本題「澠池縣閿西石允珍重梓，儒學署教諭事舉人黔南越應捷、訓導膠西王夢旭、河陽潘汲、選貢生張信民、庠生李春光等」，則大抵應與前述三種《述解》刻於同時，蓋在萬曆十年至二十四年之間，其書版、字體亦兩相符合。

六、《月川先生年譜纂》一卷。今底本題「後學澠池張信民編次，陝州王以悟訂正，七世孫曹繼儒校録」，王以悟序謂「吾友張有孚氏（信民）既爲月川先生年譜，將壽諸梓而問序於悟」，則刊刻年譜者或亦爲張信民。王以悟序撰於萬曆丙午（三十四年），張信民跋亦撰於萬曆丙午。今本最後一條記載爲「萬曆三十九辛亥」，蓋張信民所輯年譜原編至萬曆三十四年，三十九年一條，則爲刻印時臨時增入，然由此亦可知今本年譜之刊刻，必當完成於萬曆三十九年或之後。

需要特別予以説明的是，此藏于中國人民大學圖書館的明刻本，乃是將以上諸書彙爲一帙而成。然詳考各書，其字體、版式均有明顯差異，所題編輯、校梓者各別，無法考見其總校梓人，而各書刊刻年代之不一時，則顯然可見，且亦無總書名。據此可以比較確切地肯定，這不是一部統一校梓的書，而係將原刻於不同時、出於不同人之手的各書彙於一帙而已。

關於曹端的著作，還有一點需要説明：王秉倫先生《曹端集·點校説明》曾提到「無名氏」編「七種九卷」的「清初順治年間刻本」《曹月川集》，今檢各圖書館藏目録，均未見著録，我們自然亦無緣得見。但王先生認爲該本「不是善本」，其理由是：「正如《四庫全書總目提要》所説，順治本《曹月川集》『刊板頗拙惡，排纂亦無體例，每句皆以正文與注連書，字畫大小相等，但以方框界正文每句之首尾，以爲識別，殊混淆難讀。』可見，此本不是善本。」必須指出的是，四庫館臣的這一版本描述，完全不是針對所謂「順治本《曹月川集》」而言，而是針對《太極圖説述解》、《通書述解》、《西銘述解》而言，四庫館臣之説，見《子部·儒家類二·太極圖説述解一卷通書述解一卷西銘述解一卷》的提要。王先生這一説法，給人們造成了很大的混淆。事實上，四庫館臣的這一版本描述，正符合我們這次整理用爲底本的明刻本《太極圖説述解》、《通書述解》、《西銘述解》的版本實際。

我們此次校點整理，各書仍保持其各自的原貌，仍冠以《曹月川先生遺書》之總名，重新編製了目録。校點過程中，以道光本并文淵閣《四庫全書》本（簡稱「四庫本」）《曹月川集》、《太極圖説述解》、《西銘述解》、《通書述解》以及民國二十九年（一九四〇）復性書院《儒林典要》所收《太極圖説述解》、《西銘述解》、《通書述解》（簡稱「復性書院本」）爲主要參校本，亦參考了今人王秉倫校點本《曹端集》的有關成果。

校點的具體工作，先由中國計量學院隋金波博士進行校點，董平則對校點稿予以通讀、審校。

校點者學識有限，書中錯誤在所難免，懇請各位專家、讀者不吝賜教！

校點者　董　平
　　　　隋金波

月川曹夫子太極圖說述解

太極圖說述解序

太極，理之別名耳。天道之立，實理所爲；理學之源，實天所出。是故河出圖，天之所以授羲也；洛出書，天之所以錫禹也。羲則圖而作《易》，八卦畫焉；禹則書而明《範》，九疇敘焉。聖心，一天理而已；聖作，一天爲而已。且以羲《易》言之，八卦及六十四卦次序方位之圖，曰先天者，以太極爲本，而生出運用無窮，雖欲紹大明、❶前民用，然實理學之一初焉。厥後，文王繫卦辭，周公繫爻辭，其義始明且備，命曰《周易》。及孔子十翼之作，發明羲畫，周經之旨大明悉備，而理學之傳有宗焉。

其曰「易有太極，是生兩儀，兩儀生四象，四象生八卦」，羲《易》說也。太極者，象數未形而其理已具之稱，形器已具而其理無朕之目。是生兩儀，則太極固太極。兩儀生四象，則兩儀爲太極。四象生八卦，則四象爲太極。推而至於六十四卦，生之者皆太極焉。然則羲《易》未有文字而爲文字之祖，不言理學而爲理學之宗。噫！自木鐸聲消，儒者所傳周經、孔傳之文，而羲圖無傳，遂爲異流竊之而用於他術焉。至宋，邵康節始克收舊物而新其說，以闡其微。及朱子出，而爲《易圖說》、《啓蒙》之書，則羲《易》有傳矣。不惟羲《易》千載之一明，而實世道人心之萬

❶「大明」，道光本作「天明」。

幸也。伊川程子，康節之同遊，傳《易》而弗之及，果偶未之見耶？抑不信邵之傳耶？若夫濂溪周子，二程師也，其於羲圖，想亦偶未之見焉，然而心會太極體用之全，妙太極動静之機，雖不踐羲迹，而直入羲室矣。於是手《太極圖》而口其説，以示二程，則又爲理學之一初焉。何也？蓋孔子而後，論太極者皆以氣言。老子「道生一」，而後乃生二；莊子師之，曰：「道在太極之先。」曰一，曰太極，皆指作天、地、人三者氣形已具而混淪未判之名。道爲一之母，在太極之先，而不知道即太極，太極即道。以通行而言則曰道，以極致而言則曰極，以不雜而言則曰一，夫豈有二耶？《列子》混淪之云，《漢志》含三爲一之説，所指皆同。微周子啟千載不傳之秘，則孰知太極之爲理而非氣也哉？且理，語不能顯，默不能隱，固非圖之可形，説之可狀，只心會之何如耳。二程得周子之《圖》之《説》，而終身不以示人，非秘之，無可傳之人也。是後有增周説首句，曰「自無極而爲太極」，則亦老、莊之流。有謂「太極」上不當加「無極」二字者，則又不知周子理不離乎陰陽、不雜乎陰陽之旨矣。亦惟朱子克究厥旨，遂尊以爲經而註解之，真至當歸一説也。至於《語録》，或出講究未定之前，或出應答倉卒之際，百得之中不無一失，非朱子之成書也。近世儒者多不之講，間有講焉，非舍朱説而用他説，則信《語録》而疑註解，所謂「棄良玉而取頑石，掇碎鐵而擲成器」，良可惜也。

端成童業農，弱而學儒，漸脱流俗，放異端，然尚靡於科舉之學者二十餘年。自强而後，因故所學而潛心玩理，❶幾十年之間僅有

❶「故」，復性書院本作「改」。

一髮之見，❶而竊患爲成書病者，❷如前所云，乃敢於講授之際，大書周説而分布朱解，倘朱解之中有未易曉者，輒以所聞釋之，名曰《述解》，用便初學者之講貫而已，非敢瀆高明之觀聽也。

端前爲序，冗中舉概而但辨《語録》「太極不自會動静」一段之戾。邇因頭目風眩，坐卧密室，良久默思，不滿意，乃口此，❸命子琇筆而易之，仍取《辯戾》及《詩贊》附卷末，尚就有道而正焉。

宣德戊申三月庚子，霍州學正澠池曹端序。

❶「僅」，四庫本、復性書院本作「稍」。
❷「成」，復性書院本作「此」。
❸「口」下，復性書院本有「授」字。

月川曹夫子太極圖説述解❶

澠池縣知縣高平田可久録梓
儒學署教諭事舉人丹徒越應捷
訓導淅川李克光
許昌王習古仝校
選貢生張信民
庠生張宗淵
李極純
王一楓
衛　内
王道大
馬行坤
李春先
上官亨
茹進賢
胡來進
李能華
戴　至
戴　照
仝一理

❶ 「説述」，二字原無，據前序及道光本補。

濂溪先生像贊

道喪千載，聖遠言湮，不有先覺，孰開我人。

書不盡言，圖不盡意，風月無邊，庭草交翠。

太　極　圖

《太極圖》者，濂溪周先生之所作也。先生學由天授，道得心傳，而力行尤篤，其妙具於太極一圖，是心造化之妙，手造化之真，而《通書》之言，亦口此圖之蘊者。程先生兄弟之語性命，亦未嘗不因其説。潘清逸誌先生之墓，而敘所著之書，特以作《太極圖》爲稱首，然則太極一圖，其道學之本源乎？噫！有志道學者，宜致思焉！

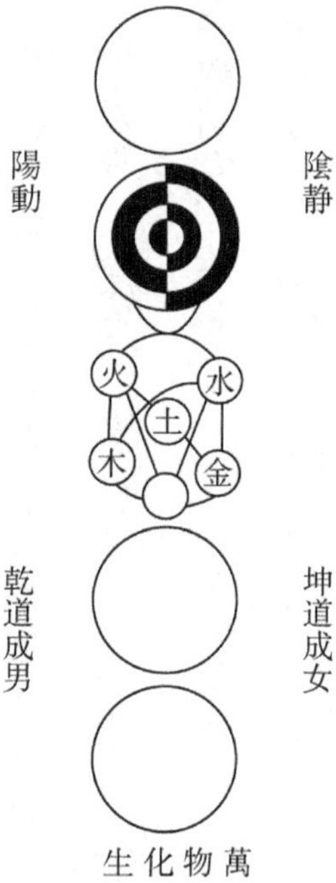

○太極。此所謂無極而太極也，無，謂無形象，無聲氣，無方所。極，謂至極，理之別名也。太者，大無

以加之謂。凡天地間之有形象、聲氣、方所者，皆不甚大。如此極雖無聲氣，而有形象、方所焉。惟理則無形象之可見，無聲氣之可聞，無方所之可指，而實充塞天地，貫徹古今。周子有見於此，故曰「無極而太極也」。所以動而陽、靜而陰之本體也。然非有以離乎陰陽也。太極，理也。陰陽，氣也。有理則有氣，氣之所在，理之所在也。理豈離乎氣哉？即陰陽而指其本體，太極，是就陰陽之動靜，而指爲是動靜之本體言也。不雜乎陰陽而爲言耳。理雖在氣中，却不與氣混雜，此周子既圖之於陽動陰靜之中，而又特揭於上，❶以著理氣之不相雜也。◎陰靜，陽動。此○太極。之動而陽、靜而陰也。陰陽。中○太極。者，其本體也。◐陽動。者，陽之動也，○太極。之用，所以行也；◑陰靜。者，陰之靜也，○太極。之體，所以立也。太極以靜而立其體，以動而行其用，則天下萬事之體用由之，序《易》者有曰「體用一原」，一原，即太極也。◑陰中之陽。者，◐陽動。之根也。◐陽中之陰。者，◑陰靜。之根也。陽變陰合水、火、木、金、土者。此陽變陰合而生水、火、木、金、土也。╰陽變。者，陽之變也。陽變而陰，而生水金。╭陰合。者，陰之合也。陰合而陽，而生火、木，土則生於變合之中而陰陽具，故中和焉。㊌陰盛，故居右；右，陰位也。㊋陽盛，故居左；左，陽位也。㊍陽穉，故次火；少陽次于老陽之下。㊎陰穉，故次水；少陰次于老陰之下。㊏沖氣，故居中；沖氣者，中和之氣也，故居四者之中。而水火之)(變合。交系乎上，水居右，而左系于上之陽動。火居左，而右系于上之陰靜。陰根陽，陽根陰也；水陰，而根于陽動。火陽，而根于陰靜。故水內明則陰中有陽矣，火內暗則陽中有陰矣。水而木，水生木。木而火，木生火。火而土，火生土。土而金，土生金。金而復水，金又生水。如環無端。這便似

❶「揭」，原作「挑」，據道光本改。

圓環之轉，而無端倪之可舉。五氣布，四時行也。木氣布而爲春，萬物以生。火氣布而爲夏，萬物以長。金氣布而爲秋，萬物以斂。水氣布而爲冬，萬物以藏。土氣則寄於四序之間，而四時行矣。◯太極。陰靜，陽動。五行。五行一陰陽，自五行而反，説歸陽動陰靜。五殊二實，其質則有水、火、木、金、土五者之殊，其氣則不外乎陰陽二者之實。無餘欠也。二氣之在五行，既無有餘，又無不足。陰陽一太極，自二氣而反，説歸太極。精粗本末，曰精曰本以理言。曰粗曰末以氣言。無彼此也。氣以理而生，理以氣而寓，無彼此之間也。太極本無極，理之所以爲太，無以加者，以其無形象、聲氣、方所而無不在焉。上天之載，無聲臭也。「載」字，《詩》本以事言，《中庸》引之，則斷章取義，以理言。朱子舉理無聲氣，則無形象、方所，亦可知矣。五行之生，各一其性，性即理也，指太極而言，且水、火、木、金、土之生。氣殊質異，氣既有温熱、涼寒之不同，而質亦有太剛、太柔、少剛、少柔之不同也。各一其◯，太極。五行各具一太極，故曰「各一其性」。如所謂「水曰潤下，火曰炎上，木曰曲直，金曰從革」之類。無假借也。隨在各足，不相假借。真精妙合。此無極、二五，所以妙合而無間也。周子説：「無極之真，二五之精，妙合而凝。」真以理言，精以氣言，理與氣妙合凝聚而無間斷，所以爲造化生生之道也。◯乾道成男，坤道成女。乾男坤女，陽而健者成男，則父道也。陰而順者成女，則母道也。以氣化者言也。此言厥初生人物，只是陰陽二氣變化出來，不曾有種，故曰氣化。各一其性，乾健坤順，男剛女柔，其性不同。而男女一太極也。周子於乾男、坤女之中畫一太極，所以明男女一理耳。◯萬物化生。萬物化生，凡天地間飛潛動植之物，既有形矣，而造化之氣寓焉，於是形交氣感，而自相生於無窮。以形化者言也。此言人物既生之後，則人自生人，物自生物，故曰形化。各一其性，飛潛動植，各具一性。❶而萬物一太極也。周子

❶「各具一性」，四庫本、復性書院本作「各一其性」。

於萬物化生之上畫一太極，所以明萬物同一理耳。大抵一理散而爲萬物，萬物合而爲一理，造化以此而已，聖人亦以此而已。故子思子曰：「天地之道，可一言而盡也。」夫子曰：「吾道一以貫之。」又曰：「予一以貫之。」造化、聖人，豈有二道也哉？○此以上，引《説》解剥《圖》體。此以下，據《圖》推盡《説》意。唯人也得其秀而最靈，天地間只有生而爲人者稟得陰陽五行之氣之秀者，故其心爲最靈，而有以不失其性之全，所以天地之性人爲貴也。則所謂人○極。者，於是乎在矣。則凡所言人之極者，於此而在，蓋人心即太極也。然形，陰静。之爲也；周子言「形既生矣」之形，是人之形質，則指凝合一定者，乃陰静之所爲也。神，陽動。之發也。周子言「神發知矣」之神，是人之精神，則指運行不息者，乃陽動之發達也。五性，五行。之德也，五常之性，即稟五行之德，木德曰仁，金德曰義，火德曰禮，水德曰智，土德曰信，以在天之五行爲在人之五常，是則人一天耳。善惡，男女之分也，人性本善，而感動則有中節、不中節之分，其中節者爲善，不中節者爲惡。善惡而曰男女之分者，男陽而女陰，陽善而陰惡也。萬事，萬物之象也，事之萬變，是萬物形著之象也。此天下之動所以紛綸交錯，此天下萬事之變動所以有不勝之亂雜焉。而吉凶悔吝所由以生也。吉者，動之善。凶者，吉之反。悔者，吉之未成。吝者，凶之未成。四者自此而生。惟聖人者又得夫秀之精一，只有生知安行之聖人，則又獨得陰陽五行之秀之精粹純一之至。而有以全乎○太極。之體用者也。且太極以静而立其體，以動而行其用，而聖人則有以全之於一身之間。是以一動一静，各臻其極，此所以或動或静，無不到至善之地。而天下之故，常感通乎寂然不動之中，則凡天下大小事務，常感而通之於此心寂凝不動之中。❶蓋中也仁也，感也，中爲禮，曰仁則屬春，曰禮則屬夏，是造化流行發育之象，乃感之事也。所謂陽動。也，○太極。之用所以行也；動者爲用，即太極之用行。正也義也，寂也，正爲智，曰

❶「凝」，道光本作「然」。

義則屬秋，曰智則屬冬，是造化收歛歸藏之時，乃寂然之事也。所謂◑陰靜。也，○太極。之體所以立也。靜者爲體，即太極之體立。中正仁義，渾然全體，中正仁義之德，乃聖人渾然全具之體也。而靜者常爲主焉，靜者謂無私欲也。則人○極。於是乎立，則天下之人極，由聖人而立矣。而○太極。◎陰陽。

五行。天地、日月、四時、鬼神有所不能違矣。凡造化之成象成形，❶有幽有明，或動或靜，舉不能違乎此。君子之戒謹恐懼，❷所以脩此而吉也。君子戒謹乎其所不睹，❸恐懼乎其所不聞者，所以能脩此極而吉，吉則以得福言。小人之放僻邪侈，所以悖此而凶也。小人則放縱、非僻、淫邪、驕侈，無所不爲，所以悖此極而凶，❹凶則以取禍言。天地人之道，各一○太極。也。天有所以爲天之理，地有所以爲地之理，人有所以爲人之理。陽也，立天之道的陽。剛也，立地之道的剛。仁也，立人之道的仁。所謂◐陽動。也，物之始也。萬物所資以爲始者，此説原始而知所以生也。陰也，立天之道的陰。柔也，立地之道的柔。義也，立人之道的義。所謂◑陰靜。也，物之終也。萬物所資以爲終者，此説反終而知所以死也。此所謂易也，凡圖中所有造化、人事、動靜、始終，皆易之道也。而三極之道立焉，而天、地、人三才之道賴此以立。實則一○太極。也，三才之分雖殊，實則一理而已。故曰「易有太極」，贊《易》聖人所以言變易之中有至極之理。◎陰陽。之謂也。陰陽之中，指出本體，而曰太極焉耳。○陰陽以氣言，剛柔以質言，仁義以理言。

太極圖説

無極而太極。無極而太極，只是説無形而有理。

❶「成象成形」，復性書院本作「或象或形」。
❷「謹」，道光本作「慎」。
❸「謹」，復性書院本作「慎」。
❹「極」，道光本作「吉」。

所謂太極者，只二氣五行之理，非別有物爲太極也。

無，謂無形象、無聲氣、無方所。極，謂至極，理之別名也。太者，大無以加之稱。天地間凡有形象、聲氣、方所者，皆不甚大。如此極者，雖無聲氣，而有形象、方所焉。惟理則無形象之可見，無聲氣之可聞，無方所之可指，而實充塞天地，貫徹古今，大孰加焉！自孟子而後，真知灼見，唯一周子耳。故其言曰：「無極而太極。」而朱子釋之曰：「上天之載，無聲無臭，「載」字，《詩》本以事言，《中庸》引之而斷章取義，則以理言。此則本《中庸》之義而言理無聲氣。而爲造化之樞紐、品彙之根柢也。故曰『無極而太極』，非太極之外復有無極也。」太極者，本然之妙，而有動靜焉。動靜者，所乘之機也，而無止息焉。且太極之有動靜，是天命之流行也，所謂「一陰一陽之謂道」。誠者，聖人之本，物之終始，而命之道也。

太極動而生陽，

其動也，誠之通也，是「繼之者善」，屬陽，故曰「生陽」，而萬物之所以資始也。

動極而靜，

極者，終也。動不常動，故動之終則有靜焉。

靜而生陰，

其靜也，誠之復也，是「成之者性」，屬陰，故曰「生陰」，而萬物各正其性命也。

靜極復動，

靜不常靜，故靜之終則又動焉。

一動一靜，互爲其根，

太極之動，不生於動而生於靜，是靜爲動之根。太極之靜，不生於靜而生於動，是動爲静之根。

分陰分陽，兩儀立焉。

静則太極之體立，而陰以分；動則太極之用行，而陽以分。於是天地定位，而兩儀立矣。其曰「動極而静，静極復動，一動一静，互爲其根」，是命之所以流行而不已也。其曰「動而生陽」、「静而生陰」、「分陰分陽，兩儀立焉」，是分之一定而不移也。蓋太極，形而上之道也；陰陽，形而下之器也。是以自其著者而觀之，則動静不同時，陰陽不同位，而太極無所不在焉。自其微者而觀之，則冲漠無朕，而動静陰陽之理已悉具於其中矣。雖然，推之於前而不見其始之合，引之於後而不見其終之離也，故程子曰：「動静無端，陰陽無始，非知道者，孰能識之？」

陽變陰合，而生水、火、木、金、土。

陽變而陰，而生水與金。陰合而陽，而生火與木。❶ 土則生於變合之中而陰陽具。

五氣順布，四時行焉。

自是以來，木氣布而爲春，萬物以生。火氣布而爲夏，萬物以長。金氣布而爲秋，萬物以斂。水氣布而爲冬，萬物以藏。土氣則寄於四序之間，而四時行矣。大抵有太極，則一動一静而兩儀分；有陰陽，則一變一合而五行具。然五行者，質具於地，而氣行於天者也。以質而語其生之序，則曰水、火、木、金、土，而水、木，陽也，以其同出乎陽動之變也。火、金，陰也。以其同出乎陰静之合也。以氣

❶「木」，原作「水」，據道光本改。

而語其行之序，則曰木、火、土、金、水，而木、火，陽也，以其同居乎陽位也。金、水，陰也。以其同居乎陰位也。又統而言之，則氣陽而質陰也。五行之成氣而行於天者，皆曰陽。五行之成形而行於地者，皆曰陰。又錯而言之，則動陽而静陰也。水、火，動而陽者也。木、金，静而陰者也。蓋五行之變至於不可窮，然無適而非陰陽之道，至其所以爲陰陽者，則又無適而非太極之本然也，夫豈有所虧欠間隔哉？

五行，一陰陽也。

五行異質，四時異氣，而皆不能外陰陽，是五行只一陰陽而已。

陰陽，一太極也，

陰陽異位，動静異時，而皆不能離乎太極，是陰陽只一太極而已。

太極，本無極也。

至於所以爲太極者，又初無聲氣之可言，無形象之可見，無方所之可指，是性之本體然也，天下豈有性外之物哉？

五行之生也，各一其性。

性即太極也。然五行之生，隨其氣質而所稟不同，如水曰潤下，火曰炎上，木曰曲直，金曰從革，所謂各一其性也。各一其性，則渾然太極之全體無不各具於一物之中，而性無所不在，又可見矣。蓋五行具，則造化發育之具無不備焉。故又即此而推本之，以明其渾然一體，莫非無極之妙，亦未嘗不各具於一物之中也。

無極之真，

真以理言，無妄之謂也。

二五之精，

二，陰陽也；五，五行也。精以氣言，不

二之名也。

妙合而凝。

妙合者，理氣渾融而無間也。凝者，聚也。氣聚而成形，蓋性爲之主，而陰陽、五行爲之經緯錯綜，一直一橫曰經緯，往來上下曰錯綜。又各以類聚而成形，則天下無性外之物，而性無不在焉。

乾道成男，

乾者，陽之氣而性之健也。陽而健者成男，則父之道也。

坤道成女，

坤者，陰之氣而性之順也。陰而順者成女，則母之道也。

二氣交感，化生萬物。

於是陰陽二氣自相交感，則陽施陰受而化生萬類之物，是人物之始，以氣化而生者也。

萬物生生，而變化無窮焉。

二五之氣，聚而成形，則人有男女，物有牝牡，合而成偶，則形交氣感，遂以形化，而人物生生而變化無窮矣。自男女而觀之，則男女各一其性，是分而言之。而男女一太極也。是合而言之。自萬物而觀之，則萬物各一其性，是分而言之。而萬物一太極也。是合而言之。蓋合而言之，萬物統體一太極也。分而言之，一物各具一太極也。所謂「天下無性外之物，而性無不在」者，於此尤可見其全矣。子思子曰：「君子語大，天下莫能載焉；是言其大無外。語小，天下莫能破焉。」是言其小無內。此之謂也。

惟人也得其秀而最靈。

雖曰人物之生，莫不有太極之道焉，然陰陽五行氣質交運，而人之所稟獨得其秀，故其心爲最靈，而有以不失其性之全，所謂天地之心而人之極也。

形既生矣，

然人之形質，既生於陰靜。

神發知矣，

則人之精神必發於陽動。

五性感動，而善惡分，

於是五常之性感物而動，而陽善陰惡又以類分。

萬事出矣。

而五性之殊，散爲萬事。蓋二氣、五行化生萬物，其在衆人，雖曰具動静之理，而常失之於動者又如此。自非聖人全體太極有以定之，則欲動情勝，利害相攻，人極不立，而違禽獸不遠矣。

聖人定之以中正仁義，而主静立人極焉。

此言聖人全動静之德，而常本之於静也。蓋人稟陰陽五行之秀氣以生，而聖人之生又得其秀之秀者，是以其行之也中，其處之也正，其發之也仁，其裁之也義。蓋一動一静，莫不有以全夫太極之道，而無所虧焉，則所謂欲動情勝、利害相攻者，於此乎定矣。然静者，誠之復而性之貞，苟非此心寂然無欲而静，則又何以酬酢事物之變，而一天下之動哉？故聖人中正仁義，動静周流，而其動也必主乎静，是主正義以行中仁。而立人極焉。

故聖人與天地合其德，

此聖人所以成位乎天地之中。以言其德，則合乎天地之德焉。

日月合其明，

以言其明，則合乎日月之明焉。

四時合其序，

以言其序，則合乎四時之序焉。

鬼神合其吉凶。

以言其吉凶，則合乎鬼神之吉凶焉。是聖人所爲一於理，而天地、日月、四時、鬼神有所不能違也。蓋必體立而後用有以行。若程子論乾坤動靜，而曰「不專一則不能直遂，不翕聚則不能發散」，亦此意爾。聖人，太極之全體，一動一靜，無適而非中正仁義之極，蓋不假脩爲而自然也。

君子脩之吉，

未至中正仁義之極而脩之，則君子之所以吉也。

小人悖之凶。

不知中正仁義之極而悖之，則小人之所以凶也。脩之悖之，亦在乎敬肆之間而已矣。敬則欲寡而理明，寡之又寡，以至於無，則静虛動直而聖可學矣。

故曰：

繫《易》聖人有言。

「立天之道，曰陰與陽。

陰陽成象，天道之所以立也。

立地之道，曰柔與剛。

剛柔成質，地道之所以立也。

立人之道，曰仁與義。」

仁義成德，人道之所以立也。夫道一而已，隨事著見，故有三才之别，而於其中又各有體用之分焉。以天道言，則陰體而陽用。以地道言，則柔體而剛用。以人道言，則義體而仁用。其實則一太極也。

又曰：

繫《易》聖人又言。

「原始反終，故知死生之説。」

陽也，立天之道的陽。剛也，立地之道的剛。仁也，立人之道的仁。物之始也。是陽動，萬物之所資以爲始也。陰也，立天之道的陰。柔也，立地之道的柔。義也，立人之道的義。物之終也。是陰静，萬物之所資以爲終也。人而於此，能原始而知所以生，則反終而知所以死矣。此天地之間綱紀造化、流行古今，不言之妙。聖人作《易》，伏羲畫卦，文王繫辭，周公明爻，孔子作傳。其大意蓋不出此，故周子引之以證其説。

大哉《易》也！斯其至矣。

大哉，歎美之辭。易，《易》書也。斯，此《圖》也。周子《圖説》之末，歎美《易》之爲書，廣大悉備，然語其至極，則此《圖》盡之，其旨豈不深哉！抑嘗聞之：程子昆弟之學於周子也，周子手是《圖》以授之。程子之言性與天道，多出於此，然卒未嘗明以此《圖》示人，是則必有微意焉。所謂微意，蓋欲待中人以上可以語上者語之。然學者亦不可以不知也。

太極圖詩四首❶

端因《太極圖説》中有氣化、形化、死生之説，乃述其意，而作詩以自喻。

氣化

太一分兮作兩儀，陰陽變合化工施。生人生物都無種，此是乾坤氣化時。

❶ 標題，原無，爲校點者所加。

形化

乾坤氣化已成形，男女雌雄牝牡名。自是生生有形化，其中氣化自流行。

死生

陰陽二氣聚時生，到底陰陽散時死。生死陰陽聚散爲，古今造化只如此。

輪回

空家不解死生由，妄説輪回亂大猷。不有天民先覺老，孰開我後繼前脩。

讚太極圖并説

濂溪夫子，卓乎先覺。上承洙泗，下開河洛，建圖立説，理明辭約。示我廣居，抽關啓鑰，有綱有條，有本有末。斂歸一心，放彌六合，月白風清，鳶飛魚躍。舜禹得之，崇高卑若；孔顔得之，困極而樂。舍此而爲，異端俗學。造端之初，胡不思度？毫釐之差，千里之錯。

辨戾❶

先賢之解《太極圖説》，固將以發明周子之微奥，用釋後生之疑惑矣。然而有人各一

❶「辨戾」下，四庫本有「序」字。

說者焉，有一人之説而自相齟齬者焉。且周子謂「太極動而生陽，静而生陰」，則陰陽之生，由乎太極之動静。而朱子之解極明備矣，其曰「有太極則一動一静而兩儀分，有陰陽則一變一合而五行具」，尤不異焉。❶及觀《語録》，却謂「太極不自會動静，乘陰陽之動静而動静耳」，遂謂「理之乘氣，猶人之乘馬，馬之一出一入，而人亦與之一出一入」，以喻氣之一動一静，而理亦與之一動一静。若然，則人爲死人，而不足以爲萬物之靈；理爲死理，而不足以爲萬化之原，理何足尚而人何足貴哉？今使活人乘馬，則其出入、行止、疾徐，一由乎人馭之何如耳，活理亦然。不之察者，信此則疑彼矣，信彼則疑此矣，經年累歲，無所折衷，故爲《辨戾》，以告夫同志君子云。

❶「尤」，復性書院本作「亦」。

西銘述解

橫渠先生像贊

蚤悅孫吳，晚逃佛老，勇撤皋比，一變至道。精思力踐，妙契疾書，《訂頑》之訓，示我廣居。

西銘述解❶

西銘。大意明理一而分殊。文公註之，明且備矣。然初學者或未得其說。端爲分經布註以解之，或者便之而請書焉，❷辭不獲已，於是乎書。

乾稱父，

乾，天也。天，陽也，至健而位乎上，父道也。然不曰天而曰乾者，天其形體也，乾其性情也。乾者，健而無息之謂，萬物所資以始者也。是乃天之所以爲天而父乎萬物者，故指而言之曰「乾稱父」。

坤稱母。

坤，地也。地，陰也，至順而位乎下，母道也。然不曰地而曰坤者，地其形體也，

❶ 標題原無，據道光本補。

❷ 「便」，原作「使」，據四庫本《西銘述解》改。

坤其性情也。坤者，順而有常之謂，萬物所資以生者也。是乃地之所以爲地而母乎萬物者，故指而言之曰「坤稱母」。

予茲藐焉，乃混然中處。

予，亦人也。藐，微小貌。混然中處，言混合無間。蓋人稟氣於天，賦形於地，此身便是從天地來。今以藐然微小之身，乃與天地混合無間而位乎中，子道也。

故天地之塞，吾其體；

乾陽坤陰，此天地之氣塞乎兩間，而人物之所資以爲體者也。故曰「天地之塞，吾其體」。

天地之帥，吾其性。

乾健坤順，此天地之志爲氣之帥，而人物之所得以爲性者也。故曰「天地之帥，吾其性」。深察乎此，則父乾母坤、混然中處之實，可見矣。且人物並生於天地之間，其所資以爲體者，皆天地之塞；其所得以爲性者，皆天地之帥也。然體有偏正之殊，故其於性也，不無明暗之異。

民，吾同胞；

民，即人也。吾，謂我也。言惟人也得其形氣之正，是以其心最靈，而有以通乎性命之全體。於並生之中，又爲我之同類而最貴焉，故曰「同胞」。則其視之也，皆如己之兄弟矣。惟同胞也，故以天下爲一家，中國爲一人，如下文之云爾。

物，吾與也。

與，即黨與之與也。言物則得夫形氣之偏，而不能通乎性命之全，故與我不同類而不若人之貴，然原其體性之所自，皆以本之天地而未嘗不同也，故曰「吾與」。則其視之也，亦如己之儕輩矣。惟吾與也，故凡有形於天地之間者，若動若植，有情無情，莫不有以若其性、遂其宜焉。此儒者之道，所以必至於參天地、贊化育，然後爲功用之全，而非有以强於外也。

大君者，吾父母宗子；

且乾父坤母，而人生其中，則凡天下之人，皆天地之子矣。然繼承天地，統理人物，則大君而已，故爲父母之宗子。

其大臣，宗子之家相也。

輔相大君，綱紀衆事，則大臣而已，故爲宗子之家相。

尊高年，所以長其長；

天下之老一也，故凡尊天下之高年者，乃所以長吾之長，

慈孤弱，所以幼其幼。

天下之幼一也，故凡慈天下之孤弱者，乃所以幼吾之幼。

聖，其合德；

聖人與天地合其德，是兄弟之合德於父母者也。

賢，其秀也。

賢者才德過於常人，是兄弟之秀出乎等夷者也。

凡天下疲癃殘疾、惸獨鰥寡，皆吾兄弟之顛連而無告者也。

疲癃，謂罷病者。殘疾，謂傷害者。惸，謂無兄弟者。獨，謂老而無子者。鰥，謂老而無妻者。寡，謂老而無夫者。顛連，言其老急困苦之甚也。是皆以天地之子言之，則凡天下之疲癃殘疾、惸獨鰥寡，非吾兄弟困苦無告者而何哉？君子之爲政，先必施仁於此一等人。❶

❶「施仁於此一等人」，原作「施此這一等人」，據復性書院本改。

于時保之，子之翼也。

翼，敬也。畏天以自保者，猶其敬親之至也。

樂且不憂，純乎孝者也。

樂天而不憂者，猶其愛親之純也。

違曰悖德，

不循天理而狥人欲者，不愛其親而愛他人也，故謂之「悖德」。

害仁曰賊，

戕滅天理、自絶本根者，賊殺其親，大逆無道也，故謂之「賊」。

濟惡者不才，

長惡不悛、不可教訓者，世濟其凶，增其惡名也，故謂之「不才」。

其踐形，惟肖者也。

此即「形色天性也，唯聖人然後可以踐形」之意，非若上文悖賊不才者矣。若夫盡人之性，而有以充人之形，則與天地相似而不違矣，故謂之「肖」。

知化則善述其事，

且孝子，善述人之事者也。聖人知變化之道，則所行者無非天地之事矣。

窮神則善繼其志。

孝子，善繼其志者也。聖人通神明之德，則所存者無非天地之心矣。此二者皆樂天踐形之事也。朱子曰：「聖人之於天地，如孝子之於父母。化者，天地之用，一過而無迹者也。知之，則天地之用在我，如子之述父事也。神者，天地之心，常存而不測者也。窮之，則天地之心在我，如子之繼父志也。得其心而後可以語其用，故曰『窮神知化。』而《中庸》曰『致中和，天地位焉，萬物育焉』，亦此之謂歟。」

不愧屋漏爲無忝，

屋漏，室西北隅也。忝，辱也。《孝經》引《詩》曰「無忝爾所生」，故事天者仰不愧，俯不作，則不忝乎天地矣。

存心養性爲匪懈。

又曰：「夙夜匪懈。」故事天者存其心，養其性，則不懈乎事天矣。此二者，畏天之事，而君子所以求踐夫形者也。

惡旨酒，崇伯子之顧養；

崇，國名。伯，爵也。子，指禹也。好飲酒而不顧父母之養者，不孝也。故遏人欲如禹之惡旨酒，則所以顧天之養者至矣。

育英才，潁封人之錫類。

潁封人，潁考叔也。隱元年，鄭伯克段於鄢，遂置莊姜於城潁，誓之曰：「不及黃泉，無相見也。」❶考叔聞之，求獻於公。賜之食，啜羹而舍肉。公問之，曰：「母在，請以遺之。」公曰：「尔有母，我獨無。」考叔問之，公語之故，且告之悔。對曰：「君何患？若闕地及泉，隧而相見，其誰曰不然。」公從之，母子如初。《詩》曰：「孝子不匱，永錫尔類。」其是之謂乎！性者，萬物之一源，非有我之得私也。故育英才，如潁考叔之及莊公，則所以「永錫爾類」者廣矣。

不弛勞而底豫，舜其功也；

底，致也。豫，悦樂也。舜盡事親之道，而瞽叟底豫，其功大矣。故事天者，盡事天之道，而天心豫焉，則亦天之舜也。

無所逃而待烹，申生其恭也。

申生，晉太子也，遭驪姬之譖而死。申生無所逃而待烹，其恭至矣。故事天者，夭壽不貳，而脩身以俟之，則亦天之申生也。

體其受而歸全者，參乎！

曾參，晳之子，事孔子而傳道者也。孔子曰：「父母全而生之，子全而歸之，可謂孝矣。」若曾子之啓手啓足，則體其所受乎親者，而歸其全也。況天之所以付與我

❶「無」，底本作「不」，據《左傳·隱公元年》改。

者，無一善之不備，亦全而生之也。故事天者，能體其所受於天者而歸全之，則亦天之曾子矣。

勇於從而順令者，伯奇也。

伯奇，尹吉甫之子。吉甫惑後妻之讒，逐伯奇。伯奇清朝履霜，採葰荷爲衣，自傷見逐，作《履霜操》而死。❶《履霜操》：「履朝霜兮凌晨寒，考不明其心兮聽讒言，❷孤恩別離兮摧肺肝，❸何辜皇天兮遭斯愆？痛没不同兮息有偏，誰説顧兮知我冤！」❹見《琴操》。❺且子於父母，東西南北唯令之從，若伯奇之履霜中野，則勇於從而順令也。況天之所以命我者，吉凶禍福，非人欲之私，故事天者能勇於從而順受其正，則亦天之伯奇矣。

富貴福澤，將厚吾之生也；

富貴福澤，所以大奉於我，而使吾之爲善也輕。即父母愛之而恩育以加之也。

貧賤憂戚，庸玉女於成也。

貧賤憂戚，所以拂亂於我，而使吾之爲志也篤。即父母惡之而懲戒以加之也。天地之於人，父母之於子，其設心豈有異哉？故君子之事天也，以周公之富而不至於驕，以顔子之貧而不改其樂。其事親也，愛之則喜而弗忘，惡之則懼而無怨，其心亦一而已矣。

存，吾順事；

孝子之身存，則其事親者不違其志而已。仁人之身存，則其事天者不逆其理而已。

❶「逐伯奇伯奇清朝履霜」九字，及「自傷見逐」四字，原脱，據復性書院本補。

❷「考」，原作「兮」，據道光本改。

❸「孤」，原作「狐」，據道光本改。

❹「説顧」，四庫本《古詩紀》、《古樂苑》、《古詩鏡》作「流顧」。

❺「見琴操」三字，原脱，據復性書院本補。

没，吾寧也。

孝子之身没，則安而無所愧於親也。仁人之身没，則安而無所愧於天也。蓋所謂「朝聞夕死」，吾得正而斃焉者，故張子之《銘》，以是終焉。

太極圖説述解西銘述解跋❶

《太極》，濂溪圖也，微妙無窮，讀之使人見理精到。《西銘》，横渠作也，規模廣大，讀之使人眼界空闊。雖然，横議坌起，不有考亭力辯而争之，抑孰從而窺其際邪？澠池曹氏子，以先民緒論多涉簡奥，乃復條分縷析，思以發其所未發。余索而讀之，見其可階初學也，及爲之補綴以梓之。噫！有志者自此尋向上去，庶乎三子旨趣，了了目睫矣。

正德辛未長至書。蜀忠黎堯卿。

❶ 標題原無，今據文體補。

月川曹夫子通書述解

周子通書後記❶

《通書》者，濂溪夫子之所作也。夫子姓周氏，名惇頤，字茂叔。自少即以學行有聞於世，而莫或知其師傳之所自。獨以河南兩程夫子嘗受學焉，而得孔、孟不傳之正統，則其淵源因可概見。然所以指夫仲尼、顏子之樂，而發其吟風弄月之趣者，亦不可得而悉聞矣。所著之書，又多散失，獨此一篇，本號《易通》，與《太極圖說》並出程氏，以傳於世。而其爲說，實相表裏，大抵推一理、二氣、五行之分合，以紀綱道體之精微，決道義、文辭、利祿之取舍，以振起俗學之卑陋。至論所以入德之方、經世之具，又皆親切簡要，不爲空言。顧其宏綱大用，既非秦漢以來諸儒所及，而其條理之密、意味之深，又非今世學者所能驟而窺也。是以程氏既沒，而傳者鮮焉。其知之者，不過以爲用意高遠而已。熹自蚤歲即幸得其遺編，而伏讀之初，蓋茫然不知其所謂，而甚或不能以句。壯歲獲遊延平先生之門，然後始得聞其說之一二。比年以來，潛玩既久，乃若粗有得焉。雖其宏綱大用所不敢知，然於其章句文字之間，則有以實見其條理之愈密、意味之愈深而不我欺也。顧自始學以至於今，歲月幾何，倏焉三

❶「周子通書後記」，原作「通書」，據《晦庵集》卷八十一改。

紀。慨前哲之益遠，懼妙旨之無傳，竊不自量，輒爲注釋，雖知凡近不足以發夫子之精蘊，然創通大義，以俟後之君子，則萬一其庶幾焉。

淳熙丁未九月甲辰後學朱熹謹記。

月川曹夫子通書述解卷之上

澠池縣知縣關西石允珍重梓
儒學署教諭事舉人丹徒越應捷
訓導膠西王夢旭
河陽潘汲仝校

誠上第一 ○此明太極爲實理而有體用之分也。

誠者，聖人之本。

誠者，實理而無妄之謂，天所賦、物所受之正理也。人皆有之，然氣稟拘之，物欲蔽之，習俗誘之，而不能全此者衆。聖人之所以爲聖人者，無他焉，以其獨能全此而已。本謂本領之本，不待作爲而然耳。此書與《太極》相表裏。誠，即所謂太極也。

「大哉乾元，萬物資始」，

此二句引《易》以明之。大哉，贊之辭也。乾者，純陽之卦，其義爲健，乃天德之别名也。元，始也。資，取也。言乾道之元，萬物所取以爲始者。

誠之源也。

是乃實理流出，以賦於人之本，如水之有源，即《圖》之陽動而太極之用所以行也。

「乾道變化，各正性命」，

此二句亦《易》文。變者，化之漸。化者，變之成。天所賦爲命，物所受爲性。言乾道變化，而萬物各得受其所賦之正理，如云「五行之生，各一其性」。

誠斯立焉。

則實理於是乎立，而各爲一物之主矣。

如鳶之飛，魚之躍，火之上，水之下，皆一定而不可易，即《圖》之陰靜而太極之體所以立者也。

純粹至善者也。

純，不雜也。粹，無疵也。此言天之所賦，物之所受，皆實理之本然，無不善之雜也。

故曰：

復引《易》文以證之。

「一陰一陽之謂道，

陰、陽，氣也，形而下者也。所以一陰一陽者，理也，形而上者也。道即理之謂也。此句還證「誠之源」、「誠斯立焉」二節。

繼之者善也，

繼之者，氣之方出而未有所成之謂也。善則理之方行而未有所立之名也，陽之屬也，誠之源也。此句又證「誠之源」一節。

成之者性也。」

成則物之已成，如在天成象，在地成形。性則理之已立者也，陰之屬也，誠之立也。此句又證「誠斯立焉」一節。然而「繼」、「成」字，與「陰」、「陽」字相應，指氣而言。「善」、「性」字與「道」字相應，指理而言。此夫子所謂善，是就一物未生之前造化原頭處說，善乃重字，爲實物。若孟子所謂性善，則就「成之者性」說，是生以後事，善乃輕字，此性之純粹至善耳。其實由造化原頭處有是「繼之者善」，然後「成之者性」時，方能如此之善。孟子之所謂性善，實淵源於夫子之所謂善，而非有二本也。其下復即乾之四德以明繼善成性之說。

元、亨，誠之通；

元，始。亨，通。而通云者，實理方出而賦於物，善之繼也。

利、貞，誠之復。

利，遂。貞，正。而復，云萬物各得而藏於己，性之成也。此於《圖》已爲五行之性矣。何也？蓋四德則陰陽各二，而誠無不貫，安得不謂五行之性乎？

大哉易也，性命之源乎！

易者，交錯代换之名。凡天地間之陰陽交錯，而實理流行，一賦一受於其中，乃天地自然之易，而爲性命所出之源也。作《易》聖人得之於仰觀俯察之間，則卦爻之立，由是而已。故羲《易》以交易爲體，而往此來彼焉；以變易爲用，而時静時動焉。及周文王彖卦，周公明爻，而命曰《周易》。復得孔子作傳而發揮之，則性命之微彰矣。周子之書本之，其旨深哉！

誠下第二

○此言太極之在人者，所謂「思誠者，人之道也」。

聖，誠而已矣。

聖人之所以聖，不過全此實理而已，即所謂太極也。聖人時静，而太極之體立；時動，而太極之用行。則聖人一太極焉。

誠，五常之本，百行之源也。

五常，仁、義、禮、智、信，五行之性也。百行，孝、弟、忠、順之屬，萬物之象也。實理全則五常不虧，而百行修矣。是則五常、百行之本之源，一誠而已。

静無而動有，

方靜而陰，誠固未嘗無也，以其未形而謂之無也。及其動而陽，誠非至此而後有也，以其可見而謂之有耳。

至正而明達也。

靜無，則至正而已；動有，然後明與達者可見也。朱子又曰：「某近看《中庸》『鬼神』一章，正是發明顯微無間只是一理處。且如鬼神，有甚形迹？然人却自然有畏敬之心，以承祭祀，便如真有一物在上下左右。此理亦有甚形迹？然人却自然有秉彝之性，才存主著，這裏便自見得許多道理。參前倚衡，雖欲頃刻離而遁之而不可得，只爲至誠貫徹，實有是理，無端無方，無二無雜。方其未感，寂然不動。及其既感，無所不通。濂溪翁所謂『靜無而動有，至正而明達』者，於此亦可以見之。」

五常百行非誠，非也，

非，蓋無之意。非誠，則五常百行皆無其實，所謂「不誠無物」者也。

邪暗，塞也。

誠苟不存，則靜而不正，故邪動而不明不達，故暗且塞也。是故學聖希賢，惟在存誠，則五常、百行皆自然無一不備也。

故誠則無事矣。

事與「事斯語」之事同，謂用功也。言誠則衆理自然無一不備，不待思勉而從容中道矣。

至易而行難，

實理自然故易，人僞奪之故難。

果而確，無難焉。

果者，陽之決。確者，陰之守。決之勇，守之固，則人僞不能奪之矣。此是一事而首尾相應，果而不確即無所守，確而不果則無所決，二者不可偏廢，猶陰陽不可相無也。朱子又因論良心與私欲交戰，須立定根脚戰退他，因舉濂溪説：「果而確，無難焉。須是果敢勝得私欲，方確然守得這道理不遷變。」

故曰：

故孔子答顔子問爲仁之語有曰。

「一日克己復禮，天下歸仁焉。」

克，勝也。己，身之私欲也。復，反也。禮者，天理之節文也。歸，猶與也。且克去己私，復由天理，天下之至難也。然其機可一日而決，其效至於天下歸仁。果確之，無難如此。○孟子曰：「誠者，天之道也；思誠者，人之道也。」固本於孔子所謂「誠者，天之道；誠之者，人之道」，而周子此書上章，即孔、孟上句之意，而下章則下句之意也。謂周子上接孔、孟之傳，良有以夫！

誠幾德第三○此明太極二五之在人而有體用之分，及夫人品之不同也。

誠，無爲；

誠則實理自然，何爲之有？即太極也。

幾，善惡。

幾者，動之微，善惡之所由分也。蓋動於人心之微，則天理固當發見，而人欲亦已萌乎其間矣。此陰陽之象也。或問「誠無爲，幾善惡」，朱子曰：「此明人心未發之體，而指其未發之端。蓋欲學者致察於萌動之微，知所決擇而去取之，以不失乎本心之體而已。或疑以爲有類於胡子『同體異用』之云，遂妄以意揣量。爲圖如後：

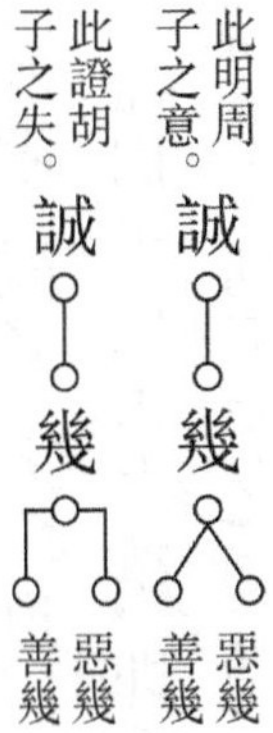

善惡雖相對，當分賓主。天理人欲雖分派，必省宗孽。自誠之動而之善，則如木之自本而幹，自幹而末，上下相達，則道心之發見，天理之流行，此心之本主，而誠之正宗也。其或旁榮側秀，若寄生疣贅者，此雖亦誠之動，而人心之發見，私欲之流行，所謂惡也。非心之固有，蓋客寓也；非誠之正宗，蓋庶孽也。苟變之不早，❶擇之不精，則客或乘主，孽或代宗矣。學者能於萌動幾微之間，而察其所發之向背，凡直出者爲天理，旁出者爲人欲；直出者爲善，旁出者爲惡；直出者固有，旁出者横生；直出者有本，旁出者無源；直出者順，旁出者逆；直出者正，旁出者邪。而吾於直出者利導之，❷旁出者遏絶之，功力既至，則此心之發，自然出於一途，而保有天命矣。於此可以見發之前有善無惡。而程子所謂『不是性中原有此兩物相對而生』，❸又云『凡言善惡，皆先善而後惡』，蓋謂此也。若以善惡爲東西相對，彼此角立，則天理人欲同出一源，未發之前已具此兩端，所謂天命之性，亦甚汙雜矣。此胡氏『同體異用』之意也。」

曰：「此説得之。」

❶「變」，四庫本《通書述解》作「辨」。

❷「導」，底本作「遵」，據《晦庵集》卷五十九《答趙致道》改。

❸「物」，底本作「件」，據《晦篇集》卷五十九《答趙致道》改。

德愛曰仁，宜曰義，理曰禮，通曰智，守曰信。

道之得於心者，謂之德。德則有體焉，有用焉。何謂體？仁、義、禮、智、信是也。何謂用？愛、宜、理、通、守是也。惟其別有是五者之用，而因以名其體焉，即五行之性也。且幾善惡，便是心之所發處有箇善、有箇惡了。德便只是善底，爲聖爲賢，只是這材料做。

性焉，安焉，之謂聖。

性者，獨得於天。安者，本全於己。聖者，大而化之之稱。此不待學問勉强，而誠無不立，幾無不明，德無不備者也。

復焉，執焉，之謂賢。

復者，反而至之。執者，保而持之。賢者，才德過人之稱。此思誠研幾以成其德，而有以守之也。

發微不可見，充周不可窮，之謂神。

發之微妙而不可見，充之周偏而不可窮，則聖人之妙用而不可知也，非聖人之上復有所謂神人也。○此三句，就人所到地位而言，即盡夫上三句之理，而所到有淺深也。「性焉，安焉，之謂聖」，就聖人性分上説。「發微不可見，充周不可窮，之謂神」，是他人見其不可測耳。○勉齋黄氏曰：「誠幾德一段，文理粲然。只把『體用』兩箇字來講他，便見誠是體，幾是用。仁、義、禮、智、信是體，愛、宜、理、通、守是用。誠幾只是德擘來做，在誠爲仁，則在幾爲愛；在誠爲義，則在幾爲宜。性焉，復焉，發微不可見是體；安焉，執焉，充周不可窮是用。性如堯、舜，性之也。復如湯、武，反之也。是既失了，却再復得，安而行之，不恁地辛苦。執，則是擇善而固執，須恁地把捉。發是源頭底，充是流出底，其發也微而不可見，其充也周而不可窮。是謂神，指聖而不可知者也。」

聖藴第四❶

○此承上章而言聖人之所以聖者，誠神幾也。

寂然不動者，誠也。

本然而未發者，實理之體，即太極之静而陰也。

感而遂通者，神也。

善應而不測者，實理之用，即太極之動而陽也。

動而未形有無之間者，幾也。

動静、體用之間，介然有頃之際，則實理發見之端，而衆事吉凶之兆也。且《太極圖》中只說「動而生陽，静而生陰」，此又說箇「幾」，此是動静之間又有此一項，似有而未有之時，在人識之耳。

誠精故明，

誠則清明在躬，志氣如神，精而明也。

神應故妙，

神則不疾而速，不行而至，應而妙也。

幾微故幽。

幾則理雖已萌，而事則未著，微而幽也。

誠神幾，曰聖人。

惟性焉安焉之謂聖人者，則精明應妙，而有以動其幽微矣。○節齋蔡氏曰：「誠者，寂也，静也，而具動静之理。神，感也，動也，而妙動静之用。蓋誠爲神本，神爲誠用。本不動而用動，故誠則静意多，神則動意多。要其實，則各兼

❶「藴」，通行本周子《通書》無此字。

動靜陰陽也。幾誠發，而爲神之始也，在靜無而動有之間，雖動而微，亦未可見，實爲神之端也。

慎動第五

○此明幾之意而見動之邪正爲身之吉凶，則不容於不謹也。

動而正曰道。

動之所以正，以其合乎衆所共由之道也。

用而和曰德。

用之所以和，以其得道於身，而無所待於外也。

匪仁、匪義、匪禮、匪智、匪信，悉邪也。

所謂道者，仁、義、禮、智、信之五常而已，非此，則其動也邪矣。

邪動，辱也。

不正而動，如同流合污，則身之辱也。

甚焉，害也。

又甚焉，小則殞身滅性，大則覆宗絶祀，以其動之無得於道，則其用不和而效若是焉。

故君子慎動。

故君子必謹其所動，動必以正，則和在其中矣。○節齋蔡氏曰：❶「道即太極流行之道，德即五性之德。動而正，即前所謂幾也；用而和，即後所謂中節也。」

道第六

○此明聖人之道，而見動之慎、幾之明也。

聖人之道，仁義中正而已矣。

❶「蔡氏」，原作「黄氏」，道光本有「案語」曰：「黄氏疑作蔡氏。」今據改。節齋蔡氏，蔡元定長子蔡淵，號節齋。

聖人即伏羲、神農、黃帝、堯、舜、禹、湯、文、武、周公、孔子也。道則得于天而全於己，而同於人者也。中即禮，正即智。仁、義、禮、智之道，乃其性分之所固有，日用之所常行，固非淺陋固執之可倫，亦非虛無寂滅之可擬。而已矣者，無他之辭也。

守之貴，

守仁、義、禮、智，則天德在我，何貴如之。

行之利，

行仁、義、禮、智，則順理而行，何往不利。

廓之配天地。

廓，充也。配，合也。人而充其仁、義、禮、智之道，則與天地合其德，非有待於外也。故曰充其本然並立之全體而已矣。

豈不易簡，

道體本然，故易簡。易者，不雜之謂。簡者，不煩之謂。

豈爲難知？

人所固有，故易知。

不守，不行，不廓耳。

但世之人不肯守此道，不肯行此道，不肯充此道耳。言爲之則是，而嘆學者自失其幾也。

師第七

〇此明師道爲天下善也。

或問曰：「曷爲天下善？」

或人問於周子曰：「曷者可以善天下之人心，善天下之治道乎？」

曰：「師。」

周子答曰：惟師道可以爲天下善。

曰：「何謂也？」

或人復問：「如何説？」

曰：「性者，剛、柔、善、惡、中而已矣。」

此所謂性，以氣稟而言也。太極之數，自一而二，剛、柔也。自一而四，剛善、剛惡、柔善、柔惡也。遂加其一中也，以爲五行。濂溪説性，只是此五者。他又自有説仁、義、禮、智底性時。若論氣稟之性，則不出五者。然氣稟底性，只是那四端底性，非别有一種性也。所謂剛、柔、善、惡之中者，天下之性固不出此五者，然細推之，極多般樣，千般百種，不可窮究。但不離此五者爾。○性只是理，然無那天氣地質，則此理没安頓處。但得氣之清明，則不蔽固，此理順發出來。蔽固少者，發出來天理勝；蔽固多者，則私欲勝。便見得本原之性無有不善，只被氣質昏濁則隔了。學以反之，則天地之性存矣。故説性須兼氣質方備。○此性便是言氣質之性，四者之中去却剛惡、柔惡，却於剛、柔二善之中擇其中而主焉。

不達。

或人不達其旨。

曰：

周子復與之言剛、柔、善、惡、中之意。

「剛善，爲義，爲直，爲斷，爲嚴毅，爲幹固；陽剛之善有此五者。

惡，爲猛，爲隘，爲强梁。❶柔善，爲慈，爲順，爲巽；

❶「惡」至「强梁」八字，原脱，據道光本及四庫本《通書述解》補。

陰柔之善有此三者。

惡，爲懦弱，爲無斷，爲邪佞。❶

蓋剛柔固陰陽之大分，而其中又各有陰陽以爲善惡之分焉。惡者固爲非正，而善者亦未必皆得乎中也。

惟中也者，和也。

周子五性之中，只箇中最好底性，故以和爲中。

中節也，

以其所發皆中乎節也。

天下之達道也，

這便是天下衆人所共由之道也。

聖人之事也。

這便是伏羲以來列聖所共行之事。此以得性之正而言也。聖人之事，豈出性分之外哉！ 然其以和爲中，與《中庸》不合，蓋就已發無過不及者言之耳。如《書》所謂「允執厥中」者也。○北溪陳氏曰：「中有二義，有已發之中，有未發之中。未發是就性上説，已發是就事上説。已發之中，當喜而喜，當怒而怒，那恰好處無過不及，便是中。此中即所謂和也。所以周子亦曰：『中也者，和也。』是指已發之中而言。」

故聖人立教，

故聰明睿智能盡其性之聖人，出爲億兆之君師而脩道立教焉。

俾人自易其惡，

而使天下之人，各自變易其惡，則剛柔皆善，有嚴毅慈順之德，而無强梁、懦弱之病矣。

❶「惡」至「邪佞」十字，原脱，據道光本及四庫本《通書述解》補。

自至其中而止矣。

自至其中，則其或爲嚴毅，或爲慈順也，又皆中節而無大過不及之偏矣。○張子云：「爲學大益，在自求變化氣質。」程子曰：「學至氣質變，方是有功。」皆此意也。

故先覺覺後覺，闇者求於明，而師道立矣。

故心上先覺悟之人，而又覺悟那後覺悟之人；心上昏闇之人，而又求那心上通明之人。一以傳道爲心，一以求道爲心，則師道立焉。師者，所以攻人之惡，正人之不正而止矣。

師道立，則善人多；

師道既立，則善人自多。

善人多，則朝廷正，而天下治矣。」

善人既多，則朝廷之上，人皆正人，事皆正事，而普天之下一歸于治而已。此師道所以爲天下善也。○此章所言剛柔，即《易》之兩儀；各加善惡，即《易》之四象。又加倍以八卦。而此《書》及《圖》則止于四象，以爲火、水、金、木，而即其中以爲土。蓋道體則一，而人之所見詳略不同，但于本體不差，則並行而不悖矣。

幸第八

○此明人以聞過爲幸，而有耻又爲幸之大者也。

人之生不幸，不聞過；

不聞過，人不告也。且人受天地之中以生，無有不善，故皆可以爲堯、舜，而參天地以贊化育焉。則孰不可立于無過之地乎？然而不能無過者，或氣稟之偏，或私欲之誘，或習俗之染。得人告之而聞焉，則將變化消釋以復其初，幸何如哉！不然，則過不改，行同飛走，不足爲萬物之靈矣，非不幸而何？

大不幸，無耻。

無耻，我不仁也。且仁者，天地生物之心，而人所受以生者，所以爲一心之全德，萬善之總名，而爲參天地、贊化育之本體焉。人而不仁，則生理息矣，人道滅矣。而不以爲耻，則尤不足爲萬物之靈也，非大不幸而何？

必有耻，則可教；

有耻，則能憤發而受教。

聞過，則可賢。

聞過，則知所改而爲賢。然不可教，則雖聞過而未必能改矣。以此見無耻之不幸爲大也。

思第九

○此言學聖之事，而見其主于心也。

《洪範》曰：

《洪範》，《周書》篇名，而有言曰。

「思曰睿。

思，心之官也。睿，通也。人而能思則通矣。

睿作聖。」

睿而進焉，則自然無不通而爲聖人也。

無思，本也。

無思，誠也。誠者，聖人之本。

思通，用也。

思通，神也。神者，聖人之用。

幾動於彼，

事之幾，感于外者不一。

誠動於此，

心之誠，應于中者惟一。

無思而無不通，爲聖人。

不待有所思而無所不通，是聖人，所謂「誠、神、幾，曰聖人」也。

不思，則不能通微。

通微，睿也。不思索，則不能通乎幾微。

不睿，則不能無不通。

無不通，聖也。不通微，則不能造乎聖人。

是則無不通生于通微，

謂聖生于睿。

通微生于思。

睿生于思也。

故思者，聖功之本而吉凶之幾也。

思之至，可以作聖而無不通，其次亦可以見幾通微，而不陷于凶咎。幾是事之端緒，有端緒方有討頭處，這方是用得思。

《易》曰：「君子見幾而作，不俟終日。」

幾者，吉凶之先見者也。❶作，猶行也，謂避禍也。不待終日，去之速也。言明哲之君子，見幾明而避禍速也，❷即可以速則速之，時耳。周子引此以證睿也。

又曰：「知幾其神乎！」

知幾，比之見幾則又神妙不測，非他人所可知耳。引之以證聖也。

志學第十○此言所志所學之正，而見聖賢之心也。

聖希天，

希，望也，字本作睎，大而化之之謂。聖

❶「先」，原脱，據四庫本《通書述解》補。

❷「禍」，原作「衬」，據道光本及四庫本《通書述解》改。

人不敢自以爲足，而望同于天，則法天而行。《書》曰：「明王奉若天道，無非法天者。大事大法天，小事小法天，則聖人一動一靜，即太極之動靜焉。」

賢希聖，

才德出衆之賢人，不敢自以爲勝，而望同于聖人，則又法聖人而行焉。孟子曰：「乃所願，則學孔子。」又曰：「法先王而過者，未之有也。」

士希賢。

士，學者之稱也。學者見賢而思齊焉。

伊尹、顔淵，大賢也。

伊尹，湯之學焉而後臣之者也。顔淵，孔子弟子也。二人，學之大者也。

伊尹耻其君不爲堯、舜，

堯，唐帝名。舜，虞帝名。二帝乃五帝之盛帝，百聖之至聖，爲人倫之至，爲君道之極焉。故伊尹欲其君爲堯、舜而不得，則其心媿耻。

一夫不得其所，若撻于市。

撻于市，耻之甚也。且堯、舜君民，一民饑，曰我饑之；一民寒，曰我寒之；一民失所，曰時予之辜。伊尹以一夫不得其所而媿耻之甚者，以己不能左右厥辟，宅師其心，亦堯、舜之心也。

顔淵不遷怒，

遷，移也。怒于甲者不移于乙。

不貳過，

貳，復也。過于前者不復于後。顔子克己之功至于如此。

三月不違仁。

三月，天道小變之節，言其久也。仁者心之德，心不違仁，則無私欲而有其德也。二人所爲，皆賢人之事也。

志伊尹之所志，

伊尹之志，致君澤民，是公天下之心。士希賢而志伊尹之所志，則亦不志于私矣。

學顏子之所學。

顏子之學，克己復禮，傳聖人之道。士希賢而學顏子之所學，則又豈自小之學哉。

過則聖，

志學伊、顏而過之，則爲聖人。

及則賢，

志學伊、顏而及之，則爲賢。

不及則亦不失於令名。

志此志，學此學，而雖不到伊、顏地位，則亦不失於善名。三者，隨其所用之淺深以爲所至之近遠。不失令名，以其有爲善之實也。○胡氏曰：「周子患人以發策決科、榮身肥家、希世取寵爲事也，故曰『志伊尹之所志』；患人以廣聞見、工文詞、矜智能、慕空寂爲事也，故曰『學顏子之所學』。人能志此志而學此事，則知此書之包括至大而無窮矣。」○或問：「伊尹之志，顏子之學，固如此矣，而却不知伊尹之學，顏子之志如何？」端曰：「伊尹之志，固是在于行道，然道非學無以明，不明何以行耶？大抵古人之學，本欲行道。伊尹耕于有莘之野，而樂堯、舜之道，凡所以治國、平天下者，無不理會，但方處畎畝之時，不敢言必於大用耳。及三聘幡然，便一向如此做去。其自言曰：『予天民之先覺也，予將以斯道覺斯民也。』此便是堯、舜事業。看二典之書，堯、舜所以卷舒作用直如此熟，若雖志于行道，而自家所學元未有本領，如何便能舉而措之天下乎？若夫顏子之學，固欲明道，然而又未嘗不欲其道之行也。觀其問爲邦，而夫子告以四代之禮樂，及放鄭聲、遠佞人。其言志，一則曰『願無伐善，無施勞』，二則曰『願得明王聖主輔相之，敷其五教，導之以禮樂，使民室家無離曠之思，千載無戰鬬之患，而勇辨者無所施用焉。』然則顏子之志，又豈非堯、舜君民而公天下之心哉？」

順化第十一 ○此明天地聖人同一道而已也。

天以陽生萬物，

天以陽氣生萬物，觀春夏之生長可見矣。

以陰成萬物。

天以陰氣成萬物，觀秋冬之收成可見矣。

生，仁也。

天之生物之道，便是仁。

成，義也。

天之成物之道，便是義。蓋陰陽無二氣，仁義無二道，道氣無二機，只是一箇消長而已耳。

故聖人在上，

故聖人在君師之位，而參天地以贊化育。

以仁育萬物，

則以所得天地生物之心而曰仁者，養萬物而使之無不遂其生。

以義正萬民。

以所得天地成物之心而曰義者，正萬民而使之無不得其正，所謂定之以仁義。

天道行而萬物順，

天道之仁義行而萬物順者，榮悴開落之不違時也。

聖德脩而萬民化，

聖德之仁義脩而萬民化者，語默行止之各得其正也。

大順大化，不見其迹，

天地之大順，聖人之大化，不待徵于色、發于聲，故不見其迹。

莫知其然之謂神。

人莫知其所以然之妙，故謂之神焉。此言天地聖人，其道一也。

故天下之衆，本在一人，

天下之本在君，而君正莫不正也。

道豈遠乎哉？

君之道在心，則至近也。

術豈多乎哉？

心之術在仁義，則至簡也。

治第十二 ○此明治道之要，在乎君心之一而已也。

十室之邑，人人提耳而教且不及，

十室，小邑也。十室之小邑，人至少，而宰之者欲逐箇人提耳而教誨之，尚且不能及。

況天下之廣，兆民之衆哉？

何況君天下之至多者，可逐箇人親自教誨之而使同歸于善哉？

曰：純其心而已矣。

純者，不雜之謂。心，謂人君之心。言君天下而欲兆民一于善，只在純一人之心而止矣。

仁、義、禮、智四者，動靜、言、貌、視、听無違之謂純。

仁、義、禮、智，五行之德也；動静，陰陽之用；而言貌、視听，五行之事也。德不言信、事不言思者，欲其不違，則固以思爲主，而必求是四者之實矣。

心純則賢才輔，

君心純一，則賢而有德，才而有能，自輔相之。何也？蓋君取人以身，臣道合而從也。

賢才輔則天下治。

衆賢各任其職，則不待人人提耳而教，而自無不歸于善，天下之治平爲何如哉！

純心要矣，

心不純，則不能用賢，故君以純心爲要道。

用賢急焉。

不用賢則不能宣化，故君以用賢爲急務。

禮樂第十三

○此論禮樂而見定之以中正仁義而主静之意也。

禮，理也。

禮，陰也，故理焉。

樂，和也。

樂，陽也，故和焉。

陰陽理而後和，

合而言之，則陰陽各得其理而後二氣和也。

君君、臣臣、父父、子子、兄兄、弟弟、夫夫、婦婦，

人倫之間，各盡其道，各安其分，無不理且和焉。

萬物各得其理然後和。

天高地下，萬物散殊，而無不各得其理，

然後流而不息，合同而化，而無不和也。

故禮先而樂後。

以其先理而後和，所以不曰樂禮，而曰禮樂云。程子論敬，則自然和樂，亦此理也。學者不知持敬，而務爲和樂，鮮不流于慢者。

務實第十四

○此言學當務實而不可有近名之意也。

實勝，善也。

學者實勝于名，則善矣。

名勝，耻也。

若名勝于實，則可耻之甚。

故君子進德脩業，孳孳不息，務實勝也。

故君子之學，進己之德，脩己之業，勤勉而不止，所以務實之勝而已。

德業有未著，則恐恐然畏人知，遠耻也。

若己之德業有未進，則其心常恐怕有善名聞于人，所以遠耻辱也。

小人則僞而已。

小人則無進德脩業之實，而有沽名釣譽之僞焉耳。

故君子日休，

休，美也。君子則實脩而無名勝之耻，故休。

小人日憂。

小人則名勝而無實勝之善，故憂。《書》曰：「作德心逸，日休；作僞心勞，日拙。」亦此意也。

愛敬第十五

○此言君子克致愛敬之道也。

「有善不及？」

設問：「人或有善，而我不能及，則如

之何？」

曰：「不及，則學焉。」

答言：「人有善而我不能及，則當學其善而已。」

問曰：「有不善？」

問：「人有不善，則何以處之？」

曰：「不善則告之不善。

答言：「人有不善，則告之以不善。」

且勸曰：『庶幾有改乎！』

而且勸其改之可也。蓋告之者，恐其不知此事之爲不善也。勸之者，恐其不知不善之可改而爲善也。

斯爲君子。

此爲君子之用心也。

有善一，不善二，則學其一，而勸其二。」

亦答詞也。言善則心一，不善則心二。人有善惡之雜，則我當學其善，而勸其惡。

有語曰：

又答言：「有人告之言。」

「斯人有是之不善，非大惡也。」

此人有此過，不係大惡者。

則曰：「孰無過？

聞人有過，雖不得見而告勸之，亦當答言：「人孰無過乎？」

焉知其不能改？

焉，何也。言何以知此人之不能改過耶？

改則爲君子矣，

若能改過，則便是君子，此則冀其或聞而自改也。

不改爲惡。

有心悖理謂之惡，無心失理謂之過。人不待別爲不善方爲之惡，只如過而不改，是有心，便謂之惡。

惡者，天惡之，彼豈無畏耶？烏知其不能改？」❶

故君子悉有衆善。

善無不學，故悉有衆善。

無弗愛且敬焉。

惡無不勸，故不棄一人于惡。惟不棄一人于惡，則無不用其愛敬矣。且君子非欲使人愛敬而後爲此，亦盡吾當然之道而已，而人之愛敬不期而至焉。

動靜第十六

〇此明《太極圖》之意而見造化之妙也。

動而無靜，靜而無動，物也。

物謂萬物，而人在其中也。惟其有形，則滯于一偏，是謂形而下之器也。形而下者，則不能通，故方其動時則無了那靜，方其靜時則無了那動，如水只是水，火只是火。以人言之，語則不默，默則不語。以物言之，飛則不植，植則不飛是也。

動而無動，靜而無靜，神也。

神則即此理耳，所謂形而上之道也，則不離于形，而不囿于形，故神而莫測。方其動時，未嘗不靜，故曰無動。方其靜時，未嘗不動，故曰無靜。

動而無動，

則動中有靜焉。

靜而無靜，

則靜中有動焉。

非不動不靜也。

謂不是靜而不動，動而不靜也。蓋靜而能動，則陰中有陽焉；動而能靜，則陽中

❶「惡者」至「能改」十六字，原脱，據四庫本《通書述解》補。

有陰焉。錯綜無窮是也。

物則不通，

上所謂物，則滯于一形之偏而不能通。

神妙萬物。

上所謂神，則妙于萬物之中而無不通。此兩句又結上文，起下意。

水陰根陽，火陽根陰。

水，陰也。以《河圖》言而生于一，以太極言則陽變而生水，則本乎陽也。火，陽也，而生于二。以太極言則陰合而生火，則本乎陰也。且水陰物、火陽物也，形而下者也，所以根陰、根陽，理也，形而上者也。所謂「神妙萬物」者如此。

五行陰陽，陰陽太極。

此即《太極圖說》所謂「五行一陰陽，陰陽一太極」者，以神妙萬物之體而言也。

四時運行，萬物終始，

此即《太極圖說》所謂「五氣順布，四時行焉。無極之真，二五之精，妙合而凝」者，以神妙萬物之用而言也。

混兮闢兮，其無窮兮。

體本則一，故曰混。用散而殊，故曰闢。一動一静，其運如環之無窮，此兼舉其體用而言也。○混言太極，闢言爲陰陽、五行以後，故末句曰「其無窮兮」。○言既闢之後爲陰陽，五行以後爲萬物無窮盡也。○此章發明《圖》意，更宜參考。○或問：「周子之語言合，胡不自萬而一？言開，胡不自一而萬？」勉齋黄氏曰：「周子之言造化，至五行處是一關隔。自五行而上屬乎造化，自五行而下屬乎人物，所以太極説到四時行焉却説轉，從五行説太極，又從五行之生説各一其性，説出至變化無窮。蓋天地造化，分陰分陽，至五行而止。五行既具，則由是而人物也。有太極便有陰陽，有陰陽便有五行，三者初無斷際。至此若不説合，却恐將作三件物事認了。所以合而謂之妙合，非昔開而今合，莫之合而合也。至于五行既凝而後有男女，男女既交而後生萬物，此却是有次第，故有五行而下，節節開説。然其理氣未嘗有異，則恐未嘗不合也。」

樂上第十七○此論古今之樂而見治亂之迹也。

古者聖王制禮法，

古者聖王，謂伏羲、神農、黄帝、舜、禹、湯、文、武之聖人而王天下者。心天地之心，道天地之道，而爲人倫之至，建中和之極，所以制爲禮儀法度。

脩教化，

脩明德教道化。

三綱正，

綱，綱上大繩也。三綱者，夫爲妻綱、父爲子綱、君爲臣綱也。由是三綱正焉。

九疇敘，

疇，類也。九疇者，一五行，二五事，三八政，四五紀，五皇極，六三德，七稽疑，❶八庶徵，九福極也。由是九疇敘焉。

百姓太和，

由是民無不和焉。

萬物咸若。

若，順也。由是而物無不順焉。此所謂理而後和也。

❶「疑」，原誤作「凝」，據《尚書·洪範》改。

乃作樂，

乃者，繼事之詞。樂謂金、石、絲、竹、匏、土、革、木八音之樂也。言聖王于天下理而和之後，乃作樂焉。

以宣八風之氣，

八風者，八方之風。東北方曰條風，東方曰明庶風，東南方曰清明風，南方曰景風，西南方曰凉風，西方曰閶闔風，西北方曰不周風，北方曰廣莫風。聖王作八音之樂，以宣八方之風。宣，所以達其理之分。

以平天下之情。

人情最易流也，而聖王作樂，以平天下之人情。平，所以節其和之流。

故樂聲淡而不傷，

聖王之樂聲，平淡之中自然而和，故不傷。謂不害于和也。

和而不淫，

聖王之樂聲，和樂之中自然而正，故不淫，謂不失其正也。

入其耳，感其心，莫不淡且和焉。

聖王之樂聲，入乎人之耳，感乎人之心，則莫不淡而和也。淡者，理之發；和者，和之爲。先淡後和，亦主静之意也。

淡則欲心平，

所發者淡，則私欲之心自平定。

和則躁心釋。

所爲者和，則躁急之心自消釋。然古聖賢之論樂，曰和而已，此所謂淡，蓋以今樂之妖艷形之，而後見其本于莊正齊肅之意，故希簡而寂寥耳。

優柔平中，德之盛也；

欲心平，故平中；躁心釋，故優柔。則民德之盛可知。

天下化中，治之至也；

溥天之下，皆化于中道，則治道之至也可見。言聖人作樂，功化之盛如此。或曰「化中」當作「化成」，本《易》「聖人久于其道，而天下化成」之意也。

是謂道配天地，古之極也。

此言聖人道配天地，而爲古之至極也。

後世禮法不修，

後世，則三代之末及秦漢而下，禮法教化則不修明。

刑政苛紊，

政事刑法，則又煩亂。

縱欲敗度，

上則縱欲以敗度，所謂流連荒亡，無不爲也。

下民困苦，

則下民之困苦，有不聊生者矣。

謂古樂不足聽也。

乃言古聖王之樂不足聽。

代變新聲，

而代變爲新聲之樂。

妖淫愁怨，

廢禮敗度，故其聲不淡而妖淫；政苛民困，故其聲不和而愁怨。

導欲增悲，不能自止。

惟其聲之妖淫也，故足以導人之欲焉；惟其聲之愁怨也，故足以增人之悲焉。二者使人肆情縱欲，而不能自止。

故有賊君棄父、輕生敗倫，不可禁者矣。

導欲不止，而至于輕生敗倫之不可禁焉；增悲不止，而至于賊君棄父之不可禁焉。

嗚呼！

周子復嘆息而言。

樂者，古以平心，今以助欲，

古樂用之平人之心，而今樂用之助人之欲而已。

古以宣化，今以長怨。

古樂用之宣其化，而今樂用之長其怨而已。蓋樂有古今之異，淡與不淡、和與不和而已。

不復古禮，不變今樂，而欲至治者，遠矣。

復古禮，然後可以變今樂，所謂禮而後和也。苟不復古禮，則禮非其禮矣；不變今樂，則樂非其樂矣。❶無禮樂之化，而欲天下至治者，不其遠哉！

樂中第十八 ○此明古樂之功效而見治道之至也。

樂者，本乎政也。

聖人所作之樂，本乎聖人所行之政也。

聖人爲政以德，德惟善政，政在養民。

政善民安，則天下之心和。

政善則民無不安，民安則心無不和。

故聖人作樂，以宣暢其和心，

故聖人因之而作樂，以宣暢民之和心。

達于天地，

以天下之和心通達于天地。

天地之氣感而太和焉。

且人爲天地之心，心和則氣和。此天地之氣所以感而自然無不和也。

天地和則萬物順，

天地之氣既和，則萬物自無物不順。

故神祇格，

格，至也。幽足以感神，而神祇來格。

鳥獸馴。

微足以感物，而鳥獸馴致，是則聖人之

❶「其」，原脱，據四庫本《通書述解》補。

作樂，既非無因而强作，而其制作之妙，又能真得其聲氣之元。謂黃鍾一宮定，故其志氣天人交相感動，而其效如此。

樂下第十九

○此復論古今之樂而見治亂之由也。

樂聲淡，則聽心平；

淡，則希簡寂寥之聲，而有莊正齊肅之意。樂聲如此，則聽者之心自然平定。

樂辭善，則歌者慕。

善者，典雅簡古之詞，而有深潛醲飫之味。樂辭如此，則歌者之心自然愛慕。

故風移而俗易矣。

此先王之樂所以能移易天下之風俗，而使之淳且美焉。

妖聲豔辭之化也亦然。

若夫後世妖淫之聲、美豔之辭之化民也，效亦如此。但能導欲增悲，而至于輕生敗倫、賊君棄父，則天理滅而人倫息矣。哀哉！

聖學第二十

○此明聖人可學而至，而要不外乎一心也。

「聖可學乎？」

設問：「聖人可學而至乎？」

曰：「可。」

答言：「可。」

曰：「有要乎？」

又設問：「學聖人有要乎？」

曰：「有。」

答言：「有。」

「請聞焉！」

設問：「請聞其要。」

曰：「一爲要。

答言：「一之一字，爲聖學之要。」一即太極，是純一不雜之謂也。

一者，無欲也。

只是純然是箇天理，無一點私欲。且無欲便覺自在。人只爲有欲，此心便千頭萬緒，做事便有始無終。小事尚不能成，況可學聖人耶？然周子只説「一者，無欲也」，這話頭高，卒急難湊泊，常人如何便得無欲？故伊川只説一箇「敬」字，教人只就敬上睚去，庶幾執捉得定，有箇下手處。

無欲，則静虚動直。

静虚即陰静，是心之體。動直即陽動，是心之用。

静虚則明，明則通。

心纔虚便明，明則見道理透徹，故通。通者，明之極也。

動直則公，公則溥。

心纔直便公，公則自無物我之間，故溥。溥者，公之極也。

明通公溥，庶矣乎。」

明而至于通，則静而動焉。公而至于溥，則動而静焉。況明配木、仁、元，通配火、禮、亨，公配金、義、利，溥配水、智、貞。如此，陰陽合德，而聖人其庶矣乎！○此章之旨，最爲要切，然其辭義明白，不煩訓解，學者能深玩而力行之，則有以知無極之真，兩儀、四象之本，皆不外乎此心，而日用間自無别用力處矣。

月川曹夫子通書述解卷之下

澠池縣知縣關西石允珍重梓

儒學署教諭事舉人丹徒越應捷

訓導膠西王夢旭

河陽潘汲仝校

公明第二十一 ○此言公明之義而見其各有爲而發也。

公於己者公於人，

人能無私，方能率人以無私，所謂有善于己而後可以責人之善，無惡于己而後可以正人之惡也。

未有不公於己而能公於人也。

未有有私于己而能率人以無私者焉，所謂未有己不正而能正人者也，❶此爲不勝己私而欲任法以裁物者發。

明不至，則疑生，

凡人明有未至，則疑心生。

明，無疑也。

若能明，則自無疑心矣。

謂能疑，爲明何啻千里？

啻，止也。且明則無疑，疑則不明，明之與疑正相南北，何止千里之不相及乎！言其所争者甚遠也。此爲不能先覺，而欲以逆詐、億不信者發。○朱子曰：「人有詐不信者，吾之明足以知之，是之謂先覺。彼未必詐，未必不信，而逆以詐不信待之，此則不可。周子云：『明則不疑。』凡事之多疑，皆生于不明。如以察

❶「未有」二字，原脱，據復性書院本補。

爲明，皆主暗也，❶唐德宗之流是也。❷如放齊稱胤子朱啓明，而堯知其嚚訟。堯之明有以知之，是先覺也。」

理性命第二十二○此亦明太極之意。

厥彰厥微，匪靈弗瑩。

此言理也。彰言道之顯，陽之明也。微言道之隱，陰之晦也。瑩，明也。言道之陽明陰暗，非人心太極之至靈，孰能明之？

剛善剛惡，柔亦如之，中焉止矣。

此言性也。剛善，爲義、爲直、爲斷、爲嚴毅、爲幹固；剛惡，爲猛、爲隘、爲强梁。柔善，爲慈、爲順、爲巽；柔惡，爲懦弱、爲無斷、爲邪佞。惟中也者，和也，中節也，言無過不及之中焉。曰剛、柔、善、惡、中，即五行之理也。

二氣五行，化生萬物。

此下言命也。二氣五行，天之所以付受萬物而生之者也。

五殊二實，

自其末以緣本，則五行之異，本二氣之實。

二本則一。

二氣之實，又本一理之極。

是萬爲一，

是合萬物而言之，爲一太極而已。

一實萬分，

自其本而之末，則一理之實，而萬物分之以爲體。然而謂之分，不是割成片

❶「主」，《朱子語類》卷四十四作「至」。
❷「德宗」，《朱子語類》卷四十四作「高宗」。

去，只如月映萬川相似。萬一各正，小大有定。故萬物之中各有一太極，而小大之物莫不各有一定之分也。○《中庸》曰：「如天之無不覆幬，如地之無不持載。」此是一箇大底包在中間，又有四時錯行，日月代明，自有細小去處。「道並行而不相悖，萬物並育而不相害」，並行並育，便是那天地之覆載底；不相悖、不相害，便是那錯行代明底。「小德川流」，是説那細小底；「大德敦化」，是説那大底。大底包小底，小底分大底。千五百年間，不知人如何讀書，這都似不理會這道理。○一實萬分，萬一各正，便是理一分殊處。○周子此章，其首二句言理，次三句言性，次八句言命。故其章內無此三字，而特以三字名其章以表之，則章內之言，固已各有所屬矣。蓋其所謂靈，所謂一者，乃爲太極。而所謂中，乃氣稟之得中，與剛善、剛惡、柔善、柔惡爲五性而屬乎五行，初未嘗以是爲太極也。

顏子第二十三

○此言顏子之樂，而見內外輕重之分也。

顏子一簞食，一瓢飲，在陋巷，

顏子，孔子弟子，名回，字子淵。簞，竹器。食，飯也。瓢，瓠也。陋巷，隘陋之巷也。顏子食則一簞之飯，飲則一瓢之漿，居則隘陋之巷，貧窶之甚也。

人不堪其憂，而不改其樂。

人，他人也。堪，勝也。在他人視之，則見顏子之困極而有不勝之憂，而顏子處之，則其心泰然，❶不改所樂焉。

夫富貴，人所愛也。

夫金玉之富，軒冕之貴，衆人之所愛而求者也。

顔子不愛不求，而樂乎貧者，獨何心哉？

顔子之心，則不愛富貴，不求富貴，而樂于貧窶者，獨何如哉？ 設問以發其端。

天地間有至貴至富，可愛可求，而異乎彼者，

天地間至富至貴，可愛可求者，仁而已。仁者，天地生物之心，而人所受以生者，爲一心之全德，萬善之總名。 體即天地之體，用即天地之用，存之則道充，居之則身安。 故孟子既以天之尊爵目之，復以人之安宅名之，所以爲天地間之至貴至富、可愛可求者也，豈軒冕金玉之貴之富可同日而語哉！ 朱子曰：「所謂至貴至富可愛可求，即周子之教程子，每令尋仲尼、顔子樂處，所樂何事者也。然學者當深思而實體之，不可但以言語解會而已。」今端竊謂孔、顔之樂者，仁也。 非是樂這仁，仁中自有其樂耳。 且孔子安仁而樂在其中，顔子不違仁而不改其樂。 安仁者，天然自有之仁；而樂在其中者，天然自有之樂也。 不違仁者，守之之仁；而不改其樂者，守之之樂也。《語》曰「仁者不憂」，不憂，非樂而何？ 周、程、朱子不直説破，欲學者自得之。 愚見學者鮮自得之，是爲來學説破。

見其大而忘其小焉爾。

大謂天付人受之理，小謂富貴貧賤之事。 且顔子三月不違仁，則無私欲而有

❶「泰」，原作「太」，據道光本及四庫本《通書述解》改。

其德也。是以動静語默日用之間，絶無人欲之間隔，只有天理之流行。謂之見其大，是見天人之一體；謂之忘其小，是必貧富之兩忘。

見其大則心泰。

既見天人一體之大，則其心若曰：「吾之動静，一天地之動静焉；吾之卷舒，一天地之卷舒焉」，則心之舒泰自若也。

心泰則無不足。

心常泰，❶則無時而不自足焉。

無不足，則富貴貧賤，處之一也。

心常自足，則處富貴而不加焉，處貧賤而不損焉。

處之一，則能化而齊。

齊字，意與一復字同，❷恐或有誤。或曰：「化，大而化也。齊，齊于聖也。」言人能于富貴貧賤處之一般，則大而化之，齊於聖人矣。

故顔子亞聖。

亞則將齊而未至之稱。想來顔子已到那將化未化之地，若化則便是仲尼。

師友上第二十四

○此略承上章之意，而見師友之有益於人也。

天地間至尊者道，

道一也。語上則極乎高明，語下則涉乎形器，語大則至於無外，語小則入於無内，而其大要則曰中，而大目則曰三綱五常焉。得之則參于天地，並于鬼神，是兩間之至尊者也。

❶「泰」，原無，據四庫本補。

❷「同」下，咸豐本有「案」語：「『復』字疑衍。」

至貴者德而已矣。

德者，得也，行道而有得于心之謂也，有是德則貴孰加焉！

至難得者人，

《記》曰：「人者，天地之德，陰陽之會，鬼神之交，五行之秀氣也。」《書》曰：「惟人萬物之靈。」《孝經》云：「天地之性，人爲貴。」非天地間之至難得者乎？

人而至難者，道德有於身而已矣。

人固難得矣，然而苟不有人之實而曰道德焉者，則將同於飛走草木之物而已，夫何靈貴之有？ 故唯道德之有於身者，又爲人中之至難得者焉。 其理雖明，然人心蔽于物欲，鮮克知之，故周子每言之詳焉。

求人至難得者有於身，

欲求道德之尊之貴而有於身。

非師友則不可得也已。

苟非性之，而不有明師以教導之，益友以輔責之，則不可得矣，是以君子必隆師而取友。

師友下第二十五〇大意同上。

道義者，身有之則貴且尊。

道義者，兼舉體用而言也。 道則窮天地，亘古今，只是一箇道。 義隨時隨事而處之得宜，所謂天地之常經，古今之通義也。 人而身有道義，則貴且尊焉。 周子于此一義而屢言之，非復出也，其丁寧之意切矣。

人生而蒙，

人固有生而知之者，生而無知則蒙矣。

長無師友則愚，

彼生而蒙者，及其長也，有明師以開導之，有益友以輔責之，則可以啓其蒙而進於明，道義亦爲身之所有而尊貴焉。不然，則終愚昧無知而已。

是道義由師友有之。

是則人之道義，多由師友開導輔責之功，而有之於身焉。

由師友而得貴且尊，

人非生知，而由師友之功而得道義有於身之貴且尊，則吾之尊貴，實師友與之耳。

其義不亦重乎？

其，指師友也。不，猶豈不也。且君臣之義爲五倫之一，至重也。今也師友之義，道義資焉，豈不亦重矣乎？

其聚不亦樂乎？

又五倫之中，若父子、兄弟、夫婦之三親者，離則憂，聚則樂，天性也。今也師友之聚，尊貴係焉，豈不亦樂矣乎？此重此樂，人亦少知之者。

過第二十六

○此明喜聞過與不喜聞過之得失也。

仲由喜聞過，

仲由，❶孔子弟子，字子路。聞過，是聞人告之以有過，是規之也。子路人告之以有過則喜，其得聞而改之，其勇於自修如此。

令名無窮焉。

令，善也。則善之有於身而稱于人者，既無間於內外，又無間于古今，將與天地同其始終焉。

❶「由」，原誤作「尼」，據文義改。

今人有過，不喜人規，

如今人不敬其身，陷于有過，又不喜人規戒。

如護疾而忌醫，

恰如人有疾病，反救護之而不使人醫治之。

寧滅其身而無悟也。

且過之與疾，皆身之死生存亡所係，至不輕也。護疾之人，寧死不悟。諱過之人，亦寧死不悟，愚之甚也。

噫！

此周子語終而繼之以痛傷之聲也。何也？蓋天之所生，地之所養，惟人爲大，而自輕之如此，則是自絕于天地矣！周子之傷痛，蓋爲天地而惜同類焉，是心亦天地之心也。

勢第二十七○此論天下之勢有輕重之分也。

天下，勢而已矣。

天下之去就，在乎勢焉而止爾。

勢，輕重也。

一輕一重，則勢必趨于重，而輕愈輕，重愈重矣。《詩》云：「至于太王，實始翦商。」要之，周自日前積累以來，其勢日大，又當商家無道之時，天下趨周，其勢愈重。此重則彼自輕，勢也。

極重不可反。

是說天下之勢到那極重時，便難復了。如周至文王，而大邦畏其力，小邦懷其德。至武王舉兵于孟津，八百諸侯不期而會合，戰于商郊，紂師前徒倒戈而擊。時不伐紂，得乎？又如秦至始皇強大，六國便不可敵。東漢之末，宦官權重，便不可除。宋紹興初，只斬陳東少陽，便成江左之勢，非極重則反之難乎？

識其重而亟反之，可也。

重未極，而識其重之機而亟速反之，則猶可也。

反之，力也。

反之在于人力之强也。

識不早，力不易也。

而力之難易，又在識之早晚。識之早則力易，識之晚則力難。

力而不競，天也。

競，强也。有人力而不能强，則天爲也。

不識不力，人也。

不識則不知用力，不力則雖識無補，二者乃人之爲也。

天乎？

乎者，疑而未定之辭。問勢之不可反者，果天之所爲乎？

人也何尤？

也者，決詞。尤，罪自外至者也。若非天而出于人之所爲，則亦無所歸罪矣。

文辭第二十八○此明文以載道爲貴也。

文所以載道也。

文，謂文字。道，謂道理。而載，取車之義。文所以載道，❶猶車所以載物。文之與車，皆世之不可無者，且無車則物無以載，而無文則道何以載乎？

輪轅飾而人弗庸，徒飾也。

輪，車輪。轅，車轅。飾，謂粧飾之美

❶「道」，原缺，據道光本補。

也。弗，不也。庸，用也。徒，虚也。故爲車者必飾其輪轅，爲文者必善其詞説，皆欲人之愛而用之。然我飾之而人不用，則猶爲虚飾而無益于實。載物之車，載道之文，而美其飾，人尚輕視如此。

況虚車乎？

況不載物之車，不載道之文，雖美其飾，亦何爲乎？

文辭，藝也。

藝，才藝也。

道德者，實也。

道德者，文辭之實，則文辭者，道德之華也。

篤其實，而藝者書之。

篤，厚也。務厚道德之實于身，則和順積中，英華發外，而才藝之能者書寫其實，則文爲載道之文也。

美則愛，

載道之文而美其飾，則人必愛之。

愛則傳焉。

人既愛之，則或筆録，或板行，以傳之永久焉。

賢者得以學而至之，是爲教。

其全秉彝好德之良心者，見其文之載道而美其飾也，故力學而到其家焉，是載道之文而美其飾者，所以爲教然也。

故曰：言之無文，則行之不遠。

故古人云，凡言人道德而不成文理之美者，則人不愛而不傳，所以行之不遠也。此猶車載物而輪轅飾也。

然不賢者，

文固載道，而美其飾，則遊惰荒嬉之喪其良心者，

雖父兄臨之，
　雖其父兄之尊長而臨莅之，
師保勉之，
　雖師保之賢明而勉勵之，
不學也，
　亦不肯學也。
强之，不從也。
　父兄師保又從而强之，亦不從也，此猶車已飾而人不用也。
不知務道德，而第以文辭爲能者，藝焉而已。
　第，猶但也。若人不知務厚道德之本于身，而但以工文辭爲能者，是才藝之末務而止矣。此猶車不載物而徒美其飾也。
噫！
　周子語之將畢，而繼之以傷痛之聲者，深爲世道人心惜也。
弊也久矣。
　弊，壞也。自聖學不明而人心壞，人心一壞則風俗從而壞焉。風俗既壞，而人心益壞，斯弊之從來也，亦久遠矣。蓋自七篇絕筆，而載道之文不作，若漢董《天人三策》，唐韓《原道》一篇，僅可衛道而已，謂之載道則未也，亦未免爲虛車焉。他無足道也。○或疑有德者必有言，則不待藝而後其文可傳矣。周子此章，似猶別以文辭爲一事而用力焉，何也？朱子曰：「人之才德，偏有長短，其或意中了了而言不足以發之，則亦不能以傳于遠矣。故孔子曰『辭達而已矣』，程子亦言『《西銘》吾得其意，但無子厚筆力，不能作耳』，正謂此也。然言或可少，而德不可無。有德而有言者常多，有德而不能言者常少，學者先務，亦勉于德而已矣。」○孔門游、夏稱文學，亦何嘗秉筆爲詞章也！且如「觀乎天文，以察時變；觀乎人文，以化成天下」，此豈詞章之文也？故呂與叔有詩曰：「學如元凱方成癖，文似相如始類俳。獨立孔門無一事，只輸顏子得心齋。」○端亦偶成曰：「作文不必巧，載道則爲寶。不載道之文，臧文梲上藻。」❶言無味而意有在焉！

聖藴第二十九○此言孔子之藴，以其教不輕發而道自顯，又得顏子以發聖人藴者，正以深厚之極而警夫淺薄之尤也。

不憤不啓，

憤者，心求通而未得之意。啓，謂開其意。聖人之教，必待學者有心求通而未得之意，方爲開其意，而使之通焉。

不悱不發，

悱者，口欲言而未能之貌。發，謂達其辭。雖爲之開其意，然又必待其口欲言而未能之時，方爲之達其辭焉。

舉一隅不以三隅反，則不復也。

物之有四隅者，舉一可知其三。反者，還以相證之意。復，再告也。是自得矣。雖爲之達其辭，然又必待其自得乃復告爾，無非欲學者勉于用力，以爲受教之地也。此言聖人之教，必當其可而不輕發也。

子曰：「予欲無言。

予，我也。孔子言我欲不言，而道自傳焉。何也？聖門學者，多以言語觀聖人，而不察其天理流行之實有不待言而

❶「梲」，底本作「稅」，據《論語·公冶長》改。

著者，是以徒得其言而不得其所以言，故發此以警之。

天何言哉？

天道之造化，何必自言而後顯哉？

四時行焉，

天不言，而春、夏、秋、冬之四時自然流行，無古今之異也。

百物生焉。」

天不言，而聲色貌象之百物自然生成，無古今之殊也。蓋四時行，百物生，莫非天理發見流行之實，不待言而可見。聖人一動一靜，莫非妙道精義之發，亦天而已，豈待言而顯哉？此言聖人之道有不待言而顯者，故其言如此。

然則聖人之蘊，微顏子殆不可見。

蘊，中所畜之名也。微，無也。殆，將也。承上文而言，如此則聖人中之所畜，不有顏子將不可見。

發聖人之蘊，教萬世無窮者，顏子也。

仲尼無迹，顏子微有迹，故孔子之教既不輕發，又未嘗自言其道之蘊，而學者惟顏子爲得其全。故因其進修之迹，如博約克復，不遷怒貳過，見其進而不退，省其私而足發，而後孔子之蘊可見。

聖同天，不亦深乎！

上天之載，無聲無臭。維天之命，於穆不已，則天蘊固深矣。而孔子「淵淵其淵，浩浩其天」，則其蘊豈不亦深乎？所以猶天不言而四時行、百物生也。◯朱子又曰：「夫子之道如天，惟顏子得之。夫子許多大意思，盡在顏子身上發見。譬如天地生一瑞物，即此物上盡可以見天地和粹之氣。謂之發者，乃亦足以發之發，不必待顏子言而後謂之發也。」顏子所以發聖人之蘊，恐不可以一事而言。蓋聖人全體大用，無不一一于顏子身上發見也。

常人有一聞知，恐人不速知其有也。

若夫凡常之人，纔有一聞知，便恐怕人不速知己之有也。

急人知而名也，

既急欲人知己而求其名。

薄亦甚矣！

則其淺薄尤甚矣。蓋聖凡異品，高下懸絕，有不待校而明者。其言此者，正以深厚之極，警夫淺薄之尤耳。然于聖人，言深而不言厚；常人，言薄而不言淺。深則厚，淺則薄。上言首，下言尾，互文以明之也。

精蘊第三十

〇此言伏羲之精蘊無所不包，而因作《易》以發之也。

聖人之精，畫卦以示。

聖人，謂伏羲也。精者，精微之意。畫前之《易》，至約之理也。伏羲畫卦，專以明此而已。

聖人之蘊，因卦以發。

蘊，中所畜之名。凡卦中之所有，如吉、凶之理，進退、存亡之道，至廣之業也，有卦則因以形矣。

卦不畫，聖人之精不可得而見。

卦若不畫，則聖人精微之意不可得而見焉。

微卦，聖人之蘊殆不可悉得而聞。

微，無也。殆，將也。悉，詳盡也。若無

卦，則聖人胸中之畜將不可盡得而聞焉。

《易》何止五經之源，

《易》，《易》書也。五經者，《書》、《詩》、《禮》、《樂》、《春秋》也。陰陽有自然之變，卦畫有自然之體，此《易》之爲書，所以爲文字之祖、義理之宗也，然不止此。

其天地鬼神之奥乎！❶

蓋凡管于陰陽者，雖天地之大、鬼神之幽，其理莫不具于卦畫之中焉。此聖人之精蘊，所以必于此而寄之也。○愚按：《太極圖説》以「精」字對「真」字，則「真」，理也；「精」，氣也。此章以「精」字對「蘊」字，則「精」者，至約之理也；「蘊」者，至廣之業也。上章聖人之蘊，則以道言理也。先輩用之，豈苟云乎哉！

乾損益動第三十一 ○此論《易》而明聖人之蘊也。

君子乾乾，不息於誠。

此句《乾卦》爻辭。乾乾不息于誠，便是脩德底事。

然必懲忿窒慾，遷善改過而後至。

懲忿窒慾，是《損卦》大象。遷善改過，是《益卦》大象。懲忿如摧山，窒慾如填壑。遷善當如風之速，改過當如雷之決。修德者必須如此，而後能至于成德。

乾之用，其善是。

「其」字疑是「莫」字。❷是，此也，指去惡

❶「鬼神」，原作「神鬼」，據四庫本《通書》乙正。

❷「疑」，原作「亦」，據道光本改。

進善而言也。且乾之體，固自健而不息，而其用則莫善于去惡進善焉。

損益之大莫過是，

損、益二卦之大義，亦莫過于去惡進善也。

聖人之旨深哉！

聖人作《易》之旨意深矣哉！周子以此而發明思誠之方。蓋乾乾不息者體也，去惡進善者用也。無體則用無以行，無用則體無所措，故以三卦合而言之。

吉凶悔吝生乎動，

動者，卦之兆，實人事之符也。吉則善之應，福之占也。凶、悔、吝，惡之應，禍之占也。而吉凶悔吝之占，由是而生焉。

噫！

噫者，傷痛之聲。蓋悼昏憫愚之意也。

吉，一而已，

四者一善而三惡，故人之所值，福常少而禍常多。

動可不慎乎！

戒占者之動，不可不謹也。○此章論《易》，所謂聖人之蘊。

家人睽復无妄第三十二○此亦論《易》而明聖人之蘊也。

治天下有本，身之謂也。

身，謂君身。君仁莫不仁，君義莫不義，君正莫不正。是則治天下之本，在乎君身之脩而已。故曰：「君子之守，脩其身而天下平。」

治天下有則，家之謂也。

則，謂物之可視以爲法者，猶俗言則例則樣也。家，亦君之家也。君能惇敘九族，則家道理而和焉，天下之家視以爲法也。

本必端。

　身必正。

端本，誠心而已矣。

　正身之道，在誠其心而止爾。心不誠，則身不可正焉。

則必善。

　家必齊。

善，則和親而已矣。

　齊家之道，在和其親而止爾，親不和則家不可齊焉。

家難而天下易，

　治家難，而治天下易。何也？

家親而天下疏也。

　親者難處，疏者易裁。然不先其難，亦未有能其易者。

家人離，必起於婦人，

　一家之人，雖同氣同枝，而亦離心離德、相仇相隙者，必起于婦人之離間也。

故睽次家人。

　睽次家人，《易》卦之序。

以「二女同居，而志不同行」也。

　二女以下，《睽·彖傳》文。二女，謂睽卦兑下離上。兑，少女；離，中女也。陰柔之性，外和悦而內猜嫌，故同居而異志焉。

堯所以釐降二女于嬀汭，舜可禪乎？吾兹試矣。

　釐，理也。降，下也。二女，娥皇、女英也。嬀，水名。汭，水北，舜所居也。禪，傳與也。兹，此也。試，驗可否也。堯理治，下嫁二女于舜，將以試舜而授之天下也。

是治天下觀於家，

此所以治天下者，必觀其治家也。

治家，觀身而已矣。

治家者，觀其脩身而止爾。

身端，心誠之謂也。

身之所以正者，以其心之無不誠也。

誠心，復其不善之動而已矣。

所以誠心者，不善之動息于外，則善心之生于内者，無不實矣。

不善之動，妄也。

妄者，人爲之僞。

妄復，則无妄矣。

妄去，則自无妄。

无妄則誠矣。

程子曰：「无妄則謂誠。誠者，天理之真也。」

故无妄次復，

无妄次復，亦卦之序。

而曰「先王以茂對時，育萬物」，

先王以下引无妄卦《大象》，以明對時育物，惟至誠者能之。

深哉！

而贊其旨之深也。○此章發明四卦：家人、睽、復、无妄，亦皆所謂聖人之蘊。○西山真氏曰：「心不誠，則私意邪念紛紛交作，欲身之脩，得乎？親不和，則閨門乖戾，情意隔絶，欲家之正，得乎？夫治家之難，所以深于治國者，門内尚恩，易于揜義。世之人固有勉于治外者矣，至其處家，則或狃于妻妾之私，或牽于骨肉之愛，鮮克以正自檢者，而人君尤甚焉。漢高帝能誅秦滅項，而不能割戚姬、如意之寵。唐太宗能取孤隋，攘群盜，而閨門慚德顧不免焉。蓋疏則公道易行，親則私情易溺，此其所以難也。不先其難，未有能其易者。漢、唐之君，立本作則既已如此，何怪其治天下不及三代哉？夫女子，陰柔之性，鮮不妬忌而險詖者，故二女同居，則情間易生。堯欲試舜，必降以二女者，能處二女，則能處天下矣。舜之身正而刑家如此，故堯禪以天下而不疑也。身之所以正者，由其身之誠。誠者无他，不善之萌動于中，則亟反之而已。誠者，天理之真；妄者，人爲之僞。妄去則誠存矣。誠存則身正，身正則家治。推之天下，猶運之掌也。」

富貴第三十三○此亦明内外輕重之分也，與《顏子》、《師友》上下二章大意同。

君子以道充爲貴，

君子，聖賢之通稱。道，一也，語上則極乎高明，語下則涉乎形器，語大則至于無外，語小則入于無内，而其大要則曰中，而大目則曰三綱五常焉，充之則貴莫加焉。

身安爲富，

身外無道，道外無身，身安則足以任道，富孰加焉？

故常泰無不足。

道充于己，則動同于天，所以心廣體胖，無所不足。

而銖視軒冕，塵視金玉，

其視世間軒冕之貴，則不過一銖之輕；金玉之富，不過一塵之微而已。

其重無加焉爾。

其，指道充身安而言也。是則道充身安之重，天下無加焉。此理易明，而屢言之，欲人有以知道義之重，而不爲外物所移也。○朱子曰：「周先生言道至貴者，不一而足，蓋是見世間愚輩爲外物所搖動，如墮在火坑中，不忍見他，故如是說不一。世間人心不在殼子裏面，如發狂相似，只是自不覺也。」

陋第三十四○此亦明道德之重，而見文辭之不足取也。

聖人之道，

宇宙之間，一理而已。天得之而爲天，地得之而爲地，人物得之而爲人物，鬼神得之而爲鬼神。吾聖人之道，則合高厚而爲一，通幽明而無間。語其目之大者，則曰三綱五常，而其大要，不曰中則曰敬，不曰仁則曰誠，言不同而理則一。

入乎耳，

斯道也，入乎吾之耳。

存乎心，

存乎吾之心。

蘊之爲德行，

畜之于中，則爲吾之德行焉。

行之爲事業，

發之于外，則爲吾之事業焉。

彼以文辭而已者，陋矣！

彼不務道德，而專以工文辭爲事者，鄙陋之甚也。意同上章，欲人真知道德之重，而不溺于文辭之陋也。○程子曰：「聖賢之言，不得已也。蓋有是言則是理明，無是言則天下之理有闕焉。如彼耒耜陶冶之器，一不制，則生人之道有不足矣。聖賢之言雖欲已，得乎？然其包涵盡天下之理，亦甚約也。後之人始執卷，則以文章爲先，而其所爲，則動多于聖人。然有之無所補，無之無所闕，乃無用之贅言也。不止贅而已，既不得其要，則離真失正，反害于道心矣。」○朱子曰：「古之聖賢，其文可謂盛矣！然初豈有意學爲如是之文哉？有是實于中，則必有是文于外。如天有是氣，則必有日月星辰之光耀；地有是形，則必有山川草木之行列。聖賢之心，既有是精明純粹之實，以磅礴充塞乎其内，則其著見于外者，亦必自然條理分明，光輝發越而不可掩。蓋不必托于言語，著于簡册，而後謂之文，但自一身接于萬事，凡其語默，人所可得而見者，無適而非文也。姑舉其最而言，則《易》之卦畫，《書》之記言，《詩》之詠歌，《春秋》之述事，與夫《禮》之威儀，《樂》之節奏，皆已列于六經而垂萬世，其文之盛，後世固莫能及。然其所以盛而不可及者，豈無所自來，而世亦莫之識也。」○又嘗答學者曰：「諸説固佳，但此等亦是枉費工夫，不切自己底事。莫論爲學，治己治人，有多少事在，如天文地理、禮樂制度、軍旅刑法，皆是著實有用事業，無非自己本分内事。古人六藝之教，所以游其心者，正在于此。其與空言以較工拙于篇牘之間者，其損益相萬矣。」○黄氏巖孫曰：「此章當與《文辭》章參觀。」

擬議第三十五○此章合《中庸》、《易大傳》而言之義疑也。❶

至誠則動，

❶「也」下，道光本原校：「案：『義疑』二字疑誤。」

惟至誠在己，則可以動人，動是方感動他。

動則變，

既感動他，則可以使之變，變則已改其舊俗，然尚有痕瑕在。

變則化。

直到那化時，則都消化盡了，無復痕迹矣。此上《中庸》説也。

故曰：

故孔子《易大傳》有言。

「擬之而後言，

凡一言之發，必即《易》擬之而後言，則言無不謹矣。

議之而後動，

凡一行之動，必即《易》以議之而後動，則動無不謹矣。

擬議以成其變化。」

一言一動，必即《易》而後爲之，❶此所以成其變化也。這變化是就人動作處説，與《中庸》之變化不同。今合而言之，未詳其義。或曰：「至誠者，實理之自然；擬議者，所以誠之之事也。」

刑第三十六○此明聖人之刑所以爲仁政之輔也。

天以春生萬物，

天，至仁也，以春之陽和之氣發生萬物。

止之以秋。

然發生之不止，則無以節之，故必止之以秋之肅殺之氣焉。

物之生也既成矣，

且萬物之發生，至此既成實矣。

---

❶「後」，原無，據道光本補。

不止則過焉，
若不收殺住，則過了，亦不得成。
故得秋以成。
故必得秋之肅殺之氣以成之也。
聖人之法天，
聖人中天下而立，定四海之民，則必法天而行。
以政養萬民。
乃以仁政養天下之民。觀其即康功而天下之民得其安，即田功而天下之民得其養。
肅之以刑。
然苟不肅之以刑，則亦不可得而齊焉。
何也？
民之盛也，
民既庶且富焉。
欲動情動，
外則欲動而不可遏，內則情動而不可約。
利害相攻，
於是民以利害交相攻伐。
不止，則賊滅無倫焉。
若不以刑禁止之，則民相賊滅，而人倫何有哉？
故得刑以治。
故天下之民，必得聖人之刑而後治焉。大抵聖人之心，真與天地同德，品物或自逆于理，以干天誅，則夫輕重取舍之間，亦自有決然不易之理。如天地四時之運，寒凉肅殺常居其中，❶而涵育發生之心未嘗不流行乎其間。○意與十一章略同。

❶「中」，復性書院本作「半」。

情僞微曖，其變千狀，

情，真也。僞，假也。微，隱微不顯。曖，則掩曖不明。民之詞訟，一真一假，不顯不明，而變態至不一也。

苟非中正、明達、果斷者，不能治也。

中正，本也；明達、果斷，用也。然非明達則果斷無以施，非果斷則明達無所用，二者又自有先後也。言理詞訟者，苟不得中正之德、明斷之才，則不能理矣。

《訟》卦曰：

《易・訟》卦，《彖傳》有言。

「利見大人，以剛得中也。」

訟者，求辨其是非，則必利見大德之人。訟之大人，九五是也。九五以剛得中，故訟者利見之也。

《噬嗑》曰：

《易・噬嗑》卦《彖傳》有言。

「利用獄，以動而明也。」

噬嗑爲卦，震下動也，離上明也。卦之所以宜用獄者，以其動而明故也。且訟之中兼乎正，噬嗑之明兼乎達，訟之剛，噬嗑之動，即果斷之謂也。○南軒張氏曰：「夫中正者，仁之所存。而明達者知之所行果斷者，又勇之所施也。以是詳刑，本末具矣。」

嗚呼！

復嘆息而結之曰。

天下之廣，

普天之下，民至廣也。

主刑者，民之司命也。

凡主典刑憲者，民之死生係焉，故爲民之司命也。

任用可不慎乎！

得其人，則刑清而當焉；不得其人，則刑濫而酷焉。故君天下而任用主刑之官，不可不謹也！

公第三十七〇此明聖人之道即天地之道也。

聖人之道，至公而已矣。

聖人之道，用至不一，而一于至公。觀其或語或默，或出或處，或舍或取，或奪或予，或錯或舉，或留或去，或好或惡，或喜或怒，無往而非至公也。

或曰：「何謂也？」

設問：聖人之道所以至公者，何以言之？

曰：「天地，至公而已矣。」

答言：天地之道至公而止矣。聖人與天地合其德，則聖人之至公，一天地之至公也。始佛氏自私之厭，老氏自私之巧，則自戾于天地矣。其與吾堯、舜、周、孔之道，豈可同日而語哉！

孔子上第三十八〇此明聖人作《春秋》之大旨也。

《春秋》，正王道，明大法也，

《春秋》，魯史耳，仲尼脩之爲經，以正天下一王之道，明皇帝王相傳治天下綱常之大法。

孔子爲後世王者而脩也。

聖人之脩《春秋》，乃爲後世受天命王天下者脩之，俾知所以治天下之道焉，不特此也。

亂臣賊子，誅死者於前，

又將國之亂臣、家之賊子已死者，誅戮于前，既不能逃其彌天之罪。

所以惧生者於後也。

所以使後之生者惧之而不敢爲。故曰：「孔子成《春秋》而亂臣賊子惧。」國無亂臣，家無賊子，則天經地義，民彝物則，一于正而已。聖人爲天地立心，爲生民立命，爲往聖繼絶學，爲來世開太平者，何其至哉！

宜乎萬世無窮，王祀夫子，

宜乎君天下者，萬世無窮，以王禮祀夫子。

報德報功之無盡焉。

報夫子之德，報夫子之功之無盡焉。

孔子下第三十九○此贊聖人道德之極、教化之至也。

道德高厚，

道極高而德極厚。

教化無窮，

垂教化于無窮。

實與天地參而四時同，

道高如天，德厚如地，則與天地參。教化無窮如四時，則與四時同。❶

其惟孔子乎！

自生民以來，其獨孔子一人而已焉。蓋道高如天者，陽也；德厚如地者，陰也；教化無窮如四時者，五行也。孔子其太極乎！

蒙艮第四十○此亦論《易》而明聖人之藴，以見主静之意也。

童蒙求我，

❶「與」，原脱，據復性書院本補。

童，稚也。蒙，昧也。我，謂師也。言童蒙之人來求于我，以發其蒙。

我正果行，

而我以正道果決彼之所行。

如筮焉。筮，叩神也，

筮，揲蓍以決吉凶也。言學者求教于師，如筮者叩神以決疑，而神告之吉凶，以果決其所行也。

再三則瀆矣，

叩神求師，專一則明，如初筮則告，二三則惑，謂不信也。

瀆則不告矣。

筮者不信，故神不告以吉凶。學者不信，師亦不當決其所行也。

「山下出泉」，靜而清也，

「山下出泉」，《蒙·大象》文，山靜泉清，有以全其未發之善，故其行可果。

汩則亂，

汩，再三也。亂，瀆也。蓋汩則不靜，亂則不清。

亂，不決也。

不決，不告也。彼既不能保其未發之善，則告之不足以果其所行，而反滋其惑，❶不如不告之爲愈也。

慎哉！

師之施教，不可不謹。

其惟時中乎！

「時中」者，《彖傳》文，教當其可之謂也。初則告，瀆則不告，靜而清則決之，汩而亂則不決，皆時中也。此上三節，雜引蒙卦《彖》、《象》而什其義，❷而此下一節

❶「惑」，原作「或」，據道光本改。

❷道光本原校：「案：什字疑誤，下句『而什之』同。」

引艮卦之《象》而什之。

艮其背，

艮，止也。背，所當止也。艮其背，只是止于其所當止之地也。

背非見也。

非見，不是說目無所見，只如非禮勿視，則心自靜。

靜則止，

靜，不動也，不動便自止矣。

止，非爲也。

止便是不作爲。

爲，不止矣。

若爲，則便不是止焉。此朱子之意。注用程子解，以爲背非有見之地，艮其背者，止于不見之地也。止于不見之地則靜，靜則止而無爲，一有爲之之心，則非止之道，而復謂恐如此說費力，此愚說所以用朱子之意也。

其道也深也。

是《易》道之深也。○此章發明二卦，皆所謂聖人之蘊，而主靜之意矣。

通書總論

五峰胡氏曰：「《通書》四十章，周子之所述也。粵若稽古，孔子述三五之道，立百王繼世之法。孟軻氏闢楊、墨，推明孔子之澤，以爲萬世不斷，人謂孟子功不在禹下。今周子啓程氏兄弟以千古不傳之妙，其功蓋在孔、孟之間矣。人見其書之約也，而不知其道之大也；見其文之質也，而不知其義之精也；見其言之淡也，而不知其味之長也。」○此書皆發端以示人者，度越諸子，直與《易》、《書》、《詩》、《春秋》、《語》、《孟》同流行乎天下。

朱子曰：「《通書》文雖高簡，而體實淵慤，且其所論，不出乎脩己治人之事，未嘗劇談無極之先、文字之外也。」

問：「《通書》便可以接《語》、《孟》？」曰：「比《語》、《孟》較分曉精深，結構得密。《語》、《孟》較説得闊。」

「周子《通書》，此近世道之源也，而其言簡質如此，與世之指天畫地、喝風罵雨者，氣象不侔。」

「《河圖》出而八卦畫，《洛書》出而九疇敘。孔子于斯文興喪未嘗不推之于天，若濂溪先生者，其天之所畀而得乎斯道之傳者與！不由師傳，默契道體，建圖屬書，根極要領。當時見而知之，有程氏者，遂擴大而推明之，使天理之微，人情之著，事物之衆，鬼神之幽，莫不洞然畢貫于一，而周公、孔子、孟子之傳，煥然復明于世。」

「先生之言，高極乎無極太極之妙，而其

實不離乎日用之間；幽探乎陰陽、五行之賾，而其實不離乎仁、義、禮、智、剛、柔、善、惡之際。其體用之一原，顯微之無間，秦、漢以來，誠未有臻斯理者，而其實則不外乎六經、《論語》、《中庸》、《大學》七篇之所傳也。」

「先生奮乎百世之下，深探聖賢之奧，疏觀造化之源，而獨心得之。立象著書，闡發幽秘，辭義雖約，而天人性命之微，脩己治人之要，莫不畢舉。」

「濂溪之《圖》與《書》，雖其簡古，淵源未易究測，然其大指，則不過語諸學者講學致思，以窮天地萬物之理，而勝其私以復焉。其施則善始于家而達之天下，其具則復古禮，變今樂，政以養民，而刑以肅之也。是乃所謂伊尹之志、顏子之學，而程子傳之以覺斯人者，亦豈有以外乎日用之間哉?」

西山真氏曰：「自《湯誥》論降衷，詩人賦物，則人知性之出于天，而未知其爲善也。繼善成性，見于係《易》，性無不善，述于七篇，人知性之善而未知其所以善也。周子因群聖之已言而推其所未言者，于《圖》發無極、二五之妙，于《書》闡誠源、誠立之指。昔也太極自爲太極，今知吾身自有太極矣；昔也乾元自爲乾元，今知吾心即乾元矣。有一性則有五常，有五常則有百善，循源而流，不假人力。道之全體焕然復明者，周子之功也。」

黄氏瑞節曰：「周子二書，真所謂吐辭爲經者。朱子之解是書也，亦如解經然。蓋朱子之追事周子也，猶周子之追事吾孔、孟也，無一字不服膺焉耳。嘗徧求其《易説》而不可得，僅令門人度正訪周子之友傅耆之子孫，求所寄《姤説》、《同人説》，亦已不可見矣。世之相去百有餘年，而其書散逸難合如此哉！或謂『無極』二字出于老、列，或謂《圖》得之穆脩。或謂當時畫以示二程，而未嘗有所爲書。或謂二程言語文字至多，未嘗一及『無極』字，疑非周子所爲。或謂周子，陸詵婿也，説見司馬温公《涑水記聞》，亦篤實長厚人也，安知無所傳授？或謂周子與胡文定公同師鶴林寺壽涯。是皆强求其所自出，而于二書未知深信者。朱子一言以斷之曰：『不由師傳，默契道體。』于是周子上承孔、孟之説遂定，而二書與《語》、《孟》並行矣。」

通書後録

先生名張宗範之亭曰「養心」，而爲之説曰：「孟子曰：『養心莫善於寡欲。其爲人也寡欲，雖有不存焉者寡矣。其爲人也多欲，雖有存焉者寡矣。』予謂養心不止于寡而存爾，蓋寡焉以至於無，無則誠立明通。誠立則實本安固，明通則實用流行。立如三十而立之立，明則不惑，知命而鄉乎耳順矣。誠立，賢也。明通，聖也。是聖賢非性生，必養心而至之。養心之善有大焉如此，存乎其人而已。」

荀子曰：「養心莫善於誠。」先生曰：「荀子元不識誠。」

明道先生曰：「既誠矣，又安用養耶？」

明道先生曰：「昔受學于周茂叔，每令尋仲尼、顏子樂處，所樂何事？」

明道先生曰：「自再見周茂叔後，吟風弄月以歸，有『吾與點也』之意。」

明道先生曰：「吾年十六七時，好田獵，既見茂叔，則自謂已無此好矣。茂叔曰：『何言之易也？但此心潛隱未發，一日萌動，復如初矣。』後十二年，復見獵者，不覺有喜心，乃知果未也。」

明道先生曰：「周茂叔窗前草不除去。問之，云：『與自家意思一般。』子厚觀驢鳴，亦謂如此。」

伊川程先生見康節邵先生，伊川指食卓而問曰：「此卓安在地上，不知天地安在何處？」康節爲之極論其理，以至六合之外。伊川嘆曰：「平生唯見周茂叔論至此。」此康節之子伯溫所記，但云極論而不言其所論者云何。今按康節之書有曰：「『天何依？』曰：『依乎地。』曰：『地何附？』曰：『附乎天。』曰：『天地何所依附？』曰：『自相依附。天依形，地附氣，形謂地，氣謂天。其形也有涯，其氣也無涯。』」竊恐當時康節所論與伊川所聞于周先生者，亦當如此，因附見之云。

太史黄公庭堅曰：「春陵周茂叔，人品甚高，胸中灑落，如光風霽月。」○延平先生每誦此言，以爲善形容有道者氣象。

明道先生識其子端愨之壙曰：「夫動静者，陰陽之本。況五氣交運，則益參錯不齊矣。賦生之類，宜其雜糅者衆，而精一者間或值焉。以其間值之難，則其數或不能長，亦宜矣。」○自此以下四節，全用《太極圖》及《通書》中意，故以附之。

明道先生銘其友李仲通之墓曰：「二氣交運兮五行順施，剛柔雜糅兮美惡不齊，稟生之類兮偏駁其宜。有鍾粹美兮會元之期，聖雖學作兮所貴者資，便儇皎厲兮去道遠而。」

明道先生作《顔子所好何學論》，❶曰：「天地儲精，得五行之粹者爲人。其本也貞而静，其未發也五性具焉，曰仁、義、禮、智、信。形既生矣，外物觸其形而動于中矣。其中動而七情出焉，曰喜、怒、哀、懼、愛、惡、欲。情既熾而益蕩，其性鑿矣。故覺者約其情使合于中，正其心，養其性而已。然必明諸心，知所往，然後力行以求至焉。若顔子之非禮勿視、听、言、動，不遷怒貳過，則好之之篤，學之之道也。」○黄氏瑞節曰：「此論乃程夫子十八歲所作。」

程先生曰：「二氣五行，剛柔萬殊。聖人所由惟一理，人須要復其初。」

❶「明道」，據《二程集》、《河南程氏文集》卷第八，當爲「伊川」。

夜行燭

夜行燭序

「美質易得，至道難聞」，古人有是言矣。伏惟我家嚴，九歲失其怙恃，自恨歉於讀書，然天性仁厚，資質聰敏，見善勇於必行，知過勇於必改。嘗曰：「祖宗積德以遺我，使我子孫既衆且賢矣，享此團圓之福。我受其榮，豈忍積惡於身，上玷祖宗之德，下遺子孫之禍哉？」若爲流俗所移，於是以崇奉鬼神，尊事佛、老爲善。洎端讀書於邑庠，幸聞師友之談，頗知聖賢之道，乃告家嚴曰：「《易》云：『受兹介福，惟以中正。』《詩》云：『思無邪，思馬斯徂。』是則福在正道，不在邪術矣。況聖門之教，『敬鬼神而遠之』，彼佛、老以清浄而廢天地生生之理，致令絶祀覆宗，禍且不免，福何有焉！」家嚴悔恨，因執端手而諭之曰：「我不讀書，爲流俗所惑，昏迷至此，可勝痛哉！今而後，由你引我上去，我便隨着你行。」端拜曰：「古之孝子，先意承志，諭父母於道，端既奉命，敢不拜教！」於是取聖經賢傳之格言、扶正抑邪之確論，朝夕諷誦左右。又將《文公家禮》及《鄭氏家規》勸而行之。既而家嚴喜曰：「昔我愚冥如夜行，然自端開明之後，雖未到高明遠見地步，然常如有明燭照引於前者。」端因述前言往行之經告於家嚴者，纂集成書，命名曰《夜行燭》。藏之篋笥，以備觀覽而已，固不敢爲讀書知古者設也。然是燭也，照之於上下，則上下無不明；照之於前後，則前後無不明；照之於左右，則左右無不明。以之而引導於父母，則父母之正道得，而治家垂訓之理明；以之而引導於兄弟，則兄弟之正道得，而成家立計之義明；以之而引導於子姪，則子姪之正道得，而繼志述事之孝明。用之則家道安和，舍之則家道廢墜矣。古語云：「從善如登，從惡如崩。」可不慎所從哉！

永樂戊子春三月甲寅曹端謹書序。

曹月川先生《夜行燭》，西京宋均已捐俸金入梓矣。然偶遺原序，殊失作者之旨。今歲夏，余分教澠庠，因出所藏善本，捐貲補刻而歸其板於曹生繼儒，以成先生之全書，用以識其歲月云。

萬曆乙未夏仲後學河陽潘汲謹識。

刻夜行燭序

鄒孟氏有言曰：「賢者以其昭昭，使人昭昭。」夫所謂「昭昭」者，豈非吾人之真體哉？是真體也，不以古有，不以今無，不以聖豐，不以愚嗇。然而不免古今聖愚之異者，非他也，物有以蔽之也。鑑本空也，而塵或翳之；泉本清也，而滓或淆之；真體本昭昭也，而私智或撓之。若是則號於人，曰有不然，其果不然耶？語曰：「指窮於爲薪火傳也，不知其盡也。」夫火之明也，而或窮於薪，薪窮則火亦窮矣。將以稱曰火不明，此果火之咎乎哉？然則真體之昭昭也，何以異於是？是故君子有所以自體之功焉，有所以體人之道焉。自體以昭昭也，體人以其昭昭也，以昭昭則微而彰矣，以其昭昭則罕譬而喻矣。此謂格物，此謂明明德於天下。曰：「茲學也，何學也？」曰：「茲，往所稱大人之學也。宋儒而後，統之不絕也，蓋如綫矣。天啓皇明，二祖實以聖學理天下，一時真儒輩出。而所謂月川曹先生者，實生澗澠崤陵之間。今觀其書，大都崇信六籍，雅志典禮，旁說曲喻，而一稟於正經。至稱其先人，質行嗜學，卓然有聞，實自是編伊始。則先生之教，由身而家，可謂得其大者。區區立言垂訓，特其餘緒土苴，顧足以重先生哉！雖然，先生之志見於名書，倘所謂以其昭昭使人昭昭者，非耶？夫燭之明也，薪之屬也，至其所以明者，火之傳也。薪有時而窮，燭有時而跋，而火之真體，則無時而不傳。然則先生之道，與其不可見者，將歷一世千世而猶存，而豈獨繫於書哉？若是，則先生之書可以無傳乎？」曰：「非然也。火傳於爲燭，道傳於爲書，存書所以存道也。泥其籍而不求諸道焉，先生之志荒矣，大人之學幾幾乎墜矣！」

是刻也，澠池博宋君實爲之。宋君，好古士也。刻既成，請序於余，余因推先生之意以告焉。若夫先生之歷履行概，則年譜具矣，奚俟余言。

萬曆乙亥春三月上浣賜進士第知河南府陝州事後學新都方揚敘。

夜行燭

韶陽曹端纂集
新安李銘校正

明孝保身第一

孝乃百行之原，萬善之首，上足以感天，下足以感地，明足以感人，幽足以感鬼神。所以古之君子，自生至死，頃步而不敢忘孝焉。今我家嚴，行在孝道，常患不及，故端略述聖賢明孝之格言以告之。

孔子曰：「天地之性，人爲貴。人之行莫大於孝，孝莫大於嚴父。故親生之膝下，以養父母，日嚴。」「孝子之事親也，居則致其敬，養則致其樂，病則致其憂，喪則致其哀，祭則致其嚴。」「夫孝，天之經也，地之義也，民之行也，天地之經而民是則之。」「夫孝，德之本也，教之所由生也。身體髮膚，受之父母，不敢毀傷，孝之始也。立身行道，揚名於後世，以顯父母，孝之終也。」「夫孝，始於事親，中於事君，終於立身。」「天之所生，地之所養，惟人爲大。父母全而生之，子全而歸之，可謂孝矣。故君子頃步而不敢忘孝也。」○《曲禮》曰：「孝子不服闇，不登危，懼辱親也。」○《中庸》曰：「夫孝者，善繼人之志，善述人之事者也。踐其位，行其禮，奏其樂，敬其所尊，愛其所親，事死如事生，事亡如事存，孝之至也。」○孟子稱舜之至孝，其略曰：「天下之士悦之，人之所欲也，而不足以解憂。好色，人之所欲也，妻帝之二女，而不足以解憂。富，人之所欲也，富有天下，而不足以解憂。貴，人之所欲也，貴爲天子，而不足以解憂。惟順於父母，可以解憂。大孝，終身慕父母，五十而慕者，予於大舜見之矣。」○楊子曰：「事父母自知不足者，其舜乎！

不可得而久者，事親之謂也，孝子愛日。」○《明孝》曰：「夫孝，冬温夏凊，晨省昏定，飲食供奉，潔浄節之。父母有命善正，速行毋怠。命乖於禮法，則哀告再三。父母已成之業毋消，父母運蹇，家業未成，則當竭力以爲之。事君以忠，夫婦有别，長幼有序，朋友有信。居處端莊，涖官以敬，戰陣勇敢，不犯國法，不損肌膚。閑中不致人罵詈，朝出則告往某方，暮歸則告事已成、未成。」愚謂此燭十條，照引其行孝道者。

明禮保身第二禮者，天理之節文，人事之儀則。守之則爲聖賢，棄之則爲禽獸，脩之則致福慶，敗之則取禍殃。所以古之君子，非禮勿視，非禮勿聽，非禮勿言，非禮勿動。今我家嚴有志欲明禮以保其身，故端略述古昔聖賢明禮之格言以告之。

孔子曰：「民之所以生者，禮爲大。非禮則無以節事天地之神也，非禮則無以辨君臣、上下、長幼之位也，非禮則無以别男女、父子、兄弟、婚姻、親族、疏數之交也。是故君子此之爲尊敬然。」○「夫禮，先王以承天之道，以治人之情。故失之者死，得之者生。《詩》曰：『相鼠有體，人而無禮；人而無禮，胡不遄死。』」○劉康公曰：「吾聞民受天地之中以生，所謂命也。是以有動作禮儀之則以定命也。能者養之以取福，不能者敗之以取禍。」○《曲禮》曰：「道德仁義，非禮不成。教訓正俗，非禮不備。分争辨訟，非禮不決。君臣上下、父子兄弟，非禮不定。宦學事師，非禮不親。班朝治軍，涖官行法，非禮威嚴不行。禱祠祭祀，供給鬼神，非禮不誠不莊。是以君子恭敬撙節退讓以明禮。」「鸚鵡能言，不離飛鳥。猩猩能言，不離禽獸。今人而無禮，雖能言，不亦禽獸之心乎！故父子聚麀。是故聖人作爲禮以教人，使人以有禮，知自別於禽獸。」○司馬温公曰：「禮之爲物，大矣！用之於身，則動静有法，而百行備焉；用之於家，則内外有別，而九族睦焉；用之於鄉，則長幼有倫，而俗化美焉；用之於國，則君臣有序，而政治成焉；用之於天下，則諸侯順服，而紀綱正焉。豈但几席之上、户庭之間，得之而不亂哉！」○胡氏曰：「夫自脩身以至於爲天下，不可一日而無禮。天敘天秩，人所共由，禮之本也。」○朱子曰：「三綱五常，禮之大體。三代相繼，皆因之而不能變。」「禮以恭敬辭讓爲本，而有節文度數之詳，可以固人肌膚之會，筋骸之束。」○范氏曰：「經禮三百，曲禮三千，一言以蔽之，曰『毋不敬』。」愚謂此燭十條，照引其循禮而行者。

明禮正家第三

男女有別，乃人倫之大體，正家之大經，禮之尤重者也。若或男女無別，則與禽獸無異。所以古之君子，必嚴内外之分以謹男女之別。故自七歲以上至六十以下，不同席，不共食，其嚴如此。今我家嚴，志欲明禮以正家，故端略述聖賢明男女有別之格言以告之。

《易》曰：「家人，女正位乎内，男正位乎外。男女正，天地之大義也。」○《左傳》曰：「女有家，男有室，無相瀆也，謂之有禮。易此必敗。」○《曲禮》曰：「男女不雜坐，不同施枷，不同巾櫛，不親授。嫂叔不通問，諸母不漱裳，外言不入於梱，内言不出於梱。」○「女子許嫁纓，非有大故，不入其門。❶姑姊妹女子，已嫁而返，兄弟弗與同席而坐，弗與同器

❶「其」，原重，據文義删。

而食。」○《内則》曰：「男不言内，女不言外，非祭非喪，不相授器。其相授，則女授以篚，其無篚則皆坐奠之而後取之。」○「内外不共井，不共湢浴，不通寢席，不通乞假，男女不通衣裳。」○「内言不出，外言不入。男子入内，不嘯不指。夜行以燭，無燭則止。女子出門，必擁蔽其面，夜行以燭，無燭則止。道路，男子由右，女子由左。」○司馬温公《家儀》曰：「凡爲宫室，必辨内外。深宫固門，内外不共井，不共浴堂，不共厠。男治外事，女治内事。男子晝無故不處私室，婦人無故不窺中門。男子夜行以燭。婦人有故出中門，必擁蔽其面。男僕非有繕羞及大故不入中門。中門，婦人必避之，如不可避，亦必以袖遮其面。鈴下蒼頭，但主通内外言語，傳致内外之物，毋得輒升堂室、入庖厨。」○義門《鄭氏家規》曰：「家中燕享，男女不得互相獻酬，庶幾有别。」愚謂此燭九條，照引男女有别之道。

昔魯人有獨處室者，隣之釐婦亦獨處一室。夜暴風雨至，釐婦之室壞，趍而託焉，魯人閉而不納。釐婦自牖與之言曰：「子何不仁，而不納我乎？」魯人曰：「吾聞男女不六十不同居，今子幼，吾亦幼，是以不納尔也。」孔子聞而善之。又公父文伯之母，季康子之從祖母也，康子往焉，闢門而與之言，皆不踰閾。仲尼聞之，以爲别於男女之禮矣。有志於男女之别者法之。

明禮却俗第四

程子曰：「冠婚喪祭，禮之大者，今人都不理會。人家能存此等事數件，雖幼者可使漸知禮義，所以古人正名正家以四禮，曰冠、婚、喪、祭。」今我家嚴，志在明禮以却俗，故端略述聖賢明四禮之格言以告之，其儀式具載《文公家禮》。

司馬温公曰：「冠者，成人之道也。成人者，將責爲人子，爲人弟，爲人臣，爲人少者之行也。將責四者之行於人，其禮可不重與？冠禮之廢久矣。近世以來，人情尤爲輕薄。生子猶飲乳，已加巾帽，有官者或爲之製公服而弄之。過十歲猶總角者，蓋鮮矣。彼責以四者之行，豈能知之？故往往自幼至長，愚騃如一，由不知成人之道故也。古禮雖稱二十而冠，然世俗之弊，不可猝變，若敦厚好古之君子，俟其子年十五以上，能通《孝經》、《論語》，粗知禮義之方，然後冠之，斯其美矣。」○義門《鄭氏家規》曰：「子弟當冠，須延有德之賓，庶可責以成人之道。其儀式並遵《文公家禮》。」○《文公家禮》始加祝曰：「令月吉日，始加元服。棄爾幼志，順爾成德。壽考維祺，介爾景福。」再加曰：「吉月令辰，乃申爾服。敬爾威儀，淑慎爾德。眉壽萬年，永受胡福。」三加曰：「以歲之正，以月之令，咸加爾服。兄弟具在，以成厥德，黄耉無疆，受天之慶。」以上明冠禮之當行而流俗之當却也。○《禮記》曰：「天地合而萬物興焉。夫婚禮，萬世之始也，取於異姓，所以附遠厚别。幣必誠，辭無不腆，告之以直信。信，事人也。信，其婦德也。壹與之齊，終身不改，故夫死不嫁。男子親迎，男先於女，剛柔之義也。天先乎地，君先乎臣，其義一也。執摯以相見，敬章别也。男女有别，然後父子親；父子親，然後義生；義生，然後禮作；禮作，然後萬物安。無别無義，禽獸之道也。」○孔子曰：「男子者，任天地而長萬物者也，❶是故審其倫而明其别。女子者，順男子之教而長其理者也，是故無專制之義，而有三從之道。幼從父兄，既嫁從夫，夫死從子，

❶「天地」，《孔子家語》作「天道」。「長」，原脱，據《孔子家語》補。

言無再醮之端。教令不出閨門，事在飲食之間而已，無梱外之非儀也。此聖人所以順男女之際，重婚姻之始也。」○《文公家禮》曰：「男子十六至三十，女子年十四至二十，乃可成婚。自以爲參古今之道，酌禮令之中，順天地之理，合人情之宜也。」○王吉曰：「夫婦，人倫大綱，夭壽之萌也。世俗嫁娶太早，未知爲人父母之道而有子，是以教化不明而民多夭。」○文中子曰：「早婚少聘，教人以偷。妾媵無數，教人以亂。且貴賤有等，一夫一婦，庶人之職也。」○「婚取而論財，夷虜之道也，君子不入其鄉。古者男女之族必擇德焉，不以財爲禮。」○司馬温公曰：「夫婚姻者，所以合二姓之好，上以事宗廟，下以繼後世也。今世俗之貪鄙者，將娶婦，先問資裝之厚薄；將嫁女，先問聘財之多少。至於立契約，云某物若干，某物若干，以求售其女者，亦有既嫁而復欺紿負約者。是乃駔儈賣婢鬻奴之法，豈得謂之士大夫婚姻哉？其舅姑既被欺紿，殘虐其婦以攄其忿。由是愛其女者，務厚資裝以悦其舅姑。❶殊不知貪鄙之人不可盈厭。資裝既竭，則安用汝女哉？於是質其女以賣貨於女氏，貨有盡而貪無窮，故婚姻之家，往往終爲仇讎矣。是以世俗生男則喜，生女則戚，至有不舉其女者，用此故也。然則議婚姻有及於財者，勿與爲婚姻可也。」○「凡議婚姻，當先察其婿與婦之性行及家法如何，勿苟慕其富貴。婿苟賢矣，今雖貧賤，安知異時不富貴乎？苟爲不肖，今雖富貴，安知異時不貧賤乎？婦者，家之所由盛衰也。苟慕一時之富貴而娶

❶「舅姑」下原有「者」字，據《司馬氏書儀》卷三删。

之，彼挾其富貴，鮮有不輕其夫而傲其舅姑，養成驕妬之性，異日爲患，庸有極乎？借使因婦財以致富，挾婦勢以取貴，苟有丈夫之志氣者，能無愧乎？」○「世俗好於强褓童幼之時，輕許爲婚，亦有指腹爲婚者。及其既長，或不肖、無賴，或身有惡疾，或家貧凍餒，或喪服相仍，或從官遠方，遂至棄信負約、速獄致訟者多矣。是以先祖太尉嘗曰：『吾家男女，俟其既長，然後議婚。既通書，不數月，必成婚，故終身無此悔。乃子所當法也。』」○安定胡先生曰：「嫁女必須勝吾家者。勝吾家，則女之事人必欽必戒。娶婦必須不若吾家者。不若吾家，則女之事舅姑必執婦道。」○或問：「孀婦，於理似不可娶，如何？」伊川先生曰：「然。凡娶，以配身也。若娶失節者以配身，是己失節也。」又問：「或有孤孀貧窮無託者，可再嫁否？」曰：「只是後世怕寒餓死，故有是說。然餓死事極小，失節事極大。」○張子曰：「以義理言，則婦死不當再娶，夫死不當再嫁。當其初娶時，便期以終身，豈復有再嫁之事？禽獸亦有不再配者。夫婦之道，是以夫止合一娶，婦止合一嫁。今婦人夫死，而不可再嫁，如天地之大義，然則夫豈得而再娶？特以重者較之，養親承家，祭祀繼續，不可缺也，故有再娶之理。雖再娶，止謂繼室。婦人則雖至窮餓死，不可也。」○義門《鄭氏家規》曰：「婚姻乃人道之本，親迎、醮啐、奠鴈、授綏之禮，今多違之。❶今一却時俗之習，其儀式並遵《文公家禮》。」以上明婚禮之當行，而流俗之當却也。○孔子曰：「孝子之喪親也，哭不偯，禮無容，言

❶「今」，原作「命」，據道光本改。

不文，服美不安，聞樂不樂，食旨不甘，此哀戚之情也。三日而食，教民無以死傷生，毁不滅性，此聖人之政也。喪不過三年，示民有終也。爲之棺槨衣衾而舉之，陳其簠簋而哀戚之，擗踴哭泣，哀以送之，卜其宅兆而安厝之，爲之宗廟以鬼享之，春秋祭祀，以時思之。生事愛敬，死事哀戚，生民之本盡矣，死生之義備矣，孝子之事親終矣。」〇司馬温公曰：「古者父母之喪既殯，食粥、齊衰、蔬食、水飲，不食菜果。父母之喪既虞，卒哭，蔬食水飲，不食菜果。期而小祥，食菜果。又期而大祥，食醯醬。中月而禫，禫而飲醴酒。始飲酒者，先飲醴酒；始食肉者，先食乾肉。古人居喪，無敢公然食肉飲酒者。今之士大夫居喪，飲酒食肉者無異平日，又相從宴集，靦然無愧，人亦恬不爲怪。禮俗之壞，習以爲常，悲夫！乃至鄙野之人，或初喪未斂，親賓則齎酒饌往勞之，主人亦自備酒饌相與飲啜，醉飽連日。及葬，亦如之。甚者，初喪作樂以娱尸，及殯，則以樂導輀車而號泣隨之，亦有乘喪即嫁娶者。噫！習俗之難變，愚夫之難曉，乃至此乎？凡居父母之喪者，大祥之前，皆未可食肉、飲酒。若有疾病，暫須飲食，疾止亦當復初。唯五十以上，血氣既衰，必資酒肉扶養者，則不必然耳。」〇「父母之喪，中門之外，擇樸陋之室爲丈夫喪次，斬衰寢苫枕塊，不脱絰帶，不與人坐焉。婦人次於中門之外別室，撤去帷帳衾褥華麗之物，男子無故不入中門，婦人不得輒至男子喪次。」〇「父母之喪，不當出。若爲喪事及有故，不得已而出，則乘樸馬，布裹鞍轡。」〇「世俗信浮屠誑誘，始死者及上七七日、百日、期年、再期年、除喪，❶飯僧設道場，或作水陸大會，寫經造像，修建塔廟，云爲死者滅弭天罪惡，❷必生天堂，受種種快樂。不爲者必入地獄，剉燒舂磨，受無邊波吒之苦。殊不知生含血氣，知痛痒，或剪爪剃髮，從燒斫之，已不知苦。況於死者，形神相離，形則入於黃壤，朽腐消滅，與木石等，神則飄散，不知何之，借使剉燒舂磨，豈能知之？且浮屠所謂『天堂』、『地獄』者，計亦勸善而懲惡也。苟不以至公行之，雖鬼，可得而治乎？是以唐廬州刺史李舟與妹書曰：『天堂無則已，有則君子登。地獄無則已，有則小人入。世人親死而禱浮屠，是不以其親爲君子，而爲積惡有罪之小人也。何待其親之不厚哉？就使其親實積惡有罪，豈賂浮屠所能禱而免乎？』此則中智所共知，舉世滔滔信奉之，何其易惑而難曉也！甚者至有傾家破產然後已。與其如此，若早買田營墓而葬之乎？❸自彼天堂、地獄若果有之，當與天地俱生。佛法未入中國之前，人死而復生者，亦有之矣，何故都無一人誤入地獄，見所謂閻羅等十王者耶？不學者固不足言，讀書知古者亦可以少悟矣。」○或問：「生即是氣，死則氣散，浮屠此不足信。然世間人爲惡死，若無地獄以治，❹何所懲？」朱子曰：「且說堯、舜、三代，世無浮屠，此乃比屋可封，天下太平。及其有浮屠氏，而爲惡者滿天下。若爲惡者必待死然後治之，則生人立君，又焉用哉？」○真西山先生曰：「釋、老追薦之說，誠

❶「除」，原作「餘」，據道光本改。
❷「滅」，原無，據道光本補。
❸「若」上，道光本有「曷」字，「買」作「賣」。
❹「無」，原缺，據道光本補。

爲誑世。然僧死則不用道，道死則不用僧。今儒家者，讀周、孔之書，死乃用釋、老之薦，豈非惑歟！」○《文公家禮》曰：「不作佛事。」○義門《鄭氏家規》曰：「喪禮久廢，多惑於釋、老之説，今皆絶之，其儀式並遵《文公家禮》。子孫臨喪，當務盡禮，不得惑於陰陽，非禮拘忌，以乖大義。」○《葬經》曰：「葬禮，聖人所制；五姓，❶俗人所説。今乃舍聖制而從俗説，不亦愚乎？」以上明喪禮之當行而流俗之當却也。○愚謂儒家之禮，原出於天地，而制成於聖人，故自周公而上，作之者非一人。自孔子而下，明之者亦非一人矣。其在五經、四書，詳且備焉。彼釋迦、老聃之書，本無齊醮之論，而梁武、宋徽之君，妄爲齊醮之説。故武餓臺城，❷而徽流落金虜。將求冥福，俱遭顯禍，誠萬世之明鑑也。奈何人不知戒，踵謬成俗，流至於今，可勝痛哉！然出俗超凡，何代無人？宋程伊川先生家治喪，不用浮屠，在洛亦有一二人家化之。元許魯齋先生居鄉里，凡喪葬一遵古制，不用釋、老二氏。士大夫家因以爲俗，四方聞風，亦有傚之者。今欲明其禮而却其俗焉，以二先生爲法，毋曰「我下愚也，豈敢傚大賢之所爲哉！」孟子不曰「人皆可以爲堯舜」，況程、許乎？《葬家》詩曰：「葬家風水果何由，舉世滔滔苦信求。我道如依風水説，陰陽箇箇做王侯。」

聖祖勑曰：「天子祭天地神祇及天下山川，王國各府州縣祭境内山川及祀典神祇，庶民祭其先祖及里社土穀之神。上下之禮，各有等第。」○《禮記》曰：「非其所祭而祭之，名曰淫祀。淫祀無福。」○上蔡謝氏曰：「祖考之精神，即我之精神，故子孫能盡誠敬以奉祭祀，則己之精神便聚，而祖考之精神亦聚而來格。今人於祖宗，都却鹵莽，只管外面祭他鬼神，不知他鬼神與己無相干涉，雖

❶「五姓」，道光本作「風水」。
❷「餓」下，道光本有「死」字。

極其誠敬，備其牲牢，若是正神，不歆非類。若是淫邪，竊食而已，並無降福之理。○《文公家禮》曰：「君子將營宮室，先立祠堂，所居之東爲四龕，以奉先世神主。傍親之無後者，以其班附。置祭田，具祭器，❶主人晨謁於大門之内，出入必告。正至朔望則參，俗節則獻以時食，❷有事則告。或有水火盜賊，先救祠堂，迁神主遺書，次及祭器，然後及家財。」○「凡祭，主於盡愛敬之誠而已。貧則稱家之有無，疾則量筋力而爲之，則力可及者自當如儀。」○《中庸》曰：「齊明盛服，以承祭祀，洋洋乎如在其上，如在其左右。」○《祭義》曰：❸「齊之日，思其居處，思其笑語，思其志意，思其所樂，思其所嗜。齊三日，乃見其所爲齊者。祭之日，入其室，僾然必有見乎其位；周還出户，肅然必有聞乎其容聲；出户而聽，愾然必有聞乎其嘆息之聲。」○張子曰：「事親，奉祭，豈可使人爲之！」○義門《鄭氏家規》曰：「起祠堂三間，繚以週垣，以奉先世神主，其儀式並遵《文公家禮》。」以上明祭祀之當行，而流俗之當却也。愚謂初請家嚴除淫祀、祭祖先時，觗日之牛、吠雲之犬，所在成羣。愚間之曰：「或有一人，將父母不養，以致流落在外，尋覓過日。其子在家，殺羊造酒，吹彈歌舞，請宴外來賓客，醉飽連日。其父母悲泣而歸，探牆而望，不得其門而入，又復悲泣而去。此子何如？」衆曰：「自家父母不養，却養外人，正孔子所謂『不愛敬其親而愛敬他人者』也。豈非背德悖禮，忤逆不孝之甚者乎？」端曰：「今人把自家祖宗、父母都不祭祀，却將外神他鬼畫影圖形，在家祭獻，又去外面享賽某廟某神，與此人何異？」衆人皆慚服，自是不復非議。

❶「具」，原作「其」，據道光本改。
❷「節」，原缺，據道光本補。
❸「義」，原作「儀」，據道光本改。

明倫保家第五 父子之親，君臣之義，夫婦之別，長幼之序，朋友之信五者，人之大倫。明之則爲聖賢，昏之則入禽獸。所以天降生民，則必作之君，作之師，使之治而教之，以明其倫。

堯命舜曰：「慎徽五典。」〇舜命契曰：「敬敷五教在寬。」〇伊尹稱湯曰：「先王肇修人紀。」〇史臣稱武王曰：「重民五教。」〇孔子曰：「天下之達道五，曰君臣也，父子也，昆弟也，夫婦也，朋友也。」〇孟子曰：「教以人倫，父子有親，君臣有義，夫婦有別，長幼有序，朋友有信。」〇朱子曰：「宇宙之間一理而已，天得之而爲天，地得之而爲地，人受天地之中以生，又得之而爲性。其張之爲三綱，紀之爲五常。」

太祖聖神文武，欽明啓運，俊德成功，統天大孝。高皇帝爲天地立心，爲生民立命，爲萬世開太平，俯慮臣民之愚，乃作《大誥》以告教之，尤丁寧於五常之教。首編《婚姻章》曰：「自朕統一，申明我中國先王之舊章，務必父子有親，君臣有義，夫婦有別，長幼有序，朋友有信。」〇《民不知報章》曰：「君之養民，五教五刑焉。去五教五刑而興者，未之有也。所以五教育民之安，曰『父子有親，君臣有義，夫婦有別，長幼有序，朋友有信。』五教既興，無有不安者也。民有不循斯教者，父子不親，君臣不義，夫婦無別，長幼不序，朋友不信。强必凌弱，衆必暴寡，鰥寡孤獨、篤廢殘疾，何有之有焉？既不能有其有，命何存焉！凡有此者，五刑以加焉。五刑既示，姦頑斂跡，鰥寡孤獨、篤廢殘疾、力弱富豪，安其安，有其有，無有敢犯者，養民之道斯盡矣。」〇續編《申明五常章》曰：「臣民之家，務必父子有親。率土之濱，要知君臣有義。務要夫婦有別，隣里親戚必然長幼有序，朋友有信。衆尊有德，不拘年之壯幼，而序長幼之分，此古人之大禮也。」愚謂此燭十條，照引五常之道。斯道也，其原出於天，而體具於人，品節裁成於聖人，平正明白，乃人之所易知易行者也。若虛無寂滅之教，幽深慌忽，艱難阻絶，惑世誣民，充塞仁義，斷人之種，絶人之類者，此也。萬物之靈何憚而不爲哉！❶

明哲保身第六

《詩》云：「既明且哲，以保其身。」我家嚴志欲保身而問於端，故端略述聖賢所言明哲保身之道以告之。

孔子觀周，入后稷之廟，有金人焉，三緘其口，而銘其背曰：「古之慎言人也，戒之哉！無多言，多言多敗；無多事，多事多患。安樂必戒，無所行悔。勿謂何傷，其禍將長。勿謂何害，其禍將大。勿謂不聞，神將伺人。焰焰不滅，炎炎若何。涓涓不壅，終爲江河。綿綿不絶，或成網羅。毫末不札，將尋斧柯。誠能慎之，福之根也。曰是何傷，禍之門也。强梁者不得其死，好勝者必遇其敵。君子知天下之不可上也，故下之；知衆人之不可先也，故後之。温恭慎德，使人慕之。江海雖左，長於百川，以其卑也。天道無親，而能下人。戒之哉！」〇孔子曰：「言人之惡，非以美己；言人之枉，非以正己。」〇故孔子曰：「攻其惡，無攻人之惡。」〇「古之君子，忠以爲質，仁以爲衛，不出環堵之室，而知千里之外。有不善則以忠化之，侵暴則以仁固之。」〇「聰明睿智，守之以愚。功被天下，守之以

❶「憚而不」，道光本作「樂而共」。

讓。勇力振世，守之以怯。富有四海，守之以謙。」○太公曰：「人非賢不交，物非義不取，忿非善不舉，事非是莫説。謹則無憂，忍則無辱，静則常安，儉則常足。」○「脩身莫若敬，避强莫若慎。」○「日月雖明，不照覆盆之下；刀劍雖快，不斬無罪之人；非灾横禍，不入慎家之門。」○《禮記》曰：「君子奸聲亂色不留於聰明，淫樂慝禮不接於心術，惰慢之氣不設於身體，使耳目鼻口、心智百體，皆由順正，以行其義。」○《近思録》曰：「循天理，則不求利而自無不利；狥人欲，則求利未得而害已隨之。」○《景行録》曰：「誠無悔，恕無怨，和無讎，忍無辱。大丈夫當容人，無爲人所容。」○宋神宗皇帝御製：「遠非道之財，戒過度之酒。居必擇隣，交必擇友。嫉妬勿起於心，讒言勿宣於口。骨肉貧者莫疎，他人富者莫厚。克己以勤儉爲先，愛衆以謙和爲首。常思已往之非，每念將來之咎。若依朕之斯言，治國家而可久。」○程子曰：「哲人知機，誠之於思；志士勵行，守之於爲。順理則裕，從欲惟危。造次克念，戰兢自持。習與性成，聖賢同歸。」愚謂此獨十三條，照引保身之道。

孟子曰：「守孰爲大？守身爲大。」如堯、舜之兢兢業業，成湯之慄慄危懼，文王之無射亦保，曾子之戰戰兢兢，是乃明哲保身之實也歟！

保身全家第七

不忍事，聽婦言，好飲酒，惡諫諍，四者皆足以速禍敗。小則損身滅性，大則覆宗絶嗣。所以古之君子切以此戒焉。我家嚴欲以保身全家之道，爲垂訓子孫之方，故端略述聖賢垂戒之言以告之。

子張欲行，辭於夫子，曰：「願賜一言，以爲脩身之美。」夫子曰：「百行之本，忍之爲上。」子張曰：「何爲忍之？」夫子曰：「天子忍之，國無害；諸侯忍之，成其大；官吏忍之，進其位；兄弟忍之，家富貴；夫妻忍之，終其世；朋友忍之，名不廢；自身忍之，無患禍。」子張曰：「不忍如何？」夫子曰：「天子不忍，國空虛；諸侯不忍，喪其軀；官吏不忍，刑罰誅；兄弟不忍，各分居；夫妻不忍，令子孤；朋友不忍，情意疎；自身不忍，患不除。」子張曰：「善哉善哉！難忍難忍。非人不忍，不忍非人。」〇《論語》曰：「小不忍則亂大謀。」〇《景行録》曰：「得忍且忍，得戒且戒，不忍不戒，小事成大。能忍是心之寶，不忍身之殃。舌柔常在口，齒折只爲剛。思量這等字，好箇快活方。❶片時不能忍，煩惱日月長。」〇「忍一時之氣，免百日之憂。」〇「會做快活人，凡事莫生事。會做快活人，省事莫惹事。會做快活人，大事化小事。會做快活人，小事化没事。」〇吴氏曰：「今之人有父子異居，兄弟別籍，習以成風，恬不爲怪。原其所始，皆因小嫌浸成大憾，往往相視如讎，曾不知忍之道也。凡人所居，倘能大書『忍』字榜於堂上，卑幼所爲或有違於上意，欲罪之，則覩『忍』字，含忍而不治。尊長所爲或有不協於下情，欲告之，則覩『忍』字，隱忍而不言。夫如是，上知忍而不肯凌下，下知忍而不敢犯上，故乖争之忿息，和悦之情生，是雖累世綿遠，聚族盛大，則百年如一日，千口如一身。」愚謂此獨七條，照引忍之道也。謹按：古人張公藝九世同居，北齊、隋、唐皆旌表其門。麟德中，高宗封太山，幸其宅，召公藝問其所以睦族之道。公藝取紙筆以對，乃書「忍」字百餘以進。其意以爲宗族所以不協，由尊長衣食或有不均，卑幼禮節或有不備，更相責望，遂爲乖争。苟能相與忍之，則家道雍睦矣。上善之，賜之縑帛。吾家倘欲以雍睦傳世，上爲祖宗出色，下爲子孫垂訓。當以忍字銘心，當以張氏爲法。毋曰：「我惡人也，豈敢傚好人哉！」

❶「活」，原作「恬」，據道光本改。下同。

武王曰：「古人有言曰『牝鷄之晨，惟家之索』。今商王受惟婦言是用，昏棄厥肆，祀弗答。昏棄厥遺，王父母弟不迪。」❶○《列女傳》曰：「紂好淫樂，不離妲己。妲己所舉者貴之，所憎者誅之，惟妲己之言是用。」○《詩》曰：「哲夫成城，哲婦傾城。婦有長舌，惟戾之階。」○太公曰：「治國不用佞臣，治家不用佞婦。好臣是一國之寶，好婦是一家之珍。讒臣亂國，妬婦亂家。賢婦和六親，佞婦破六親。家有賢妻，夫不遭橫禍。」○「癡人畏婦，賢女敬夫。賢婦令夫貴，惡婦令夫賤。」○義門《鄭氏女訓》曰：「家之和與不和，皆係婦人之賢否。何謂賢？事舅姑以孝順，奉丈夫以恭敬，待娣姒以溫和，接子孫以慈愛，如此之類是已。何謂不賢？淫狎妬忌，恃强凌弱，搖鼓是非，縱意徇私，如此之類是已。」○「毋聽婦言之誡，曰：『毋用婦言以間和氣。』」○「莊婦類多無識之人，最能翻鬬是非，若匪高明，鮮有不遭聾聵。切不可縱其來往。」愚謂此燭十二條，照引婦言之禍所當避也。夫婦言之禍，破人之親，斷人之義，敗人之家，絶人之嗣。是故桀惑妹喜之言而亡夏，紂用妲己之言而亡商，幽信褒姒之言而亡周。今人亦有聽婦人之言，而上亡其父母之恩，下亡其兄弟之義，內失宗族之睦，外失隣里之和，所以父子異居，兄弟別財，宗族相視如路人，隣里相視如讐敵。原其所以，皆因婦言所致。欲立身成家者，當以聽婦人言之禍爲深戒哉！

古有醴酪，禹時儀狄作酒，禹飲而甘之，遂疏儀狄，❷絶旨酒，曰：「後世必有以酒亡國者。」○文王誥毖庶邦，曰：「祀茲酒，惟天降命，肇我民，惟元祀。天降威，我民用大亂喪德，亦罔非酒惟行。越小大，邦用喪，亦罔非酒惟辜。」○文王誥教小子：「有正有事，無

❶「弟」，原誤作「弗」，據《尚書・牧誓》改。

❷「儀狄」，原誤作「夷狄」，據上文改。

彝酒。越庶國飲惟祀。❶德將無醉。」○武王誥康叔曰：「羣飲，汝勿佚。盡拘執以歸於周，予其殺。」○微子曰：「我祖底遂陳于上，我用沉酗于酒？」○箕子曰：「天毒降灾荒，殷邦方興沉酗于酒。」○衛武公飲酒悔過，而作《賓之初筵》之詩，以自咎之。○第三章：「賓之初筵，温温其恭。其未醉止，威儀反反；曰既醉止，威儀幡幡。❷舍其坐遷，屢舞僊僊，其未醉止，威儀抑抑；曰既醉止，威儀怭怭。是曰既醉，不知其秩。○第四章：「賓既醉止，載號載呶。亂我籩豆，屢舞僛僛。是曰既醉，不知其郵。側弁之俄，屢舞傞傞。既醉而出，並受其福。醉而不出，是爲伐德。飲酒孔嘉，維其令儀。○第五章：「凡此飲酒，或醉或否。既立之監，或佐之史。彼醉不臧，不醉反恥。式勿從謂，無俾大怠。匪言勿言，匪由無語。由醉之言，俾出童羖。三爵不識，矧敢多又。」《小宛》之詩曰：「人之齊聖，飲酒温克。彼昏不知，壹醉日富。各敬爾儀，天命不又。」○《樂記》曰：「豢豕爲酒，非以爲禍也。而獄訟益繁，則酒之流生禍也。是故先王因爲酒禮。一獻之禮，賓主百拜，終日飲酒而不得醉焉。此先王之所以備酒禍也。」○晉陶侃曰：「大禹聖人，乃惜寸陰。至於衆人，當惜分陰。豈可逸遊荒醉，生無益於時，死無聞於後，是自棄也。」○班泊曰：❸「淫亂之原，皆在於酒。」○義門《鄭氏家規》曰：「子孫年未三十者，酒不許入脣。壯者雖許少飲，亦不宜沉酗杯酌，喧呶鼓舞，不顧尊長，違者箠之。若奉筵賓客，惟務誠殼，不必强人以酒。」○諸婦不許其飲酒，年

❶「飲」下，原衍「酒」字，據《尚書·酒誥》删。
❷「幡」，原作「憣」，據《詩·賓之初筵》改。
❸「班泊」下，道光本原校：「案《姓氏譜》，泊乃伯字之訛。」

過五十者不拘。愚謂此燭十四條，明酒禍之當避也。

夫酒乃亂性之物，速禍之萌也。所以聖人深以惡之，而切以爲戒焉。是故禹以惡旨酒而興夏四百年之祀，而桀以荒湛于酒而亡之。湯以不崇飲而興商六十年之祀，而紂以荒腆于酒而亡之。其餘以酒而頃敗者，歷歷皆可紀，而難以紙筆盡也。君子聞之，可不寒心哉！怕端嘗自言曰：「養性毋貪昏性水，成家切戒破家湯。怕君不信覩前古，桀紂曾將敗夏商。」又曰：「余觀酒誥與賓筵，更上參之大禹言。灼見酒中藏大禍，臨杯克戒庶能全。」因記於此，以備不亡云。

神禹求諫，乃懸鍾鼓磬鐸鞀，以待四方之士，曰：「教寡人以道者，擊鼓。諭以義者，擊鍾。告以事者，振鐸。語以憂者，擊磬。有獄訟者，搖鞀。一饋而十起，一沐三握髮，以勞天下之民。」〇孔子曰：「木受繩則直，人受諫則聖。」〇「國之將興，實在諫臣。家之將榮，人有爭子。」〇「良藥苦口利於病，忠言逆耳利于行。湯武以諤諤而昌，桀紂以唯唯而亡。君無諫臣，父無諫子，兄無諫弟，士無諫友，無其過者未之有也。」〇孟子曰：「子路，人告之以有過則喜。禹，聞善言則拜。大舜有大焉，善與人同，舍己從人，樂取諸人以爲善。」〇周子曰：「仲由喜聞過，令名無窮焉。今人有過不喜人規，如諱疾而忌醫，寧滅其身而無悟也。噫！」〇程子曰：「子路人告之以有過則喜，亦可謂百世之師矣。」〇輔氏曰：「人受天地之中以生，本自無過。所以有過者，非出于氣稟之偏，則由乎物欲之誘。人能知而改之，則可以復于本然之善。不知改，則其過愈深，將陷溺焉，而失其所以爲人矣。是豈可不懼哉！人有告我以過，我因得而改之，以復於善，則又豈可不以爲喜乎！」愚謂此燭八條，明受諫之道，有消惡長善之功，乃出禍入福之門也。

夫君有爭臣，君之福也；父有爭子，父之福也；兄有爭弟，兄之福也；士有爭友，士之福也。成湯知乎此，從諫弗咈。唐太宗知乎此，納諫如流。子路知乎此，聞過則喜。此所以皆成聖賢之德而名流萬古也。若夏桀無道，龍逢諫而死，而夏亡。商紂無道，比干諫而死，而商亡。吴不聽伍子胥之諫，而爲越所滅，可勝痛哉！

保親全家第八

俗語云：「家有一争子，勝有萬年糧。」能諫争於親，本孝道之事。今以能保親於無過之地，則能全家於無禍之樂。所以摘于明孝之篇，而續于受諫之下，庶使脈絡貫通，而上下兩便於觀覽云。

曾子曰：「敢問子從父之令，可謂孝乎？」子曰：「是何言與？是何言與？昔者天子有争臣七人，雖無道，不失其天下；諸侯有争臣五人，雖無道，不失其國；大夫有争臣三人，雖無道，不失其家。士有争友，則身不離於令名；父有争子，則身不陷于不義。故當不義，則子不可以不争于父，臣不可以不争于君。故當不義，則争之。從父之令，又焉得爲孝乎？」○子貢問于孔子曰：「子從父命，孝乎？臣從君命，貞乎？奚疑焉？」❶孔子曰：「昔者明王萬乘之國，有争臣七人，則主無過舉；千乘之國，有争臣五人，則社稷不危；百乘之家有争臣三人，則禄位不替。父有争子，不陷無禮；士有争友，不行不義。故子從父命，奚詎爲孝？臣從君命，奚詎爲貞？夫能審其所從之謂孝、之謂貞矣。」○孔子曰：「事父母幾諫，見志不從，又敬不違，勞而不怨。」○曾子曰：「父母有過，諫而不逆。」○《曲禮》曰：「子之事親也，三諫而不聽，則隨而號之。」○《内則》曰：「父母有過，下氣怡色，柔聲以諫也。諫若不入，起敬起孝，悦則復諫。不悦，與其得罪於鄉黨州閭，寧熟諫。父母怒不悦而撻之流血，不敢疾怨，起敬起孝。」○義門《鄭氏家規》曰：「家長專以至公無私爲本，不得徇偏。如其有失，

❶「疑」，道光本作「異」。

舉家隨而諫之。然必起敬起孝，毋妨和氣。」

愚謂此燭七條，明孝子保親全家之道，當以進諫爲心也。且先意承志，諭父母于道者，其孝大于養極甘脆者矣。和色柔聲，諫父母于善者，其孝大于拜醫求藥者矣。《書》稱虞舜曰：「父頑、母嚚、象傲，克諧以孝烝烝，乂不格姦。」良以此也。然此不惟孝子當行，而實慈父慈母之所當察焉。

兄弟至親第九《詩》曰：「凡今之人，莫如兄弟。」蓋兄弟本一氣而分形，乃同胞共乳，是則舉世之人，豈有如兄弟之至親哉？今人多昵妻子之愛，而忘兄弟之親，小則鬩牆鬭狠，大則分門割户。側目相視，如讎如敵，切齒相恨，如狼如虎，傷一氣之和，爲衆人之耻。惟我家嚴，深惡於此。端請略述古人明兄弟之親，破流俗之惑者，以爲垂訓之助云。

周公燕兄弟之詩，其一章曰：「凡今之人，莫如兄弟。」二章曰：「死喪之威，兄弟孔懷。」三章曰：「脊令在原，兄弟急難。」四章曰：「兄弟鬩於牆，外禦其侮。」五章言飲酒之樂，則曰：「兄弟既具，和樂且孺。」六章言妻子之樂，則曰：「兄弟既翕，和樂且湛。」○《行葦》亦燕兄弟之詩，曰：「戚戚兄弟，莫遠具爾。」○《葛藟》刺平王棄其九族，其一章曰：「終遠兄弟，謂他人昆。」○《杕杜》刺晉昭公不能親其宗族，其一章曰：「豈無他人，不如我同父。」二章曰：「豈無他人，不如我同姓。」○周襄王怒鄭，欲以狄師伐之，其臣富辰諫曰：「兄弟雖有小忿，以棄鄭親，其若之何？」○孔子曰：「惟孝，友于兄弟，施于有政，是亦爲政，奚其爲爲政？」○孟子曰：「仁人之於兄弟也，不藏怒焉，不宿怨焉，親愛之而已矣。」○西山真先生：「昆弟至親，出於天性，豈有所爲而爲之乎？」○唐太宗貞觀十年，諸王荆王元景等之藩，上與之别，曰：「兄弟之親，豈不欲常共處耶？但以天下之重，不得不爾。諸子尚可復有耶？兄弟不可復得。」因流涕嗚咽不能已。○《顏氏家訓》曰：「兄弟者，分形連氣之人也。方其幼也，父母左提右挈，前衿後裾，食則同案，衣則傳服，學則連業，遊則共方，雖有悖亂之人，不能不相愛也。及其壯也，各妻其妻，各子其子，雖有篤厚之人，不能不少衰也。娣姒之比兄弟，則疎薄矣。今使疎薄之人，而節量親厚之恩，猶方底而圓蓋，必不合矣。惟友悌深至，不爲傍人之所移者免夫。」○柳開仲塗曰：「皇考治家孝且嚴。旦望，弟婦等拜堂下，畢，即上手低面，聽我皇考訓誡曰：『人家兄弟，無不義者。盡因娶婦入門，異姓相聚，爭長競短，漸漬日聞，偏愛私藏，以至背戾。男子剛腸者，幾人能不爲婦人言所惑，吾見多矣。若等寧有是耶？』退則惴惴，不敢出一語爲不孝事。開輩抵此賴之得全其家云。」○程伊川先生曰：「今人多不知兄弟之愛。且如閭閻小人，得一食必先以食父母，夫何故？以父母之口重於己之口也。得一衣必先以衣父母，夫何故？以父母之體重於己之體也。至於犬馬亦然。待父母之犬馬必異乎己之犬馬也。獨愛父母之子却輕於己之子，甚者至若仇敵，舉世皆如此，惑之甚矣！」○張橫渠先生曰：「《斯干》詩言：『兄及弟矣，式相好矣，無相猶矣。』言兄宜相好，不宜相學猶似也。人情大抵患在施之不見報則輟，故恩不能終，不要相學，己施之而已。○疊山謝氏曰：「兄弟不相好，則家庭之間無非乖氣，雖有妻子之樂，亦不安其樂矣。惟兄弟和樂，則一家之情無不相宜，妻子之樂亦可長久。蓋天合者微有乖睽，人合者亦不得寧安也。」○昔民有沈仲仁、沈仲義兄弟二人，爭財產，相訟到官。其官見二人頗通書史，乃作文以諭之曰：「鵰鴞呼雛，慈烏反哺，謂之仁。蟻得羶而聚衆，鹿得草而呼羣，謂之義。蜂有君臣，鴈有次序，謂之禮。鵲居巢而知風，蟻居穴而知雨，謂之智。鷄非曉而不鳴，鴈非時而不至，謂之信。昆蟲草芥尚能如此，何況於人乎？沈仲仁而不仁，沈仲義而不義，兄習五典，全無教弟之方。弟講六科，豈有論兄之理？爲錙刀之小利，傷骨肉之大恩，若不休和，有司來日理問。《詩》曰：『共乳同胞一氣生，祖先財產不須爭。一回相見一回老，能有幾年爲弟兄？』」

○蘇瓊除南清河太守，有百姓乙普明兄弟爭田，積年不斷，各相援據，乃至百人。瓊召普明兄弟，諭之曰：「天下難得者兄弟，易得者田地。假令得田地，失兄弟，心如何？」因而下淚，諸證人莫不洒泣。普明兄弟叩頭，乞外更思。分異十年，遂還同居。愚謂此燭十六條，明兄弟至親之道也。端嘗於兄弟聚會之時，從容言曰：「兄弟，天合者也；夫妻，人合者也。今人有兄弟分居，未聞有夫妻分居者焉。是則疎天合而親人合者也，豈非惑之甚哉！然其妻果有貞静專一之德，生則同室，死則同穴，猶與兄弟有輕重親疎之不同。況無禮無義，不貞不節之婦，夫死而又適他人，不惟適己之身，又且辱夫之行。有識君子，何若與兄與弟相親相愛，以篤吾天合之好。生則同樂于一門之內，死則同樂于一壙之中，豈不美乎！況人之死生離合，朝不慮夕。古人言『人活一世七十稀』，且以七十爲期，除幼小無知及疾病違離外，兄弟齊會同歡，不能以十年，況未及七十而死者乎？且家嚴兄弟四人，今止有一人在。咱兄弟六人，明年今日未知誰在。」因作詩以諷之曰：「白頭兄弟古今稀，奉勸同胞共乳知。友愛相親須及早，白頭兄弟古今稀。」又曰：「堪嘆今人這樣愚，親親兄弟各分居。陳褒畜犬猶知義，何乃爲人反不如？」又曰：「曰妻曰妾他人女，惟兄惟弟父母兒。輕重親疎天地判，爲人何不自尋思？」又曰：「世上多因疎間親，妯娌分岐弟兄門。有人參透親疎理，寧可休妻永不分。」又曰：「舉世誰親兄弟親，原從一氣上分身。今人各自私妻子，不認同胞共乳人。」此愚拳拳奉勸之言也。辭雖鄙野，心則真誠，念之哉！

睦族和鄉第十

内睦宗族，外和鄉里，其道具載於《家規・推仁》之篇。今又略述古人之言以明之，則亦可謂家嚴治家垂訓之一方，積德累仁之一助云。

《家人》曰：「父父、子子、兄兄、弟弟、夫夫、婦婦，而家道正。」○《顔氏家訓》曰：「夫有人民而後有夫婦，有夫婦而後有父子，有父子而後有兄弟。一家之親，此三者而已矣。自兹以往，至於九族，皆本於三親焉，故於人倫爲重也。」○《書》稱堯曰：「克明俊德，以親九族。」○臯陶陳謨于舜曰：「愼厥身，脩思永，惇敘九族。」○范文正公曰：「吾吴中祖族甚衆，於吾固有親疎，然吾祖宗視之，則均是子孫，固無親疎也。苟祖宗之意無親疎，則飢寒者吾安得不卹也？自祖宗來，積德百餘年，而始發於吾，得至大官，若獨享富貴而不卹宗族，異日何以見祖宗於地下？今何顔入家廟乎？」愚謂世人不愛兄弟者，是不以父母之心爲心也。苟體父母愛子之心，則于兄弟自不容於不愛矣。不睦宗族者，是不以祖宗之心爲心也。苟體祖宗愛子孫之心，則於宗族自不容於不恤矣。噫！傳祖宗父母之體，背宗祖父母之心，誠天地之罪人耳！禍可逃乎？

古靈陳先生爲仙居令，教其民曰：「爲吾民者，父義母慈，兄友弟恭，子孝。夫婦有恩，男女有别，子弟有學，鄉閭有禮。貧窮患難，親戚相救。婚姻死喪，隣佑相助。無惰農業，無作盜賊，無學賭博，無好爭訟，無以惡凌善，無以富吞貧。行者讓路，耕者讓畔，斑白者不負戴於道路，則爲禮義之俗矣。」○藍田《吕氏鄉約》曰：「德業相勸。德，謂見善必行，聞過必改，能治其家，能事父兄，能教子弟，能御童僕，能事長上，能睦親故，能擇交遊，能守廉介，能廣施惠，能受寄託，能救患難，能規過失，能爲人謀，能爲衆集事，能解鬬争，能決是非，能興利除害，能居官舉職業。謂居家則事父兄，教子弟，待妻妾；在外，則事長上，接朋友，教後生，御僮僕。至於讀書治田，治家濟物，如禮、樂、射、御之類，皆可爲之。非此之類，皆爲無益。」〇「過失相規。犯義之過六：一曰酗博鬬訟，二曰行止踰違，三曰行不恭遜，四曰言不忠信，五曰造言誣毁，六曰營造太甚。不脩之過五：一曰交非其人，二曰遊戲怠惰，三曰動作非儀，四曰臨事不恪，五曰用度不節。詳見《小學》外篇。」〇「禮俗相交。謂婚姻、喪葬、祭祀之禮，往還、書問、吊慶之節。」〇「患難相恤。一曰水火，二曰盜賊，三曰疾病，四曰死喪，五曰孤弱，六曰誣枉，七曰貧乏。詳見《小學》外篇。」愚謂此燭七條，明睦族和鄉之道也。且夫人于患難之中，則内而宗族，外而鄉里，皆來憂卹。及事平之後，則各私其私，各利其利，而忘宗族鄉里之情，或頭畜相侵，或財物相虧，輒生暴怒，或相毆駡，或相告訐，或相屠戮，原其所以，皆由不知宗族之情、鄉里之義。苟或知之，則相親相愛，惟恐無日，奚暇争競哉？且螻蟻，微物也，一穴之宫，與衆居之；一拳之臺，與衆臨之；一粒之食，與衆聚之；一蟲之羶，與衆共之。可以人爲萬物之靈，而不如蟻子之知義乎！

訓戒子孫第十一

「成家之計，莫先于教子孫爲善。」此我家嚴之常言也。端請略述古人訓誡子孫之格言以告之，不惟少裨家嚴之教，又將使後之子孫有繼志述事之孝者，知所先焉。

馬援兄子嚴、敦，並喜譏議，而通輕俠客。援在交趾，還書誡之曰：「吾欲汝曹聞人過失，如聞父母之名。耳可得聞，口不可得言也。好議論人長短，妄是非正法，此吾所大惡也。寧死不願聞子孫有此行也。龍伯高敦厚周慎，口無擇言，謙約節儉，廉公有威。吾愛之重之，願汝曹效之。杜季良豪俠好義，憂人之憂，樂人之樂，清濁無所失。父喪致客，數郡畢至。吾愛之重之，不願汝曹效之。效伯高不得，猶爲謹敕之士，所謂『刻鵠不成尚類鶩』者也。效季良不得，陷爲天下輕薄子，所謂『畫虎不成反類狗』者也。」○漢昭烈將終，敕後主曰：「勿以惡小而爲之，勿以善小而不爲。」○柳玭嘗著書戒其子弟曰：「夫壞名灾己，辱先喪家，其失尤大者五，宜深誌之。其一，自求安逸，靡甘澹泊，苟利於己，不恤人言。其二，不知儒術，不悦古道，懵前經而不恥，❶論當世而解頤。身既寡知，惡人有學。其三，勝己者厭之，佞己者悦之。惟樂戲談，靡思古道。聞人之善嫉之，聞人之惡揚之。浸漬頗僻，銷刻德義，簪裾徒在，厮養何殊。其四，崇好優游，耽肆麴蘗，以銜杯爲高致，以勤事爲俗流，習之易荒，覺已難悔。其五，急於名宦，匿近權要，一資半級，雖或得之，衆怒群猜，鮮有存者。余見名門右族，莫不由祖先忠孝勤儉以成立之，莫不由子孫頑率奢傲以覆墜之。成立之難如升天，覆墜之易如燎毛。言之痛心，爾宜刻骨！」○范魯公質爲宰相，從子杲嘗求奏遷秩，質作詩曉之，其略曰：「誡爾學立身，莫若先孝弟。怡怡奉親長，不敢生驕易。戰戰復兢兢，造次必於是。戒爾學干禄，莫若勤道藝。嘗聞諸格言，『學而優則仕』。不患人不知，惟患學不至。戒爾遠恥辱，恭則近

❶「懵」，道光本作「惰」。

乎禮。自卑而尊人，先彼而後已。相鼠與茅鴟，宜鑑詩人刺。戒爾勿放曠，放曠非端士。周、孔垂名教，齊、梁尚清議。南朝稱八達，千載穢青史。戒爾勿嗜酒，狂藥非佳味。能移謹厚性，化爲凶險類。古今傾敗者，歷歷皆可記。戒爾勿多言，多言衆所忌。苟不慎樞機，灾厄從此始。是非毁譽間，適足爲身累。舉世重交游，擬結金蘭契。忿怨容易生，風波當時起。所以君子心，汪汪淡如水。舉世好承奉，昂昂增意氣。不知承奉者，以爾爲玩戲。所以古人疾，籧篨與戚施。舉世重游俠，俗呼爲氣義。爲人赴急難，往往陷囚繫。所以馬援書，殷勤戒諸子。舉世賤清素，奉身好華侈。肥馬衣輕裘，揚揚過閭里。雖得市童憐，還爲識者鄙。我本羇旅臣，遭逢堯舜理。位重才不充，戚戚還憂畏。深淵與薄冰，蹈之唯恐墜。爾曹當憫我，勿使增罪戾。閉門斂蹤跡，縮首避名勢。勢位雖久居，畢竟何足恃。物盛則必衰，有隆還有替。速成不堅牢，速走多顛躓。灼灼園中花，早發還先萎。遲遲澗畔松，鬱鬱含晚翠。賦命有疾徐，青雲難力致。寄語謝諸郎，躁進徒爲耳。」○康節邵先生誡子孫曰：「上品之人不教而善，中品之人教而後善，下品之人教亦不善。不教而善，非聖而何？教而後善，非賢而何？教亦不善，非愚而何？是知善也者，吉之謂也；不善也者，凶之謂也。吉也者，目不觀非禮之色，耳不聽非禮之聲，口不道非禮之言，足不踐非禮之地。人非善不交，物非義不取，親賢如就芝蘭，避惡如畏蛇蝎。或曰不謂之吉人，則吾不信也。凶也者，語言詭譎，動止陰險，好利飾非，貪淫樂禍，疾良善如讎隙，犯刑憲如飲食，小則殞身滅性，大則覆宗絶嗣。或曰不謂之凶人，則吾不信也。傳有之曰：『吉人爲善，惟日不足。凶人爲不善，亦惟日不足。』汝等欲爲吉人乎？欲爲凶人乎？」○孝友先生朱仁軌隱居養親，常誨子弟曰：「終身讓路，不枉百步。終身讓畔，不失一段。」愚謂此獨六條，明教訓子孫爲善之道也。

禍福因由第十二

禍福本善惡之應也，世人不知爲善以致福，改惡以避禍，而專務諂神佞佛，以爲可以滅罪資福，殊不知諂佞獲罪於天，不惟不能資福，又將速於禍焉。家嚴灼見此理，而欲以垂訓子孫，故端略述聖賢所明禍福之由以告之。

《丹書》曰：「敬勝怠者吉，怠勝敬者滅。義勝欲者從，欲勝義者凶。」○大禹曰：「惠迪吉，從逆凶，惟影響。」○《湯誥》曰：「天道福善禍淫。」○《伊訓》曰：「惟上帝不常，作善降之百祥，作不善降之百殃。爾惟德罔小，萬邦惟慶。爾惟不德罔大，墜厥宗。」○《咸有一德》：「德惟一，動罔不吉。德二三，動罔不凶。惟吉凶不僭，在人。惟天降災祥，在德。」○《太甲》曰：「欲敗度，縱敗禮，以速戾于厥躬。天作孽，猶可違；自作孽，不可逭。」○《易》曰：「積善之家必有餘慶，積不善之家必有餘殃。」○孔子曰：「爲善者天必降之以福，爲不善者天必報之以禍。」○「舜起布衣，積德含和，而終以帝。紂爲天子，荒淫暴亂，而終以亡。非各所脩之致乎？」○太公曰：「讚嘆福生，作念禍生。仁慈者壽，凶暴者亡。懦必壽考，勇必夭亡。」○孟子曰：「禍福無不自己求之者。仁則榮，不仁則辱。順天者存，逆天者亡。」○唐太宗曰：「死生有命，吉凶由人。」○《千字文》曰：❶「禍因惡積，福緣善慶。」愚謂此燭十七條，明福在善而禍在惡也。蓋善，天理也。行善則爲順天，而天必眷之。惡，物欲也。行惡則爲逆天，而天必絕之。天眷之則無往而非福，天絕之則無往而非禍。人情孰不惧禍而喜福哉？但知善之當爲而不知惡之不當爲而爲之，所以速禍也。小則殞身滅性，大則覆宗絕嗣，可哀而已！

陰德保後第十三

惟德動天，善不可不脩於身。惟天眷德，善不可不傳於後。今人雖有愛子孫之心，而不知愛子孫之道，但惟以私利愛之而已。而不知私利之愛，乃趨火赴淵之籌，覆宗絕嗣之計也。家嚴明見此理，故常訓於家曰：「脩身豈止一身休，要爲兒孫後代留。」此保愛子孫之心也。端既敬而體之，因述古訓以明家嚴之心焉。

司馬温公曰：「積金以遺子孫，子孫未必能守。積書以遺子孫，子孫未必能讀。不如積陰德於冥冥之中，以爲子孫長久之計。此先賢之格言，乃後人之龜鑑。」○義門《鄭氏家規》曰：「能愛子孫者遺之以善，不愛子孫者遺之以惡。」○《景行録》曰：「以忠孝遺子孫者昌，以智術遺子孫者亡。爲子孫作富貴計者，十敗其九；爲子孫作方便者，其後受惠。」○宋高宗皇帝曰：「苟貪妬損人，終無十載安康。積善存仁，必有榮華後裔。」○宋真宗皇帝曰：「施恩布德，乃世代之榮昌。懷妬抱冤，與子孫之爲患。損人利己，終無顯達之門；害衆成家，豈有久長富貴。」○王翁孺，漢武朝爲繡衣御史，嘆曰：「吾聞活千人者有封，吾所活者萬餘人，後世其興乎！」○祝二翁居鄉里，人有病疫者，家人悉避之，雖至親莫敢闖其門。二翁每日清晨，輒携粥藥徧飲

❶「千字文」，原脱「字」，今補。

食之，然後反，日以爲常。鄉人言其行，子孫承之，世以資力好善聞於州郡。其邸肆生業，幾有郡之半，時稱爲祝半州。○孫叔敖爲兒時，出遊，見兩頭蛇，殺而埋之，歸而泣。母問其故，叔敖對曰：「聞見兩頭蛇者死，嚮者吾見之，恐去母而死也。」其母曰：「蛇今安在？」曰：「恐他人又見，殺而埋之矣。」其母曰：「吾聞有陰德者，天必報之以福，汝不死矣。」及長，爲楚國令尹。○范陽竇禹鈞，爲人素長者。家有僕盜房賃錢二百千，慮事覺，有一女年十二三，寫券繫於臂，云「永賣此女與本宅，償所負錢」，遂遠逃去。禹鈞見女券，甚哀憐之，即焚券，留女育之。及長，以二百千擇良配匹嫁之。僕聞之歸，泣訴前罪，禹鈞不問。僕父子圖禹鈞生像，日夕供養，晨興祝壽。公嘗夜拾銀二百兩、金三十兩，持歸。明旦侵晨，詣故處候失物者。須臾，見一人泣涕至。公問其故，乃告曰：「父犯刑，至大辟。遍懇諸親，貸得金銀若干，將贖父刑。昨暮以一相知置酒，酒昏，失去。今父罪不復贖矣。」公驗得實，遂與同歸，以舊物還之。加以惻憫，復有贈賂。其同宗及外姻之貧困者，公爲出金，葬二十七喪，嫁二十八女。故舊相知及但有一面之識者，遇其窘困，則必責其子弟可委以財者，給本俾之興販，後由公活族者數十家。四方賢士賴公舉火者，不可勝數。公每歲量入，除伏臘供給外，皆以濟人之急。家雖素儉，於宅南搆一書院，四十間，聚書數千卷，禮請文行之儒，延置師席。凡四方孤寒之士，無問識與不識，有志於學者，聽其自至。貧無供須者，公咸出之。所以四方之由公之門登貴顯者，前後接踵。來拜公之門，必命左右扶公坐，受其禮。及公亡，蒙恩深厚者，有心喪三年以報其遺德。公壽八十二，生五子。長儀、次儼、侃、偁、僖，儀至禮部尚書，儼至禮部侍郎，皆爲翰林學士。侃左諫議大夫，偁參知政事，僖起居郎。及八孫，皆貴顯於朝廷。○右出《竇氏陰德記》。○劉翶，京兆人，官建州，因家焉。❶居官廉明，爲政慈惠，或收寇，或決獄，或賑貧，或拯難，活人無數，事義心仁。公所至，人則曰：「活我劉公至也。」其後，孫領，收峒寇有功，謚忠簡。孫純，收郡寇，賜廟，封忠烈。從孫韐，謚忠顯。韐子羽，謚忠定。子羽子珙，謚忠肅。世號五忠劉氏。愚謂此燭十條，明積陰德保後人之道也。前七條明其理，後三條實其事，尤於吾家體之於心，行之於身，訓之於後，永永而不忘。因取家嚴訓教之言，續成一絕，以告于後。曰：「脩身豈止一身休，要爲兒孫後代留。但有活人心地在，何須更問鬼神求。」

善惡分辨第十四

善惡之分，猶黑白之異也，猶香臭之殊也，人孰不知哉？但拘於氣稟，蔽於物欲，而昏其本明之德，昧其易明之理。故往往以善爲惡，以惡爲善。且釋、老之流，本無父無君，而世人咸以爲善門之人。其於君臣、父子、夫婦之倫，人則以臭肉凡胎目之。噫！視我周公以上列聖之所行，孔子以下列聖之所明者，爲何物哉，此正我家嚴所欲行，所欲立者也。端請略述聖賢善惡分辨之言以告之。

朱子曰：「天下之道二，善與惡而已。善者，天命所賦之本然。惡者，物欲所生之邪穢也。爲善者爲君子，爲惡者爲小人。」○《論語》曰：「君子周而不比，小人比而不周。」○「君子喻於義，小人喻於利。」○「君子懷德，小人懷土。君子懷刑，小人懷惠。」

❶「焉」，原作「緣」，據道光本改。

○「君子坦蕩蕩，小人長戚戚。」○「君子泰而不驕，小人驕而不泰。」○「君子和而不同，小人同而不和。」○「君子上達，小人下達。」○「君子求諸己，小人求諸人。」○「君子成人之美，不成人之惡。小人反是。」○《中庸》曰：「君子中庸，小人反中庸。君子之中庸也，君子而時中。小人之反中庸也，小人而無忌憚也。」○《家語》曰：「人有五儀。有庸人，有士人，有君子，有賢人，有聖人。審此五者，則治道畢矣。所謂庸人者，心不存慎終之規，口不吐訓格之言，不擇賢以託其身，不力行以自定，見小闇大而不知所務，從欲如流而不知所執，此則庸人也。所謂士人者，心有所定，計有所守，雖不能盡道術之本，必有率也；雖不能備百善之美，必有處也。富貴不足以益，貧賤不足以損，此則士人也。所謂君子者，言必忠信而心不怨，仁義在身而色不伐，思慮通明而辭不專，篤行信道而自强不息，君子也。所謂賢人者，德不踰閑，行中規繩，言足以法於天下而不傷於身，道足以化於百姓而不傷於本，富則天下無宛財，施則天下親病貧，此則賢人也。所謂聖人者，德合於天地，變通無方，窮萬物之始終，協庶品之自然，明並日月，化行若神，下民不知其德，此則聖人也。○曾子論止於至善之道，曰：「爲人君止於仁，爲人臣止於敬，爲人子止於孝，爲人父止於慈，與國人交止於信。」○孔子曰：「天下有大惡者五，而竊盜不與焉。一曰心逆而險，二曰行僻而堅，三曰言僞而辯，四曰記醜而博，五曰順非而澤。此五者有一於人，則不免君子之誅。」○或問明道先生曰：「佛之意亦欲引人爲善，夫子何闢之深？」先生曰：「善惡猶黑白之異也。世之無父無君者，惡乎？善乎？」○宋仁宗皇帝曰：「乾坤宏大，日月照鑑分明。宇宙寬洪，天地不容姦黨。使心用悻，果報只在今生；善布淺求，獲福休延後世。千般巧計，不如本分爲人；萬種强徒，争似隨緣節儉。心行慈善，何須努力看經；意欲損人，空讀如來一藏。」○古語云：「看經未爲善，作福未爲願。莫若當權時，與人行方便。」○義門《鄭氏家規》曰：「人家之盛衰，皆係乎積善與積惡而已。何謂積善？居家則孝弟，處事則仁恕。凡所以濟人者，皆是也。何謂積惡？恃己之勢以自强，尅人之財以自富。凡所以欺心者，皆是也。」愚謂此燭十九條，明善之當行而惡之當去也。蓋知善而不行，知惡而不改者，天必絶之。

明道息邪第十五

異端滅而世道明，邪説息而人心正。士君子生於斯世，但當扶世道，正人心，明禮義，厚風俗。生有益於時，死有聞於後，豈可曲學苟合以隨流俗哉！朱子曰：「邪説人人得而攻之，不必聖賢。猶《春秋》之法，亂臣賊子，人人得而討之，不必士師也。」故端略述先王之成法，以明聖人之正道，使邪説之害不得入吾家焉。

孔子曰：「攻乎異端，斯害也已。」○孟子曰：「聖王不作，諸侯放恣，處士横議，楊朱、墨翟之言盈天下。天下之言不歸楊，則歸墨。楊氏爲我，是無君也。墨氏兼愛，是無父也。無父無君，是禽獸也。楊、墨之害不熄，孔子之道不著，是邪説誣民，充塞仁義也。仁義充塞，則率獸而食人，人將相食。吾爲此懼，閑先聖之道，距楊、墨，放淫辭，邪説者不得作。作於其心，害於其事；作於其事，害於其政。聖人復起，不易吾言矣。昔者禹抑洪水而天下平，周公兼夷狄、驅猛獸而百姓寧，孔子成《春秋》而亂臣賊子懼。我亦欲正人心，息邪説，距詖行，放淫辭，以承三聖者。故曰能言距楊、墨者，聖人之徒也。」〇漢武帝制曰：「朕欲聞大道之要，至極之論。」董仲舒對曰：「春秋大一統者，天地之常經，古今之通誼也。今師異道，人異論，百家諸方指意不同也。是以上無以持一統，法制數變，下不知所守。臣愚以爲，諸方不在六經之科，非孔子之術者，皆絶其道，勿使復進。邪闢之説滅息，然後統紀可一，而法度可明，民知所從矣。」〇帝力求神仙，終無顯功，乃因大鴻臚田千秋之言，而遂罷諸方士候神人者。是後，上每對群臣，自嘆曰：「曏時愚惑，爲方士所欺，天下豈有神仙？人盡妖妄耳。」〇成帝末年頗好鬼神，上書言方術者，皆得待詔。谷永説上曰：「臣聞明於天地之性，不可惑以神怪。知萬物之情，不可罔以非類。諸背仁義之正道，不遵五經之法言，而盛稱奇怪鬼神，廣祭祀之方，求報無福之祠，及言世有仙人服食不終之藥者，皆姦人惑衆，挾左道，懷詐僞，以欺罔世。至聽其言，洋洋滿耳，若將可遇，求之盪盪，如係風捕影，終不可得。是以明王距而不聽，聖人絶而不語。唯陛下距絶此類，無令姦人得此窺朝者。」上善其言。〇光武信讖，多以決定嫌疑。議郎桓譚上疏曰：「凡人情，忽於見事而貴於異聞。觀先王之所記述，咸以仁義正道爲本，非有奇怪虛誕之事。今諸巧慧小才伎數之人，增益圖書，矯稱讖記，以欺惑貪邪，詿誤人主，焉可不抑遠之哉！宜垂明聽，發聖意，屏羣小之曲説，述五經之正義。」〇初，明帝聞西域有神，其名曰佛，因遣使之天竺，求其道，得其書。及沙門以來其書，大抵以虛無爲宗，貴慈悲不殺，以爲人死精神不滅，隨復受刑，生時所行善惡皆有報應。故所貴脩煉精神，以至爲佛。善爲宏闊勝大之言，以誘愚俗。精於其道，號曰沙門。於是中國始傳其術，圖其形像，而王公貴人，獨楚王英最先好之。英尋以罪誅，不聞福利之報。其後靈帝始立祠於宮中。魏晉以後，其法寖盛。而五胡之君，若石勒之於佛圖澄，苻堅之於沙門道安，姚興之於鳩摩羅什，往往尊以師禮。元魏孝文號爲賢主，亦幸其寺，脩齋聽講。至梁武而極其盛矣。〇唐高祖時，太史令傅奕上疏請除佛法，曰：「佛在西域，言妖路遠。漢譯胡書，❶恣其假託，使不忠不孝削髮而揖君親，遊手遊食易服以逃租賦，僞起三途，謬張六道，❷竊人主之權，擅造化之力，其爲害政，良可悲矣！」〇太宗曰：「梁武帝君臣惟談苦空，侯景之亂，百官不能乘馬。元帝被周師所圍，❸猶講《老子》，百官戎服以聽。朕所好者，惟堯、舜、周、孔之道，以爲如鳥有翼，如魚有水，失之則死，不可暫無耳。」〇《佛骨表》曰：「佛者，夷狄之一法耳。自後漢時流入中國，上古未嘗有也。昔者黃帝在位百年，年百一十歲；少昊在位八十四年，年百五歲；顓頊在位七十八年，年百歲；帝嚳在位七十九年，年九十五歲；堯在位百年，年百一十八歲；舜在位五十年，年百一十歲；禹、湯年皆百歲。是時未有佛法，天下比屋可封，百姓安樂壽考，非因

❶「譯」，原作「譚」，據《資治通鑑》卷一百九十一《唐紀》七改。

❷「張」，原作「粻」，據《資治通鑑》卷一百九十一《唐紀》七改。

❸「被」字原缺，據道光本補。

事佛而致然也。湯孫太戊在位七十五年，武丁在位五十九年，書史不言其年壽所極，推其年數，蓋亦俱不減百歲。周文王九十八歲，武王九十三歲，穆王在位百年，是時佛法亦未入中國。明帝時始有佛法，明帝在位纔十八年耳。其後亂亡相繼，運祚不長，宋、齊、梁、陳、元魏以下，事佛漸謹，年代尤促。惟梁武帝在位四十八年，前後三度舍身施佛，宗廟之祭不用牲牢，晝日一食，止於菜果，其後竟爲侯景所逼，餓死臺城。事佛求福，乃更得禍。由此觀之，則佛不足信，可知矣！」○《原道篇》曰：「古之所謂正心而誠意者，將以有爲也。今也欲治其心而外天下國家者，滅其天常。子焉而不父其父，臣焉而不君其君，民焉而不事其事。孔子之作《春秋》也，諸侯用夷禮則夷之，夷而進於中國則中國之。今也，❶舉夷狄之法而加之先王之上，幾何其不胥而爲夷也。夫所謂先王之教者何也？博愛謂之仁，行而宜之之謂義，由是而之焉之謂道。足乎己，無待乎外之謂德。其文《詩》、《書》、《易》、《春秋》，其法禮、樂、刑、政，其民士、農、工、商，其位君臣、父子、師友、賓主、昆弟、夫婦，其服絲麻。其居宮室，其食粟米、果蔬、魚肉。其爲道易明，而其爲教易行也。是故以之爲己則順而祥，以之爲人則愛而公，以之爲心則和而平，以之爲天下國家則無所處而不當。是故生則得其性，死則盡其常。郊焉而天神格，廟焉而人鬼享。曰：『斯道也，何道也？』曰：『斯吾所謂道也，非向所謂老與佛之道也。堯以是而傳之舜，舜以是而傳之禹，禹以是而傳之湯，湯以是而傳之文、武、周公，文、武、周

❶「今」上，原有「夷」字，據道光本删。

公傳之孔子，孔子傳之孟軻，軻之死，不得其傳焉。』」〇程子曰：「道之不明，異端之害也。昔之害近而易知，今之害深而難辨。昔之惑人也乘其迷暗，今之入人也因其高明。自謂窮神知化，而不足以開物成務。言爲無不周徧，而實則外於倫理；窮深極微，而不以入堯、舜之道。天下之學，非淺陋固滯，則必入於此。自道之不明也，邪誕妖妄之説競起，塗生民之耳目，溺天下於污濁，雖高才明智，膠於見聞，醉生夢死，不自覺也。是皆正路之榛蕪，聖門之閉塞，闢之而後可以入道。」〇楊、墨之害，甚於申、韓。佛、老之害，甚於楊、墨。〇胡氏曰：「惟其殄滅彝倫，戕敗天理，故雖使吸風飲露，巢居野處，猶將廢之，況華屋精饌以養惰遊乎？此則聖帝明王之所必除。」〇朱子謂學者曰：「佛、老之學，不待深辨而明。只廢三綱五常，而已是極大罪名了，其他更不消説。」〇「學者有以得乎天命之説，則知天之所以與我者，無一理之不備。而釋氏所謂空者，非性矣。有以得乎率性之説，則知我之所得天者，無一物之不該，而老氏之所謂無者，非道矣。有以得乎脩道之説，則知聖人之所以教我者，莫非因其所固有而去其所本無，皆其所難至而從其所甚易。而凡世儒之訓詁詞章，管、商之權謀功利，老、佛之清淨寂滅，與夫百家衆技之流，難辨曲折，皆非所以爲教矣。」〇陳氏曰：「老氏清虚厭事，釋氏屏棄人事。」〇真西山先生曰：「堯、舜、禹、湯之中，孔子、顔子之仁，曾子之忠恕，子思之中誠，孟子之仁義，此所謂相傳之道也。知吾聖賢相傳之正，則彼異端之失，可不辨而明矣。」愚謂此燭十八條，即正道之當行，而邪説之當却也。或曰：「佛老之道，清淨如此，固非凡俗之所及，今子不惡凡俗而惡佛老，何也？」端應之曰：「《易》云：『天地感而萬物化生。』佛、老以不夫婦爲清浄，則天地亦不佛、老之清浄矣。然使天地如佛、老之清浄，則陽自陽而陰自陰，上下肅然，常如隆寒之時矣，萬物何自而生哉？萬物不生，則吾族固無矣。彼佛、老之徒，亦能自有乎？且萬物生於天地，而各具其一天地生生之理，故有胎者焉，有卵者焉，有勾者焉，有甲者焉。原其所以，莫非陰陽造化之道也。是故聖人順天地之理，制夫婦之義，使生生而不窮，此所謂參天地而贊化育也。且伏羲肯爲佛、老之清浄而不夫婦，則十五世之傳，一萬一千七百八十年之祀，得乎？神農肯爲佛、老之清浄而不夫婦，則八代之傳，五百二十年之祀，得乎？黄帝肯爲佛、老之清浄而不夫婦，則五帝、夏后氏二十三主之傳，九百二十三年之祀，得乎？成湯也，文、武也，肯爲佛、老之清浄而不夫婦，則六百二十九年之商，八百六十九年之周，自誰傳耶？高祖也，太宗也，肯爲佛、老之清浄而不夫婦，則四百二十五年之漢，二百八十九年之唐，自誰興耶？又如自今而後，男皆如佛、老之清浄而不求其室，女皆如佛、老之清浄而不求其家，則百年之下，生民之類，有耶無耶？❶《傳》曰：『有天地，然後有萬物；有萬物，然後有男女；有男女，然後有夫婦；有夫婦，然後有父子；有父子，然後有君臣；有君臣，然後有上下；有上下，然後有禮義時措。』《中庸》曰：『君子之道，造端乎夫婦。及其至也，察乎天地。』而佛、老只是一箇不夫婦，把父子、君臣、天地、上下之理，殄滅盡矣。區區慈悲不殺，清浄不擾，夫何補哉？」

❶「有耶」，原作「有些」，據咸豐本改。

刻夜行燭序

余于甲戌春會試禮闈不第，銓澠池縣儒學諭，夏四月涖任，謁先師廟，見曹夫子祠焉。夫國朝正學，吾久聞薛文清、曹月川其人也，今何幸而得遇曹夫子故里！因訪其著作，迺孫生員曹繼祖出《年譜》并《夜行燭》一帙，余閱之再三，見其諭親于道，率先哲之奥旨，移忠之孝，皆往聖之格言，是不無關於世教也。但《年譜》有刻，而《夜行燭》帙僅存録之未已，遂捐俸壽梓以廣其傳。噫嘻！天開河洛，有明道、伊川二程夫子以接斯道不傳之統，不意聖遠言湮，而又有澠池理學如夫子也耶！昔人謂二程所以羽翼六經者也，余以爲曹公所以羽翼二程者也。故二程出而聖人之道益明，月川出而二程之道不孤矣，豈直媲美文清公已哉？雖然，二程之出，本于宋德隆盛、治教休明，則夫曹公之出，不徒章河洛人文之盛，而益仰國朝道化之隆。余姓宋，諱承殷，號古峰，西京人也。是時崇公懿行，則有同分教者培菴王尚志，會菴唐文輝，俱山東人，并書之以紀歲月云。

萬曆甲戌冬十二月吉旦。澠池縣儒學教諭宋承殷頓首拜識。

邑庠生李良弼校書

月川曹先生録粹

月川録粹序

予體孱弱，好閲方書，遇名方輒手録心注之。有告予曰：「人生在神與氣。神與氣隨，腠理密，而康强無恙，雖有禁方，無所用之。」予近味其語，此治未病之説也。憶予十年前，勃然師古，而最慕用河津。凡有臆見，悉録之，以紀吾學，若効《讀書録》也者。而最後又浸慕新建江門，若以爲聖道非從此不入，口念心惟。然盤回十餘年來，身心互持，未有得力。幸返林皋，至庚寅歲，差有所入，始知先儒之語，皆言己之得，非我之得也。而我持其咳唾求道，是不亦貧子拾貸册、稱富翁乎？故凡儒先語録，以爲此特名醫良方，而無病則方可置，不甚省閲。既入都門，予友叔龍氏持《月川録粹》一卷，命予引其端。予匆匆別叔龍，叔龍亦未竟予之學，乃數以書促予，言夫以予之所未請事者，而欲學人殫精於是，是欺來學也。雖然，叔龍表彰先賢，加惠來學，意良殷勤，予敬識其首。若先生篤行沉修，巋然醇儒，直遡濂洛而開我朝道統之原，則固不竢予言也。《録》中云「心非血氣之謂」，先生之見卓矣。世號宿儒，以血氣爲心者，豈小哉？即此隻辭亦足以扶世儒之一膜也夫！

萬曆壬辰仲冬朔日吉水後學鄒元標頓首拜序。

月川曹先生録粹序

蓋宋濂、洛諸儒明鄒魯之學，入我朝得白沙、姚江而大明。然先白沙、姚江，以此學鳴天下，有兩先生焉：河東薛文清、河南曹月川也。月川先生，生洪武永宣之際，嗜古篤行，明道淑人，當世翕然宗仰若山斗。彭少保幸菴，謂我朝道學之傳，斷自先生始，確論哉！先生科第、仕宦、生卒，皆先文清。文清嘗稱先生「自少讀書，即有求道之志，遂由關洛以遡濂溪」。且曰：「理明心定，有德有言。」蓋學同行同，而尤推重如此。乃今文清得請從祀，而先生闕然。祀與否，於先生無加損，然世道人心繫之矣。或曰：「先生篤行君子也，所著書羽翼朱傳舉業爾。」昔程子作字甚敬，曰：「即此是學。」先生學以一敬爲主，舉業即德業也。且訓經曰傳，翼傳即所以翼經。而況先生學本六經，又非專爲舉業者乎？今夫躬行君子，聖人以爲難，可少哉？又況國初志學者鮮，而先生獨以斯道爲己任，其言精融閎透雖稍遜白沙、姚江，然篤行初無二轍。今距先生幾二百年，其孫子及里中後進數十人，猶相與恪遵遺訓，聯會觀摩，究明此學，啓佑之功又大。先生著述甚多，曩宛平李□蔭欲重刻，不果。又數年，馬子行坤輩，與先生七世孫繼儒來新安論學，鯉輒忘其愚陋，敬摘先生言之粹者，編次録梓。俾論世者知先生之學不詭于鄒魯、濂洛，而併序其從祀之後于文清，無亦竊附彭少保之意歟？少保向者云云，蓋寓書河南撫臺梧山李公，表章先生者也。

萬曆庚寅夏六月戊子後學新安孟化鯉謹序。

月川曹先生録粹

後學新安孟化鯉編著
澠池馬行坤
上官位
鄭國耀
張信民
七世孫曹繼儒校梓

此身從天地來，其形雖小，理與天地渾合。知此則知學。

人之所以可與天地參爲三才者，惟在此心，非是軀殼中一塊血氣。心者，神也。神無方所，視聽言動，一切應感皆是。

學聖之事，主於一心。

事事都於心上做工夫，是入孔門底大路。看此語便見先生之學。

事心之學，須在萌上著力。所謂萌，即《易》之幾，《學》、《庸》之獨也。

學欲至乎聖人之道，須從太極上立根脚。與學聖之事主於一心參看。

天地間凡有形象、聲氣、方所者，皆不甚大，惟理則無形象之可見，無聲氣之可聞，無方所之可指，而實充塞天地，貫徹古今，大孰加焉？故周子言「無極而太極」。

學者須要天理、人欲之間見得分明，方始有益。一毫相雜，則學非其學，而德非其德矣。

人惟不見其大，故安於小，惟見之不明也。若存若亡，一出一入，而不自知其所至之深淺。

做人須向志士、勇士不忘上參取。若識得此意，便得此心，則自無入不自得。

人要爲聖賢，須是猛起，如服瞑眩之藥，

以黜深痼之疾，直是不可悠悠。

孔子説「志於道」，必志於道而後謂之真志。

學者須要置身在法度之中，一毫不可放肆，故曰：「禮樂不可斯須去身。」先生爲學嚴密如此。

吾輩做事，件件不離一「敬」字，自無大差失。

一誠足以消萬僞，一敬足以敵千邪。所謂「先立乎其大者」，莫切於此。

非禮勿視，則心自静。

外不躁則内静，外不妄則内專，此是事心關要處。

學者須要識得静字分曉。不是不動便是静，不妄動方是静，故曰「無欲而静」。到此地位，静固静也，動亦静也。静字看得極精。

天理存亡，只在一息之間。其嚴乎！先生存養之密可見。

生死路頭，惟在順理與從欲。

窮理反躬之學，吾輩當時時念之。

能復乎天理，則一日長進似一日。

不爲氣所動，則心寧静；不爲欲所分，則心專一。

天理本無隱顯内外。要當時時省察，常瞭然於心目之間，不可使有須臾之離，以流于人欲而陷于禽獸之域。

能真知其義理之味之無窮，則窮達自不足以動念。

學者當以聖賢正道自期，不可流於異端。

聖人之心，一天地生物之心。天地之心，無一物不欲其生。聖人之心，無一人不欲其善。

聖人之所以爲聖人，只是這憂勤惕勵的

心，須臾毫忽不敢自逸。理無定在，惟勤則常存；心本活物，惟勤則不死。常人不能憂勤惕勵，故人欲肆而天理亡。身雖存而心已死，豈不大可哀哉！「勤」之一字，是千古作聖的單方。

人之爲學，須是務實，乃能有進。若這裏工夫欠了分毫，定是要透過那裏不得。

學聖希賢，惟在存誠，則五常百行，皆自然無不備也。

學者以實爲貴，而無一息之間，則與天一而已矣。故《易》曰：「天行健，君子以自强不息。」

天無不實。寒便是寒，暑便是暑，更不待他恁地。聖人仁便是真箇仁，義便是真箇義，更無不實處。

世之學者只是專務爲人，却不曾先去自家身上做得工夫，非惟爲那人不得，末後還連己也壞了。

古人爲己之實處，譬如人之飲食，珍羞異饌，羅列在前，須是喫得偏方好。喫得不偏，又增加得來，亦徒然。今人惟恐不聞，既聞得，寫在策子上便了，不解自去着工夫。

無欲便覺自在。非無欲者可作此語。

人只爲有欲，此心便千頭萬緒，做事便有始無終，小事尚不能成，況可學聖人耶？語極的確。

懲忿如摧山，窒慾如填壑。遷善當如風之速，改過當如雷之決。脩德須如此，而後至於成德。

受道者以虛心爲本，有所挾則私意先横於中，而不能入矣。

人能於天命順而不咈，受而不拒，便是處死生富貴之要。

他人只就事上較量，賢者惟以義爲

斷制。

大抵順理之事則人易從，否則，雖妻子不能使之必從也。使人以道，亦行道之見於一事者也。古人謂進德者必考于妻子，其是之謂歟！

直者，生之道。循理而行，雖命之所遭有不齊，而莫非生道。見得極透。

得一善逞一善，得一能逞一能，是謂道聽塗説。

今人輕易言語，是他此心不在，奔馳四出了。學者當自謹言語，以操存此心。

修身見於世，蓋實之不可掩者。非君子，願乎其外而欲以自見也。

義理之味無窮，必實得於己，而後真知其味之實。不然，億度之知，非真知也。億度之知最妨學。

君子之待小人，有正己而無屈意，有容德而無過禮，惡惡之心雖不能無，然亦不爲已甚。

善本天命之性，帝降之衷，得之則爲聖爲賢，而參天地；失之則爲昏爲愚，而同飛走。

人性本善，而感動處有中節、不中節之分。其中節者爲善，不中節者爲惡。知學則知中節，而動無不善。

人性本善，其惡者多因氣動於欲陷溺耳。及至氣清欲息時，善處自然發露。須是知學，始能帥氣。

天之所生，地之所養，惟人爲大。以其受天地之中，則皆可以爲堯、舜，而參天地以贊化育。人只是看自家小了，所以視聖太高。

人與天地本一體，只緣查滓未去，所以有間隔。若無查滓，便與天地同體。查滓只是有我。

道無形體可見，而聖人一身渾然此道，故無形體之道，皆於聖人身上形見出來。人皆有之，第日用不知，不自作主宰耳，非道遠人也。

學者之心，發於義理者常微，而役於形氣者常衆。以彼之衆攻我之微，如國勢方弱而四面受敵，其不亡者罕矣。是在學者養之。養之者，立志也。志足以帥氣。

人受天地之中以生，本自無過。所以有過者，非出於氣稟之偏，則由於物欲之誘。知而改之，則可以復於本然之善。不知則過愈深，將陷溺焉，而失其所以爲人。

聖人一生學問，未嘗自説無過，至「加我數年學《易》」，方言無大過，猶似有小過在，是聖人不自足之意，吾輩當時時檢察。

人不幸而有過，非真不幸。知有過而憚改，是真不幸。

人有過而知改，改之而至於無，即身之之聖人也。故曰「作之不已，乃成君子」。

人生天地間，上戴天，下履地，參兩間而立者，不能以忠孝立身，非大丈夫也。

禽獸之心，終日役役，不過飲食、牝牡而已。人之心而爲形所役，與禽獸何異？嗚呼！人之心，其大也可以參天地，而役於小者，不能異乎禽獸，抑獨何哉？學者試思之！思則得之，可以作聖，何憂禽獸。

在人有五常之性，是稟底在天五行之德。以在天之五行爲在人之五常，則人亦天也。學者須要識得此意，不可視天大，視己小。

人能充其仁、義、禮、智之道，則與天地合其德。無私則自然充，非於仁、義、禮、知外更能增加之也。

仁者，天地生物之心，而人所受以生者。所以爲一心之全德，萬善之總名，而爲參天地、贊化育之本體。人而不仁，則生理息矣，人道滅矣。而不以爲耻，則亦不足爲萬物之靈也，非大不幸而何！

爲仁之功，用力特在勿與不勿之間而已。自是而反，則爲天理；自是而流，則爲人欲。自是克念，則爲聖；自是罔念，則爲狂。特毫忽之間，學者不可不謹。

身與手足一體，外邪間隔，故與氣不相貫通。己與天地萬物一體，人欲間隔，故與心不相貫通。身與手足間隔者，醫必有方。我與天地萬物間隔者，聖人亦必有方。故夫子曰「能近取譬，可謂仁之方也已」。非有所得能爲此語。

孔、顔之樂者，仁也。非是樂這仁，仁中自有其樂耳。且孔子安仁，而樂在其中。顔子不違仁，而不改其樂。安仁者，天然自有之仁；而樂在其中者，天然自有之樂也。不違仁者，守之之仁；而不改其樂者，守之之樂也。《語》曰「仁者不憂」。不憂，非樂而何？周、程、朱子不直説破，欲學者自得之。

孔門游、夏稱文學，亦何嘗秉筆爲詞章也？且如「觀乎天文，以察時變；觀乎人文，以化成天下」，此豈詞章之文也？故吕與叔有詩曰：「學如元凱方成癖，文似相如殆類俳。獨立孔門無一事，只輸顔子得心齋。」端亦偶成曰：「作文不必巧，載道則爲寶。不載道之文，臧文棁上藻。」言無味而意有在焉。

曾晳言志，是箇無事無爲的道理，而做有事有爲的功業。大以成大，小以成小，隨物賦形，無所不到，正與夫子「老者安之，朋友信之，少者懷之」之志同。

程子曰：「涵養須用敬，進學在致知。」此言最停當。

人能恭敬，則心便開明。

學到不怨不尤處，胸中多少洒落明瑩，真如光風霽月，無一點私累。

六經、四書，天下萬世言行之繩墨也，不可不使之先入其心。雖周公、孔子之聖，猶且朝讀百篇，韋編三絶，況常人乎？讀書元爲養心。

六經、四書，聖心之糟粕也。始當靠之以尋道，終當棄之以尋真。道，真我所固有者。先生此言，欲毋專泥書册耳。

夫四書者，孔、曾、思、孟之書，所以發六經之精義，明千聖之心法也。語其要，《論語》曰「仁」，《大學》曰「敬」，《中庸》曰「誠」，《孟子》曰「仁義」，合之則帝王精一執中之旨也。《四書詳説自序》中語。

「盡信書則不如無書」，這一章書，亦孟子拔本塞源之論。帝王記事之書，而過實有如此者，況後世乎？邪誕妖妄之徒，索隱行怪、欺世盜名之所作，不曰經則曰書者，又可信耶？適足以戕人之心，壞人之性，導人之惡，指人之迷而已。故朱子詩曰：「誰哉繼三聖，爲我焚其書。」

口耳之學，不得於心；枝葉之文，不得其本。此等傳習，安足以收放心，養德性，而有實用於世乎？先生之學，要收心養性而有實用，豈是舉業。

古人文人自是文人，詩人自是詩人，儒者自是儒者。今人欲兼之，是以不能工也。賢輩文無求奇，詩無求巧，以奇巧而爲詩文，則必穿鑿謬妄，而有不得其實者多矣。不若平實簡淡爲可尚也。見先生應感之實可法。

物本乎天，人本乎祖，人能敬天而不違其理，敬祖而能繼其志，是謂報本。今人事佛事神而言行違理，何能報本？

人，氣聚而生，氣散而死，猶旦晝之必然

也。安有死而復生爲人，生而復死爲鬼，往來不已而爲輪回哉？以上二條因人崇佛。

人於患難之中，内而宗族，外而鄉里，皆來憂卹。及事平之後，則各私其私，各利其利，而忘宗族鄉里之情。或頭畜相侵，或財物相虧，輒生暴怒。或相毆駡，或相告訐，或相屠戮。原其所以，皆由不知宗族之情，鄉里之義。苟或知之，則相親相愛惟恐無日，奚暇争競哉！且螻蟻，微物也，一穴之宫與衆居之，一拳之臺與衆臨之，一粒之食與衆聚之，一蟲之羶與衆共之。可以人爲萬物之靈，而不如蟻之知義乎？此語似淺而實深。

儒家之禮，原出於天地，而制成於聖人。故自周公而上，作之者非一人。自孔子而下，明之者亦非一人矣。其在五經四書，詳且備焉。彼釋迦、老聃之書，本無齋醮之論，而梁武、宋徽之君，妄爲齋醮之説，故武餓死臺城，❶而徽流落金虜。將求冥福，俱遭顯禍，誠萬世之明鑑也。奈何人不知戒，踵謬成俗，流至於今，可勝痛哉！然出俗超凡，何代無人？宋程伊川先生家治喪，不用浮屠，在洛亦有一二人家化之。元許魯齋先生居鄉里，凡喪葬一遵古制，不用二氏。士大夫家因以爲俗，四方聞風，亦有倣之者。今欲明其禮而却其俗，以二先生爲法，毋曰「我下愚也，豈敢倣大賢之所爲哉？」孟子不曰「人皆可以爲堯、舜」，況程、許乎？

窮口腹以暴天物，固爲人欲之私。然異端之教，遂至禁殺茹蔬，殞身飼獸，其於天性之親，人倫之愛，反恝然其無情。又豈得爲天理之公？

❶「死」，原無，據道光本補。本段亦見《夜行燭・明禮却俗第四》。

人心本自虛靈知覺，但事物纔觸即動，而應物無蹤跡可尋捉處。

孟子論鄉原亂德之害，而卒以反經爲說。此所謂上策，莫如自治者。況異端邪說，日新月盛，其出無窮，蓋有不可勝非者，惟吾學既明，則彼自息滅耳。此學者所當勉，而不可以外求也。

《太極圖說述解序》略云：孔子而後，論太極者皆以氣言。老子「道生一」而後乃生二，莊子師之，曰「道在太極之先」。曰一，曰太極，皆指作天、地、人三者氣形已具而混淪未判之名。道爲一之母，在太極之先，而不知道即太極，太極即道。此一段語最融透。以通行而言則曰道，以極致而言則曰極，以不雜而言則曰一。夫豈有二耶？《列子》混淪之云，《漢志》含三爲一之說，所指皆同。微周子啓千載不傳之秘，則孰知太極之爲理而非氣也哉？且理，語不能顯，默不能隱，固非圖之可形，說之可狀，只心會之何如耳。二程得周子之圖之說，而終身不以示人，非秘之，無可傳之人也。是後有增周說首句曰「自無極而爲太極」，則亦老、莊之流。有謂「太極」上不當加「無極」二字者，則又不知周子理不離乎陰陽、不雜乎陰陽之旨矣。亦惟朱子克究厥旨，遂尊以爲經而註解之，真至當歸一說也。至於《語録》，或出講究未定之前，或出應答倉卒之際，百得之中不無一失，非朱子之成書也。近世儒者多不之講，間有講焉，非舍朱說而用他說，則信《語録》而疑《註解》，所謂「棄良玉而取頑石，掇碎鐵而擲成器」，良可惜也！《太極圖》，先生生平所最得力者。

《太極圖說·辨戾》文略云：「周子謂『太極動而生陽，靜而生陰』，則陰陽之生由乎太極之動靜，而朱子之解極明備矣。其曰：『有太極則一動一静而兩儀分，有陰陽則一變一合而五行具。』尤不異焉。又觀《語録》，却謂：『太極不自會動静，乘陰陽之動静而動静耳。』遂謂理之乘氣，猶人之乘馬，馬之一出一入，而人亦與之一出一入，以喻氣之一動一静，而理亦與之一動一静。若然，則人爲死人而不足以爲萬物之靈，理爲死理而不足以爲萬物之原。理何足尚，而人何足貴哉！今使活人騎馬，則其出入、行止、疾徐，一由乎人馭之如何爾，活理亦然。不之察者，信此則疑彼矣，信彼則疑此矣，經年累歲，無所折衷。故爲《辨戾》以告夫同志君子。」

《存疑録序》云：「《存疑録》，録先知先覺之微辭奥義，而存之以釋疑焉而已矣。端自幼業農，弱而學儒，苦爲流俗異端所困。後數年，方漸脱之放之，而至于一正之歸，然尚爲科舉之學縻之。自强以來，四十曰强。潛心理學，看此語併編中。初若駕孤舟而泛烟海，所録，是爲舉業。否。渺茫瀰漫，澒洞浩瀚，莫知涯涘。慌忽艱甚者久之。逮知命而後，方聞天下無性外之物，見得透徹方有此論。而性無不在焉。性即理也。理之别名曰太極，又曰太乙，曰至誠，曰至善，曰大德，曰大中，隨意取名不同，而道則一而已。六經、四書之後，闡明開示，至當歸一之論，惟濂、洛、關、建大儒，真得孔、孟宗旨，傳帝王之心法，發天地之精藴。端竊尊之信之，而老拙于記，則日忘所能者多，而懼得罪于聖門焉。雖老且病，敢倦于勤？是以於講授之餘，信手録其説之萬一。首太極以闡造化之源，次陰陽以明造化之流，而後列其成象成形，有涯有涘，或動或静，在幽在明，之久之暫，之所以然與其所當然之故。及夫道統之傳，異端之辨，以實造化之理之氣之無窮，則吾道一以貫之，無遺焉。故萬物之靈而曰人者，後天地而生而知天地之始，先天地而没而知天地之終。然而在所録者不能無重復，不在所録者又豈無精要者？蓋無夫子删述之筆故爾。兹尚冀夫有道而成人之美者，爲之節文焉。」

《編次儒家宗統譜序》略曰：「《儒家宗統譜》，儒家之真源正派也。蓋真源乃天、地、人之所自出，正派乃皇、帝、王之所相承，所以參天地而立人極者焉。然其大目則曰三綱，曰五常，而其大要則曰一中而已。三皇儒而皇，五帝儒而帝，三王儒而王，皐、夔、稷、契、伊、傅、周、召儒而相，孔子儒而師。然則孔門一帝王之教耳，帝王一天地之道耳。儒家者，所以相天地，宗帝王，師聖賢。心，公天下萬世之心也；道，公天下萬世之道也。朱子謂『釋氏出于自私之厭，老子出于自私之巧』，夫彼豈可與此同年而語哉？端固愚陋，恍然于源之真、派之正，似有見焉，于圖而譜之，用以存疑。然不敢自私，將俾願爲儒家之精到者一覽而知真源正派之所在，則亦庶乎迷津之一指云耳。觀次宗統，可以見先生自任之不小。

《家規輯略序》略云：「國有國法，家有家法，人事之常也。治國無法，則不能治其國；治家無法，則不能治其家。譬則爲方圓者不可以無規矩，爲平直者不可以無準繩。是故善治國家者，必先立法以垂其後。自今觀之，江南義門鄭氏，合千餘口而一家，歷千餘歲而一日，以其賢祖宗立法之嚴，賢子孫守法之謹而致然也。」

讀曹月川先生録粹跋語

夫世有俗學矣，而後有道學。有道學矣，而後道學重。道學從性分上喫緊，聖者首其領，賢者尾其幅。孔子世遠，迄我明，惟月川曹先生持此見，破千古迷。先生家澠池，距山東不計程，而燭人心之昏昧，所謂無文猶興，信矣。先是，家嚴書令新安，從龍之懸弧地也，時爲庚午。逮甲午，再赴禮闈，便之函谷謁先生里人孟公，得讀所輯《録粹》，又如澠，拜先生廟，因卒業焉。滌塵融鄙，蓋入芝室已！從龍嘗讀《論語》，先師精脉，盡之「時習」一章，而「此身從天地來」一段，先生精脉可盡。夫不知不慍，胸襟何濶！蓋壤並大非意之也，理之渾合也，性分本如是也。曹而孔也，嗣有白沙、陽明，道學之傳愈重矣。先生之風，山水高長矣，矧紹芳有孟公哉？從龍自分愚傭，顧乃云云不怯其僭者，抑亦抒吾慕重之私焉爾。

萬曆乙未春仲黔都匀後學陸從龍謹跋。

月川曹先生録粹跋

子曰：「文莫吾猶人也，躬行君子，則吾未之有得。」夫躬行豈易言哉！近言之，則一事一節亦謂躬行；遠言之，則終身體之不能盡；淺言之，則繩趨尺步，曲謹自全者亦謂躬行；深言之，則堯舜之病諸，禹之拜昌言，湯之隕淵，文之望道未見，武之不泄不忘，周公之待旦，孔子之不修不講，不徙不改，何有未能者，皆不外此。

自道學不明，世往往薄躬行爲無奇。其上者溺情訓詁，藉口翼道，下者以文人援玄虚要渺之説，自列於儒林，而求聞於後。令人讀其書，似有以衍堯、舜、禹、湯、文、武之傳，發周、孔之秘，至究生平操履，多不滿於月旦，此吾道之蠹耳。其所以主張宇宙，挽回氣化，維持人心，統承往聖而啟佑後學者，獨賴有躬行斯道之人，殆吾鄉月川曹先生與！

先生生洪武永宣間，淳龐樸茂，好古力行，毅然以斯道爲任。其所著述，一本於鄒魯、濂洛，當世翕然宗之。乃論先生者，以著述儕之舉業，又僅僅稱篤行君子，蓋以淺近言之矣。嗚呼！向使實詣不足，縱所見解高入無際，細入無倫，知道者將與之乎？況先生以敬爲主，以無欲爲功。其言曰：「學聖之事，主於一心。」曰：「事事都於心上做工夫，是入孔門底大路。」曰：「學欲至乎聖人之道，須從太極上立根脚。」立論千萬言，出於自得者爲多。今其遺書俱在也，試繹之，舉業乎否耶？昔韓昌黎之學，見於《原道》一篇，其餘用力深處，不離乎文字之工，至今誦《示兒》詩章，尚涉流俗氣習，未能純然於道。然且山斗在望，異世而俎豆之，亦其學絶道喪，倔起之難也。

先生當國初，士鮮知學，能裦然自樹，非聖人之道不志，非周、程諸子之説不從，言行合一，始終不二，固以難已。嗣後白沙、陽明諸賢相繼而興，堯、舜、禹、湯、文、武、周、孔以來之道，遂昭然大明，非先生其誰倡之？方之昌黎，又逕庭焉。然則躬行可易言哉？固宜孔子所重在此不在彼也。吾師雲浦先生，摘先生言之粹者，編註鋟梓，蓋亦孔子所重之意。而不肖悟僭妄云云者，蓋亦吾師雲浦先生意也。

後學弘農王以悟謹跋。

月川曹先生理學證印要覽

月川曹先生理學證印要覽序

夫學，一也。而以理學稱者，謂其本諸身心，直竟性靈，與訓詁詞章之學異也。自孔、孟既殁，世遠教湮，刑名術數之徒，紛沓支離，爲斯道裂，殊無可道。由秦而漢，儒家譚經校藝，非不誦法孔子，然樹標幟，開門竇，祇爲訓詁詞章者流。迨有宋諸賢，殫精潛修，領受真詮，上接孔子道脉於千載之下，於是始以理學稱。我明追其踪者，若薛、若王諸先生，彬彬輩出，爲寓内人士宗師。迺通紀所載，則謂自澠池曹月川先生始。蓋予於先生，竊嚮慕久矣，顧未獲誦其詩，讀其書，尚論其世也。丙戌夏，奉命諭澠池，至則造先生之廬，拜先生之像，謁先生之墓。而昕夕課士之暇，又得與其孫繼儒，洎鄉之後進馬子行坤、張子信民等，細覈先生歷履與諸著作，所謂誦詩、讀書、論世者，蓋一時獲焉。繇是知先生之理學，直伯仲薛、王諸先生，均之追踪宋賢，上接孔子道脉。然薛、王諸先生咸後先從祀孔子，而先生猶然未與，何也？豈振之無其人乎？抑視先生爲訓詁詞章已乎？蓋先生敦孝友，崇仁讓，貴義賤利，秉正黜邪，悉本自心性，措諸躬行，令感者德且化。至諸著作，如《太極》、《西銘》述解等書，大都析天人性命之藴，用羽翼聖真，闡示來喆，要匪字比句櫛爲也。則先生之學，果訓詁詞章已耶？當時學士大夫無亦未誦其詩，讀其書，尚論其世，故雖景先生芳躅，或未有深知之者。今予幸深知矣，奈力弗能振，而其言罔足爲世信也。乃以先生之嘉言懿行，民歌士誦，載在篇釋，汗渺寥逖，欲一觀諸要難。爰取群書，摘其議論文詞之大而精者，目爲格言。紀録贊記之詳而切者，目爲頌言。剖分二卷，類成一帙，合而命之曰《理學證印》，壽諸鋟梓，將以竢議從祀者要覽焉。

嗟夫！寸臠安足以盡大鼎，而據大鼎者，即寸臠可以概其味。一斑安足以盡文豹，而窺文豹者，即一斑可以概其美。是録也，其先生之寸臠一斑乎？若夫大鼎、文豹之全，則自有先生群書在。

時萬曆十八年庚寅仲秋穀旦，豫章後學盧陵曠驥頓首拜書。

月川曹先生理學證印要覽敘

琨越在南服，慕天中淵源之緒，舊矣。洎讀《皇明通紀》，閱「澠池月川曹先生諱端者，稱國朝理學首」，又閱《薛文清公贊記》「由關洛以遡濂溪」等語，極爲推尊，迺仰嘆曰：「河洛，天地之中，儒賢之淵藪也，有自哉！上翼聖真，下開聾瞽，程、邵輩尚矣，而復嗣之月川，蓋地靈之毓厚也。」琨何幸造其里，讀其書，尚友其人乎？屆承乏永庠，訓署澠池，篆展謁先生，得先生著述，鱗鱗纍纍，一皆天人性命之學，躬行心得之真。匪直侈之詞説，而芟紫弼朱，守先待後，毅然以興起斯文爲己任，不在子輿氏之右。廟食從孔子祀，宜矣。顧落落幾二百禩，弗獲同文清登豆俎，琨重爲先生憾焉！無何，撫臺吴太宗師檄馳府尊徐宗師，命蒐先生書，蓋其重也。琨作而言曰：「士之能垂休光照後世者，必有負天下之望者爲之。後先生振鐸蒲、霍，人士景從無遐邇。身殁，竟落落至今日，詎待負天下之望者爲之後乎？」太宗師固負天下之望者也。其先生昌明之奇會與，而徐宗師又亟爲勸翊，蓋嘉美輻輳，琨私心竊愉之矣。蒐羅除《太極圖》、《西銘述解》、《夜行燭》、《年譜》、《録粹》已經刊行外，有《四書詳説》、《家規輯略》、《存疑録》、《通書述解》、《孝經述解》、《乾坤二卦解》、《程胡二氏傳》、《性理文集》、《格物論》、《拙巢鳴》，俱屬名言懿行，粹焉大雅，理學之主戲已。第繁浩，未易徧涉，且間有逸湮莫可補拾，獨《要覽》一帙，成自澠庠諭曠均驥，彙先生之言行而摘編者，似足以概先生。一展誦之，先生宛然在目矣。説者謂《鄉黨》一篇，分明畫出箇聖人，兹固先生畫也。是不可付之剞劂耶？遂卜穀鳩工，鍥之澠池公署。

萬曆二十年壬辰五月穀署澠池縣事永寧縣儒學訓導鄧琨敘。

月川曹先生理學證印要覽卷之上

澠池縣儒學署教諭後學盧陵曠　驥編輯
署澠池縣事永寧縣儒學訓導壽春鄧　琨録梓
澠池縣儒學教諭桐栢楊繼明
訓導淅川李克光
許昌王習古仝校

格　言

先生平日著作甚富，此特摘其大而精者，以便觀覽云。

先生曰：

「人之所以可與天地參爲三才者，惟在此心，非是軀殼中一塊血氣。」

「聖人可學而至，要不外於一心。」

「學者須要天理、人欲之間見得分明，方始有益。一毫相雜，則學非其學，而德非其德矣。」

「事之感於外者不一，心之應於中者惟一。」

「學者須將聖經賢傳字字句句於心上理會，務體之於身，見之於行，不可只做一場話説。」

「五常，百行之本之源，一誠而已。」

「善本天命之性，帝降之衷，得之則爲聖爲賢而參天地，失之則爲昏爲愚而同飛走。」

「他人只就事上較量，賢者惟以義爲斷制。」

「人生天地間，上戴天，下履地，參兩間而立者，不能以忠孝立身，非大丈夫也。」

「儒書不博觀，無以探其本末源委之真。異端不涉獵，無以鑒其似是實非之的。」

「學欲至乎聖人之道，須從太極上立

根脚。」

「學者之心，發於義理者常微，而役於形氣者常衆。以彼之衆攻我之微，如國勢方弱而四面受敵，其不亡者罕矣。是在學者養之。」

「中惟主敬，則內欲不能萌，外欲不能入。」

「學者能明此理於心，不使物欲昏蔽，自可審其所適，以求至於道。」

「學者誠能過得這用力謹守關，則用力不已者可以全不用力，謹守不變者可以無所事守。」

「孔門傳授，以仁爲要。」

「道德屬內，富貴屬外。在內者重，在外者輕。知乎此，則可以樂道而忘人之勢。」

「道者，率性而已。性具於心，率而行之，道即在人。人不率性，恣意妄行，不可以爲人。」

「講學之道，當詳而知要。」

「世之求道者，舍事親從兄而爲虛無寂滅，是舍天理之真、人倫之實矣。烏足入堯舜之道？」

「欲求其福，當慎爲仁；欲避其禍，當戒不仁。」

「困窮拂鬱，實修省之一機。故張子《西銘》曰：『貧賤憂戚，庸玉女於成。』」

「教者不過約人於法度之中，而自得之妙，則存乎心領神會。」

「學者能自强，則氣亦從之，不至於怠惰。如將帥之統士卒，有紀律，有號令，士卒雖欲惰而不可得。苟心志不立，未免爲血氣所使。」

「志强則氣亦强，志惰則氣亦惰。學者欲去昏惰之氣，必以立志爲先。」

「學者須戒自足之病，乃能有進。」

「人心能無所累，則仰不愧，俯不怍，浩然之氣，塞乎天地之間。」

「克己復禮爲仁，是孔傳顔之心法也。吾道一以貫之，是孔傳曾之心法也。夫聖人之心法，一也，何所傳之旨不一歟？蓋一是仁之體，貫是仁之用。事皆天理是貫，心德復全是一。夫何不一之有哉？況所謂己，即舜所謂人心也；所謂禮，即舜所謂執中也。是則千聖相傳一心法而已，何必其辭之同哉！」

「仁爲吾身天理，體仁便是率性之道。」

「心之爲物，實主乎一身，應乎萬變。以是參天地，則能三才；以是贊化育，則能一貫。今爲形役知誘物化而不能存之，何以爲人？」

「學者須知聖人與盜蹠之分。」

「毁譽無損自修之實。」

「仁乃天地生物之心，而人所受以生者。不仁，是自絶其天。」

「此心全具此理，原無一物之雜。此身當常用此理，不可有一息之間。」

「道所寄寓者，在言語文字之間，因其語而得其心，便見得千古一心矣。若徒誦説，不得其心，是私欲間之，異端惑之也。苟能精一執中，亦何所不得乎？」

「顔子之學，求至乎聖人之道。今人記誦文辭，豈可與顔子同日而語？」

「人生而禀天命之性，受帝降之衷，天理豈有不直，在人惟順其性而不違，即便是直。」

「人之生理本直。聖人欲人惟順其生理之本直。如微生之乞醯，左丘明之所耻，父爲子隱，誰毁誰譽之屬，無非欲人立心行事，一於直也。人若不直，是聖人之罪人。」

「仁乃我有，而我爲之不由乎我，更由乎誰？故孔子説由己，孟子説求在我。」

「讀聖人之書，正所以求聖人之心。」

「從善如登，從惡如崩，所從不可不擇！」

「舜，人子也，欲得父母之心而順之。凡人子者，苟欲得父母之心而順之，是舜而已矣。」

「自明而使人明者，理之順；自昏而使人明者，理之逆。」

「人於帝降之衷，民秉之彝，見得大了，即便不肯爲小底事。」

「古人自始學至成德，有勉强、自然之不同。而惟日孜孜恐其不及者，無不皆然。」

「一誠足以消萬僞，一敬足以敵千邪。所謂先立乎大者，莫切於此。」

「窮理反躬之學，吾輩當時時念之。」

「事事都於心上做工夫，是入孔門底大路。」

「吾輩做事，件件不離一『敬』字，自無大差失。」

「程子曰：『涵養須用敬，進學在致知。』此言最停當。」

「人性本善，其惡者多因氣動於欲，陷溺耳。及至氣清欲息時，善處自然發露。」

「王道甚大，其要在保民。」

「忠臣之心，惟恐其君之有欲；奸臣之心，惟恐其君之無欲。」

「先王以民爲體，雖無尺寸之膚不養，然於心腹腠理易於犯傷處，尤宜愛護之。」

「大凡目之欲色，耳之欲聲，口之欲味，鼻之欲臭，四肢之欲安佚，以至男女之欲、人悦之欲、長生之欲，皆足以賊四端。四端既傷，將與飛走者同歸，豈爲萬物之靈？」

「學聖希賢，惟在存誠，則五常百行，皆自然無不備也。」

「他人之敬君以貌，賢人之敬君以心。」

「學者以實爲貴，而無一息之間，則與天一而已矣。故曰：『天行健，君子以自强不息。』」

「人與天地本一體，只緣查滓未去，所以有間隔，若無查滓，便與天地同體。」

「心之全德，莫非天理，而不能不壞於人欲。須將人欲件件打掃底浄，方見真體。」

「天理人欲，由水火之相勝，此全則彼息，彼盛則此滅。」

「聖人造化人物之心，真天地至誠無息之心。」

「曾晳言志，是箇無事無爲的道理，而做有事有爲的功業，則大以成大，小以成小，隨物賦形，無所不到，正與夫子『老者安之，朋友信之，少者懷之』之志同。」

「不爲氣所動，則心寧静；不爲欲所分，則心專一。」

「生死路頭，惟在順理與從欲。」

「學者須要識得静字分曉。不是不動便是静，不妄動方是静。故曰『無欲而静』。到此位，静固静也，動亦静也。」

「人不幸而有過，非真不幸。知有過而憚改，是真不幸。」

「顔子幾於聖人，只是不貳過。」

「人有過而知改，改之而至於無，即身之之聖人也。故曰『作之不已，乃成君子。』」

「在人有五常之性，是稟底在天五行之德。以在天之五行爲在人之五常，則人亦天也。學者須要識得此意，不可視天大，視己小。」

「人性本善，而感動處有中節、不中節之分。其中節者爲善，其不中者爲惡。」

「做人須向志士、勇士不忘上參取，若識得此意，便得此心，則自無入不自得了。彼權勢威力，安能施得？」

「學者須要置身在法度之中，一毫不可放肆，故曰『禮樂不可斯須去身。』」

「人能充其仁、義、禮、智之道，則與天地合其德。」

「周子五性之中，只箇『中』是最好底性。蓋中則中節也。」

「張子云：『爲學大益，在自求變化氣質』。程子曰：『學至氣質變化，方是有益。』此『自易其惡，自至其中』之説也。」

「事心之學，須在萌上着力。」

「人受天地之中以生，而無有不善，故皆可以爲堯、舜，而參天地以贊化育，則孰不可立於無過之地乎？然而不能無過者，或氣稟之偏，或私欲之誘，或習俗之染，得人告之而聞焉，將變化消釋以復其初，幸何如哉！不然，則過而不改，終歸不善，何足爲萬物之靈？」

「人以聞過爲幸。若有恥，則又爲幸之大者也。」

「仁者，一心之全德，萬善之總名，而爲參天地之本體。不仁則生理息矣，人道滅矣，而不以爲耻，非大不幸而何？」

「禮樂，先理而後和，所以不曰樂禮，而曰禮樂。」

「學者實勝於名，則善矣。」

「政善則民無不安，民安則心無不和。」

「懲忿如摧山，窒慾如填壑，遷善當如風之速，改過當如雷之決。修德須知此，而後至於成德。」

「學者當以聖賢正道自期，不可流於異端。」

「人能以我所望於人者，即我所當自盡，自可以入道。」

「能真知其義理之味之無窮，則窮達自不足以動念。」

「天理存亡，只在一息之間。」

「孔子曰：『君子憂道不憂貧。』無非欲學者知内重外輕之辨。」

「天之所生，地之所養，惟人爲大，以其受天地之中，則皆可以爲堯、舜而參天地以贊化育。」

「口耳之學，不得於心；枝葉之文，不得其本。此等傳習，安足以收放心，養德性而有實用於世？」

「孔子説『志於道』，必志於道而後謂之真志。」

「能復乎天理，則一日長進似一日。」

「此身從天地來，其形雖小，理與天地渾合。」

「世之學者，只是專務爲人，却不曾先去自家身上做得工夫。非惟爲那人不得，末後還連己也壞了。」

「得一善逞一善，得一能逞一能，是謂道聽塗説。無欲便覺自在。」

「孔子之所謂善，是就一物未生之前、造化源頭處説。孟子之所謂善，就成之者性處説，是生以後事。其實由造化源頭處有是繼之者善，然後成之者性，方是如此之善。」

「學聖之事，主於一心。」

「聖人之心，一天地生物之心。天地之心，無一物不欲其生；聖人之心，無一人不欲其善。」

「先意承志，諭父母於道者，其孝大於養

極甘脆者矣。和色柔聲，諫父母於善者，其孝大於拜醫求藥者矣。」

「舜禹有天下不與，只是無心於富貴，非無心於斯民，夫豈佛、老之離倫絶類以爲高？」

「孔子全是無我。」

「盡歡以交人，竭忠以待人，躬自厚也。不盡人之歡，不竭人之忠，薄責人也。」

「反身而誠，樂莫大焉，所謂『仁者不憂』也。强恕不言忠，無忠何以爲恕？蓋有心爲恕，則忠固在其中矣。所謂無忠做恕不出，兩字不容去一者，正謂此也。若自己心裏元自不實不盡，更將何物推以及人？以此見凡説恕字，必有忠字在源頭了。今人皆不忠之恕，惟務苟且於一時，不復有己可推，亦不復近仁矣。」

「修身見於世，蓋實之不可掩者，非君子願乎其外而欲以自見也。」

「『春秋無義戰』，斷盡春秋諸侯兵車之罪。」

「『盡信書則不如無書』這一章書，亦孟子拔本塞源之論。帝王記事之書，而過實有如此者，況後世乎？邪誕妖妄之徒，索隱行怪，欺世盗名之所作，不曰經則曰書者，又可信耶？適足以戕人之心，壞人之性，導人之惡，指人之迷而已。故朱子詩曰『誰哉繼三聖，爲我焚其書』。」

「堯、舜之道，孝弟而已矣。舍孝弟而欲驚世駭俗也，豈可以爲人之道？」

「言人之惡，非以美己；言人之枉，非以正己。」

「君子制事，可不可間，斷然適於中而已。否則非處事之道。」

「聖賢之言，無非欲人中道而行。爲聖

賢之徒者，不可不體聖賢之心。」

「人之生也，同得天地之氣以爲形，同得天地之理以爲性，盡性以踐形，則與聖人一矣。故曰『人皆可以爲堯舜』。若不求己與聖人同，而求聖人與我異，則用心不純矣。」

「人性本善，爲惡是逆其性，豈人所生以稟之天理？」

「立人之道，曰仁與義。禍仁義，則人道不立，何以爲天地立心，爲生民立命，爲萬世開太平？故孟子辯之者，爲此懼也。」

「信迺立事之本。」

「學至於樂，有難以語人者。惟自强不息，則幾之。」

舜、禹之心，精一執中而無一理之不具，故崇高富貴不足以入其心。」

「下學可以言傳，是人事；上達必由心悟，是天理。然天理豈在人事之外？故曰『人事盡而天理得』矣。」

「人非生知，由師友之功得道義於身，而貴且尊者，師友與之也。」

「道德者，文詞之實；文詞者，道德之華。不務道德之實於身，而但以文詞之華爲能，才藝之末也。」

「所發者淡，則私欲之心自平定；所爲者和，則躁急之心自消釋。」

「南容謹言，只是不輕言取禍。若以直言極諫、面折廷争爲不謹言，豈聖門忠孝之教？」

「顏子得傳聖人之道，不過克己復禮，入道者須學顏子之學。」

「能克己復禮，則滿腔子裹都是天地生物之心，而日用間莫非此心發見之實。」

「窮天地，亘古今，只是一箇道義。隨時隨事而處之得宜，迺爲天地之常經，古今之通義。」

「聖賢仁民之心，與天地之心同無窮。」

「天之生人，一而已矣，何有君子、小人之分？ 只在循天理、遏人欲之間，始則差之毫釐，終則謬以千里，夫受天明命，爲萬物之靈，何可不循天理爲君子，只遏人欲爲小人乎？」

「人欲復其同然之性以變化氣質，必是人一已百、人十己千底工夫方能變得。」

「朱子云：『某年十五六時，見呂與叔解得『果能此道』一段痛快，讀之未嘗不悚然警勵奮發。』今按：朱子十四歲喪父即能如此，所以能傳列聖之道統也。後學看到此等處，而不立志用功，則聖門之罪人。」

「誠之一字，括盡《中庸》費隱。」

「色厲内荏，但自欺而已，豈能欺人？」

「聖人時靜而太極之體立，時動而太極之用行，聖人身上只是一太極。」

「人之學聖，不出性分之外。」

「能無私於己，自可率人以無私。」

「陰陽無二氣，仁義無二道，道氣無二機，只是一箇消長而已。」

「天地間不過陰陽五行之氣而已，有是氣必具是理。氣之所充塞，是理之所充塞。」

「形氣之私的人心本危，能收斂入來；性命之正的道心本微，能充拓出去，則日用間無往非中。凡由人心而出者，無非道心之流行矣。故先儒曰『有道心而人心爲之節制，人心皆道心』也。」

「世間萬事皆此一理，只是精粗大小不同。」

「老、佛之彌近理，是全非也。斥其非，則正道明。」

「精義入神是大底事，洒掃應對是小底

事，然其理則無大小之間。」

「學洒掃應對，而精義入神便在此。」

「昔周子教程子，每令尋仲尼、顏子樂處，所樂何事。學者當深思而實體之，不可但以言語解會而已。端竊謂孔、顏之樂者，仁也。非是樂這仁，仁中自有其樂耳。且孔子安仁而樂在其中，顏子不違仁而不改其樂。安仁者，天然自有之仁；而樂在其中者，天然自有之樂也。不違仁者，守之之仁；而不改其樂者，守之之樂也。語曰：『仁者不憂。』不憂，非樂而何？周、程、朱子不直說破，欲學者自得之。」

「聖人說《詩》不用訓詁，且看『故有物必有則，民之秉彝也，故好是懿德』，但加一『故』字於『有物』之上，加一『必』字於『有則』之上，加一『也』字於『秉彝』之下，又加一『故』字於『好是』之上，而自明暢矣。近世明道先生談《詩》，並不曾下一字訓詁，只轉却一兩字點掇遞過，便教人省悟，則亦得此意也。」

「孔門游、夏稱文學，亦何嘗秉筆爲詞章也？且如『觀乎天文以察時變，觀乎人文以化成天下』，此豈詞章之文也？故呂與叔有詩曰：『學如元凱方成癖，文似相如殆類俳。獨立孔門無一事，只輸顏子得心齋。』端亦偶成曰：『作文不必巧，載道則爲寶。不載道之文，臧文梲上藻。』言無味而意有在焉。」

「古人文人自是文人，詩人自是詩人，儒者自是儒者。今人欲兼之，是以不能工也。賢輩文無求奇，詩無求巧，以奇巧而爲詩文，則必穿鑿謬妄，而有不得其實者多矣。不若平實簡淡爲可尚也。」

「學到不怨不尤處，胸中多少洒落明瑩，真如光風霽月，無一點私累。」

「進學不勇，終不能成己，是自棄其身於不肖之歸，不仁甚矣！」

「人能恭敬，則心便開明。」

「聖人於衆理，匪事事學而識之，只是理無不明。」

「程子謂『下愚無不可移』之説，即孔子所謂『有能一日用其力，而未見力不足者』之意。」

「氣有可反之理，人有能反之道，只是不可暴棄。」

「做工夫雖自外而内，然所以主之者却在内。」

「人不消去昏默幻冥中求，道理處處平平，會得時，多少分明快樂！」

「學者不求之遠而求之近，自可上達天理。」

「人於患難之中，内而宗族，外而鄉里，皆來憂卹。及事平之後，則各私其私，各利其利，而忘宗族鄉里之情。或頭畜相侵，或財物相虧，輒生忿怒，或相毆罵，或相告訐，或相屠戮。原其所以，皆由不知宗族之情、鄉里之義。苟或知之，則相親相愛惟恐無日，奚暇争競哉？且螻蟻，微物也。一穴之宫與衆居之，一拳之臺與衆臨之，一粒之食與衆聚之，一蟲之羶與衆共之，可以人爲萬物之靈，不如蟻之知義乎？」

「問：『伊尹之志，顔子之學，固矣。却不知伊尹之學，顔子之志如何？』端曰：『伊尹之志，固在行道，然道非學無以明，不明何以行耶？大抵古人之學，本欲行道。伊尹耕於有莘之野，而樂堯、舜之道。凡所以治國平天下者，無不理會。但方處畎畝時，不敢必于大用耳。及三聘幡然，便一向如此做去。其自言曰：「予，天民之先覺者也，予將以斯道覺斯民也。」此便是堯、舜事業。看二典之書，堯、舜所以卷舒作用只如此熟，若雖志欲行道，而自家所學元未有本領，如何便能舉而措之天下乎？若顔子之學，固欲明道，然又未嘗不欲道之行也。觀其問爲邦，而夫子告以四代禮樂，及放鄭聲、遠佞人，其言志，一則曰「願無伐善，無施勞」，一則曰「願得明王聖主輔相之，敷其五教，導之以禮樂，使民室家無離曠之思，千載無戰鬬之患，而勇辯者無所施用焉」。然則顔子之志，又豈非堯、舜君民而公天下之心也哉？』」

「物本乎天，人本乎祖。人能敬天而不違其理，敬祖而能繼其志，是謂報本。今人事佛事神，而言行違理，何能報本？」

「人氣聚而生，氣散而死。猶旦晝之必然也。安有死而復生爲人，生而復死爲鬼，往來不已而爲輪迴哉？」

「儒家之禮，原出於天地，而制成於聖人。故自周公而上，作之者非一人；自孔子而下，明之者亦非一人矣。其在五經、四書，詳且備焉。彼釋迦、老聃之書，本無齋醮之論，而梁武、宋徽之君，妄爲齋醮之説。故武餓臺城，而徽流落金虜。將求冥福，俱遭顯禍，誠萬世之明鑑也。奈何人不知戒，踵謬成俗，流至於今，可勝痛哉！然出俗超凡，何代無人？宋程伊川先生家治喪不用浮屠，在洛亦有一二人家化之。元許魯齋先生居鄉里，凡喪葬一遵古制，不用二氏，士大夫家因以爲俗，四方聞風亦有傚之者。今欲明其禮而却其俗，以二先生爲法，毋曰：『我下愚也，豈敢傚大賢之所爲哉？』孟子不曰『人皆可以爲堯、舜』，況程、許乎？」

「異端滅而世道明，邪説息而人心正。士君子生於斯世，但當扶世道、正人心、明義理、厚風俗，生有益於時，死有聞於後，豈可流於曲學，苟以隨乎頹俗？」

「吾儒之虛，虛而有。如曰：『無極而太極。太極生兩儀，兩儀生四象，四象生八卦。』則自身心性情之德，人倫日用之常，以至天地鬼神之變，鳥獸草木之宜，何往而非理之所有耶？彼老氏之虛，虛而無，如曰『道在太極之先』，却是説未有天地萬物之初，有箇虛空道理，却與人物不相干涉。不知道只人事之理耳。吾儒之寂，寂而感，如曰：『寂然不動，感而遂通天下之故。』蓋謂此心方其寂然不動，而民彝物則燦然具備于中，及感而遂通，則範圍之而不出乎一心，酬酢之而乃通乎萬變，爲法於天下，可傳於後世，又何往非心之感耶？彼佛氏之寂，寂而滅，如曰：『以虛爲宗，以未有天地之先爲真體，以天地萬物皆爲幻，人事都爲粗迹。』盡欲屏除去了，一歸於真空耳。此等之教，不察夫義理，措諸事業，又將何以有實事乎？」

先生在試院，有同列言太極者，曰：「先有無極而後太極。」先生曰：「只此一句，便見所見之差，流於異端之説矣。如此，則與不相離之言實不相蒙，與老子道生一而後迺生二，莊子道在太極之先之説同歸於謬，豈周子之意哉？」同列曰：「先生如何説？」答曰：「周子所謂無極而太極者，蓋『無』謂無形象、無聲氣、無方所。『極』謂至極，理之別名也。太者，大無以加之謂。天地間凡有形象、聲氣、方所者，皆不甚大。如此極者，雖無聲氣，而有形象、方所焉，惟理則無形象之可見，無聲氣之可聞，無方所之可指，而實充塞天地，貫徹古今，大孰加焉！故周子言無極而太極，是言無極之中而有至極之理。朱子曰：『上天之載，無聲無臭，而實爲造化之樞紐，品彙之根抵也。』」同列見其講論親切，發明詳盡，皆心服焉。

霍州門人郭晟將之官，過蒲坂而問政。先生曰：「其公、廉乎！古人有言：『吏不畏吾嚴而畏吾廉，民不畏吾能而畏吾公。』公則民不敢慢，廉則吏不敢欺。」晟是時爲西安府同知，歷九載，以公廉稱，蓋遵先生之教而力行不怠者也。後兵部尚書王公某薦爲西安知府。

先生三典陜西文衡，在試院與同列論先聖廟配饗事。曾點、顔路、伯魚，皆父也，坐於兩廡；顔子、曾子、子思，皆子也，坐於殿庭。同列曰：「以傳道而言。」先生曰：「道何道也？既非老子之道，又非佛氏之道。儒家之道，不過明人倫而已。父坐廊廡之下，子坐殿庭之上，何在乎明人倫也？此唐家之謬，歷代踵而行之。」同列曰：「然則何以處置？」先生曰：「合於殿庭之東别設一祠，以孔子父叔梁紇居中，以顔路、曾點、伯魚敘坐於左右，庶幾理當。」

先生著《月川圖詩》曰：「天月一輪映萬川，萬川各有月團圓。有時川竭爲平地，依舊一輪月在天。」

蓋先生平生學問，以太極爲質榦，以躬行爲真修，至是博學功深，自覺於洙泗一貫之傳，怳然有得。於是畫《月川交輝圖》以喻其妙，故爲之詩如此。今觀其圖，天上一月，川中九月，蓋取月映川水以喻一貫之道耳，因自號月川子。門人謝琚曰：「首句喻統體之太極，承句喻各具之太極，轉句喻萬感之俱寂，合句喻一理之常存。」故當時以月川先生稱者，本此。

先生讚《太極圖》曰：「濂溪夫子，卓乎先

覺，上承洙泗，下開河洛。建圖立説，理明詞約，示我廣居，抽關啓鑰。有綱有條，有本有末，斂歸一心，放彌六合。月白風清，鳶飛魚躍，舜、禹得之，崇高卑若；孔、顔得之，困極而樂。舍此而爲，異端俗學。造端之初，胡不思度？毫釐之差，千里之錯。」

先生作《太極圖辨戾》，曰：「先賢之解《太極圖説》，固將以發明周子之微奥，用釋後生之疑惑矣。然而有人各一説者，有一人之説而自相齟齬者。且周子謂『太極動而生陽，静而生陰』，則陰陽之生，由乎太極之動静。而朱子之解極明備矣。其曰『有太極則一動一静而兩儀分，有陰陽則一變一合而五行具』，尤不異焉。及觀《語録》，却謂太極不自會動静，乘陰陽之動静而動静耳。遂謂理之乘氣，猶人之乘馬。馬之一出一入，而人與之一出一入，以喻氣之一動一静，而理亦與之一動一静。若然，則人爲死人，不足以爲萬物之靈；理爲死理，不足以萬物之原。理何足尚而人何足貴哉？今使活人乘馬，其出入、行止、疾徐，一由乎人馭之何如耳，活理亦然。不之察者，信此則疑彼矣，信彼則疑此矣。經年累月，無所折衷，故爲《辨戾》以告夫同志君子云。」

先生《太極述解》成，自序曰：「太極，理之別名耳。天道之立，實理所爲。理學之原，實天所出。是故河出圖，天之所以授羲也；洛出書，天之所以錫禹也。羲則圖而作《易》，八卦畫焉；禹則書而明《範》，九疇敘焉。聖心，一天理而已；聖作，一天爲而已。且以羲《易》言之，八卦及六十四卦次序方位之圖曰先天者，以太極爲本而生出運用無窮，雖欲紹天明，前民用，然實理學之一初焉。厥後文王繫卦辭，周公繫爻辭，其義始明且備，命曰《周易》。及孔子十翼之作，發明羲畫、周經之旨，大明悉備，而理學之傳有宗焉。其曰『易有太極，是生兩儀，兩儀生四象，四象生八卦』，羲《易》說也。太極者，象數未形而其理已具之稱，形器已具而其理無眹之目。是生兩儀，則太極固太極。兩儀生四象，則兩儀爲太極。四象生八卦，則四象爲太極。推而至於六十四卦，生之者皆太極焉。然則羲《易》未有文字，而爲文字之祖；不言理學，而爲理學之宗。噫！自木鐸聲消，儒者所傳周經、孔傳之文，而羲圖無傳，遂爲異端竊之而用於他術焉。至宋，邵康節始克收舊物而新其說，以闡其微。及朱子出，而爲《易圖說》、《啓蒙》之書，則羲《易》有傳矣。不惟羲《易》千載之一明，而實世道人心之萬幸也。伊川程子、康節之同遊，傳《易》弗之及，豈偶未之見耶？抑不信邵之傳耶？若夫濂溪周子，二程師也，其於羲圖，想亦偶未之見焉。然而心會太極之全妙動靜之機，雖不羲迹而直入羲室矣。於是太極圖而口其說，以示二程，則又爲理學之一初焉。何也？蓋孔子而後，論太極者皆以氣言。老子『道生一』而後迺生二，莊子師之，曰道在太極之先。曰一，曰太極，皆指作天、地、人三者形氣已具而混淪未判之名。道爲一之母，在太極之先，而不知道即太極，太極即道。以通行而言則曰道，以極致而言則曰極，以不雜而言則曰一。夫豈有二耶？《列子》混淪之云，《漢志》含三爲一之說，所指皆同。微周子啓千載不傳之秘，則孰知太極之爲理而非氣也哉？且理，語不能顯，默不能隱，固非圖之可形，說之可狀，只心會之何如耳。二程得周子之圖之說，而終身不以示人，非秘之，無可傳之人也。是後有增周說首句曰『自無極而爲太極』，則亦老、莊之流。有謂『太極』上不當加『無極』二字者，則又不知周子理不離乎陰陽不雜乎陰陽之旨矣。亦惟朱子克究厥旨，遂尊以爲經而註解之，真至當歸一之說也。至於《語録》，或出講究未定之前，或出應答倉卒之際，百得之中不無一失，非朱子之成書也。近世儒者多不之講，間有講焉，非舍朱說而用他說，則信《語録》而疑註解，所謂『棄良玉而取頑石，掇碎鐵而擲成器』，良可惜也！端成童業農，弱而業儒，漸脱流俗、放異端，然尚縻於科舉之學者二十餘年。自强而後，因故所學而潛心玩理，幾十年之間，似有一髮之見，而竊患爲成書病者如前所云，乃敢於講授之際，大書周說而分布朱解。倘朱解之中有未易曉者，輒以所聞釋之，名曰《述解》，用便初學者之講貫而已，非敢瀆高明之觀聽也。端前爲序，冗中舉概，而但辨《語録》『太極不自會動靜』一段之戾。邇因頭目風眩，坐卧密室，良久默思，不滿意乃口此，命琇子筆而易之，仍取《辨戾》及《詩贊》附卷末，尚就有道而正焉。」

氣化詩

太一分兮作兩儀，陰陽變合化工施。生人生物都無種，此是乾坤氣化時。

形化詩

乾坤氣化既成形，男女雌雄牝牡名。自是生生有形化，其中氣化自流行。

死生詩

陰陽二氣聚時生，到底陰陽散時死。生死陰陽聚散爲，古今造化皆如此。

輪迴詩

空家不解死生由，妄説輪迴亂大猷。不有天民生覺老，孰開我後繼前修。

先生著《家規輯略》，自序曰：「國有國法，家有家法，人事之常也。治國無法則不能治其國，治家無法則不能治其家。譬則爲方員者不可無規矩，爲平直者不可無準繩。是故善治國、善治家者必先立法以垂其後。自今觀之，江南第一家義門鄭氏合千餘口而一家，歷千餘歲而一日，以賢祖宗立法之嚴，賢子孫守法之善而致然也。其法一百六十有八則，端悉録而寶之，今姑擇其切要者九十有四則，因而類聚群分，定爲一十四篇，名曰《家規輯略》。敬奉嚴君，祈令子孫習讀而世世守行之，期底於鄭氏之美。而又妄述數十餘則以附其後，雖不能如鄭氏之家規妙合聖賢之心法，扶世道，正人心，敦教化，厚風俗，上以光其先，下以裕其後，亦庶乎治家垂訓之一小補云。」

先生作《四書詳説》，自序曰：「永樂中，端正霍州學，爲諸生説四書，一遵朱子成説，蓋遵昭代尊崇取士之典，又不敢爲異説以惑諸生。且其説也，必先舉一章之大旨，而後分經以布其註，衍義以詳其説。然其間朱子以爲易曉而不釋者，初學之士或難之，端用父師先正成説之精當者補之，將以盡詳約而便初學焉。時秦解元輩，初以爲與所聞之説異，久而悟焉，遂好而録之，傳而誦之。及端丁内艱而去，諸生益加珍重，乃各出所記，會集成書，名曰《四書講語》。暨端終制，起調正蒲州學，蒲中士夫已傳之矣。端見而驚且懼，曰：『茲不以誤來學而貽笑乎？』竊欲放許魯齋先生故事，收而火之，不可得矣。乃取二三册而校之，脱誤不勝枚舉。至洪熙改元，端爲霍州奏保復任，得諸生所藏之説，比之外傳，差少脱誤，遂從而正之，越月方畢。時值受業師西安王先生以致仕歸里，道經於霍，見而嘉賞，乃易『講語』爲『詳説』，且命序之。端曰：夫四書者，孔、曾、思、孟之書，所以發六經之精義，明千聖之心法也。語其要，分之則《論語》曰仁，《大學》曰敬，《中庸》曰誠，《孟子》曰仁義，合之則帝王精一執中之旨而已。蓋載道之器，亦聖心之糟粕也。始則靠之以尋道，終當棄之以尋真，不可徒誦説焉。自漢以來，説者不一，而後學無所適從，甚至與異端同歸，可勝嘆哉！況《大學》、《中庸》雜於《禮記》之中，至宋程子出而表章之，説有宗旨，然而未爲成書。逮朱子集諸儒之説，明四書之旨，而爲《集註》矣，所以集群書之大成。袪千載之邪説，故魯齋申之而得道焉。嗟夫！世無魯齋之見者，非取朱子之不取，則言朱子之不言，以亂朱子之説。暨夫《輯釋》、《集成》之作亦引用之，將求多於朱子，反薄蝕於四書。然而尚幸史文璣氏《四書管窺》一編，既辨異説而袪四書之薄蝕，復正《集註》而成一家之清明，真朱子之良佐也。端之説，亦竊以爲依歸焉。然質陋學淺，豈能必其無戾也？尚冀有道者正之。」

先生作《存疑録》，自序曰：「《存疑録》，録先知先覺之微詞精義而存之，以釋疑焉而已耳。蓋端幼業農，弱而學儒，苦爲流俗異端所困。後數年，方漸脱之放之，而志於一正之歸，然尚爲科舉之學累之。自强而來，潛心理學，初若駕孤舟而泛煙海，渺茫瀰漫，澒洞浩瀚，莫知涯涘，慌忽艱甚者久之。逮知命而後，方聞天下無理外之物，而性無不在焉。性即理也。理之别名曰太極，又曰太乙，曰至誠，曰至善，曰大德，曰大中，隨義取名不同，而道則一而已。六經、四書之後，闡明開示至當歸一之論，惟濂、洛、關、建大儒，真得孔、孟宗旨，傳帝王之心法，發天地之精蘊。端竊尊之信之，而老拙於記，則日志所能者多，❶而懼得罪於聖門焉。雖老且病，敢倦於勤？是以於講授之餘，信手録其説之萬一。首太極以開造化之原，次陰陽以明造化之流，而後列其成象成形，有涯有涘，或動或静，在幽在明，之久之暫，之所以然與其所當然之故。及夫道統之傳，異端之辨，以實造化之理、之氣、之無窮，則吾道一以貫之無遺焉。故萬物之靈而曰人者，後天地而生而知天地之始，先天地而没而知天地之終，然而在所録者不能無重復，不在所録者又豈無精要乎？蓋無夫子删述之筆焉，故爾尚冀夫有道而成人之美者爲之節文焉。」

先生作《儒家宗統譜》，自序曰：「儒家宗統譜，儒家之真源正派也。蓋真源，迺天地人之所自出；正派，迺皇帝王之所相承，所以參天地而立人極者焉。然其大目則曰三綱，曰五常，而其大要則曰一中而已。三皇儒而皇，五帝儒而帝，三王儒而王，皋、夔、稷、契、伊、傅、周、召儒而相，孔子儒而師。然則孔

❶ 「日」，原作「月」，據四庫本《曹月川集》改。

門，一帝王之教耳；帝王，一天地之道耳。儒家者，所以祖天地，宗帝王，師聖賢。心，公天下萬世之心也；道，公天下萬世之道也。朱子謂釋氏出於自私之厭，老子出於自私之巧，夫彼豈可與此同年而語哉！端固愚陋，恍然於源之真、派之正似有見焉，於圖而譜之，用以存疑，然不敢自私，將俾願爲儒家之精到者一覽而知真源正派之所在，則亦庶乎迷津之一指云。」

先生生平問學及與賢士大夫問答，門弟子講授、傳心要語，盡見於《拙巢鳴》等書，今皆散失他省，不能復覩，惜哉！

月川曹先生理學證印要覽卷之下

澠池縣儒學署教諭後學盧陵曠　驥編輯
署澠池縣事永寧縣儒學訓導壽春鄧　琨録梓
澠池縣儒學教諭桐栢楊繼明
訓導淅川李克光
許昌王習古仝校

頌　言

有道士大夫所爲詩文，頌先生者多矣。此亦摘其詳而切者，以便覽耳。若先生感化人事蹟，備載全集，姑不述。

監察御史門人謝琚曰：「先生志浄人欲，心涵天理，克己復禮之言，未嘗有忘於口。」

先生修己教人，動合禮法。一言一行，皆有規矩。一動一静，盡合準繩。

先生修己、明善、誠身，無所不至，未嘗不安舒自得也。手容恭，足容重，頭容直，氣容肅，此其人所欽敬也。

先生教人，講論精切，動輒根諸性靈心術，未嘗以賢知先人。若夫不挾長，不挾貴，不挾故，又人所難及者。

先生年甫十六，四書、五經皆已成誦，嘗曰：「六經、四書，天下萬世言行之繩墨也，不可不使之先入於心。」又取文公《綱目》、《周禮》、《儀禮》、諸子百家等書盡讀之，上及三代，下及近世，諸儒文集無不徧觀而盡識之。故曰：「六經、四書之外，諸子百家之言，不讀其書，無以註脚吾心，而考鏡得失，豈止增飾文墨而已。雖周公、孔子之聖，猶且朝讀百篇，韋編三絶，況常人乎？」

先生自少喜談人善，惡稱人惡。見有稱人善者，喜動顏色，問其顛末，記念不忘，樂善之誠也。見有稱人惡者，則佯若不聞，或舉他言以沮之，終身不以語人，忠厚之至也。

先生接人溫和，不較短長，不計貨利，一以誠心與之而已。故賢者慕焉，愚者化焉，雖婦人女子、走卒樵夫，皆知稱先生名而德先生德。其德化之所感深矣！

先生教授霍、蒲，未嘗分毫倦怠，雖隆冬盛暑，不冠帶不見諸生。有所叩問，輒據事理答之。雖夜必興，雖食必輟，其俯而就之如此。

先生之學，自格物致知而推極於治平之大，自洒掃應對而推極夫位育之至，窮理以盡性，明善以誠身，道學君子也。士大夫見其詩，則曰工於詩者也；見其文，則曰工於文者也；見其講論經學，則曰明於理性者也；見其著書立言，則曰志於道德者也；見其譚論人物，則曰考究精詳者也；見其闢邪禳異，則曰志意堅定者也。合六者而並觀之，則曰博學而無所成名者也。然則先生其一貫者乎！

先生平生衣取蔽體，食取充口，目不觀非聖之書，口不譚非聖之言，未嘗一日間也。夜分乃寢，雞鳴而起，諸子侍立左右，恭肅不怠，則是子孫化也；夫人高年，參謁必跪，則是室家化也；兄愛弟恭，和順親睦，則是兄弟化也；諸婦皆知禮義，饋獻整潔，無故不窺中庭，出入必壅蔽其面，則是婦女化也；鈴下蒼頭，皆知廉耻，趨事赴工，不大聲色，則是僕隸化也。是故君子以至誠爲貴，至誠則無不化。此皆人所共見者也。

先生足所履者，聖賢之跡；身所處者，聖賢之道。從容乎仁義之府，周旋乎禮法之場，循規而蹈矩，立忠而行孝，所謂聖代之真儒，天民之先覺者矣。濂、洛、關、閩之後，道學之傳、心法之微，先生一人而已。

霍州李白雲先生嘗語諸生曰：「學不厭，教不倦，怒不遷，過不貳，不挾貴，不挾賢，曹夫子之盛德也。其知古今之宜，達事變之節，尊所聞，行所知，區區莫能及之。異時倡明道學，繼往開來，必曹夫子也。諸生勉力向學，毋自棄也。古人云：『經師易得，人師難逢。』今得人師矣，不可不自勉。」由是諸生竦動，四方聞風來學者衆，文風大振晉陽間矣。

相川張政山西按察使。贈以詩曰：「景仰聲光久，相逢始有因。文章濂洛冑，德行閔顔鄰。心地明如月，襟懷蕩若春。圖書探討處，筆下豈無神！」

禮部張鑑員外郎。贈以詩曰：「締結金蘭自霍州，別來寒暑幾經秋。每瞻霽月茅檐上，切想光風泮水遊。有代詩詞追李杜，千年道學繼程周。想公卓犖非凡器，必是先賢迥出頭。」

澠池李瓘監察御史。贈以詩曰：「蟬噪蛙鳴每寂然，分明吾道日中天。闢邪歸正功夫大，豈獨鄒人是大賢。」「豈獨鄒人是大賢，河南自古得真傳。二程歿後今千載，一派清風屬月川。」

洛陽劉賓暘《題拙巢詩》曰：「自號拙巢克自修，文風洋溢滿中州。書藏萬卷傳心印，門對三峰入望眸。道學近宗伊洛派，異端深闢老莊流。明珠滄海終難晦，文彩還光五鳳樓。」

又

「詭機非性有，守一性無餘。全德爲安宅，拙巢是廣居。仲雍原不佞，回也自如愚。弗假高人論，吾心有太虛。」

又

「非養疎慵非隱名，樂天知命度生平。琴書有興青毡煖，車馬無塵絳帳清。桃李滿園因雨化，菁莪到處自春生。荆山美玉還呈瑞，時待徵書出鳳城。」

舜水周弘《題拙巢》曰：「世俗多機關，濂溪獨賦拙。巧拙誠異途，理欲豈同轍。所以先生心，於焉慕前喆。所惡在言勞，及彼凶與賊。所尚在默逸，暨此吉與德。巧智既無施，妙道從此徹。浮雲掃光風，晴空懸霽月。一毫塵不染，萬里自澄澈。君以名拙巢，契悟良有得。」

澹然子高超山西提學使。讚以詩，有引曰：「正統丙辰冬十月，予奉命巡視山西學校，考課師生。至霍州，徑詣學宫，首謁宣聖廟，歷兩廡，升明倫堂，發藏書閣，遍及諸齋舍，其制度規模，整飾可觀，較他學有徑庭矣。意必有德有爲者之經畫也。詢諸衆，僉曰故學正曹先生所爲也。嗚呼！先生其懷抱才德，未盡厥施者哉？因見其三子，其頗能繼其家聲者，第四子也。遂出先生所著《四書詳説》、《太極圖説》示予。啓而觀之，不覺敬服。其學博而正，理明而粹，一本於朱子，而間有發明。餘所著述尚多，雖一時不能徧覽，而大意則得之矣。嗚呼！若先生者，豈易得哉？惜乎，予不得而見之矣！

尚當令諸生備録所著述，以考求先生之用心，壽諸梓以淑後學，溥其傳以及四方，但未知其力能與否也。行當爲先生圖之，載觀祠堂，儀容儼然，因成拙作一首，非工於詞也，于以寓高山景行之意耳。其中用字重叠，悉不之較者，蓋出於一時景仰之誠，初不計其詞之工與拙、字之重與否也。觀者其無病焉！」

「古貌清臞一老儒，工夫直欲繼程朱。理明詞足光吾道，學粹言能啓聖謨。弟子秖能言動静，黌宫猶可見規模。儀刑賴有祠堂在，仰止高山久嘆吁。」

河東薛瑄文清公時爲大理左少卿。讚曰：「質純氣清，理明心定，篤信好古，距邪閑正。有德有言，以淑後人。美哉君子，光輝日新。」

蒲坂謝琚讚曰：「志浄人欲，心涵天理。著書立言，斯文興起。繼往開來，聖賢同歸。太極無極，川月交輝。」

霍山郭晟思州府知府，門人也。讚曰：「尊師之德，良玉之温。尊師之學，滄海無垠。默契一貫，妙合聖真。隆世鴻儒，名振河汾。」

霍山李興知州。讚曰：「有嚴儀刑，展也老成。貌温如玉，體胖而盈。繼洙纘泗，承周紹程。道德光輝，日月之明。」

堯川馬端知壽、晉二州。讚曰：「道宗洙泗，學傳伊洛。正誼明道，克修天爵。立忠行孝，俯仰不怍。較藝秦川，振鐸蒲霍。」

峽山范禎霍州判。讚曰：「德行君子，忠孝丈夫。持正綱常，大道廣居。一時之矩，後學之模。允矣賢聖，特讚行歟！」

關輔盧彬承德郎。讚曰：「德玉而温，貌樸而淳。聲利仇讎，道學比鄰。化雨蒲、霍，德言在人。高山景行，泰華嶙峋。」

霍山史濡監察御史，門人也。讚曰：「賢哉月川，百代真儒。學傳鄒魯，道接程朱。深探閫閾，非特緒餘。風教博洽，大振芳譽。」

薛文清公瑄時爲監察御史。祭曰：「嗚呼！先生志慕高遠，心趨正學。昔得交遊，言酬意合。胡云再來，而已殂落。旅次乏物，有菲一酌。靈其不昧，來鑒愨確。」

山西劉登右參議。祭曰：「嗟惟先生，學識該博，上探洙泗，下泝濂洛。正經考傳，釋疑解惑。有功著述，垂惠來學。允也大成，卓彼先覺。屢典文衡，公明不怍。多造俊髦，久鳴教鐸。儒林巨望，誰得與角！」

翰林院黄諫編修。祭曰：「嗚呼！惟先生之學問文章，高出一世。性理道學，遠紹諸儒，發先賢所未發，爲義理所當爲。踐履造聖賢之域，立言破百家之疑，屢典教於霍、蒲，可追風於洛、伊。化習俗於鄉里，扶世教於明時。喜吾道之能振，慶後學之有師。胡斯文之不幸，竟一疾而弗醫！嗟予生之實晚，恨未侍乎講帷。恒誦其詩，讀其書，景仰其爲人，而想像夫令儀。兹敬拜於墓次，冀神靈之有知。」

霍州李興、知州。楊文奎、同知。范禎、判官。高通吏目。祭曰：「嗚呼！先生二五鍾英，道由仁義，學在誠明。卓乎先進，猗歟老成。英才樂育，道學忻承。先生之德，似蘭之馨；先生之道，妙不可名；先生之心，生順没寧。不意一疾，遽爾僊升。臨終遺訓，一遵禮經。詞嚴義正，孔思周情。儒者聞之，罔不哀矜。我等心契，痛悼何勝！」

又祭先生之墓曰：「擴乎前聖，啓我後人。道德崇高，超邁等倫。今兹壽旦，祭於墳濱。」

澠川馬端、知壽、晉二州。趙偁、蘄州同知。李鼐、光禄寺丞。門人劉勝、南城兵馬指揮。李敘博平學訓。祭曰：「聖賢之道，千載失真。幸賴尊師，究奧研精。復明道學，垂訓後英。今茲壽旦，祭於墳塚。」

霍山郭睿信陽知縣，門人也。祭曰：「惟我尊師，深探聖域。本末洞徹，表裏渾融。動靜規轍，學有指歸。我等授業。」❶

趙城楊瓚、知縣。秦顒、學諭。李英學訓。祭曰：「生稟中正，氣質清純。才德鴻茂，功業嶙峋。文衡累典，廣淑後人。大振霍、蒲之風教，祖述濂洛而惟真。斥二家之似是，正萬代之人心。述解太極，闡一元之妙理；詳說四書，開衆論之紛紜。得正而斃，庶乎曾參。」

平陽張倫、知府。路鐸、同知。蔣瓛、通判。楊春推官。祭曰：「器局超邁，問學老成。前修步武，後人儀刑。」

後學潘應科澠池知縣。祭曰：「道德萃身，文章經世。教育英才，繩繩相繼。主靜立極，躬修實際。崇正闢邪，與孟無異。號曰月川，一貫默契。蓋發聖道之淵源，開後學之聾瞶。塑生像於黌宮，念恩德之弗墜。時當上丁之期，用伸香醪之祭，毋爽聰明，鑒茲誠意！」

薛文清公瑄撰先生《拙巢記》曰：「自七情熾而混沌鑿，人之横奔競騖者，非私智無所爲尚。由是巧僞日滋，而斯道日隱矣。濂溪周元公，挺生南服，悼末流之若茲，一刮群巧，作《拙賦》以見意。當時豪傑，若程若張，相與翕然尊尚之，而斯道大明。嗚呼盛哉！廣文曹均正夫，世家河南之澠池，自少讀書，即有求道之志，遂由關、洛以上遡濂溪，因以『拙巢』名其讀書之室，蓋取元公賦意以自勉

❶「授業」下，疑有缺。

也。其後均名薦書典郡鐸,所至必以是扁其寓室,以示不忘其初之志。今年秋,均自蒲庠來河津,因語以名巢之意,且屬余記。余謂頹乎順處,不撓其初,不汩其流,使大本完而七情節,此衆所謂迂僻遲鈍,而拙於事者也。抑不知順事厥天,不以小智害之,而可爲終身之安宅也。舞智籠物,騁詐軏人,機變層出,莫測端倪,此衆所謂辨敏儇捷,而工於計者也。然詐窮智屈,自嬰其弊,豈可一朝安其身哉? 今曹均慕元公之學,而以『拙』名巢,其可謂能擇所處,而知所戒矣。則其進道之心,又何窮極哉? 雖然,余亦拙者徒也,他日倘獲登均之巢,尚當闢混沌以廣均之居室,疏七情以通均之户牖,與均舉酒而誦元公之賦,已而忘言相對,身巢兩忘,復不知巧拙爲何物也。是爲記。」復爲之詩曰:「經營渾不擾靈虛,獨占蕭然太古居。四面好風吹户牖,滿天明月静琴書。心閑斗室渠渠大,望遠雲山點點疎。不是元公當日賦,可能相與化爲徒。」

臞軒先生撰《百拙生問對》因先生嘗自稱曰「百拙生」,故名。曰:「高陽子呻其佔俾,朝詩暮書,十行俱下,一覽無餘。窮探幽渺,上下六虛,晐存允蹈,動與神俱。欿焉弗足,以百拙自誣。臞叟聞而疑之,曰:『眇者諱盲,跛者忌躄,曲士憎枉,貪夫悲墨,無知避懵,不化嫌僻。實則既有,而畏指斥。參言不敏,回也如愚。徽公自晦,温公甘迂。名齊日月,道滿寰區。挹而不損,毀更爲譽。子之百拙,得無與嚮者類乎?』高陽子曰:『否,不然。僕生而不慧,長而愈疎。軒行吶語,蠖屈鳩居。急不能疾,緩不能徐。憂不能戚,樂不能娱。手不解拱,足不成趨。至於紋楸坐對,白黑就列,玄機潛運,妙用叵測,以攻則取，以擊則克。人誇國手，歆羡嘖嘖。又若梁分十二，要切門胲。投璚運子，鬭采先回。嘑么叱六，響應無猜。一擲百萬，迅若風雷。僕獨頑然無省，目眩心冥，徒焉黽勉，勞神僨精。日月則逝，卒以無成。雖子之智，何以祛吾昏塞而納之靈明乎？』叟曰：『游惰荒嬉，妨業廢志。就使不能，奚足以屑意也！』高陽子曰：『握籌布策，縱縱横横，細分毫忽，冗究奇贏。星躔地理，盈朒方程，幽深雜賾，昭然畢呈。濡毫拂素，揮洒滂沱，蠶頭薑尾，春蚓秋蛇，雲煙勃起，雨雹交加，鞭義走獻，柳愕顔嗟。僕乃横竪罔解，六七莫知，策勒失倫，點畫妄施，顔赧色怍，無以雪之。吾子以爲何居？』叟曰：『六藝之末，曰書與算。反而求之，有根有榦。斯而未精，亦非深患也。』高陽子曰：『摛詞繪句，黼黻青黄。金春玉應，四六相當，鏗鏘其韻，焕爛成章。而或月露感懷，鶯花入詠，格律精嚴，孰窺聲病？可以儕永明，軼西崑，軋晉魏，頫梁陳。吟成泣鬼，下筆如神。僕則外窘中窮，謬荒成痼，刮腎搜腸，一詞莫措。借而有作，鄙俚樸陋，采擇何取？醬瓿可覆。日夕以思，恒焉内疚。安得艾石，于焉砭灸？』叟曰：『文詞聲律，道之華爾。君子之學，先實後此。兹非其所當急，又何足以爲耻也？』高陽子曰：『天衝地軸，風雲鳥蛇，魚麗鵝鸛，正正奇奇，戰不可敵，守不可窺。縱横捭闔，神機鬼秘，脅秦譎楚，驅韓馳魏，平睨王公，兒撫一世。而況有丁必作，無土不耕，罄彼地力，佐我邦經，貨泉充仞，帛粟豐盈，静以雄視，動以兼併，小國不敢叛，大國不敢輕。僕則軍旅未學，説辭無暇，五穀不分，遑及耕稼，校以徵科，甘書下下。矧敢與諸子同功而並駕哉！』叟曰：『攻伐爲賢，君子所諱；

辨詐相高，德人斯愧。而況於竭其田之出，虛其廬之入，以爲其上驕侈窮黷之地乎？故曰善戰者服上刑，連諸侯者次之，闢草萊任土地者次之。吾意子之不爲彼者，必將有所謂，何爲恨之而不置也？雖然，子必有所用子意矣。盍以見告而姑爲是贅哉？』於是高陽子乃仰而吁，俯而喟，曰：『羲、軒既殁，唐虞復往。蒼姬訖籙，木鐸絶響。百氏紛紛，更雄迭長。吕秦焚滅，馬晉清虛。斯文未喪，僅如綴珠。天開有宋，道挺程朱。乾綱手頓，人極躬扶。如兩曜既翳而復袪，萬彙既焦而復蘇，實天運之載復，迺人道之一初。竊不自量，蓋欲研窮典訓，弘闡彝倫，闢邪攘異，位置人神，以尊往喆，以詔後昆。然而進之未力，爲之未勤，恒恐有懷不竟，没齒無聞，是以心不遑於外及，志不暇於他分，與靈巧而永離，甘百拙以終身也。』臞叟聞之，頞蹙眉顰，曰：『皇帝醇醇，王霸異門。四物循環，如冬之必春。然而道不虛行，尸之在人。惟精惟一，心法攸存。博而非約，愈迷其真。故曰得一者君，失一者臣。用志不分，乃凝於神。吾將見子力行既久，所造彌親，一日克己，天下歸仁。誠以是而爲拙，則吾願從子之後塵矣！』」

洛陽劉賓暘撰先生《拙巢敘》曰：「繄乎！天得一以清，地得一以寧，而人受天地之中以生。中，一而已矣。故天地無心而成化，聖人參之以贊化。舍是一何以哉？予然後知一者，萬化之原，萬事之本，貫乎今古，通乎上下，語其理則無二，語其運則不息，語其體則並足而無所遺矣。故前乎堯、舜、禹、湯、文、武，達而在上，相傳授受心法者，一也；後乎孔、曾、思、孟、周、程、張、朱，窮而在下，相傳道學者，亦一也。然上資性其性，故不假修爲之功。其次性其情，苟不加養之守之之功，何以下學而上達耶？然而守一之道，又豈易爲哉！故委靡昏弱者，或失之柔，不能明此一也；武勇贔屭者，或失之剛，不能守此一也；横逆奔競者，或失之譎，不能行此一也。其能體之者，亦曰守拙而已矣。蓋守拙者，守一之道也。能守其拙，則能守其一矣。是拙也，即孔子所謂『藏器於身，待時而動，君子依乎中庸，遯世而不見知』之意歟！又非曾子所謂『君子思不出其位』，子思『素位而行，不願乎其外』之意歟？故周子論學，『一爲要』，又嘗以拙自賦自警。厥後不繇師傳，默契道體，而闡先天之學焉，豈非拙者守一傳道之謂歟？知此則先生曹氏以『拙巢』扁居者，其所繇來，有本矣。

先生生乎伊洛之右，奮乎百世之上，天資穎異，篤信好學。蚤精科舉之業，晚歸道學之正，不阿乎流俗，不惑乎衆技，辯異端，闢邪説，以興起斯文爲己任。故於守之一德，獨以『拙』名焉。然其所以爲拙者，豈離塵遯俗、欲潔其身可同日而語哉？初不過即其所居之位，樂其日用之常，而一毫舍己爲人之意不作焉。吾意先生之居是巢也，隱其明，養其晦，抱璞自珍，韜光内照，豈無感而然耶？當其入是門也，必收其放心，養其德性，爲吾安宅之仁，而居天下之廣居，則洞乎八荒，皆在我闥也。當其由是道也，蕩蕩平平，無偏無黨，爲吾正路之義而行天下之大道，則會極歸極，皆王之路也。蓋至於是，而先生守一之功，孰有尚於守拙之功也哉！惟其如此，則方寸之間，神會心得，必有獨覺其進而人不及知者。以故精思力踐，妙契群書，逮十年間，分註錯經，始克成編。太極有述，發孔、周無極、太極之藴；四書有説，闡二程、張、朱之微。纂儒家之宗譜而爲後學傳心之要，註周子之《通書》而得仁義中正之歸。自非先生養之有要，守之有術，又何以得精一執中之學，而明聖賢相傳之心印者乎？《易》曰：『蒙以養正，聖功也。』先生有焉。

雖然，道不傳，百世無善治；學不傳，千載無真儒。故真儒之在治世，猶元氣之運乎四時，不可一日無也。稽之往古，固有其人，求其守一以傳道者，亦莫不各有道焉。是故孔子，大聖也，遇鄙夫有空空無能之嘆；顔子，大賢也，在聖門有終日如愚之容。此孔、顔以拙而守一傳道也。曾子興以質魯之資，而卒領一貫之旨；鄒亞聖以浩然之氣爲難言，而得承三聖之宗。此曾、孟以拙守一而傳道也。自是歷千餘載，求其得守一傳道之功者，蓋寥寥焉。至宋，五星聚奎，光啓文明之運；真儒輩出，大開濂、洛之流。如周子襟懷洒落，有僊風道氣，而默契先天一理之秘；明道德性温宏，終日端坐如泥塑人，而卒得孔、顔自然之樂。張横渠以理學之祖，而佯狂乎里閈；朱文公以道學之儒，而遯跡於晦菴。則周、程、張、朱以拙而傳道也爲何如？自是而下，如蔡氏以九峯自隱而獨紹朱子之統，陳氏以三山自樂而私淑二程之學。至若以『仲素』自名者，豫章之羅也；而得聞大道之要，以『魯齋』自扁者，河内之許也。而得從宣聖之庭，則蔡、陳、羅、許以拙而傳道也又何如？噫嘻！開孔子洙泗之源者，固顔、曾、思、孟也，而遡洙、泗之流者，非濂、洛、關、建之流乎？開濂、洛、關、建之源者，固周、程、張、朱也，而遡濂、洛、關、建之流者，又非蔡、陳、羅、許之輩乎？然洙泗之源，吾不可得而遡矣，濂洛之流，吾亦不可得而接矣，其所以遡其源而接其流者，舍百拙守一先生之正學，吾誰與歸？　孟子曰『百世之下』，必有神會而心得之者。　先生蓋有志焉。不然，何以曰『然而無有乎爾，則亦無有乎爾』？　敢以是爲拙巢先生終篇敘。」

謝琚撰墓誌銘，其略曰：「先生姓曹氏，諱端，字正夫，月川其號也。　其先曲沃縣閻村人。　本姓楊氏，五世祖諱嗣以父命繼舅氏之後，因姓曹焉。　嗣生慶，徙家垣曲縣葛伯寨。　慶生仲和，遷居永寧縣杜寺溝。　仲和生伯達，伯達生敬祖，始居澠池縣之窟陀村。洪武丙辰正月十三日，先生始生。　敬祖六子，先生其三也。　自幼穎敏，異於常人。　與群兒立，必拱手正立，不妄言笑，不妄戲謔。與群兒處，必直身端坐，不妄動作，不妄指顧。　父母熟視之，曰：『儼然如老成人一般，它日必興吾門也。』遂命其名曰『端』，蓋因其性質之安焉。　天性孝友，方數歲，能知愛親敬長之義。　飲食或先或後，必讓父母。　出入或遲或速，必俟尊長。　五歲隨父游學，見人觀《河圖》、《洛書》，即知問其星子黑白不同。七歲侍父閑居，見風、雲、雷、雨、雹、虹，即知問其所從來。　八歲入社學，能知以父事師，言行動止，必咨稟而後行。　則其天性聰明，迥出人表如此。　自是讀《孝經》，曰：『若不如是，不成人子。』讀《忠經》，曰：『若不如是，不成人臣。』又知聖人之言校自然，賢人之言校勉强。　忠、孝似二道，其實相須也。　讀四書，則知《大學》、《中庸》是做人的樣子，《論語》、《孟子》可兼之；讀《書》則知治本於道，道本於心之言，爲一經之綱領；讀《詩》則知《關雎》、《葛覃》、《卷耳》、《樛木》、《芣苢》之章爲識情性之正。　進而讀《春秋》，則曰：『褒善貶惡，皆聖人微意也。』讀《易》，則曰：『經傳混合，非聖人本意。』讀《禮記》，讀《綱目》，讀諸子百家，無不洞見指趣所在。年十七，搆勤苦齋，書其户曰：『勤勤勤，不勤難爲人上人。苦苦苦，不苦如何通今古。』其勵志可謂嚴矣。與劉瑾、今入鄉賢。馬馴、聶敬爲友，相與探討論辯，直以斯道爲己任。師事宜陽馬子才、太原彭宗古，經歷郭、鄭、錢、王、雷七先生，日就月將，博聞廣識。道學之傳，心法之微，得之師友，遠有端緒。鄉人陳直見其勤學篤孝，以其女妻之。先生讀書，自朝至夕，手不停披；自暮達旦，心無外慕。冬不爐，夏不扇，不飲酒，不啜茶，蓋其性然也。既壯，兼通五經，師聖友賢，身道履德，内不溺於章句文詞之習，外不惑於異端邪説之謬。永樂戊子，應鄉貢進士，唱名第二。明年試春官，中乙科進士。釋褐，授霍州學正。始至，詢郡中有學行者，得李白雲，同升講席。久而愈敬，諸生悦服。壬寅，調蒲州學正。始至，察境内有學行者，獲王士希，往來交遊，久而彌親，諸生悦服。霍、蒲二州，文風丕振，化雨弘敷，風移俗美，由先生而化者甚衆。四方學者，聞風向慕，覿德心醉。西蜀、山東、陝西、河南、直隸、太原，相繼而來學者又幾十人。鄒魯、河洛之教復見於今日，師道得人，先生一人而已。

「先時戊戌以内外艱解任，至甲辰，轃考滿秩，二州學者争相保留，交上章奏，上命復任霍州。至則修飾學舍，百廢畢舉，古今任師道而能嚴教條，約束生徒，育才興學，明體適用，蘇、湖以來，霍、蒲尤其最者也。甲寅季夏二日，先生不禄。越春秋五十有九。方易簀時，州大夫入問疾，曰：『能寬一分則民受一分賜，僕無遺患矣。』諸生入問疾，曰：

『尊所聞，行所知，吾無遺恨矣。』已而召諸子而諭之曰：『吾平生不喜佛、老，不悦齋醮。我死，汝曹當以我葬考妣之禮葬我，無違教也。』諸子潸然流涕，莫能仰視。先生正衣冠而永訣矣。寓葬于霍城東南二里高氏之原，其月望日也。琇、璟結廬墓次而守之。

「夫人陳氏，字順夫，賢而有德，少先生五歲，先一年而歿焉。男五人：琇，舉賢良方正；璟，習儒業；珮、琰、璐。女二：長婿胡志，次婿王隆。孫男六：鐸、鋭、鉉、鑑、鎰、鐩。孫女二。其嗣續之繁衍，有如此云云。銘曰：

「曹本楊姓，繼舅氏後，世有偉人，以昌厥胄。周流寰海，跋涉經營，始遷垣曲，繼轉永寧。直至澠池，家業始定。篤生賢哲，斯文是任。心醉六經，博古通今。忠清和易，灑落誠明。居仁由義，立忠行孝。振鐸蒲、霍，倡明斯道。著書立言，學有源淵。開來繼往，同歸聖賢。迺闢異端，迺距邪説。扶持風教，文人巨伯。迺典文衡，迺選俊英。掄較無私，正大公平。聖代真儒，天民先覺。上承鄒魯，下續濂洛。年甫耳順，兩楹奠餘。嗚呼已矣，傳者誰歟？澠水之陽，霍山之側，窀穸幽邃，月落川竭。身歿名存，萬古千春，鐫銘貞石，永庇高墳。令聞亹亹，厥有始終。猗歟先生，德音不已。」

撰《年譜序》曰：「先師心術正大，學問高明。仁義在躬，其執德弘而不隘；忠恕接人，其信道篤而不二。羽翼經傳，既有功於前賢；成就人才，復有功於後學。上足以繼鄒魯之墜緒，下足以續濂洛之正傳，則其師道之得人也如斯。夫以其出處言之，歲在癸酉，始入邑校。丙子，有與僧會談事；丁丑，有勸兄弟同居事；戊寅，有斥風水事；己卯，有罷神賽事；壬午，有請毀淫祠等事；甲申，有闢巫覡等事；丙戌，有止赴水陸會等事；丁亥，有建祠堂奉先事；己丑，有登科謁官等事；己亥，有非修五嶽廟等事；庚子，有不赴齋醮等事；辛丑，有答不事鬼神等事；壬寅，有調官及不避太歲土旺等事；甲辰考績，有門人奏留等事；乙巳，有復任霍州等事；丙午，有典文衡，論天道、王法及《太極圖》等事；己酉，有典文衡及論詩文等事；壬子，有典文衡，論配饗位次等事；甲寅，有寢疾棄世等事；乙卯，霍州建祠堂事之，蒲州建祠堂事之；辛酉，澠池建祠堂事之。此則其有道者然也。

「以其著述言之，歲在乙亥，《性理文集》成；丙戌，《家規輯略》成；丁亥，《男女訓戒詞》成；戊子，《夜行燭》書成；辛丑，《周易乾坤二卦解義》成；丁未，《通書述解》書成；《童子箴》成；戊申，《存疑録》書成，《太極圖說述解》書成，《氣化》、《形化》、《死生》、《輪迴》詩成，《太極圖說讚》及《辨戾》文成；己酉，《西銘述解》書、《儒家宗統譜》成；辛亥，《性理論文字》成；壬子，《孝經述解》成；乙卯，《行實碑記》成，《拙巢鳴文集》成；丙辰，《月川文集》成。此則其有本者然也。

「先師自幼喜觀《太極圖》，涵蓄既久，默契於心，撮其大旨，而以月川喻之。出示學者，以在天之月喻萬殊之原於一本，以映水之月喻一理之散爲萬殊。大要形容一貫之理以樂其志，與周子《圖說》相爲表裏者也，因號月川子。既歿，交游之士稱『月川先生』云。

「昔胡安定教授蘇、湖，分經義、治事二齋，育人才而倡道學，古今稱師道焉。先師教授霍、蒲，明正道，息邪說，闢異端，斥流俗，仁義教人，忠孝立家，惟以興起斯文爲己任，其任重道遠，視胡公無愧也！」

撰《霍州祠堂記》曰：「月川先生曹夫子捐舘山西，藩憲大臣、帥府將士、郡邑大夫，吊祭者相屬於道。以公至其地，率多拜謁，其崇賢尚德之心，古未有也。霍州守土大夫，洎郡之先哲，學之英彦，咸相謂曰：『先生有言有德，有名有實，教授霍、蒲，移風易俗，著書立言，倡明道學；四方君子，識與不識，皆樂道之。今歿，吾儕讀其書，傳其學，可不建祠以祀乎？』以故同心合志，各捐己俸，經營相度，鳩工掄材，創祠於庠門内之東而莊奉之。噫！霍人事師，無間存歿，亦可謂真好學已！

「謝琚道出祠下，痛哭悲悼不置。僉謂琚親炙先生者也，宜敍述其事，以垂不朽。琚嘆曰：『先生道德高矣、美矣，豈予淺見薄識所能形容哉！雖然，先生視琚，恩愈父子，豈宜以拙故辭耶？』記曰：夫道在兩間，一太極之理而已。天得之而天極立，地得之而地極立，人得之而人極立。自然而然者，聖人也；勉然而然者，賢人也。堯、舜、禹、湯、文、武得之以君天下，皐、夔、稷、契、伊、傅、周、召得之以相天下，孔、曾、思、孟得之而開其源，周、程、張、朱得之而泝其流，用是道也。今月川曹夫子，上承往聖之統，下繼群賢之學，正家有規，教人有書，薄於責人而厚於責己，豐於祭養而約於自奉。講明經史，足以繼絶學於千載；排斥佛老，足以袪異端於百代。邪説以息，流俗以弭，所謂聖代之真儒，天民之先覺者歟！其存也，立雪於門，負笈於途者，争相師法。諸省大比，交致聘幣，以得先生爲幸。其歿也，吊者奠者接踵而至，則其生榮死哀，有如此夫！噫！

先生之道，大用之則大效，小用之則小效，通天下學校，理宜崇祀，惟霍、蒲二州先祀者，蓋其過化之地，宜其率先而倡導之也。異時朝廷考德定謚，配饗夫子廟庭，未有不自霍、蒲始。予所記者，特述其道焉爾。若嘉言善行之實，則有陳公之文與予所著年譜在。」

撰《蒲州祠堂記》曰：「釋氏、老子之教流布天下，舉世尊而信之，莫能覺其非也。能覺其非而距之，而後可與入堯、舜、禹、湯、文、武、周公、孔子之道也。何者？釋氏出於自私之厭，而顓尚寂滅；老子出於自私之巧，而顓尚虛無。三代隆盛，未之有也。秦、漢而下始起而肆其言，人皆尊而信之，莫能覺其非也。是以愚昧者惑於誑誘，甘心迷歿；高明者膠於見聞，醉生夢死。嗚呼惜哉！誠能覺其非而距之，而後可入堯、舜、禹、湯、文、武、周公、孔子之道也。

「韓子曰：『不塞不流，不止不行，人其人，火其書，廬其居，明先王之道以道之。』程子曰：『道之不明，異端害之也。昔之害近而易知，今之害深而難辨。』朱子曰：『佛、老之害，不待深辨而明，只廢三綱五常這一事，已是極大罪名了，其他更不消説。』此則所謂覺其非而距之者。堯、舜、禹、湯、文、武之道賴之而復明，周公、孔子之教賴之而復行歟！

「聖朝道學大明，真儒輩出，於是河南崤澠之間，而月川曹先生出焉。方其幼也，則以希聖希賢爲己任；及其壯也，則以繼往開來爲己事。而其言曰：『佛氏以空爲性，則非天命之性、人受之中、民秉之彝矣。老氏以無爲道，則非率性之道、人由之路、民用之常矣。其於聖人精一執中之傳，果何有哉？』豈非所謂覺其非而距之者歟？不寧惟是，欲齊家則著《家規輯略》；欲教人則著《四書詳説》；欲明吾道，則《太極》、《西銘》、《通書》不容不釋；欲闢邪説，則《存疑録》、《夜行燭》不容不作。編《儒家宗統譜》，示人真源正派之所在，而不惑於他岐；撰《月川詩譜》，示人一本萬殊之微旨，而不溺於流俗。慮人子不知事親之義，則出《孝經述解》以誨之；恐學者不知文章之正，則編《性理文集》以教之。此其著書立言爲可尚也。親在，飲食、衣服，唯務精潔，養志悦色，必盡其心，而父母安其孝；親歿，蔬食，水飲，五味不入口，寢苫枕塊，始終無所間，而内外服其誠。先祖之合祀者，建祠堂以事之，四時有薦；外族之無後者，建義祠以奉之，百世不絶。作詩以勸兄弟之同居，立言以戒男女之不義。詣縣上書，請毁淫祠；貽書於人，止修神廟。身既卧病，力詆巫覡之非；偶與僧言，直斥神佛之妄。屢舉同僚之喪，每篤師弟之情。貧不能赴任者，濟之而加厚；客死於道旁者，葬之而不吝。勸官開倉賑濟，活者甚衆；諭學徒喪祭以禮，一郡皆化。此其尊聞行知爲可法也。以乙榜進士，歷霍、蒲二州學正。甲寅終於霍，權葬高氏之原。丁巳，遷柩歸葬澠池祖塋。二州學者建立祠堂，奉事學宫之次。則其德行文章有足感動於人者，豈以存殁而間哉！」

上張公敬河南按察司僉事。書曰：「琚聞言天下之公言，則聽之者易入；行天下之公事，則爲之者易成。此天理人情所必然，而古今所同然者也。然亦必得其人而托之，苟不得其人而托之，其欲言易入而事易成，戛乎難哉！孔子曰：『可與言而不與之言，失人；不可與言而與之言，失言。』琚於僉憲先生所謂得人托之而無失人失言之責者矣。言豈不易入，事豈不易成哉！我先師月川先生曹夫子，河南澠池人也。生伊洛之鄉，傳伊洛之道，學明五經，才兼衆善，辨異端而闢邪説，去淫辭而斥流俗，其志行之大類皆如此。永樂戊子，鄉貢進士，仕至霍、蒲學正。今歿矣，二州學者皆建立祠堂事之，惜乎所生之地澠池尚未有祠，無有能倡義而爲之者。

「先師之學，篤實光輝，明善誠身，爲己而不爲人也。先師之文，平易簡切，據經論事，典實而不浮華也。司教鐸則懇懇不倦，以成就後學爲己任；典文衡則去取至公，以甄別人才爲己事。親在，承志悦色，貧富未嘗少易；親殁，遵行禮制，始終未嘗或苟。方無恙也，藩臬公卿、府衛軍民求教者月無虚日；及不禄也，藩臬公卿、府衛軍民吊祭者踵接肩摩。而其學問之高明，心術之正大，著述之富多，《年譜》具載，一時不能悉數也。琚親炙既久，心悦誠服，其於先師言行出處，固能周知，然而勢位卑微，（琚時爲國子學正。）未能表白而光大之，將有托於僉憲先生也。謹齋沐筮日，略述其概以告。抑非一己之私言，乃天下之公言也；非一己之私事，乃天下之公事也。豈敢以同僚之故，而以私言私事相托者耶？惟先生其量察之！如其未見信也，詢諸方岳大臣，方岳大臣未必不以琚言爲公；詢諸閭閻細民，閭閻細民未必不以琚言爲當。夫然後知琚言爲不妄也。言曰天下之公言，事曰天下之公事，先生於此，豈但已乎！夫僉憲，風勵職也；先生，有爲人也。以有爲之人而居風勵之職，則知無不言，而言無不行矣。其於境内孝子順孫、義夫節婦，尚宜旌表之，月川先生，道學君子也，豈直孝子順孫云乎哉？義夫節婦云乎哉？先生採其事，抄其書，奏之朝廷，聖天子日親經筵，勵精聖學，將見頒其書於天下，列其名於祀典，必矣。又豈不易入而易成哉！夫然後天下之學者，孰不幡然興起曰：『月川先生富於學問而然爾，我可不自勉於學乎？』夫然後天下之典教者，孰不勃然奮發曰：『月川先生勤於教養而然爾，我可不自勵於教乎？』一言之聽，一事之行，天下爲師弟子者咸知自勉，則先生功業聲名之盛，爲何如哉！昔皮日休言韓文公配享於朝，潘慈明興周元公祠於郡，古今以爲美譚。先生以文章道學表率大邦，詎特日休、慈明比哉？琚昔厠僚寀之末，叨辱斯文之雅，扣驄馬而陳公論，望行塵而敢直述，干瀆清聽，蒙不自耻，惟冀嘉納而成人之美焉，斯文幸甚！天下幸甚！」

《皇明通紀》曰：「山西霍州學正曹端，卒于官，字正夫，河南澠池人。篤尚理學，教人務躬行實踐。日事著述，有《太極圖説》等書行于世。座下足兩磚處皆穿，專静之功居多。事父母，孝志愉色。遭喪，五味不入口，寢苫枕塊，始終不易。不用浮屠、巫覡。在霍庠十餘年，士子皆服從其教，循循雅飭，一於禮義，郡人亦皆薰陶而化。方岳重職不欲以屬禮待，至其郡，必敬謁之。後調蒲州學正。霍州弟子上章留之，蒲庠弟子亦上章争之，霍州先上得允，後竟終於霍。一郡人罷市巷哭，童子亦悲泣，其德化之能感人如此，學者稱月川先生。」

按曹月川學行如此，而楊方震《理學録》乃遺焉，豈微其爲校官耶？正德中，大司馬彭幸菴澤稱其爲本朝理學之冠，又舉從祀孔子廟庭。嘗致書於河南李巡撫（名允嗣，號梧山。）曰：「我朝一代文明之盛，經濟之學，莫盛於誠意伯劉公、潛溪宋公。至於道學之傳，則斷自澠池月川曹先生始。」尚論君子，宜考於斯。

陸文裕公儼山撰先生記，其略曰：「予爲國子司業，時彭幸菴澤以太子太保爲都察院左都御史，欲舉曹端從祀天子廟庭，予時不敢主張，亦不甚知其爲人。及來提學山西，始訪求之原。正統間，蒲坂謝琚稱其孝親弟長，崇正闢邪。又按幸菴西歸時，柬河南巡撫李梧山，以先生少負奇質，知讀書即慕聖賢之學。修己教人，治家事親，奉先化俗，率自躬行，心得以推行之。爲霍、蒲二州學正，四方學者從之甚衆，虚往實歸，各有成就。河東薛文清公最推尊之。卒於霍，遂留葬於彼。吾蘭翰林編修卓菴黄先生，名諫。過澠池，拜其祠，詢其墓所，僉曰在霍。卓菴嘆曰：『老先生一代名儒，魂魄獨不思故鄉乎？遂捐貲屬縣尹並乃郎琇等移葬澠池。其所著書，不下千種，藏於家，亦有頒行傳布者。據所稱許，蓋好學篤信之人，其於斯文道統之所繫，竟何如也！」

天雄陳綬澠池縣知縣。撰《太極》《西銘》述解序曰：「道德，萬世之公理，自古及今，不可得而昧也；文章，萬世之公器，自古及今，不可得而私也。惟其不可昧，是以尊之者衆；惟其不可私，是以仰之者同。求其二者得兼，斯名稱情，粹然一出於正，而無纖芥之可疑，我朝以來，月川曹先生可以當之矣。先生感修竹之祥而生，以故骨甚清，節甚完。年十八，遊黌舍，得毘陵謝應芳《辯惑編》，一覽而篤信之，遂棄俗學，淳如也。自是出入寢食，未嘗離手，蓋擇術之正，已定於幼學之時如此。及壯，博通五經，以詩魁鄉榜。明年會試，中乙科，得山西霍庠學正。先生不以爲卑，忻然就任，以爲吾之學可因仕而正矣。甫下車，進諸生於講下，示以正學。尊孔氏，黜異端，距詖行，放淫詞，一言一行，不離乎正道；淑己淑人，皆有乎正規。其所著述甚富，悉玉粹金精，一以正學爲根柢焉。故霍之人，淪骨洽髓，翕然化之，至今稱之不衰。以憂制去霍。服闋，改調於蒲正，學愈勵，蒲之人亦翕然化之，喜其來而悲其晚，無以異於霍也。考績，二州交章争留，命復任霍，教乎遠近，不言而化。師徒一時相與之盛，宛然鄒、魯餘風也。先生道德文章，所謂可尊而不可昧，可仰而不可私者，寧不在兹也耶？

「陝右大司馬彭公過澠，首訊先生家世及其子孫，至極口稱揚，以方今正學直歸之。嗚呼！彭公一代偉人，最慎許可，而獨重乎先生，蓋真有見於此也。綏以庸疎調澠，未遑他務，首謁學宮，獲睹先生之像，訪遺書而親見先生之手澤，悚然敬服，遂與學博暨乃孫先求《太極》、《西銘》二述解，重加校正而梓行之。其餘嘉言善行，蓋將有志於次第而得焉，用爲吏於此、生於此者，仕學之正宗，庶先生之道德文章，永爲萬世之正學而不可磨云。」

新都方揚陝州知州。撰《夜行燭序》曰：「鄒孟氏曰：『賢者以其昭昭使人昭昭。』夫所謂昭昭者，豈非吾人之真體哉！然不免古今聖愚之異者，物蔽之也。鑑本空而塵或翳之，泉本清而滓或淆之，真體本昭昭而私智或撓之。若是，則號於人曰有不然，其果不然耶？《語》曰：『指窮於爲薪火傳也，不知其盡也。』夫火之明也，而或窮於薪，薪窮則火亦窮矣。將以稱曰火不明，此果火之咎乎哉？然則真體之昭昭也，何以異於是？是故君子有自體之功，有體人之道。自體以昭昭，體人以其昭昭，此謂格物，此謂明明德於天下。」曰：「兹學也，何學也？」「蓋所稱大人之學也。宋儒而後，統之不絶也如綫矣。天啓皇明，以聖學理天下，一時真儒輩出，而月川曹先生者，挺生澠崤陵間。今觀其書，大都崇信六籍，雅志典禮，旁説曲喻，而一稟於正經。至稱其先人質行嗜學，卓然有聞，寔自是編伊始。則先生之道，由身而家，可謂得其大者。區區立言垂訓，特其緒餘土苴，顧足以重先生哉？雖然，先生之志見於名書，倘所謂以其昭昭使人昭昭，非耶？夫燭之明也，薪之屬也，至其所以明者，火之傳也。薪有時而窮，燭有時而跋，而火之真體則無時而不傳。然則先生之道與其不可見者，將歷千萬世而存，豈獨繫於書哉？噫嘻！火傳於爲燭，道傳於爲書，存書所以存道也。泥其籍而不求諸道，先生之志荒矣。」

德平唐文輝澠池學博。撰《年譜序》曰：「理學月川曹先生，澠人也。余承乏澠庠，凡先生之嘉言善行，諸所著述，幸得於聞見者，亦既詳且備矣。間閲先生《年譜》，見其明道淑人之功，闢邪崇正之力，自少至老，彰彰炳炳如是，真所謂迴狂瀾而中砥柱者。其裨益於斯道，詎小小哉？孟子云：『昔者禹抑洪水而天下平，周公兼夷狄、驅猛獸而百姓寧，孔子成《春秋》而亂臣賊子懼，我亦欲正人心，息邪説，距詖行，放淫詞，以承三聖者。』余謂月川之心，即孟氏之心也；其道，亦孟氏之道也。孟子肆辯於異端群起之時，月川卓立於吾道湮微之日，其心一，其道同也。」

茹進賢
胡來進
張大藴
馬行坤
衛　内
李極純
張信民
七世孫曹繼祖
曹繼儒仝校録

月川曹先生理學證印要覽跋❶

國家泰運弘開，斯道大明，其有賴於先生之言哉！編成尚未就梓，而曠君尹興山矣。適都憲吴公搜先生全書，壽春鄧君檢而閲之，得是册，忻忻然有當於心也，遂付之剞劂氏。蓋鄧君亦知學者，故愛而慕，慕而傳也。噫！兹刻也，余願今之學者因其言而實體先生之行則可，若徒取先生言而莊誦一過，遂以爲我知學也，我知學也，非余之所敢知也。

澠池縣儒學教諭桐栢楊繼明跋

澠庠生張宗淵

李春先

❶ 標題原無，今依文體補。

曹月川先生家規輯略

家規輯略序

且國有國法，家有家法，人事之常也。治國無法，則不能治其國；治家無法，則不能治其家。譬則爲方圓者不可以無規矩，爲平直者不可以無準繩。是故善治國、善治家者，必先立法以垂其後。自今觀之，江南第一家義門鄭氏，合千餘口而一家，歷千餘歲而一日，以其賢祖宗立法之嚴，賢子孫守法之謹而致然也。其法一百六十有八則，端悉録而寶之。今姑擇其切要者九十有四則，因其類聚群分，定爲一十四篇，名曰《家規輯略》。敬奉嚴君，祈令子孫習讀，而世世守行之，期底於鄭氏之美，而又妄述數十餘則以附其後，雖不能如鄭氏之《家規》妙合聖賢之心法，扶世道，正人心，敦教化，厚風俗，上以光其先，下以裕其後，亦庶乎治家垂訓之一小補云。

永樂丙戌正月甲子河南曹端謹序。

曹月川先生家規輯略

澠池縣知縣關西石允珍重梓
儒學署教諭事舉人黔南越應捷
訓導膠西王夢旭
河陽潘　汲
選貢生張信民
庠生李春先
茹進賢
胡來進
馬行坤
李良弼
上官亨
李極純
王一楓
衛　内
王道大
李戍時

祠堂第一 凡十三則❶

一、起祠堂三間，繚以周垣，以奉先世神主，其儀式並遵《文公家禮》。

一、祠堂所以報本，宗子當嚴洒掃扃鐍之事。所有祭器、祭服，不許他用。

一、子孫入祠堂，當正衣冠，即如祖考之在上，不得嬉笑、對語、疾步，晨昏皆當致恭而退。

一、祭祀務在孝敬，以盡報本之誠。其或行禮不恭，離席自便，與夫跛倚、欠伸、噦噫、噱欬，一切失容之事，量過議罰。

一、時祭之外，不得妄祀徼福。凡遇忌辰，當用素衣致祭，不作佛事，象錢寓馬亦併絶

❶「凡十三則」，原無，據原書目録及下文體例補。

之。是日不得飲酒、食肉、聽樂，夜則出宿于外。

一、撥常稔田五十畝，别蓄其租，專充祭祀之費。其田券印「某郡某氏祭田」六字，字號步畝，亦當勒石祠堂之左，俾子孫永遠保守。有言質鬻者，以不孝論。

一、凡遇生朝，父母舅姑存者，酒果三行；亡者，則致恭祠堂，終日追慕。

以上七則出鄭氏之舊本

一、祠堂之設，所以盡報本反始之心，尊祖敬宗之意，實有家名分之守，開業傳世之本也。常須修理完固，洒掃清浄，嚴加鎖閉，非參謁毋擅開入，尤不許將一應閑雜器物於内寄放，及令頭畜類入，俱屬褻瀆，違者不孝。

一、主人晨興，具服詣祠堂大門内，焚香再拜，退而升堂，擊鼓祇揖。

一、按《家禮》，主人、主婦近出，則入大門，瞻禮而行，歸亦如之。經宿而歸，則焚香再拜。遠出經旬以上，則再拜告云：「某將適某所，敢告。」又再拜而行。歸亦如之，但告云：「某今日歸自某所，敢見。」經月而歸，則開中門，立於階下，再拜。升自阼階，焚香告畢，降，復位，再拜。餘人亦然，但不開中門。

一、祠堂行禮之初儀：一通鼓，家衆具服；兩通鼓，詣外門下。如闔門之儀，令子弟一人立於兩行南端之中，俟三通鼓畢，唱云：「祭祀祖宗，務在孝敬，以盡報本之誠。」其或行禮不恭，離席自便，與夫跛倚、欠伸、噦噫、嚏欬，一切失容之事，俱屬不孝不敬。《詩》云「神之格思，不可度思，矧可射思」，戒之慎之！否則家規有罰。畢贊禮唱，敘立，男由左入，女由右入，各就位。

一、時祭行禮：贊禮，敘立，設神主。參神，行兩拜禮。降神，詣盥洗所，詣香棹前，跪，斟酒，俛伏，行兩拜禮，復位。進饌，復位。行初獻禮：詣香棹前，跪，獻帛，俛伏，詣高祖、高妣神位前，斟酒，跪，祭酒，俛伏，少退立，獻肝，行兩拜禮。諸位皆然。詣香棹前，詭，讀祭文，俛伏，復位。行亞獻禮：如初獻儀。侑食，主人斟酒，主婦插匙，退立香棹前，行兩拜禮，復位。闔門主人以下，敘立於門東；主婦以下，敘立於門西。祝三噫歆，啓門，復位。進茶，復位。受胙，詣香棹前，跪，受酒，祭酒，啐酒，祝嘏，主人置酒于席前，俛伏，行兩拜禮。跪，受飯，嘗飯，取酒，啐酒，俛伏，退，立于阼階。祝告利成，復位，行兩拜禮。辭神，行兩拜禮。以祭文同帛焚，納神主。禮畢。

一、齋戒告示，略云：某郡某氏見爲祭祀事。切惟時祭之禮，所以展孝思之心，盡報本之道，内當極其誠敬，外當肅其威儀，同寅協恭，務期感格。古人曰：「有其誠則有其神，無其誠則無其神。」爲此謹遵《文公家禮》，前期三日，主人率衆丈夫致齋于外，主婦率衆婦女致齋于内，沐浴更衣，飲酒不得至亂，食肉不得茹葷，不吊喪，不聽樂。凡凶穢之事，皆不得預。如違，以不孝論。

以上六則新增。

家長第二 凡八則

一、家長總治一家大小事務，凡事令子弟分掌，然須謹守禮法，以制其下。其下有事，亦必咨禀而後行，不得私假，不得私與。

一、家長專以至公無私爲本，不狗偏私。如其有失，舉家隨而諫之，然必起敬起孝，毋妨和氣。若其不能任事，次者佐之。

一、爲家長者當以至誠待下。一言不可妄發，一行不可妄爲，庶合古人以身教之之意。臨事之際，毋察察而明，毋昧昧而昏，更須以量容人，常視一家如一身可也。

一、子孫固當竭力以奉尊長，爲尊長者亦不可挾此自尊，攘拳揎袂，忿言穢語，使人無所容身，甚非教養之道。若其有過，反復諭戒之，甚不得已，會衆箠之，以示耻辱。

一、主母之尊，欲使家衆悦服，不可使側室爲之，以亂尊卑。

以上五則出鄭氏之舊本。

一、父母者，家人之嚴君也。切宜正其衣冠，尊其瞻視。使儼然人望而畏之。其下皆須嚴恭祇奉，聽於無聲，視於無形，使閨門之内有公府之嚴，方爲禮法之家。雖非父母，時爲家長者，皆當如此。

一、每旦，家長夙興外堂，與家衆分職授事，各量所能。至晚，復升堂，考其勤惰，以定賞罰。

一、古人治家之道，惟以身教爲先。爲家長者，必先躬行仁義，謹守禮法，以率其下。其下有不從化者，不可遽生暴怒，恐傷和氣。但當反躬自責，或傚繆彤掩户以自撾，或傚石奮對案而不食。❶其下悔改，

❶「石奮」，原作「右奮」，據《史記·萬石張叔列傳》改。

即止不治，如果遇頑終化不省，❶然後責罰之。責罰不從，度不可容，陳之於官而放絶之，仍於宗圖上削其名，死生不許入祠堂。三年能改者，復之。

以上三則新增。

宗子第三 凡四則

一、宗子上奉祖考，下一宗族，家長當竭力教養。若其不肖，當遵横渠張子之説，擇次賢者易之。

此一則出鄭氏之舊本。

一、宗子上爲祖宗之祭主，下爲族人之表儀，其婚配必至二十以上。果能孝義仁恕，方爲擇配。務求端潔孝敬女子、及父母嚴謹素有家法者娶之。毋得妄娶非人，以壞家法。非人，爲奔女、孀婦之類。❷

一、家子爲諸子之表，家婦爲諸婦之儀，其責非輕，尤宜自重。孝義勤儉，以身先之；仁恕禮讓，以身率之。如此，則上悦下服，家和户寧，立名天地，垂裕子孫。慎哉慎哉！勉旃毋怠！

一、宗子乃立家之本，必預立之，使家衆知所統守可也。

以上三則新增。

諸子第四 凡三十九則

一、子孫須恂恂孝友，實有義家氣象。見兄長，坐必起，行必以序，應對必以名，毋以「爾」「我」，諸婦並同。

❶「遇」，疑當作「愚」。

❷「爲」，似當作「謂」。

一、兄弟相呼，各以其字冠於兄弟之上。如曰某字冠某字弟之類。夫妻亦當以字行，諸婦娣姒相呼並同。

一、子姪年非六十者，不許與伯叔連坐。違者，家長罰之。會膳不拘。

一、卑幼不得抵抗尊長，一日之長皆是。其有出言不遜，制行悖戾者，姑誨之。誨之不悛者，則重箠之。

一、子孫受長上訶責，不論是非，但當俯首默受，毋得分理。

一、子孫飲食，幼者必後於長者。言語亦必有倫，應對賓客，不得雜以俚俗方言。

一、子孫不得謔浪敗度，免巾徒跣。凡諸舉動，不得掉臂跳足，以陷輕偎。見賓客，亦當肅行祗揖，不可參差錯亂。

一、子孫不得目觀非禮之書，其涉戲淫褻之語者，即焚毀之，妖幻符呪之屬並同。

一、子孫毋習吏胥，毋爲僧道，毋狎屠竪，以壞亂心術。當以「仁義」二字銘心鏤骨，庶幾有成。

一、子孫不得惑於邪説，溺於淫祀，以徼福于鬼神。

一、子孫不得修建異端祠宇，粧塑土木形象。

一、子孫不得從事交結，以保助閭里爲名，而恣行己意，遂致輕冒刑憲，隳圮家業，故吾再申言之，切宜刻骨。

一、子孫當以和待鄉曲，我寧容人，毋使人容我。切不可先操忽人之心。若累相凌逼，進進不已者，當理直之。

一、子孫年未三十者，酒不許入脣。壯者惟許少飲，亦不宜沉酗盃酌，喧呶鼓舞，不顧尊長，違者箠之。若奉筵賓客，唯務誠實，不必强人以酒。

一、子孫處事接物，當務誠樸，不可置纖巧之物，務以悦人，以長華麗之習。

一、子孫不得與人眩奇鬬勝，兩不相下。彼以其奢，我以吾儉，吾何害哉！

一、子孫受人贄帛，皆納之公堂，後與回禮。

一、子孫不得無故設席。唯酒食是議，君子耻之。

一、子孫不得私造飲饌，以狥口腹之欲。違者姑誨之，誨之不悛，則責之。産者、病者不拘。

一、家産之成，難如升天，當以儉素是繩是準。唯酒器用銀外，子孫不得別造，以敗我家。

一、俗樂之設，誨淫長奢，切不可令子孫臧獲習肄之，違者家長箠之。

一、增拓産業，彼則出於不得已，吾則欲爲子孫悠久之計。當體究果直幾緡，盡數還足，不可與駔儈交謀，潛萌侵人利己之心。否則，天道好還，縱得之，必失之矣。交券極務分明，不可以物貨逋負相準。或有欠者，後當索償。又不可以秋税暗附他人之籍，使人陪輸官府，積禍非輕。

一、親姻饋送，一年一度。非常弔慶則不拘此。切不可過奢，又不可視貧而加薄，視富而加厚。

一、女子適人，若有外孫彌月之禮，唯首生者與之，餘並不許，但令人以食往慰問之。

一、子孫年十二，於正月朔出就外傅，見燈，不許入中門，入者箠之。

一、棊枰、雙陸、詞曲、蟲鳥之類，皆足以蠱惑心志，廢事敗家，子孫當一切棄絶之。

一、子孫不得養飛鷹獵犬，專事洪游，亦不得恣情取饜，以敗家事。違者以不孝論。

一、吾家既以孝義表門，所習所行，無非積善之事。子孫皆當體此，不得妄肆威福，圖脅人財，侵凌人産，以爲祖宗植德之累。違者以不孝論。

以上二十八則出鄭氏之舊本。

一、父母有命善正，速行毋怠。命乖於禮法，則哀告再三，否則非孝。

一、諸子當先意承志，諭父母於道。不幸而父母有過，又當從容諫正，必置父母於無過之地，則爲大孝之道。苟視親有過而不諫，與用言相激而不恤，則爲不孝之甚。抑將爲大孝乎？將爲不孝乎？

一、孝、義、勤、儉謂之四寶。酒、色、財、氣謂之四賊。苟能守其寶而防其賊，則可以立身成家而顯親揚名矣。可不慎乎！

一、父母者，子之天地也。子若欺瞞父母，即欺瞞其天地。褻慢父母，即褻慢其天地。人而欺瞞褻慢天地，莫大之罪也。爲人子者可不深省而切戒之乎？

一、嚴君堂乃家人致恭之所，凡諸升降、出入、進退，必須整齊嚴肅，儼然如神明在上，毋得輕忽褻慢，違者以不孝論。

一、子婦凡受父母、舅姑之賞賜者，必於嚴君堂下先行四拜禮，升堂詣位前跪受，兩手高捧，降置於卓上，復行四拜禮而退。

一、子婦無事，則侍於父母、舅姑之所，容貌必恭，衣冠必整，言語必温，應對必慎。出入起居，必謹扶衛之。不可涕唾、喧呼、戲謔、嘻笑，必父母、舅姑命之坐則坐，命之退則退，違者不孝。

一、卑幼於尊長，晨亦省問，夜亦安置。坐而尊長過之則起。遇尊長於途，則拱手下面，俟立道左，有問則敬對，必俟其過而後徐行。不見尊長，經再宿以上，則四拜賀。冬至正旦，則六拜。朔望則四拜。凡拜數或尊長臨時減而止之，則從尊長之命。

一、小兒稍有知識，則教之以恭敬尊長，如有不知禮法，欺侮尊長者，則嚴訶禁之。其父母故縱而不禁者，家長罰之。

一、「你」、「我」乃尊長稱答卑幼之辭。今人子於父母，婦於舅姑，弟於兄長，妻於夫主，均以「你」、「我」稱答，甚無上下禮體。萬物之靈，切宜深戒！

一、酒以爲人合歡神。禹、武王何惡之深？以其喪德生亂，妨功糜穀故也。聽吾言者，切宜深戒。婦女絶不可飲。

以上十一則新增。

諸婦第五凡二十三則

一、諸婦必須安詳恭敬。奉舅姑以孝，事丈夫以禮，待娣姒以和。然無故不出中門，夜行必以燭，無燭則止。如其淫狎，即宜屏放。若有妬忌、長舌者，姑誨之；誨之不悛，則責之；責之不悛，則出之。

一、諸婦媟言無耻及干與閫外事者，當罰拜以媿之。

一、諸婦初來，一月之外，許用便服。

一、諸婦服飾，毋事華靡，但務雅潔，違則罰之，更不許飲酒，年過五十者弗拘。

一、諸婦之家貧富不同，所用器物或有或無，家長量給之，庶使均而無怨。

一、諸婦主饋，十日一輪，年六十者免之。新娶之婦，與假三月。三月之外，即當主饋之時，外則告于祠堂，内則會茶以聞于衆。托故不至者，罰其夫。膳堂所有鎖鑰及器皿之類，主饋次第交之。

一、諸婦工作當聚一處，機梯紡績，各盡所長，非但别其勤惰，且革其私心。

一、諸婦之于母家二親，存，禮得歸寧；無者，不許其有吊慶。勢不可已者，則弗拘。

一、婦人親族有爲僧道者，不許往來。

一、世人生女，往往多致渰没。縱曰女子難嫁，荆釵布裙，有何不可？諸婦違者議罰。

一、女子年及八歲者，不許隨母到外家。餘雖至親之家，亦不許往。違者重罰其母。

一、各房用度雜物，公堂總買而均給之，不可私托鄉族越分競買鮮華之物，以起乖争。

一、莊婦類多無識之人，最能翻鬭是非，若匪高明，鮮有不遭聾瞽，切不可縱其來往。歲時展賀，亦不許入房闥。

一、朔望後一日，令諸生聚揖之時，直説古烈傳，使諸婦聽之。

以上十四則出鄭氏之舊本。

一、諸婦輪流直堂者，鷄鳴而起，洒掃室堂，設椅棹，陳盥梳之具。舅姑起，則拂床叠被，侍立左右，以備使令。及夜，則復拂床展被，待舅姑寢，安置而退。

一、諸婦凡受私親之賜，如飲食、衣服、布帛、金銀之類，自尺寸分毫以上，皆當獻于舅姑，無舅姑則獻之家長。用則請而用之，不得私藏，不得私用，違者以私藏貨財論。

一、諸婦升嚴君堂，敢不梳頭洗面、繼腰纏脚、撩衣挽袖、棹臂跳足者，以不敬論。

一、諸婦夫死，有能持節守義而終身不願再嫁者，主父、主母當厚恤養，以全其志，毋使失所。違者必受天殃。

一、諸婦夫死，有願與夫同歸而自死者，當聞于官而厚葬之。所有遺嗣，主父、主母亦厚恤養，毋使失所，否者必受天殃。

一、諸婦夫死，而忘恩背義願適他人者，終身不許來往。如果有子，死後當依《文公家禮》，降服杖期而已。

一、女子自小便加嚴訓，使知三從四德之理、貞静專一之道，務必敦素雅潔，毋事華飾。違者罰其母。

一、女子有作非爲、犯淫狎者，與之刀繩，閉于牛驢房，聽其自死。其母不容者，出之；其父不容者，陳于官而放絶之。仍告于祠堂，于宗圖上削其名，死生不許入祠堂。既放而悔改，容死其女者復之。

一、婦女以柔順爲德，以貞烈爲行，切不可自輕其身，以貽父母之辱。

以上九則新增。

男女第六 凡六則

一、家中燕享，男女不得互相酬勸，庶幾有別。若家長、舅姑禮宜饋食者，非在此限。

一、男女不共圊溷，不共湢浴，以謹其嫌。春冬十日一浴，夏秋不拘。

一、男女不親授受，禮之常也。諸婦不得用刀鑷工剃面。

以上三則出鄭氏之舊本。

一、今人内外筵會，男女同席共飲，互相酬勸，交相授受，甚者相爲戲謔，相爲比鬬，大非人理，有玷華風。吾家男女，七歲以上不同席，不共食，以嚴其別。違者罰其母。

一、今人有翁伯之尊于新婦之手自接小兒，有乖禮體，切宜深戒！

一、今人所以壞男女之禮者，莫甚于嫂叔及大小姑之夫。吾家男女，于此尤宜謹之，否則非禮法之家也。

以上三則新增。

旦朔第七 凡十則

一、每旦擊鐘二十四聲，家衆俱興。四聲咸盥漱，八聲入有序堂，家長中坐，男女分坐左右，令未冠子弟朗誦男女訓戒之詞。男訓云：「人家之盛衰，皆係乎積善與積惡而已。何謂『積善？』居家則孝弟，處事則仁恕，凡所以濟人者皆是也。何謂『積惡？』持己之勢以自强，尅人之財以自富，凡所以欺心者皆是也。是故能愛子孫者，遺之以善；不愛子孫者，遺之以惡。《傳》曰：『積善之家，必有餘慶。積不善之家，必有餘殃。』天理昭然，各宜深省。」女訓云：「家之和與不和，皆係乎婦人之賢否。何謂『賢？』事舅姑以孝順，奉丈夫以恭敬，待娣姒以温和，接子孫以慈愛，如此之類是也。何謂『否？』不親井臼，不勤織絍，長舌詆尊，淫妬無德，如此之類是也。天道甚近，福善禍淫，爲婦人者，不可不畏。」誦畢，男女起，向家長一揖，復分左右行，會揖而退。九聲，男會膳于同心堂，女會膳于安貞堂，三時並同。其不至者，家長規之。

一、朔望，家長率衆參謁祠堂。畢，出坐堂上，男女分立堂下。擊鼓二十四聲，令子弟一人唱云：「聽聽聽！凡爲子者必孝其親，爲妻者必敬其夫，爲兄者必愛其弟，爲弟者必恭其兄。聽聽聽！毋狥私以妨大義，毋怠惰以荒厥事，毋縱奢侈以干天刑，毋用婦言以間和氣，毋爲横非以擾門庭，毋耽麯蘖以亂厥性。有一于此，既殞爾德，復隳爾胤。睠兹祖訓，實紛廢興。言之再三，爾宜深戒！聽聽聽！」

衆皆一揖，分東西行而坐，復令子姪誦孝弟故實一過，會揖而退。

以上二則出鄭氏之舊本。

一、鷄鳴而起，乃子事父母、婦事舅姑之常禮。吾家男女，除六十歲以上、八歲以下之老穉者，質明起行禮，餘皆鷄鳴而起，詣父母、舅姑之所省問，退而各勤其事。待父母、舅姑起，咸會而肅行祗揖之禮。

一、朔望，家長夙興，率衆參謁祠堂。畢，出坐堂上，男女分立堂下，男先再拜，女先四拜。長者進，詣尊者跪，家衆皆跪。長者曰：「子某等伏願膝下備膺五福，保族宜家。」俛伏，興，退，復位。男復再拜，女復四拜。畢，令子姪朗誦毋聽婦言之戒。誦畢，男女升，分坐左右。復令子姪敬誦孝義故實一過。男女降，復分左右，行圓揖而退。

一、朔望，行香贊禮：唱，敘立，設神主。參神，行兩拜禮。降神，詣盥洗所。詣香棹前，跪，焚香，俛伏，行四拜禮。跪，斟酒，灌酒，俛伏，行兩拜禮，復位。主人、主婦同升，主人獻酒，主婦獻茶，退立香案前，行兩拜禮，復位。辭神，行兩拜禮，納神主，禮畢。

一、祭畢而燕，主父、主母升堂，擊鼓六聲，家衆敘立于堂下。先再拜，子弟之長者進立于位前，幼者一人執注立于其右，一人執盞立于其左。獻者跪，家衆皆跪。斟酒，獻于主父、主母位前，叉手祝曰：「祀事既成，❶祖考嘉享。伏願膝下備膺五福，保族宜家。」主父、主母舉酒飲畢，授幼者盞注，反其故處，長者俛伏，家衆亦然。

❶「祀」，原作「祝」，據道光本改。

興，退，與家衆皆再拜。主父、主母命坐，皆再拜而坐。❶主父命取注及長子之盞置于前，自斟之，遂命斟諸男子酒。主母命取注及長婦之盞，亦自斟之，遂命斟諸婦女酒。皆徧。主父祝曰：「祝事既成，五福之慶，願與汝曹共之。」衆皆起，敘立如前，俱再拜，就坐。飲訖，遂供饌。畢，然後泛行酒，盡歡而止。

一、每晚，家長升堂，家衆敘立，令未冠子弟朗誦男女之戒曰：「爲男子者，毋聽婦人之言。爲婦人者，毋辱男子之行。男子而聽婦人之言，如讒言破親，私言破義，凡可以離間骨肉者，皆是也。婦人而辱男子之行，如淫狎、竊盜、謔浪、敗度，凡可以致人笑耻者，皆是也。是故男效才良，豈聽婦人之言？女慕貞潔，豈辱男子之行？嗚呼！聽婦人之言者，則爲闒茸之男；辱男子之行者，則爲闒茸之婦。男女同聽，各宜深戒！」誦畢，家衆向長一揖，復分班圓揖。畢，男女以次升，咸溫恭道安置而退。

一、每日食時，擊鼓八聲，男女會膳。主父、主母中坐，男女分坐左右。務必端嚴謹慎，毋得戲笑喧嘩。其舉止亦必齊一，不可先後錯亂。違者罰拜以愧之。

一、每日三度會膳，以鼓齊之。苟聞鼓而不至者，注膳一度。

一、每日會膳之時，家衆坐定，令未冠子弟一人唱云：「父母，所以生吾身也；飲食，所以養吾身也。人能慕父母如饑渴之慕飲食，則孝心終身不怠，又豈可污身敗度，以辱父母乎？」

❶「坐」，原作「生」，據文義改。

以上八則新增。

勸懲第八凡七則

一、立勸懲簿，監視掌之，月書功過，以爲善善惡惡之戒。有沮之者，以不孝論。

一、造二牌，一刻「勸」字，一刻「懲」字，一空一截，用紙寫帖，何人有過，何人有功，既上勸懲簿，更上牌中，掛會揖處，二日方取，以示賞罰。

一、監視糾正一家之是非，所以爲齊家之則，而家之盛衰係焉，不可顧忌不言。在上者當犯顔直諫，諫若不從，悦則復諫。在下者當教以人倫大義，不從則責，又不從則撻。

一、子孫倘有私置田業，私積貨財，事迹顯然彰著，衆得言之家長，家長率衆告于祠堂，擊鼓聲罪而榜于壁，更邀其所與親朋告語之，所私即便拘納公堂。有不服者，告官，以不孝論。其有立心無私，積勞于家者，優禮遇之，更於勸懲簿上明記其蹟，以示于後。

以上四則兼末則鄭氏舊本。

一、子孫賭博無賴及一應違於禮法之事，家長度不可容，會衆罰拜以愧之。但長一年者，受三十拜。又不悛，則會衆而痛箠之。又不悛，則陳于官而放絶之。仍告于祠堂，於宗圖上削其名。三年能改者，復之。

一、置勸懲文簿，將家衆所爲善惡實跡分明附記，昭于後昆，使爲善者知所顯榮而愈加爲善，爲惡者知所羞辱而不敢爲惡，又將使後世子孫以善爲法，以惡爲戒。慎毋狥偏，妄肆威福。天地祖宗，實共臨之。

一、賞罰之法曰：上非賞罰，則無以爲勸善懲惡之道；下非賞罰，則無以啟向善悖惡之心。是則賞罰者，不惟家長當行，而家衆皆所當知也。今將家衆所爲善惡實跡，分明籍記，每三箇月一考，定爲三等九甲之法，以憑賞罰之。如子婦能孝義，又勤儉而無過者，考上上。能孝義而勤儉不足，亦無過者，考上中。孝義不足而勤儉有餘，亦無過者，考上下。孝義可稱，勤儉可取，而過有十之二三者，考中上。孝義可稱，勤儉頗可，而過有十之四五者，考中中。孝義頗可，勤儉可稱，而過有十之六七者，考中下。孝義頗可，勤儉全無，而過有十之八九者，考下上。孝義全無，勤儉頗可，而有十分之過者，考下中。孝義、勤儉絶無可稱，而又有十分之過，考下下。○上上者，簪花告祠，男則邀親賓亨於祠堂，以諭榮之；婦則會茶於祠堂，賞紗綾手帕各一，絹布履材各一，針三十，線五色各十條，臙粉共三兩；更與假三日，俾歸寧父母，以彰其善。上中者，亦簪花告祠堂，男則邀親賓於嚴君堂，以奬勸之；婦則會茶於嚴君堂，賞綾手帕一，絹履材一，針二十，線五色各八條，臙粉二兩，亦與假二日，俾歸寧父母，以嘉之。上下者，不必簪花告祠，男但燕于嚴君堂，以勉勵之；婦亦會茶嚴君堂，賞紗手帕一，布履材一，針十，線五色各六條，臙粉二兩，亦與假一日，近者歸寧父母，遠者不許。中上者，男則賞酒三鍾，飯一盤；婦則會茶，但賞粗布履材一，針一十，絹線、山絲各二兩，餘並不與。中中者，男則賞酒三鍾；婦則不會茶，但賞綿線、山絲各一兩。中下者，免罰。下上者，男則罰半箇月不飲酒食肉；婦則罰春磨汲水役五日。下中者，男則罰一月不許飲酒食肉；❶婦則罰春磨汲水役十日。下下者，男則罰一箇半月不許飲酒食肉，加掃除牛下役三日；婦則罰春磨汲水役半箇月。○若先考上上而再考又上上者，除賞本等外，明日又令次位子孫奉酒拜慶。先考上中而再考上上者，亦除以本等外，次日男則賞酒三盃，飯一盤；婦則又會茶，賞綿線、山絲各一兩。先考上上而再考上中者，以上上賞之。先考下上而再考下中者，以下下罰之。餘倣此。但先考下下而再考又下下者，仍罰本等。○若當罰日內有能奮然遷善改過，立有異行，可以顯親揚名者，即免之。仍記其善，於再考中作數。若當罰而抱怨不服者，除再量情罰法外，每五日加一日，亦記其過，於再考中作數。○當罰日內有遇時祭、俗節，父母、舅姑、夫及本身壽旦者，免之，仍告祠堂。畢，則詣嚴君堂謝之。

以上二則新增。

習學第九 凡十六則

一、子孫爲學，❷須以孝義切切爲務。若一向偏滯詞章，深所不取。此實守家第一事，不可不慎。

一、小兒年五歲者，每朔望參祠講書，及忌日奉祭，可令學禮。入小學者，當預四時之

❶「男」，原脱，據文意補。
❷「一、」，原脱，據本書體例補。

祭，每日早膳後，亦隨衆到書齋祇揖。須直祠堂者，及齋長舉明，否則罰之；其母不容，亦罰之。

一、子孫八歲入小學，十二歲出就外傅，十六歲入大學，聘致明師訓飭，必以孝弟忠信爲主，期底於道。若年二十一歲，其業無所就者，令習治家理財，向學有進者不拘。

一、子弟已冠而習學者，每月十日一輪，挑背已記之書及譜圖家範之類。初次不通，去巾一日；再次不通，則倍之。三次不通，則分紟如未冠時，通則復之。

一、子弟未冠，學業未成，不得食肉。古有是法，非惟有以資於勤苦，抑欲其識虀鹽之味。

一、學禮：凡爲人要識道理，識理法。在家庭事父母，入書院事先生，並要恭敬順從，遵依教誨。與之言則應，教之事則行，毋得怠慢，自任己意。

一、學誦：專心看字，斷句，慢讀，須要字字分明，毋得目視東西，手弄他物。

一、學坐：定坐端身，齊手斂足，毋得偃仰傾側。

一、學言：樸實語事，毋得妄誕；低細出聲，毋得叫喚。

一、學書：臻志把筆，並要齊整圓浄，毋得輕意糊塗。

一、學揖：低頭曲腰，出聲收手，毋得輕率慢易。

一、學行：籠手徐行，毋得棹背跳足。❶

一、學立：拱手立身，毋得跛倚欹斜。

以上八則出真舍人定。

❶「背」，疑當作「臂」。

一、子弟爲學，必先尊師重友。聖賢之道，切不可有自足之心。

一、子弟爲學，當以聖賢正道自期，不可流於異端。

一、子弟爲學，須將聖經賢傳字字句句於心上理會，務要體之於身，見之於行，不可只做一塲話説。

以上三則新增。

冠笄第十 凡六則

一、子弟當冠，須延有德之賓，庶可責以成人之道。其儀式並遵《文公家禮》。

一、子弟年十六歲以上，許行冠禮，須能暗記四書、一經正文，講説大義，方可行之，否則直至二十一歲。弟若先能，則先冠以媿之。

一、子弟未冠者，不許以字行，不許以弟稱，庶幾合于古人責成人之意。

一、女笄者，母爲選賓行禮，製辭字之。

一、凡爲童子，以事長爲事，紒而不冠，衣而不裳，名而不字，皆所以别成人，教遜弟也。

一、冠禮之設，將責以爲人弟，爲人臣，爲人少者之行，其禮可不重歟！

以上六則新增。

婚姻第十一 凡九則

一、婚姻乃人道之本，親迎、醮率、奠鴈、授綏之禮，今多違之。今一去時俗之習，其儀式並遵《文公家禮》。

一、婚嫁必須擇温良有家法者，不可慕富貴以虧擇配之義。其家强逆亂、世有惡疾者，毋得與議。違者不孝。詳見《文公家禮》。

一、娶婦須以嗣親爲重，不得享賓，不得用樂，違者罰之。入門四日，婿婦同往婦家行謁見之禮。

一、娶婦三日，婦則見於祠堂，男則於堂中行受家規之禮。先拜四拜，家長以規授之，祝其謹守毋失，復拜四拜而去。

一、女子議親，須謀於衆。其或父母於幼年妄許者，公堂不與粧奩。

以上五則出鄭氏之舊本。

一、凡議婚姻，當先察其婿與婦之性行及家法何如。

一、擇配必於男女十四五以上，方見賢愚，否則必有後悔。

一、擇婚姻，但以德行家法，不可溺陰陽非禮之論，尤不可效夷虜論財之道。

一、婚姻但以及時爲貴，不可太遲，不可太蚤。

以上四則新增。

喪禮第十二 凡六則

一、喪禮久廢，多惑於釋、老之説，今皆絶之。其儀式並遵《文公家禮》。

一、子孫臨喪，當務盡禮，不得惑於陰陽，非禮拘忌，以乖大義。非禮拘忌，如呼注妨損之類。

一、喪事不得用樂，服未缺者，❶不得飲酒食肉，違者不孝。詳見《文公家禮》。

以上三則出鄭氏之舊本。

一、喪禮以哀爲本，不可妄行鋪張，祭儀務爲觀美。

❶「缺」，當作「闋」。

一、古者棺七寸，槨稱之。今既依《文公家禮》，用灰隔之制，槨固不用，其棺必須厚三寸以上，塗以松脂，方爲可用，否則非孝子之心也。

一、葬埋之法，當用趙忠敏公族葬之圖，左昭右穆，以世爲列，不可淆亂。

以上三則新增。

推仁第十三凡十四則

一、宗人實共一氣所生，彼病則吾病，彼辱則吾辱，理勢然也。子孫當委曲庇覆，勿使失所，切不可恃勢淩轢，以忝厥祖。更於缺食之際，揆其貧者，月給穀六斗，直至秋成住給。其不能婚姻者，助之。

一、宗人無子，實墜厥祀，當擇親近者爲繼立之，更少資之。

一、宗人苦寒，深當憫惻，其果無衣與絮者，子孫當量力而資助之。

一、宗族之無所歸者，量撥房屋以居之。更勸勿用火葬。無地者，聽埋義塚之中。

一、祖父所建義祠，蓋奉宗族之無後者。立春祭先祖畢，當令子弟設饌祭之，更爲脩理，毋致墮廢壞。

一、里黨或有缺，裁量出穀借之，後催原穀歸還，勿收其息。其無子之家，給助粥穀二斗五升。

一、里黨痒痾疾痛，吾子孫當深念之。彼不自給，況望其饋送我乎？但有一毫相贈，亦不可受，違者必受天殃。

一、展藥市一區，收貯藥材。鄰族疾病，其症章章可驗，如瘧痢癰瘺之類，施藥與之，更須診察寒熱虛實，不可慢易。此外不可妄與，恐致悮人。

一、橋圮路淖，子孫倘有餘資，當助脩治，以便行客。或遇隆暑，又當於通衢設湯茗一二處，以濟渴者，自六月朔至八月朔止。

一、立義塚一所，鄉鄰死亡，委無子孫者，與給槥櫝埋之。其鰥寡孤獨，果無以自存者，❶時周給之。

一、拯救宗族里黨一應等物，令監視置推仁簿逐項書之，歲終於家長前會算。其或沽名失實，及執文不肯支者，天必絶之。此吾拳拳真切之言，不可不謹，不可不慎！

以上十一則出鄭氏之舊本。

一、牛之耕田，狗之防寇，有功於人，深所當念。吾家所畜牛、狗有三年以上之功者，死則埋之，其調良異常者，不拘三年之例。

一、子弟切不可於山野放火，延燒林木，傷害蟲鳥，有失仁心，違者天必不佑。

一、鄰里鄉黨，有遇水火、賊盜，當盡赴救，不可坐視，否則天必禍之。

以上三則新增。

治蠶第十四 凡五則

一、每歲畜蠶，主母分給蠶種與諸婦，使之在房畜飼。待成熟時，却就蠶屋上箔，須令子弟直宿，以防風燭。所得之繭，當聚一處抽繅，更須預先抄寫各房所畜多寡之數，照什一之法賞之。

此一則出鄭氏之舊本。

一、治蠶，當用古人所定之成法，不可苟且，

❶「以」，原作「一」，據學海類編本《鄭氏規範》改。

枉廢人功。詳見《農書》。

一、畜蠶之道，但可量力爲之，不可貪多。

一、蠶室必須乾净、温暖，不可太熱，不可太涼，否則蠶必不成。

一、諸婦治蠶，必須同心齊力，共成其事，不可相靠。違者家長罰之。

以上四則新增。

家規輯略畢

曹月川先生記

陸文裕公儼山撰

予爲國子司業時，彭幸菴澤以太子太保爲都察院左都御史，欲舉曹端從祀夫子廟廷，以爲本朝理學之冠。予時不敢主張，予亦不甚知其爲人。及來提學山西，始訪求之。端，字正夫，别號月川，澠池人。永樂戊子鄉舉，己丑中副榜，任爲霍州、蒲州學正。後卒，葬霍州高氏原。正統間，蒲坂謝御史琚祀其祠堂，有曰：「聖朝道學大明，崤、澠之間，有月川曹先生出焉。自幼以聖賢爲己任。其言曰：『佛氏以空爲性，非天命之性、人受之中；老氏以虚爲道，非率性之道、人由之路。』嘗著《家規輯略》，釋《太極圖》、《西銘》、《通書》、《存疑録》、《夜行燭》，編《儒家宗統譜》，撰《月川詩圖》，《四書》有詳説，《孝經》有述解，性理有文編。孝親敬長，崇正闢邪。」其稱述如此。又按：彭幸菴西歸時，曾柬河南巡撫都憲李梧山先生充嗣曰：「我朝一代文明之盛，經濟之學，莫盛於誠意伯劉公、潛溪宋公。至於道學之傳，則斷自澠池月川曹先生始也。先生少負奇質，知讀書即慕聖賢之學，脩己教人，治家事親，奉先化俗，率自躬行心得以推行之。爲霍、蒲二州學正，三典文衡，四方學者從之甚衆。虚往實歸，各有成就。河東薛文清公最推尊之。先生再典霍庠教也，霍人事先生如父母，既而卒於霍，遂留葬于彼。吾蘭翰林編修卓菴黄先生過澠池，拜其祠而詢其墓所，僉曰在霍。卓菴嘆曰：『狐死正丘首。老先生一代名儒，魂魄獨不思故鄉乎？』遂捐貲屬縣尹，並乃郎琇等移葬澠池。今其子孫有爲省祭官監生者。而其所著書不下千種，藏於家，亦有刊行傳布者。人曰曹先生子孫門祚衰薄，遺書亦恐久而散亡矣。」據所稱許，蓋好學篤信之人，其於斯文道統之所係者，竟何如也！　彭東所指卓菴，即黄諫廷臣先生也。

明理學月川曹先生年譜纂

月川先生年譜纂序

道也者，生天、生地、生人而爲三才。夫人之生也，七尺軀耳，而參兩之責顧屬焉，非儒者大言以誇世也。分殊而理則一，效遠而行則近，用廣而體則實。故竅於中和，造端於夫婦，散見於子臣弟友，設施於九經三重，而極於位天地，育萬物，篤恭而天下平。總之，實心實理、實事實效，雖欲息肩弛擔而不可得者。自習静超悟之説興，或謂儒、釋大同，往往崇尚虛無以求見性，其所剖析至於不可思議，然竟如捕風捉影，茫乎未有歸宿，甚有舍立？而言權既流矣，何取於旁行？而猥曰「吾以任吾性也」，駭於鄉，謫於宦，諱於當年，疑於没世，豈盡人情忌修哉？無亦空譚勝，而實體處或有未至也。吾友張有孚氏，既爲《月川先生年譜》，將壽諸梓而問序於悟。悟爲先生鄉人，且其世未遠也，知先生最深。故僭言簡端，俾考先生之譜者，果崇尚虛無者耶？其實心而實效者耶？果捕風捉影，空譚而遺譏者耶？其不息肩弛擔而無媿於三才者耶？人品之真僞，學術之淳漓，道統之邪正，一開卷而知之矣。

萬曆丙午歲上元之吉賜進士第觀吏部政弘農後學王以悟頓首拜譔。

明理學月川曹先生年譜纂上

後學澠池張信民編次
陝州王以悟訂正
七世孫曹繼儒校録

洪武九年丙辰春正月，先生生。

按《家譜》云：其先山西平陽曲沃閻村人，本姓楊氏。五世祖諱嗣，以父命繼舅氏後，因姓曹。嗣生慶，徙垣曲葛伯寨。慶生仲和，徙永寧杜寺溝。仲和生伯達，伯達生敬祖，始徙澠池之窟陀里。敬祖，先生之父也，娶邵氏。先舉二子。至是感修竹之祥，於十有三日午刻而生先生。

洪武十年丁巳，先生年二歲。能識數目方名。

父教以數目方名，一過輒不忘。翌日詢之，無少差。父以穎悟奇之。

洪武十有一年戊午，先生年三歲。氣度端莊。

先生自少特異於人。與群兒立，必拱手正立，不妄戲謔言笑。處必直身端坐，不妄動作指顧。蓋其天性然也。父母曰：「儼然老成人一般。」因命名曰端，後字正夫。

洪武十有二年己未，先生年四歲。能知孝友。

先生自幼知愛敬，飲食必讓父母兄長，然後己用。出入或前或後，必候長者。節序相慶，父母呼宗族，語之曰：「端，吾家孝友人也。」

洪武十有三年庚申，先生年五歲。問《河圖》、《洛書》。

先生從父游學宫，見有觀《河圖》、《洛書》者，問曰：「此星子黑白不同，如何？」其人異之，謂曰：「分陰陽也，白是陽，黑是陰。」

顧謂其父曰：「童子可教。」歸，畫圖於地，問父曰：「與書上相似麼？」父甚奇之。

洪武十有四年辛酉，先生年六歲。知拜祖塋。

時拜掃，方陳設，先生詣墓前揖，族人曰：「待行禮。」先生曰：「先作揖，也是恭敬的意思。」族人異之。

洪武十有五年壬戌，先生年七歲。問風、雨、雷、電、雲、霓。

時先生侍父側，見雲生，問曰：「雲從何處起？」見風起，問曰：「風從何處來？」雷鳴，問曰：「雷從何處興？」雨下，問曰：「雨從何處作？」電見，問曰：「電從何處有光？」虹見，問曰：「虹從何處有跡？」凡六問，皆造化所以然。父翌日詣學宮，詢其故，聞者曰：「異哉此子！他日當有大成就。」

洪武十有六年癸亥，先生年八歲。初入里學。

先生問於父曰：「以父事師乎？」曰：「師與父當一般敬。」自是言動必咨稟而行。

洪武十有七年甲子，先生年九歲。初讀《忠》、《孝經》。

先生讀《孝經》曰：「不如是，不成人子。」讀《忠經》曰：「不如是，不成人臣。」父問曰：「忠、孝二經何如？」對曰：「聖人之言自然，賢人之言勉强。」又問曰：「忠、孝二道乎？」對曰：「事君以忠，事親以孝，似二道。然孝也可事君，忠也可事親，實相須也。」父喜曰：「雖老師宿儒，不過如此説話。」○嘗曰：「人生上戴天，下履地，參兩間而立者，不能以忠孝立身，非大丈夫也。」

洪武十有八年乙丑，先生年十歲。初讀

四書。

先生讀四書，則知《大學》、《中庸》是做人的樣子。《論語》、《孟子》可兼之。嘗賦詩以咏其義，有曰：「聖帝明王同一道，常惺惺法是其要。」

洪武十有九年丙寅，先生年十一歲。初讀《尚書》。

先生讀《書》，即洞其旨要，曰：「治本於道，道本於心，爲一經之綱領。」○嘗曰：「學者因傳以求經，因經以求心，則聖賢之學，帝王之道，皆可得而識矣。」

洪武二十年丁卯，先生年十二歲。初讀《毛詩》。

○嘗曰：「觀《關雎》、《葛覃》、《卷耳》、《樛木》、《芣苢》諸章，可以識性情之正。」

洪武二十有一年戊辰，先生年十三歲。初讀《禮記》。

○嘗曰：「經傳混合，非聖人本意。」又曰：「學者須置身法度之中，一毫不可放肆。故曰『禮樂不可斯須去身』。」

洪武二十有二年己巳，先生年十四歲。初讀《周易》，後作《乾坤二卦解》。○嘗曰：「學者須要天理人欲之間見得分明，方始有益。一毫相雜，則學非其學，而德非其德矣。」

洪武二十有三年庚午，先生年十五歲，初讀《春秋》。

○嘗曰：「褒善貶惡，皆聖人微意也。」後作《程胡二傳解》。

洪武二十有四年辛未，先生年十六歲。初讀《通鑑綱目》、《儀禮》、《周禮》、諸子等書。

○嘗曰：「六經、四書，天下萬世言行之繩墨也，不可不使之先入其心。」至是，又取諸書盡讀之。上自三代，下及近世，諸儒文集，無不遍觀盡識。❶曰：「六經、四書之外，諸子百家之言，不讀其書，無以考覽得失而定其賢否，豈增飾文墨而已。雖周公、孔子之聖，猶且朝讀百篇，韋編三絕，況常人乎？」

洪武二十有五年壬申，先生年十七歲。建勤苦齋，搆室以陳經籍。書其户曰：「勤勤勤勤，不勤難爲人上人。苦苦苦苦，不苦如何通今古。」父命扁曰「勤苦齋」。

洪武二十有六年癸酉，先生年十八歲。初入邑庠。

按《文集》云：「余十八歲爲邑庠弟子員。」是實録也。

○自稱百拙生。

洪武二十有七年甲戌，先生年十九歲。夫人陳氏于歸。

澠池陳公直，見先生勤學不倦，曰：「世有好學如是者乎？」以其女妻之。○夫人字順夫，賢而有德，洪武辛酉十一月二十日生。奉祖宗，事舅姑，能以古人爲師，先生甚敬禮之。蓋悦其婦道、母儀，皆可法云。

洪武二十有八年乙亥，先生年二十歲。初讀《辨惑編》。

按《辨惑編》序：「余二十歲得是書，如獲重璧，晝夜誦習，力行不怠。雖寢疾出外，未嘗釋手。蓋喜其明正道，闢邪説。粹然一出於正者也。」

○《性理文集成》。○先生見《胡仲子文集》，取其精要若干篇，命曰《性理文集》。曰：「作文必如是方善，不然，雖工無益。」○嘗曰：「孔門游、夏稱文學，亦何嘗秉筆爲詞章也？且如『觀乎天文以察時變，觀乎人

❶「遍」，原作「編」，據文意改。

文以化成天下』，此豈詞章之文也？故呂與叔有詩曰：『學如元凱方成癖，文似相如殆類俳。獨立孔門無一事，只輸顏子得心齋。』端亦偶成曰：『作文不必巧，載道則爲寶。不載道之文，臧文梲上藻。』言無味而意有在焉。」

洪武二十有九年丙子，先生年二十一歲。辭闢釋教。

先生至是，志意堅定，內不溺於章句文辭之習，外不惑於異端邪説之謬，卓然以斯道爲己任。有老僧素諳釋典，鄉人甚敬信之。時先生歸省，鄉人陰令僧詰先生曰：「秀才勤學篤孝，但不信神佛，未善。」先生曰：「事之如何？」僧曰：「佛主輪迴，神主禍福，事則報本。」先生曰：「物本乎天，人本乎祖。人能敬天而不違，尊祖而繼志，是謂報本。若事神佛而言行違禮，何云報本？且佛法自漢明帝始入中國，漢去開闢數千餘年，豈漢以前無輪迴，獨漢以後有輪迴哉？神如關羽、李水等，皆漢世人，豈漢以前無主禍福，獨漢以後有主禍福哉？」僧曰：「輪迴不可逃，惟佛救度之。事佛者升天堂，不事者墮地獄。不可不信。」先生曰：「人，氣聚則生，氣散則死。猶旦晝之必然。安有死而復生爲人，生而復死爲鬼，往來不已，爲輪迴哉？天堂無則已，有則君子登；地獄無則已，有則小人入。如不分君子、小人，苟能事佛，一概升天堂，苟不事佛，一概入地獄，決無此理。且所謂天堂、地獄安在？自古及今，誰見乎？不過僧家設之以嚇愚民爾。使人皆事佛，不夫婦，乾坤內不過百年，無人類矣。佛法將安施？故曰：『我道如依三界説，乾坤不過百年空。』」僧無以對。久之，曰：「禍福不可逃，惟神能佑之，不可不事。」先生曰：「作善降祥，作惡降殃。禍福之來，人爲感之。使人不積善，見禍而諂神求免，神本至公，豈受枉法之贓，而倒禍福之柄乎？夫『積善之家必有餘慶，積不善之家必有餘殃』。天道福善禍淫，鬼神不能移也。如不分積善積惡，苟事神者一概受福，不事者一概受禍，豈有是理？《書》曰：『惠迪吉，從逆凶。』鬼神何與？」僧無以對。曰：「公説神佛皆不足事，歷代何以立教門，崇祀典乎？」先生曰：「佛出西方，本以化導胡人，胡人事之，中國可乎？故韓文公《佛骨表》云：『人其人，火其書，廬其居。』明先王之道以道之。至於神之有功德於民者，其祀典亦不敢僭禮。天子祭天地，諸侯祭山川，大夫祭五祀，士庶人祭其祖先。上得以兼下，下不得以僭上。今一郡一邑，神祀數百，一村一落，神祠數十，家家事天地，人人祭山川，甚者昊天上帝與五嶽及忠臣烈士同坐一室，共饗一祀，悖禮傷教，不可勝言。魯公三望，《春秋》譏之；季氏旅泰山，孔子非之。況庶人乎？古者民不祀非族，神不歆非類，故狄梁公奏黜江南淫祠千餘，爲此故也。彼釋家妄説輪迴，惑世誣民，滅天理矣；拋妻子，離父母，滅人倫矣。雖事神佛，無以救滅理亂倫之罪，況能報本耶？舍中國先王之法，從事夷狄空寂之教，舍劬育罔極之恩，周旋釋氏悖逆之像，謂之忘本可也，豈能報本？如欲報本，棄而幼習，歸而故家，拜父母於堂上，饗祖宗於地下，納室生子，思以繼續宗祀。上則供賦税，下則守禮法，仰以事其父母，俯以畜其妻子，此所謂出幽谷而遷喬木也。報本之道，舍是何以哉？」僧默然良久，曰：「秀才言是也，恨年老不能從學耳。」咨嗟嘆息，以杖擊地者久之。

洪武三十年丁丑，先生年二十二歲。勸兄弟勿析居。

先生兄弟六人，長竑，次翊，次先生，次竚，次靖，次昱。間有欲析居者，先生作書勸之。詳見《夜行燭》。其略云：「兄弟天合，夫婦人合。今有兄弟分居，未聞夫婦分居者，是踈天合而親人合也。非惑與？」因作詩使童子誦之。詩曰：「堪嘆今人這樣愚，親親兄弟各分居。陳褒畜犬猶知義，何乃爲人反不如。」又曰：「舉世誰親兄弟親，原從一氣上分身。今人各自私妻子，不認同胞共乳人。」

洪武三十有一年戊寅，先生年二十三歲。勸族人勿用堪輿術。

有欲用風水營葬者，先生力詆其非，以詩諷之曰：「葬家風水果何由？舉世滔滔苦信求。我道如依風水說，陰陽箇箇做王侯。」

洪武三十有二年己卯，建文元年。先生年二十四歲。勸父勿賽神。

是歲，先生父從里中約，當宰社，先生至，不進飲食，勸止之。且言：「賽神無益，設有利害，願以身當之。」所陳天道人事最詳。大要言：行神賽，從人欲也。罷神賽，從天理也。聖賢千言萬語，只是遏人欲、明天理而已，言甚痛切，從之。

洪武三十有三年庚辰，建文二年。先生年二十五歲。被盜，不訟。

先生二絹置書舍，失之，同舍愕然。先生曰：「人失人得，不足介意。」同舍曰：「訟之，某盜某見也。」先生曰：「訟則其人一生復何自立？二絹微物，而壞人行止，不可。」

○子琇生。○六月六日戌時也，字如玉。最賢，言動綽有父風。霍、蒲喪葬，不用浮屠，率請如玉相禮。父母歿，與弟良玉廬墓。屢舉賢良方正孝行，皆不就。撫育季弟美玉，友愛切至。

洪武三十有四年辛巳，建文三年。先生年二十六歲。攝澠儒學事。

○逮繫縣獄。○時部使者照刷文卷，以前官卷案不如式，罣誤下獄。先生處之泰然，作詩自遣。有云：「仰天心無愧，俯地意不慚。」未幾而白。

洪武三十有五年壬午，建文四年。先生年二十七歲。請毀淫祠。

時澠淫祠過多，先生上書請毀之。邑令楊某者從其言，即令先生躬詣四鄉，監毀百餘所。爲設里社、里穀壇，使民祈報焉。惟存夏禹、雷公二廟而已。

永樂元年癸未，先生年二十八歲。說《中庸》，庠師悅服之。

有庠師初蒞任，命諸生講《中庸》。聞先生發明親切，條分縷析，無不中理，大驚異。翌日，延至家，執其手曰：「公真秀才也！用何工夫至此？我輩止於記誦文辭，涉獵科目耳，未聞講論精微到此地位者。」先生博學精研，嘗曰：「儒書不博觀，無以探其本末源委之真；異典不涉獵，無以鑒其似是實非之的。」故能講説詳明正大，非俗儒所及。

○子珮生。○正月二十八日子時也，字用玉。性慷慨，能幹，先生以家事委之。

永樂二年甲申，先生年二十九歲。寢疾，拒用巫覡。

○先生疾，家人禱諸鬼神，巫覡以禳之，又以秤稱衣，名曰「取魂」。先生曰：「禍非禳而去，福非禱而至。且人生陰魄陽魂，未嘗相離，譬則形影然。魂氣上升，魄氣下降，魂魄離則死矣。豈有取魂、招魄之理？」巫覡問至疾所，曰：「秀才西王神祟之。」先生曰：「西王何神？」曰：「主生死神也。」先生曰：「爾本無知，妄言禍福。西王是夏禹，平水土，有天下。後人思其功德，立廟城西，俗呼西王爾。王在當時，見罪人，下車而泣。我一書生，何罪之有？」巫曰：「强秀才不信鬼神，終當至死。」先生曰：「吾平生事親事兄未嘗違禮，處家處鄉未嘗越分，無得罪神明者。孔子曰：『丘之禱久矣。』今者疾乃天行之數，人所不免，非鬼神有意害我也。古者異行有誅，異言有禁，今法律亦有師巫邪術之罪。汝輩男女混雜，瀆亂倫理，陽奉神，陰圖財，誑世惑衆，傷風敗俗，罪莫大焉！」巫覡懼服。後先生疾瘥。父兄欲以牲祭天，先生扶杖起，跪曰：「敬鬼神而遠之，可也。何必褻瀆爲？惑於邪説，溺於流俗，聖賢之罪人也。」固止之。

永樂三年乙酉，先生年三十歲。應鄉試，不第。

先生未第，人歸罪造物，先生曰：「學問未充，造物何關？」益勤苦無厭。時直指使按臨，詢諸生賢否，皆推重先生勤學篤孝。嘗作《永思堂記》，直指使覽而異之，曰：「古者劉蕡下第，同類恥之。此人庶幾焉。」諭其父兄，蠲徭役。

永樂四年丙戌，先生年三十一歲。《家規輯略》成。

先生取義門《鄭氏家規》九十餘條，自撰六

十餘條，編爲十有四篇，命曰《家規輯略》。白其父，令子弟誦習而守之。序略云：「國有國法，家有家法，人事之常也。治國無法則不能治其國，治家無法則不能治其家。譬則爲方圓者不可以無規矩，爲平直者不可以無準繩。是故善治國家者，必先立法以垂其後。自今觀之，江南第一家義門鄭氏，合千餘口而一家，歷千餘歲而一日，以其賢祖宗立法之嚴，賢子孫守法之謹而致然也。」

○勸彭、鄭二先生勿赴水陸會。○按《拙巢鳴》先生上二先生書云：「切見僧不爲道醮而廢齋，道不爲僧齋而廢醮，是彼各知自重也。爲儒家者，祖天地，宗帝王，師周、孔，將以正人心，扶世道，反爲齋醮而廢禮，是自輕耳。寧無愧乎？且吾儒家之禮，原出於天地，制成於帝王，自周公而上作之者非一人，自周公而下明之者亦非一人矣。具載五經、四書，詳且備焉。彼釋迦、老聃之書，本無齋醮之論，而梁武、宋徽之君，妄爲齋醮之説，故武餓死臺城而徽流落金虜。本欲求福，反爲得禍，奈何世不知戒？踵繆成俗。言至於此，甚可痛也！故朱子曰：『這些邪見，壞世間多少好人，破却世間多少好事。』誠如是言。伏惟先生爲斯文之宗主，其於繼往聖，開來學，正人心，息邪説，存之素矣。茲有僧佯修善事，擅聚邑人，男女混雜，晝夜留連，甚非禮也。端愧無道以正群心，而竊有望於先生也。輒忘固陋，僭申狂愚，冀先生聽之，距其事，俾邑人好怪者不得借爲口實，以蠱人心，則斯文幸甚！風俗幸甚！」二公從之。

永樂五年丁亥，先生年三十二歲。初建家

祠成。

初，曹氏祖父從流俗，事淫祠，先生白父請建祠堂，依《文公家禮》以奉先世神主。置祭田二十畝，祭帛取諸蠶桑，爲籍印識，使子孫奉行焉。

○《男女訓誡辭》成。○見《家規輯略》。

○赴垣曲省祖墓。○高祖慶，曾祖仲和，丘壟在焉。

○子琰生。○八月九日午時也，字廷玉。天性淳篤無僞。

永樂六年戊子，先生年三十三歲。春三月，《夜行燭》成。

先生此書，蓋取「夜行以燭」之義，以告其父者。書凡十有五篇，首陳善惡禍福之由，繼以保身正家之要，其間明禮却俗，闡道闢邪，訓子孫，友兄弟，睦宗族，和鄉里，嘉言善行，無所不備。其所以閑先聖之道，破愚俗之見，正人心以息邪説者，誠大有所關也。書成，命曰《夜行燭》。父嘉納而力行之。

○秋八月，舉於鄉。

翰林博士馬巨江、訓導李居恭所取也，名在第二，爲《詩經》魁。

○有司表其里，曰「端士里」。

其里本名窟陀，有司察先生言行端正，見道不惑，復以文學魁鄉，故易之。有司吴公，名友信，湖廣人。

永樂七年己丑，先生年三十四歲。春二月，會試南宫，登乙榜第一。○夏四月，授山西霍州儒學學正。

同列以先生才高，典教鐸恐不樂，先生曰：「不然。某於道未有所得，今得是除，喜其温故尚可知新，庶幾深造於道。《書》曰：『惟斆學半，念終始，典於學。』是言斆與學，各有得也。」

○與白雲先生同升講席。霍人李德，字紹賢，白雲其號也。先庠師乏員，請爲賓師。聞先生除，謂諸生曰：「聞新博士年妙才高，我當早退。」即日辭去。先生至，命諸生請同升講席。相與答問論辨，久而愈敬。白雲語諸生曰：「學不厭，教不倦，不遷怒，不貳過，不挾長，不挾貴，曹先生之盛德也。其知古今之宜，達事變之節，尊所聞，行所知，區區莫能及之。倡明道學，繼往開來，必先生也。古人云『經師易得，人師難逢』，今得人師矣，可不自勉！」由是諸生竦動，四方聞風來學者，雲擁川至，文風大振晉陽間矣。

永樂八年庚寅，先生年三十五歲。霍州饑，輒分俸濟諸生之貧者，又勸守發倉賑貧民，郡中多賴之。

○資助滇南官之任。○時有官任滇南，途次霍，凍餒不能行。先生惻然，解衣衣之，備給其餱粮路費。諸生感化，多有資助之者。

○代養邢清母。○貢士邢清赴太學，憂母老闕養，言輒泣下。先生曰：「汝第往勿慮，吾爲若養之。」先生夫人尤加厚待。三年歸省，母子感激不已。邢官歷縣尹，未嘗一日不念先生之德。

○赴曲沃省祖墓。

○子瑮生。○二月二十四日酉時也，字良玉。性穎悟，强記過人，善屬文，能詩，熟於舉業，以繼述自期。父母歿，與兄如玉廬墓。後官渭源縣尹。

永樂九年辛卯，先生年三十六歲。迎親就養。

○治同僚喪。○司訓張睿，遂平人，以疾終。母老子幼，先生爲主其喪，備棺槨，卜葬地，一依《文公家禮》。後歸葬，復資給周備，遣人護送，祀墓而還。

○霍州門人秦昭登鄉試第一。○霍庠高弟也。於先生講論，始疑之，終悦之。《四書詳説》由所請而成。

○是歲，自稱「古愚子」。

永樂十年壬辰，先生年三十七歲。建義祠成。

先生父幼孤，出贅邵氏，資教養焉。邵氏無後，故別立義祠祀之，亦義起也。○初，邵氏與曹氏合祀一祠，其位次，曹居右，邵居左，承父志也。今別建祠分祀，以正經制焉。

○汾西范琮來學。○琮父約，太僕丞。聞先生倡明道學，遣子從學。後登永樂乙未進士，官庶吉士。

○樵者從化。○時霍州有樵者，鬻薪獲米，誤得金釵，明日還其主。或曰：「辛苦得釵，何輕也？」樵者曰：「曹郡博，有道人也。以有道者倡教吾霍，可不知化乎？」先生聞之曰：「十室之邑，必有忠信。」訪其姓名，入郡志。

永樂十有一年癸巳，先生年三十八歲。建養素堂。

○西蜀張澍、張浩來學。○資縣人，父鑑，禮部員外郎。聞先生倡道於霍，遣二子來學。澍蚤卒。浩登宣德庚戌乙科。

○客死於道者，捐財葬之。

先生間出霍城西，有中暑而死者，不知何許人，居汾西，鬻薪於霍，其妻抱子哭其傍。先生問焉，對曰：「夫婦遠離鄉土，以賣柴爲生。今死於道，夫何能葬？妾何能歸乎？」欲鬻其子。先生固止，令取蓆藁葬之，又以布二疋給其婦。婦謝曰：「非逢仁人，吾母子相繼而死。」

永樂十有二年甲午，先生年三十九歲。二親歸澠池。

○保定王綱來學。○祁州人，父坦，官給事中。聞先生風，遣子就學，後中乙科。

○參政張公以「廉静」贈之。

○張公臨霍，察先生學行卓異，執其手曰：「今日乃知曹正夫也。」大書「廉静」二字贈之。當時稱廉静先生者，本此。

○霍州門人郭晟等中鄉舉，六人。

永樂十有三年乙未，先生年四十歲。汾西仇鎮來學。

○鎮字仲威，父益，浙江按察使，聞先生傳伊洛之學，遣鎮來學。中乙科，官至膠州知州。

○霍人撤淫祠者數家。服先生之教，舉行家禮。

○誕辰，不受賀。

先生嘗曰：「夫生日者，父憂母苦之日也。人子親在，則當設酒殽，拜父母；親殁，宜倍恭祠堂，終日哀慕。子在親殁，安忍召賓客作樂乎？唐太宗生日不受章奏，況其下者哉？」

永樂十有四年丙申，先生年四十一歲。赴曲沃及垣曲省墓。

○還澠池省親。

先生至家，言語謙和，禮貌恭肅。出入不騎乘，溫溫恂恂，未嘗以賢知先人。鄉黨姻戚相謂曰：「異常人遠矣！」

○高文質速化。○霍州鄉貢士文昌之兄也。與同輩觀樂，中途返，曰：「此行曹先生得無知乎？如知，何面目相見？縱不知，終當自愧。」不往。歸，謂人曰：「觀曹先生書籍，聽曹先生説話，饑可以忘食，寒可以忘衣，可輕其身從流俗乎？」

永樂十有五年丁酉，先生年四十二歲。山西請爲執事。

○誡子孫安分。

先生嘗謂子孫曰：「人之處世，貴乎守己安分。夫安則無人欲陷溺之危，守則無亡身敗家之失。即此便不貧窮，即此便是富貴。不可奸狡取便宜也。」因作詩以諭之云：「越奸越狡越貧窮，奸狡原來天不容。富貴若從奸狡得，世間癡漢吸西風。」

○孫鐸生。○如玉子。

○霍州門人劉勝等中鄉舉，五人。

永樂十有六年戊戌，先生年四十三歲。

春正月，母邵氏卒。奔喪澠池。既窆，廬於墓所。二十有四日訃至，被髮跣足，號泣不輟，明日遂行。水漿不入口者三日。途中苦塊水飲，見者洒涕。徒步抵家，形容憔悴，柴毀骨立，杖而後起。吊祭者哭迎，哭送，無少怠。喪葬一如《文公家禮》，不狥風水齋醮，四方觀者幾千人。既葬，廬於墓所，不食菜果鹽醯，負土成丘，植栢成林。靈雀巢於樹，雉兔狎遊其間，鄉黨異之。

○冬十有一月，先生父亦卒。

是月初十日也。喪葬一如前。倚廬墓所，四方學者愈衆。有司旌之，先生辭曰：「人子當爲事，非有加也。第恐力行未至，遺笑耳，敢希名高乎！」

永樂十有七年己亥，先生年四十四歲。廬於墓所。

○新安游藝來學。○字文博。丁酉鄉貢士，春闈不第，就墓次而稟學焉。

○闢邢端修五嶽廟。

大使邢端重修五嶽廟成，請先生撰告文。

先生辭而闢之。大略言：「天子祭天地及天下名山大川，諸侯祭境内山川，大夫祭五祀，士、庶人祭其祖先，此定分也。所謂五嶽，諸侯亦不得合祭。東嶽泰山在魯封内，惟魯侯得以祭之。西嶽華山在秦封内，惟秦伯得以祭之。南嶽衡山在楚封内，惟楚子得以祭之。北嶽恒山在齊封内，惟齊侯得以祭之。中嶽嵩山在鄭封内，惟鄭伯得以祭之。今官不至侯、伯，職不比子、男，乃合五嶽兼祭之，僭分越禮，莫此爲甚。」言最激切，端慚謝。

永樂十有八年庚子，先生年四十五歲，廬於墓所。

○霍州諸生詣闕疏請先生復任。

先生制未闋，諸生思其德，故有此請。吏部以制未終，不報。朝廷由是知名。

○友人設齋醮，請先生祖先姓名奉之，先生隱其姓名，不赴。

澠池有仕而家居者，命羽流設醮、僧流設齋，請先生三代名字供奉，亦敬賢之誠意也。先生答以偶忘其名字爾。再三請求，終不赴。異日，其人猶不樂。先生曰：「佛本無設齋之説，梁武帝始啟之，其後餓死臺城。老氏本無設醮之説，宋徽宗始啟之，其後困死金虜。欲求冥福，乃得實禍，覆轍可鑒也！」其人又不然。先生曰：「渠假棒頭之威，取不義之財，不能修省，諂求鬼神，己不循禮，而又誣他人。吾家自上世以來，皆尚清白，安貧賤，是以不赴也。」其人大慚。後語人曰：「曹公之言是也，吾終自惶恐。」

○戴振來學。○字文舉，澠庠生，稟學墓次中。是年鄉舉，官懷仁縣尹。今入鄉賢。

永樂十有九年辛丑，先生年四十六歲。廬於

墓所。

○三月服闋。○夏，赴河南府，折群吏不信鬼神之問。先生至府，群吏素聞先生名，未識其面，聚觀之，問曰：「舉世崇信鬼神，先生獨不事，何也？」先生曰：「且如府太守清廉，列郡畏服，有人執金帛，導以金鼓，欲賂太守免差税，如何？」群吏愕然曰：「如此將討死。」先生曰：「今人諂求鬼神，使神而果神耶？亦將討死。使非其人，安用事爲？設一人犯盜，一人殺人，上司追求至緊，二人各挾珍寶，暮夜請求免罪，太守可受而放之乎？今人不務爲善，臣不忠，子不孝，弟不遜，婦不順，積惡有罪，天理不容。乃諂媚鬼神，倖求非望，在鄉廣建淫祠，惑誘鄉人；在家裝圖神像，朝夕奉獻。苟無災禍，曰『事神所致也』，苟或不免，曰『所事不恭也』。惟知倚於鬼神，而修身爲善，初不暇計。神本正直，安受人間枉法乎？」群吏嘆服不已。

○秋，赴京師。先生内外艱既除，赴吏部試，以「包茅三傑」、「諸葛孔明有儒者氣象」等題，甚嘉獎之，出示同事者爲矜式。

永樂二十年壬寅，先生年四十七歲。

○春，補蒲州儒學學正。○司訓周先生曰：「曹正夫，有道君子也。學博行高，有古人風，其接引後學，即胡安定亦不過此。」

○修治學垣，不避太歲。○時蒲學垣傾圮，先生命工修築。門人某曰：「太歲在東，未可修理。」先生曰：「東家之西，乃西家之東。太歲何在？爾欲避之乎？夫太歲，天上歲星也，豈人間家家户户皆有一太歲耶？」命亟修之。

○修理公廨，不避土旺。

先生修理公廨，有言土旺者。先生曰：「旺土不用，反用衰土乎？且土旺不動土，水日不飲水乎？火日不吹火乎？金日不煉金乎？木日不析薪乎？五行在天地間，木旺於春七十二日，火旺於夏七十二日，金旺於秋七十二日，水旺於冬七十二日。惟土無專氣，無定位，故四季之末，各旺一十八日，四季總得七十二日，是五行各旺七十二日，而成一歲功也。五行一理而已，土旺猶金、木、水、火之旺也。今於金、木、水、火之旺皆不畏避，獨於土旺深避之，何惑之甚也！」聞者嘆服。

○同僚友劉、周二先生，避暑僧舍，論坐次。時送門人張翼喪，暑氣方熾，過僧舍避之。謝琚背佛像設座，先生曰：「只東西列坐。」二先生問其故，先生曰：「昔程伊川遊僧舍，一後生置座背佛像設之，亦如謝生也。伊川令列坐，門人問曰：『先生平日闢佛、老，今何敬也？』伊川曰：『平日所闢者，道也；今日所敬者，人也。且佛亦人耳，想在當時，亦賢於衆人者，故闢其道而敬其人。』」二先生嘆服。

○謝琚尊教闢邪。○琚，字德潤，先生高弟。琚在齠齓時，家有淫祀神像及佛、老書，亦嘗尊信之。弱冠，先生典教蒲庠，一見悦之，與語斯道，始知淫祠像宜毁，佛、老書宜棄，悉取其像與書火之。惟先生之教是尊是信。先生嘗以「勇於從善，見義敢爲」稱之。

○馮祥從化。○祥，字文禎，蒲人。聞先生明正道，距邪説，毁淫祀，行家禮，以身爲教，奮然從之，踐履篤行，惟恐不及。

○哀張縉喪。○先生蒞任數日，門人張縉卒。

乃率諸生吊，再拜。同列曰：「過禮也。」先生曰：「師生原有答拜之禮，何過之有？」

○謁二賢祠。○二賢，伯夷、叔齊也。蒲州二賢鄉，首陽山在焉。上有祠墓，先生過而謁之。有詩曰：「夷齊氣完天地塞，夷齊性全天地帥。真箇富貴不能淫，真箇威武不能折。遜國逃兮諫伐餓，千古孰能比清節。首陽埋骨化塵埃，宇宙聲光昭日月。兩丘土近三千年，猶自森森列貞栢。栢兮栢兮參天青，歲寒幾度經霜雪。還有二子在時心，肯隨桃李媚春色。首陽山下知德多，世世蒸嘗永不絶。」

○鄉貢士衡政、史彬、楊珪、張福來學。

○蒲人撤淫祀者數家。

永樂二十有一年癸卯，先生年四十八歲。

○樊先生揖梓潼，先生正言誨之。

先生間遊萬泉，偕樊先生行，過梓潼祠。樊先生肅揖，先生曰：「何諂也？」樊先生曰：「斯文宗主，不可不敬。」先生曰：「梓潼主斯文，孔子主何事？」

○諸生有繼母訟其不孝者，以道諭之。

諸生有繼母誣其不孝，告之。先生鳴鼓召諸生，曰：「爾有母不能善事，豈非過歟？」生以「繼母不慈，誣訟」爲對。先生曰：「天下無不是的父母。王祥卧冰，伯奇履霜，閔損單衣，薛包洒掃，事繼母也。以繼母而不肯敬事，視爾父爲何人？愛親者不敢惡於人，敬親者不敢慢於人，況繼母乎？吾早失怙恃，不得終身奉養，追慕何能及？」因流涕不已。諸生感激垂淚，不能仰視。由是母子悔過而歸。

○營史璘葬事。○璘，門人中號穎悟者。先生爲主其喪。以儒禮葬之，挽辭深以斯文不幸爲惜。

○諸生有欲作佛事葬親者，以道正之。諸生有親死，欲作佛事。先生責之曰：「僧死不用道，道死不用僧。儒家讀周、孔書，死而用釋、老之薦，豈非惑歟！」生曰：「超度父母，人子悲切之至情。」先生曰：「親死而禱浮屠，是不以親爲君子，而爲積惡有罪之小人也。何待其親之不厚哉？借使親實積惡有罪，豈賂浮屠所能免？」生曰：「舉世皆然，不信佛事，則以爲不慈不孝，恐致鄉人非謗。」先生曰：「一鄉溺於流俗，是不讀書的人。子讀儒書，明儒禮，不以違禮爲非，而以違俗爲非，可謂執德信道之士乎？一鄉皆然，子能特立獨行，卓然不爲流俗所染，舉行周、孔之禮，則鄉人孰不轉謗爲譽而矜式哉？」因命子如玉與王惠相之，一依《文公家禮》。境内士大夫聞風，相率觀禮。約曰：「喪葬以禮，祭祀以時，毋爲曹氏之罪人。得罪曹先生，則得罪聖賢矣。各當自勉！」

○主僚友喪。○時訓導周敏，河南新野人，在京師，其妻適卒。先生爲主其喪，二子欲用浮屠，先生曰：「彼圖衣食，瀆亂天理，果何益於死者乎？其以禮葬之毋惑！」其妾不肯服衰，先生責以大義，逼服之。周歸大悦，曰：「篤朋友之義，嚴妻妾之分，斥釋、老之教，一舉而三善備焉。」

○復謁二賢祠。

○霍州門人高彧等中鄉舉，四人。

○蒲州門人謝琚等中鄉舉，十人。

永樂二十有二年甲辰，先生年四十九歲。

○白水劉贇來學。○字德秀，鄉貢士也。會試不第，聞先生之風而來學。

○西安知府郭晟問政，先生以「公廉」告之。晟，字巨成，霍州高弟，擢西安府同知，道蒲而問政。先生答曰：「其公廉乎！古人云：『吏不畏吾嚴而畏吾廉；民不服吾能而服吾公。』公則民不敢慢，廉則民不敢欺。」郭公佩其言，歷九載，以公廉稱，後兵部尚書王公某薦爲西安知府。

○醫療王鑑母。○太學生王鑑母李氏，夏四月患癱疽，家貧不能醫。先生爲之請醫士楊深胗視月餘，其疾愈。鑑曰：「不惟活我母於瀕危之際，即今日膺貢於京，得以齒儁造列譽髦，皆其惠也。」

○門人有欲從淫祀者，先生以大義責之。諸生某，其母詣解州壽亭侯社，請隨行。先生鳴鼓召諸生，曰：「妄行淫祀，諂求鬼神，非吾徒也。」生曰：「母心欲之。」先生曰：「汝平日但少諭父母以道之義爾。汝母離閨門，從淫祀，當明大義，以死諫之。既不能諫，又從而助之，可謂孝乎？孔子曰：『父有諍子，則身不陷於不義。』」生曰：「時關、陝、江、浙不遠千里赴會，何獨愚生？」先生曰：「彼無知之人，不知禮而妄行者。汝業儒有年，詎可混同流俗乎？且關雲長剛明正直，無少私曲，生爲侯王，死爲明神，安肯饗民間婦女褻瀆哉？不然，是貪饕飲食之鬼，非所以爲關王也。且雲長有功於蜀，蜀人祀之，宜也；天下祀之，非宜也。荆州祀之，宜也；他郡祀之，非宜也。解州祀之，宜也；蒲州祀之，非宜也。守土祀之，宜也；民間祀之，非宜也。聖朝祀典，古今忠臣烈士，春秋祭祀，各有名分。府得祭者，州不敢與；州得祭者，縣不敢與。況民間乎？況婦女乎？於古則違禮，於今則違法，而以阿意曲從，越禮犯分爲事，可謂讀書學禮人乎？《禮》曰：『婦人無故不出閨門。』又曰：『婦人不下堂送客。』又曰：『婦人既嫁，不百里奔喪。』今汝母不然，出閨門矣，下堂矣，出百里矣，猶不當諍，謂之孝，可乎？」其人愧謝不往。

○冬，報政，因還澠池省先塋，改葬弟昱。

先是，昱卒，家人拘於禁忌，葬不備禮。先生爲改葬之，素服九日，不飲酒食肉。

○凡考妣忌日，終日哀慕，未嘗飲食言笑，接見賓客，倍恭祠堂而已。○凡九族之喪，先生聞訃，必依制行之，素服素食，未嘗少間。

洪熙元年乙巳，先生年五十歲。

○春，先生考績吏部，霍、蒲二州學者上章争留之。復補霍州儒學學正。

時霍、蒲諸生謀曰：「胡安定教授蘇、湖，人才濟濟，咸稱師道得人。今月川先生興學育才，傳道受業，賢於蘇、湖遠甚，豈可失之？」各走詣闕，上章求先生。時以霍奏先至，遂補霍州。

○謁司馬文正公祠。

○河間趙本來學。○字致用，寧津人，登乙科進士。

○拙巢成。○先生所築臺屋以「拙巢」名，志謙也。薛文清公官大理少卿，時爲之記曰：「自七情熾而混沌鑿，人之横奔兢騖者，非私智無所爲尚，由是巧僞日滋，而斯道日隱矣。濂溪周元公，挺生南服，悼末流之若兹，一刮群巧，作《拙賦》以見意。當時豪傑若程若張，相與翕然尊尚之，而斯道大明。嗚呼盛哉！廣文曹均正夫，世家河南之澠池，自少讀書，即有求道之志，遂由關洛以上遡濂溪，因以「拙巢」名其讀書之室，蓋取元公賦意以自勉也。其後均名薦書，典郡鐸，所至必以是扁其寓室，以示不忘其初之志。今年秋，均自蒲庠來河津，因語以名巢之意，且屬余記。余謂：『頽乎順處，不撓其初，不汩其和，使大本完而七情節，此衆所謂迂僻遲鈍而拙於事者也。抑不知順事厥天，不以小智害之，而可爲終身之安宅也。舞智籠物，騁詐軋人，機變層出，莫測端倪，此衆所謂辨敏儇捷而工於計者也。然詐窮智屈，自嬰其弊，豈可一朝安其身哉？今曹均慕元公之學，而以拙名巢，其可謂能擇所處而知所戒矣。則其進道之心，又何窮極哉？雖然，余亦拙者徒也，他日儻獲登均之巢，尚當闢混沌以廣均之居室，疏七情以通均之户牖，與均舉酒而誦元公之賦，已而忘言相對，身巢兩忘，復不知巧拙爲何物也。是爲記。』」〇他日又題《拙巢詩》曰：「經營渾不擾靈虚，獨占瀟然太古居。四面好風吹户牖，滿天明月静琴書。心閑斗室渠渠大，望遠雲山點點踈。不是元公當日賦，可能相與化爲徒。」

宣德元年丙午，先生年五十一歲，《四書詳説》成。

凡三十六卷，永樂初《註解》已成，今序之，其略云：「永樂中，端正霍學，爲諸生説四書，一尊朱子成説。先舉一章大旨，而後分經以布其註，衍義以詳其説。然其間朱子以爲易曉而不盡釋者，初學之士或難之，端用父師先正成説之精當者補之，將以盡詳約而便初學焉。時秦解元輩，遂好録而傳誦之。暨端終制，起調蒲州學，蒲中士大夫又已傳之矣。端見而驚且懼，竊欲放許魯齋先生故事，收而火之，不可得矣。乃取一、二册校之，脱誤不勝枚舉。至洪熙改元，霍州奏保復任，得諸生所藏之説，比之外傳，差少脱誤，遂從而正之，越月方畢。夫四書者，孔、曾、思、孟之書，所以發六經之精義，明千聖之心法也。語其要，分之則《論語》曰仁，《大學》曰敬，《中庸》曰誠，《孟子》曰仁義。合之則帝王精一執中之旨而已矣。蓋載道之器，亦聖心之糟粕也。始則靠之以尋道，終當棄之以尋真，不可徒誦說焉。」

○典試陝西。○得儁許璞等三十人。

先生初至，與同列語曰：「取士要在公平，譬如蓋屋，用一朽木，必棄一良材。」間有以書干謁者，先生辭以詩曰：「天道原來秉至公，受天明命列人中。掄材若不依天道，王法雖容天不容。」其人慚愧，至是無復以書干之者。

○試院與同列論太極。

先生在試院，有同列言「先有無極，而後有太極」者。先生曰：「只此一句，便見所見之差，流於老莊之說，如此則於不相離之言，實不相蒙。與老子『道生一』而後生二，莊子『道在太極之先』之說同歸於謬，豈周子之意哉？夫周子所謂『無極而太極』，無謂無形象，無聲氣，無方所；『極』謂至極，理之別名也。太者，大無以加之謂。天地間凡有形象、聲氣、方所者，皆不甚大，如此極者，雖無聲氣，而有形象、方所焉。惟理則無形象之可見，無聲氣之可聞，無方所之可指，而實充塞天地，貫徹古今，大孰加焉？故周子言『無極而太極』，是言無極之中，而有至極之理。朱子曰：『上天之載，無聲無臭，而實爲造化之樞紐，品彙之根抵也。』」同列見其發明詳盡，豁然有悟。

○赴澠池省先塋。○校藝而迴。

○蒲州門人荆恭等中鄉舉，二人。

宣德二年丁未，先生年五十二歲。

○《通書述解》成。○門人請解之。既成，四方學者爭先傳誦。其篇中論孔、顔之樂，有云：「周子每令程子尋仲尼、顔子樂處，所樂何事，欲學者深思而實體之，不可但以言語解會而已。今端竊謂孔、顔之樂者，仁也，非是樂這仁，仁中自有其樂耳。且孔子安仁，而樂在其中。顔子不違仁，而不改其樂。安仁者，天然自有之仁；而樂在其中者，天然自有之樂也。不違仁者，守之之仁；而不改其樂者，守之之樂也。《語》曰『仁者不憂』，不憂，非樂而何？周、程、朱子不直説破，欲學者自得之。」

○太原彭延年、考城樊希文來學。

延年父彭宗古，先生師也。延年中癸卯鄉試，至是承父命而來。希文父官山西參政，遣子來學。

○冬十月朔，鄉飲，與鄉老解明倫之義。

衆賓請曰：「天下學校，皆榜明倫，敢請其義？」先生曰：「明倫者，申明五常之道以教人也。人倫有五：君臣有義、父子有親、夫婦有序、長幼有別、朋友有信是也。孟子曰『人倫明於上，小民親於下』，蓋謂此耳。師以是教，弟子以是學，詎止讀書作文取功名乎？」明日，取文公小學明倫事語，大書東西壁間，俾有所觀感而興起云。復撰《明倫堂記》榜於上。

○子璐生。○十有一月亥時也。字美玉，方數歲，隨先生宴，州大夫賜果，有告以地下包者，對曰：「如何有地下？只天下地上。」滿座驚異，因號爲「地上童子」。

○撰《童子箴》。

先生因人以「地上童子」稱其子，作箴勉之

曰：「敦威儀，慎行止。正心術，保身體。孝父母，友兄弟。睦宗族，和鄉里。遠小人，親君子。事誠明，一終始。不他求，得於此。」

宣德三年戊申，先生年五十三歲。

○春三月，《太極圖述解》成。

其序略云：「太極者，象數未形、其理已具之稱，形器已具而其理無朕之目。是生兩儀，則太極固太極，兩儀生四象，則兩儀爲太極；四象生八卦，則四象爲太極。推而至於六十四卦，生之者皆太極焉。蓋孔子而後，論太極者皆以氣言，老子『道生一』而後乃生二，莊子師之，曰『道在太極之先』。曰一、曰太極，皆指作天、地、人三者形氣已具而混淪未判之名。道爲一之母，在太極之先，而不知道即太極，太極即道。以通行而言，則曰道；以極致而言，則曰極；以不雜而言，則曰一。夫豈有二耶？《列子》『混淪』之云，《漢志》『含三爲一』之説，所指皆同。微周子啟千載不傳之秘，則孰知太極之爲理而非氣也哉？且理語不能顯，默不能藏，固非圖之可形，説之可狀，只心會之何如耳。二程得周子之圖之説，而終身不以示人，非秘之無可傳之人也。是後有增周説首句曰『自無極而爲太極』，則亦老、莊之流；有謂『太極上不當加無極二字』者，則又不知周子『理不離乎陰陽、不雜乎陰陽之旨矣。亦惟朱子克究厥旨，遂尊以爲經而註解之，真至當歸一之説也。至於《語録》，或出講究未定之前，或出應答倉卒之際，百得之中，不無一失，非朱子之成書也。近世儒者多不之講，間有講焉，非舍朱説而用他説，則信《語録》而疑註解，所謂『棄良玉而取頑石，掇碎鐵而擲成器』，良可惜也！端弱冠業儒，漸脱流俗，放異端。自强而後，因故所學而潛心玩理，竊患爲成書病如前所云者，乃於講授之餘，大書周説而分布朱解。倘朱解之中有未易曉者，輒以所聞釋之，名曰《述解》，後附以《氣化》、《形化》、《死生》、《輪迴》、《辨戾》詩、讚文，以俟夫同志。」

○《氣化》詩：太一分兮作兩儀，陰陽變合化工施。生人生物都無種，此是乾坤氣化時。

○《形化》詩：乾坤氣化既成形，男女雌雄牝牡名。自是生生有形化，其中氣化自流行。

○《死生》詩：陰陽二氣聚時生，到底陰陽散時死。生死陰陽聚散爲，古今造化只如此。

○《輪迴》詩：空家不解死生由，妄説輪迴亂大猷。不有天民先覺老，孰開我後繼前修。

○《太極圖説讚》：

「濂溪夫子，卓乎先覺。上承洙泗，下開河洛。建圖立説，理明辭約。示我廣居，抽關啟鑰。有條有要，有本有末。斂歸一心，放彌六合。月白風清，鳶飛魚躍。舜、禹得之，崇高卑若。孔、顔得之，困極而樂。舍此而爲，異端俗學。造端之初，胡不思度？毫釐之差，千里之錯。」

○《太極辨戾》文略云：「先賢之解《太極圖説》，固將以發明周子之微辭，用釋後生之疑惑，然而有人各一説者焉，有一人之説而自相齟齬者焉。且周子謂『太極動而生陽，静而生陰』，則陰陽之理，由乎太極之動静。而朱子之解極明備矣。其曰『有太極，則一動一静而兩儀分；有陰陽，則一變一合而五行具。』尤不異焉。又觀《語録》，却謂『太極不自會動静，乘陰陽之動静而動静』，遂謂『理之乘氣，猶人之乘馬，馬之一出一入，而人亦與之一出一入』。以喻氣之一動一静，而理亦與之一動一静。若然，則人爲死人，而不足爲萬物之靈；理爲死理，而不足爲萬物之原。理何足尚，而人何足貴哉？今有活人騎馬，則其出入、行止、疾徐，一由乎人馭之何如爾。活理亦然。不之察者，信此則疑彼矣，信彼則疑此矣。經年累歲，無所折衷。故爲《辨戾》，以告夫同志君子。」

○秋七月，《存疑録》成。

《序》二：「《存疑録》，録先知先覺之微辭奥義而存之，以釋疑焉而已矣。端自幼業農，弱而學儒，苦爲流俗異端所困。後數年方漸脱之、放之，而至於一正之歸，然尚爲科舉之學縻之。自强以來，潛心理學，初若駕孤舟而泛烟海，渺茫瀰漫，澒洞浩瀚，莫知涯涘，恍忽艱甚者久之。逮知命而後，方聞天下無性外之物，而性無不在焉。性即理也，理之别名曰太極，曰太乙，曰至誠，曰至善，曰大德，曰大中，隨意取名不同，而道則一而已。六經、四書之後，闡明開示，至當歸一之論，惟濂、洛、關、建大儒，真得孔、孟宗旨，傳帝王之心法，發天地之精藴。端竊尊之信之，而老拙於記，則日忘所能者多，而懼得罪於聖門焉。雖老且病，敢倦於勤？是以於講授之餘，信手録其説之萬一，首太極以闡造化之源，次陰陽以明造化之流，而後列其成象成形，有涯有涘，或動或静，在幽在明，之久之暫，之所以然與其所當然之故。及夫道統之傳，異端之辨，以實造化之理之氣之無窮，則吾道一以貫之無遺焉。故萬物之靈而曰人者，後天地生而知天地之始，先天地殁而知天地之終。然而在所録者，不能無重復。不在所録者，又豈無精要者？蓋無夫子刪述之筆焉。故爾尚冀有道而成人之美者，爲之節文焉。

○自稱「伊洛後學」。○伊洛之間，二程生焉。先生晚年見道分明，自稱「伊洛後學」，❶真可謂兄兩程之教而弟之矣。

○孫鑑生。○如玉之子。

宣德四年己酉，先生年五十四歲。

○中牟單信來學。

○《西銘述解》成。○因門人之請而成。《序》略云：「大意明理一而分殊。文公註之明且備焉，然學者或未得其説，端爲分經布註以解之。」

○秋八月，復典試陝西。○得儁惠温等，亦三十人。先生在試院，既定高下，束其卷，大書曰：「至公無私，鬼神鑑察。」藩臬大臣無不嘆服。同列王紹《送別》詩曰：「妍媸盡在文衡下，賢否難逃藻鑑明。」其爲當時推重如此。

○送別滻、灞，與門人論詩文。

○西安太守郭巨成暨謝琚相從於滻、灞之間，談詩馬上，郭曰：「古人云：『吟成五字句，用破一片心。』」琚曰：「古人云：『吟成五字句，心從天外歸。』」先生應曰：「可惜一片心，用在五字上。」蓋恐學者溺於詩文，不務義理，故發此。須臾曰：「古人文人自是文人，詩人自是詩人，儒者自是儒者。今人欲兼之，是以不能工也。賢輩文無求奇，詩無求巧，以奇巧而爲詩文，則必

❶「後」，原脱，據上文補。

穿鑿謬妄，而不得其實者多矣。不若平實簡淡爲可尚也。」

○詣澠池省墓。○校藝而迴。

○霍、蒲門人中鄉舉，共三人。○史濡、張義，霍人；王惠，蒲人也。

宣德五年庚戌，先生年五十五歲。

○秋七月，建頒書閣成。○凡聖朝所頒諸書，珍藏閣上，其下書太極、先天、後天等圖於四壁，而與四方來學者日講授於其中。至若《化龍圖》則有説，《函三爲一》則有辨焉。

○宗藩以識荆重先生。○晉定王道經霍州，獨留先生，喜曰：「某今日幸得識荆，願聆微言爾。」時先生疾，王以己服藥贈之。先生以詩謝，王賡其韻焉。

○冬十二月，《儒家宗統譜》成。

○其《序》略曰：「《儒家宗統譜》，是儒家之真源正派也。蓋真源乃天、地、人之所自出，正派乃皇、帝、王之所相承，所以參天地而立人極者焉。然其大目則曰三綱、曰五常，❶而其大要則曰一中而已。三皇儒而皇，五帝儒而帝，三王儒而王。皐、夔、稷、契、伊、傅、周、召儒而相，孔子儒而師，然則孔門，一帝王之教耳；帝王，一天地之道耳。儒家者，所以相天地，宗帝王，師聖賢。心，公天下萬世之心也；道，公天下萬世之道也。朱子謂：『釋氏出於自私之厭，老子出於自私之巧。』夫彼豈可與此同年而語哉？端固愚陋，恍然於源之真，派之正，似有見焉。於圖而譜之，用以存疑。然不敢自私，將俾願爲儒家之精到者一覽，知真源正派之所在，則亦庶乎迷津之

❶「常」，原作「帝」，形近而誤，今正。

一指云耳。」

○孫鋭生。○廷玉之子。

宣德六年辛亥，先生年五十六歲。

○作《月川圖詩》，因自號曰「月川子」，學者遂稱爲「月川先生」。

○先生得《太極圖》之精旨，故爲《川月交輝圖》喻其妙。其圖天上一月，川中九月，蓋取月映川水之意爾。其詩曰：「天月一輪映萬川，萬川各有月團圓。有時川竭爲平地，依舊一輪月在天。」起句喻統體之太極，承句喻各具之太極，轉句喻萬感之俱寂，合句喻一理之常存。畫圖於頒書閣下，日吟咏其間。其洞徹斯道之妙如此。

○邠州趙新二子來學。

○新爲户部侍郎，遣子宗善、宗吉來學。

○《性理論》成。○山西藩府委先生同沈侍御校郡邑士，半歲，爲忘勢交。凡經史疑難，性理奥旨，陰陽所以交代，天地所以高深，日月星辰所以照曜，雷風雨露所以興作，山川所以流峙，草木所以生長，問答至忘寢食，侍御無不嘉納。其於性理奥處，必欲先生立論明之。集成，侍御題其首曰《性理論》。

○山西藩臬不以屬禮待。

○先生道德聞望，素爲人所景仰。時按察司張公政憲體雖肅，而一見先生，甚與之款洽，不拘以屬禮，謂先生曰：「我編一賢人録，以先生居首。」因聯轡，馬上贈以詩曰：「景仰聲光久，相逢始有因。文章濂洛胄，德行閔顔鄰。心地明如月，襟懷蕩若春。圖書探討處，筆下豈無神。」既歸，欲薦先生，未幾而殁。

宣德七年壬子，先生年五十七歲。

○夏六月，《孝經述解》成。

○先生取唐玄宗、許魯齋二解，述其精當者，分經布註解之。其未瑩者，釋以己意，名曰《孝經述解》。序略云：「性有五常而仁爲首，仁兼萬善而孝爲先。蓋仁者，孝所由生；而孝者，仁所由行者也。是故君子莫大乎盡性，盡性莫大乎爲仁，爲仁莫大乎行孝。行孝之至，則推無不準，感無不通。」又曰：「孝云者，至德要道之總名也；經云者，持世立教之大典也。❶ 然則《孝經》者，其六經之精義奥旨歟！」

○八月，復典試陝西。○得儁趙俊等復三十人。

○試院與同列論配饗。

○先生謂：「先聖廟：曾點、顔路、伯魚，皆父也，坐於兩廡；顔子、曾子、子思，皆子也，坐於殿庭。」同列曰：「以傳道言。」先生曰：「道，何道也？既非老子之道，又非佛氏之道。儒家之道，不過明人倫而已。父坐廊廡之下，子坐殿庭之上，何在乎明人倫也？此唐家之謬，歷代踵而行之耳。」同列曰：「然則宜何如？」先生曰：「合於殿庭之東另設一祠，以孔子父叔梁紇居中，以顔路、曾點、伯魚敘坐左右，庶幾理當。」

○先生據經答疑難。

○先生典試將歸，西安太守顧公煜等送滻、灞之間，相從數十里，與先生談論，無不嘉納。因舉孟子「天時不如地利，地利不如人和」至「環而攻之」爲問。先生答曰：「朱子《集註》：『環，圍也。』言四面攻圍，曠日持久，必有値天時之善者。此天時不如地利也。趙岐古註：『環者，筮而用之，軍師

❶「持」，原作「出」，據四庫本改。

之名也。』按《周禮・春官・簭人》，❶『九曰巫環』。簭，音也。以簭環知吉凶也。環而攻之，筮而行之也。攻之則筮吉，故曰必有得天時者矣，得天時之吉，則必勝可也。雖得天時之吉，而不能克之者，非天時之吉不如地利之善乎？」

○又舉孟子「言無實不祥，不祥之實，蔽賢者當之」爲問。先生答曰：「只將無實之『實』作『賢』字讀便通。蓋世不絕聖，國不絕賢，故曰『十室之邑，必有忠信』。如孟子在齊，淳於髡言：『無賢者也，有則髡必識之』，本有言無以蔽之，是不祥也。故曰：『言無賢不祥。』蔽賢出於媢嫉之私，妨賢病國，私意横起，上不欲正其君，下不欲福其民，不祥之氣固已充溢於中矣。且天生賢人，以爲民也。彼違天而蔽賢，妨賢而病國，不祥孰甚焉？」歸，太守謂同列曰：「曹先生真道學！」

○赴澠池省墓。

○霍州門人米厥中鄉舉。

○孫欽生。○廷玉之子。

宣德八年癸丑，先生年五十八歲。

○春三月辛巳，夫人陳氏卒。

○二十八日也，享年五十有三，葬霍城東南二里許高氏之原。其子琇、璟廬墓。先生祭文略曰：「惟嬪敬我祖宗，孝我父母，和我宗族，慈我兒女。於我一身，豈曰小補！」

宣德九年甲寅，先生年五十九歲。

○夏六月丁丑，先生卒於霍。

○月朔之明日也。先是，州大夫入問疾，曰：「諸大夫能寬一分，則民受一分之賜，吾無遺恨矣。」諸生入問疾，曰：「賢輩尊所聞，

❶「人」，原脱，據《周禮・春官》補。

行所知，吾無遺患矣。」已而召諸子，語之曰：「吾平生不喜佛老，不悦齋醮，惡其害道亂正也。我死，爾曹當以我葬考妣之禮葬我，毋我污也。」諸子不勝欷歔。先生正衣冠而永訣矣。

○庚寅，葬霍城東。

○月之望日也。先生葬陳夫人於此，故就葬焉。子琇、璟廬於墓所。

○先生墓誌銘成。

○門人蒲坂謝琚誌先生墓，略云：「先生讀書，自朝至夕，手不停披；自暮達旦，心無外慕。冬不爐，夏不扇，不飲酒，不啜茶，蓋其性然也。既壯，博通五經，師聖友賢，履德身道，内不溺於章句文辭之習，外不惑於異端邪説之謬，卓然以斯道爲己任。登永樂戊子鄉試第二。明年試春官，中乙榜第一。釋褐，授霍州學正。始至，詢郡中有學行者，得李白雲，同升講席，久而愈敬。壬寅，調蒲州學正。始至，察境内有學行者，獲王士希。往來交遊，久而彌親。二州諸生無不悦服。其文風丕振，化雨弘敷，由先生而化者甚衆。四方學者聞風嚮慕，覿德心醉。西蜀、山東、陝西、河南、直隸、太原，相繼來學者又幾百人。鄒魯河洛之教，復見於今日。師道得人，先生一人而已。銘曰：『曹本楊姓，繼舅氏後。世有偉人，以昌厥冑。周流寰海，跋涉經營。始遷垣曲，繼轉永寧。直至澠池，家業始定。篤生賢哲，斯文是任。心醉六經，博古通今。忠清和易，灑落誠明。居仁由義，立忠行孝，振鐸霍、蒲，倡明斯道。著書立言，學有淵源。開來繼往，同歸聖賢。迺闢異端，迺距邪説。扶持風教，文人巨伯。迺典文衡，迺選俊英。掄校無私，正大公平。聖代真儒，天明先覺。上承鄒魯，下續濂洛。年甫耳順，兩楹奠餘。嗚呼已矣，傳者誰歟！』」

○謝琚曰：「先生志浄人欲，心涵天理，克己復禮之言未嘗忘於口。」

○「先生修己教人，動合禮法。一言一行，皆有規矩；一動一静，盡合準繩。」

○「先生修己，明善誠身，無所不至，未嘗不安舒自得也。手容恭，足容重，頭容直，氣容肅，此其爲人所欽也。」

○「先生教人，講論精切，言言根諸性靈，心術未嘗以賢知先人。若夫不挾長，不挾貴，不挾故，尤人所難及者。」

○「先生自少喜談人善，惡稱人惡。有稱人善者，喜動顔色，問其顛末，記念不忘，樂善之誠也。見有稱人惡者，則佯若不聞，或舉他言以沮之，終身不以語人，忠厚之至也。」

○「先生接人温和，不較短長，不計貨利，一以誠心與之。故賢者慕焉，愚者化焉。雖婦人女子，走卒樵夫，皆知稱先生名，而德先生德。其德化之感人深矣。」

○「先生教授霍、蒲，未嘗分毫倦怠。雖隆冬盛暑，不冠帶不見諸生，有所叩問，輒據事理答之，雖夜必興，雖食必輟。其俯而就之如此。」

○「先生之學，自格物致知而推及於治平之大，自洒掃應對而推及夫位育之至。窮理以盡性，明善以誠身，道學君子也。士大夫見其詩，則曰工於詩者也；見其文，則曰工於文者也；見其講論經書，則曰明於理性者也；見其著書立言，則曰志於道德者也；見其譚論人物，則曰考究精詳者也；見其闢邪攘異，則曰志意堅定者也。合六者而並觀之，則曰博學而無所成名者也。然則先生其一貫者乎！」

○「先生平生衣取蔽體，食取充口，目不觀非聖之書，口不談非聖之言，未嘗一日間也。夜分乃寢，雞鳴而起，諸子侍立左右，肅恭不怠，則是子孫化也；夫人高年，參謁必跪，則是室家化也；兄愛弟恭，和順親睦，則是兄弟化也；諸婦皆知禮義，饋獻整潔，無故不窺中門，出入必壅蔽其面，則是婦女化也；鈴下蒼頭，皆知廉恥，趨事赴工，不大聲色，則是僕隸化也。是故君子以至誠爲貴，至誠則無不化，此皆人所共見者。」

○「先生足所履者，聖賢之跡；身所處者，聖賢之道。從容乎仁義之府，周旋乎禮法之塲，循規而蹈矩，立忠而行孝。濂、洛、關、閩之後，道學之傳，心法之微，先生一人而已。」

明理學月川曹先生年譜纂下

後學澠池張信民編次
陝州王以悟訂正
七世孫曹繼儒校録

宣德十年乙卯，霍州建先生祠。

○太守李興、節判范禎率諸生共成之，建於大成殿後，庠門内之東。門人謝琚記，其略云：「先生殁，霍州士大夫相謂曰：『先生有德有言，有名有實。教授霍、蒲，移風易俗。著書立言，倡明道學。四方君子，識與不識，皆樂道之。今殁，吾儕讀其書，傳其學，可不建祠以祀乎？』遂相率創建，春秋享祀焉。蓋月川夫子上承往聖之統，下繼群賢之學，正家有規，勸家有書，以忠孝立家，以仁義淑人，薄於責人而厚於責己，豐於祭養而約於自奉。講明經史，足以繼絶學於千載；排斥佛老，足以袪異端於百代。所謂聖代之真儒，天民之先覺者也。」

○立行實碑。○長史陳琦撰文。○作迎祀軒。○如玉、良玉廬墓，公卿大夫吊祭者雲集，因構軒數楹迎之。○謝琚祀先生畢，與如玉、良玉同墓次三宿，其昆弟哭無間，始陪哭，終勸止。諸子衰服苴杖，未嘗離身。疏食水飲，不食菜果醯鹽，專意讀《喪禮》、治喪事，真儒者之家法也。○墓所蕭然無壁，所有器用，露置田中，無遺失者。時饑荒，盜賊蜂起，搶擾村落，人民不能安枕，獨不過墓次。咸曰：「此見先生之德，諸子之孝，感人深矣。」

○薛文清公祭先生。公時爲監察御史。○祭文略曰：「嗚呼！先生志慕高遠，心趨正學。昔得交遊，言酬意合。胡云再來，而已殂落！旅次之物，有菲一酌。靈其不昧，來鑒懇確！」

○《拙巢鳴》成。○先生存日，諸子彙集先生手藁，成帙以獻，先生題曰《拙巢鳴》。至是始成書。

正統元年丙辰，蒲州建先生祠。

○太守延安劉公、臨清胡公，率諸生撤梓潼祠而祀先生。謝琚爲之記。其略云：「釋、老之教流布於天下，而莫覺其非也。先生曰：『佛氏以空爲性，則非天命之性、人受之中、民秉之懿。老氏以無爲道，則非率性之道、人由之路、日用之常矣。』豈非覺其非而距之者與？親在，則養志悅色，必盡其心，而父母安其孝；親歿，則五味不入口，寢苫枕塊，祥物來應，而鬼神享其誠。建祠以祀先，建義祠以奉外族，作詩勸兄弟之同居，立言戒男女之不義；詣縣請毀淫祠，移書止修神廟，力詆巫覡之非，直斥神佛之妄；貧不能赴任者助之，客死於道者葬之，勸賑全活甚衆，論學一郡皆化。此其尊聞行知爲可法也。」

○薛文清公復謁先生墓，讚先生畫像。公時大理少卿。其讚曰：「質純氣清，理明心定。篤信好古，距邪崇正。有德有言，以淑後人。美哉君子，光輝日新。」

○《月川先生文集》成。○所載悉方嶽大臣贊美先生詩文，洎祭挽之辭彙集成帙者。

○長子如玉舉賢良方正，未就。○霍州節判范禎舉之，以父喪未闋，不就。

正統二年丁巳，復以如玉孝行奏之。

○霍太守李公興、節判范公禎，景仰先生不置，復爲此奏。○女歸王隆。○澠池人，其父忠，官副使，先生故人也。

正統三年戊午，陝西刊《太極圖説述解》。

西安郡守郭公晟，捐俸鋟梓。○孫鋭生，○用玉子。孫鉞生，○良玉子。○孫鏈生，○廷玉子。

○湖廣刻《夜行燭》成。

都司李銘刻行，惜十去其三，非先生全書。

正統四年己未，孫鏞生，○廷玉子。

正統五年庚申，曾孫本生，○如玉之孫。

○宋翰林琮撰《年譜序》。○略云：「先生倡明斯道，以教諸生，遠邇英俊，聞其風皆來學。其著書立言，扶植風教，斥排異端，毁去淫祠，有功於先聖先賢，極力以成己成物。至若典文衡，得實才，資實用，莫非爲忠之要道也。惜乎五十有九而終官舍正寢。其藩臬重臣，洎郡邑學校祭挽之辭，悉如河、洛、關、閩之尊周、程、張、朱也。霍、蒲立祠，肖像以事之。非賢人君子，曷克臻是！」

正統六年辛酉，蘇州刻《四書詳説》成。

侍御曹公傳録之，郡守況公刊行。其正訛謬者，則侍郎周公也。

○澠池建先生祠成。○澠池，先生故里也。鄉人後學沐其教，未能親炙其門。適河南僉憲姑蘇張公敬按澠，訪境内人物，言先生賢，命建祠。邑内春秋祀饗。邑侯胡公復，臨淮人，判簿鄧敏、幕賓胡忠、教諭湯自新，董事而襄成者也。

正統七年壬戌，國子學正天台鮑公相撰《年譜序》。

《序》略云：「予觀先生心術之正大，學問之高明，與夫躬行實踐著書立言，啟迪後學而任斯道之重，誠所謂濂洛數君子蘊性命道德之妙，而爲君子儒者。其聲光氣韻雖不可復接，而先生之嘉言懿行，貽惠後學，班班具在。今讀其書，閱其譜，皆有所觀感而興起，不啻親遊先生之門，親受先生之業者。是先生之亡，猶不亡也。」

○山東僉憲番陽辛公榮撰《年譜序》。《序》略云：「先生資稟異人，聰明超邁，心術端正，威儀整肅。衣服飲食必合於禮，人倫日用皆盡其道。觀其闢異端，距邪説，毅然以斯道爲己任者，誠有古人之風。其生也，遠近爲門弟子者皆知取法；其歿也，爲方嶽大臣者咸知哀悼。嗟夫！如先生者，其羽翼斯道，能明而能行之者與！」

正統十有一年丙寅，黄翰林捐貲移葬先生。

先生寓葬霍州東南二里高氏之原。是年，黄卓菴諫官編修，壬戌探花，蘭縣人。過澠池，謁先生祠，詢其墓所，僉曰在霍。卓菴嘆曰：「老先生一代名儒，其魂魄獨不思故鄉乎？」遂捐貲，屬迺郎琇等，洎邑令移葬。

正統十有二年丁卯。

○春二月，子琇等歸葬先生於澠池。

邑令洎琇等，承卓菴之命，自霍而歸葬先生於澠池窟陀里。郡守邑令洎各學並祭。有云：「德侔安定，道接周、程。遷歸故里，精魄咸寧。」又云：「爲斯文之倚仗，發道學之光熒。襟懷灑落，霽月光風。五子仁孝，移葬南征。」

正統十有三年戊辰，夏五月，門人監察御史霍州史濡祭先生。○祭文略云：「惟師爲昭代之真儒，闡先聖之正學。某等受誨兮抽關啟鑰，沐德兮天高海闊，躬臨墓下兮特敬酬酌。」

正統十有四年己巳，夏四月，翰林院編修黄卓菴諫祭先生。○祭文云：「先生之學問文章，高出一世；性理道學，遠超諸儒。發先賢所未發，爲義理所當爲。踐履造聖賢之域，立言破百家之疑。屢典教於蒲、霍，可追風於洛伊。化習俗於鄉里，扶世教於明時。喜吾道之能振，慶後學之有師。胡斯文之不幸，竟一疾而弗醫？嗟予生之實晚，恨未侍乎講帷。恒誦其詩，讀其書，景仰其爲人，而想像夫令儀。兹敬拜於墓次，冀神靈之有知。」

成化元年乙酉，春三月，澠池重修先生祠。

○邑令王公賓，滄州人，修葺祠宇，繪先生像，勒石紀其事。

正德十有六年辛巳，澠池建正學坊。

大司馬彭幸菴澤遺書河南巡撫李梧山充嗣，略曰：「我朝一代文明之盛，經濟之學，莫盛於誠意伯劉公、潛溪宋公。至於道學之傳，❶則斷自澠池月川曹先生始也。先生少負奇質，知讀書即慕聖賢之學。修己教人，治家事親，奉先化俗，率自躬行心得以推行之。爲霍、蒲二州學正，三典陝西文衡，四方學者從之甚衆。虛往實歸，各有成就。河東薛文清公最推尊之。先生再典霍庠教也，霍人事先生如父母，既而卒於霍，遂留葬於彼。吾蘭卓菴黄先生爲之返葬澠池。其所著書，不下千種，藏於家，亦有刊行傳布者。但其門祚甚衰薄，遺書恐久而散失，使先賢所傳足以承先聖而開來學者，泯歿無聞。吾黨知而不行，殊不若不知之爲愈也。宜於澠池建一正學坊，以表章之，而盡録其所遺書，一體編次校正，發河南府，分責賢守令俱稽所費而刊行之，亦斯文之幸也。某獨舉二先生

❶「道學」，原作「學道」，據四庫本改。

者，一謂魯齋先生。又平日所真知而實慕之者也。」

嘉靖二年癸未，《皇明通紀》載先生爲本朝理學之冠。○按《通紀》云：「山西霍州學正曹端，卒於官，字正夫，河南澠池人。篤尚理學，教人務躬行實踐，日事著述，有《太極圖説》等書行於世。座下足兩磚處皆穿，專静之功居多。事父母孝志愉色，遭喪五味不入口，寢苫枕塊，終始不易。不用浮屠、巫覡。在霍庠十餘年，士子皆服從其教。循循雅飭，一於禮義，郡人亦皆薰陶而化。方嶽重職不敢以屬禮待，至郡必敬謁之。後調蒲州學正，霍州弟子上章留之，蒲庠弟子亦上章爭之。霍州先上得允，竟終於霍。一郡人罷市巷哭，童子亦悲泣，其德化之感人如此。學者稱月川先生。」

陳建斷曰：「按曹月川學行如此，而楊方震《理學録》乃遺焉，豈微其爲校官耶？正德中，大司馬彭幸菴稱其爲本朝理學之冠，欲舉從祀孔子廟庭，嘗致書河南李巡曰：『我朝一代文明之盛，經濟之學，莫盛於誠意伯劉公、潛溪宋公。至於道學之傳，則斷自澠池月川曹先生始。』尚論君子，宜考於斯。」

述解成。

嘉靖三年甲申，澠池重刻《太極圖》、《西銘》

邑令天雄陳公綬刻行，《序》略云：「先生母邵氏，感修竹之祥而生先生於里第，以故骨甚清而節甚完。年十八，游黌舍，得《辨惑編》而篤信之，自謂寢食未嘗離手，而出外未嘗離身。蓋擇術之正，已定於幼學之時。及壯，博通五經。其正霍庠也，進諸生於講下，而示以正學之方。尊孔氏，黜異端，一言一行，不離於正道，而淑己淑人，皆有乎正規。故霍之人淪骨洽髓，翕然化之。服闋，調蒲，而蒲之人亦翕然化之。喜其來而悲其晚，亦無以異於霍也。二庠當考績，群然抗疏於上，欲得先生爲終身依歸，遂還先生於霍。而教孚遠近，不言而化。師徒一時相與之盛，宛然有鄒魯之餘風也。後卒於霍，四方奔喪者不可勝紀。而以文祭吊於家者，至於累年而不絶。當道者舉崇德報功之典，祀先生於鄉，而霍、蒲人亦争祀之，並繪像焉。道德文章，生榮死哀，寧不在兹也耶？陝右大司馬彭公過澠池，首問先生家世及其子孫，極口稱揚，見於《寄梧山先生》一書，且以今正學直歸之先生。嗚呼！彭公一代偉人，最慎許可，而獨重乎先生，蓋真有見於此也。」

嘉靖二十有四年乙巳，山西重刻《太極》、《西銘》述解成。

戴公梗，澠池人，時爲僉憲，捐俸而成。

嘉靖二十有八年己酉，澠池刻《孝經述解》成。

僉憲劉公按澠，謁先生祠，付署篆牛公孟耕而成者。時鐫刻《遺藁》與《程胡傳》，及《乾坤二卦解》合併爲一，今二解失矣，可慨夫！

嘉靖三十有三年甲寅，春正月，澠池重修祠像成。

邑令潘公應科，每朔望謁拜祠前，顧瞻嘆曰：「傾圮若兹，非所以報德而崇賢也。」命修祠繪像，祭曰：「道德萃身，文章經世。教育英才，濟濟出類。發聖道之淵微，開後學之聾聵。塑生像於黌宮，念恩德之弗墜。」

萬曆二年甲戌，冬十有二月，澠池重刻《夜行燭》成。

學諭宋公承殷校刻，陝州守新都方公揚序云：「君子有自體之功，有體人之道。自體以昭昭，體人以其昭昭，此謂格物，此謂明明德於天下。玆學也，所稱大人之學也。宋儒後，統之不絶也如綫矣。天啟皇明，以聖學理天下，一時真儒輩出。而月川曹先生，生覯其書，崇信六籍，雅志典禮，旁説曲諭，而一稟於正經。至稱其先人，質行嗜學，卓然有聞，寔自是編伊始。則先生之道，由身而家，可謂得其大者。先生之志，見於名書，倘所謂『以其昭昭使人昭昭』，非耶？夫燭之明也，薪之屬也，至其所以明者，火之傳也。薪有時而窮，燭有時而跋，而火之真體則無時而不傳。噫！火傳於爲燭，道傳於爲書，存書所以存道也。泥其迹而不求其道，先生之志荒矣。故先生嘗曰：『始當靠之以尋道，終當棄之以尋真。』確言哉！」

萬曆四年丙子，澠池重修正學坊，立神道碑。邑令侯公奭，山東人，率學博弟子員共舉之。

萬曆六年戊寅，重刻先生《年譜》成。

學博德平唐會菴文輝，校其訛壞而成者。其序云：「閲先生譜，見其明道淑人，闢邪崇正，自少至老，彰彰炳炳，真所謂迴狂瀾而中砥柱者。其有裨於斯道，夫豈小小哉？昔孟子息邪説、距詖行、放淫詞於異端群起之時，月川卓立於吾道湮微之日，其道同，其心一也。」

萬曆九年辛巳，舉先生從祀孔廟。

兵部侍郎李公禎，時爲光禄寺丞，單疏題請，因議王、胡、陳從祀未定，不報。後纂《真儒考》，以先生居首，詳其歷履而爲之論曰：「曹先生産伊洛之鄉，篤信好學，力行不怠。其教人也，專於敦本，發人心志，其感人也爲獨深。著述皆可羽翼六經，裨益治道，矻矻然排斥異端，終始不回，令學者率由正路，此其功爲尤懋焉。故薛河東先生雅服其人，而海内薦紳大夫多推宗之不置云。」又贊曰：「人胡不言，躬行者貴。仕而道行，何必大位？抱經遡始，設科待來。闢邪閑聖，功百世哉。」

萬曆十有五年丁亥，查修先生專祠，并搜刻遺書。

督學李公化龍檄云：「照得河洛爲天地之中，從古道學淵源之處，故學正澠池月川曹先生，修行明經，安貧樂道，士服其教，俗漸於淳，世仰高風，人推正學。一方正氣所鍾，百代人文攸賴。宜加崇奉，以範後來。即查曹先生曾入鄉賢否？曾建專祠否？如已經建立，即今有無傾圮否？應加修飭，以傳久遠。并查生平著述鐫刻，以範來後。作速呈來，以憑轉報。」

萬曆十有六年戊子，湖廣重刻先生《家規輯略》成。

時慶陽李公爲巡撫，捐俸而成。

萬曆十有八年庚寅，夏六月，先生《録粹》成。

吏部文選郎新安雲浦孟先生化鯉所編註者也。其序曰：「蓋宋濂洛諸儒明鄒魯之學，入我朝，得白沙、姚江而大明。然先白沙、姚江以此學鳴天下，有兩先生焉。河東薛文清，河南曹月川也。月川先生生洪武永宣之際，嗜古篤行，明道淑人，當世翕然宗仰若山斗。彭少保幸菴謂我朝道學之傳，斷自先生始，確論哉。先生科第、仕宦、生卒皆先文清，文清嘗稱先生『自少讀書，即有求道之志。遂由關洛以遡濂溪』，且曰『理明心定，有德有言』，蓋學同行同，而又推重如此。乃今文清得請從祀，而先生闕然。祀與否，於先生無加損，然世道人心繫之矣。或曰：『先生篤行君子也，所著書羽翼朱傳，舉業爾。』昔程子作字甚敬，曰『即此是學』。先生學以一敬爲主，舉業即德業也。且訓經曰傳，翼傳即所以翼經，而況先生學本六經，又非專爲舉業者乎？今夫躬行君子，聖人以爲難可少哉。又況國初志學者鮮，而先生獨以斯道爲己任，其言精融宏透，雖稍遜白沙、姚江，然篤行初無二轍。今距先生幾二百年，其孫子及里中後進數十人，猶相與恪遵遺訓，聯會親摩，究明此學，啟佑之功又大。先生著述甚多，曩宛平李尹蔭欲重刻，不果。又數年，馬子行坤輩，與先生七世孫繼儒，來新安論學，鯉輒忘其愚陋，敬摘先生言之粹者，編次鋟梓，俾論世者知先生之學，不詭於鄒、魯、濂、洛，而併序其從祀之後於文清，無亦竊附彭少保之意歟？少保向者云云，蓋寓書河南撫臺梧山李公表章先生者也。」

○鄒南皐元標序《録粹》略云：「先生篤行沉修，巋然醇儒，直遡濂洛而開我朝道統之原。録中云『心非血氣之謂』，先生之見卓矣。即此隻辭，亦足以抉世儒之一膜也夫！」

○弘農後學王惺所以悟跋云：「子曰『文莫吾猶人也。躬行君子，則吾未之有得。』夫躬行豈易言哉？近言之，則一事一節亦謂躬行；遠言之，則終身體之不能盡。淺言之，則繩趨尺步、曲謹自全者亦謂躬行；深言之，則堯舜之病諸、禹之拜昌言、湯之殞淵、文之望道未見、武之不泄不忘、周公之待旦、孔子之不修不講不徙不改何有未能者，皆不外此。自道學不明，世往往薄躬行爲無奇。其上者溺情訓詁，藉口翼道；下者以文人援玄虚要渺之説，自列於儒林，而求聞於後。令人讀其書，似有以衍堯、舜、禹、湯、文、武之傳，發周孔之秘，至究生平操履，多不滿於月旦，此吾道之蠹耳。其所以主張宇宙，挽回氣化，維持人心，統承往聖而啟佑後學者，獨賴有躬行斯道之人，殆吾鄉月川曹先生與！先生生洪武永宣間，淳龐樸茂，好古力行，毅然以斯道爲任。其所著述，一本於鄒、魯、濂、洛，當世翕然宗之。乃論先生者，以著述儕之舉業，又僅僅稱篤行君子，蓋淺近言之矣。嗚呼！向使實詣不足，縱所見解高入無際，細入無倫，知道者將與之乎？況先生以敬爲主，以無欲爲功，其言曰：『學聖之事，主於一心。』曰：『事事都於心上做工夫，是入孔門底大路。』曰：『學欲至乎聖人之道，須從太極上立根脚。』立論千萬言，出於自得者爲多。今其遺書俱在也，試繹之，舉業乎否耶？昔韓昌黎之學，見於《原道》一篇，其餘用力深處，不離乎文字之工，至今誦《示兒》詩章，尚涉流俗氣習，未能純然於道，然且山斗在望，異世而俎豆之，亦其學絶道喪，倔起之難也。先生生當國初，士鮮知學，能褎然自樹，非聖人之道不志，非周、程諸子之説不從，言行合一，始終不二，固以難已。嗣後白沙、陽明諸賢相繼而興，堯、舜、禹、湯、文、武、周、孔以來之道，遂昭然大明，非先生其誰倡之？方之昌黎，又逕庭焉。然則躬行可易言哉？固宜孔子所重，在此不在彼也。吾師雲浦先生，摘先生言之粹者，編註鋟梓，蓋亦孔子所重之意，而不肖悟僭妄云云者，蓋亦吾師雲浦先生意也。」

○秋八月，先生《理學印證要覽》成。

刑部主事盧陵曠公驥，時署澠庠事，所編輯者也。其《序》曰：「夫學一也，而以理學稱者，謂其本諸身心，直竟性靈，與訓詁詞章之學異也。自孔、孟既没，世遠教湮，刑名術數之徒，紛沓支離，爲斯道裂，殊無可道。由秦而漢，儒家譚經校藝，非不誦法孔子，然樹標幟，開門竇，祇爲訓詁詞章者流。迨有宋諸賢，殫精潛修，領受真詮，上接孔子道脉於千載之下，於是始以理學稱。我明追其踪者，若薛若王諸先生，彬彬輩出，爲寓内人士宗師。迺《通紀》所載，則謂自澠池曹月川始。蓋予於先生，竊嚮慕久矣。顧未獲誦其詩，讀其書，尚論其世也。丙戌夏，奉命諭澠池。至則造先生之廬，拜先生之像，謁先生之墓，而昕夕課士之暇，又得與其孫繼儒，洎鄉之後進馬子行坤、上官子位、張子信民輩，細覈先生歷履，與諸著作，所謂誦詩讀書論世者，蓋一時獲焉。繇是知先生之理學，直仲伯薛、王諸先生，均之追踪宋賢，上接孔子道脉。然薛、王諸先生，咸後先從祀孔子，而先生猶然未與，何也？豈振之無其人乎？抑視先生爲訓詁詞章已乎？蓋先生敦孝友，崇仁讓，貴義賤利，秉正黜邪，悉本自心性，措諸躬行，令感者德且化。至諸著作，如《太極》、《西銘》述解等書，大都析天人性命之藴，用羽翼聖真，闡示來喆，要匪字比句櫛爲也。則先生之學，果訓詁詞章已耶？當時學士大夫，無亦未誦其詩，讀其書，尚論其世，故雖景先生芳躅，或未有深知之者。今予幸深知矣，奈力弗能振，而其言罔足爲世信也。乃以世有嘉言懿行，❶民歌士誦，載在篇釋，汗渺寥逖。欲一觀諸要難。爰取群書，摘其議論文詞之大而精者，目爲格言；紀録贊記之詳而切者，目爲頌言。剖分二卷，類成一帙，合而命之曰《理學證印》，壽諸鋟梓，將以竢議從祀者要覽焉。嗟夫！寸臠安足以盡大鼎，而據大鼎者，即寸臠可以概其味；一斑安足以盡文豹，而窺文豹者，即一斑可以概其美。是録也，其先生之寸臠一斑乎？若夫大鼎文豹之全，則自有先生群書在。」

○湖廣重刻《録粹》成。

亦撫臺李公克菴所刻行者。

○曹正夫先生《年譜》成。○山西提學僉事湑川范公守己撮要而成者。《序》云：

「國朝理學，以先生爲稱首。蓋洪永間，氣龐化醇，學士大夫不事理學譚說，而行多純懿。第經生業起，人務筌蹄，不復知有身心事矣。先生崛起其間，力刻陳言，務研性命之精，以上遡濂、洛、關、閩，指要其功，顧不偉與！嗣是而後，薛文清、王文成、陳、胡諸子乃振其響，其説閎肆汪洋，至不可究詰。而先生之名，反爲所掩，何者？位卑而徒寡，亡能抗其門牆而躋之述作之列，以故所自爲書，不一再世，泯滅亡存，後人何所按索，而窺其月映萬川之胸次哉？余生也晚，慕先生之爲人，欲搜其所謂《太極圖》、《通書》、《西銘》各述解，《四書詳說》、《存疑録》及《夜行燭》、《拙巢鳴》等書，一一揚確而廣其傳，不可得也。慨嘆者久之，乃撮其行藏著之譜，以寓景

❶「世有」，前所載本序作「先生之」。

行高山之思云。後欲知先生者，或亦幸此篇之不泯爾。」

後又過霍州，有感爲詩，曰：「一代真儒翼聖編，書成不數子雲玄。行藏文學匡衡老，事業談經戴德傳。十載青衿沾化雨，百年絳帳憶歌絃。祗今俎豆諸生禮，未許前賢讓後賢。」蓋先生爲我朝理學之倡，薛、王、陳、胡皆其繼響者。四公從祀俎豆，而先生猶然未與，故末句及之。

萬曆十有九年辛卯，撫臺吴公表先生閭，修祠墓，蠲徭役。

公名自新，直隸祁門人。移檄云：「照得中州文獻名邦，忠賢接武。即如本朝諸公，或謀猷勳烈，足以尊主庇民；或學行文章，足以師世範俗。後先相望，聲績方新，所當表章，以倡風教。即將單開故學正曹公諱端，各該祠墓有無修葺完備，或有損壞，動支官銀，刻期修理。仍置木扁一面，中書『理學名賢』四字。其或門祚衰薄，子孫寥落者，有司特加優恤，蠲免本身差徭，以示本院崇獎忠賢之意。」

萬曆二十年壬辰，按臺周公請建專祠，祀先生於大梁。

公名孔教，江西臨川人。奏疏云：「職聞事有宜緩而急，若輕而重者，名教是也。名教莫重於道德，國與天地所恃以立，猶元氣之流行，不容一日息者。今國家多事之秋，人心澆漓之會，崇德表賢，尤爲急務。職以菲才，承乏中州，中州固道德之鄉也。職於攬轡之暇，不勝執鞭之思。謹按有宋以來諸儒，皆學士所謂有道仁人也。近過其故里，子孫式微，祠宇荒翳，或祀或否，即祀俎豆不備，有司且以簿書期會爲故事矣，甚可嘆也！我國家操此爲礪世磨鈍之具謂何？中州人士之以道德稱者，自元儒許衡没，六百餘年，❶有曹學正者，名端，澠池人。弱冠博通五經，雅慕伊洛之學，儒者宗之。永樂中鄉舉，授山西霍學正。在霍十年，其造士務踐履，士服其教，如七十子之服孔子。已而改蒲，其得士如霍。會端考績，霍、蒲諸士走詣闕争留之。所著有《孝經述解》等書行於世。論者以爲國朝理學之倡，宜亟詔有司，專祀大梁，庶四海九州咸仰皇上崇儒重道之意，雖微必録，雖久必伸，豈惟消叛逆之心，亦且爲風俗之勸矣。」

山西刻《明職録》成。

寧陵呂公新吾坤巡撫三晉時所著也。内「明教職」一款云：「昔澠池曹月川先生某曾爲霍州學正，規言矩行，崇德尚賢，士皆滌心礪志，恥其生平，期年之間，意氣交孚而聲容半似。後調蒲州學正，兩學諸生咸詣闕争留。嗟嗟月川何脩得此。彼其深沉有養，澹泊無營，故親炙者悦服，觀感者愧訟，非科條所約而話言所詔也。今也科條且廢而話言不聞，師生相與君子恥道之矣。後河南方伯易公得是編，嘉其簡直，因重梓於大梁公署。」

○《理學名賢嘉言善行著》成。

新安雲浦孟先生所輯。舉我朝名賢言行歷履有所考據者，彙而成書。先生居其首。

○《諸儒要録》成。

亦雲浦孟先生所著。撮先生言之要者，與

❶「六百餘年」，有誤。案：許衡去世距曹端生只有九十五年。

宋四大儒之言彙爲一帙，凡四卷。

○陝西鹾臺孫公題先生祠扁，曰「一代真儒」。

○《諸儒述概》擬先生爲周元公。

國子學録吴公瑞登纂《諸儒述概》成，首詳述先生歷履，復爲之贊曰：「先生存殁，皆先文清。大率以躬行實踐爲實，不立門户，獨宗程、朱，專闢佛、老。蓋道有邪正，不歸此則歸彼也。先生時，道學雖未顯著，而佛老亦未浸淫，然已深惡而明斥之。自是而後，宗佛、老者什九，而程、朱則詆之爲俗學。凡高明之士，悉驅而納之陷穽。噫！明道兄弟猶謂十孟子已不能勝，今時又異矣。如富鄭公一二宰好佛，且明言而不諱，尚易爲力，至於今陽爲儒而陰爲佛，能不惑於此者，止文清敬軒暨先生幾君子耳。文清謂先生『求道由關、洛以遡濂溪』，夫濂溪者，宋之元也，然則謂先生爲今之元亦可。文清從祀廟庭，而先生爲國朝正學之始，則議祀典者，當不可緩矣！」

《皇明繩武編》著先生德化之速。

是編亦學録吴公瑞登所纂。斷曰：「臣按：世之口談儒而行不儒者，非真儒也；行似儒而心不儒者，非真儒也。好立門户而敢排先儒者，是儒之寇；能淑乎己而不能淑乎人，是儒之郛。曹端卓然自得於周、程、張、朱之中。而超然於佛、老虚空之外，其在家也，諭親於道，而化佛爲儒。其在官也，訓士以道，而蒲、霍争奏。至於助喪葬，賑饑荒，絶巫覡，毁淫祠，綽綽乎真道學也。較之薛瑄，臣以爲次焉。而居仁化人不能如是速也。大司馬彭澤稱爲本朝理學之冠。欲請從祀孔子而未及，臣以爲端無忝焉，當事者幸䟽奏之！」

萬曆二十有一年癸巳，拓大先生祠宇。

按臺陳公名登雲，直隸唐山人。移檄云：「曹先生祠止一間，亦太狹隘，非所以妥先賢而勵後進也。當爲拓大。」因命扁曰「理學冠冕」。

○澠池重刻《家規輯略》、《太極圖》、《西銘》述解。

邑侯田公可久，高平人，捐俸而成者。

萬曆二十有二年甲午，先生《語録》成。

署澠教諭事貴陽越公應捷所輯，蓋合併薛、曹二先生語，捐俸而成者。

○山東重刻《真儒考》成。

吏部稽勳郎中趙公邦清知滕縣時捐俸刻成。

萬曆二十有三年乙未，申請先生從祀。

申云：「爲理學真儒，公論久定，乞請從祀廟庭，以昭盛化，以勵士風事。準本縣知縣石允珍，關稱卑職，陝西西安府同州人，密邇晉之霍、蒲二州，總角學伊、吾時，輒聞二州學正曹端聲聞籍甚，業翕然宗仰，欲北面稱弟子不可得。迨移官澠池，蓋端之梓里云。謁款鄉賢中，膜拜成禮。徐而詢其子孫，蒐其遺藁，得所爲《家規輯略》、《夜行燭》、《年譜》等書，於是喟然嘆曰：『曹先生之見理明，操行篤，若此兩州雖有專祠，但照本官識見，高明學術正大，事事敦本尚實，不襲虛名；言言袪浮還醇，根極理奥。冥心探古，尋微言於靜中；揮毫著書，覺群迷以大寤。庭闈孝養，備極絳帳，師儒推先。一時理學薛文清稱其『理明心定』等語，居然推遜。而彭司馬又謂『國朝理學，始自月川』，確乎可憑。脱非嘉言懿行，大有可師，何爲衆口一詞，毫無異議？

伏乞台臺，光顯人文，翼扶世道，以曹端之合祀大梁者，進而祀於孔廟，以熙朝之配享文清者，推而饗及曹端，則數百年之人情，一旦頓愜，而兆億姓之觀感，兢奮靡窮矣。竊念卑職人微言輕，無足取信，尚望大人君子極力推轂，首倡義舉，斯文幸甚！卑職幸甚！」

刑廳董公批：「本朝理學，始於月川先生。其繼往開來，功當與周濂溪並從祀，久缺非所以表章真儒也。據議，大有裨於士習民風，仰候院道詳行。」

巡鹽楊公批：「天壤不敝，繇道明也。國朝道脉，月川先生當爲盟主。彭司馬移書議饗，置之不行，豈皆薄校官耶？聞諸先哲，月川學行出吳康齋右，至今竟不得與俎豆，可嘆可嘆！事係奏請通詳兩院行繳。」

巡道崔公批：「國朝理學，羽翼道統，躬行粹白，醇乎其醇者，曹月川、薛敬軒兩夫子也。從祀廟庭，俎豆生色，此該縣義舉，候兩院詳行。」

按臺陳公批：「曹月川，我朝理學薛文清之外，一人而已。當此士鶩卮言，人鮮實行之際，亟宜表章鴻儒，以示指南。提學道查議妥繳。」

○澠池重刻先生《通書述解》成。

亦邑侯石公所刻布者。

萬曆二十有四年丙申，改建先生祠。

邑令石公允珍所建，雲浦孟先生撰記并書。曰：「月川曹先生，倡聖學於永、宣之際。澠池，其故里也，而祠僅一楹。石侯顧嘆曰：『湫隘若此，非有司者責乎？』會按臺侍御陳公移檄拓大。於是卜地東郊，中創三楹，繪肖以像，周繚以垣，規制略備矣。將復修翼室，而侯且有留都之擢，乃以前田侯得請於按臺三十二金，封識官庫，侯相繼者完所未備而潤色之。而前役則皆侯捐俸以成，用意亦良殷矣。於是偕學博諸生過新安，以狀屬愚爲記。愚惟先生之生也，家邦胥化，悦服於霍、蒲人士，方嶽重臣之禮敬之也，不敢遇以屬寮。其殁也，或曰『百代真儒』，曰『本朝理學冠冕』，迄今二百年。君子淑其緒，小人頌其休。而疏請從祀、争刻遺書者，踵相望也。豈先生有求於天下後世之人，天下後世有私於先生哉？蓋先生崛起兵戈擾攘之餘，首取六經八子書，深繹而實踐之，而聖學賴之以倡。夫學惟實也，故愈久愈光；愈久愈光，故實學愈重於天下，而世之推尊先生也愈遠而愈益盛。且斯祠之作，凡登降堂階者，能無有感而興起乎？此又侯與侍御風勵後學意也，寧獨以崇前賢？而愚因是竊有慨者三。孔、孟演虞庭之傳又千餘年，而周、程續之曰『太極』，曰『識仁』，蓋得一貫集義之學之宗者。此學不明，即終身從事，恐不免於義襲冥行。愚觀先生以太極爲主宰而求至乎聖人之道，以參天地惟此心而謂心非血氣。兩言者，濂洛遺旨也。乃或但稱實學而不察其宗，徒據門人諸纂爲隲評，而不究聖門之所以評人物也，要亦未爲定論。聖門四科，顔不違仁，尚矣；其次若冉若閔，孝敬自足取信，至伯牛獨以疾見惜，而齊、魯《論語》、六經，舉無片言隻行可考，乃儼然廟庭，七十子且多讓而坐下，此何以説也？先生念念實理，孝敬尤人欽服，令得聖人而事之，當居德行之科。又況敷政作人，博貫編削，視無可考見者稍殊。如謂彼爲夫子所取，則先生天下深服篤信，誠非阿私所好者，而從祀尚格其請，吾又慨議禮家參對盈庭，國是卒無從定也。叔季道微，即一節義一孝廉之褒表，每視豐約爲幽明，不則亦必藉有氣力者爲之推挽。先生祀典，坐是濡遲。曩愚敘《録粹》，謂是於先生無加損，然世道人心繫之，能無慨乎？愚也感學政之衰，深嘉侍御兩侯斯舉，又幸先生久而益彰，而後之有感而興者，宜益信此學之必貴務實也。特爲記之，且以俟議禮者考焉。」侍御名登雲，唐山人，丁丑進士。田侯名可久，高平人。石侯名允珍，同州人。並鄉進士。

○檄請備牲祀先生。

石侯申云：「爲議備祀典，以垂經久事。準本縣知縣石關稱：本縣鄉賢霍州故學正曹端，學貫天人，道傳伊洛，成己成物，有德有言。正統間建祠黌序之右，堇堇一楹，時久傾圮。近蒙巡按河南御史陳公批準改建，該田知縣議，動官銀三十二兩。工未托始，旋以憂去。允珍疎庸，承乏兹土，覩往哲之高踪，欣遺澤之未泯。崇奉一念，不敢後於常人，乃捐俸金，鳩工易材，廓外築屋三楹，繪肖以像。雖未稱閎麗，庶幾瞻仰之有地也。其原議銀三十二兩，仍貯縣庫，充拓增飾，以俟後之君子。又思崇廟貌，所以謹明禋也。本縣條鞭書册，開載本官於春秋丁祭之内，止以少牢，殊爲未備，要非所以展明禋者。今欲創議增設，無論災民難以重困，即條議頒刊日久，增減旋生，駭人耳目。查得本縣額設走遞青衣九十名，每名工食銀七兩二錢，名數頗多，奔走從容。合無量裁一名，徵銀在官，春秋各動銀三兩陸錢，置辦猪羊祭品帛酒，在新建祠内致祭。庶儒先饗血食之賜，而百姓無加派之擾矣。」按臺涂公批云：「鄉官曹端祭祀，在於該縣青衣九十名，裁去一名，徵銀照例備辦。其田知縣原議銀三十二兩，照舊貯庫，以備補修之用。」

萬曆二十有五年丁酉，復建先生祠。

邑侯新城王公曙峯之都所建。申云：「澠池縣爲查復先賢故址，創建祠宇，以正祀典，以風文教事。照得本縣理學曹端，心術正大，學問高明，篤信好古，距邪閑正，羽翼經傳，成就人才。上足以繼鄒魯之正脉，下足以續濂洛之真傳，不但表正一方，真可風起百世者也。都末學鮮修，傾慕先賢，素切仰止。兹幸官於先賢之鄉，得以聆先生之遺教，讀先生之遺書，方知海内稱先生與薛文清先生齊名，真爲確論。第文清從祀廟庭，先生不獲同舉，已屬缺典。本縣到任之日，正當八月丁祭，詢及先生祀所在本學櫺星門内戟門之右，小房二楹。戟門之左亦小房二楹，爲晦菴朱夫子，春秋各獻少牢。卑職惑焉。問之學官弟子員，稱説曹夫子禮當從祀，未經題允，故立祠於戟門之外。又以先生不可獨祀，再立晦菴祠陪祀焉。卑縣益用大惑。夫曹先生爲本朝理學之冠，其從祀可否，尚俟題請，暫且祀於鄉可矣。晦菴先生既以從祀廟庭，復降而祀於戟門之外，極爲褻瀆。不惟曹先生之神不安，揆之天理，質諸人心，俱屬不妥。卑縣訪先生之後，有七世孫生員曹繼儒者，稱先生之故廬在縣治東百步許，坐北向南，前闊七步，中闊七步，爲二門；進中闊十步，爲祠基。後闊十步，長四十二步，向緣家貧，賣與民范周，得價銀三十兩。周亦知義者，並未起蓋房屋，以待回贖，而曹氏竟不能贖也。卑縣率同本學師生，躬往踏驗，見其地勢明朗寬平，不止可建祠堂，足堪創立書院。闔學師生稱善，曹繼儒深以復先生之故址爲慶。民人范周亦願回贖，並不疑難等情。卑縣查得本縣庫内有先任田知縣申允馬快餘銀三十二兩，專供先生修理祠宇之費。合無將前銀内動支三十兩，容范周領出，準作宅價，贖回前地。其餘銀二兩，容卑縣捐俸添補，爲先生建一祠宇，將學宫祠像移塑在内，春秋祟祀，仍量建號房十數間，以備諸生講習。上以妥先生之靈，下以慰先生之後。庶諸生之仰止有地，後學之瞻法無窮矣。其學宫原設有晦菴祠宇，至無名義，合無容本縣撤去，獨以從祀廟庭爲主，庶神心安而人心亦安。舊曹先生宅右有坊二楹，題曰『正學坊』，後侯知縣更易字扁爲『曹公第』，似不若原扁明白正大。而坊正當門衝，不便觀行，且年久毁敝，應當修理。本縣闔學師生俱稱轉作門坊爲便，仍題『正學坊』，於以招揭人心，俾知趨法。卑縣雖迴避在即，不忍坐視地方褻瀆先賢，拂亂祀典，願遵明示，急完前工，庶不負生平仰止之意云。」

巡道李公批云：「曹先生理學名儒，爲遠邇所宗仰久矣。惟是祀於文廟戟門之外，雖若敬之，實褻之也。況夫以晦菴先生配焉，尤屬非理。據議，庶幾可以崇重先儒，風勵後學，功意良俱，美哉！依議行。」

守道李公批云：「月川先生立德立言，爲國初理學倡首，未議從祀，尚屬缺典。乃列於黌宫戟門之外，而又以朱夫子配祀焉，奚所取義哉？據議創建祠宇，持祀里中，以示崇重，於義甚妥。該縣筮仕即有此舉，真興起斯文之美政也。依議行。」

山西巡按吴公批云：「曹先生理學名儒，未獲從祀，久屬缺典。該縣筮仕先生之里，慨然爲復故址，建祠崇祀，深於文教有裨。但稱創建書院，恐所費不貲，仰河南府查議報奪。」

巡按御史涂公批云：「曹月川先生之學，篤信謹守，所著有《夜行燭》等書，與宋儒之説相表裏，且本朝理學，薛、曹二先生實開其端。薛先生既已從祀，曹先生尚候題請。其精心篤行，非後儒所能及也。祀之於鄉，以風動後進可也。扁額宜改題『曹先生祠』，餘俱如議行。」

巡撫御史鍾公批云：「曹先生聖賢之徒，斯文之表也。未經從祀，而尚祀黌宫，既不在先儒之列，又不在鄉賢之科，於義未安。且朱夫子已從祀矣，而又陪曹公，豈禮之所有哉？據議，復舊址以祀先生，廣號房以待後昆，於神人胥悦，義禮咸當矣。俱依行。仍查堪動官銀三十兩，置祠田以供祠用，取田契租額繳。」後置祠田九十六畝，以其半辦祭祀，以其半歸曹氏子孫收掌，爲修葺之用。

王公撰上梁文：「伏以道脉綿長，弘規奠萬年鞏固；文風興起，傑構肇千古維新。士民子來，佇見功成不日；神祇默祐，可信卜吉允臧，經始惟虔，祭告匪懈。竊惟治亂相尋，有聖人出以主握道統，則斯文不墜；晦明互代，有賢人出以羽翼經傳，斯大義常新。自孔、孟垂訓以來，由諸儒紹明而後，胡元僭亂，大道淪夷。我聖祖芟闢洪荒，滌新宇宙，干戈甫定，禮樂復興。正道統絶續之關，爲人心夢覺之會。匪借先覺，誰挽淳風。惟時月川曹先生，鍾靈以毓，應運而興。蚤歲莊嚴，瞻視起居之不苟；窮年勤苦，經傳子史之靡遺。非徒博採旁搜，實克躬行力踐。存心則光明正大，行己則孝友謙恭。不越人倫日用之常，直窺性命淵微之奥。遡真反始，會太極動静之根；崇正除邪，接一中授受之統。通籍乙榜，筮仕賢關，訪耆喆以交遊，心存夾助；樂英才以造就，士不獨成。翕然遠近歸心，美哉霍、蒲俱化。當天造草昧之日，而修文教以興太平；當民心惶惑之秋，而定中正以立人極。維持世運，有斡旋天地之機；鼓暢皇風，有挽回氣化之妙。歷述功德，載考典儀，不但享祀一鄉，真可血食萬世者也。夫何感德雖切於人心，而大典未定於朝宁？鄉賢未足以崇報，而祠事尚紊於學宫。致使末學執事，望祠宇而生悲；問禮諸生，臨俎豆而增嘆。蓋祠宇在學宫戟門之右，名義何關？而聯並以晦菴夫子之尊，褻瀆尤甚。乃謀之縉紳及士庶，僉曰非宜。故請之道府及院司，爰命改作。訪求遺址，正當國中，經營地基，允協輿論。筮日卜吉，鳩工聚材。正宇巍峩，妥神主于座右；房扉整肅，聚高弟於門牆。正闢禮門。閑之惟則，直通義路，示我周行。更坊牌以横前，扁曰『正學』；創講堂以枕後，題曰『惺心』。不止崇祀妥神，抑且觀文成化。振二百年久缺之令典，足快人心；創千萬世不朽之弘模，尚祈靈貺。彩梁高舉，鄙句新裁。

「梁之東，洛水泱泱洙泗同。千里相通維一脉，風雲不起海波融。

「梁之西，秦川一望暮雲低。高賢事業今何在？濟濟霍、蒲化兩齊。

「梁之南，鬱鬱叠翠拱雲嵐。及門饒有龜山輩，滿座春風樂正酣。

「梁之北，黄河遥望龍門客。千層桃浪一雷過，五色文章華上國。

「梁之上，房氏聯輝呈瑞象。郎官列宿映微光，共播文明高萬丈。

「梁之下，榱題輝煌真渠厦。爐煙細細絳帷清，萬方羅拜頻酬斝。

「伏願上梁之後，道化興隆，人才萃聚，以嗣以續。來裔勿替于象賢，不愆不忘；先德永羨夫繩武，主鬯得托。衍道脉于無疆，敷教有基；暢文風於無斁，聯襟出入。粹然賢人君子之徒，同心發明卓哉日用常行之要。淫詞邪説，不争道而馳；孝子忠臣，常接踵而見。道化與元化俱久，文運與國運同熙。共服遺庥，永綏純嘏！」

王公祭先生曰：「博學務實，距邪崇正。伊洛嫡傳，霍、蒲交頌。教延奕世，統承先聖。理學倡首，吾儒印證。」

督學邯鄲張公我續譔祠記，曰：「《周禮》：大司徒治學政，祭重瞽宗。展禽亦言『古者法施於民則祀之』，而又曰『祀及前喆，令德之人，所以爲民質也』。匪是族也，不在祀典。』蓋其嚴哉！維西澠池，新創正學書院，爲崇祀前學正曹月川先生建也。先生諱端，字正夫，月川其號云。以洪武丙辰生於澠池窟陀里，少即凝重孝友，不習兒嬉。稍長，博極載籍，而尤營精十三經、《鑑綱》、《性理》之書，篤志好修，力闢邪説，肩正道，日有孜孜，不少懈惑焉。已用文學起家，成永樂戊子鄉魁，聯擢乙榜進士第一，遂署霍學正。霍人士宗師之，瞿然顧化。教益行，四方從遊者麇至。居霍九載，宅内外艱，號慕情深，慎追禮備，廬墓六年。復除蒲學正，其訓蒲也如訓霍時，户外屨益滿矣。已考天官，以最聞，兩州士子交章伏闕，争願得先生爲師。卒于霍。凡三典試關中，所取悉知名士，人歸藻鑑。沐其誨者，處爲真儒，出爲名卿，豈豈而是。留霍又十年而歾。歾之日，學者如失怙恃，霍、蒲、澠各建祠祀之。生平所著，有《太極圖》、《孝經》、《西銘》、《通書》等述解，《家規輯略》、《夜行燭》等書，咏《學》、《庸》、《語》、《孟》，勸同居，贊夷齊等詩，闢佛、老、僧、巫、淫祠、妖神等辨論，纚纚數千言，壹軌於正大。香火鼎列，若可報功德矣。而識者尤恨未得從祀於宫牆。何以故？❶昭代理學名家，俎豆賢人之間，如薛、胡、陳、王數君子，皆遘文教休明之際，而先生適丁初運，學脉湮而幾絶，大道揭而未朗之時，而乃能挺拔流俗，擔荷斯文，言行動儀古初，步趨壹準規萬，❷終始粹然，表裡無釁，己物兼成，體用合轍。近遡濂雒之淵源，以遠尋鄒魯一綫之緒，俾前有紹而後有因，則功尤偉而德尤卓也。觀其晚年自號『伊洛後學』，❸則固已兄兩程之教而弟之矣。夫其開河東，肇餘干，方駕新會，並軌姚江，即龕奉澤宫，庸爲瞽宗亦宜，而奈何獨闕乎？歲景申，余奉璽書，視中州學政，澠在一隅，行部所不到，然顧瞻嵩少，裹仰高蹤，方嘆先生厚其功而薄其報，而澠令王君之都，適以先生書院請，洒然若有當於余之心也，亟可其議。蓋舊祠處戟門西偏，湫隘弗稱，故議

❶「何以故」，道光本「頌言」所録本文無此三字。
❷「萬」，道光本「頌言」所録本文作「矩」。
❸「晚」，原作「輓」，據文意改。

新；左方配以晦翁，重瀆無謂，故議撤。遺業鬻之民間，鞠爲荒甌黍麥，可傷，故議贖。堵舍聚以俊彦，居肆樂群，嚮往有基，故議增。名之祠，混而小；稱以正學，尊以書院，大而公，故議更。王令真好德崇賢者與！興文造士者與！三越月而告成事，請文勒石垂永久。余惟亘清寧而不朽者理，曠今昔而相感者心。學而不根諸心，楮葉也；心而弗證諸理，寐途也。將旦暮改色而天地四方易位矣。先生惟印契於理，寧極於心，如月斯皎，如川斯澄，撥雺霧，剷荆榛，隮賢關，闖聖域，故能令聞言者裹腹，覿德者醉心。當年倚爲摹範，百世聞風猶興，不翅山水之高深也！爾諸士獨無所爲心若理者乎？正而毋邪，殖而毋落，毋羡人而失之己，騖名而窾其聲。毋墜先生之懿訓，奉爲身世之章程。又由先生而上宗夫道州、洛水與考亭，必闚數仞闕里之甽，飽七篇仁義之經，則此心潔潔浄浄，微風之不波；此理空空明明，皓魄之無雲。將百川學海而至於海，月麗中天萬川皆映矣。是可增輝於先生，而先生爲一方之瞽宗，不庶幾於陪宫牆之末席乎哉！余慶前修之令德獲闡，而又嘉王令之作人意甚殷也，遂樂記之。爾正學諸士勿忘吾諗！」

○創修先生拙巢成。

雲浦孟先生緣邑侯王公復先生之故址，因思先生每以「拙巢」名讀書之室，今即其處，遂捐貲屬邑正學會後學張大藴、王明治等，洎其孫繼儒建亭祠，後題曰「拙巢」，以志先生不忘其初之志云。

萬曆二十有六年戊戌秋。

○鹺臺命修葺先生家祠墳墓，并優恤子孫。

曹縣吳公楷過澠，謁先生祠，命邑侯龔公本修之，仍捐貲以恤其孫，禁止塋祠毋得牧放樵採。

萬曆二十有七年己亥夏，祠田歸曹氏世守。汝寧節推熊公尚文申允按臺袁公給之，以充修葺之用。

〇金陵重刻《真儒考》成。

户部主事石公允珍重刻之者。

萬曆二十有八年庚子。

按臺洎督學檄取先生行實傳。

萬曆二十有九年辛丑。

〇趙吏部繪先生像，事于家。

真寧趙公邦清過澠，瞻拜先生畫像，命工繪之，敬事惟謹。已而柬其孫曰：「宇宙所賴以不毁，世教所賴以不墜，人民所賴以不入於禽獸者，恃有此真儒心學之一脉。此一脉也，無論時之古今，地之遠近，其聲應氣求，有親如骨肉弟兄者。月川先生，不佞自童蒙時仰而慕之，若泰山，若景星，一讀其書，嘗思想見其人，想見其居止，想見其子若孫。不意今歲道經澠池，得拜先生真像及先生之嫡傳子孫，❶又幸貴父母任君然諾信如四時，惠我月川先生大像，拜而懸之於壁，父師儼然在目，真是山川增輝！訂證《年譜》，並作一序，必顓致之，不敢説謊得罪於月川先生。」

〇按臺洎督學復檄取先生行實傳。

萬曆三十年壬寅。

〇按臺繪修先生真儒坊。

侍御楊公光訓，渭南人，過澠，命邑侯任公載德修葺之者。修成，侍御扁其額曰「真

❶「嫡」，原作「敵」，形近而誤，今正。

儒坊」。

萬曆三十有一年癸卯。

○文翰林表先生祠，并題「拙巢」。

三水文公在兹，過澠謁先生祠，謂任侯曰：「讀先生諸著述，則大擴夙昔怀抱？」扁其祠曰「淵源濂洛」，題拙巢曰「月川先生事心處」。任侯亦題祠額曰「明時道統」。

萬曆三十有四年丙午，《皇明正學語録》成。

○吏部稽勳郎中趙公乾所邦清，讀先生書，歎曰：「誦先生言，大都與宋濂、洛、關、閩相發明，而從祀尚格其請，抑未得先生之窾要乎？」因於群書中録要成書而刻之。既又柬其孫繼儒曰：「辛丑秋初，道過仁里，得瞻芝宇，仰見門下樸静端約，依然曹夫子之家範。即此便是學，即此便是道，即此便是講學實驗，即此便是克肖之孫。彼貴家公子，脂粉油膩，華藻靡麗，一見即起正人憎惡，十步之外即聞有腥穢氣，是固貴家公子氣習之不善，抑亦先人富貴氣味薰染之不善也。愚一見門下徹骨清素，是以深喜。深喜門下得家學之正傳；深喜曹夫子澤流之遠，得此佳孫；深喜一派真傳久而彌光，如松栢之種，歷四時、更萬古而不改柯易葉。不然，丘方山、尤西川、孟雲浦老長官，郭方壺、王惺所、張抱初父母，皆曹夫子杏壇左右前後不百里之人，其修之身、修之家、修之政事，卓然正大光明，講學之會，今猶不輟，此非曹夫子澤流之遠，更二百年而不磨，何以如是？嗚呼！使天下十五省皆講學之人，閭閻小民必不爲盜，薦紳士夫必不貪贓。愚以爲曹夫子今日第一著慮，亟求從祀孔子廟庭爲急，議謚次之。夫國初混於俗元夷狄之習，士鮮知學。曹夫子生於洪武、永、宣之間，獨以斯道爲己任，事親以孝，守己以正，著述羽翼六經，力攻佛、老之謬。少保彭幸菴謂『國朝道學之傳，斷自先生始』，河東薛文清嘗稱先生『自少讀書，即有求道之志。理明心定，有德有言。』遂由關洛以遡濂溪，霍、蒲諸生争詣闕借留。方嶽重臣不遇以屬禮，開闢啟鑰，是曹夫子爲我朝道學之宗，薛、王、陳、胡，皆聞風而興起者也。四公從祀俎豆，曹夫子猶然未與，此當事者之責。❶幸今貴邑陳父母，乃愚至厚同年，實大小兒任賢業師，樂道揚善，尤高愚一頭地。愚寄一字，求陳年兄作一好申文，力請從祀，兩院必首肯，蚤題成此大事。《年譜》賴張抱初父母編次，極其精當，無俟愚再訂，但前序既有王惺所一序，再求寧陵呂新吾先生一前序續之，務求真正圖書刻之。後序既有張抱初父母一序，愚再作一後序續之，兩院題請，必入曹夫子之著述。愚又在家於三十四年冬刻曹夫子《正學語録》一本，特呈門下一覽，用心收拾，倘有檄取以備題請者，始封送之。《真儒考》二本，是山東刻成者，一並呈覽。匆忙，不盡所欲言。」

萬曆三十有九年辛亥。

○邑令簫公籍查先生正裔孫年八歲以上、十二以下者，得十三名。曹瑾、曹瑜、曹悛德、曹邦才、曹邦瑞、曹瓊、曹燦然、曹大綬、曹復興、曹重熙、曹裔延、曹繼統、曹琛，擇師生員張有聲，於先生祠中作養讀書。仍將該祠祭田令先生族人輪種，每年稞銀貳兩伍錢，歸縣置辦春秋二祭。稞租

❶「責」，原作「貴」，據文意改。

穀麥壹拾陸石，給奉祀生員曹繼祖肆石，爲補修祠堂併朔望香燭之費，給裔孫曹瑾等十三名陸石，生員張有聲貳石，爲紙筆之資。餘肆石存貯該祠，以備印刷遺書紙劄等項應用。

月川曹先生年譜纂跋

月川先生知名海内，舊矣。洎余從雲浦孟先生游，聞復推重不置，嘗持《年譜》示余曰：曹先生篤志嗜修，倔起一時，其表章固由蒲版謝先生力，然今昔殊時，煩簡互異。近得湳川范先生《撮要》一帙，言約意精，更爲確當。余間取兩書讀之，良然。於是仰體先師之意，忘其謭陋，芟繁衍，録精當，大都祖謝先生之核而裁酌，壹稟於范先生之精，蓋博收而約取之者也。及檢所珍藏，又得邇時名公札記，取其能見先生之大者，總彙爲一，命曰《年譜纂》。繕寫既成，旋印證於弘農王幼真丈，載加參訂，因付剞劂，以質正於達觀者。於霅！遺軌臚列，景行謂何？蘄以善繼先師，則有曹先生嘉言懿行在，願與同志者勗之！

萬曆丙午歲夏孟之吉同邑後學張信民敬書於南安退思軒。

敬軒薛先生文集

〔明〕薛瑄 撰
何善蒙 校點

目録

敬軒薛先生文集卷之二

敬軒薛先生文集卷之三

敬軒薛先生文集卷之四……八四

敬軒薛先生文集卷之五

敬軒薛先生文集卷之七

敬軒薛先生文集卷之八……一八九

敬軒薛先生文集卷之十三……三一七

敬軒薛先生文集卷之十四……三三九

敬軒薛先生文集卷之十五……三六一

敬軒薛先生文集卷之十九……四四七

敬軒薛先生文集卷之二十三

敬軒薛先生文集卷之二十四

校點説明

薛瑄(一三八九—一四六四),字德温,號敬軒,明蒲州河津(今萬榮縣)人。明永樂十九年(一四二一)進士,歷任廣東和雲南監察御史、山東提學僉事、大理寺少卿、南京大理寺卿、禮部右侍郎兼翰林院學士、禮部左侍郎。晚年致仕,居家講學、著書,卒於天順八年(一四六四),享年七十六。成化初,謚文清,隆慶五年(一五七一)從祀孔廟。

薛瑄幼承其父薛貞教誨,受到良好的儒家思想教育,二十一歲得遇元遺儒王素亨、范汝舟、魏希文、范仲仁等講論經史,研習宋儒性理諸書,並以此爲「道學正宗」,故學宗程朱。「乃盡焚詩賦草,專精性命,至忘寢食」(《薛文清公年譜》),遂爲明代著名的理學家,明代前期理學的主要代表人物之一,「河東學派」的開創者。在學術上,薛瑄主張理在氣中,理不能離氣而獨立存在,以爲「遍滿天下皆氣之充塞,而理寓其中」,「理只在氣中,決不可分先後」,「理氣無縫隙,故曰器亦道也,道亦器也」。主要著作有《讀書録》、《讀書續録》、《河汾詩集》、《敬軒薛先生文集》等。

《敬軒薛先生文集》成書於《讀書録》、《讀書續録》及《河汾詩集》之後,又稱《薛文清公文集》、《文清公薛先生文集》(以下簡稱《文集》)。《文集》共二十四卷、一千七百餘篇,明弘治二年(一四八九)由門人張鼎付梓刊刻,弘治十六年(一五〇三)重刻。此即《文集》最初的版本,即弘治本。文前有張鼎序。萬曆年間,張銓重刻《文集》,卷端標明「門人關西張鼎校正編輯,鄉後學沁水張銓重校梓」。薛瑄的八世孫薛士弘在任真寧縣知縣期間,又於萬曆四十二年(一六一四)重新刊刻《文集》,此爲真寧官署本,即萬曆本。有張鼎序及薛士弘跋。清雍正十二年(一七三四),薛氏家族以萬曆本爲底本重刻《文集》，即雍正本。卷首增入合族重刊首事人名單。該本在乾隆間又有重印。此外，《文集》的常見版本還有清代解梁侯腹心刻本，侯氏刻本亦是以萬曆本爲底本，文前增入侯腹心所撰的《詩文二集凡例十則》。

由弘治本而至萬曆本，再至雍正本，這是《文集》版本流傳的基本情況。就目前所見的《文集》諸種版本而言，基本上都是在張鼎弘治本、薛士弘萬曆本基礎上重刻、重印的本子，以萬曆本流傳最廣、翻刻次數最多，雍正本和侯腹心刻本均是以萬曆本爲底本。一九九〇年，山西人民出版社出版由李安綱等校點整理的《薛瑄全集》，其《文集》部分即以萬曆本爲底本，參校了包括弘治本、雍正本在内的諸多刻本，然未及張銓本。

此次整理《敬軒薛先生文集》，以國家圖書館所藏萬曆年間張銓重刻本爲底本。該刻本是張銓在張鼎弘治本基礎之上重新刊刻而成，重刻年代較早，比較忠於張鼎原刻面貌，且字跡清晰，保存良好。該刻本共八册，二十四卷，書封題「敬軒薛先生文集」，卷首有張鼎序。以雍正本及影印文淵閣《四庫全書》本《敬軒先生文集》（簡稱四庫本，以張鼎弘治本爲基礎）爲校本，這樣基本上可以呈現《文集》在其流變過程中的全貌，以儘量體現、保持《文集》的面貌。

校點中的錯誤恐未能完全避免，謹祈學界指正。

校點者　何善蒙

敬軒薛先生文集序

「布帛之文，菽粟之味」，朱子嘗以是而贊程子矣。布帛可以常衣，菽粟可以常食，聖賢著述立言亦猶是也。舍此則奇怪隱僻，不經于世，若左氏浮誇、莊周荒唐是已，君子所不與焉。先師敬軒薛先生有見于此，故其著述立言淺近平易，使人易知，豈奇怪隱僻、不經于世者所可擬哉。

先生名瑄，字德温，别號敬軒，世爲山西河津人。自幼篤信好古，博學善記。所著有《讀書録》、《續讀書録》、《河汾詩集》，行于世。惟《文集》，則先生孫、前刑部員外郎禩，曾托前常州同知謝庭桂板刊，未就。今年夏四月，前監察御史暢亨，先生同鄉，謫官陝右，道過鎮陽。予因訪前集，暢曰：「某于昆陵朱氏得之矣。」予喜而閲之，但舛訛非原本矣。因倣唐《昌黎集》校正編輯，總千七百篇，分爲二十四卷。凡三易稿，始克成編。於戲！先生《文集》流落江南二十餘年，今傳于世，豈非其數有所待與。

先生永樂庚子河南鄉試第一，登辛丑進士。宣德丁未初，授行在廣東道監察御史。正統丙辰，擢山東按察司提學僉事，陞大理寺左右少卿。以獄事詿誤，閒居七年。正統己巳，用言官薦，左遷大理寺丞。景泰庚午，奉勑總督松潘糧餉。事竣，陞南京大理寺卿。未幾，改北京大理寺。天順丁丑，陞禮部右侍郎兼翰林院學士。入内閣，轉左侍郎。越五月，以疾在告，懇乞休致。通前章三上，方得俞允，時年六十九矣。天順甲申夏六月，終于家。朝廷遣官諭祭，爲營葬事，贈禮部尚書，謚文清。

予嘗記先生設教河汾，一時及門之士，雲集川淮。鼎方十五六，先生格言至論，耳濡目染，猶能憶其一二，惜乎少年不及向學。大抵先生剛方正大，以聖賢爲師。處己接物，不詭隨，不屈撓。講論經書，窮究義理。自一身一心推之，至于萬事萬物，然後約之以歸于一。其餘子史百家，靡不淹貫，究竟至極。尤邃于性理之學，《周易》、《太極圖》、《西銘》、《近思録》，未嘗釋手。常瞑目端坐，思索有得，欣然見于顔面。其學蓋已至于樂之之地矣。言動舉止，悉合規度，可爲人法。辭受取予，一決於義。終日衣冠危坐，望之儼然可畏，雖燕閒亦然。居家孝弟忠信，對妻子如嚴賓。及至接人，和氣可掬，不語人以其所未至。嘗以程門教人居敬窮理，接引後學。晚年造詣高明，踐履篤實，益至純熟。其詩文平易，沖澹渾成，不假雕刻，誠所謂布帛菽粟，切于民生日用而不可缺者也，讀者自當得之。

予早侍几席，壯歷宦途，老無所得。追思誨諭，不可及也。先生歷官政蹟，載在國史。其風節道德，自有天下後世公論在，不敢私。

弘治己酉夏五月端陽，門人關西張鼎序。

敬軒薛先生文集卷之一

門人關西張鼎校正編輯
鄉後學沁水張銓重校梓

賦

黃河賦

吾觀黃河之渾渾兮，乃元氣之萃烝。濬洪源于西極兮，注天派於滄瀛。貫后土之龐博兮，沓玄溝之晶明。過積石而左轉兮，龍門呀而峻傾。薄太華而東鶩兮，撼柢柱之崢嶸。入大陸而北徙兮，迷不辨夫九河之故形。經兩海而紀衆流兮，擅浮沉之濯靈。覽頹波而懷明德兮，又何莫非姒氏所經營。登崑崙而俯視兮，固彷彿其初迹。馭高風而騁望兮，遂周游其曲直。何末流之混濁兮，始清瀓而湜湜。羌澮灩而徐趍兮，勢沄沄而自得。觸險石以鬬暴兮，詫雷轟而轂擊。霧雨天宇擴其沉漭兮，渺上下之玄黃。霆霆而滃集兮，混邃古之洪荒。微風蕩拂而渙散兮，天機組織其文章。頹猋浩而洶湧兮，百怪垂涎而簸揚。腥雲濁浪以盪汨兮，怳忽顛倒夫舟航。靈曜升而赫照兮，乘正色於中央。望舒在御而下臨兮，列宿涵泳其光芒。若乃震秉符以行令兮，百谷淫淫其凍釋。山澤沮洳以上氣兮，增滉瀁之洋溢。魚龍乘濤以變化兮，杳莫測其所極。祝融載節以南屆兮，雷雨奮達以霶霈。潰支流而股合兮，百川奔而來會。木輪囷而漂拔兮，蔽雲日而淘汰。狂瀾洶而囓岸兮，塊土焉塞夫衝潰。霜戒嚴而水脱兮，少昊執矩以司秋。洲渚緬邈而石出兮，始殺湍而安流。霰雪紛其四集兮，顓頊乘坎以奮神。大塊噫氣而摩軋兮，流澌下而龍鱗。層冰横絶而山委兮，河伯驅石以梁津。羌險夷而明晦兮，變朝暮與四時。飈風起而衝木兮，蟒怪駭其難推。覩圓方之一氣兮，恒來往而密移。昔尼父之歎逝兮，跨百世而罕知。顧川流之有本兮，與終古以爲期。啓龍圖而翫六一兮，悟主宰之所爲。喟余心之未純兮，感道妙之如斯。聊誦言以自明兮，庶晝夜之靡虧。

虛菴賦 爲僉憲泰和劉咸作

觀堪輿之橐籥兮，恒噓炎而吸寒。漠空洞而容納兮，神化繼出而源源。混真精之微密兮，生人物於兩間。何此氣之雜揉兮，異明暗與强孱。物擾擾而並進兮，慨中虛之委填。雖暫空而還塞兮，又何以納夫清言。聖覽兹之蔽濁兮，啓、象告之幽玄。上呀然之澤水兮，下安安之崇山。山中闕以承澤兮，澤下浸以潺湲。覩咸虛之受益兮，知中私之可刊。有君子之好古兮，質清明而粹完。窺羲皇而求索兮，仰姬、孔以援扳。肇佳名以爰錫兮，寓虛菴而頤顔。闢混沌以爲室兮，鍵太素以爲關。列冲澹而爲榻兮，鋪恬静而爲莞。幕天宇之廓落兮，鏡止水之澄灣。延皓月以爲友兮，抱虛明之團團。撫瑤琴而寫中素兮，清風去而徐還。步逍遥而徙倚兮，悟達人之大觀。飲太和而療渴兮，味道腴以充餐。佩文史之璜琚兮，服禮義之衣冠。不先物而内植兮，恒洞達而平寬。理無微而不蘊兮，善無入而不安。知静存而動出兮，合大化之循環。守此度之益敦兮，諒感通之何難。顧余質之中窒兮，慕夫人之閑閑。願相從於廣宇兮，長依倚而盤桓。

雪賦

維月之孟陽兮，氣栗烈而嚴凝。歲忽忽而遒盡兮，閟升降之機扃。相重陰之蘊杳兮，霰雪下而縱横。何玄冥之工巧兮，鏤六出之奇形。初揮霍而散漫兮，遂漠漠而無窮。乍大荒之微垔兮，久川谷而俱盈。灑長松之落落兮，玉龍夭矯而騫騰。逐回飈而入竹兮，磕金石之琤琤。被嶔崟之絶巘兮，若天吴起立而海波傾。訝城闉之方啓兮，敞馮夷之幽宫。捲前簾而凝睇兮，懸旒玉於簷楹。九臯之鶴横空而遠逝兮，惟聞夫戛然之長鳴。舞瑶臺之佚女兮，迷不覩夫綽約之冶容。疑地媪之効瑞兮，珪璧磊落而晶熒。豈清都紫微之既春兮，梨花飛絮而交零。載瑶車而駕玉虬兮，將遠觀夫九野與八紘。遵渤澥而東騖兮，渺萬里之滄溟。登九疑而瞰南極兮，祝融不炳耀其銛鋒。循流沙而涉弱水兮，歷峥嶸之長冰。臨大漠而睨中土兮，山川紆曲而齊同。天地混融而爲一兮，又孰别夫濁與清。乃旋輈而息駕兮，獨惝怳於中庭。四方上下皆在我闥兮，擴靈府之宏澄。探元化於終古兮，聊向風而抽情。亂曰：洪鈞斡運，一氣孔遒兮。四時相沓，而翕闢何由兮。陽以陰肅，恩若仇兮。闃寂無餘，而發爛莫收兮。蟲牟降伏，三白肇休兮。歲荐若兹，我將何求兮。

自脩賦

皇降予以衆美兮，寔清明而粹全。胡賦質之不猶兮，乃蔽昧而强孱。自有識而發憤兮，窺前脩之閫闑。誦古訓之數數兮，服至理之拳拳。雖苦心而極力兮，猶未從容乎矩步。忽内怛而自脩兮，吾知其故善。既復而或失兮，怠與敬其交騖。心暫開而或蔽兮，理與欲其紛互。此實進退之機兮，肇千里於跬步。苟決擇之不勇兮，將邪嬴而正負。盖必於敬於理而保持兮，於怠於欲其屏去。❶既經心以自明兮，復誦言以自固。庶成性之存存兮，全上天之所賦。

思本賦

吾行年之匪少兮，胡貿貿而靡思。善惡原於杪忽兮，寖千里其遠而。木油油而上聳兮，波沄沄而載馳。托后土之鴻龐兮，本大化之無涯。肇總總之衆物兮，咸資始於天淵。矧含靈之物秀兮，孰有不自其先。先昭列而在上兮，子孫繩其在下。或一日而不思兮，將原竭而本仆。或廣植而不食其穫兮，或勤施而不責所負。渺河流之汪淫兮，潤實漸於遐土。啓我人以坦途兮，闢我人以大户。既登名於薦書兮，

❶「於欲」，雍正本作「與欲」。

復顯仕於朝列。念積累之艱難兮，恒拳拳而恐失。服聖賢之明訓兮，索衆妙於微賾。仰皇昊之賦畀兮，保天理於晷刻。謹余識之昭昭兮，匪他岐之敢惑。潔余身之皓皓兮，豈外物之能涅。是惟顧本源以自脩兮，若見親於羹墻。行斯百而靡虧兮，體毫髮而匪傷。堅此志之罔替兮，爰此言之不忘。敦忠孝而日新兮，庶未盛而流長。

古　詩

禱雨効韓體

盛夏將幾月，亢旱何赫炎。山澤不通氣，水雷更深潛。畢亦無所爲，徒聞掛銀蟾。豐隆久暗默，列缺寧窺覘。螻蟻閉深穴，老蛟遯幽潭。凡此衆陰類，畏避何安恬。而獨哆口箕，簸揚助飛廉。微雲稍欲布，驅逐無毫纖。陰氣歘將合，極力故攪擣。蓬蓬太虛内，日夕恣併兼。既迎望舒轡，復送羲和驂。遂使平田中，百物如燒燖。吏民紛祈禱，土梗空巍岩。擊鼓神弗聞，旱氣轉覺添。焚巫果何計，暴尫信虛談。我欲欸上帝，上訴箕風讒。狂吹既清息，長舌亦收緘。得使陰陽和，坐見雨露霑。枯槁總滋遂，沛澤皆濡淹。室家合飽足，兒女無諵諵。永荷神力慈，式歌大化覃。抱此雖自奇，臨期復凝瞻。

翫一齋爲柳克新賦

靜觀一理大，寥閴竟難言。惟於流行

際，特達見本根。胡爲岐路雜，靈妙日已昏。玄聖發曾子，濂溪啓程昆。後哲總超悟，殊途集同門。吾友展禽裔，古道性所敦。乃作甑一齋，游處資操存。極力屏羣欲，篤志收奇勛。歛兹義理微，芟彼枝葉繁。始知千萬緒，無不會心源。了此匪爲易，仰視有蒼玄。

舞陽阻雨留宿

清曉發昆陽，緑野散朝旭。夾道禾黍長，泥潦淹馬足。東行得平岡，舞陽忽在目。❶入自西郭門，❷兩街喜多竹。爽氣拂征衫，❸清風戛鳴玉。便覺人境偏，似有太古俗。阻雨留憲臺，倏忽經再宿。永日覽圖書，清宵散華燭。念此居處崇，内顧王程速。敢不勉忠勤，而胡遂安欲。此邑足名賢，❹王常韓韶炳相續。明發登前途，回首憶高燭。

宿信陽慈氏寺有懷趙侍御二首

禪室絶清灑，夜景何寥寥。白月墮簷隙，涼飈拂林梢。有客不能寐，起坐心勞焦。所懷同心友，相去一何遥。開門望天宇，露冷河漢高。恨無雙羽翰，奮飛共遊遨。秉燭遂至旦，詩成還獨謡。

山寺月皎皎，流光入簾帷。神清不成寐，起視夜何其。天漢漸回轉，參斗亦西移。庭草泫繁露，林竹生涼颸。撫景念良

❶「目」，原作「自」，據四庫本改。
❷「自」，原作「目」，據四庫本改。
❸「衫」，四庫本作「衣」。
❹「此」，四庫本作「比」。

友，渺在天一涯。會面曾幾日，成此遠別離。冉冉易寒暑，悠悠隔山陂。豈無他人好，中情詎能知。所願得懽晤，以慰平生思。

舟行野湖中

湖水與天平，波濤亦何壯。我舟駕長風，遠破萬里浪。玉節方在斯，百怪誰敢傍。明登岳陽樓，八荒應在望。

疊前

少小心好奇，斯遊歲方壯。雲帆拂遥天，畫舫壓高浪。青山歷歷過，可見不可傍。明泊洞庭湖，還當極遐望。

龍陽山行遇雨二首

楚山饒古木，楚水遶奇石。林霏暗不開，石瀨瀉何急。久行路欲迷，嵐雨互蒸濕。陟降童僕勞，竟日未遑息。向晚落葉多，攬轡更駐立。

歲晚山行深，山中水重疊。叢篁夾溪橋，橋斷橫槎接。陰雨竟連朝，雲林黯一色。虚風忽泠然，蕭蕭墜黄葉。撫景復何爲，内顧遠遊客。

宿山亭

山深郵舍孤，入門晚色静。四顧足喬林，蕭蕭北風勁。向夕起重霏，窻户倏已瞑。燃松代秉燭，明暗光靡定。草草具杯酌，何暇梨棗飣。乃知山林趣，足發遠遊興。天明登前山，清風滿蘿逕。

瀟湘八景

余少時聞瀟湘八景之清致，而未得一遊也。今年冬，來湖南，始得親歷而詳覽之，遂爲八詩以寫其趣。

山市晴嵐

雨來萬壑昏，雨過千岫出。晴旭楚人家，蛾眉畫生緑。看看如有情，餘光遠相逐。

洞庭秋月

西風浄晚烟，天水遠相接。瓊樓玉宇深，烱烱涵虚白。夜久風露寒，一曲湘靈瑟。

平沙落鴈

霜清秋水落，風過人迹平。飛飛隨陽鳥，相呼下寒汀。向夕聚儔侶，月暎蘆花明。

烟寺晚鍾

夕照下山門，清音出烟霧。瞑壑一僧還，側佇尋歸路。月上楚天寬，霜落洞庭樹。

瀟湘夜雨

兩岸叢篁濕，一夕波浪生。孤燈蓬底宿，江雨篷背鳴。南來北往客，同聽不同情。

江樹暮雪

落落漁樵家，蒼蒼起烟霧。岸滑移釣舟，沙平失歸路。似有凌波人，盈盈月中去。

漁村落照

釣艇收晚緡，歸鴉集疎柳。天風吹彩霞，明月暎江口。孤村一笛横，萬慮復何有。

遠浦帆歸

翩翩投極浦，漠漠背殘照。水栅歌竹枝，清風激幽調。歸舟漸覺稀，錯莫尚凝眺。

微恙不出

客居養微疴，久與人事疎。早起無所爲，盥櫛讀我書。我書有真味，寧比膏與腴。膏腴常有厭，真味諒難如。自得復誰告，撫心但躊躇。

泊舟貽溪宿陽樓山下三首

泊舟清江滸，肩輿渡迴溪。微逕入叢篠，蒙籠行欲迷。轉步忽開曠，溪田間高卑。傍水野航小，連林茅屋低。適遂情景豁，寧覺人俗非。山堂稍曛黑，冥冥子規啼。

草堂傍溪谷，瀟灑無塵埃。隱几流水去，開牖青山來。客情既虚静，遠目何曠哉。弭節得周覽，外慮仍侵懷。村落日已暝，山民猶未回。念此不能寐，遠抱殊難裁。

窈窕入清溪，側逕何紆曲。魚梁截奔流，雪瀨漱寒玉。空翠濕人衣，霧雨滿新竹。路窮上野航，前登得平陸。日暮烟火迷，似向桃源宿。

舟中聞蟬

扁舟泛湘水，水碧風日晴。適有異鄉感，忽聞衆蟬鳴。淒切篁竹茂，斷續楓林青。家園舊喜聽，客裏難爲情。時節知已易，遠遊心緒驚。因念衆兒女，依依候門庭。雖云憫中私，尤當顧王程。

湘江舟中

湛湛湘水綠，夾岸叢篁多。挽舟逆水上，南風起微波。嘉此晴霄景，逍遥翫江沱。沙渚曠緬邈，雲岫紛嵯峨。遠目爲舒暢，客意將如何。濯纓吾所愛，聊爲扣舷歌。

至襄城

襄城古名邑，山水殊清妍。我遊適已再，入境心欣然。憲府絶瀟灑，乃在城東偏。停驂得所止，景静俗慮捐。脩竹滿堂後，翠柏當庭前。攀折將有贈，聊比志節堅。念之不能已，長謡遂成篇。

望諸葛草廬

我行迫王程，訪古少暇日。曉出南陽門，馬渡消河急。舉目眺西岡，林木半蒼碧。有祠中巋峨，云是孔明室。使我心慨然，攬轡久瞻立。憶當炎祚衰，四海皆熿溢。奸豪競虎吞，孰知順與逆。公時獨悠然，放歌聊自適。及來耕隆中，日以老所益。高視千古人，管樂自儔四。有時發中懷，長嘯獨抱膝。寧知卧龍姿，還爲冰鑑識。賢哉劉豫州，三顧何汲汲。問以當世事，指掌皆歷歷。自茲出茅廬，魚水情尤密。後來大業興，益見前籌力。公心果何如，是欲靖羣賊。復漢還舊都，志願乃終畢。柰何逢厄運，終匪智能及。五夜星隕營，三軍淚沾臆。至今五丈原，悲風尚蕭瑟。遂使英雄士，遺恨無終極。今來望公廬，咫尺不暫即。園井定依然，遺像想猶昔。平林渺寒烟，長巒帶古色。所貴賢者居，孰不仰遺迹。鞭馬復南行，迴想猶未釋。朗誦出師表，沉思八陣石。浩浩天壤間，奇才難再得。他年擬重來，更當展良覿。

襄陽道中

曉醉新野縣，午入襄陽境。迢遞岡坂長，曲折溪流静。入村竹青青，便覺異風景。唯時霜雪繁，歲晏北風冷。中私且撥捐，壯觀極馳騁。日暮臨漢江，窮源思方永。扁舟過須臾，波濤任奔猛。遠行足險夷，吾心良獨省。

登峴山

停舟漢水濱，跨馬陟峴首。漢北渺川原，漢南足林藪。山水兩迴環，地氣蓄不走。城比一掌中，名勝良不偶。紅樓杳難即，粉堞粲可取。虚白瞰遠沙，踈翠俯高柳。柳外居人家，向背各開牖。美哉風景奇，詩興濃於酒。下馬復山行，遺壘高培塿。歲久悉荒殘，戰骨亦枯朽。緬思前代争，南北此樞紐。典午窺併吞，元宋竭攻守。兵連歷歲時，良田生宿莽。力屈或不支，乃爲强者有。而雖富土疆，竟莫絶稂莠。明運開萬方，稽顙唯恐後。浩浩江漢間，一洗舊昏垢。詩傳二南俗，人享百年壽。乃知皇力尊，澤及生靈厚。小臣職觀風，登覽匪外誘。所願歌昇平，彌億萬年久。

峴山羊公祠

峴首羊公祠，周圍帶草莽。重是古名卿，舍舟聊一上。雪消江路滑，氣暖神扉敞。捫碑溜蘚痕，搴帷綴蛛網。字隱不可讀，風流猶在想。想當公昔年，跨馬此登賞。顧彼山常存，身滅足悵怏。寧知千載餘，公名蔽天壤。遂使山增輝，過者悉瞻仰。足明仁厚澤，不與時世往。我來復何爲，作詩踵遺響。

遊習家池

谷口一逕入，蒼山四邊開。中有習池水，水碧無纖埃。泉源初噴薄，交流遂瀠洄。飛鳥鏡中度，行雲天外來。微風一蕩拂，林影久徘徊。寒光空心性，俯翫何悠哉。愛此不能去，載歌寫中懷。

遊君山寺

爲愛湖中山，遂尋山下路。躋攀轉幽邃，澗谷亦回互。石蹬足莓苔，青林雜烟霧。前行如有窮，❶嵐嶺乍分布。招提壓重湖，千里周一顧。孤峰四無根，形氣自依附。山僧復導我，窈窕更徐步。疎籬野蔓懸，老圃寒泉注。逕轉山房深，重與絶境遇。白雲簷外生，清風竹間度。庭花雜無名，歲晏色猶故。澄心得妙觀，忘言契良晤。愛此林壑清，遂薄塵俗務。重來待何時，尚子畢嫁娶。

洞庭遇雨

孤舟行何遲，歲晚洞庭雨。跳波亂明珠，隨風颺細縷。雲霧失君山，波浪連吴楚。莫唱斑竹枝，別思滿南浦。

青草湖即事

洞庭方始過，青草又相續。水落湖地寬，冬暖草芽緑。遊目解孤悶，即事忘拘束。艤棹觀魚罶，援弓射鴻鵠。取笑復何爲，聊爾徇人俗。

❶「行」，四庫本作「林」。

雨後臨雙池

時雨夜來歇，雙沼朝欲平。香草何瑣雜，芊蔚繞岸生。脩竹瀉風露，圓荷貼青萍。顧此好脩客，覽彼衆物榮。徘徊撫雕檻，徙倚當素屏。採掇終有贈，緬焉起深誠。

雜詠六首

岩岩泰山石，靄靄石上雲。須臾遍八極，霖雨竟朝曛。功成不言利，收斂不盈分。致此豈云遠，舉目窺嶙峋。

溶溶綠池水，上有嘉樹林。白鳥來何方，集此清池潯。毛羽粲霜雪，和鳴激流音。可見不可即，徒勞觀者心。一舉冲青天，虞羅諒難尋。

江漢豈云廣，一葦可以航。山岳豈云大，吾將陟周行。淇水有菉竹，澧浦多蘭芳。既自抱孤節，還應發幽香。合并會有時，遠抱非俗量。

皇天無私厚，一雨萬物滋。朝樹泫膏沐，庶草紛萋其。❶ 青陽舒景曜，谷風扇和熙。遠遊涉獻歲，寧不感良時。

唯山有奇石，唯水有漣漪。吾心諒誰告，耿耿徒自知。悠悠世間物，邂逅貴有時。後來安劉者，往日吹簫兒。向非附青雲，汩没將何爲。蒼蒼霜雪幹，豈無大厦姿。山深少蹊逕，匠石慎所遺。

古劍匪新器，古瑟匪新音。雖無適俗

❶「萋」，四庫本作「凄」。

態，知己在所尋。充子佩服美，❶感子淡泊心。藴匱固有待，無悶良可欽。

新　笋

方池錦萍滿，花草被四阿。生意一何盛，新笋池上多。緑苔已穿透，粉籜方包羅。鋭若毛遂穎，森如羽林戈。朝翫夕已高，舊竹時復過。相期保堅節，歲寒心靡他。

會同院中

會同古蠻服，市邑何蕭條。霜臺絶清僻，道院無俗囂。芳草滋新茸，高柳垂長條。石砌滿苔色，可以慰逍遥。行翳涼景肅，顧望白雲迢。塵羈豈能紲，何用山林招。

溆浦雜詠三首

山縣孟冬交，草木盡黄落。官署何嚴嚴，寒雨灑寥廓。讀書三十年，志願常異豁。栢府既先登，憲節復早握。蠻荒過三秋，征科愧才弱。所願採蘭芷，聊以比葵藿。深念方在兹，無欲自欣樂。

辰沅異風土，十月足霪雨。竟日復通宵，清響徹烏府。久客厭聞之，晏坐默不語。經世志未酬，讀書心獨苦。往事感中懷，良辰復誰許。悠悠付深期，取適自容與。

溆浦絶小邑，昔無名士遊。我何秉憲

❶「美」，原作「羙」，今據四庫本改。

節，來此乃淹留。庭前高木落，屋背荒山秋。公廳静苔色，風雨寒颼颼。離剛感時節，得無念中州。深衷如可致，過是非所求。

山舘

税駕日亭午，愛此山舘清。藩籬翳嘉木，但聞幽鳥鳴。開門遠翠來，白雲望中生。便覺矐者肥，似有戰勝情。野蔬足充餐，作詩紀兹行。

渡雙溪

雙溪始合流，崖渚遂經復。洄潭一鏡平，秋影空寒緑。野渡得孤航，山家帶喬木。適意方自兹，前呵戒僮僕。撫景重悠然，誰能和斯曲。

沅州元夜

五溪古荒服，連延列邊墉。自從啓明運，便已變華風。民俗競佳節，適與中州同。我來一何久，三見春燈紅。竊食飽官廪，曾無分寸功。豈不愧伐檀，還應感飛蓬。今夕復何夕，列炬當庭中。行翳脩竹枝，吟對梅花叢。翫此歲寒物，舒我天游蹤。言歸即當歸，掛席湖江東。

贈趙彬

黔中山水奇，産物亦秀異。丹砂色光冏，黄金質精粹。碧春石汰淘，汞煉土騰萃。其他楩楠樟，挺特皆偉器。因念上天公，造物無私智。不應山水靈，而獨鍾斯類。竭來客沅州，果愜向所意。趙子生其間，不與凡猥廁。神完骨亦清，最得二五秘。卓從少小日，即負遠大志。蠻荒乏師友，買書自從事。子集聖賢文，左右悉堆置。抽覽無停晷，一一欲强記。晝誦聲聒鄰，夜諷響穿市。寒暑忘冷熱，饑渴失滋味。停蓄才思深，馳騁筆鋒利。出語動驚人，縉紳悉推避。勤苦凡幾年，鋭氣久仍肆。邇來加斂收，精識亦超詣。雅欲求本根，不獨誇文字。我昔從先人，壯遊滿天地。邂逅多賢豪，殊趍各同至。談論隨有得，皆足飭昧稚。自忝臺閣官，遂攬湖襄轡。方懼過不聞，深恐德將墜。忽於僻遠中，得子喜不寐。我愚藉子砭，我失任子刺。所以愛子心，誠實不虛僞。觀彼物怪瑰，時尚亟搜致。況賢治之楨，尤爲國上瑞。四門方洞開，四目方遠視。明堂要梁棟，法駕用騏驥。子當寧厥需，會起摩天翅。

題太極圖

大小圈十箇，都在一圈上。如是究竟言，一圈也無象。

古　詩十二首

爰初闢清濁，悠悠千萬年。三墳既已失，古道茫昧然。神聖既有作，人文漸開宣。羲軒御元極，堯虞運中天。粲粲河洛秘，密密精一傳。太和良自兹，玄功竟難言。萬理如何即，瘖歎窺遺編。

窈然觀化始，本自同一初。聖者惟其性，大道蟠皇輿。云何千古後，岐路如錙銖。西學外形器，玄宗暢清虛。滔天勢方漲，捧土誠爲愚。不有諸老力，生民竟爲魚。寄語後來人，慎莫迷所趍。

行鴻暢遠澤，鳴絛沛時雨。白旄一以麾，九鼎奠中土。三后同一功，休明諒難伍。云何王風頹，故宮滿禾黍。大雅遂寥寥，遺音獨凄楚。悠哉復悠哉，白雲在高阜。

水火非無功，焦溺亦由此。所以玄天機，千載莫能理。君子得其操，小人迷所止。四海豈不遥，發軔良自邇。泰山豈不高，舉足不踰咫。薰風愜民心，簧竹蕩人耳。善惡反手間，胡不慎其始。

七百卜公旦，萬事期咸嬴。豈不同所願，天道有虧盈。岐山麟鳳集，函谷虎豹爭。趨舍乃如此，大運焉得并。蓬萊舟始泛，博浪車已驚。遂使三秦士，不獨驪山坑。已矣勿復言，九宇皆炎精。

靄靄商山雲，招之正徘徊。冥鴻一以縱，畢弋胡爲哉。寧知嬴豕壯，蹢躅多毒猜。沉沉辟穀子，爲謀一何乖。向非平勃力，炎靈遂如灰。獨有周南篇，歌之有好懷。

山空魍魎出，天黑鴟鳥鳴。姬轍既東邁，岐路殊縱橫。青牛適西域，大鵬抵南溟。談天竟何益，刺股徒首兵。紛紛險譎輩，瑣瑣難具名。有若迷方客，甘心棘與荆。不有仁義篇，何由覩天明。

吾意六籍外，尚多古人書。一朝秦焰烈，焚蕩無遺餘。掇拾煨燼者，補綴誠區區。訛缺固已多，盡信寧非愚。獨有羣聖心，昭哉難翳如。多謝宋諸老，萬世開迷途。

季子多黄金，張儀富秦土。腐鼠爭饑

鳶，鹿豕競貪虎。周道久已非，王綱如綴縷。岩岩養氣翁，鳴鳳獨高舉。圓方遍九州，周覽無定所。天飆激和音，雲漢濯文羽。大道今依然，捭闔安足數。

日月自有明，陰陽自有行。萬物紛變化，人事更衰榮。云胡道術裂，瞑目談丹經。泛海竟茫然，樓居亦虚名。自古良若兹，擾擾將何營。

聖人無曲行，大道無邪岐。云何周轍東，驅車迷所馳。楊朱學仁義，莊老尚無爲。申韓首法俑，蘇張倡危機。遂令千載下，道術日以支。憔悴莫之悦，淳朴諒難追。此語匪爲誑，書上有其辭。

易莫易玄穹，簡莫簡坤土。聖心本虚明，條達無曲阻。如何末學差，崎嶇躓榛莽。二者袪除之，明白可深覩。多謝古老心，相將踐斯語。

秋日雜詠四首

庭樹生秋風，微涼入衾枕。久客得無思，遠意復誰諗。道腴足充餐，天和可當飲。以兹撥離憂，僻好安所稟。大義自古來，旋履吾已審。

翻翻高荷葉，秋雨生微涼。豈不懷遠道，撫時坐空堂。何以爲我懽，簡册多遺芳。古人不可作，古道不可忘。兹理將無厭，欲語墮渺茫。安得忘言子，相與傾一觴。

亭亭紫玉竹，爾節豈不堅。托根自有地，勿羞桃李顔。桃李固妍好，爾節重自保。請看君子心，浮雲湛秋昊。

粲粲黄金花，繞砌顔色好。豈不重所思，焉得致遠道。遠道不可忘，感時歷炎涼。人心豈此異，保爾秋節香。

述懷

少小習書史，政自賴先德。十五慈見背，四十嚴永訣。追思鞠育恩，俛仰肝腸熱。中心恒拳拳，每懼有遺失。早忝科第登，中厠縉紳列。榮耀既連綿，聲名頗烜赫。小子心不然，自顧真有缺。國恩未酬報，孝祀久虧越。❶祇命湖湘間，久載憲府筆。一往三年餘，及歸有華髮。家室寄中原，無産給衣食。大兒亟假田，農作不遺力。次男失學慣，游惰無儔匹。三子雖孱懦，芻牧無休息。昌子最痴小，奔走百不識。寒即索母衣，饑則索母食。老妻亦何爲，頻年苦煎迫。上以奉繼姑，下以撫兒婢。執爨色焦槁，補綴眼昏澀。我雖官在朝，蓬梗真浪迹。及歸苦告訴，數子俱未室。生理況蕭條，僑寓亦何益。我復對三歎，此乃共所恤。顧我有王程，尚敢懷私適。勉强數日留，慷慨一旦出。悠悠離蓬茅，行行向金闕。路從黄河過，舟自衛水發。舟中忽有懷，所懷何歷歷。吾聞古人言，老窮當固節。況我筋力强，所願豈契闊。誓將篤忠貞，于以守清白。上隆唐虞治，下布雨露澤。祖禰如有神，光賁亦行及。拜恩省先塋，勒石紀世烈。栽桑汾水南，廣土中條北。既足紓困頓，還可樹遠業。男女各婚嫁，親戚共周急。此事良可期，援筆聊自釋。

❶「祀」，雍正本作「思」。

臺中歸

習僻已成性，於人懶將迎。日暮臺中歸，掩户親一燈。但取書笑樂，不顧俗重輕。自得復誰語，玆道將吾成。

一室

奉使三年歸，京華營一室。一室陋且偏，入門唯四壁。豈不憂窶貧，所貴稱達人。家無倉廩儲，心有宇宙春。蝜蝂復蝜蝂，顛冥不知返。周道能摧輪，不在羊腸坂。惟河有天源，惟山有崑崙。擾擾勿重陳，宴坐思探元。

題思顏卷

零零雨露滋，肅肅霜氣寒。時物代榮悴，君子感所觀。所觀一何苦，時運靡終古。俛仰天地寬，思父復思母。夢昧如見之，❶温温金玉姿。行坐或可覩，冉冉霜雪絲。春風若在室，機杼倚虛壁。咳唾落珠璣，琴瑟當窻急。顛倒將無厭，而不間毫纖。幽感鬼神泣，明被日月霑。所以永言者，誠孝不容假。勗子勤蓼莪，短章代風雅。

古詩二首

驪珠出九淵，炫晃稀世寶。緘藏俟良

❶「昧」，四庫本作「寐」。

價，賞識待終老。云胡知者稀，衆道魚目好。君子復何憂，温明但自保。

津人善操舟，慣捷輕洪淵。來濟者誰子，濡溺幾不全。顛倒受嗤薄，中懷詎能宣。請陳經濟略，視彼蠛蠓然。

夜　坐二首

銀燭一寸光，照我千古心。心事諒誰語，秉筆空沉吟。幽懷載草草，妙思彌愔愔。豈無楊子雲，視昔猶視今。

滄海豈不大，井蛙良自餘。至言豈不美，俗士恒苦拘。賢哉顔氏子，妙領非真愚。若人不可即，鄙質將焉如。

讀陶詩

靖節一何高，理鑿時運表。返耕甘苦饑，棄世樂枯槁。所以見諸詩，淡泊出天造。掩卷思其人，清風起林杪。

示　兒

我祖自奚仲，奕代河東居。家本尚儒素，業豈羞寒虛。先君紹前烈，奮迹由詩書。勤勤教諸子，爲善樂有餘。藐孤欽誨言，而敢忘斯須。憶從向學日，爰自丱角初。吟哦竟朝昏，誦習忘饑劬。收斂心自得，放佚已不趨。周旋恐失墜，日奉庭闈娱。立年忝科名，嚴訓尤渠渠。進學固無怠，即仕其慎諸。承懽曾幾何，風木俄悲吁。追慕復何及，首疾心更痗。中間趨明詔，皇渥彌寰區。祿有不家食，官有臺閣居。循才覺孱弱，索報知蔑如。以玆寵若驚，自治如菑畬。更念汝四子，賦質各有殊。當思祖澤長，勿貽汝父虞。汝父豈可師，不有賢聖歟。孝友亟敦勵，心性勿填淤。匪善人莫交，匪義財莫需。止酒戒狂誕，窒慾謹湛濡。從慾劇墜石，放言甚奔車。言多必招戾，惡積終殞軀。人生有定分，造化司柄樞。窮達由天然，富貴非人且。歛跡甚勿競，閉户宜自慮。但使德學充，不愧金璧儲。達即思致澤，樂即思賢儒。小子敬所植，永久期無逾。

新燕

高堂新燕子，當晝語喧聒。雙雙葺舊巢，啣泥自寥廓。巢成去還來，莫負明年約。

楚楚者誰子

楚楚者誰子，意氣何軼人。居若無儔匹，獨步莫敢親。姬公雖大聖，尤尚吐握勤。此道久已非，擾擾勿重陳。

翩翩誰氏子

翩翩誰氏子，鞍馬殊輝光。入門佚輿發，促步登高堂。妖姬列左右，哀彈送清觴。酩酊百不憂，但願白日長。

答趙彬十首

余知趙君將十年矣，近又會於京師。惜乎余力不能振之也。雖然，君子求其在我者而已，用舍遲速，非所汲汲。況如君者，又豈待振與否能爲之輕重者哉。❶余近有山東之行，君以十詩見貺。反覆誦翫，益知其所存之不苟。但稱許區區者，有所愧耳。情不能已，輒依來章，以答其意云。

美人生南國，艷色世所稀。明眸一回顧，草木生光輝。我行重嗟惜，❷便欲携同歸。贈以青玉案，貢之黄金扉。如何久契闊，此念將勿違。

右答青青嶺上松。

仙山有高梧，玄圃足脩竹。飄然九苞鳳，下覽遂所欲。流音散天飈，文彩絢朝旭。泰和良在茲，瑞牒光前録。

右答冀北生騏驥。

層雲生岱宗，時雨遍東海。杏壇宛如昨，聖人教猶在。況當時運熙，文風盛而藹。翹翹士林英，無不生光彩。我行亦有爲，棫樸詩當采。

右答泰山何岩岩。

峩峩憲府臺，鬱鬱臺中栢。顧我樗散姿，繆作乘驄客。悠悠今幾年，區區竟何益。寧知憂窶貧，但自保貞白。中復荷寵

❶「豈」，原作「當」，今據雍正本改。
❷「嗟」，雍正本依「絶」。

光，分符海東域。得覲鄒魯風，載霑詩禮澤。皇仁一以敷，菁莪共欣悦。猶有江湖心，時將戀天闕。

右答屈軼生堯庭。

馳車出都門，遥遥指齊魯。念子不能別，對景獨容與。垂楊裊薰風，輕塵裛朝雨。仰視雲間翼，分飛無定所。丈夫方有爲，離憂寧足苦。願保金玉躬，潛脩繼前古。

右答扶桑日初出。

鷦鷯在一枝，鯨鵬起千里。達人足大觀，曲士焉足擬。所以君子言，觀海難爲水。大哉天地間，舉目皆至理。努力探化元，高歌望吾子。

右答丹砂生楚國。

天運行不息，君子恒法之。乾乾不自已，汲汲非所私。仁義存諸身，有蓄必有施。既非淺俗觀，當負遠大期。吾子安厥需，彙進寧非宜。

右答日月易流邁。

丹山有文羽，和鳴向青霄。滄溟有潛鱗，一夕摶扶摇。如何賢達士，甘心向漁樵。諒懷肥遯志，恐負山林嘲。休明盛夔契，于焉共逍遥。

右答珊瑚生海底。

吾觀天地大，萬物同一源。如何末學差，坐此枝葉繁。鉛華滅素質，雕蟲失本根。憶昔南遊日，得子同晤言。圖畫發幽秘，身心契真元。邈哉追前脩，此道期共敦。

右答大道久不講。

古來賢哲士，用舍皆無心。所以窮達間，一節良可欽。趙子不浪出，客居時光臨。矢心永無斁，感子金玉音。

右答古人重出處。

敬軒薛先生文集卷之一

敬軒薛先生文集卷之二

門人關西張鼎校正編輯
鄉後學沁水張銓重校梓

古詩

穆陵關夜雨

暝色來遠谷，清風動華燭。山樓雨聲寒，羅帷人獨宿。

山行 二首

山鳥多清音，山花有異香。但得山間趣，寧辭山路長。

又

荒岡斷復連，風葉散還集。霜落秋澗清，烟横晚岫碧。

作息吟

向晚羣動息，向曉羣動作。羣動作息間，乃是先天學。

東平行臺有竹，翳於惡木荒草，命僕芟治，嘉植乃遂，詩以紀之

生平苦愛竹，義若君子交。茲軒忽見之，俄頃漆在膠。振衣步其下，周覽增鬱陶。惡木一何多，蔓草一何饒。翳此破苔

笋，撓彼凌雲梢。命僕恣剪伐，得辭斤斧勞。除惡貴絶本，蘊崇及溝壕。荒穢既了了，涼風亦蕭蕭。修莖遂生植，嘉蔭愜遊遨。作詩紀顛末，庶爲同心謡。

穆陵關

危哉穆凌關，高出衆山頂。地勢愈覺寬，天宇相迴迥。林木何蕭森，首夏風色冷。山樓試一登，眺覽恣遐騁。沂岱環西陰，淮海接南嶺。齊州走北川，扶桑控東影。道里會一門，山川挈要領。緬思千古前，豪伯互吞并。齊履空復然，秦蚕已侵境。干戈被長巒，生民困魚鼎。于今天道旋，四夷守安静。山行晝落然，水宿夜無警。顧我觀風人，符節得屢秉。作詩紀兹行，傳與山將永。

蘭陵懷古

早發郯子國，午至蘭陵邑。蘭陵久已荒，禾黍帶荆棘。惟有古寺存，逕入林影密。老僧知我來，出門遠候立。下馬問往事，爲我指遺跡。蒼茫古城東，墓有荀卿石。我欲往尋之，還爲野水隔。憶昔周室卑，蠻荆凌上國。兹邑乃其疆，人物殊烜赫。寂寞千載餘，浮雲空古色。如何當日賢，重有逃讒責。只今文字存，尚爲人指摘。鞭馬舍之去，極目遠天碧。

敬吟

人惟肖天地，亦具天地性。性無物不存，存性惟一敬。心敬體不偏，情敬發必中。頭敬形端直，鼻敬氣肅静。目敬無邪視，耳敬無妄聽。口敬不妄言，身敬不妄動。手敬容必恭，足敬容必重。瞬息敬存身，早作敬致用。致用在天倫，天倫敬斯定。夫敬必先義，婦敬必從令。子敬孝必隆，父敬恩必盛。臣敬百職脩，君敬萬邦靖。兄敬篤其愛，弟敬謹其行。朋友以敬交，然諾必重應。敬則倫理明，不敬百行病。仰惟古聖人，一敬更相命。堯欽帝之宗，舜恭明兩並。祗台念禹德，日躋有湯聖。文王安敬止，武王勉敬勝。篤敬傳孔業，敬德著周政。敬惟羣聖樞，大訓迭輝暎。下逮河洛儒，紹統開迷逕。整肅嚴隄防，主一謹操柄。惺惺不昏昧，收斂無餘剩。用力在斯須，百體孰敢横。聖途漸可登，聖言良可證。一敬苟不存，萬欲皆奔縱。身心墜卑污，綱常滅天正。禽獸將同歸，人類孰與共。噫嘻敬怠間，狂聖越天阱。法言述聖謨，匪曰小子佞。

送楊參議三首

白露下將夕，天宇生涼風。之子有所適，告别何匆匆。羣公盡祖送，飛盖凌長空。停驂濼水曲，列宴歷亭中。秋容澹觴酌，高風急絲桐。酒盡儼將發，班馬何玲瓏。行當釋塵鞅，還應掛飛蓬。大江轉吴楚，重山入天叢。錦城有佳色，浣溪有遺踪。訪古遂舒嘯，觀風足從容。坐令全蜀俗，解與鄒魯同。兹遊豈云易，兩情若爲通。翹首遲歸鴈，應是春花紅。

右分韻得紅字。

林木生涼飈，臯蘭被清露。念子三川

行，正值九秋暮。天空一鴈翔，江遠孤舟騖。旬宣有佳興，載詠甘棠句。

右分韻得露字。

岷江瀉東溟，岷山倚西極。江山古名秀，楊君將此適。秋風送征帆，夜火明水驛。相憶瑶華音，看取東飛翼。

右分韻得驛字。

友鶴軒

九皋阻且深，潔白有佳鳥。中宵忽長鳴，清響徹四表。開軒一聽之，衆理悉明了。蜂蛤藏洪淵，秀氣浮浩溔。良璞在崑岡，清輝散岩嶫。雅興與茲同，至德潛且皎。温温聖者懷，大道思遠紹。友鶴名華軒，存誠絶外擾。水積成川流，木壅盛顛杪。功深効豈微，響大聲不小。慙非風雅才，作詩心自慓。

冬夜懷魏希文 希文名純，山東萊州府高密人，時謫戍玉田。

冬夜氣何厲，冰雪輝前楹。單居不能寐，懷我舊友生。行雲去不息，賓鴻各時征。兩情曠難合，欲語誰當聽。惟有寒月光，見予心宇清。展轉遂至旦，遠思徒營營。

余既作此詩，至來年三月間，有党厚本者，關中士人也。先任教職，又爲縣令，後謫戎伍間，復膺薦授荆門州幕職，道過滎邑。党先與余有故，因復問之。始知吾友希文亦以薦至京師，未及試用而死矣。及考其死之冬，適余作詩時也。嗚呼！希文純古君子，將謂其不終老於草萊也，而乃竟止於斯，豈非命歟！且余作詩時，適與其卒時又相先後，亦豈非平昔交遊之深，默有所感歟？嗚呼已矣！時宣德二年春三月，河東薛瑄識。

答仰宗岱寺丞見貽韻

念子青雲器，早涉青雲路。行行捧德音，睠言省民務。風俗廣咨詢，幽隱亟告訴。來爲人所悦，去爲人所慕。皇澤一以敷，郡國足膏澍。況復崇文儒，士林喜披霧。心涵玉壺冰，氣裊金莖露。懷哉明盛時，展矣風雲遇。而我同官良，惟子荷與顧。通籍來旬宣，各自植嘉譽。獨有蘭臭言，祗以同心故。還膺篤忠良，更此寫中素。何當展良覿，相期在秋暮。

題陳希夷圖

三峰亦何峻，白雲亦何多。中有高世士，冥栖掩松蘿。石泉漱寒玉，好鳥間清歌。歌長一披拂，紅紫争紛羅。山隔五季塵，年頹萬里波。豈無經濟策，肥遯矢靡他。威鳳不浪集，冥鴻難重過。清心探化機，瞑目養天和。真息深在踵，利貞静不訛。只疑龍蛇蟄，不管歲月梭。我欲昇玉井，濯手攀嵯峨。扣關起公語，妙理應如何。欲去還自休，馬圖今在河。

永慕堂爲楊大參賦

大化運不息，逝水無停時。依依舊居室，惻愴中腸悲。書殘讀遺編，機有餘斷絲。班衣不再舞，壽觴寧重持。庭前百卉芳，但覺陰陽移。儀容切寤寐，恍惚如見之。親心我所安，親志我所期。心志著且存，大節矢靡虧。悠哉孝子情，最此終天思。

遊禹門 禹廟在焉

春澤周四野，閑情樂時和。出郊縱逸興，緬懷佳山河。禹門忽在望，峭壁雲嵯峨。石磴接飛棧，危樓架洪波。空山響絲竹，虛堂進舞歌。父老誠苦心，旨酒神所呵。由來非一朝，吾意其如何。

河汾五賢詠 五首

卜子夏

浩浩西河流，遥遥東魯山。山河遠相隔，千里獨遊還。升堂奥可入，豈曰文辭觀。相從陳蔡厄❶，松栢知天寒。索居晚歸來，侯國師甘盤。去之幾千載，高風灑塵寰。瞻望不可及，青雲映西關。

段干木

冥鴻不受弋，神龍不可羈。所以高世士，孤情薄雲霓。矯矯段干木，志節一何

❶「厄」，原作「危」，今據四庫本改。

奇。珪組豈其願，軒冕不吾希。踰垣猶弗見，况乃趨走之。豈徒侯國尊，凜爲百世師。

文中子

古人不可見，古俗寧復淳。依依萬春鄉，疎屬連清汾。良時曠莫與，鳴鳥寂不聞。悠悠禮樂志，終與麋鹿羣。頹波逝東極，寒雲滿西津。惜哉經世言，淆雜多蕪榛。時無伊川子，此意將誰論。

太史公

愛有所見忘，❶忠有所見疑。古來非一朝，人道每如兹。悠悠太史公，言論適有期。謂心情可白，寧知事參差。奇文雖自解，騄驥諒難追。巷伯彼何人，千載存其詩。

東皋子

人仕爲其名，子仕獨爲酒。一斗衆所稱，五斗吾自取。猶嫌酒未足，棄官歸隴畝。葛巾耕東皋，烟雨牛一耦。種黍學陶翁，自釀還給口。沉飲得真味，萬事亦何有。清風千載餘，誰復尚能友。

古詩

天地常不没，山河鎮如斯。惟有人與物，代謝無停時。因過咸秦境，周覽生悲思。渭水自縈帶，南山亦參差。兹惟帝王宅，自古稱雄奇。當時宫闕壯，摩霄切雲霓。千門與萬户，珠簾錦綉帷。一朝時事

❶「忘」，雍正本作「忌」。

去，掃地無復遺。城市盡爲墟，麥秀草離離。亦有英雄輩，干戈互相持。慷慨争土疆，終老志不衰。只今但丘塚，名姓寧可知。京都足妖冶❶，高門富姜姬。綽約姑射仙，鬒髮冰雪肌。只今化爲土，况乃粉黛施。休明盛文物，旂常畫蛇龜。千乘及萬騎，雜還相追隨。將相立軒冕，聲樂奏英池。繁華有萬端，一去不可追。俯仰千古事，有若夢幻爲。往者既已然，將來復如之。寄語執迷子，當以理自推。

浩歎

浩歎復浩歎，寧知親眼見。相彼天雨雪，必有先集霰。蟻穴不知防，鯨波今汗漫。君子慮兢危，小人尚欺誕。已矣無與言，歸去畊吾畔。

瀘川古意

三蜀古名郡，瀘川古名州。我來值殘暑，偶此數日留。新秋忽改節，涼風漸颼飅。逍遥散前除，仰視天宇周。征鳥去不息，白雲亦悠悠。佳人渺何許，重林蔽層丘。秋日復西邁，大江自東流。良辰不我與，古道曠莫酬。願聞瑶華音，行矣旋吾輈。

五盤山

五盤何艱哉，石磴繞山腹。詰屈入雲霞，回互下崖谷。嗟彼遠道人，陟降勞筋

❶「冶」，原作「治」，今據四庫本改。

骨。跋馬登層巔，悠然注遠目。惟見山色高，似覺地勢促。蜀道古艱險，玆險甲西蜀。憶我去春來，山山正芬馥。今夏喜北歸，四月暑未燠。玆山得再過，頗快登覽欲。前驛望黃壩，蒼蒼但雲木。

登金牛驛樓

好山四巃嵸，漢水前縈繞。小樓試一登，山水青未了。因思大禹時，洪流方浩渺。乃竭胼胝勞，神功彌八表。岷山在經紀，岷江亦疏導。貢賦分九州，梁州已通道。世傳金牛誕，曾不細搜討。山驛賦短章，將爲愚者曉。

七盤道中

曉度七盤山，北行道彌惡。峭壁根虛無，危棧架飛閣。飄飄風吹衣，漠漠雲漲壑。下有黑龍江，亂石何磊落。急瀨轉雷轂，奔湍散流沫。洄潭更陰沉，俯視誠可愕。玆路屬再來，即事情已昨。艱險難具論，惟與存顛末。

褒斜道中

褒斜一何長，深谷自迤邐。雲木青無邊，羣峰各峻峙。鳥道緣崖巔，危棧架江涘。冥冥叫子規，泱泱響溪水。累日山峽中，陟降亦勞只。古來蜀道難，此道難莫擬。自我入蜀門，今已一年矣。既乏督辦能，兼負素餐耻。而况鬢髮蒼，胡寧不知止。上章乞解綬，詔許感不已。雖云此谷險，且遂北歸喜。行色宣柔毫，庶用傳孫子。

遠　道

遠道復遠道，軀馳何草草。及歸已踰年，白髮添不少。入門悼先亡，痛哭傷懷抱。子婦共號咷，百感相煎熠。拭淚問里閭，嘆逝驚莫保。衰殺誰使然，矯首問蒼昊。從此甘息機，田野安吾老。

盂城驛雪中詠竹❶

高沙有候舘，闌檻殊幽清。檻内足凡木，凋萎不可名。獨彼凌雲竹，鬱有冒雪青。飄蕭散寒葉，脩直摇蒼莖。靈籟奏清響，鏘若金石鳴。晴霄吐華月，流影亂虚明。賞翫竟朝夕，似當西南朋。乃知歲寒操，匪獨松栢貞。矢心又不如，愧我爲物靈。

徐　州　洪

亂石何巉岩，長堤更宛轉。狹岸忽陡起，急瀨如注坂。回旋聚流沫，駭浪灑雪霰。舟行良已難，下上勞拽挽。翻思遊川峽，江石尤險遠。瞿塘十二灘，波浪激雷電。迴視過兹洪，反若歷平坦。乃知所觀大，小者不掛眼。

❶「竹」，原脱，據四庫本補。

淮南謳

淮土何漫漫，淮水自悠悠。小山去已久，桂樹遺岩幽。昔有學仙子，意欲仍丹丘。秋石既烹煉，鴻寶亦藏收。鷄犬竟莫聞，行雲去難留。寧慮時事異，翻結千古愁。舞榭荆棘生，歌臺麋鹿遊。信知希世事，伊豈望外求。揖讓有堯舜，高風想巢由。此道久已非，聽我淮南謳。

高郵冰泮發舟

晚泊高郵城，雨雪竟連日。念彼役人勞，寓此盂城驛。扁舟候晴發，河冰復鱗積。因之累宿留，令我心悁悒。忽報寒沍解，喜泛春流碧。直過大江東，此地成追憶。

冰解舟發

春冰渙然釋，春流復溶溶。解纜盂城驛，百尺牽東風。連翩大舸來，峨峨掛飛篷。登艫恣春覽，烟華正濛濛。澤國曠無際，重湖渺難窮。漸覺高郵北，行及廣陵東。所過足清眺，舟人莫忽忽。

出自城北門

出自城北門，周覽快心目。峨峨鍾阜青，漫漫平湖緑。水依長堤茂，樹隱芳洲曲。縹緲天際樓，高下林間屋。遥遥江上山，連連遠岫出。江山自雄奇，帝里在經復。佳麗從古然，嘉氣方葱鬱。官署何巖巖，列宇面山麓。偶兹吏隱兼，頗遂蕭散欲。超哉復超哉，白雲自相逐。

晚翠亭爲張司徒作

花木何紛然，各競芳菲時。一夕下霜霰，憔悴無故姿。嚴嚴司徒府，後圃殊逞迤。而於歲寒日，挺此萬竹枝。羣芳盡摇落，兹物獨見奇。密葉既不凋，勁節亦不移。一逕入深處，横橋夾清池。池亭晝虚敞，宴坐生寒颸。清影落四簷，静與秀色宜。適契君子節，貞固老不衰。爲取亭中琴，絃我晚翠詩。

澹菴卷爲謝侍郎乃兄題

閩山何岧嶤，閩水亦清泚。中有肥遁人，雅志丘壑美。山田入雲耕，結屋傍流水。耕稼有餘閑，琴書時復理。寄興槁梧中，游心竹素裏。庭户無囂塵，外物絶珍綺。疏食足充餐，絺布良適體。朋來無雜言，談道而已矣。至樂既無假，浮榮焉足擬。所以忘歲年，足不至州里。白雲在高丘，鳴鶴在中沚。安得躡輕風，一訪澹菴子。

擬古四十一首

天地形之大，陰陽氣之尊。伊誰知此物，來自無極門。清濁既莫離，動静互爲根。大化去不息，至理亦長存。彼哉虚寂子，已矣無復論。

悠悠復悠悠，水中有行舟。四序無淹晷，代謝不可留。春鳥寂無聲，寒蟬號素秋。落葉滿阡陌，白雲散岩幽。去去莫復道，潁陽有遺老。

庭前桂花發，清香散涼颸。采采黃金英，傾筐方自持。思欲贈遠人，風波阻長岐。望望不可及，馨潔空自奇。

吾思古聖心，迥出八紘表。天理爲之大，人世爲之小。堯虞禹相授，杯水拱揖了。終古駭其事，未足稱達道。

四時一何神，變化不可測。陰陽既交代，星辰遞羅列。孰其主宰之，終古不差忒。聖人秉明靈，動息有貞則。吾慕魯中叟，矢心以學易。

端居憶遠遊，路經首陽山。山有二賢祠，青松蔭重關。斯人難再得，守餓心獨安。清風激頹俗，高義越人寰。去之幾千載，可慕不可攀。

騶虞獸之瑞，麒麟獸之仁。物性尚不殺，而況形爲人。夫何周轍東，王道久已湮。孫吳騁狙詐，申商號無恩。流毒劇洪水，遺黎苦漂淪。强嬴滅諸國，三户亡咸秦。天道信反覆，永爲來世陳。

聖治莫九有，禹跡亦茫茫。王澤既饒洽，彝倫復昭彰。以兹熙皞世，舉俗躋樂康。胡爲古道非，極意開邊荒。征行苦鋒鏑，飛輓失耕桑。民生既騷屑，天和亦乖傷。廣土竟何益，不救危與亡。兹事已千載，雄豪有秦皇。

荆山有美璞，巴蜀多名材。此物信爲奇，功治亦難哉。匠石得其良，實就成層臺。胡爲用匪人，坐此斲削乖。既自玉之玷，還爲木之災。而況上天工，理代必汝諧。餗覆良可慮，棟撓諒難陪。所以虞周聖，登庸必賢材。

湖邊多楊柳，山上多松栢。松栢存正

性，不改青青色。楊柳易爲春，隨風發枝節。二月絲垂金，三月絮飛雪。紛紛冶遊子，賞翫不知歇。松栢寂無言，枝榦獨挺特。空以木自奇，不爲時所悅。請看霜霰餘，榮悴居然别。

時來行堤上，春氣薰人心。宛轉湖山曲，隱映花樹林。芊綿草抽緑，蒙茸柳垂金。鳴鳥何間關，纖鱗或浮沉。生物方總總，大化亦駸駸。當時浴沂者，樂意不可尋。

混沌鴻濛中，伊誰作主尸。洪河出龍馬，清洛浮神龜。有文粲以别，實惟天所爲。悟彼陰與陽，契此偶將奇。大聖發深智，運意畫兩儀。生生之謂易，變化無崖涯。宇宙豈云大，彌綸靡有遺。如何千載餘，圖象閟莫知。卓哉弄丸子，探源遡希夷。從兹識姬孔，還應見伏羲。伊闔有遺編，學易真吾師。❶

灼灼春庭樹，開花漸離披。因思唐虞世，日方亭午時。大禹亦神聖，兢兢爲保持。如何百代下，此道久已衰。豐亨王格之，請看大易辭。

木腐蟲蠹出，氣乖肬贅生。曜靈一薄蝕，陰曀鬱然興。道術裂周季，縱横亂秦嬴。青牛既夙駕，白馬亦時征。氾濫自涓滴，熺赫兆星星。多謝宋諸老，萬古開昏冥。如何陽光發，尚自爝火明。寄語行路人，勿迷棘與荆。

萋萋湖邊草，榮榮山上花。山中有高士，探化心靡他。天地自槖籥，萬物從交加。深居不窺牖，四海皆森羅。我欲見其人，捫蘿陟山阿。山阿忽回合，冥蒙起煙

❶「師」下，原另行有題「又」，今據四庫本及上下文删。

霞。至道復誰語，柰此高士何。

大虛浩無際，何所立天堂。坤厚大氣舉，地獄置何方。此理亦昭哉，妄見胡冥茫。❶萬世爲之惑，福果僥難量。高標拔地起，飛宇就天翔。摶刻土木梗，鎔劑金銀粧。人力爲殫竭，財物亦耗傷。既自息吹乖，焉得寒暑常。兹事自前季，滔天勢彌張。反經如可作，興言討彼狂。

圓象無停運，大化不可留。征車既西邁，行舟復東流。轍跡苦相背，兩美焉得有。青松生澗底，白日麗高丘。餘光不迴照，直幹空蕭颸。❷去去莫復道，零露滿春草。

五陵多俠客，三輔足貴豪。園池占佳勝，高第干雲霄。不惜千金重，雅意一日遨。綺筵饌水陸，清歌間笙匏。酒酣視天地，泰山一鴻毛。中情既昏惑，外體亦勞焦。誰似林居子，神理恒超超。

在陰鶴相應，遷喬鳥當歌。琴書滿瑶席，良朋亦已多。各愛芳菲時，共借光陰過。齊心何所求，所求保太和。壯年不努力，柰此老大何。

白雲在高丘，緑蘿在深谷。中有冥棲士，雲蘿蔽茅屋。獨抱尚友情，緬遂碩人軸。古琴時復彈，古書還更讀。逍遥無外事，俯仰長自足。沮溺耕在野，姜叟釣渭曲。伊人豈無心，耻衒荆山玉。將須鳳來儀，朝陽滿梧竹。

庭前雙榴樹，葉密枝相交。時當四五月，吐花紅夭夭。人愛花爛熳，我愛花始苞。堯夫有妙識，造化滿即消。情知酩酊

❶「茫」，原作「范」，今據四庫本改。
❷「直」，原作「真」，今據四庫本改。

醉，還見離披凋。所以大聖人，持盈不忘勞。吾今老學易，看花遂成謠。

虞帝尚欽恤，大禹泣罪人。所以聖者心，天地同一仁。周政失其御，侯章僭無倫。芻靈既莫施，作俑亦不聞。秦穆一朝逝，殉以三良身。臨穴殊慄慄，仰天亦悲辛。古猶惜纍辜，如何殺俊民。王誅一以失，流毒蕩無垠。驪山錮重泉，銀海通幽津。遂使三秦衆，半作地下塵。天道本好還，嬴族亦沉淪。因歌黃鳥詩，重爲仁者陳。

迴觀自古來，黃金世所急。郿塢幾萬斤，梁苑億千鎰。貪求刻人骨，堆積盈家室。寧知造化權，隨時有消息。人無長盛年，物無不散日。金穴竟荒虛，金谷亦空寂。發塚尚有儒，胠篋豈無力。長見聚金人，終爲大盜積。往者既悠悠，來者方役役。旨哉莊生言，獨無郢中質。

蒿萊不招鳳，梧桐不栖鷄。物故各有趣，高卑焉可齊。伯夷居東海，吕望釣磻溪。峨峨太行巔，薈蔚方朝躋。陽光燭四表，發軔岐山西。二老既云往，婦子争扶攜。固知賢聖人，去就關崇卑。試聽紫芝歌，坐見嬴道隳。

王良稱善御，時方尚詭遇。季子洛陽歸，張儀關中去。佩印誇鄉里，驅車塞道路。説合從與横，而取貴將富。孟軻陳王道，反爲迂闊誤。已哉無復言，遠矣哲王寤。

驪珠不易探，至理不易論。端木稱達者，性道猶弗聞。五十知天命，玄聖有遺言。區區事末學，役役勞其身。葩藻滅素質，聲利迷心源。有若亡羊客，祇見岐路分。何當息冥升，來復求其根。

孤桐生龍門，縻絲出東國。相合爲素琴，不離君子側。清彈何悠揚，遺音爲發越。中涵千古心，養彼至人德。云胡變新聲，絲竹半夷狄。繁響難具論，哇淫日淪惑。舉俗逐時好，誰能稱在昔。萬事亦復然，不獨琴與瑟。

吾思一氣大，渾渾無邊方。天機自流轉，隨至互低昂。寒暑既代序，日月亦運行。庶物勃然出，滿虛各有常。萬化定厥基，終古爲維綱。❶大哉庖羲聖，有畫粲以章。易道諒斯在，請看陰與陽。

吾思涑水翁，志節一何高。褰裳辭宥密，視若秋鴻毛。古人不可作，流俗正滔滔。色過夏畦病，意甚乞墦勞。趨走信機巧，苟得還驕豪。閒詠青蠅詩，載翫碩鼠文。

吾思魯公儀，拔葵去織婦。傅翼兩其足，實惟天道故。云胡世君子，大得兼小務。生殖廣田園，販鬻罔泉布。牙籌既自執，龍斷復登顧。彼哉何足言，義利各有悟。

蜩鳩笑大鵬，夏蟲疑寒冰。語之斯道大，心識何蒙冥。屬文篋笥滿，讀書棟宇盈。徒勞一生力，了無寸見明。誰言點也狂，鼓瑟有深情。

月盈乃生魄，陰極陽復來。損餘補不足，天道良昭哉。淳朴日瀺散，❷斯理亦何乖。既剥猶未已，豐亨尚增培。君子過佚樂，小人窮之災。所願均厥施，九域登春臺。

萬鍾固知富，於性無加增。千駟雖云

❶「維」，原作「雒」，今據四庫本改。
❷「瀺」，四庫本作「澆」。

衆，難爲身重輕。達人抱大觀，不以外物嬰。夷齊首陽餓，伊摯莘野耕。清風激千古，賢聖留其名。邈哉務光讓，鄙矣蝸角争。蠅營徒爲爾，鴻飛自冥冥。

青山何岧岧，白雲自超超。雲山日在望，開門兩相高。既喜山静止，還愛雲飄飄。秀色可攬結，吾其陟山椒。

大氣浩無涯，厚地大氣舉。形氣自依附，人物乃中處。剛柔生變化，陰陽行寒暑。自古謂之然，滿虚寧可數。吾思弄丸翁，深情契斯語。

丹轂既云飾，翠盖亦時張。駟馬復在馭，鸞和自鳴鏘。執綏者誰子，升車氣揚揚。迴旋逐水曲，馳騁登周行。行人爲之辟，誰不羡輝光。胡取覆餗誚，而置郜鼎章。輪輿雖云美，致寇安可量。所以大易辭，負乘著厥祥。

洪荒日已遠，文籍日以繁。華僞滅真實，汗漫迷本源。左氏已浮誇，戰國皆詐言。班馬揚其波，蔚宗助其瀾。繼者如蝟毛，美惡愛憎間。諒非董狐筆，盡信誠爲難。誰哉法宣聖，大典垂不刊。

人生苦不足，得隴更望蜀。祖龍泛海行，劉郎祀竈術。仙事俱茫茫，百年竟飄忽。汲汲復營營，何時滿所欲。吾慕首陽翁，清風在山谷。

庭樹微飄落，涼氣始披拂。却憶少年時，泛舟湖湘曲。秋風起波瀾，寒霜下林麓。日出江上楓，霧隱楚岸竹。蘭芷亦蕭條，芰荷不秋馥。靈均舊遊處，騷思方滿目。忽忽三十年，涼意復相觸。九歌有遺辭，得意在雲谷。

庭竹生涼飈，明月從東上。候虫草根鳴，夜静聲愈響。逍遥步階除，悠然起遐想。三皇五帝時，淳朴竟焉往。王風降黍離，禮樂委榛莽。反復千載間，夷霸雜相長。是非垂不泯，勝負在俯仰。令人意難平，撥置聊自廣。

人巧千萬端，莫逃造化巧。三王行仁義，子孫永相保。綿歷百千載，順理得終考。嬴隋南北朝，竊國騁暴狡。社稷旋荒墟，苗裔悉剪勦。天巧必勝人，人巧何足道。

出金陵

金陵宿雨霽，杲杲秋日明。繆承北闕召，促裝出西城。追隨冠盖集，酌別臨江亭。徘徊不能別，去住難爲情。掛蓆曉風發，解纜早潮生。抗手謝送者，令人意難平。所願各努力，令德崇端貞。

江行 三首

石城上朝旭，宿霧漸已收。大江何茫茫，柔櫓泛中流。鍾阜猶在望，白雲散岩幽。雨載寧無情，湖山憶同遊。佳勝邈難即，迴想空悠悠。

順流駕長風，掛蓆何快哉。青山若相送，兩岸猶崔嵬。恩召信光渥，報稱知非才。貞白有君子，寧不動中懷。

我舟既云邁，長風起層波。天水共渺茫，雲岫紛嵯峨。石城猶在望，赤岸還經過。遠堤秋樹小，水國蒹葭多。老遂金陵遊，柰此佳麗何。北歸已陳跡，江行遂成歌。

過儀真

忽忽過儀真，來往已三度。兹行復祇召，嚴程還北去。湖田收晚禾，長堤落秋樹。已遠金陵山，漸近廣陵路。乘月宜舟行，牽者且莫住。

夜泊廣陵

夜到廣陵城，已是三更後。官舡少停泊，驛吏勞奔走。風清月色明，河漢粲星斗。行思方摇摇，懷古復何有。

高郵

又見高郵城，連延傍湖水。水上紅驛樓，登眺憶往歲。昔逢春雪飛，今值秋風起。歲華與人事，迴换理如此。中貞諒自保，期不愧行止。

高郵湖

去年冒春雪，揚帆過高郵。今歲屬秋暮，長風送我舟。湖心射日氣，駭浪蹴天浮。觀象卦有涣，悟易情悠悠。

淮陽懷古

淮陽古名郡，卧治有昔賢。禁闥不可留，遺想增慨然。顧我豈其儔，寵擢何連連。本乏實德稱，重爲虚名牽。撫心益自愧，懷人遂成篇。

雨中渡淮

風雨渡長淮，波浪何冥茫。兩儀混不分，恍若窺洪荒。舟人貪利涉，片席就空翔。翩翩入煙霧，隨風任低昂。北岸泊水驛，暮雨益淋浪。且喜對官燭，粲爛竟夕光。

清河晚晴

向夕起長風，秋雲静天宇。清波流月光，白露下寒渚。榜人喜晴霽，理楫夜相語。早發過鍾吾，漫漫見徐土。

夜上吕梁洪

水村夜寥寥，秋月流空白。牽舟上吕梁，逆浪湧寒雪。愧彼役夫勞，當此灘水澀。憶我四方遊，江湖飽涉越。祇召復兹行，恩重知才劣。矢心復何如，長洪石如鐵。

過徐州

去年春正月，南泛彭城舟。今歲值秋暮，北上遡長流。蹤跡信往復，景物愜觀遊。風寒堤柳落，波減岸石稠。白見高城堞，蒼出遠山丘。何處戲馬臺，彷佛燕子樓。化遷無停軌，事往不可求。陳跡竟泯泯，虚名但悠悠。覽今亦懷昔，發聲遂成謳。

送歐陽憲副

凜凜谷中風，亭亭山上松。風聲亦何勁，松自無改容。競秀固妍好，弱植徒豐茸。獨於霜雪餘，卓然見高蹤。悠悠四十年，所遇多尚同。歐陽信佳士，一節抱始終。蒼蒼歲寒質，展可爲國庸。適來述所職，歸思何怱怱。載歌君子篇，德期皓首崇。

雜詩 三首

洪荒一何遙，悠悠幾萬載。古跡竟茫然，古道復安在。巍巍唐帝尊，放勳薄四海。文明啓中天，倫典粲而藹。魯叟删述勞，于茲立聖軌。寥落但陳編，撫事增歎慨。

孰云天地大，形勢兩睽絶。一氣周流之，神理有昭格。雍雍虞庭臣，穆穆賢聖德。太和良在茲，疇咨方未歇。所以祥鳳儀，不獨大樂闋。如何此道非，千古空遺跡。

山龍匪舜樂，卑菲真禹心。大哉虞夏聖，憂民同一深。既服四載勞，還彈五絃琴。九功亦時敘，勑天尚遺音。如何精一傳，載往不可尋。獨有簡册光，留照猶至今。

西溪魚躍爲樂安楊貢侍御題

西溪渺何許，乃在楊林阿。楊林古名族，樂安世其家。家住溪水曲，林木相交加。地僻網罟絶，溪邃遊魚多。濈濈聚弱藻，洋洋戲新荷。逆水微波生，仰沫細雨斜。跳躍自有適，出没静不譁。楊族有名士，考業咀英華。愛此魚性樂，契彼道味嘉。乃知天機妙，萬象皆森羅。却鄙中散慢，寧效濠梁誇。緬懷早麓詩，載賦西溪歌。永言繼真躅，勝景垂無涯。

龍江曉望

兩岸青山隱隱，一江白浪茫茫。烟樹高低城郭，風帆遠近舟航。

遣悶二首

客中鬱鬱不自得，忽思古人讀古書。古書古人亦如此，吾懷不放將何如。

少時都不解憂喜，壯年百慮攪我心。我心默默向誰説，呼酒只對東風斟。

臨清曲

臨清人家枕閘河，臨清賈客何其多。停舟落落無可語，呼酒只對長年歌。

題墨牛二首

青松落陰石苔上，雨餘百草芊綿長。老叟牧牛牛性馴，牛背讀書興蕭爽。書中之味深且長，高睨盤古窺皇唐。日暮驅牛下山去，風清月白天茫茫。

緑楊芳草被平坡，老人騎牛行且歌。歌長扣角角欲碎，悠悠古意何其多。布褐涼風生兩肘，幾度歸來月明後。夜深遺響入青雲，應有知音與携手。

蚕婦吟

采葉者誰婦，蓬首面不洗。年年絲作人家衣，短布裙穿不揜體。綺羅不是養蚕人，三復斯言情不已。

偶題

磊磊落落寒胸臆，❶推蕩始覺心和平。丈夫志量包宇宙，細故那得風波生。

憶繡榮二孫

繡孫猶未識阿翁，翁在山東一馬驄。近別榮孫春又夏，相應學語問阿翁。

歌❷

贈劉僉憲

古磬不諧人之耳，古瑟不合人之心。茫茫天地亦大矣，人生豈謂無知音。陽春白雪聽者寡，巴人下里和如林。退之奇崛篇，子美爛熳吟。謫仙逸氣隘六合，一字價抵千兩金。❸神遊八極不可見，獨留文字幾千卷。江河萬古行地中，飲者杯勺各滿願。我生其後欲追逐，蹇若跛鱉趦紫燕。良馬名。東西南北流覽多，公取古詞各

❶「寒」，四庫本作「塞」。
❷「歌」，原重文，據雍正本、四庫本删。
❸「兩」，原本作「南」，據雍正本改。

矜衒。邇來忽遇劉虛菴，胸中元氣何潭潭。沉酣百子索幽怪，模鎔萬象窮川嵐。興來落筆亦何壯，一日千里馳風帆。又若秋溟露毫末，明珠大貝相錯參。始悟古人今可學，嗟我見晚生覥慙。虛菴虛菴真奇士，磊落聲名固應爾。相逢一曲伯牙琴，高山峨峨水清泚。

茅屋漏

辛丑進士河汾客，早向中州買居宅。宅有茅屋八九間，補葺聊以蔽床蓆。進士所好惟詩書，衣食取足無剩餘。朝朝暮暮誦周孔，行行坐坐歌唐虞。以茲狂僻誤生理，老屋支撑幾星紀。前月大風撮茅去，今月久雨漏不已。移床徙榻那得乾，堆書捲被空長嘆。文章不足補穿漏，翻爲兒女生覥顔。豪家大屋足懽咲，已覺紈袴輕儒冠。却憶唐朝老工部，西蜀草堂幾風雨。亦有官居鼎鼐尊，欲起樓臺無處所。昔賢窮達還復然，我何愠此霑濕苦。且待天晴飽讀書，比屋渠渠不須數。

太行歌送丁分教之襄陵

太行之山何崔嵬，鐵崖翠壁萬仞中天開。其勢北來吾不知其幾萬里，但見横亘遼磧、包括秦晉、斗起中原之地何壯哉！往年吾嘗陟其頂，四顧山如培塿樹如薺。黄河一線遥遥下，砥石奔流直到東海不復迴。此時英風浩然洒六合，便欲歷覽天上金銀臺。其中羊腸九折走峻坂，摧輪怪石硱磳磊落而成堆。太行之高且險也如此，子今遠行令人興難裁。倘到昔所登覽最高處，爲我歌此一曲還徘徊。西望襄陵迢迢祇幾驛，驅車徑須往渡清汾隈。願子居易畏險慎厥守始終，❶永保令譽慰我相思懷。

永和雙山歌

永和四境千萬山，雙山之勢尤巑岏。兩峰對峙若天闕，中有一境通人寰。南峰突兀半空裏，連岫峨峨方並起。蒼松古木何蕭森，朔風搜攪鳴不已。北峰形狀尤奇瑰，怪石刻鏤樓與臺。上有雲屏立霄漢，隔礙星斗迴風雷。我來登覽值冬暮，攀緣石磴到高處。滄瀛碣石覺東傾，弱水崑崙在西顧。俯瞰纍纍岡阜多，巨壑無底如盤渦。遠近幽深杳難測，寒雲冷霧紛盪摩。因思未闢天與地，澒洞無涯惟水氣。輕陽一隙漸飄浮，大塊無邊遂凝滯。波濤蕩漾成高低，剛爲金石柔土泥。此山想得陽之極，層巒削出天之西。獨恨古來壯遊者，足迹不到茲山下。遂令奇絶委幽窮，無由題品繼風雅。我才雖非作者流，愛此欲去還夷猶。摩娑石壁寫長句，千古當與山同留。

鳳凰臺歌次虛菴韻

吾聞鳳鳥不與凡禽棲，隆周之時曾集豐鎬西。鏘然一鳴向人世，喧啾百鳥不敢爭與啼。昔有名臣黃霸生漢世，治民之才迴與時流異。潁川出守曾幾何，休風數感靈禽至。靈禽文彩明山川，和音噦噦聞中

❶「長」，四庫本作「思」。

天。遂築高臺表神異，臺空鳳去餘千年。只今壞埒纔數尺，野鳥紛紛競來集。簡册空存紀瑞年，荆榛不復快覩迹。我來跋馬登高丘，荒臺已遠猶回頭。爲憶循良心耿耿，緬懷瑞物情悠悠。鳳臺鳳臺重披訪，往事何須空怏悵。方今聖明治理登俊良，會見一朝飛去青雲上。

舟中苦熱

大江千里流炎日，暑氣波光互蒸濕。火雲壓風空不來，舟中苦熱何太劇。坐睡昏昏汗雨流，對食欲餐還復休。扣舷直欲發狂叫，安得少昊回清秋。安得少昊回清秋，一洗煩熱情悠悠。

洞庭湖歌

吾觀庖犧龍馬圖，五行惟水居其初。自從清濁奠高下，山澤通氣無時無。荆南之水亦衆矣，壯觀惟有巴陵湖。世俗相傳八百里，足跡未到空躊躇。今秋持節來南楚，舟泊岳陽訪奇古。登樓始得肆遐觀，萬頃洪濤際天宇。如從東岱窺滄瀛，一點仙山隔烟雨。長風欻起層霄間，溟渤洶洶增狂瀾。轟天揭地急雷鼓，排空炫日堆銀山。須臾風止波濤定，涵泳虚空開玉鏡。金烏飲淵千丈紅，白鷗落影一行動。行客喜甚無氛埃，連舸大舸争往來。我亦飄然下樓去，放舟中流何快哉。蜀江西來半天瀉，瀟湘南接蒼梧野。一劍横空有所之，丈夫不作悠悠者。洞庭洞庭七澤雄，鄒魯昔有觀瀾翁。我今賦此良不苟，乃知有本無終窮。

沅州春日歌

南州二月春來早，緑水青山四縈繞。城中何處足春光，御史臺中富花草。牕外青梅結子稀，門墻桃李争晴輝。暎日紅綃正縷縷，漫空白雪何霏霏。芍藥錦苞猶未啓，蘭蓀露葉光泥泥。楊柳風槎碧玉絲，芭蕉葉吐青鸞尾。苔茵展地萱草長，千紅萬紫遥相當。竹林好鳥自鳴寂，菜畦蛺蝶殊悠揚。生意由來滿天地，粧點池臺足佳致。門清祇覺白晝長，庭閑况復遊絲細。静觀元化深無涯，中心默默含春熙。願效冰霜達陽氣，普期八表仁風吹。

敬軒薛先生文集卷之二

敬軒薛先生文集卷之三

門人關西張鼎校正編輯
鄉後學沁水張銓重校梓

歌

杜鵑行

昔讀古人書，知有杜鵑名。今泛沅江舡，始聞杜鵑聲。杜鵑生子不自哺，野老相傳之語如少陵。惟有古來稱望帝，變化無端竟茫昧。吾意百鳥相推尊，亦如蜂蟻君臣義。氣化感物不自由，四月五月聲喧啾。一聲未了聲轉急，千林萬壑波濤秋。遠客扁舟睡難著，兩耳還遭杜鵑聒。歸心一夜憶虞廷，鳴鳳時應集阿閣。

續杜鵑行

杜鵑變化有無寧復論，百鳥之中乃爲衆鳥尊。以兹少陵托忠憤，再拜謂是古帝魂。我來何處聞逸響，扁舟夜泊沅江上。林霏拂岸灘風清，峽影沉波江月朗。乍遠乍近鳴未休，聽之轉急如有求。遠客毋勞厭惱聒，少陵忠義方難儔。

壺頭歌

沅水南來幾千里，亂石激濤蹴空起。急捎官舫上巉岩，閑倚驛樓看山水。隔江萬疊雲峰稠，一峰平立名壺頭。云是伏波駐兵處，至今石室留山陬。憶昔炎綱斷如縷，草竊紛然據寰宇。寧知田牧隱奇才，揮斥奸庸識真主。西征實藉聚米忠，南伐誰比銅柱功。中興諸將數籌略，直與賈鄧爭豪雄。老身甘向邊陲歿，誓掃羣蠻靜坤軸。壺頭一死非無情，天遣英靈鎮南服。跳梁小醜胡爲哉，竟因遺筭稽顙來。雖云未雪薏苡謗，白璧本自無纖埃。昔於青史歎高識，今向荒山訪遺迹。怒濤猶帶薄伐聲，愁雲似是忠憤積。馬侯馬侯真丈夫，大器自與凡材殊。廟食勳名幾千古，英風激我章句徒。

驄馬行春歌爲陳侍御賦

五百啓運天地清，羣賢奮翼風雲生。九重治理達遠邇，王度實藉執法明。同年才子青雲客，意氣昂昂超等列。孤松聳壑見高標，一鶚橫空歎奇絶。今年持節辭金臺，青驄蹀躞萬里來。乃知霜雪達陽氣，馬蹄到處山花開。邂逅沅陽話疇昔，昔曾聯步趨文石。豸冠已覺疑秋霜，繡服還應絢朝日。沅陽憲署情何多，連床對榻同吟哦。吟哦未已欲將别，索我驄馬行春歌。愧我詩才劣韓杜，長篇險語急難就。强操紙筆爲君題，掛一何止於萬漏。驄馬驄馬登周行，攬轡直擬清四方。發奸凛凛息豺虎，洗冤藹若回春陽。古來豪俊皆如此，陳言雅欲追芳趾。相將努力篤忠勤，圖取英聲耀青史。

歌風臺歌

素靈夜哭秋郊月，漢祖吴鈎三尺血。芒碭雲氣從飛龍，咸陽竹帛隨烟滅。獨屈羣策驅羣雄，漢中一旅紅旗東。韓郎對語識成敗，董公遮説開天衷。王者之師仁以武，諸侯效順力如虎。關河百戰芟羣雄，垓下一歌散强楚。風塵盪滌天下清，萬乘不忘布素情。黄屋歸來見鄉邑，宴飲父老如平生。酒酣拔劍高歌起，歌詞激烈振天地。雄志深知大業難，霸心尚思猛士倚。羣兒逐和聲悠揚，起舞四顧何慨慷。樂極哀來淚沾臆，魂魄千秋思故鄉。遂令此邑爲湯沐，獨承天寵何優沃。四百休運同始終，三國遺民想興復。至今有臺泗水濱，雄豪一去餘千春。壞埒層層積蒼蘚，平原漠漠生黄塵。我來正值清秋暮，桑柘蕭蕭葉飛雨。泗水南流芒碭高，霸業王風復何許。徘徊重是古帝郊，摩挲石刻心勞焦。俯仰秋天莽空闊，杳杳鴻鵠凌風高。

昆陽行

策馬從北來，南涉沙河渡。登岸得平原，極目風景暮。暮天落葉何縱横，翻翻亂觸馬足鳴。蒼山無數昔人遠，❶前瞻忽及昆陽城。城南滍水流城郭，英雄事業猶如昨。白水真人在側微，謹厚伊豈常情度。是時炎運寒如灰，五威使者車奔雷。慘慘三精雲霧塞，蕭蕭九縣飆風回。真人一怒奮神武，手握赤符興義旅。昆陽大戰

❶「昔」，原作「背」，今據四庫本改。

開天功，烏合如林散何許。吾想當日嚴殺多，洗兵雷雨何滂沱。凿川倒流虎豹伏，亂麻屍積山嵯峨。自爾威聲震天地，兇魁惡黨魂飄逝。夏后周宣果再興，成功磊落光前世。悠悠此事千餘年，至今父老猶相傳。我來正值太平日，戰地盡作桑麻田。生平遊覽好奇特，徘徊吊古中腸熱。舉鞭一笑寒天高，萬里關河坐超越。

襄陽歌

持節過樊城，南渡漢江曲。漢江遠自嶓冢來，遥望真如鴨頭緑。江干樓堞何峥嶸，壯哉快覩襄陽城。少日常思一遊覽，今朝始遂來經行。❶經行處處多遺跡，滿目蒼然悲思集。後人遊似前人遊，古人憶是今人憶。鬱鬱峴山翠，遥遥鹿門深。殘碑人墮羊祜淚，隱居誰識龐公心。龐公一去已千古，尚有清風灑寰宇。茂林烏宿魚潛淵，區區劉表焉能取。城南習家池，池水清漣漪。當日山翁酩酊醉，風流未許他人知。更尋王粲宅，留井峴山麓。銅瓶無復汲深寒，蔓草空餘覆幽緑。悠悠往事難具陳，高名尚有隆中人。師出二表鬼神泣，圖成八陣風雨頻。乃知襄樊士風好，由來英達何草草。漢水東流峴首高，秪因配此名不了。方今明聖坐垂旒，百年禮樂登虞周。仁恩已滿天地大，王化久浹江漢流。江漢遊女心如結，士習詩書仰先烈。烏臺使者來作歌，期與國風傳不歇。

❶「朝」，原作「韓」，據四庫本改。

過鹿門山

西來漢水浸山根，舟人云此是鹿門。峭壁蒼蒼石色古，曲逕杳杳藤蘿昏。亂峰幽谷不知數，底是龐公栖隱處。含情一嘯江風清，雙櫓急揺下灘去。

遊沅州城南

迴環緑水流城陴，出門一顧心懽怡。連林竹樹獻蒼翠，緣江梅柳争芳菲。和風蕩耳沸蕭鼓，晴日照水流旌旗。沅湘信美匪吾土，中州久客還思歸。

寄頡文林侍御

前年掛蓆趨北斗，九月泊舟都門口。綉衣人是同鄉人，騎馬江邊問行久。龍江驛裏同徘徊，呼酒飲我何壯哉。興酣往事真草草，願傾東海添樽罍。別後倏忽幾寒暑，吴江水落洞庭雨。黔巫東望山嵯峨，恨不高飛插翎羽。丈夫本是重四方，眼底道路如尋常。風帆早晚下吴會，仍尋舊約歌慨慷。

寄朱侍御歌

吾觀古來磊落大丈夫，致身特達自與凡才殊。若不功作霖雨潤枯槁，便當手持玉斧清寰區。二者都應不可得，大田可稼長川漁。生平抱此心耿耿，爛讀古書極馳騁。中年濫騎烏府驄，幾載蠻荒苦便静。忽聞按部同官來，江山六月霜風回。樓舡彈壓湖湘百怪息，憲節蕩拂溪洞雲烟開。是時思得懽然一相遇，何意黄鵠東飛燕西去。令人凝望佳節過，開盡冬梅老春樹。春樹纖纖柔葉多，沅江江上浩烟波。喜得瑶華好音信，興來獨立東風歌。歌成寫寄憑雙鯉，心事非公復誰理。會合悠悠自有時，還期高議金門裏。

黔陽江行歌

黔江轉急勢未已，兩岸蒼崖削天起。官船雙櫓疾於飛，倏忽雲林過百里。生平膽氣尤崛奇，三年蠻徼甘奔馳。惡灘險浪不經意，白日自保公無私。空囊敝篋一何有，滿束古書置前後。船牕豁達涵虚明，書中得意寧容口。忽憶江山千古長，不知何日開鴻龐。陰陽争勝鬼神急，造化不停真宰忙。千奇百怪氣参錯，輕飄重墜奠清濁。三光宣精四海明，五行順序百卉作。有物不名復不凋，泯默萬化常超超。眼底江山未爲壯，大地比是猶毫毛。感此人生浪自苦，萬事悠悠隨所與。放歌一曲南風來，坐對青天兩無語。

鶴山小隱

大江之右多奇峰，天台遠與羅浮通。鶴山蒼蒼在何許，嘉名獨擅東南雄。中有隱士好事者，作圖遠寄烏臺下。烏臺柱史隱士交，持卷索我揮狂毫。開圖指點山佳處，峭壁迴巒簇烟樹。澗花流出山中春，松風掃遍溪頭路。數椽茅屋何蕭然，白雲簷宇常周旋。讀易已了嘉遯趣，作詩或賦招隱篇。此境初從柱史説，令人掩卷想奇絶。振衣千仞或可期，萬里雲霄坐超越。

憶昔行

憶昔年纔十二三，老親携我遊西南。西南道路蜀山裏，累月不盡經巉岩。當時正值春光麗，紅紫千林競妖媚。緑蘿覆逕摇溪烟，清風掠面送花氣。羈懷未解怯險艱，青泥坂滑石磴盤。路夾陰崖白日暮，梯凌危棧蒼空寒。寒空石壁插江脚，斷痕疑是鬼斧鑿。倒懸古木星斗迷，亂灑流泉風雨作。憑空一望山疊重，烟溪霧谷相鬱滃。積陰絶險足妖怪，深叢大野多蛇龍。復有劍閣横天絶，時清關險成虚設。關南石龕夜宿時，子規叫落龕前月。成都開豁自一川，盛夏又泛岷江船。巒中忽忽幾寒暑，新正乃有中州旋。骨肉相隨千萬里，回首舊遊如夢裏。三十年來白髮生，坐想雙親淚如水。

井陘懷古

并州東下幾百里，太行古道石磊磊。山開忽見一掌平，中有孤城入雲起。憶昔白蛇中斷時，韓侯曾此驅雄師。伐鼓安安出天險，趙壁指顧皆紅旗。雄豪破滅如反掌，遂使英聲走飈響。至今泜水向東流，戰骨成塵惟草莽。侯也之功良已多，五湖其負扁舟何。行人莫問井陘事，悲風慘澹來山阿。

驄馬行春爲張侍御賦

禹跡既萬里，天關亦九重。明明日月理，無不照幽情。隱恤孰使之通？維時新春二三月，處處熙陽達冰雪。繡衣驄馬者誰子？倏自青冥下霜鉞。芳草萋，驄馬嘶，遥遥行部東還西。攬轡貪觀紅樹好，揮鞭不覺蒼山低。馬蹄遍征路，蔀屋春華露。郡邑蜚聲吏不驕，梟獍屏迹民安作。驄馬來，風雲開，回寒作煖蒙帝力，萬物吐氣何熙哉。還鑣入覲天顔喜，齊言海宇清如水。年年領節君莫違，長播仁風遍文軌。

天馬歌

天馬西極來，一日行千里。雙睛懸鏡秋水清，四蹄削鐵長風起。骨骼既已異，性情真復殊。饑食玄圃千頃禾，渴飲天源萬斛珠。天馬不易得，世亦不易識。奮身振鬛何昂藏，有時蹔向駑駘立。駑駘謂天馬：「神駿徒爲爾，我水一斗休，我芻一束止。天馬朝朝忍渴饑，河清伯樂焉足俟。」天馬爲之笑：「飽逸寧足誇，一夕長鳴得天路，顧爾連蹇泥中蛙。」

守素卷爲杜侍御題

吾聞達士安所存，寥寥此道誰當尊。達則夔龍拜金闕，退則回憲安蓬門。文采風流少陵客，少小讀書慕前哲。布衣豸服了不殊，藜藿膏粱同一節。盤盂几杖古有銘，華軒更揭守素名。朝看暮看志激烈，或出或處心和平。我亦平生絶馳慕，感君意氣還同趣。相期携手登崑崙，共論希夷更深處。

題畫龍

大龍倒捲歸虛壑，小龍騰身向天末。吐吞雲氣相接連，萬里分明露頭角。陽精變化未覺難，生霆走電白晝寒。相顧爲霖莫相誤，收功並入玄冥間。

齊都歌

偶把漁竿來渭水，諸侯八百從如蟻。洗兵一雨天下清，興王事業應難比。茅土之封東土侯，奄有青濟都營丘。千乘龍旂照滄海，百層雉堞臨淄流。淄流拂曙歌鍾起，人物喧闐隘都市。黄金白璧酬君公，文馬雕軒覲天子。前朝後市何輝光，歌臺舞榭遥相望。長劍危冠盛臯虎，珠簾繡幕圍姬姜。伯業相傳僅千載，寧知時去繁華改。盗賊公然竊寶弓，坐令青社無光彩。是非得失俱悠哉，空餘廢址連荒臺。往事淒涼不可問，淄流嗚咽悲風來。

古松怪石歌

山東憲署兩絶奇，古松怪石相蔽虧。耳畔或聞海濤作，眼中不見雲根移。皮皴鱗甃澀寒雨，霜雕雪刻莓苔聚。方驚白日起潛蛟，更訝幽陰踞處虎。可憐二物争豪雄，壯顔毅色孰與同。閲世不今亦不古，回頭幾覺凡物空。岱宗千尺雲，崐崘一勺水。安得良工爲我寫此松石圖，坐擕造化入袖裏。

懷忠堂爲都指揮李進賦

將軍樹勛起雲中，結髮慷慨從飛龍。幾年擁節驅羆熊，扶桑日出西崆峒。旄頭射落天山空，青海不復烽火紅。仁義之將良可宗，丈夫不數衛霍功。時清包裹刀與弓，八蠻入貢九夷通。朅來分閫何從容，敦崇詩禮輕豪豐。所居之堂名懷忠，懷忠事業應無窮。我雖儒冠心頗雄，寸管不讓三尺鋒。等閑裨補造化功，擬令四海歌皇風，懷忠將與君無同。❶

登州行

驄馬曉辭萊子國，北上高岡俯遼碣。遼碣萬里天風寒，山溪二月凌澌結。空濛極目春無邊，春濤洶洶摇春煙。還從絶嶺下長坂，高城忽起滄溟前。滄溟倒浸紅樓影，通衢豁達塵埃静。已應持節是明時，況復觀風得佳境。天開海闊霜臺高，霜臺遠思何飄飄。巨鰲戴山真浪語，大方見笑非虚謡。乾坤俯仰高歌起，有物無名大莫比。瀛海茫茫未足誇，真是人間一泓水。

❶「與君無同」，四庫本作「無與君同」。

望海歌

我生足迹半天下，朅來持節臨東夏。三韓萬里滄溟入壯觀，洞庭彭蠡足驚詫。歸墟尾閭之西日本東，玄冥少昊迴祝融。碣石依稀望中杳難測，清江碧漢來無窮。烟波明滅散羣鷗，小，天台不斷連山繞。扶桑漸覺明朝暾，❶還雲水空青浮衆島。太陰滅盡清輝發，羲和穩從海底昇金盆。有時颶母逞神武，馮夷擊鼓百駕波無痕。白浪峩峩摧雪山，黑霧茫茫漲天怪舞。三山六鰲安在哉，祖龍已去劉郎來。宇。樓船不復返秦使，雲帆更欲尋蓬萊。雄豪千古俱淪没，唯有潮聲尚如昨。從誰海上論盈消，獨倚蒼山看寥廓。

東平行臺十五栢

行臺臺上十五栢，一一皆抱梁棟姿。自應生長得元氣，更當培植需良期。孔明廟前今在否，才大空聞少陵語。何如此木生中原，萬牛不用可立取。

送王秀才省兄歸京師

海右傳聞此亭古，亭中送客豪英聚。清風入座華筵開，流霞滿眼金杯舉。是時霜落天宇高，岱宗南望干雲霄。况復齊川走滄海，三山恍惚連六鰲。山奇海壯環名邑，落落高懷感今昔。琬琰難酬北海詞，

❶「桑」，原作「桒」，今據四庫本改。

風雨寧如少陵筆。想當促膝兹亭中，飄飄逸氣凌長空。至今草木生光彩，名將山水傳無窮。皇明文運超唐李，鳴鳳高岡鳴不已。王君之府玉堂仙，清秩仍兼典三禮。難兄早擢賢良科，内臺執法平不頗。朅來海岱振風紀，王君柰此想思何。鴻鴈聯翩暫相接，又是離亭動行色。蕭疎荷芰颭秋波，凌亂桑榆下霜葉。王君王君我所奇，不須懷古傷分離。但願塤篪迭相應，一門清譽流無期。

瑯琊行

正統六年夏五月，予奉勑過諸城，其地即古瑯琊郡。追念古迹湮没，而喜今之民物寧熙，是皆國家深仁厚澤、培養休息之所致，因賦《瑯琊行》以紀之。

秦祖瑯琊臺，坡老超然臺。兩臺千古兩寂寞，但見參差雲木山崔嵬。我行正值四海昇平日，千里連城萬家邑。烽堠花開火不驚，林園麥秀雉争集。茫茫一氣天無私，山川民物皆欣熙。三事小臣效精白，九重聖主方無爲。但願此景垂過億萬載，天爲城郭地爲海。人間無處不春臺，蘇刻秦碑真戲乃。

山水圖爲趙給事賦

黄門給事好事者，一福江山誰爲寫。雲霧波濤滿眼生，坐覺襟懷自瀟洒。衡廬倚疊岷峨高，洞庭彭蠡洲渚交。又疑雪消蜀水來，黄牛白馬增春濤。細看清濁分天地，地脉山形宛相際。良工妙奪造化工，白浪青林走雲氣。緣江細路古木齊，耳畔似聞幽鳥啼。倚岸扁舟久將濟，❶入雲茅屋誰同栖。江草山花不知數，採芳未是良辰暮。英靈不聞澗谷歌，仁智自諳水山趣。憶我昔遊天下時，跋涉險阻探清奇。何如此圖不出户，勝槩一覽無所遺。

送趙大參之浙江

浙右新參拜天寵，趙君籍籍聲名重。曉辭仙仗出都門，驊騮塞道香塵擁。交遊送别情何多，離筵正值東風和。山光入坐水侵席，柳條弄色花滿柯。花前罷酒官橋遠，潞水開帆驛程轉。九重金闕尚馳情，千里吴山行在眼。吴山自昔稱繁華，居民比屋過萬家。西湖烟净拭明鏡，海門潮起翻銀沙。復有孤山號清境，清溪淺露疎梅影。處士不作封禪書，節與孤山共高聳。大藩形勝甲南東，好山不盡湖江重。薇垣軒豁挹清氣，使符出入宣皇風。皇風正是全勝日，聖明側席求賢急。方期禮樂過百王，直使仁恩涵八極。趙君好體軒堯心，嘉禾莫使蟊蠹侵。旬宣他日有成績，策勛還作商家霖。

送盧知縣致仕歸金華

高秋九月都門道，冠盖光輝耀晴昊。離筵觴酌送者誰，花縣郎官乞身早。郎官自是青雲姿，飛騰况值明盛時。著書東閣見才俊，之官南國憐英奇。英奇未了哦松興，鶚薦陞官播佳政。單父横琴今幾年，

❶「將」，雍正本作「相」。

故里懸車想三逕。三逕乃在金華阿，金華山水名且多。繞户清溪漱寒玉，當窻秀嶺横烟蘿。到家盡得溪山趣，交友過從樂相語。爲言壯仕老歸來，此是天恩最深處。

題羅侍御仙舟出峽圖

御史新圖妙難比，畫船秋泛瞿塘水。瞿塘水東三峽深，兩岸削鐵虚無裏。虚無難辨峰頂高，白雲林壑生虚濤。陽臺何處笑荒幻，陣圖回首思雄豪。雄豪一去幾千載，壯志何須增感慨。自知豸角邪可觸，不爲猿聲淚空洒。東行更飽湖海觀，繡衣不日朝金鑾。覽君此畫動清興，扁舟便欲相追攀。

題羅御史驄馬行春圖

青驄蹀躞長風起，蜀道南來八千里。行邊攬轡不覺羣山高，劔閣峨眉平若水。正值韶光濃，千岩萬壑花争紅。晴霄麗日照旌節，芳郊草軟摇玲瓏。三川玉斧巡將遍，父老懽傳喜相見。瘴厲都從淑氣消，陰寒總逐陽春變。陽春本自天上來，行春此日何壯哉。還從畫圖識神駿，迴鞭却上黄金臺。

張忠定公祠

乖崖自是奇人物，兩迴走馬定西蜀。龍劍纔驚錦水雲飛揚，坐見雪山峰突兀。父老但知破匣摇寒芒，斬艾荆芥驅天狼。

歌舞樂，黎庶不覺科徵忙。鐵心一念真能止，侍女三年猶處子。乃知金石誠可通，遂使西人信如此。功成拂袖歸幾年，年深惠化猶相傳。蛟龍上天風雨急，聲名垂世日月懸。至今西人感公德，牲醑年年進公室。迴頭却笑鄙猥徒，身名泯泯無遺跡。

寄題廣漢張魏公讀書岩

廣漢之山甲西蜀，聞有石岩在山麓。想當英傑未遇時，携書獨向岩間讀。岩間日月閑且長，遠從虞夏窺黃唐。幽探造化鬼神變，明察典禮人道常。古書遍讀飽經濟，一朝適與風雲際。社稷頻將赤手扶，砥柱不逐洪波逝。金輪腥濁乾與坤，冥冥九字皆妖氛。要除猰貐正人極，誓驅貔虎清中原。其如讒口增萋斐，一斥南荒垂二紀。❶容光雖荷天開明，孤忠竟與時已矣。俯仰于今幾萬秋，名將江漢無停流。思公招公不起，遥想寒岩添我愁。

西蜀歌

天險不可升，地險猶可登。西蜀之山盤亘華夷幾萬里，層巒疊嶂危峰峭壁何峻嶒。西嶺峨峨太古雪，巫山蒼蒼曉雲白。北有劍閣中天削出石門高，南有峨眉凌空夤緣鳥道窄。羣山合沓險遠不可窮，危梯側逕無不相連通。楩楠松栢古木不知數，攢巒架壑陰森蓊鬱起烟霧。野花澗草亂雜難具名，紛葩蒙茸齊霑天雨露。熊羆虎豹猿狖相與爲羣曹，幽禽怪鳥雄飛雌遝各

❶「斥」，原作「斤」，今據四庫本改。

以時鳴號。蜀山草木鳥獸之瓌奇也如此，登高一望但見千里百里峰巒湧翠如海濤。中有長江橫界井絡域，發源岷麓東注滄溟無底谷。深山幽壑溪澗千萬支，穿林絡石竟與岷江共聯屬。蜀水行地山入雲，東連吴會西崑崙。梁州舊是禹跡九州地，誰言自古隔絶不與通中原。憶我總角年，曾來到西川。惟時記一不識百，白頭迴想空茫然。前年丹詔下田里，布衣走馬見天子。擢官便作大理丞，持節重到三川裏。三川山水得縱觀，咲睨重險輕狂瀾。不爲三峽猨鳴墮清淚，不爲五夜鵑啼慘旅顔。老讀古書破萬卷，物理深深頗窺見。大莫大於天無際，眼中山水足驚羡。慨此悠悠險隘區，一分一合千古餘。奸雄割據奴輩爾，干戈盜弄鼠子如。獨想南陽老諸葛，三顧茅廬魚水合。復漢功留二表中，出師星向五丈落。至今廟食錦水頭，討賊忠義垂千秋。下視紛紛草竊盜，名字泯没何異狐鼠澌腐埋山丘。只今天開明運四海爲家日，岷江安流道途夷坦險阻失。我作歌詞紀載混一全盛時，期與江山永永傳無極。

題劉都憲山水圖

誰寫新圖妙難比，疊嶂連峰向天起。逼人已覺爽氣清，入眼渾疑暮光紫。緣山細路分高低，雲林遠近何參差。晴崖杲杲風日白，陰壑慘慘雷雨迷。沙水微茫繞山脚，半空飛瀑銀河落。山光水色交清輝，世外塵氛盡消豁。憶我壯遊天地中，名山歷覽千萬重。良工巧奪真宰意，雲氣恍與諸山通。劉侯家在江南住，正在此圖好山處。開門只見金芙蓉，散倚青霄不知數。

俟今官已都憲臺，家山尚自縈高懷。匡時未許賦歸去，觀圖且喜清風來。

題鄭侍郎蓮鷺圖

高堂忽見華山頂，十丈仙花開玉井。新梢出水藕横船，圓葉當空盖欹影。紛披花葉相交加，緑雲片片連紅霞。疑是瑶池宴仙子，酒酣肌理無纖瑕。何處紛然下羣鷺，伫立相呼復相顧。六足聯拳方比翼，一喙低遲還獨步。啣魚仰視空外來，故知兩意無嫌猜。參差九鷺態度别，紅蓮香裏同徘徊。徘徊毛羽勝霜雪，散布蒼烟幾點白。渾如野鶴出塵垓，迴視凡禽迴殊絶。匪獨九鷺粲有光，就中飲啄性亦常。不比饑鳶得腐鼠，仰首却嚇孤鳳凰。無限鵰鶚與鷹隼，爪觜銛利性貪忍。何如此鷺純且真，不搏不擊意深穩。誰哉巧奪造化工，花鳥幻出丹青中。潔白真堪比君子，還歌振鷺鳴西雝。

題角鷹圖

疑是楚公戴角鷹，寫出神氣何稜稜。健如熊虎一心猛，快若風火六翮輕。曠野秋高草蕭瑟，百萬雄師大獮獵。合圍已見三面齊，翻韝似覺千里窄。縱横搏擊鳥獸羣，風毛雨血何紛紛。雲裏鵾鵬尚須避，草中狐兔寧復論。罷獵歸來立高樹，似聽風飈欲飛去。安得真骨殄鵰梟，長見鸞鳳在雲路。

畫梅歌爲朱大理題

天地有清氣，鍾人亦鍾物。阿誰寫出江南春，彷彿湖山見佳木。老幹何槎牙，柔條亦森羅。疎枝夭矯相交加，花神幻出連空葩。長風吹落天家雪，萬蕊千枝曉争白。瑶臺仙子舞衣飄，姑射神人珮珠結。冰玉之姿孰與倫，❶生來不受半點塵。野草閑花真瑣屑，粗桃俗李徒紛紜。物意有如此，人間真太奇。庾嶺何須訪消息，孤山不用尋横枝。但願江山處處結真味，共與鹽鹺調六氣。星騎箕尾若可追，編書垂譽過千世。

山水圖歌爲蒲守徐孚題

誰寫雲山與烟水，爽氣清風盈幅起。想當解衣盤礴時，坐驅造化入筆底。須臾削出金芙蓉，奔湍駭浪争潮宗。元氣直穿古石裂，懸流疑與銀河通。青林遠近不知數，林内山房啓晴户。時清似有招隱歌，地偏不見採芝處。我昔持節天下遊，東窮海岱西梁州。忽見斯圖憶所歷，江山清思何悠悠。河東之守好奇者，特送圖來索題寫。自知老大筆力微，掛一漏萬語非假。强裁長句卷還時，坐中尚覺留清飂。仁知高懷在山水，賢守玩此應得之。

❶「倫」，原作「論」，據四庫本作改。

送鄭侍郎歸省

吾聞侍郎之父御史祖，閱世如今八十五。飄蕭鶴髮未龍鍾，巉岩俊骨自奇古。侍郎蚤歲簪筆趨螭頭，五朝出入遷擢寵渥稠。往年龍勑推恩出天府，前年鸞誥封秩來廬州。老親榮貴重重真罕比，銀章金帶照耀鄉閭裏。侍郎官署居南京，思親只隔長江水。今春乃上陳情歸省章，報可丹誥飛下五雲鄉。試問此時拜恩感恩意，東流之水與之誰短長。便理南歸舊囊橐，沙頭潮退畫舫閣。京華相送盡公卿，冠盖追隨出郊郭。是時正值春光明媚春氣和，柳條弄色流鶯歌。江草萋迷含烟競駐紫騮馬，江花凌亂隨風飛拂金叵羅。酒盡潮來掛征席，想到家鄉秪幾日。升堂拜舞多弟昆，堂前羅列兒與孫。歌曲庭闈沸絲竹，賓朋門巷如雲屯。大啓華筵斟壽酒，懽聲喜氣傾前後。齊言靈椿不老南山高，共願親齡與之同悠久。

送安城戴勿諒歸江西

戴生大司成之姪壻，經授春秋究凡例。春王正月大統明，西狩獲麟筆削既。二百四十二年指掌中，屬辭比事須融通。謹嚴獨得昌黎老，大義特造伊川翁。經世之書真大典，魚魯何如尚訛舛。胸中要自有權衡，筆下何須苦裁剪。戴生業此凡幾年，一朝歸興何翩然。連環屢夢老親面，蘭橈便理西江船。江頭載酒紛紛來送別，半是青雲之器橋門客。離情草草何足云，英論滔滔殊未竭。時維九月天宇涼，洞庭木落南鴈翔。丹楓耀日染霜葉，白雲映水摇秋光。祖筵酒盡掛征席，千里鄉闈秖幾日。升堂拜舞稱壽觴，倍覺雙親喜盈溢。雙親之喜將何如，有子一别三年餘。但得經書載子腹，絶勝甘旨左右趨。戴生起拜奉親志，讀書須學聖賢事。古來聲利等浮雲，直自麟經遡洙泗。

春江送别爲陳侍御兄賦

有客有客官内臺，難兄千里挐舟來。典衣沽酒共歡咲，狂歡放飲懷抱開。燈前幾時同聚首，又復怱怱各分手。借問歸期何太忙，答云慈母相思久。交遊出祖春江邊，春江楊柳含青烟。維舟蕩漾碧波裏，傾觴瀲灧飛花前。玉瓶酒盡征帆發，咫尺風濤分楚越。沙上鶺鴒相背飛，雲間鴻鴈分行别。莫云去住難爲言，誰似君家賢弟昆。難弟致身位方達，難兄歸養名何尊。想到淮南春未老，慈親手弄連環好。稱觴正值佳節和，戲綵偏宜晴日皎。切切丁丁母子情，爲言官况清如水。會有鸞章下霄漢，褒封永作家門榮。

送虞憲使考滿之京

山東憲使何昂藏，鐵心古貌眉髮蒼。出入四朝荷天寵，操持一節飛秋霜。海岱茫茫幾千里，十年監部平如水。只今報政趨神京，僚庶追攀情不已。薰風楊柳城西亭，綺筵别酒傾銀瓶。一舉十觴勸公飲，氣酣感我千古情。千古之情向公道，要使蒼生樂熙皞。内臺黄閣正需賢，此去嚴程到須早。

醉吟樓歌爲劉僉憲父賦

醉吟之樓高且雄，誰其作之醉吟翁。翁心豁落真宰同，作樓直欲凌蒼空。危梯縹緲疊撐柱，層軒洞達相開通。白雲片片宿梁棟，青山隱隱當簾櫳。長夏絶超爽，靈風洒清響。秋蟾散影九萬里，曉雪懸光一千丈。四時風景佳，翁來日登賞。賞心苦未足，呼酒滌塵想。一觴一咏自風流，興酣萬物良悠悠。傲睨五岳衆山小，春吐七澤三江秋。有時醉倚闌干望八極，便欲排風御氣仍丹丘。却思李杜文章伯，只今已作神遊客。舉杯且復一招之，招之共飲樓頭月。月光入口清心魂，唾珠洒作澄江雪。澄江雪，何茫茫。瑶翻玉湧蛟龍翔，是時翁與二子相頡頏。搜括百怪神鬼藏，陶鎔萬象造化忙。乃知醉吟樓，不讓采石江邊亭、浣花溪上莊。

遇知行簡陳廣文

豈不聞北海鵬，扶摇一夕起，搏擊九萬程。又不見渥洼駒，朝飲東海水，暮宿崑崙墟。古來磊落奇男子，變化騰驤亦如此。英風激烈干雲霄，偉績軒轟冠青史。我昔年少天下遊，大河南北西梁州。望遠將登岱岳頂，觀瀾欲泛溟渤流。爾來戰藝梁園日，秋月離離桂花實。更隨春水到龍門，一躍風濤生霹靂。中間斂翼就閑居，峩冠且復歌唐虞。半載悠悠客京索，千錢僦得城南廬。城南之廬絶瀟洒，開門直見南山下。南山朝青暮亦青，人情誰似山光者。陳夫子，儒之豪，早年獨步亭衢高。

雄文應不讓班馬，清詞真可追風騷。籍籍才名三十載，到處菁莪秀而藹。春生杖屨樂薰陶，霜吼金鍾共傾駭。衆人視我同衆人，先生視我情何真。乃悟知音古來少，伯牙獨與鍾期親。先生賸注樽中綠，我爲先生歌一曲。老天生才既有需，豈向塵埃長碌碌。一歌既竟還復歌，歌長此意將如何。殘冬便須終日酩酊醉，春來喜見萬里風雲多。

題王司訓汶陽親舍圖

先生累葉居鄒魯，禮樂詩書紹先祖。夫子遺風飽已聞，杏壇遺跡頻經覩。一自賓興上玉京，便拜除書綰絲組。官在中州千里餘，回首鄉關路脩阻。爲因甘旨缺晨昏，故遺良工寫鄉土。淡靄初分嶺上村，輕烟乍點天邊樹。洙泗微茫洞不流，龜蒙岌嶪黯將雨。憑軒忽若無丹青，汶水之陽見庭宇。花間一鳥窺簾櫳，竹裏兒童隨杖屨。静聽如聞琴瑟鳴，細看似覺斑斕舞。先生乃是純孝人，思親對此融心神。錦衣有日遂榮養，壽觴更祝如大椿。吾聞昔日唐忠臣，大行跋馬高嶙峋。白雲孤飛繞親舍，望之不覺涕零巾。至今香名滿人耳，先生豈不追芳塵。願將此圖莫輕擲，子孫永作傳家珍。

留別王大尹

憶昔年少登公堂，公堂開宴羅笙簧。紅燭傳觴鸜鵒煖，錦箋落筆蛟龍翔。賢侯愛客情無已，留連夜宿重簾裏。香消古鼎語未闌，月滿雕粱眠未起。中間契闊十年餘，千里關山恨索居。何意今朝復相見，烹羊釃酒爲懽娱。愧我馬蹄隨計吏，朔風又捲河梁袂。握手難忘父母邦，銘心佩感賢侯義。賢侯之義孰與儔，冰壺玉鑑涵清秋。報政行將覲明主，春花相約鳳池頭。

題醉仙圖

畫圖忽見瑶池仙，排風馭氣今幾年。弱水蓬壺恣往還，滄海見説成桑田。流霞之酒如長川，偶來醉倒東風前。長松落落芝芊綿，羣仙倚側坐與眠。壺既爲之傾，瓢亦爲之顛。沉冥不管山花妍，拂袖涼飈神凛然，共騎黄鶴凌蒼天。

贈同年

吾聞洞庭之水幾千里，巨浸茫茫接南紀。蛟龍夜舞風濤寒，鷗鳥晴浮鏡光紫。岳陽之樓高且雄，玄冥北牖南祝融。媧皇悮落補天石，君山一點玻璃中。咄此湖山兩奇絶，孕秀儲精此其穴。應有賢俊生乎間，豈獨崧高産英傑。我昔年少天下遊，只今三十來神州。同時射策揔豪邁，翩如彩鳳翔高丘。有客昂藏好眉宇，家住巴陵幾今古。已應秀氣鍾湖山，更覺詞華紹先祖。偶騎鯨背遊赤霄，赤霄仙子争相招。想當沉醉碧桃下，一花吹落春江潮。自爾棲神玄圃側，煉氣餐霞學胎息。一朝九轉就還丹，羽化千人萬人識。清水芙蓉吐異葩，蘭苕翡翠相交加。珊瑚色明海底樹，雲錦光吐空中花。紫府之名照丹籙，鈞天細聽蕭韶曲。欣逢明聖登俊良，喜遇昇平調玉燭。馬蹄共踏金臺春，與君義氣殊相親。志節功名須努力，賡歌願作虞廷臣。

金臺春意圖爲夏進士賦

西山千仞插天碧，東海排空浪頭白。山雄海壯擁神京，中有金臺臨紫陌。臺高迢遞絶塵埃，九天星斗羅三臺。臺前一夜東風起，吹得皇都花柳開。花枝杲杲明朝旭，柳色依依裊輕緑。九衢車馬睹晴輝，萬井笙歌連曙燭。有客磊落豐城人，寶劍出匣光芒新。兩度青雲不得意，今年一舉超常倫。金臺駘蕩春光好，對策彤庭漏聲曉。寶殿臚傳瑞氣多，天門榜放祥雲繞。錫宴南宮春晝遲，錦袍不管柸淋漓。醉向和風滿歸路，紫騮蹀躞争驕嘶。綺樓翠牖出雲幕，粉黛朱顔擁芍藥。傾城人看緑衣郎，意氣昂昂動寥廓。幸逢明聖坐垂旒，聯翩彩鳳鳴高丘。成名秖向鴈塔寫，放歌不作平康遊。金臺春色看未已，又沐天恩還故里。盡將此意入丹青，期與乾坤傳不毁。

送劉侍御

青驄曉嘶春日明，銀鞍穩被珂玉鳴。豸冠繡服何光榮，乃是烏臺柱史朝神京。故鄉之山鬱峥嶸，緑溪白石蒲芽生。交朋相送難爲情，大搥鼉鼓吹匏笙。四筵列坐皆豪英，高談直使鬼膽驚。醉來不覺金罍傾，起舞意氣殊縱横。我歌一曲送君行，丈夫立志當軒轟。古來多少彯華纓，唯有忠義留芳名。豈無鐵面寒，亦有攬轡清。願君追取二子炯炯之精誠，仰酬盛世開隆平。

苦雨

涼風颯颯雨聲急，出門跬步苦沾濕。山城拂地雲霧深，河渚交流潢潦溢。田夫野婦坐嘆息，園中有棗不可食。況復離離禾黍垂，及時不得收穫力。一年百事望秋成，秋成柰此淫雨積。誰哉爲我誅雲師，宛見青天行白日。男亦欣欣女亦懽，有衣有食安家室。

郊遊

客居煩聒毒我膓，偶騎欵段登周行。西行三里渡小水，北上百步臨高岡。遠近人家翳喬木，依稀郵舍圍垂楊。是時隴麥半乾槁，南風起浪日色黃。所遇林桑已空兀，誰家婦女猶提筐。唯南有山接嵩少，雲門開闔峰低昂。清回爽氣徹心目，便覺塵慮都消忘。回鞭窈窕歷溪谷，野花野草供幽香。殼蝸垤蟻各生遂，潛鱗飛鳥咸徜徉。東折縈紆歷平坂，縱觀大化窮毫芒。乃悟羣生隱無極，始知一氣包鴻荒。此意悠悠真罕識，令人酷憶點也狂。緩轡歸來日已夕，滿懷風月天茫茫。

故鎮行

北山崒嵂界天碧，山前古鏡烟霞集。兩街老木風飀飀，幾道寒泉聲瀝瀝。溝塍繚繞禾麥稠，椒材果實被道周。人家門巷甚蕭洒，村園水石殊清幽。西邊梵宇臨深谷，俯視溪田藹新緑。鍾閣風雲入壯懷，佛殿金銀炫塵目。斷碑蒼蘚還摩挲，細看歲月良已多。趙宋金元迭興構，黄童白叟争奔波。誇雄競麗猶未已，衰歇幾何還又起。大道由來甚坦夷，何不歸斯而舍彼。親朋導我村北行，叢祠户牖塗丹青。龍堂鬼物極雄怪，土祠洞府何幽冥。還復崎嶇歷西澗，褰衣競涉波凌亂。高柳啾啾栖暮禽，平蕪渺渺語飛燕。嗟哉此境良亦稀，遊覽未畢情依依。念我昔年走天下，每逢山水娱清輝。况兹故里好林壑，有田可耕薪可斫。待余他日重歸來，擬卜山居尋舊約。

西磴行

偶來與客遊山前，地幽便覺人境偏。路入青林幾縈曲，濃陰不斷風泠然。淲淲清泉來遠谷，紺色寒聲瑩心目。石梁急瀉跳明珠，草岸平流浸青緑。北行更欲尋泉源，山門蓄霧勢吐吞。兩峰秀出半空裏，錦屏屹立當中尊。復憩山腰小琳舘，洞户雲扃殊宛轉。袖拂塵埃讀古碑，茶餘苦乏青精飯。歸來白日天未中，回頭尚愛千雲峰。更待秋初稍涼冷，還登絶頂窺鴻濛。

峽石山行

古道黄泥没車轂，峻坂迢迢客行苦。別尋細路出山椒，俯瞰羣峰如累土。山椒怪石何巉岩，小大纍纍兒逐母。忽驚耳畔過狂飈，老木如人自掀舞。陰陰空谷啼饑猿，❶慘慘深林嘯猛虎。時時一顧破羈顔，秋葉秋花解媚嫵。霜林色重紅欲然，露菊香寒寂無語。日暮崤陵風雨來，千山萬谷堆雲霾。回視人寰不知處，恍疑馭氣遊蓬萊。

新安行贈王廣文

西通崤沔東洛陽，澗流曲折波浪浪。連峰疊巘互低昂，溪橋野店遥相望。函關開豁地一方，新安老樹浮高隍。山迴川合鬱蒼蒼，儲精孕秀不可當。錢君若水慎行藏，急流勇退何徜徉。韓侯擒虎智力强，高勳亦可銘太常。其餘豪傑皆軒藏，弱毫未易俱談揚。王喬古洞南山陽，世傳鐵斧殊荒唐。洪鑪烈焰徒煌煌，百煉不改纖毫鋼。古來雷斧墜穹皇，陰陽摶結成鋒鋩。鐵斧無乃類此行，胡爲末俗相驚惶。我行愛此山水鄉，往來屢宿芹頖堂。芹頖廣文情慨慷，時能取樂行華觴。諸生羅列芝蘭香，争持斗酒澆我膓。醉來意氣何揚揚，爲之放筆掃粃糠。掇拾故迹百十忘，頗勝燕石爲琳琅。欲行不行意徊徨，明朝别思俱茫茫。

寄温縣江司訓

君住江南我江北，關河千里萬里隔。一朝振翮起翱翔，同逐春風遊紫陌。是時英俊天下來，南宫角藝何壯哉。豈意主司

❶「啼」，原作「蹄」，今據四庫本改。

濫收采，繆將寸木升崇臺。君持木鐸向温邑，曾問士風解愁寂。我亦拜恩歸讀書，却抵滎陽問家室。滎陽温邑隔大河，相尋一葦曾經過。嚴親今歲官河内，往來擾擾如奔波。愛君特達好心事，一回相見一歡悰。夏館清談移晝陰，秋齋共宿發幽思。有時酌我金屈巵，我還答以二鳥詩。醉來意氣覺奔放，生平肝膽何崛奇。近日分携隔風雨，羈懷落落向誰語。行將跨馬過君家，寄聲爲釀新秋黍。

送蕭都憲歸盤窩歌 并序

盤窩者，都憲蕭君所營别墅之地名也。蕭君，江西龍泉人，其所居里曰南園。去南園十餘里，有山水林木峭列，迴環蓊鬱其間，人以其地僻遠而莫之顧。蕭君自登進士爲僉憲，時以省祭歸鄉里，因遊其地，登高而望，入溪而步，俯仰四顧，知其勝絶，可爲退休之所。乃命童僕芟其草萊而佳樹列，疏其壅滯而泉流清。則山若增而高，地若闢而廣，水若積而深。而凡雲光霞彩，嘉花美木，千狀萬態，獻秀争奇於前。觀玩之久，意若忘歸。蕭君以古有盤谷，以斯地較之，未知其爲孰勝，因名之曰「盤窩」。乃結茅以避風雨，遂記其事而目爲十景，詩以詠之。今年冬，蕭君以病得賜告之恩，將南歸尋所謂盤窩者。朝之大夫咸爲詩歌以贈之，余亦賦《蕭都憲歸盤窩歌》以送其行云：

古揚州之域，今大江之西。名山名水，相望其間，罕與之齊。龍泉乃在山水最佳處，盤窩直與盤谷争勝足以成幽棲。吾友蕭君生其邑，鍾秀精英抱高識，神駿早掣飛電蹤，大鵬快展扶摇翼。天上迢迢十二樓，鳴佩早與羣仙遊。東俯扶桑枝，西瞰崑崙丘。珊瑚文彩滄瀛流，吴鈎光射瀚海頭。聲譽喧喧鬢未改，賜歸倍覺天恩大。蕭蕭行李出都城，漠漠雲帆掛淮海。長江西上知幾程，家山次第來相迎。盤窩林嶺秀，盤窩水石清。東潭西障迭隱見，馬山龍洞相紆縈。離口横波秋色冷，朝帽之峰露高頂。平林歸翼晚來稀，遠浦漁舟歌韻迥。雲陂春牧散無邊，高野秋禾成萬井。盤窩之景何其多，蕭君柰此盤窩何。或時採其山，或來釣其波。松根茯苓自可斸而煮，松花崖蜜亦可調而和。山間茅屋極蕭洒，嵐靄氤氲清水瀉。静時翫易窺見天地心，閑日彈琴并與親朋話。盤窩之樂難具陳，應知道卷堪怡神。但恐勿藥有喜鶴書飛來自天上，東山謝老未許獨樂忘生民。

敬軒薛先生文集卷之三

敬軒薛先生文集卷之四

門人關西張鼎校正編輯
鄉後學沁水張銓重校梓

絶句

銅雀臺

銅雀臺高春日明，春風無限綺羅情。
笙歌莫向西陵奏，松栢蕭蕭起暮聲。

春日即事

一夜東風柳穗柔，曉來紅日在簾鈎。
少年兩兩鳴鞭過，唯見香塵撲馬頭。

舟中雜興柬韓克和劉自牧王尚文宋廣文十八首

公等文章班馬儔，偶來聯步上瀛洲。
天恩又許歸鄉里，同泛南風五月舟。

天上同霑雨露多，扁舟又喜泛滄波。
冥冥烏背夕陽暮，千里月明聞棹歌。

霄漢銀河接潞河，諸公同此沐恩波。
于今又遂歸寧願，漸近家山喜氣多。

萬家城郭通州市，十里帆檣潞水船。
清曉登艫望京國，鳳凰樓閣五雲邊。

波光到底見星辰，中夜行舟月色新。
睡覺水村鷄已唱，雲帆清曉過天津。

細草微茫間渚沙，烟林杳靄暗漁家。
舟行不辨東西處，但倚危檣看月華。

舟行暑氣正澒涊，岸上行人方鬱蒸。
安得長風來萬里，頓令煩濁片時醒。

天高雲影層層出，野曠河流曲曲長。
百丈牽風晴裊裊，櫓聲摇月夜茫茫。

兩堤草色緑無際，五月草蟲聲已清。
自是天機能動物，舟中聞此倍多情。

堤上閑遊眼界寬，青天不盡地漫漫。
此心便覺無拘礙，誰信人間行路難。

天開水面平鋪月，風湧潮頭倒捲沙。
舟過前村迷遠近，一堤楊柳數聲鴉。

夾堤楊柳緑依依，傍水人家籬落稀。
小婦携籃賣蒲笋，得錢含笑入荆扉。

水畔人家舟作屋，飄飄身世長兒孫。
幾回睡足蘆花月，又引帆檣過別村。

參透詩禪漸息機，掀髯覓句句還遲。
櫓聲驚覺船窻夢，遥見青天一鳥飛。

纔罷沿流又遡流，關河不盡興悠悠。
書生別有胸中略，閑看横江萬斛舟。

千年宇宙混輿圖，萬里江河接舳艫。
澤國晚來飛鳥盡，海風吹月上天衢。

蘆葉青青潮水平，吴儂摇櫓唱歌聲。
歌聲櫓韻隨潮去，背立江風無限情。

江北江南一水通，往來舟楫自忽忽。
推篷獨坐渾無語，遥見青天日正中。

酬陳廣文送菜

秋圃應知雨露多，嘉蔬分送忝情何。
書生咬得其根味，絶勝金盤薦紫駝。

早度古嶢關

四圍山勢鬱崔嵬，清曉關門傍水開。
一騎秋風揚策度，野花隨路送香來。

由蓼子谷取捷路抵鞏黄河北徙有感

此路經過已十年，重來河水變桑田。
西風不盡登臨意，又見寒鴉下夕烟。

鞏洛道中

嵩高雲氣晚嵯峨，清洛西風咽急波。
水色山光渾似舊，宋家陵墓夕陽多。

王弼墓

四聖千年道久湮，誰從羲畫見天真。
先生埋骨邙山後，猶有玄虛誤世人。

宿白馬寺人家

白馬馱經事已空，斷碑殘刹見遺蹤。
蕭蕭茅屋秋風裏，一夜雨聲鄉思濃。

函谷關

嬴秦烈焰掩全齊，誰遣君侯更向西。
關上月明關下路，英雄千古怨晨鷄。

登平陸城樓 四首

獨倚危樓日向西，洪河風起浪高低。
中條北去無多路，回首鄉關路不迷。

斷岸奔流萬里風，疎林黄葉九秋中。
畫闌干外斜陽暮，併作離愁一段濃。

客愁偏向九秋多，况復登樓望濁河。
相去弘農纔咫尺，苦無一葦暫從過。

中條秋色滿山城，一上危樓感慨生。
天外黄流來滾滾，扁舟端擬駕長鯨。

興讓里

岐陽日色正輝輝，纔被餘光便息機。
却把争田爲棄土，頓令江漢總思歸。

山水小景 四首

湖水茫茫浪拍天，春風湖上有人烟。
小樓半在花林内，簾捲青山看釣船。

石上長松落午陰，有人松下皷瑶琴。
南風過處渾無迹，衹見千山萬水深。

老樹蒼崖滿目秋，水明沙浄晚烟收。
如何萬里長江内，只見斯人泛一舟。

兩崖雪罷樹無風，泛泛扁舟水月空。
疑是山陰尋戴老，此時清興正無窮。

七夕 三首

絶憐天上有佳期，汾水西風獨夜時。
望斷銀河仙路遠，鵲橋不見度星旗。

身世浮雲無定迹，客中二十四回秋。

故鄉此夕逢佳節，閑看星河徹夜流。

三處三年逢七夕，鄢陵京索晉河汾。
人生是處堪行樂，領取清風對酒樽。

留別諸友八首

留連冉冉已過夏，離別忽忽又值秋。
酒盡玉壺歌舞散，月明千里照汾流。

多情累月重留連，惆悵西風送別筵。
咫尺江山暫分手，及歸應在早花前。

緑樹秋風起夕涼，離筵歌舞斷人腸。
欲知別後相思切，明月關山滿路霜。

樓頭鍾盡曉風清，南陌殷勤送我行。
十里汾流兩岸月，祇應總是別離情。

汾水西風生夕波，離筵忍聽唱驪歌。
男兒不洒相思淚，翠袖紅裙奈若何。

離鸞別鶴不須愁，暫向中州訪舊遊。
待我明年二三月，看花同上禹門樓。

扁舟清曉渡汾河，露草風蘆兩岸多。
却望高城雲霧盡，好山一帶列青蛾。

錦瑟銀箏酒半酣，離情幾許舊曾諳。
却憐後夜相思處，三晉山高月正南。

秋日過洛陽

洛陽城西今又來，颯颯秋風吹客懷。
禾黍荆榛蛩韻切，昔人曾此起樓臺。

中秋對月遣興

涼露滿天秋氣清，月光先到客邊明。
舉柸對影深相屬，只有姮娥不世情。

元夕寄故鄉諸友八首

故鄉千里隔關河，好景年年客裏過。又見元宵春一度，紅燈幾點月明多。

鄉人新自故鄉來，千里魚書手自開。聞道家山風景好，玉笙吹月共徘徊。

寂寂閑門掩月華，春衙兒女任諠譁。窻前坐久銀燈燼，首首詩成只憶家。

莫道他鄉勝故鄉，思歸一日九迴腸。元宵忽共鄉人語，爲寫新詩寄上庠。

思鄉無日不關情，况復春燈對月明。欲作家書附回使，歸心先過洛陽城。

舊說歸期已失期，更逢佳節倍相思。交親若問今何似，客裏春來困酒巵。

中州何事重留連，憶别諸公已半年。遅我河汾看春色，百花深處酒如泉。

回首鄉關入夢頻，馬蹄踏盡幾年春。客中膽氣峥嶸甚，肯把明珠謾贈人。

題毋處士畫梅竹二首

疑是孤山處士家，暗香浮動月初斜。千紅萬紫雖無數，獨領春魁是此花。

湘江兩岸鷓鴣啼，翠袖天寒日又西。可是無人伴幽獨，紛紛桃李下成蹊。

行黄河岸上

蒼崖千仞俯黄流，滚滚波聲大地浮。惆悵靈槎無復見，壯懷秪擬付神遊。

看楊花戲作

紛紛拂拂雪花香，旋逐回風過粉墻。
坐困綠陰看未足，無端春思正悠揚。

題蒲守劉公梅竹二首

誰傾金醴醉仙娥，綽約朱顏總已酡。
莫向風前吹玉笛，恐驚春夢入江波。

此君老矣勢猶豪，新長孫枝節漸高。
好似一門賢父子，清風相倚迥難招。

韋廣文送醯

鼎鼐何堪欠此生，銀瓶携送滿寒清。
從今肝膈添詩思，肯使酸齋擅大名。

過賈魯宅

長平驛是相君家，不見當時富貴花。
只有蒼蒼喬木在，至今猶宿夕陽鴉。

長　平

行過長平慘舊名，路人猶指昔年坑。
不知當日將軍死，地下曾無見趙兵。

滎陽道中九首

老親官定覃懷後，遊子南來京索時。
舟渡濁河高處望，太行秋碧繞天涯。

前途十里即溫城，暫向村林避鬱蒸。
野老多情能款客，呼兒旋撇甕頭清。

一年幾度過黄河，霽景清風此日多。
臨流滚滚興無盡，直欲遥吞萬里波。
河水南邊廣武山，山頭簇簇故城閑。
徘徊不盡千年事，秋草秋花駐馬看。
獨尋危坂出高岡，蔓草荆榛古道荒。
谷口人家似仙館，幾間茅屋蔭垂楊。
一上河瀆眼界寬，秋風禾黍動秋山。
敖倉甬道不知處，唯見孤雲自往還。
連村緑樹亂蟬秋，禾黍離離正滿疇。
爲愛中州好風景，揮鞭不厭往來遊。
天高地闊鳥雲飛，天際涼飈動客衣。
萬物生成看未足，滿懷清思正微微。
馬上看書意若何，悠悠隨處任經過。
舉頭忽見南山近，爽氣清輝倍覺多。

次劉僉憲見寄韻四首

憶對清陰轉午遲，杯行到手欲無辭。
高山流水今何處，鴻鴈南來有寄詩。
開緘忽見右軍書，麗句清詞愜所需。
何限相思動秋意，蟬聲况是晚涼初。
幾年持節道途間，驄馬遥遥意氣閑。
况有青山隨處好，料來詩思未應闌。
憲府新成小屋居，屋中唯貯舊琴書。
希聲古道應何似，一榻清風樂自如。

通　鑑

千二年來治亂機，只從理欲辨安危。
若將此鑑爲心鑑，三五如何不並歸。

禹門

連山忽斷禹門開，中有黄流萬里來。
更欲登臨窮勝觀，却愁咫尺會風雷。

渡口

兩崖陡起束狂瀾，南去沙平勢渺漫。
長有扁舟依渡口，行人莫道往來難。

棧道

石岩危柱迭相承，閣道縈迴接杳冥。
天上黄流來滚滚，長風五月灑衣清。

明德宫

碧瓦朱楹白晝閑，金衣寶扇曉風寒。
摩雲觀閣高如許，長對河流出斷山。

宫前老栢

蒼蒼老榦鑄青銅，縷縷香毛引細風。
自是栽培年歲久，托根長近禹王宫。

看鶴樓

石磴盤雲到上頭，高風五月已驚秋。
眼空四海無纖物，唯見黄河天際流。
一柱巍峩勢獨尊，鐵崖三面下無根。
偶登絶頂思前事，滿目河山孰與論。

水閣

水閣憑空結構牢，蒼崖直下俯洪濤。
轆轤牽綆應千尺，還似垂綸釣巨鰲。

飛樓縹緲架黄流，滚滚波聲世界浮。
遍倚闌干憶前事，功成四載幾經秋。

后土祠

一木爲橋渡斷溪，山風水氣冷凄凄。
千年古廟蒼崖下，萬里河流正在西。

石龕

古屋縱横半畝餘，只疑神鬼護陰虚。
蒼崖直上通元氣，點點寒泉滴露珠。

靖應姜真人菴

靖應真人隱者流，聲名往日動宸旒。
功成不在飛升去，禹廟連雲檜栢秋。

題四景

雲滿青山水滿溪，緑楊紅杏繞幽栖。
抱琴童子隨師去，歸到橋心日未西。

水心亭子四山青，亭下荷花照眼明。
我欲唤船楊柳岸，隔溪終日不聞聲。

四山木落晚江空，江上茅齋爽氣中。
立盡秋風何處客，磯頭日日看飛鴻。

怪來寒氣襲襟裾，忽向高堂見畫圖。
樹老山空江似練，扁舟不受旅人呼。

題季札掛劒圖

心許君侯口未言，歸從陵樹掛龍泉。
生平負諾知何限，始信當時公子賢。

題負薪圖

自古詩人詠伐檀，山中不道負薪難。
到家遠近何須問，行過溪橋路已寬。

四皓圖

雪鬢蒼髯識者稀，功成猶自昧先幾。
寧知後日紛紛處，却道劉侯計已非。

睡熟

睡熟不知風大作，到曉猶聞波浪聲。
起坐覓紙欲題句，却憶遠人無限情。

紀先人舊遊三首

壇樹濃陰覆四墻，春深好鳥囀笙簧。
慈親此日不同聽，樂意翻成淚兩行。

西壑南岡景物幽，先人曾此數追遊。
重來不似當時興，緑草紅芳總是愁。

先人最愛佳山水，每對清流翫翠微。
俯仰忽成今與昨，看山看水淚沾衣。

檢舊書得先人手迹

素帙窗前自卷舒，忽看先父數行書。
分明筆迹如平日，一字傷心一淚珠。

題錢舜舉山水小景

琪樹秋風生早寒，樓臺縹緲暮雲間。
橋頭有客長無事，閑聽溪聲静看山。

觀太極圖

斂襟坐久此心虚，静看濂溪太極圖。
理在象中元不離，莫於象外用工夫。
一理陰陽及五行，乾坤萬物各生成。
莫言真宰元無迹，久向圖中露此情。

春興三首

客居城市厭喧囂，舉目雲林變緑條。
好景一年都已過，何曾散步到西郊。
懷抱何由一灑然，勞生擾擾故相牽。
城南山色青如許，不到雲林又幾年。
又是春風换物華，静觀芳意浩無涯。
寄語鶯花休悵望，新詩已懶向人誇。

新鄭學宫夜宿

清飈槭槭響林柯，夜宿秋堂冷簟波。
睡醒不禁鄉思切，滿庭明月候蟲多。

劉廣文携酒餞行

先人舘下老門生，三十年來故舊情。
今日相逢頭已白，殷勤載酒問歸程。

過盧溝河有作

烏府新承帝澤覃，又持憲節按湖南。
盧溝橋上瞻都邑，金闕連雲倚翠嵐。

出　漢　口五首

扁舟泛泛野湖平，岸轉奔流近漢城。
滿目江山如畫裏，留題多少舊才名。

萬里長江滾滾來，楚山凝碧樹如苔。❶
扁舟横渡浪花急，一蓆好風何快哉。

漢江南合楚江流，新漲兼天雪浪浮。
黄鶴不來仙已去，舟人猶指舊時樓。

萬里滄江水自東，武昌烟樹晚朦朧。
獨持憲節怱怱過，興憶南樓夜月中。

人家樓閣枕江烟，江上危檣泊萬船。
欲問當年無故老，青山依舊水連天。

出漢口至大江追憶往事有感而作

武昌城對漢陽城，城下長江漫漫平。
二十年前曾過此，烟波一望不勝情。

覽嘉魚圖經

閑覽嘉魚縣地圖，半爲山谷半爲湖。

❶「凝」，原作「疑」，今據四庫本改。

生民計業知應薄，秖賴昇平雨露餘。

公安詠口

古砌長衢滿緑苔，疎籬多傍水邊栽。欲知何處懷平仲，老竹荒祠風雨來。

蜀江水漲如黄河江北諸山彷佛太行遣興而作

蜀江濁比大河黄，江北諸山似太行。誤喜中原應不遠，却聞人語是湖襄。

澧　州

秋日秋風澧有蘭，碧峰如畫水如環。荆南自古多騷思，長在閑花野草間。

常　德

百里平川古朗州，沅江滾滾向東流。竹枝留得唐人句，一曲西風碧樹秋。

武　陵

萬水千山舊武陵，伏波曾此向南征。只今無復壺頭險，夷獠謳歌樂太平。

次同年趙侍御阻雨韻五首

秋夜蕭蕭雨未休，碧窻欹枕憶神州。霜風會見清南徼，未必軺車久滯留。

天使乘驄此暫休，今朝我亦到南州。栢臺孤枕銀燈夜，還似當年阻雨留。

瑶樹西風透客懷，早秋涼雨壓塵埃。
行臺壁上留佳句，知是同年攬轡來。
壁上留題見好懷，旋將征袖拂塵埃。
浪遊不得逢知己，阻雨今朝獨後來。
境入桃源喜滿懷，分司衙裏絶塵埃。
繡衣壁上題詩日，正是隨車好雨來。

桃源曉行

隔江烟樹曉模糊，縱有丹青畫不如。
且喜桃源風景好，山行不厭路崎嶇。

宿界亭驛

山月娟娟滿户庭，秋蟲喞喞四邊鳴。
一杯强飲不成樂，坐聽山童打二更。

辰溪次趙子裕韻

盡日山行不厭遲，肩輿隨處愛秋溪。
路回忽見江頭縣，風景清幽興不迷。
辰陽已覺鴈書遲，滿目雲山接五溪。
秋夜一杯江縣酒，醒來鄉思不曾迷。

益陽山行遇雨

雲林漠漠雨淒淒，節節危橋曲曲溪。
可是青驄行處穩，滿山紅葉襯秋泥。

雪中度風門嶺

肩輿千仞歷峥嶸，朔雪寒雲杳靄中。
遠近東西渾不辨，只疑猶未闢鴻濛。

靖州道中溪水清駛可愛

石淙急瀉響奔雷，濺沫跳珠雪湧堆。
正苦荒山勞降陟，且隨流水共縈迴。

池邊笋生

緑錦池塘春已深，池邊青笋欲成林。
貪看物理添新趣，不管滔滔歲月侵。

遣興

永日霜臺與衆疎，相親惟有聖賢書。
緑雲滿院蒼苔合，自喜能兼吏隱居。

黔陽春日雜詠六首

滿庭落葉似深秋，好鳥鳴時地轉幽。
坐對青山纔咫尺，會登絶頂望中州。

風起楊花滿院飛，翠屏門外送清輝。
蠻中好景非吾土，春燕來時客未歸。

兩年三度客黔濱，前是秋冬後是春。
新緑滿庭清晝永，好風時復送香塵。

弱柳新梅蔭户庭，好山門外列青屏。
間關幽鳥鳴春晝，宛似家山把酒聽。

睡起霜臺似水清，晚春風日弄新晴。
笑看蟢子頻頻集，却憶人家望客情。

駐節黔中改歲華，四山重疊繞天涯。
空庭獨坐聽鳴鳥，拂面春風吹柳花。

黔陽山中十首

景好寧知是異邦，竹籬茅舍枕滄江。
吏情更有山林趣，緑樹門前畫戟雙。

星軺玉節萬山深，到處溪流足茂林。
雨過瘴烟清似洗，蠻荒不減壯遊心。

盡日江行路不迷，溝塍水滿稻秧齊。
參天緑樹茅茨小，何處人家叫午鷄。

山青雲白楚天涯，駐節山中白晝遲。
縱是無邊清興好，知音誰與和新詩。

江村地僻草萋萋，小閣閑登日欲西。
風景不殊雲木秀，只嫌中有鷓鴣啼。

清和時節似中州，江遶茅堂盡日幽。
官況不羈情散誕，坐看雲影自悠悠。

宦情不改讀書情，閑愛山林興致清。
隨意時時寫佳句，却嫌行處有虛名。

竹椽茅屋江邊静，永日惟應鳥雀飛。
雲白天青山萬疊，霜臺遠客正思歸。

花木時光總不窮，青山疊疊水重重。
欲尋真宰元無迹，祇見蒼蒼一氣功。

草閣南風分外涼，看山面水據胡床。
宦情蕭散知何益，身在江湖憶帝鄉。

四月望夜院中作

月照芭蕉葉上明，小闌干外竹林清。
一襟風露涼如洗，似有新秋在户庭。

對雨遣興簡陳侍御七首

秋雨通宵盡日鳴，栢臺雙沼漲皆平。
緑荷裊裊欹香柄，細看明珠瀉未停。

曲闌干外芰荷香，秋雨來時水滿溏。

喜與同年驄馬客，水心亭上共持觴。

南荒久與故人疎，邂逅同年一月居。
共指小塘荷葉底，水添秋雨欲生魚。

同年持斧到南荒，咲指關山滿路霜。
一月沅州城裏住，聽風聽雨喜連床。

君恰來時我欲歸，沅江秋雨正霏霏。
鴒班若問新消息，爲説清霜滿繡衣。

緑萍如錦盖青池，池面高荷静不移。
閑愛小亭聽雨坐，恰如湘水繫舟時。

同年喜有繡衣人，沅水相逢意氣親。
我去君留莫惆悵，邊氓快覩曉霜新。

襄陽雪中雜詠 六首

扁舟南渡漢江來，阻雪連朝住憲臺。
莫道鐵冠官況冷，瓊瑶庭下已成堆。

烏臺南面郡城高，城外諸山雪亂飄。
勝蹟欲追羊叔子，會從峴首踏瓊瑶。

空階密雪下無聲，葉落層層盖已平。
盡日戟門清似水，端居誰與論詩情。

堂臺高敞四虚寒，窻外蕭蕭竹萬竿。
一夜霜風鳴到曉，散爲清響滿人間。

襄陽城外雪紛如，散入江流片片虚。
乍有却無迷望眼，只疑神女弄明珠。

少年曾讀浩然詩，襄漢風流百世師。
今日雪中清興好，論文翻恨不同時。

芭蕉

夫君本自一心空，舒卷如何葉未窮。
自是根株通大化，故教有象顯無蹤。

靖州月夜雜詠五首

一節三年久在邊，天威咫尺玉堦前。
靖州城裏清宵月，應與家山一樣圓。

參差林影受風斜，堅坐胡床愛月華。
涼露在庭清似水，不知今夕是天涯。

城外清江城上樓，滿城明月似深秋。
忽思昌子雖癡小，也念阿爺尚遠遊。

未有涓埃答九天，謾叨官廩過年年。
靜思仕學多違性，搔首能無愧往賢。

三百年來新郡邑，七千里外古蠻荒。
無私好是中天月，布滿華夷一樣光。

夏夜聞鍾

翠帷藤簟竹方床，孤枕慵便五夜涼。
夢裏不知身作客，忽疑鍾響是家鄉。

盧溪冬夜五首

幾度官船過武溪，匆匆都未有留題。
今來駐節當寒夜，絳燭紅爐興不迷。

曲曲清江節節山，霜臺分外朔風寒。
寸心祇與梅爭白，頗覺蒼顏稱鐵冠。

江縣蕭條歲欲除，溪山寥落野人居。
九重時復行寬令，使者徵求忍盡漁。

夜深風雪響侵門，繡被熏來睡正温。
忽念中林有樵者，獨歔餘煖未能分。

久客霜風入緼袍，壯心猶倚劍吹毛。
武溪溪上烏臺夜，猛虎一聲山月高。

重題五友

竹

長日無風亦自清，疎篁况復滿秋聲。
幾回睡醒窻前月，疑是瑶堦佩玉鳴。

蘭

幾載栽培雨露深，好風披拂正關心。
瑶琴一曲憑誰寫，唯有宣尼解此音。

蓮

朝來微雨濕臙脂，並倚新粧照緑池。
莫使香塵涴顔色，深情還有正人知。

梅

花正開時節已過，秪留清影弄簷阿。
瀟湘千里客歸去，想憶花時思更多。

菊

未到高秋有別情，新叢簇簇傍階生。
歸心不待花重發，留與新知作眼明。

董公二首

席捲三秦赤幟東，力陳大義討元兇。
董公籌略應無敵，蕭相虚當第一功。

紛紛豪傑欲興劉，縞素應爲第一籌。
何事元功盟帶礪，丹書不到董公侯。

又題五友

竹

三年烏府長琅玕，粉籜新梢次第看。今日成林足風雨，坐聽清響徹雲端。

梅

紅白雙梅户外横，看花看葉與俱清。今秋只恐歸期近，重疊題詩寄别情。

蓮

鏡裏芙蓉一色開，高荷倚醉好風來。采芳誰識心如洗，持贈聊同驛使梅。

蘭

幾歲南州老鐵冠，霜臺底物可爲懽。祇應九畹滋新種，時采幽香滿把看。

菊

簇簇新叢傍憲臺，臺端有客日徘徊。歸期若在花前發，留向新知次第開。

懷沅州五友

竹

勁節虛心獨耐看，霜臺三載伴清懽。今朝朔北遥相憶，誰與蕭蕭共歲寒。

梅

正是花時遠別離，綺牕應已發新枝。
薊南臘月霜如雪，相對長吟有所思。

菊

幾簇芳根遍小臺，自呼童子看澆培。
沅江回首深如許，縱有清香亦自衰。

蘭

頻除惡草惜佳叢，笑采幽香歲歲同。
一自沅江騷佩遠，小蘭誰倚看光風。

蓮

方塘紅錦日熹微，絶愛天葩照客衣。
幾賦新詩去雕飾，相思重覺賞心違。

又懷五友

蓮

誰識當年周茂叔，愛蓮別是一般心。
沅州憲府花如錦，回首蠻山萬疊深。

菊

鐵冠不受晚風寒，采得幽香静處看。
幸自托根今得所，栽培應有露團團。

蘭

九畹曾懷楚客騷，不堪沅澧去人遥。❶
多情只有當時佩，別後清香尚未消。

❶「澧」，原作「濃」，今據四庫本改。

梅

紅白沅州有二梅，年年長是近春開。
飄廊點砌今誰惜，祇有東風掃石苔。

竹

栢臺清絕愛疎莖，踏影攀枝繞砌行。
衛水舟中風雪夜，夢回疑是打牕聲。

博浪沙

大眼由來視獨夫，懇懷忠義報兇渠。
英謀已自輸曹沫，只恨當時中副車。

院中楊柳

去日庭中始見栽，既成林後客歸來。
春風擺盡輕狂絮，留得清陰滿憲臺。

敬軒薛先生文集卷之四

敬軒薛先生文集卷之五

門人關西張鼎校正編輯
鄉後學沁水張銓重校梓

絶　句

朝回行堤上

御溝行處早朝回，春水平堤不起埃。
柳緑蒲青無限好，客邊襟抱一時開。

簡焦李羅劉四侍御

緑柳紅葵滿憲臺，幾陪簪笏共徘徊。
昨朝一别長官去，直到新年院裏來。末用韓句。

文明門外水悠悠，妓子歸來雨打頭。
却笑道人心似鐵，久無飛夢到青樓。

鐵扇都門鎮日開，無風車馬也塵埃。
雷公不吝連朝雨，洗盡炎蒸一快哉。

每憶清談對數公，别來無日不從容。
少陵自是能詩者，却笑樽中酒屢空。

黄榜同年雙進士，青毡並榻兩先生。
四君高論應難及，别後深知鄙吝萌。

讀劉靖脩黄金臺詩

賢者何曾爲此來，黄金空復壘高臺。
先生志節超千古，一曲清風溢九垓。

再懷沅州五友

沅陽清氣滿烏臺，爲有脩篁繞户栽。
兩載好風明月夜，新詩誰對此君裁。
無端詩興遠誰添，紅白雙梅倚畫簷。
千里中州風雪夜，一窗清月憶湘南。
簾捲秋風繞砌花，沅陽幾對昔年華。
關山白露三千里，誰采金英泛紫霞。
持贈曾同驛使梅，紉香聊爾意徘徊。
當時九畹花應在，幾向光風爛熳開。
薜荔闌邊緑錦池，竹亭深坐晚涼時。
忽成遠道空勞想，秀色天香發向誰。

汾上春行

清汾信馬踏春酣，汀草萋萋隴麥蕲。
正是煖風啼鳥日，水村花塢似江南。

驟　寒

曉起題詩硯有冰，苦寒端欲訴玄冥。
却思持節荆南道，臘月湖山草色青。

河南將歸

我憶汾南田舍好，緑槐如盖擁高門。
南園舊種雙桐樹，應有孫枝到碧雲。

忽憶

忽憶鞏東峰子嶺，入雲遥見大河流。
中原勝槩皆堪賦，攬轡還當遂壯遊。

汾河南岸看杏花

兩載東風看杏花，汾河南岸水西斜。
幾回駐馬憐穠艷，只恐春流泛落霞。
汾水南邊錦作堆，連朝相報杏花開。
東風好景休虚擲，一日須來一百迴。

過壽陽用韓文公韻

征騎鷄鳴發大安，山深五月尚風寒。
壽陽舉目孤城近，東嶺金烏爛曉團。

憲臺齋宿

憲臺齋宿幾連宵，絳燭銀爐伴閴寥。
斗帳夢回更漏永，只聽窻外冷風飄。

喜雨雜詠簡院長諸公八首

聖明端拱太平時，好雨當春細若絲。
應是栢臺添氣象，旋滋花柳更催詩。
正是陽和溥萬方，知時好雨潤羣芳。
趣朝共覩天顔悦，應喜斯民樂泰康。
霏霏朝雨潤彤庭，恭逐鵷行謁聖明。
白玉橋邊鳴珮過，御溝春水一時生。
御溝新柳濕鵝黄，佩馬朝回雨露香。
栢府文書春日静，相過唯覺和詩忙。
栢臺春静晝厭厭，好雨如絲不捲簾。

最是東君能借力，閑庭草色一時添。

雨過西山翠欲流，葱葱佳氣滿神州。
書生莫笑今霜鬢，駿馬看花已慣遊。

聖主龍飛第一春，天垂雨露萬方勻。❶
蒼生坐見躋仁壽，自昔賡歌有舜臣。

萬國同心奉至尊，斯民重見飲衢樽。
欲知和氣薰天地，只在三春雨露恩。

發通津驛 三首

六月官船發潞陽，水村烟樹共微茫。
天門忽已如天上，祇見青山一帶長。

新捧天書帶紫泥，又承恩旨按三齊。
通津南下波連海，渺渺風帆去似飛。

五色天書出禁中，儒臣將命按山東。
滄波南下通洙泗，魚躍鳶飛總帝功。

宿臨清薇省行館

薇垣瀟洒九秋天，風葉敲牕夜月圓。
有客乘驄來借宿，新詩留作賃房錢。

泉林寺

日午停驂山寺幽，❷清泉古木亂蟬秋。❸
絶憐好景添清興，爲寫新詩紀勝遊。

夢與陳侍御話舊

分司相見是京華，風節山東向子誇。

❶「垂」，原作「睡」，今據四庫本改。
❷「山寺幽」，四庫本作「暑氣收」。
❸「清泉」，四庫本作「參天」。

邂逅不知身是夢，覺來秋雨濺窻紗。

菊開憶去秋同官臺中共賞

去年客裏遇重陽，曾與同官摘晚香。
今日分符行郡邑，獨將遠意看秋芳。

嘉祥分司元宵

行臺北面是蒼山，古栢風生分外寒。
又值元宵春一度，謾燒紅燭伴清歡。

鉅野道中

鉅野茫茫遠際天，春風春雨淡春烟。
河流尚自成陳迹，俯仰千年事落然。

題汶上分司二小栢

霜臺對植長新枝，翠葉交承雨露滋。
直榦總應無曲處，稱年俱有棟梁姿。

聞蛙有懷

春晚乘驄駐德平，古城墻外有蛙鳴。
却思青草池塘夜，三載湖南厭此聲。

暮春道中見桃花尚開

馬穿新緑過園林，已恨穠芳誤賞心。
猶有小桃花未落，獨留餘艷到春深。

鄒平分司雜詠二首

行臺獨坐聽鳴鳩，喬木參天五月秋。
舉目好山青未了，應隨馬足遍東州。

樹繞行廊散碧陰，鶯啼小圃送清音。
葵花無數開如錦，解是傾陽共此心。

臨淄道中

平郊漫漫樹依依，人物千年總已非。
多少荒臺芳草合，不知何處是三歸。

青州分司榴花

石榴小萼未開時，渾似紅櫻壓翠枝。
照日含風千萬朶，故園千里正相思。

穆陵關夜雨

萬山絶頂穆陵關，一上山樓五月寒。
烟樹滿川浮暝色，晚風吹雨濕闌干。

膠州

幾點青螺海上山，參差樓閣海天寬。
行臺五月不知暑，祇覺侵人海氣寒。

栖霞見青桃

來日紅桃尚有花，青桃如彈過栖霞。
無端馬首還東去，直看青山到海涯。

栖霞行臺夏日

四山環繞栢臺深，緑樹濃交户外陰。還似湖南持憲節，坐聽山鳥弄清音。

望　嶽

攬轡西來過泰安，拂空青靄掠征鞍。東還筭是初冬日，擬上天門次第看。

萊蕪懷古

清節誰能似范丹，清名千載重人間。萊蕪縣裏停驂日，坐對南山秋色寒。

再詠汶上分司二小栢

一迴相見一迴高，夾砌行看翠葉交。偉器定如房與杜，相期聳壑更昂霄。

魚臺分司

翠竹紅榴掩映間，栢臺清晝鳥聲閑。情知物理相關處，心與乾坤一樣寬。

三詠汶上分司二小栢

高標離立入簷長，已有清陰近晝堂。別後又看新子結，風生滿院散天香。

渤海道中

學道于今四十春，擬將事業贊經綸。
又從北海尋東海，叨禄能無愧古人。

題書畫琴棊四首

書

鳥跡紛紛變化多，競將姿媚逐流波。
欲知筆力通神處，點畫都從王敬過。

畫

翫物工夫有底忙，江山萬景入微茫。
欲知畫出乾坤意，只有濂溪獨擅場。

琴

山自蒼蒼水自深，焦桐瀉出伯牙心。
鍾期去後今千載，誰復人間是賞音。

棊

夏屋聲敲玉石寒，輸嬴只在一毫端。
傍人莫自誇高品，當局方知下子難。

題壽光分司壁畫四景

春

馬蹄十載遍江山，萬紫千紅取次看。
欲識春風今古面，殷勤還訪杏花壇。

夏

赤日紅塵十丈深，碧溪垂柳愛清陰。
南風坐久頻吹面，忽憶薰絃萬古音。

秋

山高木落水涵空，萬物蕭森爽氣中。
却羨隨陽無數鳥，年年整翼候西風。

冬

大雪茫茫海上來，仙山遠近玉樓臺。
天書捧得行陽氣，一歲衝寒有幾迴。

題四知臺

人間無處不天公，咲却黃金暮夜中。
千載四知臺下路，至今猶自起清風。

題壁間松鶴圖

忽驚虚室起潛蛟，雲氣陰森爽氣飄。
霜雪不知幾千古，長年惟有鶴來巢。

臨朐分司四小栢二首

解是平生獨愛材，新移四栢後堂栽。
懸知數百年來後，應有清陰滿憲臺。
四栢移來拱把餘，一行分植傍階除。
故應雨露均培養，直榦争看聳碧虚。

簡黃仲芳大參三首

正統四年秋九月，天官門下識君時。
神都第一科中客，接踵青雲愧後期。

雅量每期黃叔度，正人應愧薛居州。
斯文四海知同調，且喜京華並轡遊。

天衢連日踏塵埃，忽聽蕭蕭夜雨來。
明日況逢重九節，好懷應爲大參開。

十二景爲衍聖公孔彦縉賦 二十四首

小亭花雨

小結茅亭壘石臺，繞亭時雨百花開。
一襟道氣清如許，更挹幽香滿座來。

曾過君家飲小亭，醉看紅雨濕春馨。
別來生意應如昨，長對東風閱聖經。

夾道槐雲

夾道槐根孔世家，兩行飛盖影欹斜。
要承濃渥千年蔭，不愛秋黃八月花。

數仞宮墻一路深，屯雲交翠落清陰。
紅塵十丈知何在，祇引薰風養道心。

蘭階清露

零露瀼瀼帶曉濃，繞階晴霽轉光風。
雲仍對此琴三弄，還與宣尼古調同。

九畹移來遍孔家，芳叢時遣石闌遮。
故應天意憐香潔，玉露年年潤好花。

桐井甘泉

千草嘉樹古梧森，❶一窟寒泉碧甃深。
靜掃濃陰汲脩綆，清泠長是滌塵心。

樹環嘉木桐陰合，井洌寒泉地脉通。
彩鳳九霄應有待，道源千古自無窮。

❶「草」，四庫本作「章」。

海棠綴錦

長笑時人愛海棠，芳姿何事近宫牆。
自緣要識春風面，任遣花神綴錦粧。
緑烟初散錦霞空，綽約仙人半醉中。
莫怪海棠顔色麗，等閑紅紫盡春風。

萱草堆金

緑帶春深近北堂，更看紅錦爛天香。
國風千古遺詩在，對此應知百慮忘。
自是春風造化機，織成錦翠爛相依。
細看一種生生意，真宰無言識者稀。

松窻皓月

拂窻涼籟起秋聲，綺席流光皓月明。
却憶鄒軻談夜氣，此時心迹已雙清。
畫堂松月夜窻虚，宴坐澄心一卷書。
莫道畫前元有易，静中天理亦森如。

竹塢涼風

半畝琅玕出短墉，煖烟輕霧碧陰重。
開門净掃蒼苔坐，細葉蕭蕭引好風。
戴雨含烟一逕幽，每從長夏數追遊。
濃陰深處不知暑，祇覺涼風似水流。

苔石疊翠

山骨移來帶蘚痕，層巒疊巘勢飛翻。
杏花壇裏三春雨，疑是岩間一片雲。
氣通霄漢潤通泉，融結還從太古年。❶
數點青螺雲起處，散爲霖雨遍山川。

❶「年」，雍正本作「間」。

花圃繁紅

煖雲無力趁東風，小圃芳菲一逕通。
若問人間真太極，便應携手看春紅。

參天喬木聖公家，應愛春風滿圃花。
還似濂溪窻外草，一般生意浩無涯。

古牆秀栢

曲阜城中夫子墻，墻頭老栢正蒼蒼。
托根終古同元氣，未許掄材作棟梁。

根蟠厚地榦參天，環合宮牆不記年。
遥想杏壇傳道日，唯應此木見三千。

方沼瑞蓮

珍重當年太極翁，曾將道筆寫清通。
孔門自是傳心者，還向方池看夏紅。

玉井空傳太華峰，何如方沼看新紅。
澆培更有如船藕，查滓都歸渾化中。

行臺雜詠簡黃憲長暨諸憲僚二十首

行臺西接大明湖，細柳新荷入畫圖。
海右風光今古意，品題殊覺少陵孤。

獨宿行臺暑氣清，清吟已覺動高情。
令人苦憶黃詩伯，肯許連床聽雨聲。

楊柳陰陰憲府深，讀書因見聖賢心。
鍾期去後今千載，誰復人間是賞音。

獵獵風蒲水滿塘，輕陰微雨芰荷香。
偶來乘興觀時物，徐步芳洲趁晚涼。

烟籠庭樹水侵階，隱隱輕雷細雨來。
爽氣已添煩暑退，好懷千古一時開。

緑柳紅葵滿憲臺，清渠碧沼斷塵埃。
城頭雨過天無際，高鳥孤雲自往來。

菰蒲深處水禽鳴，雨過林塘晚更清。❶
露滿碧荷看不定，祇疑仙掌萬珠明。
栢臺清晝鳥聲閑，影落高梧夏日寒。
且喜輕陰天際斂，開門咫尺見南山。
水滿方塘盖錦萍，軟風高下颺蜻蜓。
清宵雨歇蛙聲急，却憶湖湘草色青。
萬朵紅葵拆錦苞，新粧相倚鬪妖嬈。
道人獨愛傾陽意，併起丹心憶聖朝。
行臺直北是高城，城外溪流面面清。
更擬濠梁尋勝事，觀魚侈有昔人情。
明時叨秩意何如，祇向行臺讀古書。
自得自歌還自樂，青天白水看鳶魚。
四月行臺暑雨過，方池無數長新荷。
貪觀物意歸來晚，楊柳薰風到面多。
瀟洒流年老鐵冠，鬢毛雖白寸心丹。
天書重疊叨天寵，驄馬長鳴宇宙寬。
耿耿江湖意不忘，頻年草疏奏明光。
行臺夏日看時物，最愛葵花向太陽。
憶捧天書别九天，分符頻與歲時遷。
行臺幾度逢佳節，五月薰風入舜絃。
夏雷挾雨急傾盆，風色蒼蒼晚更昏。
清曉行臺看雙沼，新荷已没舊波痕。
泰山觸石雲初起，六合茫茫一雨同。
試聽康衢應有頌，調和玉燭聖明功。
繞屋葵花錦作圍，畫牆牆外柳依依。
日長庭院遊絲静，乳燕穿簾自在飛。
萬頃平湖接憲臺，紅蓮如錦望中開。
何當與客凌飛閣，更攬山川入壯懷。

題趙雍畫馬 三首

逸氣稜稜不受羈，蒼林磨痒立多時。

❶「晚」，雍正本作「水」。

會應有待王良馭，掣電追風始見奇。

白面驪駒汗血乾，風鬃倚樹玉蹄攢。
誰人爲制青絲絡，騎出横門萬衆看。

玉馬王孫已入周，曾將絶藝寫驊騮。
謾誇有子能傳業，不道東陵有故侯。

讀嶧山碑 李斯篆

六國平來四海家，相君當代擅才華。
誰知頌德山頭石，却與他人戒後車。

重題臨朐行臺四栢 二首

四栢移栽已二年，重來相對意留連。
時人莫比甘棠樹，淺薄慙無惠化傳。

憲府重來栢漸高，良材元不困蓬蒿。
還應老大驚人目，香葉團空有鳳巢。

重題膠州行臺 二首

六年三按古膠東，兩見葵花五月紅。
却憶端陽霑賜扇，曾陪鵷侶覲飛龍。

留題今是兩端陽，海氣仍飄五月涼。
却愛名花當户發，還將遠意采幽香。

四景爲李通政賦

石橋流水自東西，緑樹連雲翠嶂低。
却憶當年持憲節，扁舟曾泛武陵溪。

紅塵飛不到青山，宛轉橋通水閣寒。❶
立盡夕陽橋上客，看山看水不知還。

木落霜清水不波，野人茅屋帶岩阿。

---

❶「通」，四庫本作「車」。

幽林採得憐香潔，坐對南山興最多。

竹林茅屋枕江皋，疊玉峰巒夾岸高。
似是剡溪清興發，獨衝風雪泛輕舠。

四景爲張給事題

雲滿青山水滿溪，百花如錦草萋萋。
少陵詩思知多少，到處嬌鶯恰恰啼。❶

百尺清潭萬仞山，山圍水閣下虛寒。
道人已自無焦火，況在山光水色間。

無邊草木不禁霜，只有黄花晚更香。
笑採黄花斟美酒，南山咫尺興難忘。

仙家樓觀鬱嵯峨，雪嶺冰溪眼底過。
驢背探春春信早，詩情不必灞橋多。

齋宿雜詠十首

高堂燈火夜相親，點檢詩書憶古人。
自愧久持三尺法，一生長保寸心春。

霜竹風寒夜向深，燈前讀易見天心。
京華又是逢長至，坐憶堯夫子半吟。

再入霜臺持憲節，又承丹詔育菁莪。
只今理寺通朝籍，倍覺天恩滾滾多。

燈花静夜結金蟲，爐火其如樹杪風。
小閣有春應自省，此心期與萬人同。

法從追陪二十年，寸心期不愧先賢。
士師自是庭堅職，尚憶虞廷詠勑天。

馬蹄頻踏暮街塵，理寺歸來月色新。
静室有心空自省，忘言相對是何人。

❶「啼」，原作「蹄」，今據四庫本改。

金門待漏三更月，玉陛趨朝五色雲。
補袞即非樗散質，微誠長祝聖明君。

跡忝鵷行第幾班，朝回馬上看西山。
雪崖冰谷清如許，咫尺烟霞未可攀。

待伴未消窗外雪，宜人偏愛竹間風。
齋居已自心如洗，况與寒宵此景同。

都城鍾鼓夜深沉，棘寺燈前有客吟。
不是少陵耽麗句，虛臺元自發清音。

題陳希夷圖

白雲回首是三峰，宴坐蒼苔睡正濃。
人世紅塵渾斷絶，野花啼鳥自春風。❶

題枯木竹石

野渚春容

荒溪野渚曲流通，蒼翠巑岏淑氣中。
瀟洒一般春意思，紛紛紅紫挹高風。

臨波春意

蒼玉生苔浸緑波，新篁老木散枝柯。
徒勞人世歌招隱，淡蕩東風野興多。

淡靄涼生

扁舟幾度泛湘波，老木疎篁翠石多。
涼吹淡烟圖畫裏，遠懷清絶柰秋何。

蕭騷霽雪

❶「啼」，原作「蹄」，今據四庫本改。

山間昨夜雪三尺，曉雲如拭天無痕。
怪得清聲滿人世，石林凍竹風翻翻。

絶　句 三首

一室無塵静有餘，清風頻度小窻虚。
韋編讀罷心如水，閑看浮雲自捲舒。

擾擾征途二十年，蕭蕭短髮賦歸田。
青山緑水都如舊，得失升沉事落然。

早知大道心無外，始覺身閑樂有餘。
一卷陶詩千載興，悔將名利役慵疎。

絶　句 四首

疎懶經旬不出門，炎風暑氣任昏昏。
饑餐渴飲披書卷，高卧開窻看白雲。

憶昔曾遊海上山，夏雲冬雪滿征鞍。
如今贏得身無事，一榻清風白晝閑。

長江風起浪如山，驛路紅塵幾往還。
三十年前回首處，烟簑依舊釣磯閑。

年少争名老可羞，青山緑水去來休。
是非得失何須問，已是忘機伴白鷗。

汾上春日 二首

道邊桃李緑陰繁，花落難招萬片魂。
只有清汾流不盡，年年長是繞孤村。

汾水春流岸岸深，水村新緑滿春林。
殘紅已逐東風盡，不道遊人負賞心。

宿青橋驛聽江聲

青橋驛近黑龍江，江上灘聲暗入窻。

高枕纔眠過夜半，驚迴旅夢正淙淙。

草涼樓驛

翠華西幸駐山間，草閣乘涼動喜顔。
何似長安歌舞地，鳳樓千尺更高寒。

朝天驛

征驂行盡褒南道，又上朝天驛畔舟。
兩岸雲林青未了，嘉陵南去水悠悠。

盆池魚

浮游南北與西東，不出區區斗水中。
何以巨鱗居大海，波涵天地浪揺風。

泛川江有感

雙親未老我童年，曾泛岷江六月船。
今日重來泛江水，我衰親没淚潸然。

夏夜宿龍爪驛

風樹颼颸雨不休，夜眠江舘似深秋。
夢回忽見窻前燭，驛吏催人又放舟。

效竹枝歌三首

錦官城東多水樓，蜀姬酒濃消客愁。
醉來忘却家山道，勸君莫作錦城遊。
江上小樓開户多，蜀儂解唱巴渝歌。
清江中夜月如晝，樓頭賈客柰樂何。

楊柳曨曨天欲明，錦江夜雨江水生。
鹽船無數惡年少，閑上江樓看曉晴。

却贈

有人情重贈尤多，柰我中心義理何。
縱使盡添齊楚富，一身之外總爲他。

放船

野曠天低江面平，放船東下好風清。
江天況值新晴霽，雲白山青望眼明。

江行

兩岸好山看不盡，一江烟水去無窮。
誰人爲和滄浪曲，興在空濛杳靄中。

平羌望峨眉山

峨眉畫出天邊秀，青到平羌尚未休。
山月半輪懷李白，扁舟我亦下渝州。

讀史二首

漢唐末事誰能鑑，晉宋當年世所知。
猶有一編青史在，悠悠長使後人悲。

求言未若用言難，不用忠言亦等閑。
若信當時江統論，定無戎馬到長安。

除夜

又逢除夜客西川，銀燭金爐白髮前。
却憶去年京邸夜，朝衣新試候朝天。

蜀中元夕

京華西蜀兩元宵，總去家山道路迢。
來歲乞歸逢此夕，故鄉燈火沸笙簫。

成都看梨花

錦城風煖不生塵，開遍梨花萬樹春。
吹散緑雲簾盡捲，廣寒宫裏有仙人。

看木瓜花

杏艶桃夭二月終，好花難比木瓜紅。
回頭總愧青青栢，生怕林間一夜風。

詠　史

平吴四海盡爲家，内苑新添萬樹花。
衹喜羊車遊别院，不堪軹道駕牛車。

戲題則天鄉

無端險惡山川氣，盡付當時武媚娘。
淫虐千年遺臭在，至今人唾則天鄉。

紀行口號

襄陽曾渡漢江水，嶓冢還尋漢水源。
自咲苦無經濟略，道途何事往來煩。

自朝天驛回京

去春舟發朝天驛，今夏朝天嶺上回。
水陸朝天行已遍，朝天從此上金臺。

太常許卿送菜戲簡十首

爲謝東隣許太常，嘉蔬頻送意難忘。
呼童帶葉連根煮，咬得其中一味長。

摘送園蔬露未乾，虀成新味帶鹹酸。
幾回放筯詩腸飽，絶勝先生苜蓿盤。

空堂養病似齋居，喜送東園幾種蔬。
喫此久無烹宰事，不須仍用遠庖厨。

白髮青袍老寺丞，卜居喜近太常卿。
故知氣味多相似，頻送東園菜把青。

菜出東園種種新，太卿相送意何親。
生平自是甘清味，肉食能無愧古人。

園蔬新拔帶霜濃，爛煮香根放筯空。
誰識其中有真味，不須苦羨紫駝峰。

自笑官貧氣尚豪，党姬休復論羊羔。
卿家能送東園菜，清味還應厭老饕。

此色斯民不可有，此味廟堂不可無。
顧我已非調爕手，先生相送意何如。

雅契名卿柰若何，嘉蔬頻送意尤多。
生平味此無厭足，恐似當年喫菜魔。

京華交契似君稀，白首相看意不違。
忽見名園送新菜，故鄉老圃倍思歸。

徐州見黄河

吾家正在龍門下，流出黄河幾曲長。
忽向徐州城外見，牽情一水正思鄉。

燕子樓

孀妾當時一女流，猶知守節度春秋。往來忘義忘仁者，莫上彭城燕子樓。

戲馬臺

八千兵渡大江來，戲馬高臺亦壯哉。何事烏江騅不逝，高臺翻使後人哀。

陵母墓

鹿走中原海起塵，獨從草昧識真人。紛紛都是人間死，母死高名萬古新。

呂梁洪

長洪幾折奔流急，亂石兩崖還疊重。被髮行遊渾不見，往來舟楫自匆匆。

過淮陽有感而作

武皇側席正求賢，直道誰居汲黯前。何事不教留禁闥，淮陽高卧度流年。

高郵露筋廟二首

高郵女子志何堅，假宿寧論性命全。甘向荒陂死蚊喙，此生元不愧蒼天。

嚶血其如利觜何，荒陂一夕死貞娥。從教筋骨當年露，嬴得清名世不磨。

渡江

儀真北上廿三年，又上江南濟渡船。
清曉登艫望京國，鍾山彷彿翠雲連。

望南京

虎踞龍蟠入望邊，鍾山瑞靄翠相連。
仰思聖祖開洪業，定鼎宜過億萬年。❶

題雙鵲圖

梅竹交青暎栢枝，飛來雙鵲立多時。
主人翁好無彈射，有喜今渠日日知。

太平門

何處清時快往還，太平門外好湖山。
閑花野草應無數，惟有青松最耐看。

大理後庭竹林山色二首❷

鍾山雨過翠成堆，竹裏清風作陣來。
愛竹看山有真樂，高人遠矣憶追陪。

閑愛脩篁静愛山，清陰秀色座中看。
老來漸得悠然趣，天際浮雲任往還。

❶「億」，雍正本、四庫本作「憶」。
❷「大」，原作「太」，今據四庫本改。

臨終口號

土牀羊褥紙屏風，睡覺東窻日影紅。七十六年無一事，此心惟覺性天通。

青城分司暮春

漠漠楊花滿院飛，重來又見一春歸。去年記得停驂日，正月庭前雪作圍。

題松竹梅圖

翠竹青松共白梅，幾枝瀟洒出塵埃。長年自保風霜節，不學春紅向煖開。

濮州道中口號

歲月多從馬上過，勳名未立鬢先皤。風霜滿面誰能識，極目蒼天一放歌。

舟發辰溪岸

岸脚插江深，洄潭摇石影。舟行若天游，妙處心獨領。

静夜

雨滴霜臺静，燈明憲府深。新詩吟謾好，誰復是知音。

題墨蘭 二首

已見光風轉，應知九畹深。殷勤采香潔，持慰美人心。

既自充楚佩，還曾入孔琴。寄言采芳者，雲谷莫辭深。

秋夜

泠泠碧窻風，皎皎疎簾月。重門掩秋霜，素練擣寒雪。

荒逕

曉行荒逕中，瀼瀼草上露。日出雲氣收，一鳥空中度。

夜飲李海昌宅

重門敞春夕，燈燭靄餘輝。醉我百壺酒，留連夜未歸。

早起

鷄鳴耿不寐，展轉待明發。童子看窻前，猶言有殘月。

早發

晨星耿孤色，曉月餘清朗。舟人解纜行，夢覺波聲響。

野　市

野市二三家，柴門傍水斜。溪童賣蒲筍，歸路不辭賒。

率　成

舟過水無迹，雲收天本清。外物自紛擾，吾心良獨明。

敬軒薛先生文集卷之五

敬軒薛先生文集卷之六

門人關西張鼎校正編輯
鄉後學沁水張銓重校梓

律詩

送和司訓

秋色滿平陰，秋聲處處砧。離筵對衰草，別路繞疎林。白日青霄迥，紅雲紫極深。此行應得意，早晚報佳音。

久雨遣懷六首

客居連市井，積雨竟朝昏。屋滿頻移榻，泥深少出門。牕風侵座冷，簷溜入宵繁。賴有詩驅悶，無勞問酒樽。

秋來常苦雨，風氣早生寒。小鳥投林急，高鴻下食難。奔流淹古道，密霧隱前山。試誦停雲句，中懷獨未寬。

連日對秋雨，其如客思何。泥塗寧出户，流潦欲成河。生菌井闌遍，積苔墻角多。無由訪知己，遣興且吟哦。

泥濘不可出，茅齋静坐時。懷賢尋往傳，課子誦新詩。近悟柔爲勝，深知巧是非。雨聲雜涼吹，蕭颯發清機。

密雨洒如絲，涼風散漫吹。泥途殊汨没，茅舍久淋漓。秋意心先得，蟲聲耳獨知。田家望收穫，何日静雲霓。

小窻聽雨坐，燈影照孤吟。誰識無邊道，元同不外心。客襟澄夜氣，簷溜滴清音。詩就無餘和，悠悠思轉深。

寄秉忠周司訓 二首

良夜對床宿，清晨送子行。西郊雨新霽，古道馬頻鳴。執手别時話，揮鞭獨往情。相思杳難極，鴻鴈帶秋聲。

過我衡門下，秋宵雨歇初。繁星隨漢闊，明月到窻虚。别數寧辭酒，談多不厭書。今朝遠相憶，陡覺鬢毛疎。

謾成

客裏經年久，交遊日漸新。名浮真自愧，知少不生嗔。大道終非外，微言總是真。悠然無所競，轉覺快心神。

陳廣文見訪

愛客情何厚，肩輿到所居。樽醪携臘蟻，盤錯間春魚。雅意忘年契，高懷勝日雲。劇談移永晝，未擬促歸途。

挽江處士

處士好静者，放情丘壑間。樽前流水遠，窻外白雲閑。孫子詩書熟，交親禮數寬。百年今已矣，涼月滿柯山。

盧溝橋

沙水相蕩潏，晴宵飛彩虹。闌干臨極浦，華表撼高風。爽氣西山秀，祥雲北闕濃。南征從北發，歸擬駐華驄。

入湖南界

行盡中州地，湖南境界初。漸聞人語異，更訝鳥音殊。溪谷多栽稻，池塘盡養魚。山村聊借宿，風月夜堂虛。

應山道中

萬壑嵐光滿，曉騎驄馬行。茂林交擁蓋，脩竹送前旌。到面溪風冷，經心石澗清。豺狼應遠迹，狐鼠不須驚。

晚至雲夢

雲夢行看近，肩輿趂晚涼。稻塍新穗吐，蓮沼落紅香。密樹隱茅屋，蕪堤繫野航。霜臺絶蕭洒，容我得徜徉。

發雲夢二首

鞍馬幾千里，又登雲夢舟。天圍平野闊，水入大江流。咲傲傾樽蟻，微茫聽棹謳。往年懷七澤，今日遂清遊。

昔聞雲夢澤，今泛楚人船。地遠烟迷樹，湖平浪拍天。南風清憲節，北斗燭龍泉。頻向中宵望，武昌何處邊。

大江逢霽景獨酌有作

舟行逢霽景，逸興杳難羣。緑樹江邊影，青天水底雲。衆山連復斷，雙艣合還分。自酌金樽酒，微吟到半醺。

舟發城陵磯

急鼓催舟發，依稀見岳陽。遠波浮島嶼，衆水合岷湘。竹瓦居人閣，杉牌賈客房。且看風景異，未覺遠遊傷。

辰溪曉泛 五首

沅水一千里，辰溪又泛舟。山雲合雨暗，身世與天游。已覺鷄聲遠，惟聞櫓韻幽。所經多險涉，還似解離憂。

湛湛江流碧，層層石岸高。蠻謳催健艫，瘴雨洒輕舠。自昜冰霜操，寧辭旦夕勞。五溪山萬疊，何處是龍標。

怪石雙崖峻，秋江一道平。榜人皆異語，岸鳥亦殊聲。洞户編茅小，蠻舟刳木輕。雖驚風土異，重喜萬方清。

蒼峽幾千尺，天開萬古餘。波穿石眼瘦，舟壓水心虚。歷歷瞻奇秀，悠悠相化初。所希觀物妙，難覓郡堯夫。

自有烟霞分，觀風任所之。洞餘槃瓠種，江遶伏波祠。秋老芙蓉樹，雲深薜荔絲。欲知消遠思，祇是詠新詩。

舟發長沙 四首

曉遡湘江水，微風漾碧波。好山隨岸

遠，野燒入林多。往哲題詩處，今予鼓棹過。年來遊覽數，天意遣吟哦。

已覺長沙北，猶瞻岳麓西。天浮湘水闊，樹入楚山低。岸芷餘香草，叢篁染舊啼。昔賢遊覽地，我亦爲留題。

長沙城下驛，解纜發扁舟。水栅千家市，沙村十里洲。喜逢晴霽景，況值太平秋。憲節叨光寵，懷賢獨未休。

十日長沙住，登舟憶少陵。花飛有底急，酒美爲誰傾。浩浩當年興，悠悠此日名。幸逢明盛世，持斧故南征。

湘鄉道中

湘鄉南去路，連日是山行。地僻溪潭緑，冬和草樹榮。野人懸稻把，山家以稻作把，盡縣於架，旋取春食。古戍列旆旌。異俗今如此，歸當話友生。

思親

二親俱久逝，孤子際明時。繆忝風霜任，深承雨露私。光榮寧及養，劬育竟何爲。願竭涓埃報，焚黄會有期。

宿湘鄉道中山亭紀懷

又是山亭宿，林巒夜杳冥。天臨南嶺近，風入北窗清。開卷求心事，傾壺蕩客情。二親久辭世，不寐想平生。

沅州新正書景三首

楚南時節異，正月似深春。傍砌萱苗

長，臨池草色新。江山晴景媚，庭院煖風頻。坐惜梅花落，題詩憶遠人。

頗訝沅州地，新正景不同。遠山青草瘴，深院落梅風。角角尋巢鳥，喧喧采蕊蜂。春衣初試裌，和氣滿簾櫳。

楚地春來早，羣花次第開。輕黄舒柳線，重碧染莓苔。永日香凝篆，和風酒滿杯。端居叨寵渥，何以答涓埃。

正月十三日夜書

兩日是元夕，山城已試燈。謳歌連夜發，簫鼓遍街鳴。人喜新風景，時逢舊太平。栢臺誰是伴，梅月正交清。

遣興

庭幽多樂趣，雨歇愛晴暉。緑竹生孫早，紅梅結子稀。賦詩新有趣，讀易漸知幾。眼境何空闊，看雲天際飛。

曉上草閣

通宵雷雨驟，曉霽試登樓。百鳥聲相和，雙江漲合流。寧知冀北客，來按楚南州。滿眼波濤急，飄然欲放舟。

喬口遡流往長沙

楚岫無邊翠，湘流不盡清。香楓屈子賦，苦竹鷓鴣聲。風景常年事，雲霞萬古情。沙頭舊鷗鳥，誰肯與尋盟。

武口守風 四首

連日北風疾，江濤拍岸鳴。天垂平野月，浪颭近船燈。湖與歸心闊，秋因客思清。不眠聽鼓角，高枕念王程。

武口叢祠下，維舟幾日餘。北風增駭浪，南客念歸途。水遠浮三蜀，烟濃暗五湖。江村秋雨裏，難覓酒家壚。

歸思方正切，北風何太狂。江村平隱見，湖樹遠微茫。浪起魚龍伏，天低鶴鸛翔。貂裘思更着，秋雨早生涼。

繫舟楊柳驛，風雨苦連朝。遠岸烟埋樹，荒村水没橋。年華身老大，湖海興蕭條。天意何留滯，應憐望國遥。

舟中偶成

舟中如斗室，坐卧覺心清。閉户嫌風冷，推篷愛日明。偶思前世事，因見古人情。自顧知何益，詩書浪得名。

漢江曉泛

城下扁舟發，江清宿霧消。竹村迎岸出，粉蝶背人遥。神女無消息，明珠久寂寥。鹿門看漸近，滿耳颯清飈。

舟中遣悶

五日行不盡，洞庭青草寬。窮陰連旦夕，密霧隱湖山。詩思雖難竭，酒壺行復乾。孤舟親愛遠，何以暫爲懽。

近日收書漸多戲成

元凱真成癖，收書日又多。静須頻檢閱，忙不廢吟哦。得意欲誰語，感懷聊自歌。忘形到爾汝，膠漆豈能過。

武陵曉泛

今朝風日好，來泛武陵溪。碧水寒依岸，蒼林遠護堤。沙光摇野馬，人語散鳬鷖。二月桃花發，還應處處迷。

院中遣興 二首

爲客知應久，池塘夏景深。圓荷高倚蓋，新笋密成林。山鳥因時語，陰蟲應節吟。乾坤知帝力，自許一生心。

片雨過山坡，空階物意清。黄梅拾又落，翠蘚踏還生。幾許催詩景，無端望國情。鑾方析事少，烏府但横經。

夜坐偶書

夜夜燒官燭，時時讀我書。斗牛雙古劍，天地一迂儒。郡邑三苗外，風霜兩歲餘。江湖懷魏闕，似覺鬢毛疎。

舟中 三首

來往雖云數，應無愧此江。觀書心見獨，揉櫓韻聞雙。岸轉山相掩，湍奔石互撞。裁詩清興發，晏坐啓船窗。

石底明皆見，清波淡不流。幾年烏府客，一葉楚江舟。求富知爲妄，存心得自由。所欣安履順，未必歎淹留。

好在黔中地，相留過幾年。岸經冬嶺樹，水宿夜灘船。支枕思前事，清心憶往賢。一陽看漸近，吾道故應旋。

黔江曉泛

五月蠻江漲，官船泛泛輕。波光一道白，山色兩邊青。只有耽書癖，都無報國能。中原有家室，終日望歸程。

詩禮堂爲衍聖公賦

洙泗趍庭日，相傳自世家。三千惟有敬，一語自無邪。喬木參天色，猗蘭繞砌花。遺風從此地，化雨被無涯。

崇恩堂同前

赤芾趍朝日，彤庭錫勞時。宫壺霑寵渥，命服被恩私。遺澤應無竭，深恩勉自持。高堂書盛事，行見被聲詩。

題風木卷

秋色滿天地，寸心將若何。行雲寧返迹，逝水絶回波。斷織封蛛網，殘篇掩蓼莪。空餘東嶺樹，向夕受風多。

題瞻雲卷

遊子久行役，松楸空係情。幾經秋草

合，長見白雲生。水暎遥空淡，烟迷暮壠平。鶴歸華表夜，滄海月虚明。

人日立春

人日逢春日，韶華此又新。暫歸持斧客，猶是讀書人。别久交游敬，年深骨肉新。昇平占霽景，愛國賦詩頻。

村　居

喬水荒村古，歸來遂所居。人情安瓦落，機事識舟虚。歲晚霜横野，宵長月照書。心田恐蕪没，不敢廢耘鋤。

讀　書

俯仰千年道，常看萬卷書。鬢毛兼黑白，事業尚鉛朱。庭雨催寒早，窻風度月虚。撫時寧浪出，慨想北溟魚。

中秋夜諸生持酒至二首

憲府乘驄入，湖南仗斧遊。異鄉饒節序，故里忽中秋。白月當空度，明河入夜流。諸生勞載酒，堅坐看相酬。

五見中秋節，湘南想北州。忽看今夜月，忘却昔年愁。汾水通河漢，龍門近斗牛。霜鍾傳永夕，高詠未能休。

示弟瑭

大屋星霜久，新年雨雪頻。田園知已薄，生計可忘勤。喬木宜思祖，鷄豚莫惱鄰。東堂花幾樹，應與歲俱春。

聞張侍御陞大理卿復陞都御史

聞道張公子，頻年被寵光。一清廷尉法，再肅栢臺霜。絶足風雲闊，高門歲月長。所期崇令德，汗簡看垂芳。

夏夜

肅肅涼景夕，滿懷詩思生。蟲鳴新雨霽，鍾遞晚風清。爽氣浮天極，鄉心對月明。中州知久客，歸興繞汾亭。

挽吴孺人

高節知誰似，終身不二天。脩篁秋更緑，老栢苦尤堅。意切和熊處，心傷斷織前。賢郎今有立，紫誥賁幽泉。

直沽舟中

潮來兩岸平，風順一帆輕。海闊浮雲白，天低野樹青。久叨持斧客，非是棄繻生。岱岳行看近，秋高試一登。

按部出濟南

雨歇西門道，微涼草樹秋。風雲連北

極，海岳接東州。聖世方全盛，書生得壯遊。頻年叨寵渥，感激未能休。

七夕宿郯城

剡子國中宿，高堂蠟炬紅。滿林驚夜鵲，繞砌響秋蛩。遠意知誰省，長吟未許同。去年當此夕，京國見西風。

發長清

清曉出南郭，南行喜有山。入林秋霧薄，到面水風寒。已覺年華大，還應宇宙寬。幾回持憲節，不改鐵爲冠。

盧主事具慶堂

盧子古名族，幾年家大梁。未爲觀國士，已作奉親堂。喬木侵簷密，芳花繞户香。春風長滿座，永日但稱觴。

登州抵福山道中二首

岡嶺高還下，荒村斷復連。波濤風捲雪，島嶼日生烟。水拆人間境，春融世外天。雲霞今古異，何處有神仙。

正是春光好，重來海上行。輕鷗聯影落，旅鴈一行鳴。徐市三山棹，安期萬古名。只今俱泯没，惟見水雲平。

潞河舟中

歲月忽如昨，三年又此來。水長通御苑，山近繞金臺。謬擬傳心學，慙無濟世才。永懷清不寐，終夕望三台。

舟中思親

三十年前事，舟中忽有思。老親遊宦日，巴蜀泛江時。青嶂兩邊合，黄猿萬樹垂。只今行海岱，忍自受恩私。

滄州舟中

澶漫滄州北，舟行逆水遲。連林秋柳瘦，接翅晚鴉稀。原野波濤減，人家生理微。端居對明燭，深念莫相違。

病齒

病齒經時久，憂煩屢攪腸。❶吟哦良覺廢，誦讀總相妨。志切風雷益，心懲噬嗑剛。舌柔無所苦，因悟養生方。

賜紗

理寺承恩召，宮紗被寵光。紅酣昇海日，濃染自天香。省德知輕重，裁衣稱短長。章身良自愧，何以報皇唐。

❶「攪」，原作「攪」，今據四庫本改。

賜扇

勑賜端陽扇，雲箋五色花。動摇煩暑退，披拂好風斜。法語真堪畏，湯銘恐未加。扇兩面所書皆聖賢訓戒之言。身心蒙帝力，留與子孫誇。

登南坡

雨霽陟岧嶢，凉風作陣飄。目隨青嶂遠，心與白雲高。野草連岡細，家林百尺喬。茫茫天宇内，倦鳥已安巢。

漢江源

巨峽自天闢，峨峨嶓冢尊。迴環幽谷底，清淺漢江源。泉古通元氣，根深徹后坤。朝宗東去意，應不廢晨昏。

嘉陵泛江

湛湛嘉陵水，沉沉石底明。岸翻雲樹影，谷響棹歌聲。微冷南風細，輕陰暮雨晴。應難逢此景，還慰遠遊情。

嘉陵江雨

官舫泛嘉陵，渾如一葉輕。灘高駭浪急，岸闊漫流停。山木無邊翠，人烟幾處青。棹歌高枕聽，竟日雨冥冥。

雨後宿嘉陵

夜宿嘉陵岸，扁舟雨不休。山雲迷澗壑，林火射江流。久坐思王事，難眠動旅愁。所期氛祲掃，走馬上神州。

嘉陵喜晴

不堪篷背雨，直打到天明。乍喜朝雲歛，俄看旭日晴。林分千嶂秀，山空一江清。泛泛情何極，舟人急櫓聲。

錦城寓館八首

寓舘富花竹，書齋夏日長。芭蕉紅錦秀，梔子白花香。樹密寧知暑，窻開但覺凉。遠懷雖暫遣，世慮未能忘。

曲逕通幽處，交陰翠竹高。書齋成雅趣，花圃愜遊遨。石甃涵天影，風林作海濤。寧知城市内，清境勝江臯。

細雨過空庭，纖纖草色青。涼風生近户，淡靄散高冥。林外鵑聲急，簷前燕語輕。錦城雖可樂，終是念歸程。

當户海榴樹，紛紛落絳英。竹林新笋出，石砌緑苔生。小屋知心静，繁花覺眼明。少陵今遠矣，誰與論詩情。

偶居錦城舘，還似浣花堂。雨過青苔潤，風來翠簟凉。竹鳴瀟洒韻，花送自然香。清興雖無盡，鄉心未可忘。

紅芳經雨重，翠竹引風多。生意每如此，天心柰樂何。一杯吾自勸，隔户鳥當歌。忽起鄉關念，條山繞大河。

清晨坐書閣，初日照花林。宿露泫庭

竹，晴天囀野禽。心無一念雜，窻絶半塵侵。道理無邊在，悠然思轉深。

閑坐竹林内，風來見籜飄。輕烟晴冉冉，涼氣晚蕭蕭。易古還宗卲，書删却自堯。莫嫌耽典籍，清景美相調。

有感五首

火發木將燬，姦生理自危。洞觀千古事，深合一時爲。往事既如此，來踪可更追。尔心徒自省，吾道欲何之。

誰使三苗叛，深勞王者師。操兵諸將勇，轉粟萬人疲。行見投戈日，還看奏凱時。犬狼何足道，雨露本無私。

錦里南天外，中原北斗邊。乘軺孤節遠，戀闕寸心懸。鴈塞妖當掃，龍沙駕已旋。忠臣扶社稷，快着祖生鞭。

庶官務割剥，不念遠人窮。況復羽書急，時兼饋餉供。探兵林莽密，轉粟水山重。指日妖氛掃，車書四海同。

禁闥知無補，江山敢憚勞。運糧民力困，討賊將心驕。圍解人饑死，蠻窮縣劫燒。貪官能致亂，選牧望天朝。

錦城舘雜題十三首

竹

誰種庭前竹，蕭森數十竿。高簷晴落翠，虚室晝生寒。韵喜風前聽，陰宜月下看。莫言家在遠，長得報平安。

榴

細葉枝枝翠，嬌英朵朵紅。愛看房有

實，不信色爲空。迎夏葵争發，傾陽意略同。因之思漢武，花滿近郊濃。

芭　蕉

弱植亭亭立，新枝漸漸開。自能承雨露，元不愧塵埃。蘂艶抽紅錦，陰長落翠苔。新詩題滿葉，秋意莫先來。

木　瓜

牕外有奇樹，木瓜枝相交。幸自少酸味，何由動老饕。香氣頗幽馥，鳥聲恒寂寥。莫爲相好贈，却恐報瓊瑶。

樓　樹

小圃高樓樹，亭亭迥出雲。近身皮盡古，到頂葉纔分。性直鍾元氣，根多托厚坤。幸兹無剥削，生意得長存。

笋

爲是根延蔓，因知笋易生。破苔錐快利，穿砌角峥嶸。籜解龍蛇蜕，梢翻翡翠翎。漸應爲勁節，行復上青冥。

梔　子

梔子湖湘見，重看在錦城。花如梅蕊淡，香比木犀清。會取風霜實，還添藥餌名。莫嫌滋味苦，利益似忠誠。

木　犀 即丹桂也

愛此木犀樹，青青長近階。每承朝露重，長引夏風來。嘉卉應難得，高人喜賸栽。不知歸去日，還得見花開。

盆池

圓盆爲池底，方石爲池鉉。貯水無多子，涵光亦有焉。影隨庭下樹，雲度鏡中天。好似人心静，森然萬象全。

雙栢

北山多古栢，此地少爲奇，並長庭階下，雙承雨露滋。貞心惟我共，苦意只天知。清影尤宜夏，時來一翫之。

草

密密庭前草，纖纖每易生。細摇風葉軟，微綴露華明。生意知無間，乾坤太有情。不除思茂叔，心與共欣榮。

花臺

臺累層層級，花開種種香。雨過苔色净，風動樹陰涼。高下當虚牖，依稀近小堂。讀書頻對此，瀟洒意何長。

竹徑

竹徑通書室，行來宛轉深。舉頭交翠葉，步屣踏清陰。舊籜頻飄地，新篁亂滿林。好風涼不斷，洒洒滌塵襟。

竹下四首

翠擁如雲竹，門開一逕深。成林常少日，接葉自多陰。山鳥時聞轉，風蟬忽聽吟。把書閑讀處，涼籟覺心清。

愛此竹林僻，千竿翠葉交。濕衣清露

重，到面好風飄。旋解龍鱗籜，新抽鳳尾梢。逕幽仍宛轉，聊此慰逍遥。

夜雨朝來霽，閑從竹下行。尚餘零露濕，倍有好風生。凌亂陰還厚，飄蕭韵自清。獨高君子節，長結歲寒盟。

積雨苔長潤，生風竹自涼。誰開延客逕，舊作讀書堂。魚躍盆池水，花傳瓮牖香。清心時宴坐，遠意到羲皇。

有悶二首

盛夏不興師，如何動鼓鼙。誕敷今已遠，來格爾何遲。火嶺安營苦，炎荒轉粟疲。會應霖雨降，早見洗兵時。

五月北風多，聲來撼遠柯。飄蕭今已甚，震蕩復如何。昧昧思嘗膽，紛紛謾擁戈。唐時洗兵馬，誰爲挽天河。

遣懷

如何三月外，猶未得家書。爲少南來鴈，因稀北上魚。謾叨新使節，祗想舊田廬。旦夕聞消息，中懷暫一舒。

聞道四首

聞道征南將，長驅十萬兵。天威除猰貐，妖宿掃欃槍。路闊烟塵息，城開子女迎。還當布恩信，長見八蠻清。

大將總雄師，三苗勢已衰。重圍方解日，梗路漸通時。荒破宜興復，瘡痍在保綏。安邊有長策，夷夏樂雍熙。

兵勢如破竹，長驅甚建瓴。已應猺種遁，還見鬼方清。恩信更須布，干戈可暫停。但令疆圉静，休慕簡編青。

苗頑從古昔，醜類近尤乖。月暈城遭困，蜂屯路不開。王師天上降，虎將日邊來。一掃蠻荒静，從容奏凱迴。

五丁峽

巨峽二千里，❶天開幾萬年。泉飛林杪雨，雲合管中天。一水橋頻度，層崖石亂懸。梁州舊禹跡，繆矣五丁傳。

入徐州境

春首及徐方，行來道路長。殘冰餘積水，霽雪帶連岡。遠野通淮甸，懸流近吕梁。征鞍行可解，❷不日上舟航。

古滕薛城

纔過古滕國，還瞻舊薛城。分封遺壞堞，列爵但虚名。冉冉春烟淡，悠悠野水清。望中今古意，信馬獨含情。

高郵阻雪河冰

淮海連朝雪，官河一夜冰。虹橋千里直，鯨浪兩堤平。履薄應難渡，舟膠不可行。會須融皎日，波軟片帆輕。

❶「二」，雍正本作「三」。
❷「行」，四庫本作「今」。

登盂城驛樓

驛樓晴望遠，漫漫野湖平。雪樹迷村白，沙鷗泛水明。春烟浮近市，午日照高城。何限船依岸，危檣出杳冥。

金陵官舍

宛轉橋通水，依稀屋近城。池塘經雨濁，睥睨暎天青。檻柳回春色，園禽變曉聲。官居能有此，聊可豁高情。

江道士涵碧軒

飛閣環流水，層軒面面開。虚澄涵倒影，净碧絶浮埃。鏡裏閑雲度，潭心爽氣來。道人能有此，還似小蓬萊。

螢

知爾最微細，長因腐草生。柳邊添箇箇，竹裏亂星星。歲月驚時序，乾坤見物情。莫言光耀少，還是黑中明。

樵雲野老

自得山中趣，都忘世上名。閑尋肥遯侶，共作斫雲行。泱泱溪流響，丁丁谷應聲。偶然值漁者，問答有深情。

睡起偶題

睡起涼風入，空庭過雨餘。幾竿窻外

竹，數卷案頭書。欲淡心無競，官閑樂自如。老知安所寓，不復更區區。

楊尚書邀飲

好客楊司寇，招邀酒屢傾。四筵羅綺食，滿座列豪英。壺矢投何急，觥觴亂不停。猶言情未盡，別上水心亭。

送俞侍郎歸江

官僚新寵數，藻鑑舊光輝。正擬承恩大，俄看賜告歸。征帆千里發，旅鴈一行飛。勿樂應添喜，重來覲衮衣。

將歸山西留贈陳廣文三十韻

八月中州地，秋光動客懷。氣清行少昊，令肅掩恢台。樹老蟬俱寂，葭黄鴈正來。寒流澄静碧，晚岫拔崔嵬。紅熟風林棗，青生雨砌苔。候蟲聲唧切，砧杵韻喧豗。上下璣衡轉，西南斗柄迴。憶從朝鳳闕，便爾别金臺。來往家山道，留連索水隈。古情吟楚漢，高義得陳雷。屢和鏗鏘韻，頻傾瀲灩杯。未窮詩酒興，俄動蓼莪哀。荏苒逾三載，栖遲愧寸才。聊爲萍水别，近擬故山回。秋意方如此，交情每快哉。應同楚地橘，濫比傅岩梅。晚節看松桂，殊芳異草萊。故應嗤樸樕，深是重奇瑰。意得寧煩語，心通不假媒。素懷期坦率，俗意絶嫌猜。白璧寧容垢，青銅未可埃。我行方浩蕩，君意莫徘徊。砥柱洪河坼，金天華岳開。驛亭頻莫柳，郵舍幾陳荄。汾水秋浮浪，孤山晚作堆。兒童應項領，父老想樽壘。原栢心先折，庭梧手自栽。昊天恩罔極，風木意難裁。未遂林烏報，頻驚隴鶴催。還當訪知己，鳴佩覲天階。

曉登沅州北山頂

嵐靄氤氳重，溪行咫尺迷。漸登層巘上，始覺衆山低。遠近天無際，參差樹不齊。川雲平似海，石磴峻如梯。日出寒烟外，風生碧澗倪。異禽和露宿，快馬度空嘶。遠目回三蜀，高懷遍五溪。歸朝誇勝槩，沅水有新題。

戲題紅白二梅花落

簷外雙梅樹，庭前昨夜風。新英兼舊蕊，墜粉間飄紅。已見苔成錦，方疑色是空。粧娥初點額，舞女欲迷蹤。雨重臙脂濕，泥香瑞雪融。不知何處笛，併起一聲中。

喜雨 四十韻

天地開明運，風雲各有人。道回千古泰，氣統一元春。合樂來儀鳳，編詩詠瑞麟。杞楠求偉器，瑚璉重奇珍。竊抱風霜志，榮瞻日月新。繆膺三鳳薛，敢比八龍荀。早歲心雖壯，中年學未醇。上書希賈誼，著論過嬴秦。跡忝鼇頭客，官爲豸角臣。憶從簪白筆，寧敢愧蒼旻。持節南荒外，懸旌北海濱。幾看星轉斗，頻見月飛輪。疾惡寧留枉，存心但有仁。股肱恢漢道，耳目廣虞詢。沅澧時清歲，衡巫景晏辰。驕陽嗟久亢，膏澤仰惟均。使者應無色，官曹想未循。黎元疲畎畝，巫覡走村隣。傴側憂羣志，安榮愧此身。靈幽寧可必，衷曲謾潛陳。帝德深涵物，天心遠愛民。化機回頃刻，沛澤匝羣倫。婦子皆宜室，兒童總孝親。甄陶歸廣大，笑語極詳諄。已卜年皆有，還應俗盡淳。尫羸跡壽域，夷獠變儒紳。沴氣全知歇，休徵屢覺臻。商羊方罷舞，尺蠖會求伸。魚目難容僞，明珠賴倚真。積處纔曠日，志喜不逾旬。野遍秋前緑，衢涓霽後塵。亨豐原有數，貞勝豈無因。荆俗猶欽鬼，黔靈早降神。華風人共靡，大道子能遵。時譽難稱實，佳章枉見申。功因簣土積，學比大田畇。物備應知富，神充不累貧。詞華兼問晉，風雅獨傳豳。❶自顧心如雜，相期德在純。從容江漢日，行見起垂綸。

寄司封李原德 三十韻

磊路青雲士，龍門憶共遊。蒹葭汾水暮，松桂禹宮秋。架石千尋閣，盤空百尺樓。兩山開翠峽，萬里滚黄流。弱水崑崙外，扶桑滄海頭。山川窮壯觀，物理入冥搜。勝地杯同酌，清心道共謀。真傳推舜禹，正學拱軻丘。每苦紛紛論，誰能坦坦由。濂伊勞纘述，閩建得尋抽。自此陽光發，還應爝火收。劇談憐繾綣，良覿展綢繆。日月開

❶「豳」，原作「幽」，今據四庫本改。

皇極，風雲會帝州。一官陪舊侣，三俊話前脩。待漏金門闕，趨朝紫氣浮。方期聯彩鳳，又見促鳴騶。盛典旁求遠，天書寵渥稠。遷喬登粉署，持節騁華輈。火改時頻易，杓移斗屢周。緘書知習坎，申意見中孚。理大天無外，毛輕德可儔。謬推追電足，深仰遡源舟。一别三年久，重來數日留。玉瓶携緑蟻，珠唾雜銀鈎。又見逢離索，那能足倡酬。清霜京邸月，疎柳禁城溝。遠意煩深念，高文可更求。士希賢作聖，道仰魯傳鄒。歲月雖云邁，詩書敢自休。論心殊未悉，短札暫相投。

喜雪有序

正統四年十一月十六日，予出按所部，時不雨者殆兩月矣。麥雖出土，而根苗浮露，游塵遍野，土脉不能凝潤，將無以爲來歲發生之機。所過居氓行商以及部屬之吏，咸戚然有憂色。予亦同其憂，而時據鞍攬轡，閔閔不忘於道途之間。是月二十六日，抵東昌之博平，大風連日，天微有陰色，予意以爲將雪之徵。二十九日早，發博平，風止雲合，雪遂作。中途雪大作，至清平，連三日夜，雪乃止。彌漫千里，皓然一色，由是民吏釋然，大悦相賀，以豐年之兆，灼灼可驗。予亦喜不能已，遂賦律詩三十韻以紀其事。是冬十二月朔日書。

憶辭歷下日，❶正值仲冬天。衢路開晴色，城闉散曉烟。地連滄海外，山繞岱

❶「憶」，原作「億」，據四庫本改。

宗前。玉節知頻握，鉛刀每學鐫。行行周郡邑，納納大坤乾。戀國心如結，憂民志自堅。風威連月甚，雨雪半冬愆。細麥浮乾壤，游塵滿大田。根荄思潤澤，翕合望開旋。行旅心相語，居民慮共煎。慳陰嗟甚矣，生理卜終焉。謬忝觀風客，深期閔雨賢。心摇金匼匝，念切錦鞍韉。悵望雲霞静，驅馳路道偏。行臺時徙倚，小邑重流連。竟夕寒飈作，侵晨凍靄懸。自天來素節，匝地結冰泉。平野迷霜蹟，遥山聳白巔。影窺瑶水鶴，人舞桂宫仙。庭栢欺寒色，林花開曉妍。八荒開瑩潔，萬象失蒼玄。肅肅氛埃歇，飄飄沴氣捐。已應消螣蟘，重覺伏螟蝝。節轉和平候，時占大有年。玄功歸紫極，上瑞繼青編。禾紀雙莖異，雲歌五色鮮。鳳麟來曠邈，龜馬出淪漣。盛事宜方駕，貞符足並肩。腐儒叨際遇，帝力荷陶埏。雅頌知非職，歌謡竊自傳。

古人作雪詩禁用體物，予詩中於「柳絮」、「梨花」、「如銀」、「似玉」之類，皆置不用，亦古人之遺意歟。

送王秀才

歷下山川秀，高亭古製存。朱闌環碧沼，綺席擁金樽。李杜來賓客，機雲列弟昆。清言鳴佩玉，雅奏雜篪塤。自昔稱名勝，于今數大藩。雲烟通海島，峰嶺接天門。正是霜空肅，那堪葉落繁。高城連粉堞，周道駐華軒。良會今如此，高情可更論。芝蘭争奕燁，鴻鴈各飛翻。天上歸寧後，還來叙昨歡。

曉出東平州十韻

憲節凌秋發，城門逼曉開。溝長流水去，野曠遠風來。跋馬橋頻度，看山客屢回。川原行未已，齊魯望悠哉。漢檢天門石，漢封禪于此。秦碑海岸臺。秦刻石處。淡烟横曲阜，旭日上蓬萊。遺蹟懷前古，觀風慰好懷。衢樽須共飲，井稅不煩催。每見桑麻野，深期杞梓材。行歌方自得，前陟更崔嵬。

挽徐憲使三十韻

梁園春寂寞，共嘆哲人凋。自是鍾神秀，原應降岳喬。劬書當早歲，窮易每通宵。遠念韋編絶，潛觀法象昭。數從環內起，心向畫前超。甲子開文運，寅正建斗杓。豹斑深積霧，鵬翼快扶摇。海內時名大，關中教澤饒。方看來鸐雀，行復降星軺。地切神仙府，人瞻玉雪標。旋應陪馭鶴，長是綴班貂。啓沃師甘尹，開陳仰姒姚。緝熙惟一德，誠孝每三朝。龍衮登宸極，離明麗遠霄。周旋觀盛禮，寵數冠羣僚。又見横英簜，遥知格有苗。霜臺俄拜命，驄馬屢揚鑣。路出荆門險，封連晉水遥。情非鷹隼擊，心與鳳鸞要。政簡民無擾，風清吏不驕。兩邦懷舊德，千里守新條。魏闕心仍結，鵷行首屢翹。人期黄髮在，鄉有白雲飄。列郡愁空劇，孤魂去不招。野棠還簇簇，臺栢自蕭蕭。丹旐飛雲遠，青山積雨消。羊腸高岌嶪，馬鬣鬱嶕嶢。客憶曾遊寺，人憐舊度橋。儀刑傳父老，名姓到漁樵。事業歸良史，豐碑閟伯高。

酬李吏部韻

秪是尋章句，何曾學聖賢。寸心徒炯若，兩鬢已蒼然。汎汎應難及，區區只自專。妙非探月窟，蒙有玩山泉。希復勤晨誦，多應懶晝眠。簟涼紋似水，牕寂帳如烟。正起端烏帽，俄承送錦箋。騰空蛟勢矯，出海蚌珠鮮。迷作淹羣籍，吟哦盡一篇。封看脩省震，天悟性情乾。便擬師兼良，誰勞説又玄。茅心知我塞，水智羡君圓。德業勤磨玉，功名慎着鞭。沉潛知理奥，明炳識幾先。自是中情固，寧教外物遷。晴窗看野馬，碧漢仰飛鳶。欲識無邊道，須知不外天。味深玄酒酌，聲淡伯牙絃。佳士宜紉蕙，高人獨愛蓮。化機寧有息，雅興自無邊。寶瓚須金飾，羔裘有豹緣。翱翔還接翼，出入最差肩。肺腑真傾瀉，詩書已貫穿。天官留藻鑑，匠氏備宗椽。規矩誠前定，方圓自不愆。門清真似水，道直更如弦。榦有千尋聳，金更百鍊堅。但教孤節茂，贏取大名全。自愧方知學，深思未可權。交情殊滚滚，高論竟連連。尚覺中懷劣，難勝外慮牽。何時除舊習，但日竊陳編。大意全無見，幾微總未研。真誠誇末學，寧敢接先傳。浩蕩乾坤大，推遷歲月延。海波應渾渾，蠡挹繆涓涓。有蘊川光媚，深藏寶氣纏。珠還寧買櫝，魚得可忘筌。舊業勞鑽仰，新知可棄捐。斯文終古在，共覩日星懸。

敬軒薛先生文集卷之六

敬軒薛先生文集卷之七

門人關西張鼎校正編輯
鄉後學沁水張銓重校梓

律詩

簡楊景端

我到城中已五日，子在山間不一來。應畏風寒歷冰雪，想憂澗滑行莓苔。石泉繞户只自語，柴門竟日因誰開。姑射今朝好晴色，相期握手登崔嵬。

留贈楊景端二首

千里歸來訪故人，喜聞結屋澗之濱。手披青史尋高士，頭戴烏巾學隱倫。樽酒細傾延好客，斑衣輕舞奉慈親。自慙東抹西塗手，又促行珂覲紫宸。

秖聞騰踏上亨衢，何事中林又卜居。谷口引泉看灌溉，隴頭植杖勸耕鋤。還同主婦供親膳，更課兒童讀古書。莫向家山窮此樂，好將功業贊唐虞。

簡孔別駕遊禹門用謝太守韻二首

別駕乘春訪勝遊，禹門佳處重遲留。兩邊翠壁連天起，三級銀河入海流。變化豈無神異物，往來應有濟川舟。遥遥明德人知否，地闢天成幾萬秋。

雙旌曾向禹門遊，別駕今來亦暫留。岸斷雲霞開翠壁，天連棧閣駕黄流。千金尚想波心瓠，萬斛深期渡口舟。如此山川元不惡，可無詩句記春秋。

冬　至二首

九野蒼蒼閟太陰，重淵脉脉動天心。庖犧易有千年畫，康節詩存半夜吟。忽向静中聞虢虢，却從無處見森森。固知一氣何曾息，秖是天根辯古今。

萬古天開只此時，却憐春意正如絲。羣生已向無中見，一氣還從静處移。匝地寒風徒凜凜，行天化日漸遲遲。吾心欲説知何似，静裏仍含未動機。

讀文山傳三首

朔氣蕭森歲向深，揮戈抆淚動哀吟。艱危已竭回天力，慷慨猶存捧日心。海水尋常秋月冷，塞雲千里暮星沉。悠悠往事都如夢，只有孤忠照古今。

丞相聲名二百年，分明往事在遺編。初離故國悲禾黍，再立危邦慘杜鵑。大勢已傾寧畏死，孤忠自許敢求全。當時桃李知何限，回首春風盡落然。

氛祲冥冥暗海波，英雄無地用干戈。精忠在我當如此，成敗由天柰若何。渺渺蒼梧西日淡，蕭蕭大地北風多。睢陽錦里皆祠廟，丞相勛名共不磨。

登南坡

土阜層層有萬盤，偶來高頂望人寰。滿川宿麥浮青浪，一帶晴嵐列翠鬟。何處雲霞迷磧石，數村桑柘繞綿山。唐風晉問憑誰說，地闊天高鴈影閑。

春日懷劉僉憲三首

千里關河歸故邑，兩年風景憶虛菴。郢中白雪知誰和，爨下清琴想自諳。君擁霜臺名未已，我傷風木意難堪。近來幾欲裁書寄，春鴈其如不向南。

南望中州有所思，山川回首歲華移。早春京索啣杯處，晚歲崤函駐馬時。月滿覃懷陪款語，霜清河朔寄新詩。舊遊一一成追憶，此後相逢更有期。

虛菴事業久礱磨，憲府乘驄歲月多。已見風霜清郡邑，況聞詞賦動關河。幾回邂逅情如舊，兩載相思意若何。自古中州多勝迹，擬從飛蓋盡經過。

重登故鎮寺樓

重來故鎮已三秋，又上招提百尺樓。山遶飛甍浮翠黛，岸遮遠目斷黃流。迴溪俯瞰粼粼玉，喬木深藏曲曲丘。莫謂此時窮勝槩，還期汗漫九垓遊。

紀先人舊遊三首

樹已成林麥滿郊，春風春雨自飄蕭。孤雲出岫飛還逐，衆鳥歸林嘯且招。俯仰空驚天地在，低迷深覺歲華遥。旧遊山水俱成感，拉淚思親首屢搔。

陰陰夏木繞茅廬，曾是先人舊寓居。梁上又來前度燕，篋中空有昔年書。聲音尚想當窻發，杖屨猶疑隔户趍。五内此時摧裂甚，詩成滿紙淚如珠。

秖願庭椿過百齡，寧知奄忽便摧零。舊遊山水皆悲思，昔住園廬盡慘情。菽水有懽成昨夢，衣冠無計覩平生。孫兒指點經行處，清淚如泉散漫傾。

雨中簡周秉忠 三首

獨抱離憂罷酒罇，更看連日雨傾盆。庭除汩汩深流潦，几硯層層潤積痕。往事一編聊自詑，永懷千古向誰論。先生最是知音者，咫尺何由一扣門。

兩耳瀟瀟怯雨聲，三更起坐到天明。小濡自合通宵濕，大厦何由不日成。傾瀉只疑天漢竭，奔流深恐地維傾。會須萬里清風至，盡掃雲陰放曉晴。

客居長日少人過，況復經旬積雨多。自愛窻前生緑草，不妨門外注銀河。頑雲礙日能爲沴，流潦困風解起波。爲問郡庠周博士，此時官況定如何。

贈海昌李太亨 四首

客裏終天痛有餘，感君相慰意難舒。細論往來交情厚，却訝連年音問疎。肝膽舊看如古鑑，詩篇今覩勝明珠。暫時相見還相別，況是關河鴈過初。

我在中州君在吴，幾年寥落鴈書無。每思謝氏登山屐，長憶黄公賣酒壚。忽共青燈談肺腑，細看白雪點頭顱。英雄不減當時壯，耿耿秋空劍氣孤。

古今身世共茫茫，出處無端總是常。才俊從來推賈誼，功名未必老馮唐。幾看上谷秋鴻影，忽對中州夜月光。聖代只今登俊彥，豈容江海久徜徉。

中州風景正淒清，忽與交親話舊情。往日襟懷常浩蕩，昔年豪傑漸飄零。一渠汴水涵秋碧，萬仞嵩山露曉青。勝地相逢應不偶，好將佳句詠耆英。

簡揭克英府幕

聞道徵租日正忙，暫移行幕駐僧房。紅蓮泛水浮朝彩，緑樹摇風引夕涼。公暇不妨尋好句，講時端復炷名香。好將寬正安黎庶，留取功名汗簡光。

雪後寄楊景端

雪白山青北望高，相思咫尺興滔滔。若人未必傷沉鬱，吾道何須嘆寂寥。董賈文章鳴治世，臯夔事業擬清朝。村居不識楊夫子，懶慢何心作解嘲。

讀許魯齋思親詩并序

洪熙元年冬十二月，余扶先人柩至覃懷。宣德元年春正月，啓先母窆，合祔于汾陰先塋。既卒事，因撿《元音》，讀至魯齋先生《七月望日思親》詩，乃悽然有感，潸然淚下，❶遂次

❶「潸」，原作「潜」，據四庫本改。

其韻得詩三首。因書先生詩于前，以見先賢誠孝之心溢于言表，雖百載之下，讀之猶足使人興起。復書余詩于後，以見余不仁不孝，不能竭力于始終，視前賢大節有愧云。

思却千思與萬思，音容無復見當時。草窻夜静燈前教，蔬圃春深膝下嬉。將謂百年供色養，豈期一日便生離。泰山爲礪終磨滅，此恨綿綿未易衰。

次　韻三首

觸日家山總是思，思親况遇早春時。日長每聽詩書訓，風暖頻隨杖屨嬉。百載韶華成荏苒，終天涕淚感睽離。自緣孤子無誠孝，不是人生有盛衰。

風光滿目動哀思，春草春花似舊時。堂斧已成終古恨，斑斕不復往時嬉。中宵秪解追前夢，隔歲猶如在遠離。却憶高堂覽明鏡，曾將華髮嘆年衰。

彷彿音容彷彿思，衣冠出入憶當時。成人未返林烏哺，稚子曾騎竹馬嬉。椿老暮庭風槭槭，草荒春塚雨離離。固如罔極恩難報，只恐終天孝易衰。

曲沃道中二首

孟秋雨霽過新田，緑樹人家斷復連。汾澮波光晴泛日，絳喬山色曉參天。中生大孝留天地，里克遺名載簡編。何事齊姜墳上草，忍將芳意度流年。

四圍山抱一川平，新晉猶傳舊日名。汾隰漲消秋色淡，虎祁宫老夕陽明。歌傳烏鳥空遺恨，詩賦椒聊謾有情。往事無端何足問，且聽父老説秋成。

滎陽詠古八首

京索千年能戰塵，空將往事問居民。山川遠近皆陳迹，道路東西是要津。黄屋幾回思義士，赤精終占有真人。拔山舉鼎知何似，馬到烏江感慨頻。

萬山依舊接嵩丘，京索于今不斷流。莊段是非留隧道，項劉成敗有鴻溝。古槐樹歷歲時久，大海寺經風雨秋。更上高原訪遺跡，荒城故壘暮雲稠。

日迴天高秋氣清，登臨懷古倍多情。山連廣武故城在，路入鴻溝草樹平。甬道年深無舊迹，索流歲久只新聲。興亡莫道皆如夢，終古猶存楚漢名。

楚漢干戈久已休，尚存遺迹在中州。幾灣流水風烟暮，一片荒城草樹秋。力戰可堪離廣武，分疆空見指鴻溝。當時四百興劉計，只在張良一運籌。

蕭蕭涼吹動秋空，千古河山一望中。廣武連營秋草碧，鴻溝分壤夕陽紅。石麟有甲含蒼蘚，鐵馬無聲散曉風。何限英豪俱泯滅，白雲依舊出層峰。

陵谷高低控虎牢，戰聲消息水滔滔。旌旗滿眼無遺迹，壁壘連雲只舊壕。廣武西原通鞏洛，萬山南面接嵩高。悠悠往事皆如此，懷古登臨何太勞。

滎陽景物似當時，不見唐朝老畫師。隧道莊姜今已矣，京城太叔果何爲。留侯計用炎光振，亞父身亡霸業衰。多少是非成往鑑，莫將遺事使人悲。

岡巒迴合一川平，澗壑高低繞故城。千古好山寧改色，滿溪流水不停聲。留侯總得翕張術，漢祖深存駕馭情。❶更莫登高發長嘯，❷當時豪傑已成名。

題沈令送別卷

雙鳧縹緲上青霄，令尹朝天不憚遥。密縣于今思卓茂，淮南自昔想時苗。玉階仗引龍旂合，寶殿香浮雉扇高。鴻鴈近秋多健翮，佳章早慰此心勞。

西郊看刈禾 二首

爲農每愛寬平地，已向中州住七年。莫道功名當早歲，且看禾黍熟秋天。蕭蕭滿地收霜穗，整整成穋積晚烟。濁酒一壺勞僮僕，素餐深恐愧前賢。

西原秋氣早生涼，禾黍離離被隴黃。穫處風烟輕捲席，積來鴈鶩整分行。大田已見多遺穗，客廩應知足贍糧。莫嘆書生親稼穡，躬耕有客卧南陽。

酬黄養正韻

翰苑香名久已聞，薊門秋晚又逢君。孤城木落蟲吟月，旅舘風來鴈唳雲。眼底江山期共賦，馬頭岐路惜重分。遼西不久留才子，昭代如今正右文。

經王素亨舊居

野浦荒村訪舊居，鳥啼花落碧窻虚。蕪園不復栽紅藥，閑舘曾經看素書。對酒

❶「深」，雍正本作「身」。
❷「莫」，雍正本作「望」。

每懷陶靖節，論文長咲馬相如。自從鵬鷃因風去，水色山光思有餘。

經玉田挽待詔魯仲輝

孤樹山前兩度過，懷人搔首重悲歌。文章事業今如此，別鶴行雲竟若何。渺渺夕陽鄉樹遠，萋萋芳草旅封多。人間俯仰堪惆悵，不必臨流嘆逝波。

都城即事

曈曨曉日上蓬萊，縹緲祥雲擁泰階。旌旆風摇龍虎動，簫韶聲奏鳳凰來。九衢軍馬香塵合，萬井笙歌曙色開。千古上游形勝地，兩都欲賦愧非才。

過苑仲仁莊居

爽氣澄清暑雨餘，乘閑信馬到村居。桑麻影裏元卿逕，楊柳陰中靖節廬。縱飲百壺賢聖酒，劇談千古帝王書。籬邊黄菊煩多種，九日還來一訪渠。

無　題四首

逸思飄然賦遠遊，可堪三島隔瀛州。曾聞神女雲侵鬢，見説麻姑雪滿頭。海上樓臺常似畫，山中瑶草不知秋。若爲借得仙家鶴，鳴珮珊珊玩九州。

桂舘瓊扉薜荔墻，清脩獨爾意難忘。已將蘭芷爲芳藉，更集芙蓉製錦裳。洛浦佳人鳴珮玉，茂陵才子詠鸞凰。應須一酉仙家酒，散作人間雨露香。

風滿珠簾月滿樓，瑶臺有路可追遊。楚岫香生寶鴨沉烟細，露滴銀床玉宇秋。三更雲渺渺，藍橋千里浪悠悠。花箋寫就煩青鳥，更爲殷勤到十洲。

絶世青娥二八餘，仙容綽約好樓居。鮫人夜織綃爲帔，雲女秋裁錦作裾。碧海蘭苕巢翡翠，瑶池清水泛芙蕖。秖應待得吹簫伴，共跨飛鸞躡太虚。

題舊石橋

古橋攲側岸縈迴，立馬臨流一愴懷。鯨獸水沉沙底石，蛟螭碑暗雨中苔。闌干幾曲人頻倚，華表千年鶴再來。擾擾勞生只如此，好將襟抱酒中開。

宿水村二首

日暮江頭送客還，寂寥清夜不成歡。雞唱連天海氣當窗白，一枕江風入夢寒。遠村皆落月，潮生古渡已層瀾。披衣久坐待明發，白石歌餘興未闌。

投宿江村日已昏，村童還爲啓柴門。壺觴欲醉黄翁酒，盤饌深慙漂母飧。夜雪生香蘆被煖，晚烟添緑土床温。清宵總是滄波趣，莫向人寰取次論。

春日遣興

靄靄春雲度女墻，萋萋春草遍芳塘。園林風景非吾土，庭舘鶯花是異鄉。野岸波紋浮鴨緑，官橋柳色弄鵞黄。不知多少相思意，秖逐遊絲百尺長。

秋日寄王嘉靖

漁陽秋色動關河，遼右天晴一鴈過。白社高人渾懶慢，青氈學士久蹉跎。❶西風對酒砧聲切，良夜調琴月影多。珎重遠書勞問訊，相思千里柰情何。

九日次徐懷王韻

對酒東籬自詠詩，遠山晴望轉逶迤。秋容淡薄黄花節，風景蕭條白鴈時。醉閲人寰聊縱目，静思塵事久支頤。年年此日無窮意，咲把茱萸欲贈誰。

寄題魏隱居

芳草柴門少客過，日長清隱定如何。一瓢道比顔生樂，千首詩同杜甫多。棲葉亂蟬晴轉急，隔林幽鳥晚當歌。絶憐垂白皤溪老，猶整綸竿釣碧波。

七夕憶去年與陳上舍飲

晚涼庭館秩初筵，同醉西風又一年。星漢已成人世阻，僊槎應到鵲橋邊。鳳簫聲遠頻驚夢，蟾魄秋高幾上弦。自咲生涯還似拙，不勞瓜果乞青天。

❶「氈」，原作「羶」，今據四庫本改。

對雨

蒼蒼雲氣起蓬萊，凍雨朝從海上來。密洒園林聲淅瀝，交流陂澤浪崔嵬。龍飛霄漢風雷動，鯤化天池羽翼開。六合茫茫看一洗，高堂獨坐興悠哉。

早秋

露下梧桐一葉飛，早秋涼氣襲人衣。西風樹老蟬聲急，夜月涼深燕影稀。鸞鏡每看新事業，龍泉頻拭舊光輝。黃花晚景真堪賞，九辯何須怨夕暉。

都城喜雨

祥雲無處不從龍，好雨來時自九重。泛灑已應千里遍，沾濡旋及萬方同。水連雲漢恩波闊，山繞皇都樹色濃。自是太平今有象，康衢歌裏慶年豐。

都城春夕永懷 二首

春城鼓角夜沉沉，旅舘東風動客吟。何處樓臺閑好景，誰家絃管動清音。燈前看劍添雄志，膝上鳴琴托古心。呼酒更須連夜飲，放懷寧惜橐中金。

花外更籌刻漏遲，客邊清興少人知。歌餘緑樹風生處，坐到青天月上時。對酒豈能斟北斗，誦詩空解望南箕。清宵俯仰情何限，寂寞誰能問所思。

早過天津即直沽

烟收澤國曉天晴，日出扶桑萬里明。二水交流東海闊，一城雄鎮朔方清。連雲風送孤帆遠，夾岸潮隨大舶平。借問關門來往客，不知誰是棄繻生。

七夕雨

天孫不乞人間巧，故使秋雲蔽月輝。銀漢晚烟迷鶴馭，玉霄涼雨濺仙衣。更無綵結看蛛綴，秪想橋成有鵲飛。獨立秋風倍惆悵，通津何處問槎機。

春日懷舊遊簡胥貢士二首

薊門春色阻關河，汴野東風長綠莎。正是懷人烟景暮，不堪對酒雨聲多。閑中謾寫凌雲賦，醉裏誰聽白雪歌。惟有流鶯相厚意，柳溪花逕數來過。

落落襟懷正黯然，早春時節憶前年。玉田城外花經雨，藍水橋頭柳帶烟。千里交游成遠夢，百年蹤跡任皇天。高山流水知音在，還對東風理素絃。

登賢聖閣二首

梁苑清秋白晝閑，偶尋名刹扣禪關。百盤飛磴身遥上，千尺危闌手自攀。已見神遊朝貝闕，便從羽化出塵寰。中天俯仰多時節，颯颯天風冷珮環。

化人樓閣倚晴霄，大地山河極望遥。秋入淮黄波浩蕩，雲開嵩少影岧嶤。九天沆瀣寒堪吸，八牖星辰近可招。十二曲闌渾倚遍，一襟涼思正飄飄。

鹿鳴宴 二首

揭曉鄉闈日正晴，大開藩府會文星。繡衣弭節皆英俊，章甫持衡盡老成。龍管緩吹金縷細，鳳笙齊逐玉杯行。酒闌歸騎西風穩，蟾魄秋高萬里明。

古木森森政事堂，興賢開宴會金章。緋衣送酒傾鸚鵡，翠袖吹笙引鳳凰。晴日漸移珠箔影，暖烟深護瑞爐香。秖知醉裏風雲闊，袖拂歸鞭滿路霜。

晚翠軒爲李大參賦

爲嫌紅紫競春風，獨愛幽軒晚色濃。霜後翠飄千箇竹，雪中清藹數株松。自緣品彙孤根別，解與忠良勁節同。晝省公餘看未足，一襟清思歲寒中。

題滄州丹室卷

道人結屋滄州裏，四面闌干枕碧湍。石榻生寒秋氣潤，柴門湧月夜濤寒。鸞凰佩影空中見，龍虎丹光水底蟠。清絶一塵飛不到，蓬壺元只在人間。

送友人下第歸山東

殘紅滿地草萋萋，把酒都門惜解携。秖擬大鵬摶碧落，可應騮馬蹶霜蹄。天開汶水龜蒙近，日轉瀛洲岱岳低。一曲瑶琴休悵別，重來雲路有丹梯。

題溪山嘉趣圖

仙人騎鶴去已久，猶有畫圖傳世間。石林倒浸碧溪裏，玉峰秀出青雲端。數椽茅屋鎮寥闃，一葉扁舟常往還。借問此中何所樂，萬事不羈山水閑。

送王上舍歸省

鳳城南陌柳依依，把酒東風送客歸。上舍已霑新雨露，高堂重舞舊斑衣。文章濟世時應重，忠孝傳家古亦稀。我亦有親垂鶴髮，願承天寵拜庭闈。

登科後還家省侍

萬里鵬程浩蕩飛，千年際遇古今稀。初從天上看金榜，又向人間戲綵衣。❶衛水南旋帆漠漠，晉山西上馬騑騑。君親恩比滄溟大，忠孝深期願莫違。

❶「人」，原脱，據四庫本補。

洛水道中

古道縈迴傍險行，蕭蕭禾黍晚風清。無邊詩思嵩高色，不盡年光洛水聲。華表柱傾秋草合，龜趺碑暗雨苔生。往來人世成今古，一曲高歌寄此情。

狄梁公墓

邙山山下重夷猶，曠世思公涕淚流。荒塚一抔埋義氣，豐碑千古表忠謀。李唐神器危還正，武媚妖氛散復收。更賴紫陽華袞筆，奸邪聞見總包羞。

陜州抵沙澗渡

重岡高下近弘農，北首鄉關喜氣濃。三晉雲山秋色裏，兩河烟樹夕陽中。棄繻誰識當年客，操棄應無舊日翁。遠岸急風吹大舫，令人却憶濟川功。

雨中過條山

一夜秋空結晚陰，曉來衝雨歷層岑。山迴靈籟蕭蕭急，谷轉雲濤漠漠深。最厭潢流淹遠道，酷憐霜菊拆秋金。却思二十年前路，岷水岷山萬里心。

題蘇大尹具慶卷

禄養雙親志不違，人生此樂似君稀。階前椿樹風長静，屋背萱花露未晞。百里忽傳毛義檄，三春又舞老萊衣。定知移孝爲忠日，應有聲名達禁闈。

黄河阻風遣悶

遠岸沙飛風浪渾，流澌不斷下三門。蛟龍凍蟄波心水，舟楫寒依渡口村。破悶只須吟麗句，消愁誰與貰清樽。臨流苦憶殷賢相，回首傅岩烟霧昏。

和經武氏舊基韻

羽衣曾此侍鑾輿，觀闕今爲一廢區。鸜鵒尚留青帝坐，牝鷄無復紫宸居。已看大象飛寒燼，又見天樞偃緑蕪。惆悵當年多少事，西風回首一長吁。

送王別駕

十五年前是故人，還家今見錦衣新。麟經共仰淵源學，驥足終爲鼎鼐臣。遠別黄堂當晚歲，遥瞻紫禁正新春。河橋分手情無限，目送班生滿路塵。

卜居後簡陳廣文

轉蓬天地欲何如，又向中州買屋居。峴首詩人王粲宅，南陽豪傑孔明廬。行藏秖想前賢迹，事業惟存往日書。賴有知音陳掌教，時能相顧慰蕭疎。

和劉僉憲見貽韻

明公年妙藴經濟，登車攬轡何壯哉。昔遊梁苑思一見，今在滎陽逢又來。知音幸自遇青眼，得意便當傾玉杯。明日河橋暫分手，亨衢有約共徘徊。

有懷王大尹汝霖

昔當賤子還家日，政是賢侯赴闕時。暫對離樽論出處，遠從别路説相思。重來只見棠陰滿，一去空憐鴈影遲。好在當年舊山水，登臨誰與賦新詩。

有懷余廣文

先生去此幾經年，一度歸來一悵然。綺席每思留月醉，❶書牕長憶聽松眠。流傳尚有關心句，清切難尋入耳絃。負却山川無限好，把杯吟向晚涼天。

❶「綺」，雍正本作「締」。

夏夜邑學士友携酒共話

留連不盡意如何，良夜相陪笑語多。銀燭檢書勞問難，玉壺携酒費吟哦。樓頭遠鼓催華月，天外微風落絳河。坐到中宵人客散，壯懷猶擊唾壺歌。

袁王杜三老携酒鱠話舊酬以詩

爲謝殷勤父老情，到門相顧問歸程。盤將銀鱠黄河鯉，酒挈青絲白玉瓶。細話交遊非往歲，劇談閭里異平生。從今杖屨頻來往，南陌東阡盡送迎。

有懷魏希文

君居薊北我汾陽，隱隱雲山道路長。每念昔年心事好，却慙近日宦情忙。一生經世詩盈紙，幾度懷人酒滿觴。想是龍鍾應有分，莫交容易鬢成霜。

聞　蟬

夏舘秋涼客寓居，忽聞簾外一蟬初。已知時序相催急，併覺天真感激餘。楚辯吟秋蛩韻切，齊箏彈月鴈行疎。裁書爲報歐陽子，萬響中間有太虚。

秋日崤沔道中

匹馬重經舊路岐，西風蕭瑟晚秋時。山川閱世無今古，花草娱人有盛衰。幾道泉鳴幽澗石，雨崖蟬響夕陽枝。❶秖應詞客偏多感，處處秋光首首詩。

送馬太守之西安

玉階新拜寵恩濃，皂盖西行五馬同。秦樹到關開曉色，岳連當路出奇峰。好詢民隱周三輔，爲播仁風答九重。青史古稱張趙蹟，會看勛業繼前蹤。

呈王大參

千年海岳鍾英俊，獨步文章擢茂科。執法烏臺留勁節，分符薇省布陽和。春風隴麥行邊秀，時雨棠陰到處多。金鼎調元應有日，豐功行見被絃歌。

春郊寓目

杏花開後近清明，雨過郊原愛日晴。風轉綠蕪浮曉色，氣催黄鳥變春聲。山連少室峰巒秀，地入深園草樹平。此景真堪供眺賞，恨無知己論詩情。

---

❶「雨」，四庫本作「兩」。

登温縣城

古堞攀躋最上層，烟蕪渺渺望中平。大河波浪排空濁，少室峰巒隔岸青。巷陌雨餘林影潤，城壕風起柳花輕。平生最喜登高賦，况有沽來酒滿瓶。

河陽懷古

武王曾此奮天戈，繼世其如出狩何。郝經兩岸緑楊遮澳水，滿汀芳草際黄河。郝經墓古聲名大，潘岳花殘歲月多。遮馬堤邊重回首，遮馬堤即唐李光弼取史思明馬處。紫金山色鬱嵯峨。

次陳廣文韻留别 二首

滎陽南望萬山攢，萬山，滎陽山名。偶此成家計未安。生意秖憑禾稼好，離情惟向酒杯寬。詩留東道春將暮，馬渡西河夏未殘。自笑往來成底事，鼎彜勛業定誰刊。

千里關河百慮攢，不知何日此身安。秖應浩浩風雲闊，倍覺茫茫宇宙寬。三晉到時蚕已老，二陵行處麥將殘。人生離合尋常事，要使高名世不刊。

晚登故鎮寺樓

危構峨峨杳靄間，登臨不盡壯懷寬。千年土地唐風舊，一派河流禹跡間。鳥載夕陽歸遠樹，龍携暮雨過前山。此時無限飄然思，便欲因風上九關。

送楊景端赴秋試至寶勝寺

有客將爲汗漫遊，偶過山寺暫淹留。門開佛殿金銀麗，路入禪房草樹幽。市酒飲多還覺醉，風蟬響急又驚秋。君行若到丹丘上，爲報羣仙未白頭。

秋日家山雜詠五首

八月家山覺早涼，登臨懷古興何長。醉鄉樂土輸王績，魯國高文老卜商。漢祀汾陰遺廟在，殷遷耿邑故城荒。樓船簫鼓空流水，一曲秋風菊又芳。

孤城北望萬峰高，禹鑿龍門勢獨豪。三晉山河還表裏，千年人物舊風騷。子安詩在名猶盛，太史書成志已勞。難覓醉鄉王學士，秋來禾黍滿東皋。

蕭蕭林壑動秋風，獨上崇岡四望同。龍門九折河流皆禹迹，千年疆宇總堯封。龍門獻策文中子，麟趾成書太史公。搔首高人今遠矣，斷雲滿目送征鴻。

黯淡輕陰結遠天，無邊秋色正蕭然。蒼崖斷岸西風裏，古刹荒祠夕照邊。黄菊已隨陶令老，丹砂不信葛洪仙。豪華靡靡皆如此，惟有騷人麗句傳。

雲山西去接崑崙，河水東來下禹門。疏鑿但能留勝迹，浮沉誰復問真源。將軍三箭功何似，教授千年道僅存。獨立西風看秋色，幾多心事向誰論。

安邑道中

魏主城頭日欲晡，尚驅羸馬涉前途。黑龍堰古波濤壯，青石槽長草樹疎。風土仍存唐帝俗，川原猶帶夏王墟。憑高處處頻回首，目斷雲山憶故居。

平陸謁傅説祠

澗道重岡擁復迴，秋風老樹古祠開。帝廷大命紆宸念，箕尾清光接上台。欲奠市沽思麯櫱，將羞時品憶鹽梅。故知岩穴多奇士，可是旁求到草萊。

渡茅津

舟人催棹渡茅津，南上崇岡感慨頻。昨日猶爲故里客，今朝又作異鄉人。風霜凄冷關河曉，草木凋殘歲月新。却愧傅岩操築老，不應如我久征塵。

沔池懷古次劉僉憲韻三首

行過崤陵到沔池，九秋黄葉撲人衣。風來澗水波聲急，霜下韶山樹影微。地遠黄河連暮靄，峰高白石淡秋暉。當時秦趙同盟處，只有荒臺鳥雀飛。

沔流猶遶舊城池，城下秋風動客衣。桓塚未荒王業降，盟臺已築霸功微。石門衰草連秋色，亭柱疎林暎夕暉。更上馬頭高處望，五龍潭畔暮雲飛。

山作高城水作池，諸侯曾此會戎衣。臺荒已見兵威息，波響猶疑瑟韻微。周黨聲名垂汗竹，桓王弓劍靄斜暉。登臨不盡千年意，目送秋空一鴈飛。

新安次劉僉憲韻

千載新安要路邊，函關知是漢時遷。水流瀍澗深還静，山接嵩邙斷復連。古洞棋枰疑安迹，白墻石溜即名泉。平生最愛錢宣靖，絶勝王喬第一仙。

夏溪書舍爲劉進士賦

高人臨水築茅堂，八牖開風面面涼。芳草滿庭交翠色，露荷當檻發幽香。彈琴石瀨含秋響，杖策藜燈耿夜光。我欲携邛遠相訪，暫從墳典話黄唐。

簡白沈呂三藩府二首

雄鎮堂堂相府深，爐烟不受曉寒侵。調元總屬經綸手，下士常存吐握心。歲晚松枝留勁節，春來棠葉藹濃陰。豐功會見銘鍾鼎，應有清光熖古今。

大鹵提封接帝居，大藩公相盡名儒。觀風歲久山常静，宣德冬來日漸舒。晝省煖雲浮瑞鴨，鵰闌晴雪照金魚。書生亦有扶摇翼，更借剛風到碧虚。

留别文孫王宋四廣文

我客并州歲晏時，偶然相見即相知。

香醪淺酌還深酌，佳句朝題復暮題。意氣難逢今日好，風流不讓古人爲。嗟予走馬明朝去，雪嶺冰崖有所思。

贈澤庠趙廣文三首

投宿山城雪打衣，廣文情重啓華扉。爐開瑞獸能噴燄，燈結金蟲解吐輝。官況不嫌如我淡，交情深嘆似君稀。明朝又上羊腸道，回首寒雲滿目飛。

先生事業近何如，濩澤菁莪樂沛濡。翫目豈無清獻鶴，傳家應有子昂書。緗縑歲久芸除蠹，堂户年來鸖送魚。握手臨岐何所祝，洪淵還好探驪珠。

登科輸子只三籌，梁苑當年一樣秋。往日已曾傾盖語，今朝何必典衣留。瓶添醽醁頻斟酌，唾落珠璣迭唱酬。咫尺關河隔南北，晉山明月下中州。

贈袁司訓

華胄遥遥代作公，先生還此振儒風。已從桂籍看清譽，又向芹宫識粹容。狂飲尚能欺臘蟻，放歌誰復感秋蓬。追隨駿馬城南別，笑拂吴鉤氣吐虹。

脩武懷古二首

春過脩邑馬行遲，攬轡東風眺望時。淬劍池留中散迹，承恩鎮駐武王師。劉伶醒酒臺猶在，漢獻封公塚謾遺。七世同居良亦少，至今人詠義夫詩。

脩邑南邊潁水流，勒兵周武幾經秋。黄崖石古烟雲合，青口山深草樹稠。百佛謾存岩畔迹，七真無復洞中遊。循良衛颯今何似，猶有高名播九州。

題沈令雙堂

小山人去歲悠哉，移得芳叢夾户栽。緑蔭共隨簷影落，清香時逐綵衣來。年深應有連枝瑞，老大寧非聳壑材。❶總賴高堂培養力，秋風還有幾花開。

題沈令瞻松卷

底處知君憶所天，瞻松終日涕漣漣。春翻時雨情何極，秋灑涼風興慨然。鳥語故巢天欲曙，鶴來滄海月初圓。此情欲問何時盡，直到蒼蒼化石年。

酬師中吉見貽韻

老成名譽遠流傳，忽寄新詩到客邊。玉札丹砂應有訣，蒼顔白髮保無愆。失雲病鶴翎猶健，趁日芳葵色自妍。莫向周南嘆留滯，丹梯依舊好攀緣。

送李少府從征

相知未久又分襟，春色離情兩不禁。暫解瑶琴辭汴水，還衣畫錦過家林。野塘日暖冰消玉，官路風和柳囀金。談笑青油有餘興，鱗鴻頻爲寄佳音。

❶「材」，原作「村」，今據四庫本改。

和曾僉憲贈劉僉憲韻二首

乘軺早歲赴三川，按節中州又幾年。天啓貞符欣際遇，星明執法羡超遷。綱維已見當時振，詩卷仍留後世傳。邂逅幾回嗟又別，好期勛業在凌烟。

聞築烏臺一室成，四圍曉色抱虚明。簾櫳雨過琴書潤，户牖風來枕簟清。白筆通宵飄爽氣，訟庭長夏絶囂聲。懸知到處留遺愛，賸有棠陰繞棟楹。

題劉僉憲琴書清處

虚菴底處貯琴書，聞築幽軒傍所居。竹葉分陰侵几席，松花和雨點階除。調高爨尾初離匣，帙古芸香正滿厨。好在希聲與真意，一襟清思迥難如。

興隆寺

百尺高臺接女墻，梵王樓閣白雲鄉。牕開北極星光近，簾捲西山爽氣涼。遠岸風蘆秋瑟瑟，滿城烟樹晚蒼蒼。因知一氣乾坤大，併覺身心入混茫。

魯齋先生覃懷書院

南北風塵澒洞中，天開人極產英雄。幾年力學尊尼父，萬里心傳得晦翁。自信興王爲大道，豈知伐國是元功。當時歸老情何切，爲愛西山萬玉峰。

簡柴同知

手持雲錦到天鄉，鵷鷺亨衢共頡頏。讞法十年推定國，分符千里得王祥。清聲籍籍傳中土，爽氣飄飄接太行。政暇好書還自覽，新涼昨夜滿黃堂。

覃懷秋曉作

樵樓月落曉鍾清，起坐南窻讀聖經。道大豈如湖海闊，義微何止羽毛輕。天開陴垷鵶初散，風過園林葉盡鳴。便欲出城閑極目，西風清絶有高稜。

覃懷秋夕詠懷

客裏覃懷又過秋，一樽相對興悠悠。論材恥作千人俊，❶投筆寧期萬里侯。霜葉滿庭紅不掃，月華當户静還留。人生志業無窮在，肯學潘生歎白頭。

寄沈仲安廣文

幾度相逢汴水邊，好懷偏爲客留連。北窻夜坐銷銀燭，南浦朝遊並錦韉。共指黄流經朔漠，獨尋廣武暗秋烟。與君幸自俱年少，莫寄安成内史篇。

敬軒薛先生文集卷之七

❶「材」，原作「村」，今據四庫本改。

敬軒薛先生文集卷之八

門人關西張鼎校正編輯
鄉後學沁水張銓重校梓

律　詩

送王秀才登鄉第歸覃懷

文運天開四海清，新頒鳳詔屬賓興。中州河岳鍾神秀，梁苑風雲集俊英。秖見驪珠千鎰重，肯同魚目一毫輕。看君得意歸鄉里，何異當年晝錦榮。

雪後至西郊二首

偶爾閑行出近郊，新年殘臘氣將交。蒼茫遠道風初定，寂寞平原雪半消。春色漸催山色動，天光渾逐水光摇。乾坤滿目皆生意，何必清宵看斗杓。

臘到新年纔幾日，四郊生意已欣然。高低雪色春融液，遠近煙光水接連。已覺洪鈞回大地，更看白日麗中天。歲華人事皆如昨，只有思親意惘然。

題陳僉憲族譜二首

華胄誰如陳氏賢，一門幾世住蛟川。宗分衆派多遺澤，家富羣書總舊編。蘭玉在庭争奕熚，鵷鴻得路競騰騫。新裁譜籍增光耀，珎襲應須久遠傳。

蛟川喬木緑成圍，詩禮傳家古亦稀。插架牙籤充棟宇，分行蘭竹秀庭闈。清門接踵雙黄牓，烏府連聲兩繡衣。積德由來應未已，佇看譜牒旋增輝。

偶坐道傍獨樹下看山

獨樹道邊清影密，偶來閑坐已多時。塵勞擾擾於人厭，山勢亭亭與客宜。遠谷蒸雲能變化，亂峰聯碧自逶迤。褰衣便欲尋幽勝，只恐山靈解勒移。

雨後寓目

天衢廓落放新晴，渺渺烟郊四望平。嘉樹戰風摇野緑，好山經雨洗空青。兩間滚滚皆新氣，衆水滔滔只舊聲。玉燭已調今有象，萬家耕鑿荷生成。

夏日簡陳廣文

静掃書齋坐日長，好風時復送清凉。焚香讀易添新趣，隱几看雲憶故鄉。蜕殻已聞蟬響急，將鶵頻見燕飛忙。索居久欲來相訪，觸熱其如汗作漿。

沈廣文送梨榴

八月梨榴俱已熟，殷勤相送揀珎奇。黄如楚國來柑橘，紅似瀘戎擘荔枝。磊落堆盤香並美，酸甜濺齒味皆宜。少陵肺渴全消釋，只欠瓊瑶答所私。

新鄭詠古

經行鄭國舊山川，禾黍秋風駐馬看。烟樹幾灣流水在，荒城千載暮雲閑。時門雨歇無龍鬬，大隗山高只鳥還。借問當時賢相國，幾多遺愛在人間。

扶溝道中

古堤東去路漫漫，與客聯鑣縱大觀。草木近浮梁苑闊，烟霞平入楚天寬。清風細細催蟬韻，爽氣飄飄近馬鞍。行到扶溝詢舊俗，大賢千古仰高山。

留別鄧司訓

偶過儒宮幾日留，廣文清義若爲酬。連床夜聽蕭蕭雨，聯句朝吟淅淅秋。臨水乍驚新漲急，看山還喜遠青浮。蟬聲驛路明朝別，回首高城古木稠。

秋日遣興簡陳廣文

西風連日雨初晴，已覺新涼滿户庭。玄鳥相將寧見影，寒蟬寂寞已無聲。能文解動高人興，對酒誰同好客情。賴是長沙老詞伯，新詩相送小童清。

秋日王屋道中 五首

崎嶇連日太行中，王屋名存縣已空。濟水難尋潛地脉，天壇遥見出雲峰。黄花夾道開清露，紅樹漫山醉晚風。處處登高重回首，客懷秋思浩無窮。

路轉山迴處處迷，不登絶頂即尋溪。寒泉徹底清人目，亂石盤空割馬蹄。繞逕黄花猶戲蝶，隔村紅樹乍聞鷄。無端客思匆匆甚，好景其如每倦題。

地闢天開有此山，經行秖覺礙人寰。久知元氣包空外，細看長松走石間。有水遊魚還上下，無名啼鳥尚間關。高秋不盡登臨興，客况何由一日閒。

盡日區區歷險艱，山光時爲破愁顔。一川霜葉翻紅袖，幾簇烟嵐綰翠鬟。佩玉聲清秋澗急，旌幢影落暮雲寒。時登絶頂看天地，元氣氤氲杳靄寬。

寥落山家處處稀，尋幽陟巘馬行遲。滿溪紅葉沉秋水，半嶺霜棉吐夕暉。雨霽石田收稼了，烟深松逕負薪歸。詩成只恐山靈咲，千仞峰頭一振衣。

登中條山東頭

魏國中條此盡頭，登臨暇日興悠悠。兩崖勢轉黄流静，萬壑聲寒碧樹秋。官舍飛甍臨遠谷，琳宫細路繞層丘。風光滿目皆吾土，逸氣飄然總勝遊。

戲題紅葉

自是霜根獨占先，晚秋殘緑變紅鮮。

臙脂膩染嬋娟女，金醴濃薰綽約仙。入水忽驚丹伏鼎，向陽還訝火生烟。秋光宛似春光好，摇蕩相思九月前。

登中條山望大河有懷戴趙二同年

登高遥望大河南，木落天空爽氣含。細路微茫通沔洛，亂山重疊接崤函。白雲關塞新過鴈，黄葉園林舊駐驂。最憶韶陽同榜客，往來長是縱清談。

寄襄陵丁廣文

風雪匆匆老歲華，往來三宿廣文家。名香泛靄薰瑶席，畫燭分光照紫霞。别路迴驚汾水遠，離情長繞晉山斜。多君鳳穴風流在，擬向鵷班次第誇。

送湯自新之永和令

羡君初拜九天恩，銅墨之官喜氣新。一路好山迎去馬，二陵時雨浥行塵。花封舊有唐風厚，政績當如漢吏循。我亦趨朝應有日，佇看名譽達楓宸。

神州八景

瓊島春雲

昨夜東風海上過，玉京瑶島得春多。數峰秀色分金碧，滿谷祥雲絢綺羅。暎日已增千古瑞，隨風頻繞萬年柯。秖看出岫爲霖處，長濟蒼生樂泰和。

太液秋波

仙家島嶼繞瀛洲，一鏡波澄淡靄收。影浸玉樓先得月，光鋪翠簟早生秋。九霄氣接銀河迴，萬頃風行雪浪浮。自是此中涵帝澤，年年長向世間流。

玉泉垂虹

山澤從來一氣通，山頭飛瀑瀉玲瓏。隨雲已作千秋雨，暎日還爲五色虹。瑶澗金銀騰寶氣，碧霄珠玉濺高風。若爲剪取冰千尺，一洗塵懷萬斛空。

居庸疊翠

玉峰相向復相連，一雨初收霽景鮮。橫界曉空青未了，平浮春野翠無邊。鳳城佳氣通朝靄，鰲海晴輝接曙烟。自是古今天設險，皇圖永奠億千年。

盧溝曉月

一曲清流遶帝畿，宿雲收盡曙光微。疎星尚照離離影，殘月猶涵淡淡暉。霜滑石橋征鐸響，風清沙渚塞鴻飛。經行併覺塵埃盡，多少清光上客衣。

薊門烟樹

石門相對一川平，嘉樹依依接鳳城。密繞溪樹雲未斂，半遮山寺雨初晴。歸鴉向夕穿新緑，嬌鳥啼春護落英。試向高原凝望處，秖疑韋偃畫初成。

金臺夕照

千年玄社已消沉，尚有荒臺僅數尋。壞埒只今生翠蘚，頹垣不復貯黃金。山啣落日留殘照，樹擁孤雲帶夕陰。駿馬無聲衰草合，冷風涼月暮虫吟。

西山晴雪

皇都一夜散瑶華，曉見西山霽景嘉。照日凍泉封素練，蹴天潮海漲銀沙。晴暉近接仙人掌，爽氣平浮上帝家。多少玉堂揮翰手，此時清興正無涯。

寄舍弟瑭四首

同侍先人久宦遊，先人没世葬林丘。弟脩蘋藻居鄉里，兄竊功名上帝州。鴻鴈影分思並宿，鶺鴒聲遠念相求。勉脩令德光前緒，頻寄書來解我憂。

先母亡時汝四春，先人辭世汝成人。二親恩比乾坤大，一氣情如手足親。荆樹願同珠樹好，棠華期與歲華新。❶故鄉聞道逢艱日，生計無忘早晚勤。

父母生來汝與吾，承家付托藉良圖。立身莫若親賢士，防患應須遠酒徒。得善便當銘肺腑，敬身寧使損肌膚。兄年謾長慚無德，併寫斯言列坐隅。

幾載艱虞西復東，正趨明詔老親終。含悲共汝辭河朔，舆櫬還家托故封。忽憶鴒原千里遠，秪應棠蕚兩枝濃。願叨微禄膺天寵，早得焚黄拜祖宗。

送牛給事領勑命還南京三首

趨朝北闕近臣回，送别南風祖席開。玉佩暫辭鵷鷺侶，畫船行近鳳凰臺。江山

❶「歲」，原作「嵗」，今據四庫本改。

爽氣臨官署，星斗清光接泰階。此去超遷應有日，中朝屬望想重來。

黃門三載北趨朝，又沐天恩下九霄。別思暫傾燕市酒，好風宜放潞河艘。家人蟢子占應近，官舍燈花結未消。聖代兩京宏治化，好持忠謹答軒堯。

南歸紫誥喜新頒，送別都門雍大官。鸞紙分題珠浩瀚，羽觴行酒任飛翻。吕梁浪穩仙舟度，京口風清客思閑。想到秣陵瞻北極，便應咫尺見天顔。

元氏詠古

太行西望翠成堆，白石諸峰爽氣來。元震劍鋒留石刻，李躬書院長青苔。磨磐南接田文墓，槐水東連漢將臺。獨羨三公神異久，會鍾英傑位台階。❶

磁州詠古二首

北來行色正駸駸，馬傍西山静客襟。滏水源從龍洞出，漳河流自發鳩深。卓茆亭古無遺響，❷勝景園空罷賞心。翹首川原思故老，尚留珠玉到如今。

持節南行過滏陽，川原繚繞接衡漳。神麢山下河流出，牛尾岡頭故塚荒。風月舊樓餘斷刻，大明遺刹有名章。園林花木南薰細，猶似祥蓮九夏香。

邯鄲贈賈進士使關中

接踵青雲滿後塵，君放道義最情親。

❶「階」，原作「喈」，今據四庫本改。

❷「茆」，原作「芇」，今據四庫本改。

寧知握手邯鄲地，同是觀風郡國人。太華倚天秋氣爽，洞庭横劍曉霜新。相思南北須珍重，早約回轅覲紫宸。

留贈沈仲安廣文

年來初識沈休文，楚楚才名迥出羣。學道每能安素履，論交端擬薄浮雲。幾連華榻眠春曉，又共清燈語夜分。我向湖南重相憶，莫忘書札往來聞。

鈞州詠古次虛菴韻二首

南風攬轡過中州，陽翟名邦得縱遊。彩鳳臺空芳草合，黑龍潭静淡烟收。馬經潁水清無迹，路繞黄山翠欲流。眺望幾回情未已，遠空雲影自悠悠。

匹馬南行接楚州，路經櫟邑遂清遊。學仙人去洞猶在，鳴鳳臺空聲已收。無限好山皆北向，幾灣野水盡東流。垂鞭不管馬行緩，更覺閑吟情緒悠。

鈞州分司槿花盛開戲作

分司庭下舜花開，清倚雕闌絶點埃。坐客正看新朵盛，遊蜂仍逐暗香來。欲留芳艶明朱幌，忍見殘英墜緑苔。縱是鐵冠心似鐵，也應花裏暫徘徊。

襄城詠古

連村緑樹近襄城，駐馬郊原眼界明。汝水似環流處碧，首山如案望中平。具茨每咲莊生誕，掛劍常高季札名。佳句獨思韓吏部，太平今已息天兵。

葉縣詠古

沙河南度草烟平，緑樹陰邊見古城。湛坂戰争非義旅，昆陽破賊是雄兵。鳧來尚説王喬舃，龍去空傳葉令名。黄栢山前田漫漫，❶已無沮溺舊時耕。

贈舞陽朱進士

甲科選士擢才良，喜見天荒破舞陽。彩筆昔年同戰藝，藍袍今日又還鄉。相逢莫厭金樽滿，談笑聊便竹牖涼。栢府先登應自愧，好期他日共飛霜。

慈氏寺留題次虚菴韻

義陽慈氏古叢林，風景蕭然静客心。到院好香浮細靄，隔簾幽鳥送清音。槿花妙有空中色，柢樹濃交户外陰。❷持節他年重過此，會須細聽穎師琴。

應山四賢堂次鍾文亮韻

平蕪青滿讀書臺，爲憶前賢故故來。一代高名曾仰德，百年陳迹但興哀。碑文剥落漫苔蘚，棟宇傾頽困草萊。欲奠椒漿無處所，向風搔首重遲回。

❶「田」，原作「曰」，今據四庫本改。

❷「交」，雍正本作「文」。

至武昌口號

不須飛蓋遠相迎，暫向霜臺弭使旌。藩臬盡知周典禮，吏民皆識漢官名。千年有幸逢熙皥，萬國同風樂太平。自顧樗材叨寵渥，秋毫何以答天明。

嘉魚寓目

舊時沙羡號嘉魚，邑小人家星散居。官舍高低叢異木，大江環繞合重湖。蜀山駐蹕空傳漢，陸口屯兵已罷吳。更上層峰肆遐覽，晚雲飛盡楚天虛。

登岳陽樓 四首

人間聞有岳陽樓，三十年來快此遊。舉目但知天地闊，憑闌不管歲華流。江通巴蜀千山漲，湖接瀟湘萬頃秋。浩想希文話憂樂，闗河直北是中州。

高城粉堞背層山，城上危樓俯急湍。湖水欲包天地外，棹歌只在水雲間。湘靈鼓瑟今何在，仙子凌風去未還。遍倚闌干閲今古，白雲渺渺白鷗閑。

玉斧飛霜過洞庭，岳陽樓上寄高情。天涯楚樹千行緑，湖面君山一點青。今古留題才浩渺，往來登覽歲峥嶸。中天徙倚多時節，咲挹高風滿抱清。

澤國西風凈曉烟，登臨暇日興悠然。連空海水浮員嶠，拍岸江聲送畫船。蘭若滿汀懷楚客，雲霞終古憶飛仙。東南壯觀知應少，細讀留題記往年。

桃源詠古次趙子裕韻

雲林兩岸夾江津，持節從容得遍巡。百里仙源通異境，幾家流水斷征塵。溪頭翠竹偏宜夏，洞口紅桃已放春。一自輿圖歸聖化，更無人世避咸秦。

辰陽秋日

雄誠百雉控蠻荒，山翠高低護女墻。萬里梯航通六詔，五溪烟水下三湘。邊氓久已漸華俗，遠客頻應望帝鄉。地氣于今同北土，早秋時節雨生涼。

辰溪二首

分司門外大江横，怪石參差岸不平。眼底秋山無限好，坐中涼吹有餘清。棗垂翠葉丹砂重，蠟滿青林素練明。莫道蠻荒少題詠，龍標詩有五溪名。

辰溪縣裏駐華驄，人俗雖殊景物同。隔岸好山高聳玉，遶門流水遠涵空。雨過晚砌苔痕緑，涼入秋堂蠟炬紅。爲念遠氓情未已，夜深歌枕翠帷中。

沅州簡劉主事

瀟洒沅州舊憲臺，早秋持節自天來。池邊脩竹知誰種，牕外寒梅待我開。永日已應無兩造，清宵時復望三台。知音更遇鴒行侶，客裏如何不放懷。

送劉主事之貴州三首

每憶襄陽孟浩然，喜君風致自翩翩。聲名重比千鈞鼎，藻思深如萬斛泉。玉節分光來北極，軺車結軫會南壖。沅江此別何時會，應在春花未發前。

沅州相送意何如，正是秋風八月初。蘭芷香來飄客袂，芙蓉花發照征車。丹砂水碧登天府，洞獠林蠻入版圖。萬里山川遊覽遍，好將風土載成書。

畫省官僚總俊才，早知名譽動金臺。細論黄甲聯鑣步，同是青雲接踵來。邂逅龍標官署静，分携沅水健帆開。明年二月花如錦，送子東風上玉階。

沅州秋夜獨酌

江城秋夜畫堂清，市酒沽來只自傾。遶壁任教蟲響切，照人偏喜燭花明。七千里外思鄉邑，十二時中望帝京。願布仁風滿南極，還將遠俗奏彤庭。

發沅州

畫船清曉發沅州，送别官曹簇遠洲。雙艣忽隨高岸轉，孤城已隔亂山稠。殊風異俗多經覽，瘴雨蠻烟任去留。向夕燈明何處泊，蒼蒼候舘石林秋。

過沅州，見故鄉父老從戎者，與道家鄉事，多有識先人者，因賦此

邊城父老舊鄉隣，弭節從容問所因。綠鬢已應辭故里，白頭猶解識先人。衣衫尚有唐風舊，童稚皆傳楚語新。爲說好安耕鑿計，只今雨露萬方勻。

黔陽九日

黔陽九日意何如，北望神京萬里餘。行院已無人送酒，故園應有鴈傳書。鐵冠不向秋風落，黃菊仍霑曉露舒。霜滿南天消惡氣，錦囊何必佩茱萸。

黔陽

龍標山下古黔陽，二水交流萬里長。風土往時爲異俗，車書此日混遐荒。棕林帶露毿毿碧，橙實經秋顆顆黃。清晝栢臺無訟牒，旋吟佳句旋焚香。

龍陽懷古

縣城北枕大江頭，水國輕烟澹不收。星土從來分翼軫，雲山何處是金牛。濯纓尚有當時水，種橘猶存舊日洲。極目洞庭波漫漫，幾回乘興欲東流。

益陽詠古

潰水西來遶縣流，烟波遠接洞庭秋。津頭客舫足江貨，岸畔人家多竹樓。甘壘草荒秋月淡，裴亭樹老暮烟稠。浮丘仙子何須問，我亦當年賦遠遊。

同侍御張勉夫院宿二首

持節俱從遠地回，連床兩喜宿烏臺。談詩細雨燈前落，對酒清風柳下來。白雪敢歌當日調，青雲未負此生懷。霜蹄曉踏香泥去，笑指空衢萬里開。

風雨霜臺集暝烟，同官復此對床眠。消懷酒味於人好，報喜燈花向客妍。談困尚誇肝膽壯，睡酣不覺鼓鍾傳。明朝定是晴明候，通籍還應覲九天。

寧鄉遇雨

湖南風土異中州，歲暮蕭蕭雨不收。黄葉未全凋老樹，青林猶自滿層丘。傳聞累歲都無雪，秪覺三冬總似秋。却憶故鄉天道正，迎霜已著禦寒裘。

寧鄉詠古二首

千家縣樹古黔中，四望雲烟鎖翠峰。水引温泉分地利，雨來雲洞仰神功。朱門道學推張栻，宋室忠賢數魏公。鬱鬱遺阡今尚在，滿山松栢撼高風。

風烟渺渺接長沙，竹樹蒼蒼繞縣衙。入境已知山水秀，觀風殊覺士民佳。魏公華表横秋草，易祓岩扉掩暮霞。更覓南軒讀書處，寒梅開遍古祠花。

長沙喜天色晴霽賦此

連旬山雨濕行旌，弭節長沙喜晚晴。岳麓斷雲歸洞府，瀟湘皎月照江城。銀河一派仙槎穩，牛斗三更劍氣横。樽酒此時聊自適，滔滔不盡古今情。

長沙四詠

湖南清絶有長沙，江市悠悠郭外斜。水合三湘開浦溆，山連五嶺散雲霞。鷓鴣疎雨黄陵廟，❶鵩鳥殘陽賈傅家。且喜登臨窮勝觀，不須懷古重興嗟。

江城卑濕少塵埃，霽景風烟四望開。水接洞庭從北去，山連衡岳自南來。悠悠八翼陶侯夢，落落千年賈傅才。自昔爲邦多故老，總留風節使人哀。

名郡前賢是舊遊，我來迴想興悠悠。少陵幾醉樽中酒，子厚重題驛畔樓。岳麓雲霞常帶雨，洞庭波浪遠涵秋。爲邦誰似朱夫子，道與湘灘晝夜流。

明時持節按湖南，澤國風烟到自諳。客舫盡應依水市，人家多是住山嵐。三苗已見華風遠，五嶺應知聖澤覃。廊廟只今登俊彦，不勞詞賦吊湘潭。

寶慶喜雪

一夜瑤華遍楚壖，霜臺曉色正清妍。

❶「鵩」，原作「鵬」，今據四庫本改。

天從北極行時令，氣肅南荒壓瘴烟。春信喜傳庾嶺樹，客懷寧憶剡溪船。觀風使者無他祝，願與官曹詠有年。

答何永芳三首

星斗東來轉玉衡，遠遊時序不須驚。邵陽松竹迎寒秀，湞水林芳待煖榮。政美已如金碗蔗，官廉争比玉壺冰。獨騎驄馬經行遍，喜見民風處處清。

邵陽風土接湘衡，賢令之官犬不驚。此日銅章分氣象，往年金榜被恩榮。無心真宰初行雪，有脚陽春欲泮冰。持斧自天行郡邑，溪山隨處好風清。

飛騰還擬秉鈞衡，小試牛刀豈足驚。滿目山川開壯麗，無邊花草待欣榮。瘴消楚越山多雪，春滿湖湘水不冰。笑指梅花賦佳句，栢臺風致有餘清。

武岡山行

武岡南去萬山深，冰雪峩峩閟太陰。石磴盤空飄凍靄，板橋横水急清音。前旌婀娜回飛鳥，吹角悠揚過遠林。玉節壯遊天地大，風霜秖保百年心。

沅州己酉元日二首

邊城萬里入提封，元日瞻天拜舞同。星麗碧霄皆拱極，水趍滄海盡潮宗。千年舊仰甄陶力，三始仍看長養功。遥想鵷行峩豸侶，繡衣應染御香濃。

履端宏啓三陽運，戀闕遥馳萬里情。龍尾仗嚴鞭韻徹，鳳池班整珮聲清。風霜每抱瞻天敬，葵藿寧忘向日誠。玉節趨朝應不遠，會從鵷鷺紫霄行。

沅州賀正旦歸院賦此

千門結綺遍江城，竟夕風傳皷角聲。兵甲森羅嚴虎隊，旌旗繚繞簇龍亭。車書萬國開元日，文武同心仰聖明。歸到臺中添喜氣，紅梅花底覓詩情。

沅州院中紅梅 二首

冬來都未有羣芳，秖見春紅滿後堂。新萼半開含國色，繁英爛發散天香。宿醒未解風前醉，穠艷猶凝雪裏粧。幾度巡簷索清笑，仍燒絳蠟待昏黃。

自是人間第一花，天教絕色冠羣葩。可應洞府神仙質，粧點冰霜御史家。疎影入杯翻絳雪，清香隨手折紅霞。詩中帶得江南物，歸到鵷班取次詩。

沅州元夕

一年佳節又元宵，異域春雲滿眼飄。院落梅花凋冷蘂，池塘柳色弄新條。昇平樂事懷中夏，老大丹心戀聖朝。獨擁霜臺清似水，紅燈幾點月明高。

贈別賀侍郎

一別經年梅柳新，相逢沅水意何親。栢臺英俊推先達，桂籍聲名忝後塵。又捧天書清部伍，幾操憲節達陽春。中朝屬望歸來早，佇沐寵墀寵渥頻。

二月十五夜

花柳池臺宿暝烟，清宵俯仰興悠然。一年好景春纔半，萬里晴霄月正圓。憲節遠依南斗外，鳳城遥在北辰邊。馬周舊是新豐客，呼酒東風憶往年。

五友詩

竹

此君風致自疎疎，相近相親慰索居。翫目每看高節長，留情深托寸心虚。清脩飽歷風霜久，濃渥深承雨露餘。好在百年無剪伐，賸看新笋上霄衢。

梅

憲府孤根別占春，清標瀟洒離風塵。南州花思偏留客，東閣詩情解動人。玉管吹香風力軟，冰壺涵影月華新。坐令懷抱深如許，暗想調羹事業親。

蘭

一自移根遠谷來，便添清興滿烏臺。羲娥馭日光風轉，青女飛霜絶艷開。每憶瑶琴翻雅調，謾充騷佩慰高懷。同心托契應非淺，細看流年雨露栽。

菊

一氣蕭森百草黄，獨留此物傲秋光。霜從降後殊多艷，風不來時亦自香。詩客采英秋得句，佳人倚竹暮凝粧。歲寒惟有烏臺客，共保芳根近畫堂。

蓮

芰荷相並滿青池，不受飛塵半點緇。高蓋每看濃露集，曲房一任好風吹。天姿不假雕鎸力，妙色多應造化奇。静立亭亭如有待，結交須賦愛蓮詩。

沅州三月一日思親先人忌日

風木摧心已四年，沅州春日苦暄妍。無邊雨露滋羣物，大地陽和浹九泉。懲忿敢忘當日訓，守身期佩昔人弦。光榮不及酹親願，俯仰終天涕泫然。

春日再發沅州

久住蠻州似故鄉，官船兩度發沅陽。貪看獻歲春山緑，却憶高秋老樹黄。宦迹不應辭遠近，天游真可縱徜徉。沿流儘有新詩興，夾岸風來杜若香。

黔陽野人有饋魚者詩以酬之

幾日山中只飯蔬，野人携籠饋雙魚。欲懸却怪羊生矯，學放猶疑子産愚。酬價且傾官廪米，割烹恐有故鄉書。甘腴悦口斯須味，一飽應知不顧餘。

疊前韻

正是行厨薦野蔬，多情野老送江魚。細詢漁釣知何樂，解道綸竿自養愚。金錯飛聲初膾玉，銀盤放筯且推書。殷勤更欲沾僮僕，食罷還應問有餘。

辰陽端午遣懷二首

五溪五月當五日，時俗猶存舊楚風。入簾角黍堆盤人送玉，龍舟疊鼓水摇空。賜扇遠懷山色隔江翠，照眼榴花向日紅。鵷鷺侶，去年同謁大明宫。

辰陽况復遇端陽，沅水牽情萬里長。獨簪鳳闕常年頒扇早，龍墀此日賜衣香。未必鑾中白筆叨天寵，遠抱丹心憶帝鄉。久留滯，趨朝應只待秋涼。

發沅州舟中寄陳侍御二首

駐節沅州整一年，束書今喜遠朝天。前度久知按部無膏澤，自愧居官費俸錢。西風一夜江流行思好，舊遊山色别情牽。歸心切，北極恩光日月懸。

捲旗沙上簇雕戈，畫鼓催舟發棹歌。一江歸思載瞻黄道近，交情將柰繡衣何。欲問清宵烟水澄秋練，兩岸雲山擁翠螺。別來意，冷猿啼處月明多。

泊武口驛❶

風濤近接洞庭湖，楊柳堤邊水驛孤。征帆回首已應鑾徼遠，登樓殊覺楚天虚。清夜不眠北客依津市，貢篚南金引舳艫。持憲節，歸心先到帝王都。

❶「泊」，原作「洎」，今據四庫本改。

洞庭湖阻風 四首

高秋木落洞庭寬，白筆南征使者還。蘭若馨香懷澧浦，烟霞縹緲認君山。已應湖海添清氣，更覺風濤入壯觀。枉渚維舟苦留滯，岳陽樓上憶憑闌。

繫舟無柰北風何，遺悶還應一放歌。日射湖心翻錦浪，烟收山頂露青螺。蒼梧水闊秋天遠，斑竹雲深暮雨多。千載湘纍無復見，欲從何處吊英娥。

海內無如此壯遊，高風木落洞庭秋。青山半在波中出，白浪渾如天上流。騷思難尋澧浦佩，客程頻望岳陽樓。江河遠客情何似，浩想希文獨未休。

濤聲連日捲銀沙，野渚無聊眺望賒。數點雲山湖上出，一行風葦岸邊斜。老髯難覓仙翁笛，白簡還乘使者槎。况是中秋明月夜，瀟湘久客正思家。

湖中阻風望君山

一望君山咫尺間，不堪連日阻風湍。秖愁枉渚維舟楫，安得遥空縱羽翰。天地盡應浮海水，蓬壺自昔隔塵寰。會須掛蓆過林麓，石磴攀蘿極妙觀。

湖中風濤大作

正是清秋月色多，大風終夜鼓洪波。銀山萬疊來高下，鐵騎千羣入盪摩。好夢驚回朝帝闕，歸心併起望天河。明當少轉封姨力，百里平湖頃刻過。

登小孤山

二十年前曾過此，今朝重上小孤山。九霄旭日清光近，萬里秋風爽氣寒。南紀諸峰連地脉，東流衆水會天關。江山不盡登臨興，望闕思親正倚闌。

儀真三詠

東南水陸會真州，河朔風雲拱上遊。潮落瓜洲遠渡出，天連揚子大江流。迎鑾鎮古名猶在，解劒橋荒事已休。多少繁華成俯仰，萬家烟火不勝秋。

聞道真州景物多，晚秋時節偶來過。蒹葭暮雨連滄海，楊柳西風落漕河。曉岸帆檣南客舫，夜船燈火北人歌。寓居候館情無限，一寸丹心柰爾何。

大江分派入儀真，楊柳人家夾去津。舟楫東南來貢賦，衣冠西北會星辰。雲通赤岸天多雨，境接滄溟地不塵。欲問東園無故老，苦吟搔首向風頻。

歌風臺二首

芒碭雲連古帝鄉，歌風臺近泗河傍。蚤提三尺安天下，尚想羣賢守四方。英魄有靈藏地遠，威名無比配天長。當時赤幟知何似，紅葉園林夜有霜。

故城南畔泗河限，漢祖歌風有舊臺。樂飲一時酬父老，壯心千古憶雄才。新豐桑柘蕭疎盡，芒碭雲霞散漫開。一自鼎湖龍去後，英魂幾復沛中來。

發通州再往湖南

海内江山已慣遊，今朝重泛潞河舟。初辭天上雙龍表，尚想雲間五鳳樓。壓岸曉霜明憲節，到船寒雨濕貂裘。預期回首當開歲，未必湖南可滯留。

過流河驛挽王侍御

停舟沽酒酹王君，忍見寒蕪徧旅墳。岐路可無人世別，星霜便有死生分。青驄騰踏名猶在，白鶴旋歸語竟聞。俯仰幾回增感慨，朔風吹斷海西雲。

襄陽懷古

鄧城纔過見樊城，舊堞荒涼總舊名。廢沼幾行寒鴈下，疎林數點晚鴉鳴。分茅尚自懷山甫，謀國何須羨曼甥。更問襄陽千古事，峴山依舊漢江清。

襄陽逢至日

襄樊又喜遇陽生，士女傾心玉燭明。一畫已占吾道長，六符仍覲泰階平。朔風吹雪荆山曉，化日流春漢水清。大地陽和從此布，栢臺寧復冷如冰。

遊岳陽圓通寺

巴陵古寺有圓通，寺下平湖接太空。禪室静涵鮫室冷，梵樓遥映蜃樓紅。諸天只在虚空外，萬象皆歸曠蕩中。鐵面道人人不識，偶來登覽自從容。

遊君山

兩過君山苦未遊，今來山下暫停舟。雲林一逕蒼苔合，佛殿千年古迹留。日月每從波底出，峰巒常在氣中浮。人生志節當如此，屹立狂瀾幾萬秋。

桃源道中三首

初聞勝景如天上，此日經行已再來。水入松篁鳴處急，山圍村塢到時開。荒溪難覓當時洞，廢觀空餘舊日臺。謾説人間有仙跡，不知天地也塵埃。

兩日桃源道路中，無邊清興每相供。雲山過後層層見，澗水行來處處同。蘿逕烟光籠軟翠，松岩雲彩絢新紅。何當一覽巒中小，更上淮南萬仞峰。

桃源景物信幽奇，幾度游觀愜所思。丹碧峰巒雲裏見，青蒼林木鏡中窺。漁舟一去仙源合，石洞重來碧蘚滋。惟有武陵溪上樹，年年花發使人疑。

沅州元夜同陳侍御觀燈

萬里歸來自帝朝，沅陽今是兩元宵。詩從見月添新興，人喜觀燈得俊僚。北極星辰垂地遠，南天瘴癘到春消。栢臺風致清如許，梅蕊頒香入凍醪。

戲詠五友

五友留連興趣多，相看長是動吟哦。梅花酸實垂垂盛，蘭畹香風細細過。老大竹根生嫩笋，輕通藕蔕長新荷。不知黃菊花開日，已别還應未去何。

沅州雜詩十二首

積雨連朝喜晚晴，天開睥睨望邊明。水添沅澧新濤急，山洗黔巫宿瘴清。奉使每期三尺正，觀風快覩萬方平。霜臺永日多詩思，新笋兒孫次第生。

駐節三年尚未歸，黃梅庭院雨霏霏。池荷柄短青錢小，露竹梢長粉籜稀。大道久知千古在，遠懷未信一生違。新晴眼界何空闊，萬里青霄羡鳥飛。

正是霜臺弭節時，不堪風物動相思。庭前緑草飛蝴蝶，城外清江叫子規。北地關河頻入望，南天雷雨自無私。預將歸槖酬知己，萬里觀風賸有詩。

遠山重疊繞孤城，城下蠻江一曲清。溪峒人家猶異俗，市廛兒女帶華聲。户將烏鬼爲生計，地産丹砂當歲征。自昔黔中風土惡，遠遊那得易爲情。

涓埃無補聖明朝，持節南荒歲月遥。幾見闌干生薜荔，旋看烟雨綻芭蕉。山城每聽鍾聲早，金闕常思扇影高。爲報鵷行舊知己，耽書未解子雲嘲。

僰道西連蜀道長，五溪風土古蠻鄉。梅雨相傳遺種多槃瓠，見説藏書即酉陽。梅雨來時諸水漲，野雲飛處萬山蒼。鐵冠自是心如鐵，一任江如九曲腸。

剪燭空堂欲二更，堂前新雨夏虫鳴。每因時物思劬育，未有秋毫答寵榮。歲月不催雙鬢緑，詩書秪倚片心明。端居遠想千年事，漢室還應召賈生。

大化無邊歲月長，幾年寒暑歷荆陽。衡巫望處天三尺，湖海流來水一觴。心地平時爲福地，異鄉好處似家鄉。烏臺一夜芭蕉雨，賸有新涼入畫堂。

聖化如天統四溟，黔中封界搿荆衡。壺頭不復當時險，充道無如此日平。渺渺荒烟含遠岫，悠悠流水帶邊城。武陵溪上袁生笛，吹盡關山幾許情。

雙沼荷風颭畫屏，一林梅雨洗幽庭。日長心緒思家國，地遠衷情念鶺鴒。細草偏從行處緑，好山多在望中青。身兼吏隱今如此，擾擾塵勞不用争。

侵城水色映飛樓，樓外晴天屬望悠。萬里山連百越遠，五溪漲入九江流。黄州陳迹知何似，赤壁蒼烟久未收。法像有廬真草草，令人俯仰意難休。

辰沅風壤帶三苗，一望乾坤納納遥。天隣翼軫衆星朝北極，岷嶓諸嶺導南條。巫峽常多雨，江過潯陽始有潮。近日詩懷殊浩渺，謾將新句寫芭蕉。

沅州秋夜忽憶三年前秋夜之作二首

獨坐高堂蠟炬紅，宛然秋與昔年同。宦情不改來時淡，詩思渾如到日濃。楊柳影斜簾外月，芰荷香老水邊風。莫言白筆南征久，贏得歸囊一物空。

黔中今是第三秋，又聽蟲聲四壁幽。脩竹林間天籟發，芭蕉葉上露華流。知非漸擬高人化，學道寧忘長者謀。好在燈花頻送喜，沅江幾日放歸舟。

次王侍御韻❶

憲府乘驄舊有名，今秋偶爾會蠻荊。虹霓氣接風雲氣，珠玉聲隨咳唾聲。萬里山川勞跋涉，諸蕃部落待澄清。愧予無補空持節，賴有丹心久更明。

立　春

辰陽城裏遇新春，簫鼓蠻歌動四隣。溪峒總無前世梗，華夷咸仰大明仁。官梅向客開何數，江柳摧時發更頻。春酒一杯聊自勸，瞻天未已又思親。

次王侍御見寄韻二首

去年秋晚送君時，別後長懷遠道思。健筆久推天下士，明珠新得掌中詩。官梅帶雪開何早，旅鴈穿雲去未遲。想在南蕃多暇日，春來寧惜寄新詞。

❶ 此詩又重見於本集卷十。「涉」，卷十作「歷」。「空」，卷十作「虛」。「久」，卷十作「老」。

沅州城裏去秋時，忽見高人慰所思。已看篠竹影邊開縱步，芙蓉花底笑論詩。已看獻歲逢春早，頗訝經年會面遲。折得官梅逢驛使，慇懃遠寄重緘詞。

院中梅花

地位清高迴絶塵，官梅相對愈精神。風霜拂處枝枝弱，霽雪消時蕊蕊新。素質不移千古性，芳心長占四時春。幾回攀折情無限，咲比瑶華欲贈人。

静得軒爲劉僉憲賦二首

結屋端居絶垢氛，獨懷冲默事天君。看從上下機緘露，悟到中間造化分。細雨緩催幽砌草，好風輕卷太虛雲。收功欲問知何似，縱是無聲也自聞。

晏坐高齋白晝閑，謾將生意静中看。一簾時雨滋花竹，繞砌光風轉蕙蘭。野馬飛時情自適，幽禽啼處樂相關。久知萬物非身外，欲向無名學弄丸。

夏日院中遣興

荷葉池塘四月初，滿庭梅雨正疎疎。心閑已悟天無際，性静應知樂有餘。架上詩書頻檢閲，環中光景任盈虛。鐵冠御史誰能識，隱几無言學養愚。

睡起口號

睡起霜臺萬慮清，天時物理獨關情。黄梅熟後無風落，翠蘚看來冒雨生。學向靜中方識味，道全身內不干名。懸知千古無言子，不信人間有六經。

謝李布政文英以字帖藥方見寄

政聞左轄振條綱，忽寄書來喜欲狂。字向池邊添妙法，醫從肘後驗仙方。十年契闊情如舊，兩地相思意不忘。會面湖藩須有日，片帆行擬下沅湘。

辰州喜雪

臘月江城不起塵，朔風吹雪正頻頻。臺端老栢貞心勁，墻外疎梅冷蕊新。地氣已應清瘴癘，歲華行復見陽春。久知樗散無他補，秪詠豐年慰遠民。

登沅州城樓

縹緲飛樓面面通，霜臺多暇此從容。牕含曉日烟霄上，城繞秋山錦繡中。天壓大荒均雨露，地包絕域盡提封。小臣弭節裁詩日，誕播皇風萬國同。

寄于侍郎廷益

黃甲同年二百人，大名飛步獨超倫。乘驄正仰風霜肅，司馬俄承寵渥頻。列郡年豐爭轉粟，兩河春暖見歸民。天書重疊膺殊寵，好布人間雨露新。

黃河南下是通津，縣郭千年枕水濱。兵結團城猶有漢，車驚慱浪已無秦。黑陽山晚橫殘照，清水潭乾起暮塵。立馬幾回思往事，宰平誰識社中人。

襄城道中

三持憲節過襄城，喜見中州景物明。天倚嵩高霜氣肅，地連許潁曉烟横。輿圖渾渾開昌運，民物熙熙樂太平。萬里觀風良自負，遠懷還擬遂平生。

衛河舟中懷古

衰草蕪城澹月輝，河流雖是昔人非。北門鎖鑰輸平仲，南度兵車數岳飛。汴水風高霜落木，吴山秋晚露霑衣。當時故老知何限，空抱遺忠賦式微。

左掖退朝口號

寶盖初收扇影還，千官行過石闌干。天階好雨霑旌旆，洞户清風引佩環。鍾響已飄雙闕外，香烟猶繞五雲間。久陪鴛鷺知無補，自訝昇平際遇難。

宿院簡焦羅張陳四侍御

楊柳風清憲府深，晚涼時節自開襟。星横北斗三更柄，月轉東瀛萬頃金。握節幾時窮地脉，觀書直欲見天心。壯懷落落霜侵鬢，誰伴單居御史吟。

送孫俊先生致仕歸鄢陵三首

先生七十引年歸，送別都門柳絮飛。潞水東風斜捲幔，金臺晚照遠啣衣。收功桃李心初遂，行樂桑榆志未違。况復潁川多故事，到家争仰德星輝。

歸老儒官七十餘，扁舟唯載舊詩書。泥融野岸晴飛燕，飯熟行庖曉薦魚。花柳風煙新歲月，桑麻雨露舊村墟。到家處處堪行樂，應有兒童爲挽車。

彭祖岡南古潁川，先生茅屋尚依然。甘貧已道爲官好，勇退争誇引老賢。歸路載添新白髮，到家唯有舊青氊。耆英洛社如堪結，留取風流久遠傳。

遣懷

樗材無補聖明時，❶持斧年多鬢欲絲。蘋藻久虚先壠薦，詩書應有正人知。趨朝鳳闕推先達，退食烏臺愧後期。幸自此身安蹇拙，幾看雲與意俱遲。

宿院遣興❷

栢臺清絶小窓虚，閑看遥空思有餘。明月有光圓又缺，浮雲不定卷還舒。初晴爽氣澄襟冷，入夜清風到面徐。莫笑官貧身老大，無名公已悟乘除。

❶「材」，原作「村」，今據四庫本改。

❷此題，四庫本作「同張侍御宿院」。

遣　懷❶

簿書夏日足官府，忽憶少年行樂時。高柳送涼蟬斷續，清溪濯足石參差。班荆或共高人語，採藥頻從野老嬉。遠興無端真在想，白雲芳草舊襟期。

敬軒薛先生文集卷之八

❶ 此題，四庫本作「遣興」。

敬軒薛先生文集卷之九

門人關西張鼎校正編輯
鄉後學沁水張銓重校梓

律　詩

夏日簡焦羅陳張四侍御

長夏飛霜几硯清，公餘景物稱詩情。絲絲緑柳迎風細，灼灼紅葵向日傾。憲度已應昭典則，官僚况復盛才英。運開五百時難遇，願竭忠忱答聖明。

挽李處士

鶴去燕城不可招，海天涼月夜蕭蕭。誰從載酒尋山寺，無復携笻過野橋。黄髪交游紛雨泣，白楊阡壠颯風飈。賢郎驄馬推恩日，定有鸞封下九霄。

送林鄭州厚

報政三年足好音，南歸五馬正駸駸。一麾共仰重臨德，累試争誇百鍊金。芍藥有風成雅俗，甘棠無土翳清陰。郡齋晝永多佳思，頻寄新詩慰别心。

樓上

都門樓閣倚中天，暇日登臨思渺然。樹繞西山濃着雨，地連東海淡浮烟。塵消綺陌塡車馬，香煖歌臺醉管絃。獨有道人清似鶴，謾從華表記歸年。

送王士悦浙江憲副

推轂年多老豸冠，分符吴越見才難。橫金已覺新恩重，衣繡仍爲故里還。破浪樓船秋水闊，飛霜憲節海風寒。懸知到處山川好，行部應須次第看。

歸到有感

連岡北下是吾廬，幾載歸來覓舊居。手種孫桐高院落，家傳喬木上霄衢。喪亡已是傷朋輩，凋瘵那堪甚里閭。獨立秋風看秋色，欲將心事問詩書。

河汾逢王存紀參政二首

京師一别幾經秋，汾水相逢話舊遊。栢府久傳名譽美，薇垣今見事功優。典衣秪擬通宵飲，投轄都無半日留。又復匆匆成兩地，朔風何處送鳴騶。

索居殊覺故交稀，忽見同官老繡衣。霖雨方看薇省作，清霜猶憶栢臺飛。論詩欵欵傾壺蟻，話舊頻頻剪燭輝。壯志未酬知已共，相期白首莫相違。

酬辛儼先生見寄

先生歸老大河濱，三十年來信始聞。鄉北鄭公瞻舊德，經傳邵學挹清芬。碧鷄傾蓋時雖久，錦鯉通書意更真。見説門墻桃李盛，不知誰占舜城春。

示勝子

勝子行將至立年，光陰莫使暫虚延。收心切要存天理，閉户常須閲簡編。玉不磨礲難作器，人非問學豈成賢。汝親願汝爲君子，朝夕應須念此言。

示京子

京子年今十七時，青春正好力書詩。兒童氣象都無異，問學薰陶始見奇。道大必先行孝弟，業荒須切戒遊嬉。老來善惡由今日，汝父之言汝細思。

示昌子

昌子今雖十歲餘，聖功元自養蒙初。莫求俗輩梨兼栗，須讀前人詩與書。抄手出門毋浪戲，正襟掩户要端居。汝親願汝身長日，頭角峥嶸與衆殊。

過郭林宗墓

幾經滄海變桑田，孤塚常留古道邊。彩鳳自應鳴曉日，冥鴻終擬没秋烟。關河迢遞膺舟隔，江漢空茫穉信傳。千載有碑應不愧，路人猶自識高賢。

題張侍御質魯齋

混沌那堪七鑿餘，紛紛巧智定何如。璧完太璞應無價，學到希夷始似愚。往哲每能存本領，斯人有意篤詩書。試論質魯齋中事，一唯方能味道腴。

題何郎中卷

粉署郎官詔許歸，都門祖席倍增輝。九天光逐迴鸞動，三峽雲隨畫鷁飛。慈竹滿庭浮曉色，芳花繞户送春暉。一門喜氣深如海，萬里江流接帝畿。

挽王庭遂處士

静中應自識先幾，寄迹醫門識者稀。野質早時經水鑑，閑身終老製荷衣。交游秖擬論心久，生死寧知與願違。潞水秋風梁苑月，定從白鶴往來飛。

挽舒大尹 二首

江右風流屬老成，江天俄復暗郎星。久傳詩禮誇賢子，遥想儀刑律後生。耆舊空悲當日社，循良猶識昔時名。懸知斧屋秋烟裏，應有高人爲刻銘。

西風鶴唳楚天蒼，憔悴儒林吊白楊。花縣辭官悲暮景，菊籬歸老慘秋陽。空餘舊佩銅章暗，不及新頒紫誥香。有子秋官霑寵渥，豐碑行見發幽光。

讀易軒爲杜御史賦

風滿幽軒净晚襟，韋編三絶在追尋。方看龍馬分奇偶，又見羲圖轉古今。細草初生春逕淺，芳花早落夜庭深。書前有易君知否，秖信堯夫最苦心。

題静學軒

書牕萬籟絶囂聲，有客牕前味六經。止水不波雲影見，太虚無翳月華明。亭亭自可觀人物，擾擾何由悟性靈。誰似南陽老諸葛，草廬默識古今情。

綵繡堂爲張聰御史賦

山連滄海是金華，華榜青林柱史家。鶴髮每看傾壽酒，鳳城先已探名花。斑衣舞遍三春日，繡服裁成五色霞。已見高堂頒紫誥，香名留取故鄉誇。

送康僉憲四川提學

萬里長江萬里橋，錦城樓閣倚青霄。昔賢共説山川秀，僉憲寧辭道路遥。擬變三巴成雅俗，還將五教布新條。好期報政歸來日，鳴珮金門候早朝。

送高僉憲福建提學

天書捧出大明宫，拜命南征使節雄。舟解御河楊柳緑，馬經山舘荔枝紅。七閩人士沾時雨，一代文章復古風。未必江山久留滯，還期白首夢非熊。

送彭琉僉憲廣東提學

儒官新出禁林中，手捧天書按廣東。嶺表只今瞻使節，島夷從此變華風。霜隨白筆蠻烟静，馬過青山瘴雨空。萬里天威應咫尺，五雲回首鳳樓重。

留别院中諸友

幾年騎馬聽朝雞，憲府追蹤愧品題。散木自知非偉器，青雲何幸陟仙梯。已逢盛世無裨補，更接英僚惜解携。便捧天書天上去，五雲回首是三齊。

留別趙彬

知子于今近十年，中間消息兩茫然。寧知京國相逢處，又是都門惜别筵。上苑榴花偏向日，官河楊柳正含烟。臨岐握手無他語，願篤清脩繼往賢。

留别姚克脩御史

交情方斷昔人金，班馬俄聞載路音。郡邑行看東魯近，衣冠秖隔内臺深。朝中鵷侣思同入，海上仙山憶獨臨。壯志擬磨三尺劍，分携寧遣鬢霜侵。

題薛希璡耕樂卷

旭日初升布谷鳴，春郊耒耜動春聲。❶清溪引水來時滿，緑野爲菑望處平。田祖有靈開稔歲，天民何幸樂生成。東阡南陌相過處，擊壤歌中答聖明。

祇命山東

手捧天書出禁中，又乘驄馬按山東。秋烟荏苒連滄海，曉日熹微見岱宗。已沐聖明新化雨，乃瞻鄒魯舊儒風。小臣謬忝咨詢職，願得英賢佐九重。

❶「耒」，原作「來」，今據四庫本改。

遊靈岩寺

靈岩有路入烟霞，臺殿高低釋子家。風滿迴廊飄墜葉，水流絶澗泛空花。青松閱世風霜古，翠石題名歲月賒。誰謂無生真可學，山中亦自有年華。

宿靈岩寺

梵宇深沉夜景遲，僧房禪榻果幽奇。竹鳴虚牖風過處，霜落寒岩月上時。紙帳燭光團白玉，石爐香燄靄青絲。紅塵馬首明朝別，只恐山靈解勒移。

秋日靈岩道中

路入山門景便幽，高風不斷石林秋。照人霜葉紅於染，拂袖嵐光翠欲流。幾過野橋横絶澗，遥從古刹見高樓。北峰直與天相接，更擬攀蘿到上頭。

寄李太亨太守

會面京華兩過秋，又從海岱望揚州。澄清志操知吾劣，出守聲名覺子優。華舘定閑徐孺榻，清池誰共李膺舟。如何千里音書絶，不信交游是白頭。

題李廷珪僉憲嵩洛漁樵卷

清門奕世古中州，洛水嵩山總舊遊。見説斫雲開鳥道，還聞遡月泛漁舟。自趨紫闥來烏府，空使青雲伴白鷗。老去披圖思往事，幾回飛興到林丘。

松林書舍卷爲李方伯題

四簷偃蓋碧重重，插架牙籤落影中。萬谷驚濤滄海近，半窓涼月雪山通。潤霑瑶席霏霏雨，響徹朱絃細細風。好結歲寒搜秘檢，莫教飛夢逐塵蹤。

題楊僉憲思親卷

惆悵高堂罷綵衣，空山回首斷雲飛。梧桐井逕秋風老，脩竹園林夕露微。紫氣天邊鸞下疾，白楊隴上鶴歸遲。栢臺有子情何似，厭聽庭烏叫落暉。

題觀風圖

九重深詔遣星軺，使者觀風郡國遥。水逐雕輪隨地遠，山開錦障拔天高。嚴城樹杪門初啓，候吏花邊馬不驕。萬里咨詢皆帝力，生民隨處樂耕樵。

高唐道中寄李廷珪僉憲

西來隨處問先生，見説分符到博平。滿路風花頻縱目，一川烟柳最關情。白頭每羨丹心壯，緑鬢誰知素節明。高論細聽應有日，擬分華榻共春燈。

與孫大參韓憲副同按部別後寄此

分符同出濟南城，攬轡東風並馬行。逸興細看花柳色，高談深合古今情。別來併覺新春暮，到處頻看缺月盈。絶似當年傾蓋者，更期樽酒話平生。

寄孫韓二公

憶過春風十里亭，二君携酒玉爲瓶。小桃正吐樽前萼，嬌鳥初傳户外聲。如此風光留客飲，幾多懷抱向人傾。行臺此夕忽相憶，謾掩重門惟月明。

懷李廷珪用前詩末句起韻并書于壁

擬分華榻共春燈，到日先生去博平。別鶴行雲那有迹，落花飛絮倍多情。空憐皓月明朱幌，尚自餘香裊畫屏。我復東西南北去，壁間留語候歸旌。

次壽鄧郎中母韻二首

百歲星霜是永年，七閩閨教最稱賢。自期西日堪留挽，不信南山可變遷。白髮已看封紫誥，綵衣時復奉華筵。故應志節高如許，贏得人間福壽全。

秋霜勁節自年年，誰似清門鄧母賢。半世成家遭感愴，一生教子見超遷。恩隨紫誥來華屋，春滿紅螺泛繡筵。青簡上頭書次第，香名留取古今全。

詠新竹

知是乾坤一氣催，滿林新笋迸蒼苔。抽梢漸欲侵雲漢，解籜時應傍憲臺。已覺清風連座起，更摇疎雨到牕來。相看盡日添新興，白筆新詩爲爾裁。

欒陵道中

欒陵東去古堤長，野水村烟共渺茫。遠海天空初過鴈，大田秋老未經霜。鐵冠十載心如昨，憲節雙持鬢欲蒼。攬轡悠悠思往事，趨朝曾對御爐香。

長白山懷古

山迴長白重經過，十世懷賢意若何。飯粥事空荒古寺，讀書聲歇暗烟蘿。中朝德業應難及，西夏勳名更不磨。向晚憑誰話憂樂，栢臺清夜月明多。

金臺送別爲李進都指揮賦二首

纔將虎旅衛天居，又擁雕戈出帝都。部伍散行秋野闊，旌旗斜捲暮雲孤。扶桑分閫封圻近，杕杜連歌雨露餘。壯節封侯應有日，青雲回首是長途。

虎將承恩出九重，紫泥封帶御香濃。離筵濟濟都門酒，征馬蕭蕭別路風。雄鎮行看滄海近，歸旌遥指岱山崇。太平分閫渾閑事，萬里封侯慷慨中。

泰安州重寄李太亨

去年岱麓題詩寄，岱麓逢人又寄詩。剖竹已當耆艾日，解龜仍及聖明時。青山縱有歸來約，❶黎首其如去後思。愧我年年持憲節，涓埃無補欲何爲。

海上道中述懷

馬首東來歲月頻，西歸猶及艷陽春。風烟滿目溪山秀，花柳無邊雨露新。四海甄陶明聖主，萬家耕鑿太平民。勑天千古遺歌在，每抱丹心戀紫宸。

青州府迎詔

丹霄快覩鳳啣書，春與天恩滿八區。不獨山東扶杖聽，還應海内効嵩呼。衣冠濟濟風雲際，花柳欣欣雨露餘。栢府微臣瞻盛事，載馳忠懇戀皇都。

❶「縱」，雍正本作「總」。

次黄仲芳韻二首

京華偶爾論斯文，知是游心出聖門。風度恍如瞻玉樹，清談藹若挹芳蓀。薇垣三載時名大，花縣多年舊澤存。愧我無能叨憲節，繆同述職荷天恩。

薇省分符重黑頭，天官考績冠時流。趨朝曉日辭丹鳳，去路西風躍紫騮。自昔藩維求俊傑，只今典禮尚虞周。都門此別須珍重，還擬經邦贊大猷。

送王秀才省兄歸京師

華不注高秋氣多，❶大明湖水落霜波。山川風景今如此，兄弟分携意若何。憲府已應持玉節，親闈長是近鑾坡。明年二月春光好，更憶金臺有鴈過。

送李永年大參致仕十首

四朝出入受恩多，詔許南歸意若何。路繞青齊騶騎遠，水通淮海畫船過。故園到日收禾黍，別墅經年長薜蘿。父老傾懷看白髮，兒童佐酒發清歌。

七十懸車古亦稀，明時乞得健身歸。朝廷已自優黄髮，鄉里無勞羨錦衣。碧水細通栽藥圃，青山閑繞釣魚磯。江南事事皆堪樂，莫遣流年賞興違。

歷下山川入畫圖，西門悵別指征途。已知聖代優諸老，還似當年餞二疏。歸路遠應經鐵柱，名山行復見香爐。江南江北

❶「不注」，原作「下住」，今據四庫本改。

相思處，鴻鴈來時好寄書。

黃甲聲名四十年，薇垣粉署共稱賢。方看薦鶚陞三事，又乞歸身別九天。恩詔近從丹闕降，使車遙向碧山懸。耆英莫謾誇中洛，江右風流也自傳。

白髮明時老大臣，封章幾上乞歸頻。四朝寵覺腰金重，三代恩霑綵誥新。花發薇垣成遠夢，潮平楊子是通津。到家正值秋光好，黃菊東籬有故人。

已向明時早拂衣，家山回首興如飛。丹心老去聲名大，白髮歸來故舊稀。幾處甘棠留畫省，繞門楊柳蔭苔磯。惟應野老來爭席，坐翫沙鷗伴夕暉。

聞道江南景物嘉，薇垣有客正思家。池塘夜雨翻荷葉，籬落秋香散稻花。德譽尚爲清論重，儀刑應有正人誇。歐公曾寫歸田録，好繼遺芳播邇遐。

梁苑登科二十年，乘驄頻與歲時遷。忽逢先達青雲上，已是門生白髮前。盛世澄清慚我劣，明時歸老羨公賢。追隨冠蓋城西別，心逐行舟入楚天。

纔捧除書拜好官，又承恩詔許南還。人辭歷下山光遠，船過真州水面寬。松菊未荒三徑在，衣冠不改一身閑。推恩更有新鸞誥，留與家門久遠看。

邂逅東藩僅一年，先生何事著歸鞭。曾聞碧岫雲藏屋，見説清溪月滿船。歸老會尋山水樂，聲名不讓古今賢。遙知林下徜徉處，猶起丹心憶九天。

泛舟思親

天地無窮水自流，髫年已侍二親遊。中原道路曾驅馬，江漢波濤更泛舟。孤藐光榮叨憲節，音容寂寞閟松楸。千思萬想情何極，目送飛雲到故丘。

送夏希純郎中歸南京

雲路分飛二十年，相逢鬢髮各蒼然。栢臺直指心如舊，粉署郎官職又遷。北闕九霄瞻曉日，南風五兩送歸船。帝京到日多佳興，虎踞龍蟠入望邊。

秋日東平道中

齊魯西風草樹秋，川原高下過東州。道邊白鶴來華表，陌上蒼麟卧古丘。九曲半應非禹迹，三山何處是仙洲。經行俯仰成今昔，却憶當年賦遠遊。

過五道嶺

峰嶺連連接岱宗，路從絶頂度華驄。餘寒常帶陰崖雪，爽氣仍飄霽壑風。春入驛亭嚴候吏，雲隨憲節怪山童。方巡每歲叨天寵，長見車書海宇同。

寧陽行臺元夕憶黄憲使

曾憶觀燈宴後堂，玉柸行酒夜何長。新聲已覺隨銀甲，逸響還驚繞畫梁。東道留賓能閉户，諸郎喜客解牽裳。別來好景逢元夕，空向行臺對月光。

沂濱書舍爲曲阜令孔公堂賦

魯城南畔碧溪頭，結屋藏書事事幽。入户日光浮野馬，隔簾波影漾沙鷗。真傳已覺千年遠，大道還從六籍求。聞説浴沂當此地，春風有約事追遊。

兖州道中

敷土名傳舊兖州，山川遺跡快追遊。泗沂凍解波猶淺，鳧嶧春回翠欲流。野火碑餘秦相國，閟宫詩頌魯諸侯。懸知尼父當年志，夢寐長思見盛周。

和壁間虞伯生臯字韻

中書幾禿管城毫，盡日抄書未覺勞。但得文章如布帛，不須詩句比金膏。淳龐每憶黃輿厚，玄鑒深期碧漢高。莫道知音人世少，有魚潛渚鶴鳴臯。

送陳都憲鎮關中三首

四朝風紀受恩深，又見西行捧德音。天上神仙知暫别，關中父老喜重臨。戍閑部伍清河曲，地遠桑麻接華陰。到處行臺懷帝闕，封章還擬罄丹心。

中丞斧鉞下青霄，重鎮關中別路遥。衛水樓船春解纜，崤陵驄馬曉揚鑣。諸軍共仰新旌節，列郡仍遵舊教條。想是歸期應不遠，朝元有約聽簫韶。

九重深念及西人，出鎮還須老大臣。憲節入關隨爽氣，璽書行郡布陽春。山連玉井晴飛雨，地接金城迥不塵。經濟本爲儒者事，功成還擬畫麒麟。

送金都憲鎮寧夏二首

大夫承詔出皇州，西夏山川是壯遊。久知笳鼓盡迎新憲節，風霜仍肅舊貔貅。河隴諸蕃静，又見崆峒二麥收。總賴廟謀清四海，不須樽俎借前籌。

西行紫誥帶新泥，葱嶺河隍入馬蹄。遠通列鎮久應烽火息，連屯惟見稻秧齊。貢篚來天外，直布皇風到海西。萬里成功歸有日，青雲滿眼是丹梯。

送盧都憲鎮守寧夏二首

明時出鎮得才難，莫厭經行萬里間。玉節初辭青瑣闥，霜風先到賀蘭山。關河控帶黄塵静，蕃落耕耘緑野閑。入覲天顔應咫尺，不須頻看寶刀環。

同年於我最相親，憲府乘驄邁等倫。正是趨朝承雨露，又看持節出風塵。山川迢遞行時舊，旌旆悠揚到日新。暫撫西陲歸有日，看花須及鳳城春。

出　京　師二首

孤臣泣血省愆尤，詔釋羈縲出鳳州。滿目山光迎馬首，一鞭歸思繞林丘。罷官已是安持命，報國空驚不自籌。遥想到家春已暮，麥黄蚕老稼盈疇。

久知樗散是非才，廿載超遷歷寺臺。松栢每期冬雪茂，杏花不逐艷陽開。數莖白髮還禁老，一寸丹心未覺灰。此日爲農歸故里，河汾歲晚興悠哉。

患難中海昌李太守數書問及詩以報之

知己情深數寄書，問吾行止近何如。買車已上山西路，結屋還依水北居。樂意不忘尋簡帙，生涯秖擬付耕鋤。感君交義高千古，遠道何由致報珠。

步朱尚寶送行韻用以留别 二首

一枕邯鄲夢已醒，歸鴻千里拂高冥。心期皎日均能許，歌擅陽春我獨聽。别去莫驚頭並白，相思終是眼長青。河汾故里遺風在，争似當時續六經。

驛路春風酒半醒，離情花思兩冥冥。穿林乳燕深深去，傍柳流鶯細細聽。官渡已過滹水碧，家山又近太行青。龍門舊業應如昨，樵谷漁磯取次經。

晚翠軒爲楊大參賦

高人雅有歲寒盟，笑傲華軒寄遠情。最喜竹風當座起，絶憐松雪近人清。年來勁節心能與，春去繁華眼不驚。若此秋香還共美，擬從良史傳佳名。

春日遊禹門

野服歸來野興幽，十年仍遂禹門遊。

崖迴曲路通危棧，峽束洪濤瀉急流。樓結飛甍臨絶漢，宮高華榜焕層丘。鄉人未必知神意，絲管啁啾聒未休。

哭少子治

患難歸來始自憐，悲傷何事又相煎。一經賴爾傳先業，二豎嬰人殞少年。遺卷不堪尋舊墨，荒岡忍復見新阡。傷心問寢寒齋夜，鴻鴈行中訝失聯。

題李麟惜陰卷

連城自古出藍田，還道驪珠在九淵。勤苦方能求至寶，放情未必得真傳。案頭每見秋螢聚，窓裏常知野馬懸。年少惜陰真可畏，老予鬢髮已星然。

用舊韻酬海寧李太守 四首

聞道先生近著書，高懷雅興迥難如。蘭栽九畹誰同采，竹種千竿自可居。溪水每從晴後釣，山田多向雨中鋤。慇懃遠道裁詩寄，絶勝驪龍頷下珠。

焚香纔暇即披書，老去無能得自如。青簡尚尋高士傳，白雲還似野人居。秋風婢子晨供織，細雨兒童晚荷鋤。道不遠人真可樂，何須象罔索玄珠。

四千里外一封書，縱有瓊瑶報不如。雲水當年思共步，山川此日已安居。霜前棗熟從人打，雨後葵荒欲自鋤。白雪調高知和寡，强將魚目比明珠。

五馬無勞事簡書，一生行止自如如。冥鴻有意隨高逝，野鳥忘機伴所居。千樹黃柑應自種，一窓青草不須鋤。門臨滄海秋先覺，長見寒光浴曉珠。

立秋日

雨晴新漲落汾黃，緑樹風生户牖涼。跋馬空懷登遠道，聞蟬還喜是吾鄉。離離禾黍東皐近，緲緲雲霞北嶺長。有酒便堪消暇日，流年不管鬢成霜。

題馮處士卷

忽從闤雜見真淳，誰道今人不古人。四禮每宗朱氏教，❶一門長接孟家鄰。椿庭時雨年年潤，蘭砌光風日日新。青簡會須書行義，高名直與董生親。

次何僉憲自學韻 二首

阿閣梧桐第一枝，朝陽快覩鳳鳴時。西江才學推虞集，北斗聲名仰退之。直道敢抛君子志，中情還有正人知。青青誰似霜臺栢，聳壑昂霄更有期。

天衢早歲躡仙蹤，金榜紅霞絢海東。陳策漢廷推董子，明刑司寇數蘇公。一襟氣與秋天杳，千古心涵曉鏡空。兩見名藩持憲節，清霜隨處踏春紅。

無題

浩浩滄浪水自清，曾聞漁父扣舷聲。

❶「宗」，雍正本作「從」。

四知稀復思楊震，千載誰能慕屈平。得失真如鴟嚇鳳，高低應似鷃嘲鵬。何當挽取天河水，一洗人間兩眼明。

立　春　日

臘盡殘年冉冉過，又逢春日興偏多。故應節序經千古，自信行藏老一窩。生菜任教纖手送，新醪微覺寸心和。乾坤俯仰無窮意，閑對東風一放歌。

絳守王汝績新學詩以美之

先生爲郡冠諸公，興學由來有古風。青史無勞稱衛颯，黄堂今復見文翁。化行古水弦歌内，道在金臺俎豆中。老我河汾遺教遠，相思應與此心同。

次林文載大參韻

歲暮相逢晉水頭，清宵剪燭話同遊。齊名黄甲風雲闊，接武彤池寵渥稠。宦達子應思致澤，退閑我亦樂藏脩。却憐出處千年事，惟有儒門道德優。

對　雪

雲垂四野寂無聲，大雪通宵又徹明。在目已應知皓潔，穿簾時復鬭輕盈。凍凝水底蛟龍蟄，飢厭庭前鳥雀争。高卧不妨書舍冷，此心元有歲寒盟。

久不作詩偶賦

案頭彩筆倦長吟，陡覺詩情動不禁。湖海盡除當日氣，田園深稱老年心。種瓜已自連東畛，栽漆還應滿北林。汾水晉山無限好，擬逢清景更登臨。

秋　日

窓户涼風似水流，河汾八月又驚秋。寒蜩嘒嘒鳴何切，社燕翩翩去不留。飲水難期前聖樂，乞墦纔免昔人羞。求田問舍安吾老，不羨元龍百尺樓。

謁伯夷叔齊廟

荒祠古栢首陽阿，再拜仁賢感慨多。像設一堂還儼雅，草封雙塚正嵯峨。心存兄弟難能節，力挽君臣欲逝波。世上争名争利者，高風柰此二公何。

過汾陽故里

名與臨淮往日齊，乘軺今過華山西。參天老樹荒祠在，遍野新蕪舊宅迷。將略不須窮玉籍，王封寧復數躬珪。中興唐室如公少，回想忠賢首屢低。

過寇萊公祠❶

功業澶淵冠宋朝，古祠松栢晚蕭蕭。儀容不泯鄉人祭，魂魄何須楚些招。忠義垂聲千古在，奸諛遺臭幾時消。老予持節無英計，戀闕思賢首重搔。

華　山

馬首嵯峨見華山，三峰削玉最高寒。層陰舊接黃河水，秀色長連紫氣關。只有烟霞生澗谷，總無塵土翳林巒。西還更與山靈約，擬上雲梯仔細看。

温　泉

唐家天子愛温泉，故起離宮繡嶺前。山上朝元金作閣，花中湯井玉爲蓮。錦凫曾泛當時水，香木頻浮舊日船。賜浴未終鼙鼓動，苔池留恨自年年。

華清宮

天寶承平柰樂何，華清宮殿鬱嵯峨。朝元閣峻臨秦嶺，羯鼓樓高俯渭河。玉笛長飄雲外曲，霓裳間舞月中歌。秖今惟有温泉水，嗚咽聲中感怨多。

❶「萊」，原作「莱」，今據四庫本改。

馬嵬

號令風行遍九州，六軍何事此淹留。深情秖擬乾坤久，絶寵寧知咫尺休。劍閣西行山寂寂，渭河東去水悠悠。路邊三尺妖姬土，長帶千秋萬古羞。

連雲棧道中 四首

陳倉西入一門來，疊嶂層巒次第開。百折長途盤翠嶺，千尋危棧接青崖。蒼蒼雲木鳴山鳥，決決溪泉瀉石苔。持節未應辭路險，會清巒徼凱歌迴。

莫道西行蜀道難，老來深喜縱遐觀。山從太白連岷嶺，水繞嘉陵出散關。石積層崖知地厚，路登絶巘覺天寬。驅兵過此思諸葛，大節長留宇宙間。

重疊峰巒掩映青，不登危棧即溪行。氣偏三月山蟬叫，境異千林杜宇鳴。寥落人家多板屋，蕭條郵舍盡茅亭。因思唐帝西巡日，中夜何堪雨打鈴。

總角曾從蜀道行，今來鬢髮已星星。不勝愛國輸忠念，無限思親感舊情。林外最嫌鸚鵡舌，耳邊偏喜杜鵑聲。驅馳萬里心何憚，但保秋霜分義明。

諸葛武侯塚

丞相孤墳何處尋，褒城西去漢江陰。青蕪漠漠烟横野，翠栢蕭蕭風滿林。尚憶出師當日表，空歌梁甫舊時吟。中原未復星先墜，長使英雄慨古今。

諸葛武侯廟

武侯遺廟漢江南，喬木森森雜翠嵐。義感居人猶致祭，名聞過客亦停驂。運謀圖陣曾爲八，遺恨山河尚是三。千載英雄今已矣，古碑重讀意難堪。

過七盤

匆匆行役敢求安，鞍馬經時歷險艱。叱馭纔過九折坂，揮鞭又度七盤山。❶行當絶頂知天近，下盡層梯覺地寬。却喜漢中頻在望，一川風物自閑閑。

漢中寓目

谷盡褒斜覺眼明，漢中如掌一川平。封疆自昔多吞併，龍虎當年幾戰争。英主築壇曾拜將，忠臣討賊舊屯兵。雄豪一去無遺跡，❷惟見山高水自清。

蒼溪

少陵詩裏見蒼溪，今過蒼溪日欲西。駐節驛亭天色暝，維舟江岸浪痕齊。風林疑有於菟嘯，❸雲木時聞杜宇啼。橘柚過時黄不見，峰巒依舊翠高低。

❶「度」，原作「受」，今據四庫本改。
❷「雄」，雍正本作「權」。
❸「菟」，原作「蒐」，今據四庫本改。

閬　中

聞道閬中山水奇，今來始得一見之。長江縈帶碧浩渺，遠峰環繞青參差。竹樹茂密塵不起，天宇空闊雲自移。錦屏近郭最明秀，佳句還吟子美詩。

鹽亭道中

舟度嘉陵見錦屏，西行幾驛到鹽亭。好山最愛連峰秀，佳木偏憐古栢青。老志不移方寸赤，遠遊寧怯鬢毛星。休誇諭蜀相如檄，干羽深期舞舜庭。

送李僉都經略敘播

五月樓船發錦江，中丞斧鉞靖蠻邦。一天勝氣隨龍勑，千里長風捲繡幢。定有奇兵擒孟獲，不勞飛將斬王雙。朝廷恩信更須布，夷獠行看到處降。

與李都憲錦江泛舟

津頭打皷發官船，泛泛清波散曉烟。岸轉漸移江上樹，艫摇頻拂鏡中天。岷峨西北山重疊，吳蜀東南水接連。却艤江亭窮勝觀，一樽談笑好風前。

錦城端午

錦官城裏遇端陽，好事常年憶帝鄉。頒扇不知三伏暑，賜衣猶帶九天香。却看絶塞孤雲遠，閑坐空亭一雨涼。佳節任從流轉在，丹心不管鬢毛蒼。

答徐廣文二首

三冬文史最精明，發軔香名蚤已成。政羡有才逢治世，却慙無力答昇平。鵾鵬還擊三千水，鵷鷺終期一字行。會面幾何知又别，高談不盡古今情。

衆中傑出見才賢，文采英英骨氣全。傾盖已知心不異，談經雅覺道無偏。擬陳亹亹天人策，寧羡悠悠將相權。北上有期還送别，爲君沽取酒如泉。

發成都

夜雨朝來歇怒雷，成都江上畫船開。高低竹樹連村合，[1]遠近峰巒入望來。皷枻易傷漁父志，著鞭難覓祖生才。烟波好景空無限，遠思撩人未易裁。

納溪

持節南來幾日留，納溪小縣納溪頭。市廛寥落人何少，憲府荒涼境自幽。六詔雲山隨地遠，三巴烟水接天流。只今溪洞猶多梗，五月南征憶武侯。

[1] 「合」，雍正本作「舍」。

永思堂爲賀太守賦

瀘川賀守孝心純，一日何曾忘二親。已痛音容隨化盡，更悲霜露逐時新。情深易感無窮恨，天大難酬罔極恩。我亦有親俱早世，爲題詩卷淚沾巾。

嘉　定

嘉州曾作少年遊，納納乾坤五十秋。四野不移山競秀，三江依舊水重流。天高華夏風雲闊，地入蠻荒草樹稠。城郭幾歸遼海鶴，白雲今古自悠悠。

題王醫士東白堂

纔見滄溟浴曉珠，俄看倒影上天衢。丹爐夜火知全伏，藥室晨光覺漸虛。野馬未穿延客榻，陽烏先照活人書。在家早起君休厭，屐迹朝來滿户除。

遊青羊宮二首

青羊宮觀鬱崔嵬，遠憶函關紫氣來。雪嶺地應通閬苑，錦城江自遶蓬萊。萬竿脩竹生玄圃，三秀仙芝長石苔。千古誰能識玄牝，只疑虛谷有風雷。

千年舊是青羊肆，今日翻爲老子家。金榜半天標觀閣，琅函滿室粲雲霞。琪林紅落三秋葉，瑤圃黄開九月花。有物混成人罕識，會從真境讀南華。

諸葛武侯廟十首

萬里橋西有古祠，武侯遺像似當時。孤臣只擬炎光振，遺恨猶悲漢祚衰。繞砌緑苔經雨色，滿林蒼栢冒霜枝。秪緣忠義無今古，不泯邦人百世思。

茅廬枉顧即依依，猶恨當時見面遲。文武才猷天下少，君臣契合古來稀。南征纔見功初遂，北伐那堪願已違。尚有錦江遺廟在，英名千古自光輝。

股肱漢室舊宗臣，魚水當年意氣親。時節如逢逐鹿日，風雲還起卧龍人。出師前後丹心切，討賊頻煩大義伸。萬古英名天地在，叢祠長近錦江濱。

王佐雄才久已聞，叢祠今見錦江濆。莓苔歲久漫碑刻，風葉秋高打廟門。每有孤忠興漢室，可無長策定中原。江山離合寧非數，成敗難將往事論。

南陽躬稼似天民，感激元因枉顧頻。初識樓桑親帝冑，還如白水舊真人。已從荆益開王業，幾欲咸秦掃寇塵。曆數雖窮遺廟在，大名長與歲時新。

一時魚水風雲會，千載君臣祭祀同。鍾鼓尚存當日廟，江山猶繞舊時宫。畫簷金榜蛟龍出，粉壁丹青户牖通。割據奸雄俱泯滅，荒丘誰與酹西風。

茅廬抱膝正長吟，忽際風雲許與深。草昧每存興漢計，艱危肯負托孤心。出師表在垂天地，八陣圖存慨古今。欲問祠堂何處是，錦官城外栢森森。

高視乾坤志未酬，草廬長嘯意悠悠。時才總附奸雄勢，大老還爲漢室謀。兩表曾聞辭後主，三軍幾欲定中州。伐功未就皆天數，錦里英風古廟秋。

赤精帝子真苗裔，三顧茅廬起卧龍。英論已知分鼎勢，長才欲試補天工。纔聞遣使通江表，又見驅兵出漢中。禮樂未興人已逝，古祠松栢撼高風。

乾坤不復有斯人，間氣奇才絶等倫。管樂規模難並駕，伊周事業可相親。紅旗幾出褒斜道，緑野還耕渭水濱。時去千年猶廟食，英風凛凛漢忠臣。

御書樓爲吾昌衍參政賦

古今書賜由中秘，藏在君家百尺樓。奎耀夜晴通户牖，芸香風細散簷幽。篇章總是天人學，函藏深爲釋老羞。從此黄金不須積，子孫勤讀繼前脩。

蜀中立春遣懷

世態炎涼閲已多，老懷今日柰春何。一年持節金臺客，萬里通潮錦水波。北塞已聞休士馬，南荒行復罷干戈。時清若許歸田里，願和康衢擊壤歌。

春日遣興

閑舘春深日正長，萋萋春草遍池塘。淡雲疎雨梨花白，煖日輕風柳線黄。讀易自能窮宇宙，賦詩聊爾記年光。錦城風景雖云樂，故里關心未可忘。

北歸有喜而賦

駐節西川僅一年，北歸恩自九重天。非才豈敢妨賢路，無補空慚費俸錢。爲客載添新白髮，到家還閲舊青編。急流勇退應難及，千載高風尚凜然。

送杜員外歸省還京師

歸省西川未幾時，促裝又復上京師。榮親已荷褒封典，報國難忘雨露私。路夾山花開錦繡，棧盤崖樹拂雲霓。遥知紫禁趨朝後，粉署從容日正遲。

敬軒薛先生文集卷之九

敬軒薛先生文集卷之十

門人關西張鼎校正編輯
鄉後學沁水張銓重校梓

律詩

詠顔魯公

蓬利何堪屈大才，平原出守亦微哉。忽逢動地風塵起，不使中流砥柱摧。争坐已難追雅論，立朝寧畏忤奸回。自騎箕尾歸天上，長播英風遍九垓。

送太守致仕

五馬蕭蕭出帝鄉，都門祖席倍輝光。天恩老覺腰金重，客思遥牽别路長。龜虎已應辭郡國，貂蟬時復憶班行。風烟縹緲鄉關近，川谷猶疑下鳳凰。

錦官驛官送櫻桃

錦官驛吏送櫻桃，紅顆堆盤磊落高。時果已知西蜀美，古詩難覓少陵豪。嘗新暫遣中情悦，感物還添遠意勞。多少上林鶯啄遍，一春歸興正滔滔。

草涼樓驛看紅白芍藥

芍藥花開山驛中，小闌紅白各分叢。濃粧獨向風前立，素質如從月下逢。明媚併超塵世色，妖嬈均得化神功。誰知傾國傾城者，一律滔滔萬古同。

過武功縣

持節西來過武功，扶桑日上曉光紅。渭河水遠波聲小，太白山高樹影重。遺址已無慈德寺，居人猶説有邰封。東行無限前朝事，盡在紅塵緑野中。

題休休亭

中條山下王官谷，草木烟霞景物幽。仙李固知時靡靡，野亭從此號休休。座中爽氣常飄洒，天際浮雲任去留。墜笏已超塵網外，高名千古鎮悠悠。

贈張僉憲

邂逅金陵已七年，相逢論舊意欣然。江東風紀當時振，山右聲名此日傳。緑野盡耕春雨後，清霜早落艷陽前。朝端公道明如日，持憲應知數俊賢。

挽陳先生

歸來烟水釣舟横，雲白其如足下生。尚有菁莪經雨茂，空餘桃李向春榮。高情秖許鄉人慕，遺事誰從太史銘。賴有賢甥今宦達，爲揚聲譽照蒼冥。

挽祝處士

鴻去青冥定幾年，東吴聲譽至今傳。高情未必尋丘壑，清隱還應在市廛。竹塢邀賓留舊榻，芸牕教子剩殘編。黄門底是推恩處，紫誥迴鸞下九天。

豫讓橋次陳僉憲韻

千年豫讓有遺橋，懷古還停使者軺。季世忠臣存大節，頽波砥柱見孤標。吟邊涼吹聲蕭瑟，望處秋天影寂寥。無限繁華俱泯滅，英名終古自難消。

挽蕭御史

共惜西江老豸冠，白雲乘去不知還。繐帷夜捲霜風冷，華屋秋扃曉月寒。遺蹟定應歸大史，榮名長是在人間。明時有子登三事，永感終天淚不乾。

述懷

已承恩詔許還山，又被虚名縶一官。每向班行嗤老醜，空耽典籍尚寒酸。妨賢政自慙公論，竊禄能無愧素餐。早晚還應乞身去，石田茅屋伴清歡。

河間獻王墓

漢家宗室最稱賢，遺事曾經閲簡編。偶過河間尋往跡，空餘荒塚帶寒烟。頻求千古書連帙，獨對三雍策幾篇。雅樂未興人已逝，雄歌惟有大風傳。

過德州

山東一别十餘秋，白髪重來過德州。闤市尚開臨水户，郡城猶聳入雲樓。霜臺駐節思前度，憲府乘驄憶舊遊。此日又騎官馬去，朔風吹雪路悠悠。

德州除夕

昔捧天書按部來，之官又上鳳凰臺。頻登風紀知庸德，屢陟廷平愧菲才。寓館明朝添一歲，晴霄此夕麗三台。元正馳賀心何似，金殿香浮寶扇開。

寄高苑李嗣昌廣文

安邑分携幾十年，中間會合總茫然。華燈每憶連珠玉，綺席空懷醉管絃。顧我已添新白髮，知君猶擁舊青氈。却慙頻歲叨天寵，悵望豐城劍氣邊。

兖州人日二首

去年西蜀逢人日，人日今春客兖州。行止可應無定跡，歲華仍復易周流。驛亭盡日風頻起，官路漫天雪未休。南到彭城秖幾驛，天晴擬放吕梁舟。

驛亭窓户總光輝，人日紛紛雪亂飛。關塞有兵皆凍合，園林無樹不春歸。風威肅肅朝來静，雲葉飄飄晚漸稀。清興此時誰與適，論心殊覺故交違。

孟子祠

鄒國叢祠古道邊，滿林松栢帶蒼烟。遠同闕里千年祀，近接宣尼百世傳。獨引唐虞談善性，力排楊墨絶狂言。功成不讓湮洪水，萬古人思命世賢。

彭城懷古二首

戲馬臺邊雉堞高，參差樓閣入雲霄。漕河控引淮黄近，驛路通連海岱遥。天府豈知成霸主，彭城空復駐英豪。大風折木飛沙日，想見天心翊漢朝。

當年禹跡舊分州，走馬南來遂此遊。地勢縈迴環翠嶺，關城峭拔枕黄流。燒餘豪傑千年塚，春老佳人百尺樓。周覽未能窮往事，官河又放下洪舟。

雪中過高郵湖

高郵湖裏雪中過，雪片無聲點白波。天水渺茫遥自接，烟雲杳靄暗相和。❶寒篷滿眼漁翁少，畫舫隨風去客多。還似滄浪水清濁，只應難覓扣舷歌。

過邗溝懷古

荒陂野水古邗溝，千載曾經煬帝遊。煖日輕風牽錦纜，垂楊芳草引龍舟。春殘故國閑金屋，花滿蕪城醉玉樓。一自真龍飛晉水，亂雲空結海天愁。

高郵阻雪

高郵城下維舟楫，雨雪連朝阻去程。澤國風烟春冉冉，野湖波浪晚冥冥。凍消疎柳長堤濕，響徹脩篁侯館清。南到大江秖幾驛，晴霄行覩鳳凰城。

高郵大雪河冰

已過立春十五日，淮南天氣太嚴凝。重湖晶晶層冰結，千里茫茫積雪平。霄漢連朝飛鳥絕，官河隨處客舟停。東風解凍須臾事，波緑粼粼野燒青。

❶「杳」，雍正本作「香」。

自儀真入大江

儀真南入大江限，江上雲帆向曉開。滿目好山青簇簇，連天駭浪白皚皚。還思二十年前渡，又自三千里外來。北闕承恩方浩瀚，之官今上鳳凰臺。

寄海寧李太守

又是分携十七年，寥寥幾度信音傳。濫官白髮知吾劣，歸老青山覺子賢。蠟屐每多登覽興，錦囊應有唱酬篇。著書更法春秋筆，還肯緘情寄一編。

金陵春望 四首

錦繡江山一望中，金陵佳氣正葱葱。石城尚踞耽耽虎，鍾阜長蟠矯矯龍。淡靄遠遮三月柳，瑞烟深護萬年松。風流王謝何須問，開國還思舊股肱。

金陵最好是新春，風景無邊入望頻。山似洛中浮秀色，水從天上泛通津。千門垂柳初經雨，滿路飛花不起塵。深荷發生同萬物，兩京回首憶楓宸。

佳麗層城王氣中，春來無樹不青葱。湖光湛湛跳紅鯉，橋影沉沉卧白龍。錦綉園林開艷杏，烟霞澗谷挺長松。無邊風景皆堪賞，千首新詩興未窮。

皇都又是一年春，立馬長堤眺望頻。麗日斜明紅杏塢，煖烟輕護緑楊津。風來野水微生浪，雨過天街迥不塵。最愛祥雲呈五色，氤氳長是繞楓宸。

簡張都憲二首

榜題龍虎舊聯名，宦迹升沉隔兩京。離合雖驚頭並白，交親終喜眼俱青。濫登棘寺知無補，峻陟霜臺倍有聲。近得高鄰親孟氏，不妨剪燭話平生。

籍籍朝端有盛名，憲臺周歷兩神京。封章已見輸忠赤，事業還期著汗青。風度宛如瞻玉樹，辭華真是擲金聲。共論三十年前事，聯步青雲滿路生。

周儀賓水筠軒

曲闌干外小方塘，塘上蕭蕭繞翠篁。一鏡平開涵影細，萬竿齊動引風涼。根穿近岸藏科斗，梢接遥空下鳳凰。水竹雙清曾到此，金樽相對興難忘。

春日遣興簡張都憲廖丁二大理

春來無日不連陰，風物蕭騷思不禁。雨急梅花飄白玉，天寒柳線勒黄金。宦情不與江流競，樽酒肯隨人意深。况是一年寒食近，松楸千里正關心。

再用陰字韻簡張都憲

好風乍起掃輕陰，清思撩人不自禁。與客便傾花下酒，放懷寧惜橐中金。高情肯負年華泰，交誼難忘歲月深。春興不知凡幾首，長吟因見古人心。

送儀尚書赴召❶二首

天書遠召舊師臣，送別金陵喜氣新。莫道分符淹歲月，還應聽履上星辰。一江流水催行棹，兩岸垂楊夾去津。三接深期調玉鼎，行看雨露萬方勻。

尚書承詔上金鑾，祖席珊珊擁佩環。霖雨舊曾思傳説，師臣今見起甘盤。江淮緑泛行邊水，齊魯青餘過處山。入覲定膺新寵錫，調元須竭寸心丹。

南京端午

端陽令節客南京，還擢頻年荷寵榮。内扇幾沾當日賜，宮衣曾有舊時名。從教緑柳含風細，且喜紅葵照眼明。爲報鵷行舊知己，一卿贏得鬢星星。

暑夜簡趙駙馬

大扇頻揮汗不乾，那堪酷暑夜漫漫。寂無風露徘徊處，空有星河悵望間。真是流金兼鑠石，定應焚澤更焦山。清涼只有仙侯府，長夕冰傳瑪瑙盤。

簡張都憲楊尚書鄭侍郎廖少卿丁寺丞

棘寺秋官接憲臺，山光水色畫圖開。青林雲氣當牕見，翠浪風煙入座來。楊柳影中冠蓋過，芰荷香外吏人回。好生正仰吾皇德，共播仁恩遍九垓。

❶「儀」，四庫本作「倪」。

再用前韻

鍾山南望鳳凰臺，山下平湖一鏡開。近岸紫騮穿柳去，沿堤畫舫采菱來。山禽將子飛還止，水鳥啣魚去復回。無限太平門外景，神遊何必訪仙垓。

再用前韻三首

風紀都應屬内臺，官清公道一時開。科條自是明天討，門舘何由有貨來。聲譽已知馳峻極，文章况復動昭回。不須遍攬江湘轡，坐見澄清匝九垓。

廷尉刑曹與栢臺，高門俱對碧湖開。天涵波影閑雲度，雨雜泉聲爽氣來。此日官僚聯轡入，往年鵷鷺候朝回。近來執法尤宣朗，應佐陽光燭九垓。

刑曹理寺近烏臺，坐對湖山畫障開。芳草有情還漸長，好風無約自頻來。移文謾想高人去，聯騎頻同上客回。爲戀明時歸未得，思親空復誦南垓。

戲作遊仙用前韻

瓊瑤萬仞中天臺，珠宫貝闕參差開。靈風響下碧虚裏，連翩鶴馭仙人來。鈞天揮綽九奏畢，羽衣摇曳萬舞迴。後天不老凋三光，排風馭氣遊遐垓。

海中湧出金銀臺，陽烏濯耀蒼烟開。弱水瀛洲不可到，飈輪鶴馭相往來。洪濛開闔幾萬古，桑田走馬能千迴。抱一之子可輕舉，相期汗漫遊九垓。

銀屏金屋瑶作臺，化人宫殿中天開。

東見蓬萊水清淺，西去幾復青鳥來。雲錦之裳文五色，倬彼雲漢凌昭回。下視九域一毫芒，何異蠛蠓飛塵垓。

仙山中有學仙臺，凌虛上接天門開。青衢黄道倒影出，望舒日馭東西來。玉宇無聲彩雲濕，雲漢屈注萬里迴。寥廓無鄰安可極，重陽之數歷九垓。

樵雲野老

白頭已與世相違，笑指生涯在翠微。伐木忽看雲滿斧，束薪不覺露沾衣。息肩頻向青林歇，荷月長從緑野歸。一曲浩歌一地闊，遠山回首晚霞飛。

南京十詠❶

鍾山疊翠

自是皇都第一山，峰巒高下似龍蟠。嵐光翠滿金銀闕，秀氣青連虎豹關。瑶草不隨秋意老，琪林長共曉霜寒。年年澗谷蒸雲氣，散作甘霖宇宙間。

玄武波澄

北湖清濁自天開，勢協龍圖一水來。百里烟霞環島嶼，繞城波浪動樓臺。九霄氣迴通銀漢，五夜天低轉斗魁。絶勝蓬萊山下水，洪源終古不塵埃。

❶ 題爲「十詠」，實際爲十一首。

淮清柳色

淮清橋下水連空，橋畔依依柳色濃。香絮有情皆作雪，柔絲無力盡含風。樓臺掩映深春後，市井淒迷暮雨中。近水向陽千萬樹，年年長是發生同。

卞壺神祠

晉室人才數俊髦，艱危深感與時遭。君臣義大如天地，父子生輕似羽毛。昭代旌忠時饗盛，豐碑鐫德古祠高。想應當日偷生者，纔入脩門意自勞。

石城霽景

郭外雲開見石城，緑苔經雨自層層。明時正是龍飛地，終古猶存虎踞形。萬里長江通海白，三山遠岫入天青。登臨不盡千年意，擬與丹崖共結盟。

鳳臺春曉

金陵千尺鳳凰臺，臺上春雲向曉開。緑草雨餘淮甸合，青山岸轉楚江迴。謫仙此日知何在，麗句當年未易裁。定鼎只今逢有道，九苞行復自天來。

江東古渡

江東門外大江頭，古渡微茫接遠洲。月窟殊方通上國，雲帆大舸滿中流。垂楊芳草三春暮，紅蓼黄蘆兩岸秋。顧我濟川才思少，幾回臨想興悠悠。

長江秋色

長江浩浩繞神京，霜落烟波萬里清。灝氣西來通灎澦，寒潮東下接滄溟。幾行鴈影涵空碧，兩岸蘆花映月明。西塞山前秋色裏，夕陽惟聽棹歌聲。

朝陽曉望

朝陽樓閣倚天開，日馭朝看海上來。御溝晴旭乍分龍虎勢，清光已滿鳳凰臺。御溝水向東華轉，仙禁雲從北苑迴。玄圃瀛洲真在望，不須方外覓蓬萊。

鷄寺晚鍾

上方臺殿翠微中，石磴盤崖一逕通。客至有風還掃榻，僧來不語自鳴鍾。竹窓下見浮雲白，祇樹斜臨返照紅。自笑無生渾未學，懶從方外共談空。

太平堤望

太平堤路夾平湖，湖上清風面面俱。十里波光天上下，半空嵐影樹扶疎。稻塍草色青無際，菱葉荷花净有餘。艇子有人閑泛泛，釣竿還可拂珊瑚。

送姚侍郎巡察雲南

璽書英簜使遐荒，萬里山川草木光。霜早楚江楓葉赤，雨晴蜀道菊花黃。羣芳擬欲除蕭艾，百鳥還期識鳳凰。六詔遍巡歸奏日，定膺殊渥五雲鄉。

借馬簡趙駙馬

鞴來白馬錦鞍韉，騎向天街送表箋。霜鬣蕭蕭頻攬轡，銀蹄剥剥不須鞭。滿身香汗生微雪，一路清風散曉烟。有馬借人今復見，神京戚里最稱賢。

題趙尚書慶壽圖

天官白髮老尚書，致政歸來樂有餘。壽慶七旬新置酒，禄辭千石蚤懸車。繡衣令子樽前舞，蘭茁諸孫膝下趨。在席嘉賓何所祝，公年更與大椿俱。

送廖少卿上京 二首

龍江五月發扁舟，大理名卿上帝州。千里好山開翠嶂，兩堤楊柳蔭清流。鳴鑣紫陌思前度，簪筆黄門憶舊遊。若見中朝知己問，丹心不改雪盈頭。

理寺名卿得俊僚，六年又促紫宸朝。石城解纜江風細，淮浦揚舲海霧消。入覲九天瞻日月，聯班五夜聽簫韶。吾人久抱蒼生念，清問深期答聖堯。

和張都憲詠湖亭山字韻 四首

憲臺佳勝占湖山，湖上新亭白晝閑。風送荷香來几席，日移竹影上闌干。金塘水滿魚争躍，碧嶂雲收鳥自還。好景無邊渾負却，何時同倚畫屏看。

平湖萬頃倒啣山，山對湖亭白日閑。長有好風清自起，總無塵土暗相干。簷前荷動知魚戲，鏡裏雲開見鳥還。獨憶愛蓮周茂叔，化機須向静中看。

小結湖亭面碧山，山光水色共閑閑。平連西塞波千頃，斜上東山日兩竿。欄外静看鷗鳥浴，沙頭長見釣舟還。高人安得王摩詰，盡寫風光入畫看。

近愛平湖遠愛山，雙清收入小亭閑。

雲容水態皆堪賞，俗氣紅塵總不干。日靜坐聞黃鳥囀，烟明遥見白鷗還。情知風月無邊景，頻倚雕闌自在看。

和張都憲詠湖亭波字韻四首

湖亭面面俯滄波，一上湖亭景物多。過去黃鸝穿翠柳，飛來白鷺點青禾。乾坤上下羲皇易，日月東西織女梭。好在憲臺休暇日，一樽同此養天和。

亭下溶溶漾緑波，芰荷花發繞闌多。却看嶺北千株栢，最愛堤南萬頃禾。漁父不收沙上網，鮫人還織水中梭。坐邊生意皆堪樂，雲雨天時日正和。

高高亭子壓洪波，獨占湖山秀氣多。近岸還栽玄圃竹，遠洲時種玉山禾。坐中造化乾坤鼎，簷外光陰歲月梭。應有仙人來過此，晚涼時節弄雲和。

平湖静鏡不風波，最是湖亭樂事多。留客每同歌菉竹，檢書還共誦嘉禾。酒酣吐論如傾海，令急傳籌似擲梭。記得前時兩三會，宛然風景是清和。

湖亭小酌和張都憲韻

湖樹陰陰障赤曦，湖亭偏與静相宜。坐中清氣時常滿，堤上紅塵總不知。莫羨遊山携謝妓，何如行酒和陶詩。冰漿冰果寒冰齒，宴樂無過盛夏時。

和張都憲合歡蓮房

憲臺臺下有蓮塘，一種高荷迥異常。乍見仙花開並蔕，旋看瑶實結雙房。垂垂共壓秋波浄，裊裊同沾曉露涼。絶勝當年連理瑞，畫圖還擬進明光。

次張都憲喜雨韻

中丞初自舞雩還，便有風雲感會間。布濩旋應彌玉宇，沾濡行復遍塵寰。舊痕已没湖中水，新翠方添郭外山。自是有年今有象，定知朝野罄交歡。

次張都憲並蔕蓮韻

緑池紅綻合懽花，秀色天然自一家。並結翠房含雨露，獨摇香柄出烟霞。何曾人世時常見，賸有風騷次第詩。自是太和充宇宙，故鍾此物兆亨嘉。

贈歐陽憲副

憲節重來覲九天，論交不盡意留連。休驚白髮三千丈，且喜青雲四十年。老大可無新事業，壯遊還憶舊山川。人中松柏君知否，萬雪千霜獨挺然。

送吴祭酒還南京

司成述職喜南還，照日金衣出九關。萬里春明天蕩蕩，滿河冰泮水漫漫。行邊畫舫烟光薄，到日橋門柳影閑。若見同遊舊知己，爲言清絶憶湖山。

送鄒都憲巡撫吴浙

皇仁遠布軫生民，巡撫東南簡重臣。天語諄温頒鳳勑，雲帆縹緲泛龍津。班行共識時名大，郡邑争看憲節新。行見霜風迴煖氣，三吴無處不陽春。

審録後簡蕭羅兩都憲

碧梧鳴鳳應朝陽，龍勑頒來帶御香。寒沍一時迴煖氣，幽潛隨處發天光。平反自可歸臺憲，欽恤惟應仰聖皇。還見星軺辭輦轂，恩波行復遍遐荒。

送武昌教授

武昌風土冠南州，郡博于今拔俊尤。拜命已應增士氣，趨程行復泛江流。汀洲蕙緑光風轉，沼沚芹香宿雨收。還似蘇湖人士盛，可無聲譽達宸旒。

送儀源檢校還寧國

贊畫宣州幾載間，趨朝此日又南還。扁舟行泛長江水，四馬重過故里山。爲宦莫辭聲利薄，到官嬴得簡書閑。渠家奕世多卿相，清節高風自可攀。

送徐謫下第歸蜀

情知大器晚成難，莫向長途厭往還。曉日近辭丹鳳闕，晴霄遠入碧鷄山。摶空六翮應須養，進學三年未覺閑。隨計重來須有日，會看聲譽動天關。

重恩堂爲韓雍都憲賦

有子乘驄秉憲鈞，疏封幾度到雙親。纔頒龍勑奎文動，又錫鸞封綵誥新。命服屢膺逢盛世，華筵頻啓慶長春。重恩堂上恩方至，更篤忠貞答紫宸。

王寺副膺封

教子登科官棘寺，推恩三載到親闈。共看白髮宜烏帽，重喜蒼顔稱錦衣。奕世榮名今亦少，一門光耀古應稀。還當起閣藏龍勑，長見奎文萬丈輝。

王都憲展祭

天恩新許拜松楸，又送中丞出帝州。尚憶朝端峩獬豸，還看驛路躍驊騮。鳳林迎節從天上，鸞誥頒封到隴頭。忠孝兩全人共仰，可無直筆繼春秋。

送董長史

白髮交情四十春，聲名又喜逐年新。江都正學師前哲，洛下長才憶古人。❶北闕從龍天廣大，西山跋馬玉嶙峋。雲中到日多清興，應有新詩寄我頻。

寄楊尚書彥謐

尚書聲譽滿南都，聞道年來興不孤。弄瓦幾時添愛女，蔭官五品羨英郷。量深往日尤能飲，足健前時不用扶。還有水心亭似舊，清香應滿博山爐。

寄南京張尚書

每憶南京大司馬，列卿遷轉自清朝。舊臺百職餘風紀，新政諸軍仰教條。聯榜可能懷末契，同官端喜得英僚。惟應舊會知難再，詩酒湖亭久寂寥。

送王郎中還南京

屢拜秋臺最好官，三年考績又南還。路分薊北山容秀，舟到江東水面寬。粉署正當玄武畔，青雲多在鳳臺間。他時還有清明譽，會展飈輪覲九關。

❶「洛」，原作「落」，今據四庫本改。

題何司訓致仕卷

師名蚤不愧蘇湖，引老南還出帝都。驛路風和烟柳細，官河雨急浪花麄。行看舊隱書連屋，坐見交親酒滿沽。却恐迴鑾來紫誥，黄門有子拜官初。

大理汪寺副父母膺封

龍勅歡傳出九重，二親同日荷疏封。一經教子聲名著，六品推恩寵渥濃。樽俎喜開今日宴，衣冠快覩盛時風。賢郎更盡廷平職，還有迴鑾下碧空。

輓邢檢討母

有子登科入翰林，難將寸草報恩深。和熊已作中宵夢，斷織曾勞往日心。長憶紅霞裁命服，空悲白髮暎華簪。光榮尚自霑存没，留取芳名照古今。

送張福還平度州

三年報政遠朝天，籍籍香名滿耳傳。烏帽任添新白髮，黄堂已换舊青氊。大夫故自全三德，父老何曾送一錢。莫道東歸人士悦，璽書行復又徵賢。

輓鄒都御史

丹梯早躡到雲端，粉署三迴陟地官。東長行臺邊鎮肅，南持憲節海波寒。鬢因勤事年來白，心爲輸忠老去丹。莫道淮南悲逝水，豐碑行見故鄉刊。

送孫縣丞

匆匆別我意如何，領節之官古泰和。舟到九江秋水闊，路經五老好山多。明時三尺應須守，暇日雙松定可哦。好在家聲能自振，三千還擊大鵬波。

送陳脩譔使高麗

萬國來朝通九譯，一朝持節使三韓。烟開碣石行邊見，日出扶桑馬上看。玉燭正調王道盛，天書大布遠人懽。歸囊不似千金橐，留取清名宇宙間。

送李憲副回山西

上林三月柳花飛，又送青驄出帝畿。別路争看迎憲節，過家應自舞斑衣。恩光北極懸紅日，行色西山入翠微。風紀重臨還自保，更馳清譽到彤闈。

送山東賈參議

藩佐于今選俊良，霜臺御史獨名揚。方承北闕恩光大，未覺東州道路長。雨過魯郊桑椹熟，風來歷下水花香。旬宣海岱雖云樂，玉鑑冰壺未可忘。

送人歸閩中

天垂雨露萬方同，冠帶南歸喜氣濃。溪渡檳榔和水暗，林穿荔子遍山紅。到家定有詩書在，對客寧教酒盞空。珍重高年崇禮讓，七閩自古尚儒風。

送張司馬致仕

荆南風景古來嘉，六月樓船想到家。沙市水添三峽漲，渚宮雲接五溪霞。逢時都憲人皆仰，致仕尚書衆所誇。還有丹心思報國，曲江樓上望京華。

送張侍郎還河南

還家争看少司徒，千里光輝出帝都。舊直黄門遺事業，新乘彩鷁問征途。河分衛水如鋪練，山到中州似畫圖。結社應多鄉友在，論情不盡瀉金壺。

天順元年六月初十日上章告老，未允，十一日又請，十三日又請，至二十一日蒙允，出京師舟中賦七首

遷轉春官入翰林，兩叨清秩受恩深。論思未有回天力，供奉空懸捧日心。六十故知年漸老，尋常唯覺病相侵。乞歸自是安衰劣，俯仰清風愧古今。

病懷久與世相違，疏乞歸田詔許歸。辭闕猶霑光禄酒，束裝還有尚方衣。兩京水陸尋征路，三晉山河想舊扉。金馬玉堂回首處，青霄唯見五雲飛。

老病何堪污玉堂，乞恩優詔許還鄉。歸鴻絶漠情知遠，倦鳥投林意覺忙。但想溪山行處好，不妨園圃到時荒。退休自是昇平事，秪道閑中歲月長。

經世誰人志盡酬，古今回想興悠悠。即非有道身能退，自是無才老可休。歸騎遠尋天井路，輕帆先放潞河舟。家山到處知何日，汾水西風八月秋。

早曾拜疏乞歸田，羈絆虚名又幾年。道德愈難期往哲，事功無復望時賢。宦情似水年來淡，鄉思如旌日自懸。老病放還蒙帝力，不知何以答皇天。

魚在洪淵鳥茂林，從來誰識古人心。五湖高興應難及，三逕清風不可尋。稀復卿雲光舜日，幾調元氣作商霖。獨慙愚老歸休晚，猶撫遺編慨古今。

竊第歸登潞水船，罷休從此又言旋。西塗東抹三千字，北去南來四十年。欣戚情懷渾索寞，升沉聲譽總悠然。彤闈紫閣如天上，依舊清汾數頃田。

送王憲使之四川

憲使之官雪嶺東，錦城樓閣倚晴空。莫辭道路三川遠，正喜車書萬國同。玉節自天隨爽氣，軺車到日振霜風。深期雅操清如水，行看香名達九重。

内閣用唐人韻簡徐李許三學士

黄閣文章萬丈輝，青霄閑看鳥雲飛。巍峩鳳闕凌雲迥，宛轉鑾坡到客稀。屢草黄麻依紫極，常聯玉筍侍彤闈。却慙老大承天寵，一字何曾補衮衣。

送孫輈之夔州同知

西南夔府古名州，别駕于今遂壯遊。霜落江寒經白馬，浪平峽静過黄牛。到官綺席宜疎節，行部山氓在惠柔。發軔長途深有望，莫令聲譽頓悠悠。

新春喜雪

立春纔是第三朝，喜見春空雪亂飄。天上瑶臺應錯落，人間玉嶺正岧嶢。固知叶氣乾坤滿，頓覺遊塵户牖消。却上小樓閑縱目，八紘清思迴難招。

寄蒲守徐孚

積石黄河遶郡流，郡城高興自悠悠。遠天雲浄仙人掌，近郭風清鸛雀樓。頻寄鸞箋書可著，所需藥物病全瘳。衛蘧衛武應難及，進德深慚老未休。

貞節堂爲王憲使母賦

婦道從來不二天，近知王母踐斯言。從教白髮三千丈，秖保清風五十年。頒誥旌門今受賜，養姑教子舊稱賢。一門盛事歸貞節，堂上高名百世傳。

讀邵康節擊壤集 二十首

乾坤清氣産英豪，大隱天津道德高。雪月風花閑諷詠，溪雲水竹自遊遨。畫前有易心能悟，删後無詩句獨謡。金薤琳瑯垂萬世，無窮雅興自滔滔。

玄社千年有召封，故應華胄産英雄。居共舊業留餘韻，卜洛新居有定蹤。後學難窺擊壤集，先天都屬弄丸翁。清風百世誰招得，望斷嵩高送去鴻。

三絶空餘贊易編，千年圖象竟寥然。人豪真自從天挺，羲畫原因到已傳。骨髓著書成大卷，風花遣興有新篇。驪龍頷下明珠在，誰測東溟萬丈淵。

鳳在高梧不可招，天津清隱結衡茅。小車遊處情何適，大筆揮時興自豪。酩酊酒中心惻惻，離披花裏思忉忉。空餘首尾詩垂世，誰識秋風八月高。

壯遊歸到洛陽居，環堵蓬茅得自如。外物不知軒冕貴，此心惟覺性天虚。環中日月行無息，静裏乾坤樂有餘。首尾詩成情可見，何須象罔索玄珠。

六朝全盛太平時，卜築東都得自怡。每與真儒論大道，時從國老和新詩。盃傾緑酒寧嫌淺，車碾青蕪不厭遲。莫道千年清響絶，知音還自有鍾期。

皇極書成識者稀，原從羲畫見天機。楊柳故應消長隨時變，一任行藏與世違。楊柳堤邊風淡蕩，梧桐枝上月光輝。無邊清興難收拾，毛穎時時聽指揮。

天津橋上聽啼鵑，只是當時已惘然。太和妙意都應窮卦畫，餘情聊爾託詩篇。太和酒味濃還淡，瓮牖蟾光缺復圓。曾向行窩看兒戲，不妨欹枕自高眠。

手探月窟足天根，悟盡羲圖造化原。嘉遯有窩甘偃蹇，觀光無意羨飛騫。詩成比賦猶堪詠，道在希夷信莫言。勝日良辰留客處，清風滿抱酒盈樽。

盛時京洛足鵷鸞，翁有無名與往還。劇論直窮天地外，清吟多在水雲間。榮枯任物心無繫，消長隨時我不關。自得人間無味樂，好詩留與後來看。

排風御氣復鞭霆，歷覽無邊造化情。隨分自能安至樂，翫心誰復識高明。先天圖有年年運，皇極書爲世世經。首尾詩成多寓興，調高白雪少人聽。

笑傲林泉樂太平，洛陽誰不愛先生。嚴寒暑雨何曾出，温煖清凉却解行。金谷風和吹道服，銅駝雨霽隱車聲。行窩十二閑游處，父老兒童喜送迎。

人情物理總分明，七十年來老洛城。只向窩中耽至樂，却於身外薄浮榮。花紅柳緑隨時賞，雲白山青取次行。還復振衣千仞上，都無塵垢半星星。

嵩山洛水舊神州，結屋天津景物幽。脩竹林中靈籟響，梧桐葉上露華流。弄丸古意誰人識，戲筆新詩有客求。春煖秋凉出遊處，無邊清興更悠悠。

始終天地在胷中，還似危樓出半空。極論每生賢達敬，閑談儘與俗人同。巡行堤柳春摇緑，點檢園花曉綻紅。風景滿前皆自得，濡毫又見小詩工。

外臣自昔有由巢，不是山人索價高。獨向杯中存爕理，每從環内樂逍遥。纔看園老分斑笋，又見端明送藥苗。餘事盡從吟咏見，感時懷古興滔滔。

共愛先生共卜居，天津水畔是吾廬。陰陽爕理三杯酒，皇霸經綸幾卷書。儘有清風生几席，倍多明月照庭除。生平祗是過人處，贏得雙眉日自舒。

老去吟多首尾詩，賦和比興盡兼之。陶鎔物象方知富，漏泄天機始見奇。水面生風和浩浩，天心轉月夜遲遲。有丸秪向閑中弄，肯借高人試一窺。

洛陽全盛想當時，春煖秋涼任所之。金谷名園花綻錦，銅駝古巷柳垂絲。霜林高鳥争歸疾，沙浦冥鴻欲下遲。萬象有情渾自得，詩囊還載小車兒。

少年應自負雄才，老悟玄機此意灰。歲月風光情自得，山雲水石興悠哉。一環理窟閑中見，萬古天心動處來。寶匣瑶琴遺響在，幾何人識伯牙懷。

次王侍御韻

憲府乘驄舊有名，今秋偶爾會鑾荆。虹霓氣接風雲氣，珠玉聲隨咳唾聲。萬里山川勞跋歷，諸蕃部落待澄清。愧予無補虛持節，賴有丹心老更明。

平定州分司次江侍郎韻

乘軺萬里越河關，報國寧辭道路艱。首夏初離巫峽水，新秋又過太行山。久知鴈塞妖氛掃，載喜龍沙鳳駕還。白髮已承歸老詔，陛辭不日覲天顔。

寄王用章憲副

每從青濟憶同官，秖隔滄溟一水寬。我捧天書行萬里，君持憲節按三韓。封章入奏時名大，驄馬巡邊將膽寒。雙劍有光常夜夜，暫迴風雨未應難。

附録所贈

名利場中一夢醒，知君渾不負蒼冥。村醪且去隨時飲，澗水重來洗耳聽。俗眼任他終日白，山光還似舊時青。從教門外塵如海，坐向空齋閲聖經。

右尚寶少卿朱祚。

自許孤忠結主知，居官寧肯論安危。平反不愧張廷尉，三黜何慙柳士師。已把一身中道立，❶更看千古大名垂。到家莫廢韋編業，伊洛高蹤尚可追。

右吏部主事李賢。

敬軒薛先生文集卷之十

❶「把」，四庫本作「向」。

敬軒薛先生文集卷之十一

門人關西張鼎校正編輯
鄉後學沁水張銓重校梓

雜著

胡氏族譜後

僉憲高唐胡公，間出其族譜示余，俾余書其後。且曰：「譜，吾作也。吾家故有譜，且載世次行蹟，❶吾少時猶及見之，後更散逸不存。吾懼先系先德將遂湮没無傳，於是斷自吾之所知者，創爲是編，以傳諸家。庶後之人得有考而知所自。」又曰：「凡譜，所以兼載世美以示諸後也。吾自束髮讀書，歷官中外，謹克有立而幸不失所守者，皆先德之遺也。若是譜不作，則是自專其休而忘先德之大，豈仁孝之心乎？此吾勉就是編，而不敢以蕪陋爲解也。」

余受而退閲其編，觀其序宗系則綱紀不紊，論世德則言行不遺，因仰而嘆曰：「自宗子之法壞而人莫知所自，往往親未盡而相視若塗人者有焉。幸而士大夫家間有譜牒以紀其世，則又或遠附顯者以自重，厚加潤澤以失真，是二者皆過也。僉憲公則不然，其紀世次既明白可考，論先德又典實可推。若是以傳之家，公之子姓

❶「且」，四庫本作「具」。

宗族一覽之頃，親疎之序，世德之懿，舉在目前，莫不興其孝弟慈良之心、高山景行之念。凡行義藹然於一門，德善相承於悠久者，實有賴於是編也。《詩》所謂『孝子不匱，永錫爾類』者，公有焉。」若公之氏族官閥，憲僉劉公序之備矣，兹不復贅。謹擇其一二可言者書于後，以復于公云。

書何原明先生傳後

先生三衢之常山人，諱初，字原明，❶姓何氏，非非齋其號也。自少以穎睿聞，既從學於鄉先生三江兄弟，即以窮理、正心、克己爲務。且兼習舉子業，嘗兩舉不第，益自奮勵。復從程觀先生學《易》，遂以《易經》領鄉薦，任仁和教諭。既而元季俶擾，文教隳弛，乃解官歸鄉里，日以讀書談道自樂。值國朝開運，首訪遺才以任民牧，遂以先生爲江州湖口丞。時軍興多故，邑里凋瘵。先生調給安定，焦勞匪懈。以治狀驗白，陞知韶州府仁化縣，其便民之政可紀者尤多。既而丁外艱去官，遂以疾家居，篤意教事。及海内平定，詔天下建學養士，且求學行老成者爲師，遂起先生爲巴東教諭。先生年益高，學益充，德益進，聞望彰灼，近乎湘藩，遠徹朝右。因召至闕下，預脩《書傳會選》，書成，將歸，上考之，欲授以近地便養，遂除開化教諭，禄之終身。先生學既有得，尤善開發人，故後進出其門爲名士顯宦者甚衆。

嗚呼！夷考先生之學之傳，遠有端緒，蓋三江先生出許文懿公之門，而先生

❶「明」，明刻《書傳會選》作「銘」。

則三江所授也。其淵源既遠，至於經旨之微，性理之奥，宏博精密，盖多其自得，故其處心制行有足動人者。至於著述雖多，要皆根本義理，而不爲浮靡之習。若先生之爲人，可謂有古士風矣。及觀其爲佐令，爲教職，則其學又以驗諸行，事事可考。然或者猶謂此特先生小試耳，使得盡推其所有，則其効當不止是，殆未可知也。

距先生没後二十五年，其孫永芳以進士知邵陽縣。時未幾，民翕然化，固知其學宦家法有所自。意者先生之未克盡施者，永芳殆能繼其志而擴大之乎。其端兆矣！永芳持其祖家傳，求言以發其潛德。遂芟取先生之學之行見諸行事有未究而將有待於後人者，書以還之。

河崖之蛇

瀕河居者爲予言：「近年有大蛇，穴禹門下岩石中，常束尾崖樹顛，垂首於河，伺食魚鼈之類，已而復上入穴，如是者累年。一日，復下食於河，遂不即起，但尾束樹端，牢不可脱。每其身一上下，則樹爲起伏，如弓張弛狀。久之，樹枝披折，蛇墮水中。數日，蛇浮，死水之漩隈。竟不知蛇得水物，貪其腥羶，不舍而墮耶？抑蛇爲水之怪物所得，欲起不能而墮也？」

余聞之，喟曰：「是蛇負其險毒，稔其貪婪，以食於河，所恃以安者，尾束於樹耳。使樹不折，則其生死猶未可知，惟樹折身墜，遂死于河。此殆天理，非偶然也。且使蛇得水物，貪其腥羶，不舍而死，固可爲怙强、貪不知止之戒。使蛇爲水之怪物所得而死，亦可爲害物必報之戒。」蛇惡物，所不足道者，但其事有近乎理，故書以告來者。

捕虎荅

辰，故五溪地，山險多虎，近時尤劇。往往羣行搏噬，無間晝夜。既飽肉得氣去，愈縱横嗥躍，無所顧畏。居民行旅悉苦其暴。縣吏以聞於朝，命下總戎逐捕之，時宣德五年閏十二月也。三日，有以虎在近郊來報者，總戎率將士往，遂殺三虎。明日，遣將士往，又殺一虎。連兩日，四虎就殛，行者相賀於途，居者相賀於室。將吏以其事來白於予，且曰：「辰之四境若四虎比者，蓋不知多少也。總戎方發近衛兵將包羅山谷，搜剔其窟穴而芟夷之，期醜類盡絶乃止。夫除惡安民，亦繡衣公之志也，敢併以爲賀。」

予愧乎其言，則應之曰：「夫利五兵，結網罟，除山澤惡物爲人害者，自先王之制已然。況我皇明奄甸萬姓，仁柔義濡，期使覆載遠邇，無一民之不獲其生。而僻兹蠻方，醜類稔惡乃爾，則擉刃網繩之施，其可後也？不兩日而四虎殲，期畢舉而羣惡盡，是皆將吏能用總戎之令耳。予逢掖者，無能爲也，何賀之敢當。然予于是蓋有感焉。彼皮毛之斑炳，爪牙之銛利，彪然乎山林，搏噬民物以自肥者，人皆知其爲暴而可殺，如前所云者是也。抑又孰知于此有不皮毛、不爪牙、不山林，號爲靈物而剥人之脂膏以自養者，暴不下於彼而可惡也哉。況彼之暴者，蠢然强悍，力有餘而志則否。野夫小子有能高其垣籬，謹其出入，猶可避其患也。此則以饕餮之資，挾翕張之勢，或柄一隅，或統一軍，或任一邑，無間癃殘窘富，悉被其朝吞夕噬之苦，是又孰得避之哉？且彼異類也，爲暴自其性然。此則同類也，而至於斯極，予又不知此誠何心哉？然彼之暴，汝總戎職也，❶行見悉皆殄除，而民物全安矣。此則予職也，國家憲紀素以完具，方圖所以少施其方略，以覃惠澤於遠邇。將吏之賀可休矣。」衆乃相屬以目，屏氣促武而去。

猫説

余家苦鼠暴，乞諸人，得一猫，形魁然大，爪牙銛且利。余私計鼠暴當不復慮矣。以其未馴也，縶維以伺候其馴焉。羣鼠聞其聲，相與窺其形，類有能者，恐其噬己也，屏不敢出穴者月餘日。既而以其馴也，遂解其維縶。適覩出鷇雞雛，鳴啾啾焉。遽起而捕之，比家人逐得，已下咽矣。家人欲執而擊之，余曰：「勿庸，物之有能者，必有病。噬雛是其病也，獨無捕鼠之能乎？」遂釋之矣。❷已則伈伈泯泯，飢哺飽嬉，一無所爲。羣鼠復潛視，以爲彼將匿形致己也，猶屏伏不敢出。既而鼠窺之益熟，覺其無他異，遂歷穴相告曰：「彼無爲也。」遂偕其類復出，爲暴如故。余方怪其然，復有雞雛過堂下者，又亟往捕之而走，追則囓者過半矣。余之家人執之至

❶「戎」，原作「戍」，今據四庫本改。
❷「遂」，原作「逐」，今據四庫本改。

前，數之曰：「天之生材不齊，有能者必有病，舍其病猶可用其能也。今汝無捕鼠之能，有噬雞之病，真天下之棄材也哉。」遂笞而放之。

跋李氏族譜後

余觀吉水谷坪李氏家譜，自唐西平忠武王晟第七子憲，爲江西節度使，卒於官。子游奉其喪，葬宜春，因家于宜春。五世孫唐，自宜春徙居吉水。今谷坪李氏，皆唐之裔也。逮今廿餘世矣，而其高節懿行、孝子忠臣、奇童碩士、顯宦偉績出於李氏之族者，炳燿磊落，前後相望。

今其雲孫茂，復以明經登進士第，官大理丞。繼西平之往烈，衍谷坪之後裔，未見其極也。不觀諸江河乎，出岷嶓，行乎無垠，入乎無門，巨派支流，浩博綿演，愈遠而不息者，以其源之洪也。西平有大功於唐室，殆岷嶓其源乎。不然，何其子孫流派若是之盛也。嘗觀世之君子，遑恤其本而惟末之求，譬之沼沚尋尺之水，決而引之，不終日而竭矣，尚何望其綿延不絕，愈遠而愈盛乎。然則李氏有譜，不惟其子若孫知源之有自，皆力於善而無怠於繼承；世之君子觀此，亦足以矯然而知勸矣。

韻語

丹青之巧，摹寫物之形。聖言之妙，貫穿物之理。因丹青之形而求其本真，因聖言之妙而求其所以，是謂象內求心，非聖人安能至此。

書絳守居園池記後

近得樊紹述《絳守居園池記》石本於今太守臨川王公汝績,《記》前後刻孫沖、何亮序書,多論樊《記》之失。偶記舊收元人文集中有是記《句解》,檢得之,則灤陽趙仁舉《辨疑》附其後,復深辨孫、何之説非是。余既未得親考絳之遺跡與樊記合否,但以趙説觀之,恐今石本中尚有舛誤。賢太守更能參互考正,并《句解》刻之,則千載奇文,晦而復顯,亦可備絳郡遺事之一端。他亦不足深辨云。

書諸葛武侯出師表後

嘗謂義利二者不能並立,古之君子能建大功、立大業、垂大名於萬世者,未嘗不重義而輕利也。如諸葛武侯,自昭烈枉顧,即以身許馳驅。其所以勞心焦思、謨畫規圖者,曷嘗頃刻而不以討賊興漢爲義哉? 至其爲子孫衣食之計者,不過成都之桑八百株,薄田十五頃而已。外此則別無絲毫取於人而益其家也。其重義輕利如此,故能噓炎光於已燼之日,續漢統於既絶之秋。雖弗克遂其攘除姦兇、興復漢室、還於舊都之志,而大義固已伸於天下,宜其偉烈洪名垂諸萬世而不泯也。切怪後之君子,建功立業者莫不慨然以古人自期,然其爲義之公或有不勝其計利之私,故其正大光明之業有不及古人遠矣。愚因讀武侯《出師表》有感,而書此于其後云。

書貞節堂詩文後

監察御史濟南王允母氏太孺人劉，自其年二十有六已喪其偶。時允方五歲，其弟信方三歲。孺人上無翁姑之倚，下無僮僕之資，惟自力於紡績，以給衣食，奉祭祀，撫遺孤。勤苦勞悴，貧約困阨，人所不堪，而孺人自勵，其操愈堅。鄉里遠邇咸以「王節婦」稱之。允年七歲，孺人使讀《孝經》。及頗通文義，即遣入郡庠，使從良師友遊，以廣其業。允竟登進士第，拜今官。信亦克成立，以幹其家。時孺人年已七十矣，猶康健不衰。值國家舉推恩之典，允父某贈監察御史，劉封太孺人。有司復以孺人節行上于朝，詔所司旌表其門閭。由是孺人之節行，積于家庭，信于鄉里，顯於國家，實有命服之貴、旌異之榮焉。

於乎！天下古今之理，豈有大於節義者哉。節義者，人道之大防也。妻之於夫，猶臣之於君，不幸而遭變故，婦多効節於其夫之死而靡貳其行，臣當効節於其君之死而靡貳其操。誠以婦道、臣道所全者，節義耳。又豈可爲飢寒禍患所迫，貪生畏死，自壞其節義哉？故程子有言：「孀婦餓死事極小，失節事極大。」自常情觀之，孰肯以死而易生。自節義觀之，則廉恥根於天理民彝之固有。廉恥喪，則天理亡而彝道泯，雖幸得苟且安利於一時，曾與禽獸無以異。以是知程子之言，非真知節義之重於死者不能識也。婦道如此，則臣道可知矣。

孺人當其盛年喪偶之時，固以死自

暫。蓋不以凍餓殞亡易其心，卒能守節四十餘年，潔白堅貞之行，無纖毫之疵隙。夷考從古以來，人臣號爲讀書知禮義，至臨大節而易其守者，不如孺人多矣。況彼失節之婦，接迹皆是，曾何足以仿佛孺人之萬一哉？然則孺人所以因其子貴者，實由其以節顯，固宜垂榮名於竹帛，與天地而同久矣。

允嘗作堂以奉孺人，士大夫往往作爲詩文以發揚其事，雄章雅製，聯爲巨帙，允間持其帙求予言，遂書此於其後云。

書文丞相遺翰後

御史張君諫持宋文丞相遺翰來，俾予題其後。予觀之，蓋文山與宜春趙宰手帖也，張君重之惟甚。竊惟古之遺墨所以見重於後世者，不以其人之賢乎。當宋室垂亡之秋，其守帥憑堅城，握强兵，❶望風送款，投戈屈膝者相望也。而文山以狀元宰相，奮孤忠以報國，誓將返濛汜之日於中天。提疲卒當勍敵，雖流離顛沛，困苦艱危，脱身死亡之餘，而憤憤興復之志，猶庶幾於萬一。及赤手起兵，雖苦戰不支以歸，而長揖元之君相不拜，蓋此身可虀可粉，而志不可以威武屈，卒之從容就死以成仁。其大節炳燿軒轟宇宙間，凜凜乎立萬世君臣之大義。回視棄滅天常之降臣叛將，曾犬豕之不如，則其忠賢冠絶千古，豈人之所能及哉。宜其遺墨僅一幅，而爲人所悚敬珍藏，垂二百年而新猶一日也。嗚呼！重其遺墨者，本慕其人也。張君

❶「握」，四庫本作「控」。

重此帖，固知所慕矣。使世之君子得此帖而觀之，得不慨然知所重而慕之哉。

書劉忠愍公遺翰後

劉忠愍公與予爲辛丑進士，正統四年，予僉憲山東，至京師，公時爲講官，留飲，具論邊事將有後來之患。又二年，爲正統六年，召爲大理少卿。又二年，爲正統八年，公上疏言十事，其一即前四年所論邊事，疏有詆訐權臣語，遂爲所仇擠以死。又六年，爲正統十四年，公所言邊事大驗。今聖天子乃別白邪正，誅滅權奸，追贈公翰林學士，加今謚，遣官祭以少牢。所以褒恤禮儀，光榮隆厚，而公之名一日震耀天下。

嗚呼！自古以來，士鮮全節，如公者，天地間蓋不多見。其明有以燭事幾於未然，其忠欲以救事勢於將然，其直氣正言至於忤權奸，死而不悔，是蓋天與之以全節，足以爲人臣大防，立萬世之人紀矣。類若予輩之庸碌不足爲重輕者，何足道哉！何足道哉！又三年，爲景泰三年，冬，得公與張御史手書觀之，追想平生，三復慨歎，書此以志於其後云。

書嘉瓜集後

太祖高皇帝臨御之五年，句容民張觀獻其園所產二實同蔕嘉瓜于朝。既賚之錢遣歸，禮官因進言嘉瓜乃聖德和同、國家協慶之瑞，詞臣亦獻頌以美焉。聖祖乃製讚，以示不居其瑞之意。復諭臣下曰：「縱朕有德，天必不示以一物之祥。且草木之祥，生於其土，亦惟其土之人應之，於朕何預？若盡天地間時和歲豐，乃王者之禎也。」夫禮官詞臣以嘉瓜爲瑞者如彼，聖祖則推而弗居，以時和歲豐爲禎者如此。蓋自漢、唐、宋以來，雖英賢之君，鮮不爲祥瑞之所媚惑。惟我聖祖，取時和歲豐爲禎，不以草木一物爲瑞，誠足以超越千古，垂法萬事矣。雖然，當斯之時，陰陽順序，年穀屢登，所謂王者之禎既昭見於太和之世，而此嘉瓜者寔亦和氣所鍾。聖祖雖不有其瑞，而國家聖子神孫宗支蕃衍，繼繼承承，億萬斯年，豈非嘉瓜爲兆之一端歟。而觀之宗族，七八十年以來亦漸繁盛。今其孫諫，由進士爲御史，籍甚有聲。聖祖所諭「草木之祥，生於其土，亦惟其土之人應之」者，又足徵也。

是則國家厚德深仁，培植基本，導致休祥，固所以饗世於無窮。而御史君益當上體聖祖之大訓，下念大父之肇祥，奉其親長，率其子孫，敦行仁義忠孝之道於不怠，庶有以衍厥祥於悠久。不然，所資者多而所積者有限，譬之泉焉，不數浚其源而流將竭，祥其可恃乎哉？

御史君既摘《五倫書》所載嘉瓜事實，益以家乘所傳，彙而爲集，名士大夫皆有作，間亦求予言，遂書此於其後云。

題漢武帝迎申公圖

余觀《漢武帝迎申公圖》，喟曰：「茲事不見於世久矣！當時武帝能以玉帛安車，禮聘賢者如此，庶幾三代招賢之盛典。然申公既至，有『爲治不在多言，顧力行何如』之對，不合，雖以爲大中大夫，尋竟罷歸。惜乎武帝有招賢之名，無用賢之實也。武帝既然，抑不知申公所謂力行者何事邪？竊意人君力行，莫大於誠意、正心、脩身，以行王道於天下。使申公之言果出於此，而武帝允迪之，則漢之治何三代之不如哉。然以汲黯『内多欲而外施仁義』之言觀之，彼既以多欲内蠱其心，固無望其能力行所言以致治也。漢千載之後，有如程、朱之真儒，所以告其君者，皆誠意、正心、脩身以行王道之言。當時皆莫之用，則不能力行以爲治者，又不特武帝爲然也。因是以知三代而下，所以治不復古者，其原皆出於此。」三撫斯圖，書此以識其後。

題騎都尉孔冣誥後

右誥一道，今給事孔公恂上世祖孔公冣，仕宋真宗時特恩所授也。冣爲宣聖之嗣，其家世之慶善顯榮，綿歷古今，儒者言之備矣，余皆置不贅論。獨念自宋以來，數百年間，數罹變故，雖天下之巨藏重寶，大有勢力者，或弗能保爲己有。惟此誥僅一幅，而其子孫乃能世謹收藏，宛然如舊，豈亦有數存於間邪？抑孔氏之子孫所重者，異於彼耶？然則觀者於此可以矯然而知所警矣。

書河南參政陳公詩後

永樂初年，先君子復任滎陽縣教諭，

時余年方十五。河南參政陳宗問，浙江寧波府鄞縣人，以進士任工部主事，陞前職。其爲人有學有守，尤好激勵後進。因行屬至滎陽，索余詩稿觀。遂贈余一律，且序之曰：「觀其所作，才充而氣廣。不數年間，將見問學淹通，聲名洋溢，禄位不卑，非余儕備員苟禄者之可比矣。」其詩有「知爾晚來成大器，願脩德業贊雍熙」之句。時陳公年逾六十，鬢髮皓然，而乃獎進余之稚昧，復深自謙抑如此，可見前輩忠厚之至。

俯仰今昔，垂六十年。顧余老而無聞，不能副所期望，祇增愧耳。然公之厚意則不可忘，遂書其事於詩後云。

魏純傳

魏純，字希文，山東高密人也。其先世多仕者，至其父爲官江南。希文就學於江南，初治《易》，後明《春秋》、《詩》、《書》大義亦皆知之。其父爲績溪令時，希文客金陵。一時達官貴人，聞希文名，屏勢就見請交。因合幣羅致館中，俾訓其子弟。未幾，人有所指摘，語及希文，謫戍邊衛，寓薊州玉田縣。先君子永樂七年教訓其邑，希文復誨諸將官子於學宫傍，瑄因得納交爲心友。自是往返凡十年，議論連日夜不舍。瑄之疎劣，賴希文規輔之益爲多。先君子官滿去，希文徒步送數十里，執手爲别。别三年，嘗一得書，自是信音不相聞者又三年。其後先君子丁大父母憂，起復，至北京。時希文亦以薦至吏部，因同膺薦者有所不合，復退於初。又二年，爲宣德元年，侍從有薦希文學行者，復召至京師，集試吏部。文既合格，將上其名于朝以官之，而希文竟暴卒於旅次，是年某月某日也。明年春，瑄在河南，始聞其訃。先是，瑄有詩懷希文，考希文亡日，與瑄作詩時，皆在宣德元年冬。豈非交情之密，默有感觸於中，而不能自已於言乎？

嗚呼！瑄嘗觀古人論富貴貧賤，必皆曰「有命」。瑄少猶未之信。年來經涉既久，數數考之於己，驗之於人，然後有以見夫富貴貧賤，盖皆有決然不易之命，而非人之私智所能去取也。以吾希文觀之，其賦質粹而明，其爲學正而純，其立心必欲一毫無愧於屋漏，其制行必欲一事不悖於天理。是則以德言之，希文之賢固當見用於時也。處戎伍僅三十年，超然自得，不爲顯者焜燿而有自沮之色。其貧至於床無完衾，身無完褐，耕獲薪芻之事，靡不備嘗，而操行堅如金石，略不少變。其所處盖有古人所難者，而希文優處之。以時言之，希文困極宜通，當不至於終困也。至其忠信之行積於中，徵於外，武夫小子皆信其爲善人，而起尊敬之心。縉紳大夫皆知其爲君子，而感欲其得位於時。是則以人事言之，希文名實孚於遠邇，亦當顯於世也。三者皆無絲髪可疑，而乃卒至於窮死，不得一試其有，則所謂決然不易之命，豈不信哉！

瑄又竊有疑焉，夫所謂命者，果何自而然哉？葢出於天也。天必貴有德、福仁人，希文乃不克蒙其貴與福，則所謂天者竟何如哉？豈貴德福善者其常，而貴福差爽者不得其常乎？果天道自然而然，初無心於其間乎？抑人之生也，適丁其氣之清濁厚薄不齊，而非天之所能爲乎？是皆不可知也。或者又謂天於善人不有以福其躬，必有以昌其後，是又未可必也。雖然，古之所謂善人君子者，顧自處何如耳，固未嘗以命之厚薄爲輕重也。昔固有貴爲卿相，富累千金，生無益而死無聞者，命則厚矣，其於道果何如哉？以希文之賢，雖卒至於窮死，其德行名譽孚於人人，其自處者既已無愧於道矣，命之厚薄奚足道哉！奚足道哉！

瑄與希文交最久，情最密，始以希文之不遇，質之命而自疑，終以希文之無愧，揆之道以自解。又恐希文之潛德懿行久而或泯於世也，遂作傳以志於私篋，以傳之悠久。且俾世之君子，當力於爲善而無疑於命云。

蕭都御史傳

蕭氏諱中，字存中，世居江西之龍泉，其里曰南園，世稱南園蕭氏。存中曾大父諱暉甫，大父諱福可，父諱民遠，凡三世俱以德善承繼，一迹遠引，弗耀于時。存中賦質剛敏，篤志問學，大能繼述三父志，以增累其德善。在鄉里，直言正色，是是非非，無少假借。雖爲鄉人之善者敬服歸向，卒不悦於羣小。以是醜正健訟之徒，妄相與鑿空造言，意欲搆陷。存中獨先識其微，謂其家曰：「辟言于行不食，古亦有之，吾不可不行其戒。」遂挈家避居外邑者，將十五年。後知鄉里訟風稍息，乃還舊居所謂南園者。其鄉里善人老者喜其歸，少者仰其德，俗遂變爲仁里，争訟殆絶。存中乃益治其舊田園，課僮僕，勤力其中。不數年，生意益饒於前時，大有所積，則斥其餘以周困窶，不責所負。丁亥歲，臨、袁傍郡執役之人，伐木歸自湖湘者，既飲食不時，疲於道路，加以隆暑鬱蒸，病者死者，扶蹐相望。居人皆以爲疫癘染人，閉户無敢出視。存中獨曰：「是有命，疫癘安能染人？」乃大出湯藥，分遣所親，多方救濟，役夫賴以全活者甚衆。

存中既讀書知義，尤篤于宗族，無間疎戚遠近。有女孤無依者，爲具粧奩，擇所歸，使無過時。男長不能娶者，資給以聘禮，使無失配。其於家法，閨庭内外，秩如雍如，嚴而有恩。訓其子孫，一以道義，不及於利。其子啓者，既得存中家傳之學，登宣德丁未進士第，歷官監察御史、山東按察僉事，陞僉都御史，奉勑兩鎮河間府、居庸關，其所職皆風紀戎政大事。存中數戒以書，俾處心以公仁，持己以廉慎，行事以古人偉節豐功自期待，勿爲區區小利汩迷身心，撓損名節。啓能恪守其戒，所至守不可奪，事無不立，人無不悦，卓然爲時之名臣。存中貽教厥子者，❶可謂正且大矣。啓鎮守居庸時，存中棄世。邊務方殷，朝廷勉留。啓瀝誠懇乞終制，至于再三，詔乃許奔喪。奪情起復，及至，又領勑巡撫山右。久之，謝病歸，將奉存中之祀于家。啓之既忠且孝，則存中教及厥子者，又可謂善且美矣。啓爲監察御史，推恩封存中如其官。啓既陞都憲，又推恩誥

❶「貽」，原作「眙」，今據四庫本改。

贈存中中憲大夫、都察院右僉都御史云。

蕭叙仁字説

《禮》曰：「已冠而字之，成人之道也。」釋者曰：「古者童子雖貴，名之而已。冠而後，賓字之，以成人之道敬其子也。」都憲蕭公子榮冠，禮請學士劉公爲賓，因字之曰叙仁。劉公復序其字，取孟子「仁則榮，不仁則辱」，故因其名而字之曰叙仁。蓋欲其勉於爲仁，而行之有序也。

夫道之至大者莫大於仁，孔門弟子自顔子以下皆未嘗以仁許之。誠以仁爲萬善之長，偏言則一事，專言則包義、禮、智三者，故孔子教人惟以求仁爲言。蓋盡仁，則四者之性無不盡矣。至其爲仁之要，則其告顔子以非禮勿視、聽、言、動者是也。是則仁道雖大，有非後學所敢易言。然人得天地之理以爲性，初不以聖愚而有異。聖人之所以爲教，學者之所以爲學，莫不本於是焉。故雖初學之士，凡志於道者，必當從事於斯也。

今學士公既以叙仁字榮矣，叙仁其可不深思仁道之至大而未易言者，以用力於求之之要哉！且施仁之序，雖自親以及疏，自近以至遠，而其本則在乎求諸心而已。使心有不仁，則以何者施於遠近親疏之間哉？求諸心者無他，即非禮勿視、聽、言、動是也。叙仁必當念兹在兹，無終食、造次、顛沛之違，勉之又勉，用力之久，庶幾克去人欲，復全天理，而本心無一毫之不仁。則施仁之叙，無往而不達。有安榮之効，無危辱之事。《禮》所謂「冠而字之，成人之道」者，將於是乎在。不惟無負於學士公字之之意，亦無忝於都憲公矣。若徒尚乎叙仁之名，而無爲仁之實，殆見身心之間尚且迷繆乖紊之無序，尚何以施諸親疏遠近，而得夫安榮之効哉？叙仁其勉之！叙仁其戒之！

試諸生策一道

問：天地之間，理氣而已。河圖五十有五之數，一六水居北，二七火居南，三八木居東，四九金居西，五十土居中。奇偶之數，固八卦之所由畫也。然此皆以氣言，而不及於理，何歟？洛書因一二三四五六七八九之數，第而爲五行、五事、八政、五紀、皇極、三德、稽疑、庶徵、五福之疇，固兼以理氣言矣。先儒謂河圖、洛書相爲經緯，八卦、九疇相爲表裏。然一以氣言，一兼以理言，果何以有經緯、表裏歟？厥後周子作《太極圖》，其曰「無極而太極」者，純以理言也。自陰陽、五行、男女，化生萬物，則兼以氣言而理爲之主也。然周子非有河圖、洛書之可據，而《太極圖》之作，果有合於羲畫禹疇之旨歟？諸子於《易》、《書》、周子之學，必嘗講之，試爲我陳其説。

敬軒薛先生文集卷之十一

敬軒薛先生文集卷之十二

門人關西張鼎校正編輯
鄉後學沁水張銓重校梓

書

答陳文原先生書

廣文陳先生足下：前在覃懷，令嗣洎孫、高二生至，蒙手書示慰，以先人即世，致祭且賻，憫恤憂愛之情溢于言表，且以徐孺子、郭林宗之事爲喻，展讀再三，歔欷流涕。于以見賢人君子篤於始終，而爲此超絶之義、獎譽之詞也，感德其可勝言。雖然，孺子南州高士，林宗漢之賢者，孺子生芻之喻，林宗固足以當之矣。若孤子之無狀，不仁不孝，獲罪神明，降兹酷罰，而又故鄉千里，未即歸葬，羈居南北，禮節多廢，賢士大夫不即擯斥而棄絶之，幸矣。尚何古人之敢望哉。孤子固不足言，而足下之義，殆無愧於孺子焉。

蓋自後世，風靡俗失，至有門生故吏，於其師長之喪，尚不加戚於心，况於交游之泛泛者乎。足下與先人，非有門生、故吏、師長之義，特以滎陽一邂逅間，即傾懷相與。逮兹見背，乃不遠數百里，遣子若生，緘詞致哀，既祭且賻。其於孺子之義，又豈遠哉！是不惟先人及孤子存没感德，而所謂門生故吏薄於所終者，聞足下之風，亦可愧矣。承書即當裁答，因來河南收拾行李，遂爾稽謏。今遣舍弟專往拜禮，臨紙不勝哽塞馳戀之至，伏惟諒察。

論取友爲學答周秉忠書

秉忠司訓足下：前枉書并詩三章，即宜奉答。涉春入夏，小有私冗，遂爾一向稽怠。及今重取書、詩讀之，往復究翫，乃有以見足下善於交道，甚有似於古人也。又有以知足下力於進脩，蓋有出於後人也。

嘗觀古人之取友，必擇其可者相與游處，出入往來，誨喻偲偲然，一歸之於義，而所以交贊更脩，浸灌滋助，爲益甚大。故其德業成就，光明俊偉，咸有以立於當時，❶而聞諸後世。孔子所謂「友以輔仁」，《易》所謂「君子以朋友講習」者，此也。後之人則不然，於閎博誠直之良友，則忌其賢，疎而不親，而獨取夫側僻固陋，圓和軟熟，與己不齟齬者爲契合。羣居旅遊，攘袂嬉戲，道説鄙俚常事，不講不學，不規不告，靡靡然牽率淪胥爲愚下之歸。此古之交者所以日益，而後之交者所以日損也。足下以明敏之識，自始與僕相見，及後往來過從，每語必及於學，學必以古道相期勉。今詩中復有「多君啓迪」之語，顧僕何足以當此。但足下博於納善，過見收采，是以云云見及耳。僕因謂足下交道甚有似於古人者，此其一端也。

又如爲學一事，本其分內，自少至老，蓋無止期。雖大聖如孔子，猶忘食忘憂，不知老之將至。後之君子，其不逮聖人亦

❶「咸」，原作「感」，今據四庫本改。

已遠矣。然方其未得所欲時，莫不汲汲然務速以求之，曰：「我善於爲學。」一旦得所欲矣，即盡棄其向之所爲，若無絲毫關諸心者。人或問之，則曰：「我非不好學也，其如公私多事何？」僕謂爲此言者，蓋其立心之初，本不爲己，不過勉强涉獵，以求濟其欲耳。既得所欲，則學於我何有？宜其托此以自詭也。不然，使其真有好學之心，不以窮達而易其志，則酬應公私之餘，有一時之暇，即一時可學也。有一日之暇，即一日可學也。以至一月一歲，無不皆然。子夏所謂「學優則仕，仕優則學」，正如此耳。又何公私多事之足妨哉？既不能然，則少之所脩者，皆不足以爲壯之所資。此聖益聖，愚亦愚，而道德事業益相遼絶而不相及也。足下年富氣鋭，雖當羣弟子請業問難之煩，府衛文武交游之盛，冠盖往來將迎之勤，一不以是自撓，而稍得休暇，即執卷吟誦，紬思乎義理之微，而沉潛乎聖賢之奥，慎察乎言行之間，而震發乎六藝之音。故見於詩文者，渾朴古老，駸駸乎漸有作者步驟，比向所見者，萬萬有加。僕以是謂足下進脩有出於後人者，不其信乎。夫以明敏之識見，而知取友之益；以富强之年力，而篤進脩之功。誠持此道而不變焉，則他日所至，又豈淺末者可得而量哉？

僕忝科名以來，奔走東西，少得親賢之益，舊學荒失，百不一存。追顧前言，良可增愧，獨於汩汩中忽見有如足下者，能穎然進於此。因是有所感發，而輒復陳其固陋。然已不勉而勉人，又君子之所不與。冀足下略其下體而熟之，復之，固之，密之，以需所就。而果有以見古人之可及，而不但出於後人也。瑄悚息再拜。

與楊秀才書

楊生進道秀才足下：先君子未官河內時，先曾與生相識，于時生固有相親之心矣。其後先君子官河內，生遂朝夕相親，而心愈篤。及先君子没世，舊有别業在滎陽，因往治裝，生遂徒步相從。時秋雨積潦，大河北壖尤甚。生泥行三十里，水行十餘里，跋涉良苦，而略無愠色。其冬，瑄扶先人柩西歸。生送至孟津西山下，流涕爲别。大事訖，瑄來滎陽省老母。生復自河內來，留月餘。既去，而往來書問不絶。瑄惟人之所急，惟利與勢而已。生於瑄，非有二者可趍，而乃殷勤稠密相從不厭如此，非篤於爲義，而好衆人之不好者能爾邪。行念方將上京師，愧無以爲意，因略陳其固陋，以爲生贐。

瑄七八歲時，侍先君子左右，聞其稱古之人某爲大儒，今之某爲偉士，因竊自私記於心，曰：「彼亦人耳，人而學人，蓋無不可及之理也。」其時，瑄雖有志於是，顧方屬對偶、習聲詩，而尚未知所以爲學也。又六七年，先君子見可教，遂授以四書及他聖賢書，曰：「此爲學之要也，汝其勉之！」瑄拜受所教，遂發奮篤專於誦習，晝不足則繼之以夜，夜坐倦則置書枕側而卧閱之，或有達旦未已者。至於行立出入，起居飲食，不諷諸口，則思諸心。雖人事膠擾，未嘗一日而易其爲學之志也。如是者積十餘年，然後若有以察夫聖賢千言萬語之理，無不散見於天地萬物之中；而天地萬物之理，無不統會於此心微密之地。

自是以來，澄治源本，而恒懼夫邪慮以淆之。篤專脩習，而不敢以他好奪之。積之既久，間因以其中之欲發者，發而爲文辭，則但覺來之之甚易，若或有物以出之於內，而迫之於外也。其後以先君子命，從試於有司，一往即得之。仰希大儒偉士，雖不敢及，然韓子所謂「在進士中，粗爲知讀經書者」，竊以爲近似焉。今退居又六七年矣，中間遭值大故，哀痛悲傷之餘，尚懼頑愚荒怠，以負先君子之大訓，因時取向所授書，而温繹之。但覺意味之愈切，理趣之愈深，蓋有得於心，而不能形諸言者矣。此瑄之所以自少及長，凡勤苦僅得，而猶不敢自已者，此也。

今觀生之於瑄，求之可謂勤矣。然徐察生之志，則所慕者科名之未得，所急者文詞之不足。是以求之愈勞，而得之愈難也。瑄以謂不若且置此汲汲欲得之心，取四書與凡聖賢書，若瑄十六七以後時，又加力焉，則他日蓄積之深，無所不有。以其餘施之於辭，則析理精切而不差；措諸事，則典實而可行；于以應有司之所求，可一舉足得之矣，又何科名文辭之足患哉？此乃不求之求，實爲學之要法也。不然，涉獵記誦愈勞愈難，從使得之，亦何益于人己哉？鄙見如此，惟深加思勉，❶毋以斯言爲迂而虚用其勤。幸甚！

答湖廣左布政使李琦書

瑄書復左轄相公閣下：今年春，吴户部公至，承三月十六日手書示問，并寄字

❶「勉」，四庫本作「勞」。

帖藥方，一一祗領訖。伏惟閣下以魁奇之資，宏博之學，超邁之識，加以踐歷清要，久更事任，敦裕老成之名，允孚衆聽。乃者暫輟班行，旬宣江漢，上爲國家之所倚重，下爲列郡之所具瞻。英聲峻節，渢渢乎實在荆山之南矣。

瑄以章句之儒，濫側風紀。自祗命湖南，歲月云邁，治效蔑聞。仰瞻高義，益增愧赧。所恃者不欺暗室一事，期不負素顔與所學耳。以閤下于今爲先輩成德，故敢輒一道其志。兹因户部公歸，便率此奉復，并致謝忱。更冀若時保攝，爲國自重。不宣。瑄再拜。

答侍御王子沂書

瑄頓首復書侍御子沂足下：專人至，得八月初一日手書，備知體中不佳。第以遠道，不得即造奉問爲愧。承喻訪醫一節，沅州衛有一老醫，頗練方書，拯療頻有效者，已令收拾藥劑，與同來人起程前去。到日，伏望高明指示，商度用藥，勿責近功，徐圖其效爲妙。僕又念韓公有曰：「將息之道，當先理其心。」又頤養之要，節喜怒最急。蓋心體虚，則内有主，而外邪自不能入。喜怒節，則氣和平，而内疾自不能生。伏惟足下老成明理之士，此皆了然胸中而行之熟者，固不待僕之煩言。但區區懇愛，則願更加意焉。凡百語默動作，起居飲食，皆當寛坦其心，調節其氣，勿使思慮喜怒與疾氣交戰並争，則小小之恙，可不藥而減矣。不然，藥劑雖良，氣稍失和，則凝冰焦火，恐未易收效也。❶侍在眷私，故敢冒罄其狂言。惟加察納，幸甚！瑄再拜。

與王給事惟善書

瑄頓首給事閣下：去秋歸時，承顧送腆賻，感德殊深。即日伏惟起居佳勝。雖在哀中，豈勝馳仰。瑄亡母柩尚在淺土，以新窆未可即動移。又叔父先來存視，亦歿於是。兩喪未舉，皆人子之大事。疇昔忠厚之誨，敢不服膺？前喻作尊府君處士哀辭，謹具録别紙附寄。但愧蕪淺，不能有所發揮耳。照察，不宣。

與羅劉張李陳謝侍御

頓首寅契列位侍御閣下：瑄以菲才，濫厠寅末。蒙誨蒙愛，極深極厚，非筆舌所能騰喻。及遭先母亡，又承高文哀挽，此又刻心不能忘者。亡母柩尚在淺土，歸葬在開歲秋冬間。人便，率此奉字以代忱報。不宣。

與太守李太亨書

太亨足下：承以知己之薦，受聖天子明命，領東南大郡。又降璽書褒諭，使之乘傳之官。千載一遇，良在於斯。凡百有

❶「效」，四庫本作「功」。

志，孰不興起。足下以卓越之資，超絶之識，清白之行，而蘊蓄其奇，老其才者將三十年，一旦復見用於世，將攄發其所有，見於政事之間。赫赫之聲，行復播於朝右矣。盖天將大用其人，必先拂鬱空乏其心體，雖七十，猶未至耄老。足下困乏久而通，年雖高而視聽筋力未衰，晚景功名，政恐尚有進於千里之寄者。惟遲之，幸甚！瑄與足下，忘年之契，白首之交，義當出祖，以道其行。第臺中多事，薄晚方歸。故專令小子淳，奉簡以代敘別。到官政暇，時惠清教，尤幸。心照不宣。

再與李太亨書

瑄奉書老友太守先生足下：自京師一别，又十五年矣。江南冀北，相望邈然。向風引領，豈勝悵怏。僕昔在田里時，遠辱手書見示，并勞和僕所寄詩，展讀再四，益深悚企。中間乏便人，因循未及奉書通問，爲罪！爲罪！

僕自罷歸，日與老農夫爲伍，耕田藝麻，築室種樹。分將没齒草野，已絶望於功名富貴矣。不意去年九月初五日，驛使到門，催迫上路。十月初七日，又蒙恩命，擢官大理。供職以來，無毫髮報答。抑衰邁老醜，强顔班行，有愧古人出處之義多矣。方將上章懇返初服，曾未遂所圖，復有川、蜀、滇南督餽之行。於今年二月初九日，奔馳上道。北山勒移，能無厚顔。

緬想足下，輕舟短棹，葛巾藜杖，徜徉湖山之樂，益使人馳望耿耿，不能爲懷。前教令作所著書序文，尚未草創，俟南還之日，尚當勉圖奉寄。僕自前歸鄉里，喪第四子，子婦三人，孫二人，是皆命也。柰何！柰何！有律詩四首，用舊韻，皆二年前所作，録别紙奉上。僕又近苦臂痛眼花，縷縷私情，所欲言者甚衆，非紙筆所能盡。尚乞心炤不宣。

復李太亨書

復書太守太亨足下：今年正月，得去年二月手書。既承眷譽之過，兼以官守見喻，幸甚。其中有宜復者，不可但已。切觀君子於名位大小閑劇，皆不在己，惟隨其所居，爲所當爲，處之以義，而不咈乎時之宜，斯古所謂「不器」者然也。若曰某職吾能安之，某職吾不屑爲焉，則是不能隨所遇而裁之以義，顧拘於有用之器矣。

伏惟足下以年德之高，處此劇郡，猥日從事於文書訴訟、逢迎候伺間，似非長者所宜。然揚州爲東南之大府，頤指之吏，自州長令丞以下，莫不承望其風裁。所部比屋百千萬之民，又皆守率其教條。大丈夫官至郡守，其任亦重矣哉。足下尚爾云云者，豈其中真有不自得者邪？抑姑設此謙虚之言，以自謙也。若果有不自得，尤望足下弘古人之高義，因其位而爲所當爲，不以外之欣戚小小者動其心，則不器之君子，非古人之所得專，而在足下矣。足下其然之否乎？比有江淮往來者，似聞足下有落落難合之意，此無足怪，古之人或然。足下其益磨去圭角，委曲接之以義，於所不知者，默焉勿與之尚口勝。待小人尤嚴於自治，則於事之大小，似無難處者矣。足下又然之否乎？恃在白首交游，故敢披露盡言如此。若鄙見有未是，閤下其復之。

去年九月，在泰安州，燈下忽念缺然，久不奉問，似有望於足下者，遂成律詩一首。及今得書，乃知足下眷愛不忘我久矣。因録前詩附寄，以見區區以小人之心爲君子期也。更冀照察，不宣。

復李原德書

瑄復書李公閤下：辱書累數百言，大意以道學顯晦見推爲念。詞志高遠，迥出恒人所見。竊惟此道出於天而賦於人，全盡於聖賢。凡六經、四書，以及周、程、張、朱之説，無非明此而已。號稱儒士，而讀聖賢之書者，曷嘗不欲明是道、體是道、行是道、推是道於人哉？若讀其書而舍其道，乃先儒買櫝還珠之喻，非真讀書者也。瑄自少時，嘗有志於此，非敢自謂能與是道也，但覺心之所存，言之所發，身之所履，小有違理，即一日若不能安其身。此蓋出於道之不能自已者，豈敢借擬古人，而以道學自居哉？閤下過與，乃爾云云，徒使瑄撫己增愧耳。若以是聲號於人，必且見怪見鄙，不斥之以爲狂，即笑之以爲迂矣。深願閤下不以云云者布於人也。

往年河汾之會，漫語及此，亦六經、孔、曾、思、孟、周、程、張、朱之書，世儒之所共讀共談者耳，非瑄之所獨見也。閤下遽爾云云，豈以瑄誠深於是哉？[1] 而今而後，更願閤下以衆人視瑄。或欲往來講切是道，但當熟讀凡聖賢之書，一字一義，灼見下落，而體之心、體之身，繼之以勿怠，

[1]「深」，原作「渭」，四庫本作「講」，今據萬曆本改。

則推之人者不外是，而所學皆爲實理。雖不言道，而道即在是矣。顧瑄有志於是，而未能也，閤下其察之。人行，匆匆奉答，言不能盡意。閤下其復之。瑄再拜。

答司封趙主事子聰書

瑄復書子聰年契足下：去年，秋官張公來，承手書惠問，展讀再四，辭義懇款，厚德其曷敢忘？但稱道云云，則非瑄之所敢當。第因每年巡歷所部，稽於奉答，愧歉尤深。伏惟足下累世以來，《詩》《書》是襲，德善是崇，繼忠繼孝，進而登顯仕、獲重譽者，代不乏人。至足下，又以學行之美，誕繼家聲，凡在交遊，孰不歆仰？況瑄與令先兄侍御爲同年進士，與足下爲同年舉人，兼兩同年之好，是宜企慕之私，又非他比。但愧瑄年來學不加進，德不加脩，有負先侍御以洎足下素所知耳。足下或以爲尚可規教，時及誨言，尤幸。餘非所敢望。秋官公還，率此奉復。照察不宣。

戒子書

人之所以異於禽獸者，倫理而已。何謂倫？父子、君臣、夫婦、長幼、朋友五者之倫序是也。何謂理？即父子有親，君臣有義，夫婦有別，長幼有序，朋友有信，五者之天理是也。於倫理明而且盡，始得稱爲人之名。苟倫理一失，雖具人之形，其實與禽獸何異哉？蓋禽獸所知者，不過渴飲飢食，雌雄牝牡之欲而已，其于倫理則蠢然無知也。故其於飲食雌雄牝牡之欲既足，則飛鳴躑躅，羣遊旅宿，一無所爲。若人但知飲食男女之欲，而不能盡父子、君臣、夫婦、長幼、朋友之倫理，即煖衣飽食，終日嬉戲遊蕩，與禽獸無別矣。聖賢憂人之陷於禽獸也如此，其得位者，則脩道立教，使天下後世之人皆盡此倫理。其不得位者，則著書垂訓，亦欲天下後世人之皆盡此倫理。是則聖賢窮達雖異，而君師萬世之心則一而已。

汝曹既得天地之理氣凝合，父祖之一氣流傳，生而爲人矣，其可不思所以盡其人道乎？欲盡人道，必當於聖賢脩道之教，垂世之典，若小學、若四書、若六經之類，誦讀之、講貫之、思索之、體認之，反求諸日用人倫之間。聖賢所謂父子當親，吾則於父子求所以盡其親。聖賢所謂君臣當義，吾則於君臣求所以盡其義。聖賢所謂夫婦有別，吾則於夫婦思所以有其別。聖賢所謂長幼有序，吾則於長幼思所以有其序。聖賢所謂朋友有信，吾則於朋友思所以有其信。於此五者，無一而不致其精微曲折之詳，則日用身心自不外乎倫理，庶幾稱其人之名，得免流於禽獸之域矣！其或飽煖終日，無所用心，縱其耳目口鼻之欲，肆其四體百骸之安，耽嗜於非禮之聲色臭味，淪溺於非禮之私欲宴安，身雖有人之形，行實禽獸之行。仰貽天地凝形賦理之羞，俯爲父母流傳一氣之玷，將何以自立於世哉。汝曹其勉之！敬之！竭其心力，以全倫理，乃吾之至望也。

答李賢司封書

瑄奉書司封李先生足下：自河汾之

會，即相知不相忘者十餘年矣，非以志同氣合而然邪？及瑄來山東，又承手書切磨斯道，益荷知己之不忘也。前年至京師，極欲面悉凡紙筆所不盡者。未幾，又歸山東。回想風度，豈勝悵怏。去年春，左方伯王公來，又承書見示。首論居敬窮理之功，次喻所得之大，終及省察之要、義利之分，而謙謙又若不敢與於斯者，益見足下所志者皆古人之志，所求者皆古人之道。與汲汲於尋常之所争者，相去百千等矣。第書旨宏博，未易了悉，謹取其中三四條，奉答于右，伏惟擇焉。

是道之大，原於天，具于人心，散於萬事萬物，非格物致知，則不能明其理。故《大學》之教以是二者居八條目之首。然大段此心，非虛明寧靜，❶則昏昧放逸，又無以爲格物致知之本。程夫子所謂「涵養須用敬，進學則在致知」者，正欲居敬窮理，交互用力，以進於道也。足下論爲學之道，首及於此，誠得程夫子教人之要旨矣。又能尋此而進焉，他日所至其可量乎？足下又謂：「忠孝大節固不敢虧，聖賢細膩工夫決不能到。」乃足下自謙之辭耳。朱夫子有言：「愈細密，愈廣大。愈謹確，愈高明。」是則大節固所當盡，而細膩工夫或者亦不可不勉也。❷足下省察工夫至此已極爲親切，更加以精辯持守之力，必能爲己而不爲人也，爲義而不爲利也。伏惟足下氣清而才敏，識高而志篤，切切焉恒以是道、是知、是行、是相講磨爲務，所謂汲汲於尋常之所争，無以干其中。譬

❶「大段此心非」，四庫本作「非此心大段」。

❷「也」下，四庫本有「足下入謂動作毫釐小差忽不知墮於爲利之域矣」二十字。

之入海者，既識江河之正道，又得舟楫之利器，循焉而不已，其至也不難矣。孟子所謂「豪傑之才」，朱子所謂「百世之下，神會而心得」者，百千年間豈無其人乎？非瑄所敢知也。瑄愚僻無他才能，獨於爲學一事，實非他好所能尚，但乏明師友以正其是非，以此不敢果於自定耳。年來忽得高明如足下者，數見教示，誠孤陋中之一幸也。繼自今往，尤有望於足下矣。

近者右方伯王公云得足下書，且附問瑄，以爲人少知者。瑄以謂學求分内事耳，知不知何與於己哉？但足下見愛之過云然耳。往年舟中有懷足下律詩三十韻，近日所述《敬吟》一首，具録别紙，并謝奉答之稽慢，伏冀照察。不宣。

與李匡都御史書

瑄奉書都憲李公行幕：成都一別，又數月矣。慕仰之私，❶與時俱切。即日伏惟駐節山間，部分諸將必有奇策以羈叛蠻之首，溪峒行且落然無警矣。鄙意猶以爲蠢兹醜類，與其振威武以服其外，不若布誠信以結其心。高明以爲何如？勉而行之，大功可立，况此小寇烏足置齒頰哉！

瑄自永寧至瀘州，感暑瘧，寒熱大作數日，幾不可支。今雖稍愈，正氣尚未完復，猶恃粥以保養耳。餽運一事，猥承公牒，悚息尤深。但邊衛武夫，不諒鄙意，致此有煩言耳。兹敢輒用公牒干瀆左右，想

❶「慕」，原作「幕」，今據四庫本改。

發封爲一笑也。凡百瑄所不及，更冀見教爲幸。子路人告之以過則喜，瑄雖不敏，常奉教於君子矣。率此奉狀，伏惟照亮。不宣。

答李都御史書

瑄書復都憲李公足下：專人至，持手書見示，首叙向日鄙作之贈。追念蕪陋之辭，祇增愧耳，奚足以言詩文哉！且承喻招徠叛亂，戎獠次第款服，虜去人口大半放還，尤可見足下能布朝廷之恩信，不煩一戟，不勞一兵，從容指麾，使一方反側，異類感德革面，唯唯來歸。自非足下平日忠信鬱於中而發於外，安能致彼孚化之若是乎？瑄近日遣小吏奉書往，中間亦謾陳「振威武以服其外，不若布誠信以結其心」，觀足下此舉，蓋先得我心之同然矣。君子行事適機宜，尤使人敬慕之無已也。昔趙充國討叛羌，緩於攻戰，但撫其渠魁，而坐使其黨類解散，湟中既安，振旅而還。朱子大書於《綱目》，以美其績。以此見安邊境治蠻夷，蓋以懷柔爲先，不以攻戰爲貴也。足下此行深得安邊之計，垂聲竹帛，又豈多讓於古人邪。

瑄近日賤體失養，感瘧疾，連發數日方已。足下專遣人垂問，感德其又可忘。足下師還有期，會晤非遠，縷縷餘情，尚容面布。人還，先此奉復，尚冀照察。不宣。

與李都御史書

近日，江安驛丞持梨果自山中來，又承垂問，感德愈深。恭審足下體中亦小不佳，想行即平豫。大抵山中林嵐蓊鬱，無所發泄其氣，最能中人。日來殘暑蒸熱，亦能爲癘。足下體中不佳，豈以是二者邪？不然，或積勞軍旅之事所致也。瑄少多與名醫往來，頗諳醫道。大抵感冒之疾，三日之前，只宜用辛涼之藥發散，三日之後，宜和解。有内證，可下則下之，切不可用乾姜、附子諸性熱之藥。若服熱藥，則病勢必增，蓋感冒始終只是熱疾也。俗醫不知此理，謂在表爲陽，爲熱，在裏爲陰，爲寒，失之遠矣。外此，即是雜病，有方可療，亦宜慎擇其藥性之良者用之。以足下之高明，必了然於此，固不待瑄之瀆言，然私意亦欲少致懇耳。

又朱子與黄子耕書曰：「凡病中一切事放下，專以存心養氣爲務。跏趺静坐，目視鼻端，注心臍腹之下，久自温暖，即漸見功效矣。」此亦調攝之一端也。瑄疾雖平復，尚未任勞。相去數程，未得趨問，爲愧良多。兹遣專人以代申問之敬。尚冀爲國自重，不具。

答閻禹錫書

瑄再拜書復廣文先生禹錫足下：自來金陵，未及一年，三辱手書示問，重叙河汾之會，以及瑄之出處。藹然忠厚之意，溢於言辭，爲荷不淺。但前後所推許者，皆不敢當。瑄本世俗之學，中年稍知理趣，而卒有所未得，亦僅置於心而不忘耳。承喻所學之正，進脩之篤，敬羡！敬羡！第別紙所録《釋毁賦》，多用騷意。竊惟古人爲己之學，於人之知不知，與夫毁譽之言，皆不足以動心。若此賦之詞，似有激發不平之意，得不爲此心虚明之累乎？所望一切除去此意，日求吾所未至，使反身誠而樂莫大，則彼毁譽之言，烏足以動吾心哉？

第二書又謂：「學徒告以微妙，茫然若夏虫之疑冰。」是誠然也。夫以子貢之高識，猶僅克悟性、天道於晚年，况他乎哉？程子終身不以《太極圖》示人者，正謂是耳。故教人之法，最宜謹其先後深淺之序。若不量所至，驟語以高妙，不止不能入，彼將輕此理爲不足信矣。

其他書辭，不能盡答。惟所學之正，進脩之篤，他日所就，殆未可量，固非老拙日退者之可望也。所求《文獻通考》、《叢藁》二書，《叢藁》所未見，《通考》家故有之，博而不約，殆非理學之所急。良輔亦有二書見寄，尚未奉答。兹因鄉人薛生之便，率此奉復。尚冀心照，不宣。

答曹安司訓書

書復廣文曹司訓：近得書，歷叙游宦鄢陵，見慕之切，且極稱道區區行己出處之義。以愚老，豈敢當其萬一。且區區素與廣文未識面，特以鄢陵前後風聲相接之故，遂荷此厚愛，足見廣文好善之心，無間於疎數也。所要作《殷少師比干集序》，又見廣文景仰忠賢之心。然區區思之至再，以稱許少師之仁，已見於先聖孔子之言。後人雖欲重累其辭，諒無以出其一言之外者。以是果於不敢作，非有吝也。以厚意不可虚，特具小簡以復。惟廣文裁察，妙甚。

答閻禹錫書

廣文閻先生足下：别來數年，以氣味之同，未嘗少忘于懷。兩年連得兩書，乃知足下之見愛，亦如愚老之思足下也。但前後所稱道者，皆不敢當耳。承喻陞清秩，得以所學勵英才，樂可勝道邪。

又喻取《朱子文集》、《語類》諸書，掇其精者，題曰《晦菴要語》，云欲寄示。此正欲快覩，早寄爲妙。所要《讀書續録》，但愚老自備遺忘耳，亦何足觀也。近讀《近思録》，程子謂方道輔曰：「經以載道，誦其言辭，解其訓詁，而不及道，乃無用之糟粕耳。」覬足下由經以求道，異日見卓立於前，有不知手之舞、足之蹈。竊謂因經以求道，乃進學之至要。蓋凡聖人之書，皆經也。道則實理之所在，苟徒誦習紙上之經，而不求實理之所在，則經乃糟粕，如程所云也。以足下之明敏，於程子要語從事必熟。特以愚老敬慕之切，故敢瀆言之，更希留意，妙甚。率此奉復，欠備。惟心照不宣。

敬軒薛先生文集卷之十二

敬軒薛先生文集卷之十三

門人關西張鼎校正編輯
鄉後學沁水張銓重校梓

序

論選序

昔真文忠公編《文章正宗》，釐爲四體，其一議論也。議論見於經史者，如唐、虞、三代君臣之言，孔、曾、思、孟問答之語，以至後世英賢之談辯，名臣之章疏，儒先之著述，或陳經世之要，或發天理之微，或指切當世之務，或剖析理欲之幾。雖所言各殊，而皆所謂議論之文也。然文忠所録，自《春秋》内外傳至漢、唐而止，於六經、孔、曾、思、孟之書則不及者，蓋以聖賢大訓，不當與作者同録，于以示慎重耳。

我朝設科取士，罷詩賦，中場易之以論，蓋即所謂議論體也。文制既新，士習亦變。由是秉筆締思者，咸以古人自期。而文章之中程度者，蔚有可觀。然歷科既多小録，散在四方，每不得以聚觀爲歎。

鄢陵司訓東魯王惟善氏，乃能收集歷科以來小録，進其論之精粹者，彙爲一編。余間閲之，不惟快吾夙志，實足以見我國家德澤涵煦之深，人才之盛，而議論之純正，有不愧於古人也。又以見惟善編選之勞，庶幾乎文忠之遺意，而可行於後世也。於是爲之序，以冠其端云。

送白司訓序

理之在人心，固無先後。而人之覺是理者，則有先後焉。先覺者以斯理覺後人，俾暗者明，邪者正，故謂之師。自鄒魯之教衰，而斯理不明于世。所謂師之名雖是，而其實則非矣。如楊、墨、許行之學，莊、列、老、佛、韓、谷、孫、吴之教，當時習其事者，固各以師稱之矣。然迹其所爲，非徒無益，而邪説怪行，所以壞人心，害仁義，貽患於天下後世者，可勝道哉。至濂溪周元公，始以一理、二氣、五行化生萬物之妙，作爲《圖》《書》，以發二程。二程復因聖賢遺籍，推究而擴大之，以覺當世之學者。及紫陽朱子上得伊洛之傳，以道自任。一時及門之士，莫不去暗即明，去邪即正。由是師之名與實，殆不異乎鄒魯之盛。其所以明天理，正人心，有功於天下後世者，豈小補哉？

皇明定四方，一文治，縱横等家悉皆禁黜。内外學校，咸以明經之士爲之師。經以程、朱氏之説爲之主。盖謂經之所載者理，能通乎經，斯能明理以覺夫人。苟經有不通，則理有不明。理有不明，則後學無所啓發取正，而人將惑於他岐，其流弊亦不下於雜學之師矣。此校官爲職雖卑，而關係爲甚大也。

吾鄉白公，談博卓偉，言直行方，以明經中乙榜，兩任校庠，克慎所職，而學者知奮。今以滎陽司訓秩滿將行，縣令沈公索予文以贈。予遂歷道夫師之名實，理之明晦，以告公。公其益當審所去取，而慎所覺哉。

送王汝霖大尹序

余嘗讀《西漢書》，見循吏六人傳。又讀《東漢書》，見循吏十二人傳。以謂兩漢治最近古，何賢守令落落如是耶？蓋人才之難，自昔然也。我皇明綏萬方，興百度，凡任民社者，尤重其選。余生也晚，愧不得遍識天下賢豪之士，獨於余邑大尹王公，幸知其賢焉。

往年，余在河南，鄉人至，談公之賢不容口。當是時，余固聞其名矣，猶未得其爲人也。其後，公朝京師，往來河南道中，連得兩見。耳其言論，目其威儀，余又得其爲人矣，猶未知其政也。又二年，余歸故鄉，謁公於公署。退觀其所以設施者，肅之以威，而敷之以和。威，故鄉豪市猾破膽滅迹，莫敢售其奸。和，故愿民弱姓安於里閭，無呼號頓捽之擾。至是，於公之政始得其詳焉。自是別公，去逾數歲。今年冬，復歸河南之鄢陵，則公之威惠在人心者，益深於前矣。

余既隨計，不可少留，公亦將考績天官。余恐公之政將移於他，而興吾民之思也。遂歷道余之知公者非一日，以爲公贈，且志於私牘，以俟夫太史氏之筆焉。

滎陽送別圖詩序

侍御劉公丁内艱，服闋，豸冠繡衣，將歸于朝。士大夫相與載酒殽，餞于滎水之濱。酒三行，縣令沈君言於衆曰：「古人之別，或爲文以暢情，或爲圖以狀景，皆所以篤交道，寓不忘也。今兹侍御公之行，不有圖而歌詠之，又豈古人爲别之義哉？」於是命工繪《滎陽送别圖》，俾序其端。

余觀圖之所載，山之高，水之流，烟雲草樹之相滋，人物舟車之彷彿，其於臨别之景悉矣。若夫贈言之重，祝規之情，則豈圖所能顯哉？此既圖而必申之以辭也。

侍御公少游庠序有聲，及登臺署，簡默莊重，明敏寬恕，風節固已表著于時矣。是行也，益當攄誠竭忠，❶登進才賢，屏黜姦宄，大振風紀。俾事業聞望偉然赫然，炳如丹青，傳之信史，則是圖與文，併可以爲後日之美談矣。士大夫之工乎詩者，歌以系之。

贈王給事中序

君子之學，貴乎擴其量而已。量本宏大，而拘於有形之器，故外有所感，則中有所遷。所謂本自宏大者，盖亦不勝其小矣。不觀諸水乎，減之一勺則耗，加之一勺則滿者，蹄涔也。多方引之而不加少，衆流趍之而不加多者，江海也。江海之量固大矣，而猶有涯，階是而進於無涯之量，豈非道之大而無外乎？嘗觀之古人，其大若江海之量者，固亦有之。至於小得則喜，小失則戚者，盖亦不勝其衆也。量之不同，乃如是哉。

今之校官，俗呰爲冷職，恒人處是能

❶「益」，雍正本作「盖」。

無戚容者，固鮮。或一旦去此，而陟於尊顯，能無德色者，爲尤鮮也。先人在鄢陵時，王惟善先生適爲司訓。余侍先人側，竊觀先生之爲人，謹於自脩，勤於教人。於凡學宫有所脩立，盡心盡力，若治其私室然。蓋將終身安於是，而不慕乎外，視恒人之戚於是者既有間矣。及其考績天官，集諸教職而試之，將拔其尤者以充近職。既而先生之威儀文辭，獨穎出一時，遂有給事黄門之選。余往賀之，則見先生之言談舉止，與居教職時絲毫無所異。所謂自得之色，無自而窺焉。余因切嘆曰：「人臣之歷閶闔，登王階，載筆紀事，恒得瞻日月之光者，惟給事中爲然。自其職親地禁，不與他等，爲顯且榮也明矣。今去冷職而驟處是，欲其不自矜也難矣哉。先生獨能視榮瘁無二致，處卑顯爲一節，非能擴大其量，不以外之所得爲欣戚者，其能然乎！由是見先生之量，進於道體，既未可涯，至於處尊顯之地，更有大於此者，必無所滿矣。」於是乎言。

御史箴解序

《御史箴》者，元張文忠公所作也。公爲御史時，嘗著《風憲忠告》以明風紀之要。又作是箴，并以致戒焉。大義言御史之職關係甚重，任是職者，當思其重，而爲所當爲，戒所當戒。其言簡，其理備，其詞直，其義切，誠憲臣之藥石也。公既没，而其箴盛行於世。今内自臺署，外及臬司，以至憲臣之家，靡不列之于屏于几，以比韋弦之戒。《傳》曰：「仁人之言，其利博哉！」信矣！

余以菲才，承乏風紀，恒誦是箴以攻其過。暇日復述前聞爲《集解》，以釋其義。雖於文忠公作箴之意未能盡得其蘊，然讀是箴者，誠能因是訓詁以翫其詞，求其意，反諸身心而自省，則當爲當戒者，固已不昧所從事。又能歷覽《忠告》全書而有得焉，則於風紀職業爲可舉矣。

鄢陵縣志序

郡邑之有志，尚矣。「任土作貢」見於《夏書》。九州之土，九野之星，掌之周職方、保章氏。自漢以來，作史者亦皆有志，以載當時之土宇。雖郡邑之名，或仍或革，至於上則天文，下因地理，區宇一定之宜，則有非私智所能改易也。我皇明肇一四方，極海内外，畢載圖籍，幅員之廣，前未之有也。皇上臨御之十六年，爰命天下儒臣，考郡縣廢置之由，與夫山川風土之類，編集以進。

于時，鄢陵司訓王惟善實脩縣志，奉命惟謹。乃摘抉經史，詢諏故老，摭遺事於刓碑斷石之間，訪陳迹於荒墟廢址之内。彼此更定其是非，古今互求其實迹。提綱舉目，細大不遺。凡邑之肇置本末，與夫分野所屬，山川所表，溝池土地之綿歷，户籍貢賦之盈縮，風俗土産之宜，宦蹟人物之衆，縣治、庠序、壇壝、郵傳創建之始，僧寺、祠觀、橋梁、陂池存毁之迹，仙釋之有無，文士之題詠，靡不博采而備録之。再閲月始克成編。乃繕寫爲帙，上之朝。復將鋟板邑庠，傳之永久，遂屬余序。

余謂蘭亭之會，茂林脩竹，崇山峻嶺，遊觀之樂耳，好事者猶圖而記之，以傳于後。况兹一邑之志，有稽於古，有考於今，其可尼而不傳哉？是書也，俾邑之人覩其山川景物，則堅其安土樂業之心；覩夫忠良孝義，則興其去惡向善之志。是又豈非政教之一助哉？是爲序。

周氏族譜序

上饒周秉忠，示余族譜一帙，求爲之序。余觀秉忠先世家于上饒者，歷年滋多。譜所謂元溪者，蓋其宗，而元溪之分，則自學録公始。學録公以文學顯於宋，而其後蟬聯相繼，各以儒吏醫術著稱于時。傳六世，有安世者，號觀復翁，於秉忠爲高叔祖。乃始纂集聞見，以譜其世，而傳諸家。至秉忠先君子，復取觀復翁以降宗系之未登于譜者，條别以附。秉忠又取其先君子輩行，及其昆弟子姪，各以序列于後。由是，周氏之譜克完無漏。嗚呼！若周氏之祖子孫，可謂善於繼承者已。余於是因有感焉。

嘗觀世之人，莫不欲蕃昌其宗支，殊不知積於前者淺以狹，其如後之人何？譬之於水，捧塊累石，爲尋丈之沼，所瀦不過咫尺之深，決而求其流之長，不亦難乎？周氏則不然，自學録公以來，咸有所蓄而未施，其積之富，殆若長陂巨浸，固已汪洋浩渺而廣且深矣。今秉忠始復以文學奮迹科目，遂有分教之命。周氏之積，殆發于秉忠乎？吾見其沛然奔放，而莫之禦也。然周氏之積而發者固可驗，使秉忠之後，遑恤厥源而決之不已，則廣且深者，亦將有時而竭矣。惟能因余言，以歷覽其先德之懿，以世濟其美焉，則源益長。

周氏之發，庸可既乎？《詩》曰：「子子孫孫，勿替引之！」余於周氏亦云。是爲序。

送孟縣令林君致政序

聖朝稽古典禮，以正百度。士之入仕者，進有禄秩之加，退有引年之令。所以始終優禮臣下之意，可謂備至也。孟縣令林君，一朝以年逾六十，將請于朝，如引年之令。于時，郡之交游來徵詞以贈，且言：「君之歷官久矣，然所至必有聲。司委積，理簿書，雖卑必舉其事。知大府，毗守政，雖顯不易其心。孟縣號爲繁劇，自君來，治之有法，坐以無事。上下咸才其爲，吾輩誠重其能而賢其去，願先生一言以張之。」

余惟士君子於進退之際，尤所慎重。觀林君少而學，壯而仕，老而罷，克保始終，無悔吝之及，非慎且重者，其能然乎？是行也，不日得請于朝，榮歸故里。見平昔之交游，集鄉閭之子弟，樽酒之間，尚當明告以聖朝養老優賢之意，使皆勉於忠，勉於孝，相率爲禮義之俗。則林君於退歸之際，益可重矣。

務本堂序

務本堂者，揭萬英所作也。萬英世家撫之臨川，作藏脩之所，盛蓄書史，將以講復思繹，浚其德之源而導其流，遂取有子所謂「務本」者名其堂。永樂甲辰冬，萬英來省其兄于覃懷，因繪其堂之臨據，間以謁余，求爲之言。

余遺之言曰：子不觀夫穡人之治田

乎？是穮是蔉，不少自懈，雖有歉歲，不能爲患矣。君子之爲學，亦猶是也。耕其理義之田，勤力約取，不侈乎外，惟事乎中。凡汲汲於朝夕者，惟以脩德慎行爲務。蓋德行者，萬事之本也。本立而道之行，將若水走壑，火燎原，安往而不達哉？或不能務其本而欲道之行，猶農夫忘穮蔉之勤，而欲有秋成之望，烏有是理哉？萬英既取古賢者之格言以名堂，其必視名思義，務所當務，勉之又勉，不責効於旦夕之間，而收夫遠大之獲，則穮蔉之積，不可一二數矣。韓子所謂「養其根而俟其實」者，萬英其深念之。

送李太亨詩序

余往歲侍先君子游玉田，玉田多四方賢豪之士，余皆與之交。而親且厚者，則濟南王君素亨、大梁范君汝舟、東萊魏君希文、永嘉徐君蘊夫、安陽苑君仲仁，洎今海昌李君太亨而已。諸君子皆年德老成，余獨以稚昧居其間，往來相得懽甚。其後，素亨以薦舉進，余以先君子官滿去，太亨之吴，汝舟之汴，希文南行，獨蘊夫、仲仁尚留玉田。而吾六七人者，千里相望，邈不可即。追念往日從游之樂，可勝慨耶。

今年春，余重遭大故，居憂覃懷，而太亨李君乃自吴抵中州，走數千里，取酒爲文以祭先君子，并以慰余于哀次。嗚呼！徐孺子之行不見於世久矣，而李君獨爲之。嗚呼！世豈復有斯人者乎？余因念疇昔與諸君子相得甚厚，數年以來，各縻于事，不可驟見，而乃獨得與李君相會，是又足以感余哀荒離索之情矣。於其歸，遂銜哀書此以贈，而復伸之以詩云。

送王世寧歸覃懷序

古之爲士者，既自廣其學而充其道矣，進而有爲也，必以其義而推其有於人人。至於得失之際，初無介于懷焉。後之人不然，脩于己者不力，而僥倖于名位之得。得則意氣横肆，以矜駭于庸人之耳目，以求遂其朵頤之利欲，而及人之實未必有也。不得則悄然憂，爽然嘆，立若無所自容。人之度量不同，有如是哉！

覃懷王世寧，其先業醫，嘗有隱德而未之報，至世寧，乃能篤志於學。今年秋，以郡庠弟子員一舉而遂登于鄉選。人皆謂是故家子能享其報矣。及歸，道由鄭之滎陽。余往與之有舊，重其歸，因遺之言曰：「人之學有得焉，而或未遇于時，不足爲歉也。學未有得焉，而或邂逅利達，不足爲多也。惟學得焉，時達焉，則於義爲合。向所謂古人之進，止如是耳。世寧幸生休明之時，涵泳詩書禮樂之澤，一舉而遂得名于薦書。其於進而有爲之義，將階于此矣。雖然，予將進世寧於道。進於道，殆未可以是自滿也。歸見鄉人，有以榮且慶見稱者，世寧慎勿信也。惟當益增其所當務，等而以義進。他日推其有於人，若高山出泉而勢莫能禦。斯庶幾乎古人矣！余請書此以俟。」

送驛丞湯伯瑀序

皇明有天下，極海内外咸爲編氓。内

之政教號令，頒布于四方萬國。外之華夷臣妾，展覲脩貢于天朝。肩摩踵接，畢出道途。以故傳置之設，布滿區内，川浮陸走，遠近分合，脉理牽聯。雖南北東西，岐路若錙銖然，而無不川匯雲集，會同于輦轂之下。是則司其事者，雖不若顯且尊者之所爲，而有關於政務之萬一，要亦不可少也。

滎陽索亭驛，當東西之衝，軺驛尤劇。所職或匪其人，往往屋宇穿漏弗可居，廪餼匱竭，薪芻空疎，使至無以資。馬瘠尫駑老，不任乘服，而往來壅滯，大不稱設傳置之初意。湖南湯伯瑀，以敏幹給差藩司三年，遂來丞茲驛。及至，顧視室屋之缺穿者繕補之，餼饋委積之空虛者充牣之，廄芻完富，馬息以逸。凡百器用，無不新好。由是使至如得私家，其去如馳風雨。前之積弊，一皆刮去。而伯瑀又能事長上以謹慎，接過使以卑遜，交朋好以然諾，故尤得稱於衆。

今年秋，以考績將謁選曹，邑之交游來請文以贈。余觀伯瑀之勤事若此，其可謂能舉其職，而不失傳置建設之初意矣。如是而進於選曹，焉有不允其績者乎？遂書此爲考績序。

送永和湯大尹序

余少游中州，則聞大梁爲古今名藩，文獻之所薰陶，耳目之所觀化，類多秀特俊偉之才。其後，余亦與試於河南庚子之秋闈，見大梁之士，儀觀偉雅，言談詳緩。及掉鞅場屋，文詞沛發，牓出而開封祥符之士，於他郡邑倍焉。余益信大梁之多奇士，非虛語也。明年，余忝科第歸，遇大梁湯自新於滎陽。目其容，粹而豐。聽其言，簡而切。扣其中，則所出未已。視余庚子同登士，蓋莫能先後焉。余又知大梁之奇士，不止於疇昔所見也。自後余歸河津，有來自永和者，因問湯公之政，則稱善不容口。余又知湯公習於從仕者，蓋有所自也。

今年，余赴京師，道出永和。入其境，見其墾田多在山石險側間，坦夷者十無二三。問其吏，則牛力所不及者，皆斸垡以下種。余以謂有如此，民必艱悴流徙者多。及過岩穴山溪之居，則見老農父母兄弟妻子，毳帽褐衣，饘粥菜羹，飽煖自足，而無一家之外徙者。因怪而詢其故，則曰：「吾邑有賢侯焉。自來視事，刮絕羣弊。爲農者，惟務供租給役，而無胥吏漁獵之擾。爲兵者，安於戍役，而無軍將徵索之苦。凡吾民所以優游林壑，得自力於山田者，皆侯之惠也。是以田雖險瘠，然易治既至，故年之所入，亦足以自給焉。人之所以無轉徙離逖者，此也。」及至其所治，則見其爲政簡而不煩，寬而有法。余竊自嘆，世之有司，朘人益己，視民之飢寒流亡，略不加恤。此誠何心哉！湯公乃能化磽瘠爲豐熟，撫疲困爲安佚，致人稱道，先後遠近同然一詞。非盡心撫字者能然耶？余益以信大梁之奇士，不但見於問學儀觀之美，而又能措諸行事之實，爲可羨也。

湯公今以三載報政天官，余見其書最而歸，益勵初政，九載陟明可期。異日事業成就，未必不爲大梁人物之秀者也。余姑書以贈。

送盛司訓序

人之負魁壘之才，抱奇特之志者，鮮不欲位通顯以出其中之所有，而樹勛業于時。有其器而或拘於冷職僻地，鮮不戚咨無聊，若不能一日安者。此人之恒態也。余竊以爲不然，君子誠有是器矣，但當隨所遇而安之，以盡其當爲之分。分誠盡矣，則其氣益定，理益明，消其邁往之鋭，而老其宏偉之才。所謂顯位達宦，雖無倖冀，或有時而自至焉。于以施其所有，則何勛業之不立哉？

今年冬，余與盛君文顯會于襄陵司訓丁君廷玉家，同處連日夜。因觀其爲人，質貌充碩而議論穎脱，盖所謂魁壘奇特者也。問其職，則司訓，爲冷職。問其地，則岳陽，爲僻地。他人有是器而處是位，則戚咨之意必有形諸聲容者。盛君不然，方歉然以進脩爲未足，退然以誨人爲未至。若不知教官之爲冷職，岳陽之爲僻地，盖能安於所遇，而克脩其職者也。吾意其涵而泳之而氣必完，静而察之而理必熟，鋭邁消而宏偉就，如是而進於衡鑑之下，輕重大小，無所移易，而顯位達宦，或不能辭，其必盡發所藴，秉仁執義，上以忠乎君；脩政立事，下以澤乎民。勛名事業，垂諸悠久，斯足見其魁壘奇特之實矣。

丁君於盛君爲素交，盖亦魁壘奇特而淹於教職者也。因盛君考滿之行，求余文以贈。余遂書此以告，并以爲丁君勗云。

送教諭韋穎考滿序

士之仕也，不難夫職任之崇卑，而難夫職任之脩舉。職誠脩矣，是小官卑秩尚可以行其志，况崇資巨秩哉。校官在衆職中，雖曰禄薄秩小，然有師之尊。世嘗以清職稱之，實非泛然小官之可比也。以清職而異乎他，則居其任而脩其職者，不其尤難哉。河津爲邑，介乎冀、雍之間，前汾右黄，襟帶合流，北則大山隱起，延袤萬里。以兩州之交，河山之會，氣之靈而鍾于人者比比焉。故來教是邑者，必能舉其職，而後人始得以因其靈以成就。

廣文韋君穎，詩書文雅，得之學而會之心者，宏博涵蓄，總統包括。士之從游者，如入富室大藏，而百物隨所取。如游抵鵲合浦，而珍奇遂所求。以故騰芳科貢者，接踵于時。其不捷而退脩於初者，亦皆以不及前人爲自愧。是皆先生善教之力，而非特山川風土然也。然他人篤專教條者，視廟學不飭，必諉曰此有司事也。雖壞圮弗支，而不加葺。先生又能欽服國典，大合羣材，一新廟學，俾聖祀孔彰，而士業有所。若先生者，可謂兼道與事而一之，於職爲無忝矣。

今年春，以考滿將詣天官，諸生重其善教興學之功，因相率求余言以贈之。余，邑人也。雖游宦四方，而近年亟歸，連得承顔接辭，故於知先生爲詳且熟。諸生雖不有請，尚將强而言，况請之勤乎。先生行矣，聊以已然者卜其未然者，則崇資巨秩或可陟焉。余又知先生能慎終厥職，而無所怠也。是爲序。

贈蒲州劉太守序

古之所謂賢郡守者，非爲其能督租賦、脩簿書、謹期會而已，必其能安民庶、宣教條、廣德化、革弊政，使闔境悦服，而始得稱爲賢焉。蒲之爲州，在山西爲巨郡。然其間河山間隔，土地狹隘，多瘠原鹵隰，而人之生齒爲尤繁。以不加多之土地，而有日益之生齒，耕作少怠，則其歲之所入率不足以給公私之需，而重以黠吏奸民，舞智乘勢，揺毒害政，是以瀕年民多失其所。

延安劉公九成，以卓拔之資，挾有爲之才，來守是邦。詢咨境内，恤民生之如彼，知弊政之若兹，遂精心勵飭，以民事爲己任。行視境内，勞相耕作，民食或艱，即爲之纖悉經紀，使有無相資，俾無流逋之患。暇則集令佐耆老，告以國家典章之具，德澤之深，期與共遵約束，以脩禮義廉耻之節，以興孝悌忠信之俗。郡邑之中有猾胥奸民干紀害政者，必挫抑而芟除之。由是，地雖瘠狹，作治以時，而歲入倍常。教條敷布，德澤下降，而人安其所。姦豪屏迹，弊政清雪，而民害不作。官僚相與稱其賢於庭，民庶相與歌其德於野。聲名聞望孚於遠近，雖古所謂賢守者蓋不多過也。

今年夏，以三載述績大廷，天官既最其績，而俾之復任。蒲士之在太學者，咸來徵文以贈之。余亦郡人也，往年嘗歸故鄉，見劉公累累焉，故知其政爲尤詳。於是述其循良之蹟有似於古人者以告公，且以爲公他日陟明之張本云。

五友詩序

余居沅州之憲署，以地極僻遠，罕得與名卿碩士相接，恒懼有過不自知，知而不能改，或流於小人之歸也。因取凡古聖賢書列之後堂，公退則俯而觀，仰而思，往復熟誦，以求其義。或言行有未當，則質之書，以去其非而趍於是。視書蓋若嚴師，而不敢慢焉。

堂下有方池，池側有竹、梅、蘭、菊四種，池中有荷蓮數百本，合爲五物，列植上下，更秀迭茂。余每讀書覺倦，則步廣庭，臨清池，顧諸花木而樂之。既而自謂曰：「古之君子，未有不資師友以成其德者。今余亦既取古聖賢書以爲師矣，獨未得夫良友以自輔焉。今彼五物者，皆禀天地之氣以生，乃植物之君子也。苟取其德以自輔，豈非僻遠中之一助歟？」故余之心或曲而未直，塞而未通也，則友竹之勁直中虚，以端其曲而開其塞焉。余之德或雜而未純，同而諧俗也，則友梅之清白絶俗，以滌其垢而勵其介焉。以至友荷蓮之中立，以端余志。友蘭、菊之芬芳，以潔余行。是皆五物之有益於余者也。若夫友竹之操，可以閲歲寒。友梅之味，可以調鼎實。友荷蓮之娟秀不妖，可以發文藻。友蘭、菊之風致高閑，可以安雅澹。又皆五物之有益於余者焉。

或者疑曰：「人之取友，賴其忠告之益耳。彼五物雖有是美，而實則無知。子或有過，彼安能有以勵子乎？」余曰：「不然，孔子曰『知者樂水，仁者樂山』，山水亦豈有知而能勵於人乎哉？特取其動静之性，默有契於仁知耳。余與此五物者，儼然相對，因彼識此。方將去喋喋多言之煩，希心領神會之妙，兼取博采其德，約而總之於心，以輔余之不及。又豈待發於聲，見於詞，而後喻耶？」疑者乃解而退。遂與五物者序列拱揖，結爲良友，而求正於書。又爲五詩，以固其交云。

送孫先生致仕序

壯而仕，❶老而歸，此人情之所願，而今昔之所同也。然歸之道雖一，而其樂則不能無異焉。極田宅之廣麗，誇馬僕之盛强，橐金珠，積錦綺，矜器玩，美服食，窮老年心志耳目之嗜好，以自佚於禮法之外，此衆人之歸，所以樂得其欲者然也。有廬可以蔽風雨，有田可以給饘粥，彈琴於桑樞甕牖之間，以歌先聖賢之德音，以頌太平之治化，老者愛而幼者孝，賢者親而愚者化，廉讓敦厚之風薰酣乎里閭之間，稱爲鄉先生而名永長存，此君子之歸，所以樂得其道者然也。

先生以碩學耆德，給事黄門，典歷教職凡三十餘年。一旦以年逾七十，辭郡博而去，朝廷例優之，冠服如舊，詩書滿載而行橐蕭然。持此以歸，於吾前所稱者，固非先生之所好矣；於吾後所稱者，非先生又誰望之？先生行有日，交親重先生之歸者，咸圖爲詩歌美之，而屬余叙。

❶「仕」，原作「士」，今據四庫本改。

送寧海令季復春序

侍御張君勉夫與余爲同官，間語余曰：「吾鄉先達有季復春公，老成士也。自永樂初，已登名薦書。又三年，爲尚書户部主事，已而退返初服者數十年。復春公處之泰然，不以去官有纖介不豫意。其志益篤，行益脩，學益勤，聲名侈於時。宣德改元，詔自廷臣以及外藩臬，咸得舉所知，無間踈遠。時有以復春公名聞于朝者，乃徵詣天官而集試之。試既徹，復春公之作獨拔於衆，遂有寧海之命。或曰：『復春公，故卿屬也，以是來而遠宰海瀕，得無介於懷乎？』釋者曰：『不然，君子出處，榮瘁遠邇，當一安於義命。若得利，則躍躍以喜。不得利，則戚戚以悲。其能免韓公之譏乎？且復春公方返初服時，尚澹然若將終身，况有百里之地，領一邑之民，教化于是焉布，刑政于是焉脩，財賦于是焉出，民之休戚于是焉係。古所謂親民之職，盖莫先乎是。而復春公又豈不快於是哉。』未幾，果有以寧海之政傳於京師者，始信復春公能安於去就，而盡心於民事如釋者之云。先是，國制才能以拔舉進者，秩滿仍一考焉，所以重任使也。復春公今年春如例集試闕下，奮筆涣辭，若不經意，而語甚驚人。既而將歸所治，朝之縉紳大夫故與公遊者，咸欲文以張之。今吾若同官且相好也，幸爲一言焉。」

余曰：「君子不苟毀譽於人，文辭之宣於紙筆，毀譽之章者也。吾素與復春不相識，苟徒侈詞以諛之，不幾於前之所譏乎？雖然，余有居一於此矣。勉夫信人也，觀勉夫之不苟，則其所稱道必不苟矣。」遂次第勉夫語，爲復春還寧海序。

望雲思親序

昔狄梁公登太行，顧瞻河陽，白雲飛繞親舍，凝立者久之。後世思親，有以「望雲」自名者，遂以爲故事。蓋慕梁公之風而興起焉。余以謂人子愛親之心，蓋出於天性之真，而不能自已。其或至於睽違膝下，爲時久遠，則其思之之切，蓋有隨時感發而不可抑遏者。又豈必登高山，望白雲之繞親舍，然後可以動其念哉。然則梁公白雲之思，特其一時之興，前是無時而不致其思者，固可見矣。是則後之君子，求梁公思親之實，可也，慕梁公思親之名，不可也。

余友鄭君元吉，爲其友霍志剛氏求望雲思親序於余，造余廬而請者，四五至而不厭。余竊念素與志剛不相識，其思親之慕名與實皆不可知。獨所謂愛親之心，出於天性之真，而不能自已，人皆有是，非特志剛有是也。志剛家山東，二親皆安好無恙，而志剛游太學者有年。親舍邈在海岱之間，音容久曠，定省久疎。則所以思之之切，固宜隨時感發，初不待於望白雲之飛揚而後動其念也。而猶以是自名，何耶？豈慕梁公之風而求其實邪？志剛其加勗哉。他日著忠節，建事功，而可垂之後世者，未必不自於望雲思親之實、之心之推也。是爲序。

送林鄭州序

余少遊中州，每愛其風土之淳厚，民俗之簡質，最易導之以善。鄭之爲州，當汴、洛、襄、鄧之會，爲中州之名邦。其土厚，其民淳，所謂易導之以善者，尤莫易於是。先是，爲之長者或匪其人，率多任苛簡自恣之爲，厲威猛暴悍之氣，專尚箠笞而强民以必從。民或不堪其擾，而至於有言，則曰俗之訛濟焉，民之刁詐焉。甚至薰灼其心，相伺如仇敵，兩敗俱傷而後已。是豈長民寬厚之道哉！

余友林君文載，往年與余同考於春官，其資敦厚而深於學，其言簡緩而中於理。既舉進士高第，又從薦者言，遂來知鄭。自初視事時，余嘗一過之，固知其設施，盖以寬厚爲主矣。又數年，過鄭者累累。間止郊境，見田夫野老稱林君之美者不容口。問其故，則曰：「租賦之入，他郡之急也，吾侯則緩之。期會之集，他郡之迫也，吾侯則寬之。卒之急而迫者，民或不堪，流而之他。緩而寬者，從容勸率，事亦無不集，民亦不告病焉。」又曰：「他郡守倅之於民，或漫不加喜戚於心。吾侯則温恤之意，常溢於色辭。」又曰：「吾侯高大深遠藴於内者，固非野夫小子所知。」其寬厚之政，即衆共所知見者，灼灼如此，盖不可揜也。

余惟國家列聖相繼，簡任庶僚，尤重守令之選。近日復詔：「自三品以上官，始得舉可任方面郡守者。」夫以郡守而儕於方面，其任之重也日益加。使皆得如林君之寬厚者居是職，則雖難治之俗，固無待厲威尚猛而事集民安，況易導以善者乎？

今年春，林君來考績。余素重其人，遂告以余之所知者，復申以國家任用郡守之重。林君其尚思所重而益加勉焉。

送長廬陳運副序

西蜀多佳山水，而名賢偉人繼出其間，雖不可以風土拘，盖亦得山水蓄積疏通秀麗之氣居多。昔韓、柳二子，亦謂交嶺奇麗瓌偉之物，不能獨當山川鬱積磅礴之氣，而必鍾於人。如蜀之岷、峩連聳，大江小水，綱紀其間，則其産物之盛，又豈特丹砂、水銀、梗、楠、樟、梓之類所能當其秀哉？宜其名士代出，如相如、子雲、范蜀公父子之徒，不可勝舉。我皇明混一區宇，三光五岳之氣完而賢才盛，則蜀之産士，是不特山川爲然，盖又會乎氣運之隆也。

侍御范公循，蜀之良士，間語其友人陳君子布，發迹鄉闈，敭歷大僚。其質魁乎其端重，其才卓乎其幹給。累官至閩建鹽運司副，人不告勞而鹽利足。未幾，丁内艱，起復爲長蘆運副。人皆謂煑海之利甲於天下，陳君此行必能增羨餘，加尋常百千等矣。陳君愀然曰：「足用在乎理財，理財在乎安人。人安矣，財用寧有不足者乎？況鹽鹺特財用之一端，怠其事而匱其用固不可，羨其數而病於人尤不可。要必人不知擾而鹽利足，斯爲善於理財。吾雖不敏，固常奉教於君子矣。」范公述陳君之語告余，因謂其識體，復徵文以贈之。

余謂以全蜀山水之秀，國家全盛之時，有若陳君者出焉。及措諸政事，知所重輕，而不惑於尋常習俗之見，是誠可嘉哉！陳君行矣，他日以理財而有合於大道，可以頡頏於蜀先君子者，未必不兆於此云。是爲序。

送王克庸知定襄序

余十年前侍先君子在玉田時，縣庠士子王克庸氏，時已嶄然出於衆。余與之遊好加密，知其爲人質厚而行方，心平而言真。❶其與人交，惟可否是從，不以勢利重輕有纖芥厚薄意。其有不合，雖富盛，鄙斥之不少假借。余時已知其處心行已近厚矣。又數年，余中鄉舉，克庸充貢士，同待試於春官，日相會處，談咲懽然無間。既而余忝科第，官御史，祇命湖南者三年。歸，而克庸適有定襄之拜。玉田士子之官于四方、游於太學者，咸推勉克庸，而屬余道其行。

夫以余之知克庸者已十餘年，而一旦克庸有官守焉，有民社焉，則余心之樂爲何如哉？雖然，余之樂非樂克庸之有是位也，樂克庸將推其所得於人人也。夫士之窮居不苟，則其達也亦不苟。克庸之不苟，於前所稱者固可見之。今之爲縣，蓋必能砥正身心，檢察左右，明謹條章，流宣豈弟，要使方百里之民知聖天子仁愛元元之意。異日惠在人心，聲流朝右，則克庸自立者益不苟，而余之知克庸者亦不妄矣！苟徒榮其名，没其利，而不恤其所當爲，非所樂於克庸也。是爲序。

敬軒薛先生文集卷之十三

❶「真」，雍正本作「直」。

敬軒薛先生文集卷之十四

門人關西張鼎校正編輯
鄉後學沁水張銓重校梓

序

送憲副王士悅之任序

皇上臨御之七年，詔廷臣三品以上舉堪任方面者。于時，王公士悅以御史秩滿待選於吏部。在廷之臣，合議舉所聞知以名上，而王公與焉，遂拜浙江按察司憲副。侍御侯君應元洎凡大夫士，率先作歌詩以道其行，而屬余序。

余惟浙，天下之大藩也。東南際海，以郡邑列者百十數，而列職之勸懲，庶政之振舉，獄訟之推決，皆於臬司乎是仰。而憲副實協贊其使，挈持其綱紀而整齊之，其任之重不言而可知。王公以俊拔之資，挾有爲之才，歇歷中外，克著能聲，遂爲大臣之所推舉，而應此顯擢。朝命既下，輿論攸歸。今之往也，上爲朝廷之所倚任，下爲列郡之所具瞻。所謂激揚百司之廉墨，修舉庶政之大小，聽理獄訟之締結，皆于公之協贊是賴。公宜何如思所報稱哉！蓋必益端其心，益潔其行，益平其法，以往日歇歷中外已試之才，施之於大臬司。使東南列郡之民，欣欣然樂生趍事，咸安於官政之清簡，而仰戴聖天子知人任使之宜，以謳歌太平之盛治，斯不負國家之所選擢矣。

送張鵬遠歸瀘陽序

瀘陽張鵬遠，來省其兄鵬舉於京師。將歸，其友人户部主事王君治合凡交遊，徵文以道其行。余猶記少年時，從先人宦遊川蜀，及東歸，舟過瀘陽，留再宿，因得登覽。其山水之明麗，風氣之清淑，意必有文儒忠信魁奇之士，鍾其秀而生其間。余雖未及訪，亦常志於心不忘耳。後十六七年，乃得與鵬舉同登辛丑第，時鵬舉已傑然爲名進士。又七八年，乃得與鵬舉同官内臺，時鵬舉又赫然爲賢御史。余因竊念鍾瀘陽山水之秀者，其在鵬舉乎？既而又知鵬舉之尊府志道先生，以學行老成，歷典教事，所至有聲。及鵬舉官顯，遂

棄職就封浙江道監察御史，豸冠繡衣，退居于家。余復自念鍾瀘陽之秀者，又在鵬舉之尊府乎？今鵬遠水陸浮走，萬里來省其兄於官次，睽離之懷既展，友愛之情彌篤。僅兹一年，而又思盡子職於庭闈之間。士大夫咸嘉其孝友，欲文以張其歸。余又念鍾瀘陽之秀者，又在鵬舉之弟乎？❶

昔三蘇父子，亦蜀人也，鍾眉山之秀，而其名聞于今不泯。鵬舉洎其尊府，既有聞于時，而鵬遠方少年，一出即獲美譽，駸駸乎有聞，將漸及於是哉。今之歸，侍奉之暇，其尚益肆力於正大之學，他日以自然之充積，振揚其尊府之家聲，接武其侍御史之芳躅，則瀘陽山水之秀，鍾於張氏

❶「弟」，原作「第」，據四庫本改。

一門而流聲于後者，將與三蘇同久矣。

送孫給事序

聖朝大舉推恩之令，朝士之給誥勑者，例得賜歸，展省祭之禮。❶ 蓋所以勸人孝，勸人忠，使遂其天理民彝之至性也。士之生斯世，際斯會，亦榮慶矣哉。給事西蜀孫公，如例將歸。侍御趙公，其鄉人，交友且密，遂以書徵詞贈之。

余惟給事公之父某，受知太宗文皇帝，擢參藩省，陟貳地官，終于位。仁宗皇帝臨御之初，公自外官入見，以公大臣子故，慰勞至再。遂誥贈地官公禮部尚書，且俾扶柩歸葬。宣德紀元，有薦公學行者，乃擢今職。又以尚書公之貴，封其母夫人。於乎！公之親若子，實荷三朝之寵遇，存没蒙恩，其榮慶爲何如哉？今之歸，尚書公雖久没世，而母夫人固無恙。覩丘壠而興思，拜萱闈而稱慶，悲喜交集，所謂天理民彝之至性，蓋有油然不可遏者矣。省視之餘，尚惴旋期，益思國家推恩之意，奕世遭遇之榮，篤纘勤勞，俾忠孝之節萃於一門者，繼繼不忘，則不惟有光於祖考，抑且有光於邦家矣。

送鎮江府推官鄭聰序

刑政之大者，用之當否，民之死生，風之哀樂由焉，故古今重之，必慎擇其人，以司其事。即如今外府之推司，一郡之刑獄，其員獨，其事專，刑苟有所可不可，皆

❶「展」，原闕，今據四庫本補。

決之於己。非若他法官，獄有所疑者，猶有同官可與共議其當否，是其任不亦尤難且重哉。

歸德鄭希古，以貢士問理秋官，近有鎮江府推之授。其友人趙紳合凡交遊，徵辭以祝其行。予嘗知希古之爲人純篤寬易，今又歷事秋官，其於制刑之宜，用刑之要，講之悉矣。以鎮爲東南大府，江海之民苟有不得其平者，咸於府推乎是直。希古之往，其可苟乎哉？必悉其所習者推之折獄之間，而又本之以清修潔白，行之以忠厚明決。要使怙姦稔惡者無以肆，柔良單弱者得以伸。則刑以清，止惡之意，流衍於一郡，而積變致和之風可期也。吾聞古之治獄平者，其後多昌，累而爲公卿者有焉。若史氏之言可信，希古能盡心於獄事，其子孫自此昌矣。

送李給事歸省序

當國家全盛之時，文運照明之日，而爲士者奮六翮，際風雲，仕至近侍者，載筆紀事，敷奏大廷，樞轄百司，端笏委佩，翱翔乎玉階鳳池之間，而恒得瞻依日月之光。大丈夫官至給事，其身固已榮矣，而又得推恩褒嘉其父母家室，則榮及一門者，又何如哉？

李公允恭，給事禮科有年，其二親雖遠在汴杞，而皆康好無恙。今年秋，例得捧勑歸省。黄門諸公咸作歌詩以歆榮之，而屬予序。余雅知公之爲人温純深厚，和毅從容。初以冠帶舉人檢校外府，既無貶色。及拔居今職，又無滿容。其器識固有過人者，是宜有今兹之榮遇焉。夫官至給事，榮矣。推恩及其一門，又可謂榮矣。而公之父母具慶，皆受寵錫。今之歸，上堂稱壽，名徹州郡，光動里閭，又榮之榮者也。展省之餘，尚圖所以報厥榮者，式嚴入覲，益盡心所職，以敷贊鴻猷，使言行事業卓然有聞。則公之榮不但及其身家里閭一時，又將及於天下後世也。

陳氏族譜後序

天之生物一本，故人必有祖，祖以降，雖有親疎之等，而一本之傳固自若也。故君子謹之，必有譜以明所自，而篤愛敬焉。

莆田陳君渠，念其先世積行委慶，以及厥躬，而有科甲仕進之榮。懼年代寖遠，子孫莫克知所自，而忽於愛敬也。遂推所知，自高曾以下，列其位次行事爲譜，以傳於家。

間閱之，其叙系有法，述載簡實，無昌妄傅會之尤，盖得其譜矣，疎戚之等，既以是別，愛敬之道，亦以是篤。有補於家法倫理豈小哉？陳君既不忘所本，而克謹於始，使其子若孫，咸以是爲心，而繼之以不怠于後，則增重是譜，而一本之傳未已也。

送陳御史祚歸葬序

皇明以天覆之仁涵育萬物，凡爲臣子盡忠於國者，又使得伸其私恩於家。監察御史陳公永錫，以其父久卒京師，未得返櫬故封。今年秋，得請於上，詔許歸葬。其同官盧君仲思合凡內臺交遊，徵文以道其行。

永錫初以壬辰進士，爲太宗皇帝不次之擢，拜河南參議。清聲惠政，實被中土。繼以事謫襄漢間，爲編氓者十餘年。永錫雖在畎畝，而慕戀闕廷之心初不少衰，苟有所見，必貢厥忠。宣德紀元，宣宗皇帝臨御之初，大新政治，收録人才。士大夫雖在譴謫之地，苟有可用者，咸得洗濯登進。永錫遂爲人所推薦，授今職。永錫既起自謫中，列職内臺，益以名節自砥礪，持身清苦，無一田之宅以庇其身，無一金之産以惠其家。惟以職有未脩，愓厲於旦夕間。旋以言事下獄，蒙今皇上曠蕩之恩，榮任如舊。嘗觀古所謂忠貞之臣，屢偃屢起，夷險薦更，而定力自如。故其節行盖於當時，聲名垂之不朽。永錫起而仆，仆而復起，而勁操若心如金更百鍊無改色，殆可匹休於古人矣。今之得請，又將盡心於窀穸之事，必誠必信，安其親體，而妥其神靈。其誠孝之所感，雖吴山之草木鳥獸，亦將爲之增悲。則鄉閭之爲人子者，孰不爲之拭目改觀哉？永錫襄事之餘，其尚念使己得遂其私恩者，皆上之賜，而報稱之不可緩也。式嚴入覲之期，益修厥職，俾忠孝之節始終全盡，足以追配古人，而交遊之間，亦與有光矣。

送浙江耿僉憲序

朝廷設内憲臺與外臬司，皆所以綱紀庶政，糾察廉貪。凡外臬司有所建白，惟達諸内臺憲以可否之，而與諸司文移絶。又爲之建分司於屬部，俾憲臣之出，獨有所止，而他職雖高且貴，不得以雜居其間。其尊異也，可謂重矣。至用其人，必由内臺歛歷之久，而又性行修潔，有問學，知大體者，始得以充其員。而雜進之士，又不得與焉。其選擢也，又可謂嚴矣。夫以臬司之重，擇人之精如此，則其所關繫爲何如，而任其職者，其可自輕哉。

行在浙江道監察御史耿公定，氣質端方，操持謹潔，歛歷内臺者十餘年。議論鑿鑿精切，若布帛菽粟，雖非瓌奇紛麗傾駭觀聽之物，而實切於人生日用，不可斯須缺者。以故見諸建白，見諸推讞，見諸巡歷，見諸糾察，皆平正不頗，犂然有當於輿論之公。今年冬，以滿考待選於天官，大臣有以公之才行聞諸朝者，遂授浙江僉憲。瀕行，同官之士相與屬余文以送之。

余謂耿公以薦達之公，當外臬司之重任，宜何如用厥心哉？要當推其立朝之言行，施於藩維之間。協贊長貳，必以誠動，使事事皆出於正。按歷郡邑，則當詢問幽隱之情，雪其冤而疏其滯，去其惡而拔其良。苟有所知見，又當達之宸嚴，達之内臺，俾無負平日之所學。若然，庶足以當臬司之重任，于以樹勳名於天地，將垂之於不朽矣。禄位云乎哉！耿公其勉之！

送廣西張大參聰之任序

合抱之木，足以梁千仞。超逸之驥，足以致千里。宜乎奇人偉士，足以勝重而遠到也。吾友張公聰，與吾爲同年進士。其爲人奇偉卓犖，言論滾滾，率多根據義理，指摘事情，而可施於政治之間。余嘗以巨材絶足稱之，而必有勝重遠到之用。及其爲大行人，使於四方，果能持身整整，有以播朝廷之威德，足聳四方之觀聽。未幾，爲識者所推薦，授監察御史。其在內臺，則操守端慤，而風裁凜然。其巡歷邊鎮，則糾察嚴明，而部屬懼服。官益清，名益著。再爲大臣所薦，遂陞廣西大參。朝命既下，皆以得人相賀。

夫廣西，古百粤之地。布政司，爲南服之雄藩。其地既遠且大，故嘗選用重臣有威望素爲人所推服者，往踐其任。非若他藩岳，地易民淳，可談咲而治也。惟若南廣之遠且大，非得奇偉之才，則往往有不勝任之患。今張公以如是之才，膺如是之擢，猶層臺九霄，而合抱之才不覺其負荷之重；長途萬里，而超逸之足不覺其騰驤之難。張公行見樹功南服，馳聲北州，而有還轅結軌之期，歷階而升，尚未可量也。公其益以忠貞自勗，慎勿以遠且大自沮，使余言有不信也。

送山西大參王原之序

今布政司總方岳之政，而其土地之廣，人民之衆，自縣而屬之州，由州而屬之府，府則統於布政司。其衆且劇如此，故其官品之高下，與內六卿相埒。夫以統治之大，任使之尊，非宏偉特達之才，殆不足以勝其任。今皇上御極之初，作興政治，尤重方岳之選。爰遵宣宗皇帝成憲，詔在廷三品以上，咸得舉所聞知，無間於遠邇。宣德十年，方岳有以缺員上者，廷臣如例薦拔。而監察御史王公原之與其列，遂拜山西左參政。內臺交遊相與屬余文以贈其行。

余觀山西之爲境，太行起之，黃河迆

之，西北延袤數千里，與沙漠爲際。國家嘗宿重兵，以彈壓荒外，而將士皆仰山右之儲需。❶雖典禮教化、刑政制作出於朝廷者，皆藩垣之所當修布，而不可緩。至於邊儲一事，爲藩岳重臣者，尤宜精思其利弊，以紓民力，以足邊備。

王公以俊拔有爲之才，典教未久，遽陞風紀。及敭歷内臺，綽有能聲，曾未四載，遂有今兹之重選。以統治之大，任使之尊，王公之往可不慎哉？向所謂宣廣德意，昭明教條，使所治之民咸得樂生趍事，固爲方岳者所當務。而所謂邊儲一事，蓋取之於民。取之有法，則民不匱而邊備實。征斂無藝，則民力竭而邊備虚。民生休戚，儲蓄盈縮，是又在藩岳之用心何如。王公之往，恊贊大政，必當深思其宜，而以次施行之。斯使軍給饒而民生遂，教化以興，風俗以厚，則能名將有加於在臺閣時。昔漢、唐選廷臣有清望者出補外職，外官政蹟顯著者復徵入用。方今聖明，法古用人，王公之往，聲實誠有如前所云者，則入補内職，蓋可期矣。

楊孺人挽詩序

徵士楊孟達孺人吴氏，御醫楊云之母也。徵士世居金華武義，實宋龍圖閣學士文簡公邁六世孫。徵士胚胎前光，❷涵濡訓典，少有令聞於鄉閭間，擇配得里人吴以南之女，即孺人也。以南，故儒家而業醫。孺人既受教於賢父母，及歸楊氏，入

❶ 「儲」，原作「諸」，今據四庫本改。

❷ 「胎」，原作「胋」，今據四庫本改。

門而宗族咸賀，盥饋而舅姑胥悦。孺人晝脩婦功，夜習書史，雖性酷嗜學，而惟以禮訓是飭，不爲筆札詞章之習。及徵士應召至京師，以疾卒。時孺人方盛年，二子曰云、曰脩，俱稚。孺人乃以節自持，力於家事，無鉅無細，必親其勞。卒克教誨二子，皆有成立。及云以醫學訓科被召，孺人但勉以忠義，而語弗及私。未幾，云陞今職，行將有疏命之榮，而孺人卒於家矣。御醫云聞訃將歸，❶朝之大夫士咸高孺人之節，而哀其少盡其瘁，壯罹其屯，而晚克與其榮，作詩付挽者歌之，而俾瑄爲之序。

瑄切嘗觀之古昔，雖閨門之間，皆有詩歌箴戒以爲女範。自世道既衰，而女師之教無聞。孺人幸生休明之世，乃能以詩禮自脩，以節義自持，爲婦爲母咸盡其道。雖弗克與其子推恩之榮，而是詩之作，春容璀璨，皆足以發其潛德之幽光，而傳之於不朽。雖孺人亦可以無憾矣。是爲序。

贈吏科張給事中序

鄢陵，古名邑也。先人與今户科給事王公惟善，嘗教其邑。一時及門之士固多俊秀，其穎出者亦無幾，而張均志通則居其尤焉。時余侍先人遊，與志通交。志通質粹而不駁，氣和而不流，學勤而不息，與物相接，渾然不見崖迹。❷時復毅然有所執，而不可奪。先人及惟善公固已知其爲後來器中之瑚璉、彝鼎也。時余雖少，亦意其必爲鄢陵士子之領袖焉。

❶「云」，原作「均」，今據上下文改。
❷「崖」，原作「崔」，今據四庫本改。

其後，余先忝科第，備員内臺，祗命湖荆。人有自京師來者，知志通已登庚戌進士第矣。又五六年，余丁内艱，起復，則志通先已徵至京師。余因抵其家，宿對榻，談十餘年前事，相與握手歔欷，慨然念相知之久固，離合之有時也。未幾，與志通同拜除書，志通任吏科給事，余亦復官内臺。益信先人及惟善公知人之不誣，而亦幸余言之偶中也。則又撫心相語，期效節於清朝，殆不當冒濫榮寵，滿其志而驕其氣，怠其所當爲，以貽譏於清議。志通曰：「子之言是也，敢不夙夜以求自刻勵。」既而交遊之在京師者，亦相與慶志通之有成，咸來徵詞以贈之。余遂書與志通相知相期者如此，以贈云。

驄馬行春詩序

春者，四時之首，而萬物之所從始也。陽和之氣充溢旁達，❶初亦何待於行哉。殊不知聖人有作，法天子民，每於歲首恤民生之攸困，慮冤抑之未伸，故遣使循行郡國，拯困雪冤，要使遠邇之民，咸得暢然遂其性。故凡御史出而能廣上德意者，謂之「驄馬行春」。

吾友李君公載，由進士入持邦憲，嘗領節出巡淛右、山東兩大藩。所至必仰體聖天子法天子民之意，燠煦疲癃，疏理冤滯，鋤其暴而植其柔，伸其廉而遏其濁。使蔀屋窮簷之下，咸預覩世之光明。寒谷

❶「充」，原作「克」，今據四庫本改。

沍澤之中，皆得蒙氣之融扇。其於行春之職，可謂無忝矣。故一時之賢士大夫，咸樂道其善，而作詩以美之。余與公載爲故人，故又爲之序云。

送郴州守吕希召還任序

皇明方制萬里，雖遠州下邑，窮山深谷之民，視之率如輦轂之下。凡選用民牧，必得其人，不以輕授。郴州爲湖廣之屬郡，在京師西南數千里外，介乎荒服之間，其地遠矣。吕君希召，前自尚書户部員外郎往牧其民。不知者皆曰：「郎官顯秩，郴州僻地，易此居彼，得無幾微於心乎？」其識者曰：「不然，聖明篤一視同仁之德，地雖遠而選授匪輕，吕君必能仰體上意，而盡心所職矣。」及今幾年，吕君果以課最見考天官，而俾之還任。朝之大夫士與希召交遊者，咸嘉其能，相率徵文以贈其歸。

嘗觀韓昌黎送許郢州、崔復州序，大意謂：爲郡者，租賦不可不均，下情不可不通。蓋租賦不均，則民有流逋之患。下情不通，則人有鬱抑之憂。是二者，誠長民者之所當知也。今吕君牧遠僻之郡，而以課最見稱，得非能盡心於租賦人情間而均且通乎。今之歸，民戴之愈久愈親。租賦或均矣，吕君益當毋憚煩劇，視民皆如赤子，不使有偏徇之私。情或通矣，益當詢察疾苦隱伏，毋使有一毫之壅。漢制，治民有勞効者，多入補内職。吕君出牧遠民，即以治狀稱。厥今法古用人，吕君入仕之顯，將漸及於是哉！

送通州楊同知還任序

吾鄉楊文振同知通州，今六年矣。通爲畿甸之地，居水陸之衝，素號繁劇難治，而文振優爲之，屢考屢最。果何以得此哉？蓋文振之爲人恬静，不務聲譽，事至應之而已，未嘗先事妄有所爲以溷民。故通雖劇，而治之常有餘力。亦猶庖丁解牛，而各因其理也。其可謂善於治劇者矣。

因是觀天下之大，好静者，民之情。使任守倅令長者，皆能因其情而静以治之，養之而不閼其生，教之而不咈其性，熙熙然使各終其天年，則俗何憂不古若哉！奈何俗吏不知此類，皆舞智釣聲，煩其令，使民不得息；厲其威，强人所難從。至於極而盻盻然以軋其長，則曰民難治，有如是哉？亦莫克省諸己也。余因文振之治通有所感，故并書此以爲天下長民者勸云。

送侯編脩序

昔楊少尹巨源，以國子司業年滿七十，去歸其鄉。昌黎韓公引漢二疏事序其歸，至今其名赫赫在人耳目，更久愈彰。是雖楊侯之賢，亦由韓之文高絶古昔，故人得以喜稱而樂誦之也。今翰林編脩侯公，初以國子學正陞監丞，再陞今職，乃掌前事。一朝亦以引年將歸，大學六舘之士，咸嗟其老，而惜其去。鄉人進士石均瑁，率先謁余文以贈其行。

夫以侯之賢，固無愧於楊，而余之文

則非韓比，亦何足以揄楊侯公哉？雖然，侯公之德之才，見於敭歷仕途，人所耳熟目識而心醉者，固已昭晰於時，余皆置弗論。姑即古今事論之：昔二疏之去，有贈金之惠，車馬之送。而楊司業之去，則有無不可知。楊司業之去，當時丞相白以爲其都少尹，不絶其禄。而二疏之去，則不聞有是事。侯公居太學者數十年，官滿有陞秩之典，有褒封之勑，寵渥優厚，及其身家，誠曠世之難逢。不知疏、楊當時有是事否？韓公謂古今人同不同，未可知也。侯公之歸，荷累朝之榮遇，足以起爲善之心；屬七十之引年，足以息躁進之志。是其可以爲法於鄉閭者，又豈特楊少尹不去其鄉之一事歟。❶

揭氏族譜序

古之氏族，或以字，或以謚，或以官族，或以封邑，皆所以著其世也。逮年歲緜歷之既久，居處變遷之靡常，由是族愈遠而愈分，愈分而愈疎，甚至緦功之親未絶，而相視若途人者有焉。此仁人君子不能不慨然於篤恩重倫之義，而譜牒之所由作也。

監察御史揭君孟哲，手其族譜一編示余。且曰：「譜，吾所脩也。吾家故有譜，然歷載既久，漸至舛闕。今吾因而脩之，略於遠，非敢忽也，缺所知也。詳於近，非有偏也，備所及也。」又曰：「原吾所自出，

❶「特」，原作「持」，今據四庫本改。

一也。由一以降，支分條布，雖天秩有疏數，而流通之脉無異致。自三年殺而期，期殺而大小功，大小功殺，緦免絶。一之流至此，勢不同而理同。觀吾譜者，可以慨然於中矣。」

余謂天之生物一本，人各親其親，乃天理也。自宗子之法廢，而疎戚以淆，理以之微也。世有能卓然自叙其宗，以昭其前而垂諸後者，可不謂仁人君子乎。觀孟哲之脩是譜也，缺所知而詳所及，一本之傳，疎戚之序，源委森然。使其子孫族姓，得有所考。于以光祖宗悠遠之德，于以衍嗣緒無窮之傳。其於篤恩厚倫之助，豈淺淺哉！余姑書此以復孟哲。至其氏族之出，官閥之顯，備於首序，兹不復贅云。

送國子生黄勉序

農不爲艱歲而怠其藨蔉之功，無熟則已，一熟則收必倍。士不爲未達而怠其進脩之志，無成則已，一有所成則就必大。自古賢人君子，時或未至，雖抱負其所爲，屢進屢抑者有焉。如韓退之號爲文儒宗主，學者仰之如泰山北斗，然當其未遇時，尚屢挫於所司，况其他乎哉！

廣昌黄均勉，其先大夫嘗贊政大府有聲。均既得家庭之教，而又遊邑庠，從良師友以廣其學。既而以其所有進試於鄉闈，屢進屢不捷。恒人處是，鮮不形諸色辭，而非乎人。均則曰：「我之學實未至也，非有司之過焉。」由是，益勉厥所爲而不怠。逮今年春，所司以均克貢大廷，一舉而捷。例送南京國子監卒業。將行，其友監察御史陳嘉謨來索文以贈之。

余嘗言農不怠所業，而收必倍；士不廢所學，而就必大。觀均之爲學，即勤藨蔉矣。始雖未利，今則駸駸乎有成之秋。太學又英賢之淵藪，而均翱遊乎其間，殆見耳薰目濡，心融神得，日增所聞知，若聽九奏於洞庭之野，閱狂瀾於大海之中。則他日所獲，猶大田登而所獲無筭，爵禄之來，其可辭邪。君其益勉之，以需其至。

送房子新歸洛陽序

孝友出於天性之真，而人每不能克盡其道者，淪於習俗，奪於物誘也。有能卓然盡其道而不爲二者所移，得不謂之賢矣乎！余自爲進士時，往來洛陽道中，嘗經今監察御史房君子儀之館。時子儀尚爲進士，與其兄子新友愛尤篤，一門之間，孝弟之風雍如也。又七八年，子儀拜官内臺，子新由洛東下大河，北達鄘邶，沿衛東騖，上潞水以抵京師，與子儀會於寓舍。晝則道舊故，奉觴相酹。夜則秉燭相對，若不能退寢者。怡怡愉愉之情，發於中，達於外。既而子儀將西按關陝，而子新又念其母氏倚門之望，亦將歸洛矣，戒裝在途，余與子儀同官諸公，追而送之都門之外，且告之曰：世有帛堆其庾，錢積其藏，號爲富室大家，而乃淪誘於物欲習俗，處父子兄弟之間，悖争鬪鬩之聲，日聞於人。其獲罪於名教甚矣。是亦何足稱道於士君子齒頰間哉！子新在家庭時，既已篤於孝友，子儀游宦京師，子新又奉其母氏之命，浮走水陸，來展情好，既而復將歸慰其母氏。不爲習移，不爲物誘，於房氏兄弟見之。子新行矣，子儀關陝之行，亦將便道拜其母氏於堂。子新其飭子弟釃酒醪，具甘旨，以需子儀之上壽。

送張僉憲之任序

監察御史張均叔潤，以進士擢官内臺。内之振舉風紀，外之巡歷郡邑，以至奉命仗斧督察山藪之奸偷，妥安里閭之良善，率皆秉公直矜恤之心，以推行其素所蓄積。要使國家仁柔萬物之意，默寓於詰姦禁暴之刑。由是在職僅逾兩考，而能聲敏行已振耀乎人之耳目。今年春，藩臬以缺官狀上，詔廷臣各舉所知賢以補其員。叔潤遂爲大臣所推薦，授江西僉憲。

余嘗謂官無崇卑，惟得行其志，乃士君子之所願。況憲僉秩既不卑，而又得按劾奸貪，扶植善類，有秩任之榮，而得行其志。叔潤兼而有之，是其荷受不輕而重也較然矣。雖然，御史按察，雖有内外之分，其事則一。叔潤爲御史，既克盡所當爲，今之往，但當持其心如在内臺時，加之以恊和使副，使意不專而事久愜。以至巡歷之方，益當如昔人之爲提刑，雖荒崖絶島，窮山深谷，緩視徐按，剔去牟蠹，保惠良善，使單民弱婦咸得伸眉吐氣，而不爲豪橫所頓捽遏抑。又見叔潤之聲，充滿大江之西，斯不負國家之所擢用矣。叔潤其勉之。

贈司訓王秉節之任序

莫難於爲人師，師者所以覺人之暗，

正人之邪，而後學所取法焉者也。故夫子曰：「温故而知新，可以爲師矣。」謂之可，則非盡於此者也，况於温故知新有未能乎？孟子亦曰：「人之患，在好爲人師。」爲師非人所當好，以明爲師之不易。則視之易而冒爲之者，又非亞聖之所取矣。吾觀厥今國家養育人才，以需公卿大夫士百司之任用，其原則悉本於學校，學校則責在師儒。故師儒得人，則學子有所取正法式，開其識而廣其才，由科貢之途進，而備國家之器使者累累焉。師或非其人，則爲弟子者貿貿然若問道於盲，借聽於聾，窮年累月，矻矻然雖勞其心力，而竟無一得。欲求其才之成，而備諸司之器使，難矣哉。

先人教鄢陵時，諸生固多俊秀，而王均秉節則爲老成之士，又居諸生之首焉。厥後秉節貢諸澤宮，益增其所未至，聞見日益廣。遂從羣士試教職之選於大廷，名出而秉節又爲首冠，遂授南宫司訓。余謂以師道之難，而秉節以老成之士居之，其尚益思其不易，謹其言行而爲諸生之儀式，勤其講授以啓諸生之蔽惑，俾才器之成，如金之就範冶，木之就規矩。他日人才之出於南宫者，珠聯璧合，彙進於明時。則秉節於師道之難者，克盡所難，殆無愧於孔子之言，而不至如孟氏之所譏矣。秉節其勉之。

送陳庭訓歸青田序

陳庭訓少從其先君子宦遊四方，及其先君子棄世，乃與弟四人，奉其母夫人歸養於青田之故鄉。庭訓孝友之名，聞里閭間籍甚。今監察御史陳君庭詢，則其弟也。庭詢既以文章取高第，得美官，而青田去京師將七八千里，庭訓與庭詢别又五六寒暑矣。

一日，庭訓奉其母夫人之命，拏舟來自大江之南，視庭詢於京師。相與論故舊，懇懇傾瀉不能已，晝不足則繼之以燭。或道其先君子之宦迹，則因以興無涯之感。或道其母夫人之深愛，則因以起望雲之思。或誦夫《鶺鴒》之詩，則相勉以出處之慎。言雖諄複，皆出於友愛真情，而卒歸於天理之至正。會合曾幾何，庭訓重念母夫人之高年，而歸念動矣，戒途有日。

君子於庭訓，爲子而能孝於其親，爲兄而能友于其弟，既孝且友，得人心之同然者感於人。宜其名動里閭，而見稱士大夫間。昔張仲以孝友見詠於詩人，流譽於後世。況庭訓生逢盛世，詩人墨客所在林立。庭訓之歸，道途所經，舟車所掠，吾見詠庭訓之美者，所至若啓蟄之雷，連乎其聲，有不可遏，殆與張仲之名同傳之久遠矣。歸見母夫人，更爲道庭詢守官之清慎，以慰其倚門之望。

送陳御史歸祀序

親在而欲致其養，親没而欲致其祀，此人之至情也。國家以孝治天下，人臣之仕於朝者，親在得歸省，親殁得歸祀，所謂因人之至情而立教者也。監察御史陳君廷斌，自拜官來，于今八九年矣。一旦請於朝，將歸脩祀事于其家。命下，廷斌告别於内臺。所往來因相與屬余叙以贈之。

余嘗與廷斌奉使湖南，同處者累年，雅知廷斌之篤於其親。廷斌嘗謂余曰：

「某不幸，二親皆早世。今幸藉先德之庇，有列於朝，欲以其禄致薄養於親，固已無及矣，此子路所以有負米之嘆也。」又嘗謂余曰：「人之不得生盡其養，庶幾於其歿，身有所立，以其光爲父母之光。今國家方舉推恩之典，他日或得荷寵光以歸，賁二親於九原，使歿者有知，庶有以伸終天之報。」

俯仰今昔，六七年餘，及余起復至内臺，廷斌已自荷國之光，封其親如其秩。今既得請以歸脩祀事，廷斌昔欲報其親之志遂矣。然廷斌得遂所願者，誰之賜乎？蓋由我國家天覆臣下，因人情而立教，使人子生事没祭，皆獲所欲而然也。廷斌歸見鄉人，幸皆以此告之，使爲士者各加脩勉，以膺國家之寵光，以報親恩之罔極。《詩》曰：「孝子不匱，永錫爾類。」余於廷斌有望焉。

送柳御史守制序

人子事親而至於終，于此不用其誠，烏乎用其誠？誠者，發於中，形於外，悲戚哀痛之心出於天性，而不能自已者是也。聖人因人心之自然定爲中制，使賢者不敢過，雖不賢而不敢不及。故初終有安厝虞祭之禮，漸遠有小祥之日，終也有大祥之期，至於中月禫而終事畢矣。聖人之中制，所以爲萬世法程者，士大夫謹守而不敢易焉。

柳彦輝氏爲進士，在京師時，常念其母夫人之年，每望東南之雲，即神魂飛去。及擢居御史，方思秉忠効節以爲榮。甫及三月，而母夫人之訃音至矣。彦輝即毁瘠若不能生者，遂匍匐而歸。余與同官倪君、陳君及內臺諸公，既相與致吊，又勉其節哀順變，以襄大事。彦輝遂攬淚就途。

余觀人之大節，無踰於忠孝。未有厚於孝而薄於忠，亦未有忠而不本於孝者也。彦輝在遊宦時，既能思其親不置，及遭大故，而悲哀疾痛之情，有足動人者。今之歸也，又將盡誠於窀穸，虞祥禫祭之間，守先聖之中制，而不敢過與不及，其厚於孝者可知矣。三年釋服入覲，脩職業，立事功於時，又將以觀其忠焉。

送趙司訓序

沔池趙以澄之先君子，由科目進身，卓然爲人師者數十年。以澄得家庭之學，余與之同領永樂庚子河南鄉薦。明年爲辛丑，余忝進士第，以澄則退益所學於家，今十七八年矣。余自承乏風紀以來，德不加脩，學不加益。以澄則處閑靜中，涵而蓄之，淬而礪之，學益積，行益進，才益鋭。以余十七八年日怠之學，視以澄十七八年日益之學，其相去遠近、淺深、高下，蓋可知矣。此余每接真儒碩士，未嘗不發愧於中，而重以澄之有成也。

今年春，以澄抱負所業而來，獲與千百人偕試於春闈，遂中乙榜，有涇州分教之命。夫以澄以清脩之士，積久之學，一旦發而見用於模範之重，涇之士得其所依歸哉。雖然，余於以澄重有告焉：昔之所學，以澄之自得也。今之爲師，以澄將推所得於人也。孔子謂：「雖有周公之才之美，使驕且吝，其餘不足觀也已。」切觀世之爲師者，已未有得，固無以淑諸人。或有所得矣，又率多負恃其才，訑訑然有自足之色。否則靳其才而不肯盡心於教事，得非孔子所謂「驕且吝」乎？師道至此，良可慨嘆。以澄學成己成物之學，固不至此。然猶願以澄深以是爲戒，謙虚而恒若不足，勤勵而思以及人，身教言誨，俾涇之士子勉勉不怠所從事。他日在門墻者，隨其才器，皆得有所成就，異乎尋常之爲師。則以澄之學，進於余之十七八年者，不惟見其自得，又可驗之及人，而足以克肖乃先君子之賢，其家聲亦將振耀於永久矣。是爲序。

敬軒薛先生文集卷之十四

敬軒薛先生文集卷之十五

門人關西張鼎校正編輯
鄉後學沁水張銓重校梓

序

送馬司訓之任序

正統元年春二月，天下士抱負所業來試南宮者，僅千人。主司既取百人爲進士，又取四百餘人爲乙榜。進士與乙榜必其文皆通粹合格，始得與其數。否則置不取，謂之下第。然登進士者，率多至大官，乙榜則悉授以師範。大官以其道澤人，師範以其道教人。是其職雖有崇卑，而所以裨贊國家之治則一也。尋常之情，類多重進士而薄教職，其所見亦偏矣哉。

吾友滎澤馬士賢，耽嗜經籍，薰酣義理。今年春，獲與南宮之試，遂得在四百人之列，有陝西徽州分教之命。徽爲西偏之郡，與邠、岐、秦、鳳連接。其俗土厚水深，士生其間，率多魁梧質厚，不爲浮薄之習。苟率之以正教，其負重致遠，必多可觀之器。士賢以中州之俊秀，業庠序澤宮之間，歷鄉闈南宮之試，名亞進士之列，有師之尊，有道之重。今之往，其可不思所以啓迪其人乎？德欲其脩，學欲其進，皆啓迪後進之矩範也。士賢能留意於是乎？異日，徽之人士，成德達材而備國家之器使者，布在百司，澤下及人，則士賢以道教人之功，又將推而爲行道澤人之効。彼一偏之見，輕重乎二者之間，又果足爲定論哉？

士賢有英志，既得教職，而又居西偏之遠郡。余故書此以解之，使不爲偏見所惑云。

送劉僉憲之任序

余與劉均敬爲辛丑進士，當時同登者蓋二百余人，于今已十六七年矣。宦跡升沉，出處參差，豈非窮通皆有命存其中乎？然窮通自爲窮通，而非人所能爲窮通也。劉君爲御史，於余爲先進。其爲人謙謹敏達，平居與人處，退然不自滿，若易可爲人所動者。及其於義之可否，則毅然若萬夫之勇，不可以私奪。至其所糾彈，視其人如何，初無所避忌。由是勁節能聲，大爲中臺諸公所稱道。

聖天子龍飛之初，進退藩臬大臣，擇人無問秩次，惟其人則拔使居之，劉君遂陞四川按察司僉事。蜀人之遊宦京師者咸謂：「蜀地僻遠，民苟不得其直，自理爲難。惟憲臬得人，則雖窮州下邑荒山深谷之民，皆得伸其抑而達其滯。劉君以如是之才，而居吾邦之憲臬。吾蜀之民，又焉有不得直者乎？」於是相率來請文以贈之。

余與劉君以同年同官之契，雖蜀中諸公不有請，猶將贈以言，况其請之勤乎。蜀自昔稱爲沃土大郡，知其郡者若趙抃、張詠輩，皆有聲於當時。我皇明混一寰宇，篤近舉遠，雖遐陬僻壤，視之一如輦轂之下，况如蜀之大郡乎？是宜選用岳牧，必愼其人，而憲臬又爲綱紀之司，非岳牧者比。而劉君以選者居之，其必大有所設施，滌濯奸汙，慰柔良善，❶條章布於几席之上，而令自行於萬數千里之溪山。劉君聲稱之美，將與古人頡頏。而蜀人得其直，誠如蜀中諸公之所論矣。夫以二百人同登，升沉出處不齊。而劉君得其通者之一，乃有内外憲臬之顯揚，豈非君子之幸歟？然命之通，固幸矣，使非以義制之，則清議將有所指摘。吾恐命雖通，而亦君子之所弗取也。唯劉君不然，在内臺時，既有聲蹟，今之往也，又將如蜀中諸公之所期望。命之通而不失義之正者，其惟劉君乎。

余與劉君有交契之好，故於蜀中諸公來請，既告之以命，復申之以義，而因以寓忠告之意云。

送建昌尹陳繼賢序

昔明道爲邑，嘗書「視民如傷」四字於座右。夫以大賢爲政，必視民如傷，則其慈良惻怛愛民之心，出於至誠而自不能已者，爲可知矣。今之爲令者，曰「字民」。字者，養也。養民而能以古人之心爲心，則民焉有不得其所者哉？

南康爲江右之名郡，建昌於南康爲大邑。昔濂溪以道學爲二程之倡，紫陽以道學接二程之傳。二君子皆嘗宦遊其地，則其流風餘韻，被於里閭，入於人心，至今必有尚未泯者。士君子幸而受聖天子之明命，往字其民，夫何爲哉？亦惟景行前

❶「良」，原作「艮」，今據四庫本改。

哲，推慈良惻怛之誠心以及其民焉耳。

衡陽陳繼賢氏，由科目進身，初知沛縣，後知睢寧，皆有惠政。今丁内艱，起復，知建昌。建昌張惟明登進士，與余爲同年，爲御史，與余爲同官，喜得繼賢氏知其邑也，來徵言以贈其行。

夫明道，大賢也，其爲邑無適於「愛民如傷」。南康又爲道學君子過化之地，周、程、朱氏同一道也，繼賢之往，復何待於他求也哉？亦惟質諸簡册，詢問故老，求周、程、朱氏所以施設者如何，所以愛民者如何。苟能企而慕之，又以程子所箴戒者書於座右，時自省焉，則慈良惻怛之心出於中，及於民，油然而有不可遏者矣。余既以是復惟明，因以爲繼賢之官之規。

送李廷賢之廣昌序

安陽李廷賢，少登高科，年未弱冠即爲人師。初任玉田司訓，懇懇教人於經義。或有所疑，必辨析其所以然，必歸諸至當而後已。其門下士由科目進而備任使者，前後相望。官滿，調官真定府庠。真爲大郡，而郡博又爲屬邑校庠之所儀觀。廷賢能慎所操持，教人之功尤加勤於在玉田時。今年春，天官最其績，陞授山西廣昌教諭。京師之交遊，咸來徵文以贈之。

余昔侍先人教玉田時，得與廷賢交，情好最密，雅知廷賢擁臯比振木鐸者，今十八年矣。其所至，教有成績，而人材輩出。今又陞典廣昌之教，廷賢必能移所以教玉田、真定者，以教其士子。行見山右之膺薦書、掇巍科者，皆出於廷賢之門。昔胡安定教授蘇湖間，因人成就，故弟子見用於當時者，或治水利，或治筭數，皆有實用。廷賢教人之蹟，既歷歷在人耳目，今之往，益當思前賢所以教人者，必求實用，不事空言。使他日弟子散在四方，不徒循循雅飭，不問可知其爲廷賢弟子，又皆有實用如安定之門人。而廷賢善教之名，與之同爲永久矣。廷賢其勉之。

送鄞縣張大尹序

國家重親民之職，數選京官之有才望者出補其缺。誠以民之饑寒疾苦，守令皆得親察其情，而軫恤之。爲之長者，能以父母愛子之心愛其民，則民焉有不得其所者哉？

吾友清江張公，始以進士擢官御史，嘗按歷江南，端謹清白之行，洋溢人耳目。其在内臺，則又議論懇切，人望其儀刑可知其爲君子。未幾，丁外艱。起復，方值國家選京官補守令，遂知浙江之鄞縣。鄞，大邑也。户不下數萬家，而其俗富者或兼併侵漁，小民至不能有以自立。所貴乎良有司者，爲均其利，而使豪横不得以肆其志，貧者亦得以遂其生。公於南方之土風，素所詳悉，又以風紀老練之才，治此大邑。誠欲推父母斯民之心，以仁其民，必先去其蟊賊如前所云者可也。公可不留意於此哉？

古之將大用其人，必試之治民。我國家立法用賢，必古之稽。近年京職之爲守令有聲於外任者，往往徵補内職。公輟風紀之榮，膺民社之寄，建事功，馳聲譽，入膺顯擢之漸，將兆於此行。慎勿以出入遠近介意而怠所事也。於是乎書。

送陳御史致仕序

全節，人之所難。全晚節，尤人之所難。君子之仕也，秩顯於身，名加於時，而或爲外物之紛華幻惑，移其素志者有焉。此全節人之所難也。有能卓然不爲前所云者易其心，固能全其節矣。而或年已至，而猶不能忘情於進退之間，此全晚節尤人所難也。國家著引年之典，所以優老養恬，厲臣下之節，至矣。人苟及其年，即自引而去，豈非能全晚節者然哉？

陳公少有聲大江之西，自登進士，即官御史，去來不離御史者將二十年。其論列時宜，推讞疑獄，按歷藩岳，疏通明慎，勁直之節，揚遠照邇，而清白之行如良玉瑩潔，尤爲人所推服。不易其心而全其節者，陳公真其人哉。今陳公官滿九稔，年未七十，人之於此亦孰不欲少緩須臾，以冀所得而償所願哉。陳公乃能欽服國章，即自引去，可謂無愧於養恬退、厲臣下之義。能全節於晚年者，陳公又真其人哉！人得於彼，或失於此，陳公獨能始終一節，白首無愧，豸冠繡服，輝映里閭。斯固足以見我國家優禮臣下，如天之恩，有不可名言之。又可見士君子之出處去留，必歸之義，斯可爲晚生後進盡節事君之法。於是乎言。

送太僕馬寺丞致政序

正統元年春，行在太僕寺寺丞滎陽馬公有容，以年將七十，拜疏於朝，乞致政歸鄉里，詔許之。行有日矣，太僕卿諸公咸謂：「公生值盛世，自弱冠時已奮迹詩書，致身顯仕。其提刑南邦，毗政大府，以分符陝右，皆有政蹟，歷歷在人耳目間。逮今白首，饗其榮名厚禄三十餘年。昔受先帝之命，封其身及其先。又得蒙今皇上之恩，俾遂其子孫之養。盖公實荷列聖之寵榮，其際遇一何盛哉！昔疏廣、受、楊巨源以年老去歸其鄉，當時後世相傳以爲盛事。况如馬公者，仕以義，退以禮，其事與古人豈相遠哉！」又曰：「昔二疏、楊司業去也，不有班孟堅之傳，韓昌黎之詞，其事亦將湮没不傳矣。今公當國家全盛之日，而得遂歸老之願，其事美矣。不有篤古者文以張之，亦何以垂厥美於不朽哉！」遂相率來徵辭以道其行。

余猶記侍先君子遊滎陽，時尚少，已識公。今四十餘年，於公爲故人。是其去也，自宜有贈。况如太僕諸公稱道公之仕、之去，得饗其全福，而追美於古人如前所云者，則余焉得已于言乎？雖然，太僕諸公所以稱道公者至矣，余雖重累其詞，亦安能出其意之外哉。獨以余識公者，編於太僕諸公美談之後，以圖其不朽云。

送劉僉憲秩滿序

正統元年秋，山東僉憲劉公九載秩滿，憲僚諸公屬筆於瑄，以道其行。

瑄猶記從先君子宦遊玉田時，公已自爲御史，巡歷畿甸。瑄時尚少，雖未及承顔接辭於公，固已耳其風聲之清峻矣。及其歸内臺，按滇南，按吴中，按遼左，歘歷内外幾十餘年，勁氣直節，磊磊落落，震耀人之耳目，而瑄亦得聆其隱隱之餘聲焉。其後，先君子官滿去，瑄亦忝科名，濫官風紀。時從朝之賢大夫士詢及公之履歷，則公已僉憲山東矣。而談公之賢者，則如出一喙焉。

今年夏，瑄以菲才，誤叨寵命，來僉憲事，乃始獲識公之面，接公之談。因而察公之心，迹公之行，則疇昔聞公之名，與今兹得公之實，若執符契以相合，盖無絲毫之差爽，於是益信公之賢爲不誣矣。第以瑄晚進譾薄，方將每事咨訪於公，以冀寡過之萬一。而公又以考績將行，則瑄之慕公、得公、識公，而不得圖所願於公者，其情爲何如？故因諸公之屬筆，遂道瑄之重公者如此，以爲公贈。若公之聲績久著於東藩，名位行將陟于朝著，則有公論在兹，不復贅云。

送劉憲副之任序

雲南，古南詔地，方數千里，境與荊、蜀、百越接連，俗尚獷悍，自前古號未易治。逮我皇明，天覆海宇，子育烝黎，雲南雖去京師絶遠，而擇人往釐，一如輦轂之地，由是人亦重慎勸勵。人有讀詩書，習吏事，進士與上國士齒者，比迹相望。獷悍之俗，遂變爲輯柔之風。

正統元年冬，藩臬狀缺員于朝。上命在廷之臣如例薦舉，以補其職。時山東憲僉劉公士清，適考滿待選天官，遂爲所知薦，陞雲南憲副。或者以謂士清老成士，雲南絶遠地，是其往也，寧無幾微于心哉？余曰：「不然，雲南雖遠，而其民入版圖，沐休澤者七十餘年。雪霜時降，疫癘不興，人之去來乎其間者，若東西州焉。劉公茲行，方將思所以上副聖天子擇賢才，任風紀，廣視聽，決壅滯，綏遠人之意，夫何以遠近出處較計於其間哉？厥今倣古出入均勞之制，任外官有重望者，往往入補京職。況劉公以堅挺之資，通敏之識，出入風紀者二十餘年。今之往，固宜年愈增而氣愈壯，官彌高而志彌篤。行見樹勛績，馳聲譽，而有還轅結軫之期，又豈久淹於南服哉？」

劉公道出山東，憲僚屬余叙。余遂釋或者之言，以慰其行云。

楊氏族譜序

山東憲僉楊公，手其所作族譜一帙，求爲之言。余觀其叙厥次也，斷自五世祖榮甫而下。家世古今變遷與夫生仕出處始終，既皆歷歷可考據，而其本支疎戚，又各有統屬聯系而不差，一舉目而楊氏之世得焉。公之用心亦仁矣哉！且其五世之上，略而弗書，闕所疑也。五世之下，詳而不遺，傳所信也。疑者闕而信者傳，與世之妄擬誇大其宗，而援引附會，疎略失實者異矣。其用心又誠矣哉！合仁與誠，因譜以示教。自五世而至於十世，至於百世，公之子若孫咸能以公之心爲心，而儲善衍慶以及無窮，則公之宗其有不昌大者乎。

公以名進士爲才御史，自在内臺時，已荷國家褒贈之恩，延及其考妣。逮陞今職，而又誥封其身若家。而公之進脩方鋭，則所以焜燿其宗，增光斯譜，而貽教後嗣者，又可量乎？公之家世具見譜系矣，兹不復贅。姑書公之所以用心而足垂于後者以還之。

贈僉憲袁茂實考滿序

按察，古監司也。上之疎通壅蔽，俾一方之吏治得失，生民休戚，無微不達；下之扶植善柔，鋤薙强暴，屏斥奸貪，表拔貞廉，洗雪冤滯，無民不安。而又籌度天下之政，酌以古今之宜，苟有所知見，必形諸建論。是其職與古監司埒，而又有言責繫焉。任其職者，必有剛果正大之德，而又輔之以卓特明敏之才，始爲不負所任使。類非依阿淟涊，昧於事理，不能爲時之重輕者所能舉其職。是宜國家簡任按察，必於内臺秋官中拔其素有望譽者，以任其職。視他任使，尤慎且重。

山東按察，大臬司也。袁公茂實由尚書刑部主事有能名，擢僉憲事，今九年矣。所謂剛果明敏之德之才，蓋兼有之。故其巡歷部屬，必嚴必勤，蒐詰奸慝，遏抑豪暴，疏滌枉滯，洗濯善柔，凡可以去害澤物者，爲之不厭，若饑渴之於飲食。累數風紀之事，公獨得其近而切者，克舉所職，真其人哉！

公考績，行有日。憲僚諸公屬筆於瑄以贈，遂書風紀之重如此。而公能無怠於心，無隳所事，而又進於明銓衡之下，其聲蹟大小輕重，自有公論者存。進秩將自此始，異日畢舉風紀之大而難者，非公其誰望？

李氏族譜序

譜牒之作，所以重本始，别親疎，正倫理，篤恩愛，仁義之道備焉。故士大夫苟有所作，必慎於傳信而不敢易其事。

山東僉憲李公廷珪，念其先世培浚本源，引迪支條者遠有所自，懼傳世久遠，或失其次，而無以篤親親之義。於是自其高祖秀以下，凡接於見聞者，靡不紀録。其用心亦勤矣哉！吾因考其世，自秀以上，世居洛陽，至秀始徙居偃師，二縣皆洛傍邑也。秀生敬瑞，敬瑞生希聖，希聖生五子：昭、焕、彬、明、泰。泰字文中，即廷珪父也。文中先生少以經教授鄉里，名聲大彰徹一時，數爲人所推薦，或仕或否，竟不至於大顯，卒老洛涯，有詩集傳於家。廷珪得家學，累官至今職，卓卓有立。生子柰，柰生清白，此其一支也。文中先生四兄各以其系，具見於譜。李氏之世亦盛矣哉。是譜也，既皆廷珪得於聞見而可信者。使其子姓宗族一寓目而咸得其世，各親其親，各長其長，各幼其幼，孝敬慈愛之風，永久不衰，則李氏之世愈遠愈昌。所謂仁義之道備於譜者，于是益可驗其實矣。李氏之子孫其永保之。

送太守楊廷實序

往年，余承乏御史，丁内艱，歸山右，則聞知趙城楊君廷實有善政。及余上京師，道經其邑，則見廷實正己馭吏，推愛及民，興學養士，凡爲邑之務，先後緩急，本末鉅細，靡不具舉，益信廷實之善政非虚語。及余在内臺，廷實考績來天官。藩臬以其治狀聞于朝，又爲所知推薦，遂陞知南廣。方上道，聞其母夫人訃，弗果之官。逮茲制終，起復，河間郡博秦如圭徵文以贈之。

余謂廷實登科爲名進士，出宰爲賢令尹。曾未幾年，而善譽於人人，遂有領郡之命。廷實雖未到官得試所設施，然以其已驗之効推之，吾知爲邑與爲郡，地雖有大小，民雖有衆寡，而治理又豈有二乎哉？向使廷實得臨南廣之民，則其善政之流行，亦何異於爲邑。而澤可遠施，則有加於昔矣。

方今聖天子厲精圖治，簡任賢能，惟所宜爲，不拘秩次。廷實之行，其見用尚未可量。惟始終一節，忠乎國而愛乎民，偉然爲時之名臣，則余之知廷實者益無爽矣。是爲序。

送黄布政致仕序

山東右布政使黄公，自吏部郎官陞秩而來，其爲政務持大體，不爲苛察。曾未踰年，而敦厚謹信之行孚于大僚，弘廣惠愛之風被于民吏。衆方仰公久於職，而公屬以國慶如京師，不謀於朋友，不告於左右，遂上章乞致所事。厥既得請，復便道山東，將旋歸于大江之南。

余因面歎曰：「人於一資之榮，斗斛之禄，猶不能無縻于心。公以郎官之顯，膺旬宣之重秩，與内六卿相埒，禄不下數百石，有地方數千里，而年又未至七十，乃超然引去。公之賢，其遠於人哉。」公曰：「不然，自百執抱關擊柝之吏，皆常職。職有不脩，不當冒濫禄秩，以貽素餐之譏。吾年雖未至，而聰明筋力漸不逮人，恒以位踰於德、食浮於事爲懼。幸逢聖明優禮臣下之恩，如天覆地育而不可勝載。凡人臣年雖未滿七十，有可去之狀者，亦聽其去。吾是以懇懇焉，果獲所願。將以尋吾舊鄉之山水丘壑，以釣以采以嬉以遊，❶以樂吾桑榆之年，得免所謂素餐之誚，幸矣！尚敢以引去爲賢哉？」

余又面歎曰：「世有不度所能否，冒其職而怠其事，亦有年已至而尚耽嗜榮禄，眷眷焉而不肯去者，視公存心爲何如？而公之賢果遠於人哉。公行矣，將見士大夫彊而方仕者，法公位踰于德、食浮于事之戒，莫不盡其忠而脩其職。老而可去，而進退之義皆可爲人之儀矩。公之賢遠於人益信矣。」憲僚諸公，咸重公之歸，而屬余言。遂書此以贈之。

送李參政致仕序

江右，古文獻之邦。名人鉅士，習詩書，尚行義，進足以有爲於時，退足以表厲其俗，繼迹史氏，代不絶書。若歐陽公、陶元亮輩，文章政事，高風清節，固已名當代而垂後世。士生其間，襲餘風而景賢範者累累焉。

山東參政李公，江右人也。詩書是習，行義是尚。生逢盛時，出其所藴，奮迹科目，歷職郎署，參議河南、廣東兩大藩。

❶「釣」，原作「鈎」，今據四庫本改。

曾未終考，聖天子采大臣薦舉之公議，陞擢今職。公既祇命就官，盡所以報稱之道。以年滿七十，於義當去，遂上章乞致所事。詔允其請，乃挐舟將歸大江之南。憲僚諸公，屬筆於瑄，以序其行。

瑄因念始就河南鄉試時，公以參議適知貢舉事。瑄既忝科名，荷公知尤深，逮今二十年矣。瑄猥以菲才，由内臺承乏山東憲僉，而公又陞秩來參大政。每追陪旦夕，視公爲先輩成德。方將事事諮於公而決其可否，而公已引去矣。是其私情能無望於公乎？雖然，公之自處審矣。績其學，出其有，進仕于强壯之年，于以忠乎君而愛乎民，義也。慎其止，謹其退，乞身於耆邁之歲，于以全其名而勵其俗，亦義也。進退一揆于義，而立身求無愧於士君子出處之道，盖由其學有所得，聞江右諸賢之風而興起者。古所謂豪傑之士，公其人歟！其名世，其垂後，固有在矣。若夫故鄉之溪山林麓，足以資扁舟杖屨之嬉遊。賓友琴書，足以供風晨月夕之咲樂。是皆怡老之佳致，而公之歸，固自得之。兹不贅云。

送黎參政致仕序

逾嶺而南，皆古百越之地，延袤數千里。危峰穹壁，長溪大壑，相與削拔迴環，深窈莫測。奇草異木生其間者，榮凋花實，率不以時。循嶺東南，又皆大海瀰漫旋繞，每晝夜晴霽，涵星斗，浴日月，水之百怪，靡不軒豁呈露。至颶風或作，則濤波洶湧，噴薄盪摩，霆轟轂擊，聲震山谷。其霧氣澒洞轇轕，茫無畔岸。洲島雜國，若扶南、真臘、黃支、婆利國之屬，動以萬計。而四時温涼，蒸爍之氣，發作無節，故居人行旅，將息之道爲難。

今山東大參黎公，嶺南清遠人也。自讀書筮仕，出入中外，多歷年所，官已達矣。一旦引老將歸其鄉，藩臬諸公有以嶺表山川風氣之異如前所云者，爲黎公告，且重其歸，而勸其擇地以處焉。黎公曰：「不然，吾家嶺外舊矣，封樹成列，先祖之丘壠存焉。閭里如昨，童稚之交遊在焉。今之歸，方將薦蘋藻以伸罔極之孝思，具樽醪以欵平昔之親故。又烏以風土之異，移易吾之心哉。」

余謂不忘所本，孝也。不遺故舊，義也。合孝與義，可謂篤於人倫，將不擇地而安矣。風土之說，誠不足以動念。

歷亭送別序

濟水出太行之王屋山，伏流出於濟源，又伏流東走數千里，散見於岱麓、栢崖、渴馬之山，至濟南，遂有泉湧出，名曰「趵突」。泉之流，或派而爲回溪駛瀨，或匯而爲巨浸平湖，經帶城郭，北合清河，以入於海。其南多美山，層峰峭立，連巒起伏，直與梁岱、龜蒙、徂徠、長白、鄒魯、海上諸山聯絡，角立相望。泉之北渚，有古亭遺址，巋然尚存，即杜少陵與李北海宴集處，所謂歷下亭也。遠近山光水色，浮搖瀲灩其上下。葭蒲荷芰，紛披燭耀其周阿。蓋濟南得岱麓山水之勝，而是亭又得濟南山水之勝，以故往來爲古今遊觀者之所適。

正統四年夏，金谿王君昌問，由監察御史擢陞山東憲副，其尊府春官學士公之友劉文謹，適以事至京師，從憲副君來濟南。聞是亭之美，間往遊焉，則愛其山水花草之清麗，徘徊終日，眷眷然若不能去者。既而戒行有日，復取道亭下，諸公咸賦詩以贈，而屬余序。

余謂文謹行千里而來，一無所求，獨能訪古蹟而適意於山水物象之觀。因是知憲副君所與必良士，而學士公取人之不苟也。篇什既具，序以識別。

送孔節文分教徐州序

職無大小，皆天工也。能脩其職，斯於天工爲無曠。顧可以職之崇卑，勤怠其心哉？闕里孔君節文，宏厚而有容，簡重而不泄，勤於問學，敏於文詞，有先師之餘韻流風。去年秋，一舉登名鄉薦。今年舉天下士試南宫，登進士第者一百五十人，節文名列次榜，有分教徐州之行。節文欣然拜命，將就道，余往送之曰：「百職所司，既曰天工，分教之職，有師道焉。賢才之成，恒必由之。以師道而成賢才，職雖非崇顯，其於天工，不亦重乎。節文之往，當思師之所以爲師，言必出於道，行必由於道，教必本於道，以是脩己，以是淑人。俾士子非道不知，非道不行，異日出而爲世用，必能擇其道以忠乎君而愛乎民。夫然，節文於天工又何曠哉。世有位不滿其望者，往往怠其心而慢其職，亦莫顧天工之曠否也。視節文安於所得，而盡心所事爲何如？余因是知節文蓋能守其先家法，益可賢重云。」

送浙江趙大參序

今布政司爲國藩維，即古方伯連帥之職。上之朝廷大典禮、大政令，所以一民俗，正民心，禁民非者，皆欲宣布而遵行之。下之方數千里之地，連百十郡之民，所以察吏治，恤民隱，固封守者，皆欲其飭理而申嚴之。而又時與監司、戎帥協議濟時之要務，以仰副聖天子仁柔遠邇、綏安海宇之心。是其爲國家之倚重，繫一方之休戚，外百司盖莫重焉。故著令選用藩維，必使廷臣推舉通經術，知大體，公忠廉謹，才足有爲，而又歟歷内外，聲績著聞者，以擢任之。

正統八年，方岳狀缺員于朝，詔廷臣如例推舉，有以給事趙公冕名聞者。公素爲上所簡知，遂命爲浙江參議。行有日，給事諸公謂予宜有言以贈。

予獲與趙公遊，舊矣。公以明經中甲午河南鄉舉首選，篤實寬裕之資，潔白脩謹之行，人所推服。其典教山右，能舉聖賢教人之法，作興士類，士服其教，出而爲時用者甚衆。及兩任給事，小心慎密，事上盡匪懈之忠，當官無回互之失，經術才行著績内外者克有之，是宜有今兹之峻擢焉。公行矣，宣廣德意，脩舉庶政，與凡濟時之要務，皆公之事也。尚當推其已試之能，勞心焦思，知無不爲，爲無不當。俾東南連城數千里，官知奉法，民知樂生，内治益脩，外患不作。將隱然爲藩維之重臣，思不負國家選擢倚任之意，是亦諸公之所望也。若徒曰有方面之榮，耽其禄而怠其事，予知公必不然，亦豈諸公之所望哉。以予與公故舊，於贈言也，前以頌而後以規。

宜人孫氏壽辭序

《洪範》九五福之疇，而壽居其首。《傳》謂：「有壽而後能饗諸福。」信哉斯言也。嘗觀諸天地之運化，人稟厥賦於儲精之始。氣之長短，而人之脩夭自焉。是以或得其上，或得其中，或得其下，莫得而齊。間有值其氣之長者，由中壽而至於上壽，饗福源源而未已，豈非人之至願哉。

宜人孫氏，東郡良族，來配錦衣衛户侯王公鏞，克孝克順，克慈克教，中饋之行日彰。❶户侯没者若干年矣，宜人撫育厥子鍾，卓有成立，是肖是賢，曁厥婦孫，備養弗違。宜人壽登八十矣，而氣貌日强，駸駸乎上壽之域。得氣之悠長，而饗好德、富厚、康寧之福而未艾者，宜人之謂歟。

子鍾喜其既壽，冀其不衰，來求辭以祝之。則爲之言曰：「賢哉孫母，鍾氣之元。柔順是則，克配名門。中饋是脩，内行彌敦。夫荷寵錫，厥推惟恩。歲時命服，載章其身。教子有立，行義著聞。就養備至，洎厥婦孫。母年雖邁，母顔猶新。既壽且祉，繁樂欣欣。子心既悦，子孝孔純。祝母遐壽，逾百其旬。我惟纂辭，以相其勤。」

贈萬太守秩滿序

余忝辛丑科名，今將三十年矣。當時同登進士二百人，列任廷臣，陟居藩郡者前後相望。其聲實卓然，駸歷愈久而事業愈

❶「日」，原作「目」，今據四庫本改。

茂者，盖可數焉。今平陽太守萬公，以江右文儒之英，一舉而進於二百人之列。及任南京都察院、福建道監察御史，能以風紀之節自砥礪。其論事，急於大體而緩於碎微；議法，雖輕重不同而必要諸平恕；糾治，必以實而不過爲增飾。事長官，顧自處如何，不隨其意爲俯仰。遇吏卒，端己率下，不假與辭色。一時臺官雖趨向不同，咸推服以爲能。九年官滿，朝廷方選京職之有聞望者以補郡。大臣交章薦公，遂陞知浙江嚴州府。

嚴，東南大府也。小民散處下邑，懸隔幽遠，苟有不得其直，鮮能以情自達。公至之日，推誠以通上下之情，令條於几席，人自得於海山，千里之外，皆翕然稱其有古循良風。未幾，以家艱去官。及起復，來知是府。公因其俗而行之以寬簡，府屬僅四十，地方千里，民以萬計。無追呼之擾而事皆集，無凌誶之察而訟自清，無徵集之煩而民自勸，無督促之嚴而士自勵。聲稱之美，甚於江浙。

先是，屬邑之民聞公滿期將近，則皆奔走懇留於藩臬上官，不約而同者數千人，公固辭焉。所謂聲實卓然，敭歷愈久而事業愈茂者，公其二百人之表表者乎！公行有日，絳守王汝績以余與公同年也，來徵辭以贈之。余遂書公之事業著於郡守者如左，即是以推陟明之典，公論有所在。而其敭歷遠大之績，又可量哉。

贈知韓城李居敬序

韓城，古韓國也。居河山之間，地廣民衆。先時爲邑者，率多與吏民不相得，連以是去。人皆謂其風土剛勁，民好伺察其長之失而中傷之。關陝邑之劇而難治者，必曰韓城云。

今令李公居敬，以鄉貢進士來知是邑。始拜官時，人皆以韓城之難治如前所云者爲言，居敬不以介意。及到官，痛刮剔官府里閭宿弊，潔身以先之。禄食外，一毫不以漁民。自奉甚儉，至馬不食粟，澹如也。檢飭吏卒，非公故不得出縣門。人以賄交者，悉皆拒絶。民有事至縣者，必告以孝弟忠信、敦本厚俗之道。辭氣懇懇，出於誠實，民爲之感動。信既在民，凡事不待督促而集。賦税以時，里閭無事。居敬在官始終如一日，由是僚吏民庶皆服其廉，公聲稱之美，著于遠近。及九載考績將去，民恐失之，不約而合辭乞留者千百人。藩臬以其狀上，朝廷以民之安之也，陞秩俾還所治。居敬固自持不易，民之信愛益深。

予謂天下古今，人心一也。謂獨韓城之民難治者，豈理也哉？吾以誠感其民，民亦以誠應。吾以智籠其民，民亦以智應。猶影響之於形聲也。切怪長民君子，誠之不足而歸咎於民之難治。殊不知自求其誠，使持身之廉、處事之公一出於誠，人將信愛之不暇，又焉有不可化之民哉。韓城之民，前日之民也。何前日之難治而今日易治乎？由居敬知民不可以智籠，可以誠感，故其持身處事者皆不敢舍此而取彼。積其誠信之久，民皆愛慕不已，將去而猶懇留之，尚何難之不易哉！以是知天下古今，民心皆同，有民社者，❶勿謂

❶「者」，原作「日」，今據四庫本改。

其難治，但當責其治之之誠有未至焉耳。
如有不信，請質于居敬云。

敬軒薛先生文集卷之十五

敬軒薛先生文集卷之十六

門人關西張鼎校正編輯
鄉後學沁水張銓重校梓

序

送僉都御史李公陞秩序

景泰元年春，聖天子作新政治，大簡賢能，擢任都憲，以巡撫方隅，肅清部屬。于時貴州方用兵討叛苗，四川給兵餉，率取道播州以往。播之四境，皆密邇賊巢，蠻獠往往乘勢結黨類，據險阻，以剽劫餽運。甚至蜂屯蟻聚，攻城邑，掠傳馬，焚民舍，以流毒遠邇。播州幾將危不可守，糧道殆至阻絶。

今僉都御史李公，時任四川憲副，聞播州告急，即馳往救之。及至，指授將帥方略，嚴立賞罰，以忠義激士卒之氣。或潛擣賊巢而乘其虚，或分擊賊衆以弱其勢。將士奮力，屢戰屢捷，兵氣既鋭，羣蠻潰散。因遣人四出，大布朝廷恩信，開其自新之路。由是林蠻峒蜑，懾威感惠，狐鼠遁服，不日而寇跡殆絶，播境落然。向之危者全，阻者通，餽運安行無警。故使貴之將士食足，得以成討叛之功者，皆公全播之力也。事聞朝廷，因遣使賫勑就陞今職，且俾巡撫四川，凡軍旅政事，皆得以便宜處治。

時瑄來董餉，適會其有陞秩之命。因

竊念瑄昔自内臺出僉山東按察時，公已自由進士擢官御史。是後雖絶不相會者二十餘年，而公風紀聞望揚乎内而振乎外者，則隱然嘗接聽聞。瑄去年起家承乏大理，忝與在朝公卿之末議，聞其論天下外臺得風憲之體者，每以公爲稱首，且以其未得重用爲嘆。今兹公既陞秩，有都憲之榮，又受命有方隅之寄。朝論之公，斯爲允愜。雖然，公全播之功固大，迹其所以成此功者，由其忠賢之實，素所蓄積者非一日也。然古之賢人君子，於己功愈大，而賢愈彰。公負俊偉傑特之才，必以古之大賢君子自處。愈勵其功，愈勉其賢，又將躋崇庸，參大政，決大事，樹大功於天下，垂聲譽於無窮。是豈特立功名於一時而已哉。瑄樂道人之善，而祝其有大就者也。故書此爲公贈。

栢臺春霽序

自漢以來，風紀之署或曰御史府，或曰内外臺，即今之察院也。臺曰栢臺，或樹栢於臺也。栢臺曰春霽，春者發生之時，霽者光明之日也。

泰和羅君承彦由名進士爲才御史，名其卷曰《栢臺春霽》，得無意乎？人皆知秋冬爲收斂之時，雪霜爲慘肅之氣，而不知陽春光明發生之機，實兆於此也。御史之職，其立於朝，則毅色正言，以論天下政事之得失，以察大小百官之邪正；其巡歷部屬，則剔拔姦蠹，扶植善良，以澄肅一方之官吏。内外之疑獄，秋官之不能辯，按察之不能理，郡縣之不能決者，皆歸之御史，爲之直其枉，雪其冤。故其任綱紀耳目之重，峻拔風厲，端方凝肅，持三尺以明天討，真若秋冬之候，雪霜之爲氣，凛然之可畏也。然回斡政事之得失，進退百官之邪正，含痛茹冤者爲之洗濯别白，❶變翕聚之機爲亨泰光明之氣象。此羅君以《栢臺春霽》名卷者，爲有意也。

君今年夏領節來按川蜀間，以其卷示余，且求爲序。余既論其梗槩於前矣。川蜀去京師萬里，屬吏清白汙濁之狀，小民幽遠隱伏之情，與夫積年滯獄之不得疏理者，皆巡歷之所當急也。君以是自名其卷，殆見行臺所至，清白顯而貪濁黜，幽隱達而滯獄清，如春和景霽，而川蜀之民咸被其煦育之惠，燭耀之光。風紀之振孰有過於此乎？雖然，是特一方之政耳。君方年富而志强，氣清而才鋭，自是歷階以升，推《栢臺春霽》之意於内臺，於天下，施之無不達，則人被其澤者其有窮乎？若徒以憲署春和景明，優游自適，而不以先務爲急，則非所望於君，亦非君之意也。

贈僉都御史李公平蠻序

叙之筠、高、戎、珙四縣，民雜華戎，僻居山谷。景泰元年春，其編户之蠻民與永寧諸蠻，聞討貴州叛苗，川蜀之精兵悉發以往，乃潛相誘結，乘勢爲亂。遠和邇應，蜂屯蟻聚，不可爬梳。既焚劫山谷諸縣，遂散其醜類，東掠江安、納溪，南攻永寧。官民廬舍，男女財畜，多被其焚毁搶虜。近賊城郭，皆閉門警守。軍民率徙家奔竄，全蜀爲之騷然不寧。于時四川三司調

❶「别」，四庫本作「剔」。

集民兵，自叙以達納溪，沿江列營壘，爲防守之計。涉春及夏，屯戍既久，無能決策進兵者。

上乃遣使齎璽書，命都察院左僉都御史李公督軍討之，且聽以便宜從事。時公方董播州之役，聞命即馳至江口，斂諸屯戍民兵爲一。以其未閑教也，亟命諸將練習之。逾月，知其可用，乃先遣知鄉導者入蠻境以觀地勢。咸以下羅計扼賊衝要，且糧道便利，可以駐兵，公即率諸軍進據其地。公觀地圖，烏蒙、芒部二府當諸蠻寨之後，且其與叛蠻爲類，不有以結之，蠻賊急走其地，將連謀爲我敵矣。乃遣二府土官重錦各一純，使拒賊後，實解散其謀也。又遣一軍屯江口，爲下羅計之聲援，戎、筠皆分兵爲犄角之勢。部分已定，乃集將佐議攻取之計。皆謂公規畫審密如此，賊已在術中矣，以兵擊之，易若摧枯拉朽耳。公曰：「不然，討蠻寇當用長謀遠筭。先布威信以招徠之，尚有不服，誅之未晚。且蠻賊比之禽獸，勝之不爲武，惟不戰而使之來降，計之上者也。方今天子聖神仁明，且璽書許以便宜從事。雖曰督軍致討，實欲以德懷柔之也。」遂揭榜出令，曰：「諸叛蠻有能自拔來降者，貰其罪。負固不悛者，兵誅無貸。」時未幾，蠻首聞令來降者踵至。公復勞以酒食，遣轉告諸蠻之未聞令者。三月之間，蠻首悉詣軍門請降，盡還其虜掠之老小。公乃陳兵集諸蠻，諭之曰：「天朝摠統萬國，威令所加，無强不服。爾蠻乃無故相率爲亂，以王法言之，必誅不赦。惟聖天子神武慈仁，以爾蠻冥頑無知，故不忍即加誅滅。略爾既往之愆，開爾自生之路。自此以往，當謹守約束，共饗太平。若仍懷反側，即誅無遺種。」羣蠻皆惶汗伏地，曰：「願永遵條教，不敢再萌前惡。」公即散遣羣蠻，使各還其居。罷黜諸縣官之貪暴無狀者，選賢能爲令佐，以招徠撫摩流散瘡痍之民。蠻寇既平，遠邇之心遂以寧輯。

師還四川，軍民父老塡郭溢郛，懽呼前後，迎公以入。藩臬都閫文武大吏，咸賀公之成功。公曰：「是役也，皆聖天子之威德，將士之用命，某何功之有？」藩臬都閫諸公既相與言曰：「惟此叙功，實僉都公之成。公又推而弗居，其賢愈不可及。不可無文以張其事。」乃相率來求余辭以贈之。

予謂僉都公伐叙蠻，兵不刓刃，而坐致一方之寧息，是雖聖天子之明，能委任公以便宜之柄，然非公深知懷柔爲上策，其孰能宣布聖天子丕休顯德哉？及羣公賀其成功，又推讓而不居，誠得《大易》「勞而不伐，有功而不德」之義矣。且僉都公之美績如此，將見朝廷陞賚之命，不日而下。寵冠方隅，名光史策，雖欲辭之，不可得也。

贈四川大參楊伯玉序

人之會合出處，豈偶然哉？蓋皆有理存乎其間也。正統紀元之夏，余自內臺出僉山東按察事，一時多君子之僚，同官楊君伯玉，與余情好尤篤。不數年間，伯玉任滿，陞四川參議，余亦誤蒙朝廷拔擢，承乏大理少卿。正統七年，伯玉朝覲京師，余得與之一會。又明年，余以不能厭官，放歸田里，遂躬耕河汾之間，分將與世終老無聞。西望川蜀，江山萬里，雖欲與伯玉再會，知其必不可得已。前年冬，余復起家爲大理丞。無幾何即有川蜀董運之命，復得與伯玉會于此。夫以余之老劣無能，退耕田野，伯玉之精明練達，參佐大藩，出處途異，相去萬里，已謂玆會之必不可得，而及今得之，所謂有理存乎其間者，信不誣也。且理者，天而已。孟氏以行使止尼，皆歸諸天，其不以是哉。

今伯玉九年考滿，余亦上章乞老于朝。伯玉既將東去，余得報亦且北歸矣。後來會合，又未可必。余與伯玉亦惟皆聽於理之自然，復何容心於其間哉。伯玉歟歷內外風紀之司，陟參大藩旬宣之政，其處心，其操行，其事業，其聞望，卓卓在人耳目。今兹考績之行，自有重用老成之典在，固無庸於贅言。姑序余與伯玉之會合出處，皆有理存乎其間者以識別。

送鄭侍郎歸省序

景泰三年春，南京刑部侍郎鄭景陽以其尊府侍郎公年及八十有四，上章乞歸省於家。詔允其請，戒行有期，京師士大夫與景陽遊者，咸屬予序以贈其行。

予與景陽爲同年進士，知景陽爲尤深。景陽自給事中累陞秋官左右侍郎，值聖朝舉推恩之典，其尊府兩受褒封之榮，皆如景陽之秩。今景陽之歸，去其家廬之舒城，水行不滿千里。想其升堂展省之際，命服在躬，樽俎在席，昆弟在列，子孫環擁於先後，親朋盈集于庭闈，以次奉觴而祝其尊府之壽考康寧者，内外同然一辭。循循秩秩，愉愉怡怡，德音和氣，藹於鄭氏一門。天下之榮且樂孰有過於此乎！雖然，景陽之尊府所以有此榮樂者，夫豈無所自哉？蓋由德爲之基也。余嘗聞景陽之尊府好讀書，急於行義，惟以孝弟忠信教其子孫，而語不及私利。其子孫又能恭順敬畏，而不忘其義方之訓。居家脩德於其鄉，爲仕脩德於其官，孝弟忠信之行充諸内而達於外。故景陽得以荷朝廷之寵光，其尊府得以饗子孫之榮養。貴富以德致，故其事有足稱者。使其無德以爲之基，雖有如昔人貴出一時，禄厚萬鍾，備軒冕三牲以奉其親者，人將以爲幸而致，亦何足道哉。

景陽行矣，展省之餘，其尚遄歸官署，益擴其尊府之訓，專心一志，脩其德而盡其職，推而爲國家之偉績，著而爲刑期無刑之事功，始終一節，惟德是崇。又將播之聲詩，勒之金石，垂之後世，于以顯揚其尊府之德譽於無窮，又豈特快榮樂于一鄉一時而已哉！予弗獲辭所屬，遂書此以贈之。

送陳僉憲永言序

皇明内設都察院，各道外設按察司，以綱紀百僚，作興政治。御史憲司官爲朝廷監司耳目之寄，得其人則綱紀以振，百司以肅，而天下之政治爲之興起。列聖相承，咸重兹選。御史必於進士及有望儒臣擢任，憲司有缺員，必於御史有操爲者陞用之。而凡吏胥雜進之才，皆不得預焉。風紀之職，厥惟重哉。

陳君永言，以名進士任南京山西道監察御史，操守堅正，於衆之所嗜好者，輕如鴻毛，不爲區區外物動其中。逮茲歷職五年，清白之節，始終如一日。其疏時政，雪冤抑，剔姦蠹，撫善柔，擊豪暴，皆以公平剛毅行之，而無所回互曲撓。不惟風紀振于畿甸，而爲文武庶司之所稱揚；雖一時同官，咸推以爲不易及。其於耳目之寄，殆無愧矣哉。由是聲名著於兩京。適陝西僉憲有缺員，天官即具述永言所以能官之狀于朝，❶上即陞前職，詔使便道之官。繡衣諸公，相率來請余序其行。

夫風紀之重，永言之能，余固已言之矣。今茲關陝之行，永言但當益思所任之重，愈勵其節，而以其已試于內臺者，擴行於方岳之間。政事有壅滯，必思所以達之。刑獄有冤抑，必思有以伸之。姦蠹在所當去，柔良在所當植，强暴在所當擊，與凡風紀之當爲者，以次脩舉而無替其前日公平剛毅之心。行見風紀振於關陝者，將倍於南京矣。近年方岳藩臬之臣有聲績，入而爲列卿、都憲大僚，往往有之。誠使永言之聲實著於關陝，流于天朝，其入膺重用之漸，盖可期哉。

送朱知府赴任序

古者封建五等之國，分土不過百里，下乃五十里而止耳。後世列郡，土地之大者方千里，小者亦不下六七百里。其視古之侯國，盖加數等。生齒之繁，動以萬計。而凡禮樂教化之宣布，法度紀綱之防範，民業在所敦厚，浮末在所懲抑，官吏在所廉察，盜賊在所消弭，與夫租稅儲積、軍國

❶「述」，原作「逑」，據四庫本改。

之需、疆域城郭保障之方，❶皆萃於郡守之一身。得其人則百政備舉，方千百里之民，相與熙然以寧。不得其人，則庶事隳弛，人有不得其所者多矣。是則今之列郡，重於古之分土者，較然明甚。以是國家選用郡守，必於耳目近侍六卿之屬，有才賢聞望者擢任之。

南京山東道監察御史朱廷儀爲天官推選，遂受朝命，陞知湖廣常德府事。將行，其内臺同官諸公，偕來請余文以贈之。

夫郡守寄託之甚重，朝廷選用之匪輕，余固已言之矣。余聞廷儀以其尊府國子先生希亮家庭之教，其講夫脩己治人之道，必以古聖賢爲師法。故廷儀自舉進士，登風憲，振紀綱，去貪猾，雪冤滯，恤民隱，以及巡歷部屬，閱練軍士，靡不正己以正人。由是能聲赫然，彰著於兩京。蓋推其家庭之學，見諸行事者如此。今茲之行，常德爲荆南之大郡，襟黔、巫而帶江、湖，方百里盖八九，民庶散於山谷川澤之間，所謂禮樂教化、刑政紀綱之宣布防範，民事、吏治、寇盜之廉理清肅，以至錢穀封略之區畫，廷儀行將次第舉行而無遺，又豈待於余言哉。然風紀民牧，事體雖殊，而治理則一。廷儀疇昔之振風紀，既以正己爲先，今其統一郡之民，布一郡之政，獨不在正己爲本乎！己正而左右僚吏正，屬部正，以至庶事無一之不正。則事脩于几席之上，而人得於湖山之外。所謂千里之民熙然相與以寧者，有必然矣。

古之賢諸侯多入而輔朝政，漢之郡守有治績者或徵爲相。天朝在廷大臣有缺，

❶「方」，雍正本作「防」。

亦於外郡守有能聲者陟用之。夫以廷儀之賢，固安於所職而無僥望之心。然使他日政績茂著，聲名揚播，則公論有所歸，廷儀雖欲緩入用之期，其可得哉？是爲序。

送干知府赴任序❶

大理，古南詔之地。唐、虞、三代不及以貢賦，漢、唐、宋歷代不登於版圖。惟我皇明有天下，德威誕敷，無遠弗届。由是南詔之地列爲雲南布政司，而大理則爲雲南之大府。八九十年之間，朝廷禮樂教化之所漸被，而南徼之俗稍變而有華風。然以其地去京師萬餘里，尚有獷悍未盡革者，故視中國諸郡爲難治。朝廷選用牧守，必於風憲近侍中有操持幹局、練達時俗者，俾往踐其任。由是南京户科給事干廷玉爲天官所推薦，❷有知大理之行。命既下，南京通政司參議李震，偕黄門諸公來請序其事以贈。

余謂大理爲雲南大府，地控諸番，人雜夷獠，其視中國諸郡雖曰難治，然地有夷夏之殊，而心無彼此之間。廷玉誠能正己心以正其左右，以正其屬吏，以正其編民，凡典章法度爲治之具，無非心之正以推行之，則彼獷悍之難治者，皆將各以其心而體廷玉之心，不勞於刑法之嚴峻，智術之籠絡，自皆感化於正而相安於無事之域，又何難之不易哉。使不能以正心爲本，而徒騁乎刑法智術之末，以强其人之必從，雖易治如鄒魯之民，亦將扞格而不

❶「干」，四庫本作「于」。
❷「干」，四庫本作「于」。

可化，況遠人乎！

夫不遇盤根錯節，無以別利器。廷玉由名進士列官近侍者有年，今既以操持幹局、練達時俗之行之才，爲朝廷之所簡擢，以牧遠郡之民，必能正心以爲政，如前所云者，則彼難治者，將不見其難而但見其易。于以樹柔遠之佳政於南服，流清淑之令譽于天朝，則考績之公論有在，廷玉雖欲辭崇高之峻步，其可得哉。是爲序。

送劉知府赴任序

景泰三年秋，南京刑部湖廣司員外郎劉茂先，以吏部移檄，知四川重慶府事。將行，其闔部同官來言於余曰：「茂先，老成士也。爲永樂甲午山東舉子，初授監察御史，兩任開封彰德府推，一參都督府戎政，五轉而陞秩秋官，敭歷中外者四十餘年矣。持身謹飭，無愆尤之及，所至俱有聲蹟。近爲大臣所推薦，受朝命陞知大府，吏部檄俾便道之官。行有日矣，願先生一言以張之。」

余惟今方岳之間，旬宣有藩垣，監司有按察，皆挈治民之大綱而已。至於郡守，則於治民尤親而重者。其政自府而達之州，由州而達之縣，民之休戚，係於州縣。郡得其人，必能正己以廉，問州縣吏治之得失。能其官者，奬勵而舉揚之。貪虐病民者，條奏而黜罷之。使州縣之吏舉稱其職，則小民遂樂生興事之願，無愁苦歎息之聲，而藩垣不勞於旬宣，按察不形於糾劾，而一郡大治矣。故自漢、唐、宋以來，選用牧守，率難其人。朝廷近年尤重茲任，往往選臺閣之臣有名望者出知列郡。夫其任之也難，則其責之也重。得與茲選者其可不思所以副朝廷選任之意，而盡其職哉。

今茂先以老成練達之才，受知重臣，拔自郎官，出知大府，誠欲盡其職而副委任之意。惟能推余所謂正己以廉、問州縣吏治得失之言以行之，則千里之民蒙其惠於下，藩臬二司安其賢於上，而重慶之治績將冠於川蜀之列郡矣。茂先其勉之哉！是爲序。

送楊恒健先生歸徽州序

景泰二年冬，禮部尚書楊彦謐承詔調南京大司寇。余亦奉命承乏大理，與彦謐偕來之官。彦謐道語其家故錢唐，「先考尚書公洪武間教諭星子，叔父侍先祖就養。後尚書公以教有成績，兩任邵武、徽州教授。丁先祖憂，服闋，遂家于徽州。于時某與弟宜俱幼，鞠於叔父，教以經史諸書，遂皆有成立。其登進士第，歷任秋官，陞侍郎，再陞禮部尚書，今調官于茲。弟宜亦由科第爲御史。每念某兄弟所以累荷朝廷之寵擢，得至顯官，饗有厚禄者，皆先尚書公之積善餘慶，今叔父之教育大恩。先尚書公既早世，養已不逮矣。今叔父家居康寧，吾不可以無報。」彦謐之官。明年九月，遂迎其叔父自徽至南京。其叔父，即恒健先生也。于時，彦謐同遊在京諸卿大夫，皆往拜先生于門。彦謐旦夕啓告定省，承顔温色，所以怡其心志、致其甘旨之奉者，靡所不至。蓋移其欲孝尚書公者，以孝先生也。居凡幾月，適彦謐之弟宜衣繡持節，亦使廣南，道過南京，乃得拜先生於彥謐之官舍。叔姪兄弟遂一時之會合，天下榮且樂何以加於此哉！既而先生將歸徽州，諸卿大夫咸謂余宜爲文以贈其行。

余惟彥謐嘗談其先尚書公之世德始終，以及其叔父恒健先生之鞠育教誨，而克有今兹之光榮。蓋皆感念存歿，仁孝慈良之性發於心而見於辭者。及先生就彥謐之迎養，彥謐又盡其所事之誠孝如此。先生有猶子如彥謐者，固已充然而樂無不至矣。又適彥謐之弟宜衣繡持節，便道省謁，則其樂又何如哉！先生今之歸也，其子姪之仕者，既能秉公正廉清之道盡忠孝於國家，其子孫之處者，必皆習禮義退讓之教盡忠孝於鄉里。忠孝之行萃於楊氏之一門，不惟可爲鄉邦之矜式，亦可垂諸後世而爲忠孝勸矣。雖然，京師去徽不滿千里，今先生之歸興雖切，而彥謐孝義之心未已也。時和景良，先生尚數來遊，以慰彥謐之心，則慈孝之風益可仰也。是爲序。

送鄧大參赴任序

景泰三年冬，福建鎮守大臣走驛馬上章闕下，以福建布政司左參議員缺，乞選老成持重有施爲者來任其職。前四年時，福建境内寇賊竊發，流劫爲患。雖官軍討捕，久已寧息，而民困於輸給掊斂尤甚。數年之間，凋瘵尚未盡復，而危疑在所當安。故大臣奏欲布政司參佐得人，如此之急且重，蓋以安民之政出於旬宣也。

鄧君不二，由名進士兩任刑部主事，陞南京刑部山東司郎中，凡十餘年。持身敬謹，不妄有所爲。用法平而恕，凡事情之盤錯難析者，不二剖決之，立得其理。所謂老成持重有施爲者，不二真其人也。先是大司寇楊公，應詔薦舉賢而在下僚者，以不二爲首。章上未幾，適福建缺官奏亦至，天官乃具履純之行于朝。上遂擢爲福建布政司左參議，且使馳驛之任。命下，秋官與不二交遊者來請余文以贈之。

余嘗竊念我大祖高皇帝混一華夷，仁義禮樂之澤，涵義煦育，無問遠邇。八九十年之間，海宇民物，熙然寧息。惟時福建之民，即前日之民也。何前之感悦誠服者如彼，而近年之寇賊竊發者如此？雖其弄兵假息之誅不容貸，然爲之長而司方隅牧民之政者，其可不求其故耶？往事既已然矣。今不二蘊所有，負所望，當大臣奏請之急，爲司寇天官之知，荷聖天子之明，陞貳旬宣，其可不思所以盡其心哉？必當推其在秋官素所蓄積施爲者於大藩，潔己以正左右，俾大小之事，無一不出於正，持正道以臨下。欲民之安，必先去其病民者。大而貪殘守令，在所當黜。小而豪猾吏民，在所當治。牧守得人，豪猾歛迹，小民無朘削脂膏之苦，無呑噬兼併之害，則向之凋瘵可以復，而危疑無不安。庶有以廣國家涵義煦育之澤如前時，而連東南數郡之民，莫不樂生興事，室家相安。方將頌太平之治、歌旬宣之良不暇，又豈復有近年之患哉！不二之政績既著於南服，其聲譽自流於朝右，又將躋崇庸，參大政，而所施者詎止方隅而已乎？余以諸君之請不獲已，既視規之，又期望之。是爲序。

送黄僉憲之任序

聖朝外設按察司，以綱紀方岳之庶務，廉察百司之邪正，與凡時政之得失，生民之休戚，皆得以直言而無隱。其職分行事與内都察院各道相表裏，官之廉明忠良者，得以舉揚；而奸貪廢事者，有司自六品以下皆即逮治，五品以上及武職，則奏請擒拏。隨其情之重輕，謫罷懲艾之。按察關乎政體之大，而受夫委任之重如此，居其官者其可不思所以盡其職哉！

南京雲南道監察御史黄君廷永，領福建之貢元，登進士高第，學知有用。自任風紀，潔己正人，持公用法，直言正論，深達憲體之宜，故其聲譽振剔乎兩京。值朝廷大明黜陟，遣大臣巡考藩臬諸司之不職罷斥之。由是按察多缺員，廷永遂荷朝命，陟僉浙江憲事，且俾便道之官。戒行有期，其同官諸君重廷永之去，❶偕求言以序其行。

夫按察與内臺相表裏，關乎政體之大，受夫委任之重，余固已前言之。廷永以内風紀之職，陟外風紀之司。今之往也，余知其閑於所職，譬之車走坂，舟順流，駃騠之騁康莊，鷙鳥之便順風，庖丁之游刃無餘地，師曠之審樂無遺音。凡憲職之宜行者，將無絲毫留滯繆錯之患，亦奚待於余言。雖然，余尚有告焉。勤於前而怠於後者，人情之常。切見古今號稱名士大夫，或能建名節於壯年，而不免計豐約於晚歲，故曰「官怠於宦成」。廷永賢者，

❶「君」，雍正本作「公」。

必無是失。尤願始終其心，始終其職，始終其節，則年愈進而望愈隆，任愈久而績愈茂。異時歷階以膺顯擢，其將以其振風紀於一方者，推之於遠大，惠及生民，光於邦家，不惟著顯譽於一時，又將垂英聲於無窮矣。余知廷永之賢，能受盡言。故於諸君請序其行也，舉風紀之重，既頌之於前，而復規之於後云。

贈凌大參之任序

聖天子臨御之四年，大明黜陟之典，以作興政治。乃勑遣大臣巡考天下方岳郡縣、大小百司，廉明有爲者奏陟之，濁闒冗懦者罷斥之。由是藩臬多缺員。

南京刑部郎官凌文琬，老成練達，乃爲天官所推擇，以其名聞於朝，陞湖廣布政司參議。湖廣爲天下之大藩，東北與京畿、河南相接，西南連黔、蜀、貴、播、嶺南及諸溪峒。地大以遠，故其租税之入，兵士之出，倍於他藩。而凡條章之宣布，吏治之得失，民生之休戚，盜賊之清弭，以至撫柔蠻夷之方，皆於布政司是責。文琬爲天官之所推選，朝廷之所陞擢，佐此大藩，其任重而匪輕也明矣。今茲之任，宜何如以盡其職乎？必當念厥今布政司總統千里之土地吏民，蓋與古方伯之任相埒。其僚有使，有參政，以及參議，皆高品大官也。夫其秩之崇，則其責愈重。所謂租賦、兵甲、條章、吏治、民隱、弭盜、安邊之庶政，既萃於旬宣之司。文琬欲盡其職所當盡心，於是蚤夜勤志，審度其先後緩急之宜，次第而舉行之。使方隅百事理治於上，庶民安生於下，斯無愧於旬宣，而可追擬方伯之任。不然，一方之政弛，即一方之民不得其所。旬宣既罔稱，方伯亦難擬，夫何免於誚讓之及哉！文琬發身舉子，必習於脩己治人之學；又三爲卿屬，必閑於爲政設施之方。今茲寵擢而膺重寄，殆見其必能以公滅私，庶政畢舉，以是而盡旬宣之職，以是而擬方伯之任。他時政績茂著，聲譽流播，陟明之典將有所歸，參佐云乎哉！

文琬陞秩之命既下，且俾便道之官，行有日。其同官王公載合凡法從交遊，來求余文以贈之。余雖未獲交文琬而知其處心行己之詳，然以天官遴拔之公，聖朝陞擢之峻，與其朋好惜别之勤，則其爲人必有可取也無疑。遂書此以塞諸君之請，而道文琬之行。

敬軒薛先生文集卷之十六

敬軒薛先生文集卷之十七

門人關西張鼎校正編輯
鄉後學沁水張銓重校梓

序

送歸州尚司訓序

天以是理與人雖同，而覺有先後。先覺者以其所覺覺後人，故謂之師。師者，天理民彝所自出，而人之邪正由之。是其任豈易云乎哉！ 自古師道廢，師之所以覺人，人之所以受覺於人，或出於異端他岐，而不由於天理民彝之正，是則師之名雖是，而其實則非矣。國家建學立師所以教人者，粹然一出於天理民彝之至正，而異端他岐不得以淆其間。師道之復古，於是乎在。

正統元年春，聖天子龍飛之初，天下士抱負其業來試於春官者，于時濟濟，僅千人焉。主司既取進士百人，又取其文學之通粹者四百餘人，以補教官之缺員。保寧尚志以四百餘人之一，擢授歸州儒學司訓。監察御史姚君克脩於其行，且屬余言以爲贈。

余嘗論爲師之道，不過以己之所得乎天者以覺乎人而已。得乎天者，如五品人倫是也。師舍是無以教，子弟舍是無以學。御史君嘗稱尚志之爲人，資稟篤而學問正。夫質以本之，文以輔之，不雜乎異端，不惑乎他岐，是可以爲人之師矣。尚志到官，其思無負於御史君之所知，必正其身，必進其學，俾天之所以與我者，既求知其理，又求踐其理。將見歸庠士子皆得以啓其蔽，而闢其途，豁然獲覩斯道之光明坦然，率循乎天理民彝之正。他日以若輩人備國家之任用，必能推其學以忠乎君而爱乎民。于時尚志師道立而善人多，可以追蹤於古之爲師者矣。慎勿爲異端他岐所惑哉！

竹深處序

杭之土宜竹，郡人朱景暉環其室種之幾萬竿。冒烟雨，摇星月，戛風飈，凌霜雪，寒暑晦明動息之變，千態萬狀，皆因竹以得勝。而境益清，居益邃，忽若不知塵囂之紛聒也。景暉時與一二佳客往其間，商確古今道理，誨子孫以孝弟廉耻禮義之行，治其家以勤儉，整肅人倫内外之防，脱去習俗之浮靡，一還古人之淳朴，盖皆自於竹深處思而得之。非若昔人有以放逸自高者，往往恣肆於茂密之間，或以博弈翫好爲樂，或以酣飲歡呼爲達。否則溺意於詞章、圖畫、字書、技藝之淺事，而不知天理人倫之大道，甚矣！其皆非中庸之行也，是豈景暉之用心哉！

監察御史謝君衡，景暉友也，常造其處而得景暉之議論，知其必有可取者，因求文於余。遂書此以還之，使知所擇焉。

贈汪德容致政序

少而仕，老而歸，此人之所至願也。

至於歸而又得奉其親以盡桑榆之樂，又豈非人之至願者歟？ 四明汪德容先生博學耆德，模範元氏之士子者十餘年。士子賴其追琢造就之益，進而登仕版、著能聲者累累焉。繼而陞秩王府教授，則又輔翊世子以正道，官屬咸推稱之。今以年至請於朝，得致其政而歸。監察御史曹君習古，先生友也，來徵文以贈之。

余謂先生遭國家熙洽寧謐崇尚斯文之時，而得列清秩，著顯蹟，被榮名，饗厚福者數十年，其於「少而仕」可謂盡其道矣。逮茲耄老，荷朝廷優渥之恩，冠服偉然，去歸故鄉，於「老而歸」又豈非得其義乎？ 先生已白首，而其母夫人年滿八十，尚安好無恙。今之歸，又將具甘旨，節寒溫，左右就養，怡愉其志，欣欣焉愛日之誠，蓋有不能已者，其樂又何如耶？ 雖然，先生始終一節，得饗全福，固爲儒者之至幸。然又足以見我國家深仁厚澤涵煦之久，使凡爲人臣者得以從容遂其進退之義。尚論治平之氣象，又當於此而觀之。是爲序。

絳州知州王汝績輓詩序

孔子「疾没世而名不稱焉」，蓋謂無爲善之實可稱於後世，❶雖聖人猶疾之也。然則世有君子，雖没世而猶爲人所思慕詠嘆之不已，❷得不謂之賢矣乎！

金谿王汝績知絳州九年，能節儉以自律，興學以勸士，去弊以養民，禱神以弭

❶「善」，原作「盖」，今據四庫本改。
❷「慕」，原作「暮」，今據四庫本改。

灾，與凡政之善者，大小具舉。故其任滿將去，而小民相率連狀，欲保留之不可得，則相與刻石以紀其政蹟。不獨惠在絳人者久而不忘，及汝績既没，而中外士大夫素與汝績交好，以及樂道人之善者，亦皆作爲詩歌以哀述其善行，類若古輓者之辭，著於集者凡若干首。長篇短製，渾厚流麗，皆足以傳世行後，使後之人諷諸口而感於心，因以得其實而慕其人。則汝績雖没世而名愈彰者，得不亦有賴於此乎。

汝績二子政、佐，皆從余學，故余知汝績尤深。既爲備述其行己爲政之蹟，表諸隧道之石，又爲序其詩歌哀輓之意，以冠其集之端。

送刑部鄭侍郎序

景泰五年夏，南京刑部左侍郎鄭景陽以三年秩滿來朝京師。既而將歸，秋官内臺洎大理諸大夫與景陽厚者，咸屬余言以贈之。

余與景陽爲辛丑同年進士，景陽爲給事中，余亦濫官御史。後景陽陟亞南京秋官，余亦出入外臬大理，中間契闊者久之。前年冬，余又承乏南京大理，復得與景陽會。旦夕過從，談經史，道舊故，懽然無間。未幾，余復承召備員于兹，而重得與景陽會。夫以同登仕三十餘年之離合如此，於景陽行，烏得無情？士大夫雖不有屬，固宜有言以爲贈。

景陽，舒人也。質貌魁奇，性度宏厚，

少即聰敏過人。其尊府侍郎公知其有立也，既嚴家庭之訓，尤擇善師友使從之遊，以講貫礱磨爲學行己之道。治經之暇，尤肆力於史學，嘗聽其論既往年代之久近而出不窮，若崑崙發源而洪流東注也。其論前世人品之正邪而見甚明，若巨海涵秋而纖毫畢露也。與夫國統之分合，書法之抑揚，禮樂、刑法、天文、地理之志，凡史所當載者，莫不挈其綱而振其目。間出其餘爲詩章，亦清新古雅，渢渢乎有作者之遺音。景陽以如是該博之學，故自縣庠弟子員發迹，擢高科，官近侍，貳秋官，事業聲譽與時俱流，景陽亦榮遇矣哉！景陽初爲右侍郎九年，轉爲左侍郎，今又三年矣。其學行宦業，老成練達，允爲時望。今又來朝也，班行之間咸推爲偉人碩士，而三法從諸大夫尤重景陽之爲人，故於其行皆不能無眷眷之情，是又不特余與景陽有同年好也。

復有論景陽之去者曰：「方今聖天子作新政治，以得人爲急，而尤重老成。若景陽者，真其人也，獨不可留以輔理耶？」余則曰：「南京爲國家根本重地，自北視南，猶有周視鎬京之與成周。在昔保釐尚重其人，况南京畿甸以及列郡刑獄之繫，皆於其秋官是詰，是治是理，庶獄清而民心樂，則和氣應而有以培固國家之根本。景陽之任，又豈不重且大邪？」雖然，景陽之在南京也久矣，而明刑之績已著於秋官。今兩京大臣更迭任用，自其常事。他日在廷列卿大臣或有缺，又焉知景陽之不入贊大猷邪？余以諸公之屬，既述與景陽有同年之好，且備道其學行宦蹟見重於時，而又書此以需其或入贊大猷，又將樹偉績於當時，垂聲光於無窮云。

廖氏族譜序

自古宗子之法廢，而世之人類不知所自來，往往親未盡而相視如楚越者有焉。故士君子有志於復古者，必脩其族譜，紀世次，序疏戚，使其爲子若孫者得有所考據，而知所自來。雖五服之漸窮，亦不忘水木本源之義。而親有未盡者，益敦其孝敬慈愛之心。此族譜之作，亦古宗子之遺法，而有關於家道人倫爲甚重也。

大理少卿廖君安止，慮家譜之弗脩，無以紀世次，序疏戚，垂子孫，而後世慈孝之風薄。乃斷自始祖以下至於九世，列爲經緯，譜而成書。尤必冠以處州廖於譜端者，所以推原漁梁之廖所自來，以其世代

廖遠，故書之也略。而必起自漁梁之廖爲本祖者，所以著其世之所自始，以聞見所及，故書之也詳。故即其始祖以下二世以至九世，宗枝聯屬，整秩不亂，如水之有源而脉絡分明，如木之有榦而枝柯散達。雖自親以及疏，漸殺而漸薄，然其一氣之流貫，則不以疏戚而有間。使廖氏之後疏而漸殺漸薄者得而觀之，尚能遡流知源，循末知本，而興起其尊祖之心，不忘其親親之意，况親且厚者乎。是則廖氏之門，仁孝之風，無間於久近而常存者，實有賴於斯譜也。

安止是作，實有得於古宗子之遺法，而增重於家道人倫之大矣。安止爲人坦易寬厚，好學不怠。自擢進士爲給事，爲大理，議論獨能識其遠者大者。余嘗與之同官，知其爲人尤詳。安止家譜脩葺既

完，書來求爲之序。余既備論其作譜之意於前，又附書安止爲人梗槩於末。將使其後之人，又知安止用心仁且賢，而或有所景慕觀法，而益光大其譜牒，益振立其家聲於久遠云。

劉太孺人輓詩序

太孺人姓郭氏，諱妙清。高祖允明，仕元爲總管。曾祖啓誠，韜光弗耀。祖德，仕元爲萬户。父能，亦晦跡不仕。比四世皆爲滁人，仕者行其義於時，處者脩其行於家，皆以積善鍾慶於太孺人。故其生而端静，長而柔娩，且閑於女教、女儀、女事。擇所適從，遂歸於贈兵科給事中橘菴先生劉某爲繼室。給事先娶李氏，生四子，曰安道、守道、存道、全道，暨女二人。太孺人生子清。于時諸子女皆幼，太孺人裁節飲食衣服，撫育慈愛，咸適其均，人不見其有絲毫疎數厚薄之異，以是太孺人尤得善譽於宗族閭里間。其後，安道、守道以醫業將從事於臨棠，太孺人謂給事曰：「君二親皆高年，我當留滁以奉事，君可自從二子以往。」給事以太孺人言爲然，遂留太孺人偕餘子於家，獨與二子行。太孺人竭力孝事，舅姑年皆逾八十，以天年終。凡所以送終、棺椁、衣衾、安厝、祭祀之禮，靡不周備。既而太孺人乃盡出其所有，付存道、全道二子，曰：「爾祖妣既没，葬已襄事，我將往汝父，汝輩宜以此勉立生業勿墜。」遂赤手携子清至臨棠。

時臨棠事有異，給事已覺其微，太孺人亦勸給事戒其子宜愼静晦處。後竟免大咎，獲戍遼東。太孺人隨往戍所凡數年，艱厄備嘗。而太孺人所以克相給事，教飭諸子，治生業，處患難，莫不有法。故雖在流離窮困中，夫婦父子亦相與泰然，安於義分，不失其正。既而給事例以年至，偕太孺人携諸子得歸鄉里。給事雅知子清器識不凡，太孺人因勸給事遣入滁學，從良師友讀經史，講道理，求所以脩己治人之術。數年，清竟以學有成就中鄉舉，登戊辰進士第。又以材俊選爲翰林庶吉士，授兵科給事中。復以智略爲知者推薦，内以協贊軍機，驅勦寇虜；外則參理戎政，殄滅叛苗。事竣還朝，蒙恩特陞刑部右侍郎。時給事没已久，其贈官與太孺人之受封，皆以侍郎爲兵科給事中時之秩推恩焉。

先是，侍郎還自貴州，道滁，奉太孺人來京師就養。方且左右承懽，日如不及，竟以景泰五年十二月十六日疾卒于官舍，饗年八十有二矣。朝廷既遣禮官致祭，侍郎又將奉其柩返葬於滁之北原。朝之士大夫與侍郎交游者，咸重太孺人爲女而克著其賢，爲母而克盡其慈，爲婦而克盡其孝，爲室而克盡其道，不惟窮通一節灼灼在人耳目；而又相其君子給事公，教子有立，皆荷國家貤恩，有勑命之榮，有品秩之貴，有褒祭之典，其可謂善始善終者矣！既相與走吊賻祭，又作爲詩章，將使輓者歌之，以相侍郎罔極之悲，以發揚太孺人之善於久遠。篇什既多，編爲巨帙，余遂序其事於首簡云。

送王都御史致政序

右都御史王景暘，奉勑出鎮河南之三

年，爲景泰五年春，乃上章引年乞歸。詔允所請，遂遣驅詣闕拜恩，且行有日矣。一時同遊法從，謂余宜文以道其行。

猶記景暘爲秋官時，余亦濫職内臺。景暘爲山東憲副，余先已承乏僉憲，而官舍又與景暘爲隣。余固知景暘之爲人久矣。闕後，余以大理少卿罷歸西河，與陜右相按。時景暘又自陜西憲副陞布政使，轉副都御史，余亦起家丞大理，復與景暘會京師。是與景暘爲交舊矣。今景暘以都憲出鎮河南，得致政之命，拜恩闕下，將去歸其鄉。余又適備員大理，以數十年之交游離合，固宜有言。

景暘少以俊拔之才，擢高科，躋顯仕，清庶獄於秋官，振風紀於憲臬，以至旬宣之有惠，與今出鎮之有能，四十餘年之英聲美蹟，固已赫赫在人耳目，余皆弗贅。獨惟進退乃士君子之大節，古固有建豐功偉績於當時，而猶或耽嗜榮禄於晚歲，不能剛果引退者，亦未免爲清議所少。景暘乃能以六十之年，即自引去，無分毫顧惜，其賢固加於人一等矣。況我聖朝著引年之典，所以優耆英，養恬退，立人臣節義之大防者，超出千古。而景暘乃能欽若國憲，乞老拜恩而去。其又可謂得人臣之義矣。雖然，士君子少而進固有爲，老而退亦有爲也。景暘自筮仕以來，歇歷内外，事功顯著，進而有爲，固歷歷可稽。今其退也，又當老其學，老其德，皆足爲鄉里小子後生之儀則。使居家者有詩書禮義之風，入官者有忠貞廉介之行。則退而有爲，又有在也。

送趙都指揮協贊序

聖天子中興景運，文德誕敷之餘，即大詰兵戎，分京師操守之士爲十營，營各有督將總其綱，協贊貳其事，皆特進之選。景泰五年春，果敢營協贊員缺，詔於諸將中擇有才略者以充之。夏官以山東都指揮僉事趙弼良佐者，累世將家，以名上。詔允所請，良佐即奉命往贊其營。之營之日，督將安其賢，士卒服其略，營中之事大和。其姻友王昌問，來求文以序其事。

余亦識良佐之父於十餘年前，❶且知良佐舊矣。良佐之伯祖德勝公，佐太祖高皇帝芟除羣雄，混一四海，以功封梁國公，享祀功臣廟。其祖亦以功任都指揮。父任邳州衛指揮，陞山東都指揮，卒。良佐襲授濟寧衛指揮使，後爲知者薦，陞前職，遂領士卒分番操守京師。良佐雖四世將門，生長驕富，獨能折節讀書，廉靜少欲，自奉如寒士。視膏粱子田園之利便、財産之豐殖是務，第宅之崇廣、衣馬之鮮好是尚，洎夫迷心於珍奇難得之貨，溺意於妖翫妨行之物，良佐皆能脱去其好而輕之如鴻毛。故才略雖良佐所素習，而立行超卓，尤爲士大夫所稱重。是以連被薦擢，有今茲協贊之榮，駸駸乎重用，其可量哉！

夫今茲之協贊，他日之重用，皆將業也。世之擇將者，類皆以韜略才勇爲先，余獨以仁義爲將之本。夫能使士卒親之

❶「餘」，雍正本無此字。

如父母，投之所往，不避水火而無堅不摧者，❶仁義結其心也。不然，韜略雖長，其如士卒不同心何？才勇雖長，其如士卒不同力何？如此而欲成將業也難矣。良佐能折節讀書，儉於私養，而脱去膏粱利欲之習，庶幾乎知仁義之道矣。能由是深求力行，以推之於師律，必思東征之若何而恤其勞苦，古人之若何而受命不問家事，若何而庫廪不有餘積，若何而分賜不入私家，若何而志滅强寇，何以家爲，若何與下人同其甘苦。若此之類，悉以仁義之心推行之不怠，即自今兹之恊贊，他時之重用，無往而不得士卒之親愛。如是而輔之以韜略才勇，于以行師也，其重如岳峰，其整如列星，其疾如飆風之不可遏，浩乎如江河之流行，雖甚勍者，亦將仆滅之不暇。折衝禦侮，殄寇安民，隱然爲時望，將業由是而可成哉。受封當時，垂聲竹帛，不惟有以仰答聖朝選將錫命之榮，抑且有光於前烈多矣。良佐其尚知所本，勉於今而需其後。是爲序。

贈太子少師兼工部尚書江公序

士君子之所以見重於當時，可垂於後世者，豈徒以歷顯職，負顯名，而得於衆人之所樂得者爲可貴哉！蓋以職雖顯而有能以舉其職，名雖顯而有實以稱其名，故其卓越俊偉之事功，見重於當時，可垂於後世也。苟徒以得衆人之所樂得者爲可貴，而無其實以副之，果足以見重於當時，可垂於後世乎？

❶「摧」，原作「推」，今據四庫本改。

今太子少師兼工部尚書江公時用，自其先大夫歷官大參時，已自講明聖賢有用之學於家庭。其後學益進，行益脩，才益充，遂登庚戌進士高第，即入翰林爲庶吉士。旋任編脩，繼陞侍讀，在翰林者久之。正統十四年秋，超拜刑部侍郎。未幾，轉户部侍郎，又轉吏部侍郎兼翰林學士，復入翰林。景泰五年冬，仍以太子少師兼冬官，其鄉人之官翰林者，合凡交遊偕來徵言以爲贈。

余惟翰林爲近地，列卿爲要職，少師爲重望，今之顯職顯名孰有過於此者乎？迹江公之歷此職而得此名也，其始入翰林，綽有著述討論之能聲。及超拜秋官，值醜虜入寇，詔公督師近郊，以時殄勦。公即戎服鞭馬赴師，籌畫方略而動合機宜，號令行陣而應時整肅。由是將士莫不出奇奮勇，爭先摧陷，而醜類夷傷奔北之不暇，遂追逐餘寇，盡境而還。又被璽書行視山右邊關，所至措置有方，邊備大飭。既還，轉職兼官，復入翰林。公既居論思之地，大能以扶進正人，持守正論，恢廣正道爲己任。既又奉勑巡輯河南、山東、兩淮，乃退貪猾，表循良，便民之政，莫不脩舉。又大發所在儲粟以賑活窮饑，招集流散使還其土。由是中夏東南方數千里之民，莫不欣欣然樂生興事，以感朝廷一視之仁。還朝未久，遂陞兼今職，而冬官之政，又日益脩舉矣。以是而觀，則公之歷顯職而得顯名者，豈徒以得衆人之所樂得者爲可貴哉！蓋能隨所居而舉其職，有其實而稱其名，宜其俊偉卓越之事功，可重於當時，可垂於後世也。

雖然，古之君子雖有卓越俊偉之事

功，皆以爲人臣職分所當爲，無一毫之自滿。今公既得顯仕顯名而有其實，其卓越俊偉之事功，殆去古人不遠矣。其必皆以爲職分之當爲，既不自滿，又愈勵其能，篤其實，一念不忘乎忠國愛民之心，則方來之豐功偉績益著於當時，垂光於後世者，又可量乎哉。是爲序。

並蔕蓮詩序

南京兵部尚書南郡張公志忠以書來曰：「正統戊午，某以監察御史陞行在都察院僉都御史。旋奉勅澄汰南京各道御史，舉職者留，鰥官者去，遂即任南臺以涖事，且奉勅兼督操兵。正統丁卯夏，臺前池荷盛開，有並蔕結實者，觀者異之。明年爲戊辰，某朝京師，遂蒙恩陞右副都御史，俾還南臺。景泰二年辛未夏，池蓮復有並蔕如前者。是年冬，復被朝命，即陞今職，參贊機務。某私驗之，凡三陞擢，皆先有並蔕蓮之兆。意者物與人事或有相應之理乎？某既自賦詩紀其事，士大夫之能詩而屬和者甚衆，聯爲巨帙焉。某與子爲同年且相好也，匄一言以序其端，且使某益勉所當爲而答此嘉兆。」

余惟人與天地萬物之理，流通往來，初無彼此之間隔。故作善降祥，如影響之出於形聲，亦無毫髮之差爽。是以獲榮名之報者，必有德善之積而致諸物之和。物之和兆於先，而榮名隨其後，此理之必然也。志忠以名進士官御史，由僉都四陞而至兵部尚書，位列司馬，爲六卿之極品。然其每一陞擢，必有嘉蓮之兆，豈非以德善之積而致物和，以物和之兆而獲榮名之報乎。

且志忠敭歷顯要將四十年，既總風紀，又職戎政，其存心處事，一以惠愛爲本。嘗議江北軍士越江來操者，有資糧乏絶，往往私乘小舟渡江以取糧，類多遭風濤覆溺而死。不若使就操江北，既便於糧餉，又可以備南京之藩垣，且免人於溺死。事雖弗克遂行，而其籌策之良、愛軍之心可知。又行其議於南京，出官米賁粥以食餓者，而所全活甚衆。惠雖不及遠施，而其恤民之意可推。嘗選用帥長，有非其人而欲幸得者，則執議以謂用此人必害此軍，衆莫能奪其議，而其人卒不用。凡有所論列，皆軍民利益，事多施行。又聞其先在鄉里，能出所有以濟饑民，相傳爲故事。志忠之大節灼灼可見者如此，其餘小者可知。所謂德善之積，致物之和，而獲榮名之報，夫豈偶然哉？❶雖然，古之君子以盛德而居顯位者，德愈盛而心愈下，位愈顯而心愈謙。志忠以德善之積，而致物和、獲榮名，固爲可驗。尤望其不以物之和爲可喜，而愈脩其德；不以位之顯爲可樂，而益勉其謙。將見德善之感，殆無往而不通；事業之脩，又與位而俱盛。雖古所謂歸禾之書，彝鼎之銘，亦可馴致。其榮名偉烈將垂之無窮，又豈特兆和於一物，位顯于一時而已哉？是爲序。

送按察使黄公之任序

聖朝内設都察院，爲四方之風紀。外設按察司，爲一方之風紀。内外風紀舉得

❶「豈」，原作「其」，今據雍正本、四庫本改。

其人，百僚以之澄肅，庶政以之脩舉，而政治隆焉。故凡選用其人，必於科第有學術時望者以任其職，而雜才不得以濫預之。至於都憲按察之長，又必推老練知大體者爲之，而非新學驟進者所得致。是以按察使雖爲内臺所轄，而實相與爲表裏，擇是人而居是職，不亦重且難哉。

景泰六年夏，四川按察使缺員，詔吏部擢其人以任之。吏部遂以廣西道監察御史黄公溥名上，詔允所擇，遂陞前職。將行，監察御史高明合凡交遊來請曰：「溥，字澄濟，江右弋陽名家之子。由進士任御史將七年。今兹膺俊擢而有外風紀之重，寄求一言以爲贈。」

予亦素知其賢，不辭而爲之言曰：外按察司既爲一方之風紀，庶官之澄肅，庶政之脩舉，皆係焉。澄濟公當若何而盡其職哉？然按察、御史一體也，澄濟公爲御史時獨能知大體，急先務，而不掇拾人之小過，不毛舉時之細事。其巡歷四方，所至能表拔廉良之吏，而黜罷其不職之尤者，使人得自新効職，而不以察察爲明，與凡利有所當興，害有所當去，政有關於時者，莫不條陳次第施行之。尤能廉公正大自持，而爲振舉風紀之本。由是聲稱大著於一時，而有今兹之峻陟。今之往也，但當充其所以爲御史者以施於川蜀之間，❶即一方之庶僚爲之澄肅，庶政爲之脩舉，聲稱將日加於前時矣。且聖朝簡用在廷之臣，往往於方面藩臬中有操持，有施設，有聲蹟者取焉。澄濟公乃篤古好學之君子，今之爲按察也，固能安於所職而無幸

❶「充」，原作「克」，今據四庫本改。

進之心，然將來川蜀之風紀振舉，而聲稱日既洋溢，余恐内外公論自有所歸，而入膺重用，殆不可辭。又將樹偉烈於當時，垂休聲於悠久，夫豈止於專一方而不能哉。是爲序。

慶留耕張處士壽誕詩序

崑山有處士號「留耕」者，姓張氏，諱積，字廷秀，實吴中名家子。少能安於恬退，治别業於淞南，課僮僕耕稼其間，暇則賦詩鳴琴以自適，澹然與時無競，盖有肥遯之趣焉。且其資性既端良明敏，又濡其先世積善行義之澤，尤能以孝敬之餘，推而爲友愛之實。廷秀有弟二人，曰和、曰穆，俱有清通温粹之稟。廷秀既以家庭相傳之教啓發而薰涵之，又爲之擇賢師友使從之游，以講貫聖賢之學。由是和、穆兄弟大有進，遂以明經習舉子業，同登乙未進士。和又名冠二甲，一時翕然有機、雲並譽，軾、轍齊名之稱。既而和任南京刑部主事，穆任刑部員外郎，雖兩京宦迹相望，而每念得以致此成立者，皆由其長兄廷秀之賢之教，未嘗不詠「兄弟既翕，和樂且躭」之詩，而馳情於吴中也。

今年夏，和以考績來會穆於京師，連床聚首之際，相與言曰：「今兹歲在乙亥七月三日，實爲長兄之初度，春秋盖五十矣。吾二人者，既限於所職，不得連袂接踵奉觴上壽於家庭，中情悵怏，曷以自宣。重念際兹明盛之世，而文運聿昌，士大夫之以詩鳴者，渢渢乎有隆古之音。誠得其長篇短製，聯而爲卷，寄爲長兄壽，將見諷詠之間，金石鏗鏘，❶律吕諧和，庶有以慰長兄之懷。而吾二人者，亦得少紓馳想之私也。」乃相與遍求名公之詩歌，得若干首，既録在卷，則偕來請序其事於卷端。

余惟兄弟之友愛，乃天理人倫之至。但克知克盡者既寥寥，而又或爲利欲所撓而睽乖焉。如和、穆二君子，既不爲利欲所撓而睽乖，又克知克盡不忘其兄之友愛教誨，乃能求賢士大夫之詩歌以爲壽誕之慶，其於天理人倫之厚爲何如！吾想其兄廷秀展是卷也，誦是詩也，益知其二弟雖道里遼遠，而厚於天倫之情，則不以遼遠之故而有間，殆將又因詩而益興起其友愛之心，推而爲一鄉一邑之仁愛矣！孔子曰「仁者壽」，廷秀既篤於仁愛，則自厥今五十之艾，等而上之至於耄，至於期，饗永年之福，又可量乎！是爲序。

送大理寺李少卿序

孔子稱「晏平仲善與人交，久而敬之」，盖以常人之情，交久則敬衰。交久而敬不衰，所以爲善。此晏子所以見取於孔子也。今南京大理少卿李公，在大理時與余同官者五六年矣，交愈久而敬不衰。李公不特與余爲然，凡在同官，莫不皆然。及今兹有南京大理之行，同官諸公皆有戀戀不舍之意，且謂余交且久，宜有言以道其行。

夫交友，人倫之一，而敬則能久。推之他事，又何往不以敬爲本乎？李公由名進士始官廷平，歷陞大理寺少卿，以學

❶「鏗」，原作「鑑」，今據四庫本改。

問之淹貫，推而爲讞録之明慎。凡事有可者，即行之果而無所疑。有不可者，必虚心平氣，精思審處，兼取衆論以求至當之歸。盖皆以敬爲本，而不敢易其事也。以故忠厚、老成、明允之譽，大彰徹于時。考察南京百司之賢否，審録南京法司之繫獄，皆重事也。而李公特爲聖天子之所簡知，前後兩奉勑以往，考察既允愜於公論，審録又克盡乎詳明。及歸奏，悉蒙聖天子俞允施行。

今之往也，其素望已表表在人之耳目。吾見其到官也，又能推其平日交友任事之敬，必謹必恪，必明必允，無一事之少忽。行見南京法司以洎東南列郡武衛之庶獄，莫不燭其隱而得其平。其老成、忠厚、明允之譽，又將愈盛於前時。他日入躋重用，宏大所施者，又可量哉？余儕始重李公得交友之敬者，乃其善之一端，至推而爲立身行事之顯赫如前云以及將來者，則敬之効，殆未可以涯涘窺也。是爲序。

杜安人輓詩序

安人姓楊氏，成都人，金堂處士楊湧之女也。安人生有貞静之性，工於女事，閑於禮教，處士尤所鍾愛，嘗曰：「是女也，質巧之德，特異衆女，吾不與凡子，必擇才可配者妻之。」今封刑部主事杜君榮與處士爲邑人，時方年少，性度温宏，行止端謹，雖生於大族富家，不爲矜驕、俊爽、華靡、遊娱世俗子弟之態，在家孝弟恭遜，凝然如老成人。處士知其爲賢子弟，遂以安人適焉。

安人入主事君之門，盥饋而舅姑胥悦，在室而娣姒交慶。克相主事君，孝弟行於家庭，行義著於鄉里，而教道及於子孫。時主事君二兄早喪，安人偕主事君鞠二兄之孤，憫愛保養，不異己出。安人得鄉人之棄女，育之長之，具裝奩爲擇所歸，鄉人不知其爲養子。安人生子五人，曰勝剛、曰勝海、曰銘、曰勝能、曰勝拳。而銘少有聰敏警悟之資，安人偕主事君既嚴義方之訓，長使爲邑庠弟子員，從良師以講貫經史子籍，習舉子業。遂領鄉薦，登乙丑進士高第。初授刑部主事，今遷郎中，階奉議大夫。銘方爲主事時，得荷朝廷推恩之典，安人與主事君皆以子貴授勑命之封。冠帶命服，具慶在堂，光耀里閭，人咸羡之。景泰六年，銘奉勑有事貴州，便道省二親于家。主事君安好康寧，而安人病適危殆。安人顧銘曰：「吾與汝睽違幾年，且懸隔山河數千里，不意垂終而得一見，豈非天耶！且死生命也，毋足道。汝能孝以事父，忠以報國，廉以持身，公以處事，仁以愛民，深思吾與汝父教汝成立艱難，使無一行忝所生，吾雖死亦無憾矣。汝勉之。」安人言訖，怡然而逝。是年八月十八日，饗年七十矣。遂以明年某月某日葬于邑之蟠龍山之原。

於乎！安人爲女、爲婦、爲母，柔良慈孝之行，皆可法式，遂得生有勑命之封，没盡附葬之禮。不惟其善名揚播於川蜀閭里之間，雖朝之縉紳士大夫與安人之子銘遊者，亦皆哀安人之懿行可法而遽爾長逝，遂相率作爲詩章，使輓者歌之，將以發安人之德之行於永久，以相銘之哀於罔極。篇什既多，萃而爲編。予遂述安人之始終大略，以冠其端云。

送蕭都憲公賜誥序

景泰七年冬，僉都御史蕭公以病乞歸。行有日，刑部大理諸交游，謂余宜有言以贈之。

余猶記往年與蕭公同詔至京師，時醜虜假息荒外，頗肆鴟張，方簡用智謀重臣，鎮守城池以彈壓之。蕭公遂以山東按察僉事陞都憲，奉勑鎮守河間。適寇退，城堞傾圮，武備廢弛。公至之日，即親巡視，指授文武將吏方略，使率士民量工興事。曾未幾何，即城池樓櫓，高峻完固，武備大飭，隱然有敵愾不可犯之形。朝廷知其有能，以居庸尤爲防遏保障之重鎮，詔公徙居之。既而邊備大舉，外警屏息。遂命公巡撫山西，察吏治得失，以安方岳之民。則又振揚風紀，肅清庶僚。不數年，政舉民安，山右稱治。公既連奉勑三治重鎮大藩，積勞成疾，乃曰：「使外寇内警少有未寧，吾不敢以疾辭。方今朝廷懋隆治政，方内清寧，四夷賓肅。吾在山右，不可以無事養疾饕禄，自適安逸。」乃三上章以疾乞歸，朝廷輒勉留弗允。今年冬，輿疾至京師，又上章力辭不可以任事。朝廷命太醫視疾，久未平，則又上章懇辭。詔乃允所請，俾歸養疾於故鄉江西之龍泉。公既拜命，即戒行有期。

余惟蕭公自爲御史僉憲時，已著能聲。既而陞重臣，任重事，所至事業歷歷可紀。其辭疾也，又當朝廷清明，四方乂安之時，不敢以疾自安。其出處進退，可謂賢遠於人矣。雖然，古大臣之去，雖在畎畝之中，江湖之遠，未嘗一日忘乎忠國愛民之心。蕭公既任重職，荷朝廷之簡知，今之去也，尚當以古大臣自期。雖養痾丘園，其必旦夕拳拳以眷慕闕廷爲心，以思濟生民爲念。不可以山水之佳爲可樂，不可以休退之節爲可高，而遂相忘於斯世也。矧公之聲實素已揚乎中而播於外，行見朝命又將有徵召之期，著豐功偉績於晚節者，又可量乎哉！是爲序。

送王府尹致政序

天順元年春，順天府尹王惟善上章引年乞歸，上允其請。行有日，其親友禮部侍郎兼翰林院學士許道中合凡交遊，賦詩以贈之，屬予序。

予惟少而學，壯而仕，老而歸，斯實古君子進退之大節。惟善以篤實之資，正大之學，中永樂辛卯鄉榜。初仕教職，繼陞給事，旋擢京尹，歛歷内外者四十餘年矣。迹其所至，皆有治蹟。其爲師也，以古聖賢明體適用之學啓迪後進，旦夕勤懇不倦。士子被其教而登科甲，歷仕途，著聲譽，磊落相望。及居近侍，封駁議論，一出於公道，蹇然有古名臣風。京畿邦屬土地之廣，軍民雜處之衆，租賦徭役之繁，劇而難治，倍於方岳外府，不可以十百計。惟善能潔己率人，循理爲政，干謁之私，一皆杜絶。事脩於几席之上，而人自得於千里之外。令行吏畏，庶政不勞於文移之督責而自舉，府中遂落然無事。雖古京尹有聲稱於載籍者，殆無以過之。惟善尤謹難進易退之義，自年未七十時，已嘗上章求退。至七十，累章乞歸。朝廷以其年雖老，賢而有治才，勉留者數四。今又力辭不已，始拜俞允之命。

夫以惟善之少而學，壯而仕，老而歸，克全始終，無纖毫之玷缺，進退之大義，誠無愧於古君子矣。雖然，壯而仕，將以有爲也。老而歸，獨無所爲乎？惟善居鄒魯之邦，締姻孔氏，飽聞聖賢之遺風。今之歸，又將尋沂水之勝，窮舞雩之樂，以詩書禮義之教薰酣其鄉閭之良子弟，俾立於家，達於邦，出處進退，皆以惟善爲法，而能全古君子之大義。則惟善雖老而歸，猶有及人之功，而其聲實之美，著於當時，垂之後世者，爲何如哉。是爲序。

會試録序

今皇上膺天命，光復寶祚。紀元之春，適當會試之期，天下士領薦書而至者盖三千餘人。禮部左侍郎臣榦等以考試官請，上命臣瑄、臣原往涖其事。同考官臣溥、臣賢、臣泰、臣正、臣泌、臣恂、臣世資、臣節、臣淳、臣鏞監試，御史臣烈、臣鑑曁百執事罔不夙夜祗承。凡三試，得文之中程式者若干名，并擇其文之尤粹者彙而成録。

臣切惟爲治莫先於得賢，養士必本於正學，而正學者復其固有之性而已。性復則明體適用，大而負經濟之任，細而釐百司之務，焉往而不得其當哉。故三代小大之學，養士之法，皆以復性爲本。其得賢致治之効，盖可考矣。漢、唐以來，正學緒微，養士不本於復性，往往溺於雜學、術數、記誦、詞章之習。體有不明，用有不周，雖或有傑出之才，亦不過隨所學以就功名而已。其視三代之賢才爲何如哉？至宋道學諸君子出，其論養士之法，始皆本於復性。雖其説不得盡行於當時，而實有待於盛世。洪惟天眷皇明，列聖相繼，大建學校，慎選師儒，其養士之法，必以三代、孔、孟、程、朱復性之説爲本。是以九十餘年，薄海内外，文教隆洽，士習粹然，一出於天理民彝之正。而雜學、術數、記誦、詞章之習，剗刮消磨，無復前季之陋。雖曰科目以文章取士，然必根於義理，能發明性之體用者，始預選列，類非詞章無本者之可擬也。故其得賢致治之効，足以追隆前古。

今諸士子，荷朝廷正學教養之恩，既以有本之文得在選列，行見對於大廷，益當以明體適用自勵，隨所器使，以忠乎國，以愛乎民，以贊助皇明重熙累洽之治於無窮。俾正學得賢之効，有光於前，有垂於後，顧不偉歟！

敬軒薛先生文集卷之十七

敬軒薛先生文集卷之十八

門人關西張鼎校正編輯
鄉後學沁水張銓重校梓

記

游龍門記

出河津縣西郭門西北三十里，抵龍門下，東西皆層巒危峰，横出天漢。大河自西北山峽中來，至是山斷河出，兩壁儼立相望。神禹疏鑿之勞，于此爲大。由東南麓穴岩構木，浮虚駕水爲棧道，盤曲而上。瀕河有寬平地，可二三畝，多石少土。中有禹廟，宫曰「明德」，制極宏麗。進謁庭下，悚肅思德者久之。庭多青松奇木，根負土石，突走連結，枝葉疎密交蔭，皮榦蒼勁偃蹇，形狀毅然若壯夫，離立相持不相下。宫門西南，一石峰危出半流。步石磴，登絶頂，頂有臨思閣。以風高不可木，甃甓爲之。倚閣門俯視，大河奔湍，三面觸激，石峰疑若摇振。北顧巨峽，丹崖翠壁，生雲走霧，開闔晦明，倏忽萬變。西則連山，宛宛而去。東視大山，巍然與天浮。南望洪濤漫流，石洲沙渚，高原缺岸，煙村霧樹，風帆浪舸，渺茫出没。太華、潼關，雍、豫諸山，彷彿見之。盖天下之奇觀也。下磴道，石峰東穿石崖，横竪施木，憑空爲樓。樓心穴板，上置井床轆轤，懸繘汲河。憑欄檻，涼風飄灑，若列禦寇馭氣在空中立也。復自水樓北道，出宫後百餘步，至石谷，下視窈然。東距山，西臨河，谷南北涯相去尋尺。上横老槎爲橋，躋步以渡。谷北二百舉武，小祠扁曰「后土」。北山陟起，下與河際。遂窮祠東，有石龕窿然若大屋。懸石參差，若人形，若鳥翼，若獸吻，若肝肺，若疣贅，若懸鼎，若編磬，若璞未鑒，若鑛未爐，其狀莫窮。懸泉滴石上，鏘然有聲。龕下石縱横羅列，偃者、側者、立者，若床、若几、若屏，可席、可憑、可倚。氣陰陰，雖甚暑不知煩燠，但凄神寒肌，不可久處。復自槎橋道由明德宫左歷石梯上，東南山腹有道院，地勢與臨思閣相高下，亦可以眺望河山之勝。遂自石梯下棧道，臨流觀渡，並東山而歸。

時宣德元年丙午夏五月廿五日。同遊者楊景端也。

拙巢記

自七情熾而混沌鑿，人之横奔競騖者，非私智無所爲尚。由是巧僞日滋，而斯道日隱矣。濂溪周元公挺生南服，悼末流之若兹，一刮羣巧，作《拙賦》以見意。當時豪傑若程若張，相與翕然尊尚之，而斯道大明。嗚呼盛哉！

曹均表正世家河南沔池，自少讀書，即有求道之志。遂即關洛以上遡濂溪，因以「拙巢」名其讀書之室，蓋取元公賦意以自勉也。其後均名薦書，典郡鐸，所至必以是扁其寓室，以示不忘其初之志。今年秋，均自蒲庠來河津，因語余以名巢之意，且屬余記。

余謂頺乎順處，不撓其初，不汩其流，

使大本完而七情節，此衆所謂迂僻遲鈍而拙於事者也。抑孰知順事厥天，不以小知害之，而可以爲終身安宅也？舞智籠物，騁詐軋人，機變層出，莫測端倪，此衆所謂辯敏儇捷而工於計者也。❶然詐窮智屈，自嬰其弊，又豈可一朝安其身哉。今曹均慕元公之學，以拙名巢，其可謂能擇所處，而知所戒者矣。則其進道之心，又曷有窮極哉。雖然，余亦拙者徒也。他日倘獲登均之巢，尚當闢混沌以廣均之居室，疏七情以通均之户牖，舉酒相屬而誦元公之賦。已而忘言相對，身巢兩忘，復不知巧拙爲何物也。是爲記。

篤敬齋記

千户楊公尚德作齋于居之側，盛積古今書。公退必據几吟誦于中，若將有志於古人之爲者，因扁其額曰「篤敬」，蓋取聖賢脩己之要以自勵也。間求記於余。

余謂自七情肆而天理微，九竅邪而人欲横。雖老生宿儒專專於講誦者，尚溺於語言文字，不知主敬以捄其弊，況他乎哉。楊公幸生天下太平之時，包裹甲兵之日，乃能景慕賢聖，以「篤敬」名齋，其志誠足尚已，顧可無一言以告之耶？蓋人之爲人，其理有木火土金水之神，其體有耳目口鼻四肢百骸之形，其事有五倫百行之備。故内焉而敬不篤，則心官昧而天理亡。外焉而敬不篤，則衆欲攻而百體肆。内外胥失乎敬，則身心尚莫知所措，況於應萬事哉。此聖門爲教，必先乎此也。至

❶「計」，雍正本作「詐」。

其所以用力之方，内則惶然其心，不使有一塵之蔽；外則肅乎其容，不使有一體之惰；以至接乎物，則必主於一而無他適之擾。如是而守之以堅固，持之以悠久，則近而屋漏無所愧，遠而天地無所怍。所謂七情肆而天理微者，可以節而著；九竅邪而人欲横者，可以返而消。内外、遠近、大小、精粗，融朗周洽，何往而非天理之流行哉。

今公之作是齋也，游於是，息於是，誠能不衔其名而必取其實，復因余言而力守之，則其日益之効，殆若積土爲山，❶而不覺其山之高；浚源爲流，而不覺其流之長。其自得之妙，又有非言語所及者矣。其尚勉之哉！若夫齋之軒檻可以覩青天而望白雲，齋之几席可以琴清風而樽素月，則一舉目而得之矣。兹不復云。

友竹軒記

山東王惟善先生分教開封之鄢陵，即其居之西偏作堂爲藏脩之所。環堂之外，種竹數百竿。每退自黌序，則必往游其間。洞闢軒檻，挹清風，坐緑陰，手披書史，心惟訓義，顧瞻回復，整肅身心，以增益其所未行，而勉其所未至。遂名其軒曰「友竹」，因以俾余記。

余聞君子之取友，取其德也。直者，有以正吾之曲。信者，有以實吾之妄。多聞者，有以廣吾之狹陋。是皆友之益也。苟其所取之不端，則爲害可勝道哉。昔孔子論直諒多聞、便柔佞給之損益，正謂此

❶「土」，原作「上」，今據四庫本改。

也。先生儒其中，文其外，其平昔之所友，因能知所去取矣。今復以「友竹」名軒，何耶？蓋昔人既兼友古今之善士，猶以爲未足，又取草木之香潔秀異可愛者，以寓其好。若騷客之蘭，陶潛之菊，周子之蓮，林逋之梅，雖所取不同，而各爲所適之志，則一也。况竹之爲物，直而不曲，勁而不凋，而又鏘鳴風雨，聲聞于遠，有似乎直諒多聞之德。以之爲友，則耳目所接，心志所適，爲益其可一二數耶？以是知先生之用心，殆庶幾於古人而不違乎孔子之教矣。雖然，先生教有成績，行將去此而歟于天朝。後之人有至是軒而聞先生之風者，能因竹以廣思，是亦孔子之徒也。

慎獨齋記

余少讀聖賢書，竊有志於慎獨之學。尚懼久而或怠也，遂自稱曰慎獨子，庶幾顧名思義，永久不忘。逮今三十七年矣，而尚不克踐所稱。余友周君秉忠分教覃懷，乃即官舍東偏作小齋以居。余間往焉，秉忠顧曰：「吾之作是齋，非欲自佚，欲自脩也。自脩之要，誠莫先於慎獨。今將取以名吾齋，庶幾居處出入，俯仰顧瞻，有所警發而勉所不逮。然若與吾相好也，更能爲我歷言其用力之要，則所以警發我者，豈不益有助乎？」

余因蹙然愧曰：余固嘗以是自稱矣，然持之不力，而名實多爽。今且自責之不暇，尚爲秉忠助哉？雖然，盛意不可咈，請姑誦所聞。蓋一心之理，静而無，動而有。在動静有無之間，曰幾。凡天下之善惡，皆原于此。故曾子、子思懇懇示人，必曰慎獨。獨者，人所不知而己所獨知之地，蓋即所謂幾。而慎者，則所以謹乎是也。故君子於幾之際，必精必察。果天理耶，即扶導而擴充之。果人欲耶，即摧抑而遏絶之。至於暗室屋漏，獨居獨爲之間，而不敢有自欺之心焉。則内外隱顯，無非一致，而天德之盛，渾渾乎無息矣。其或不能謹乎是，必曰：「吾心之微，人所不見也。吾事之秘，人所不知也。雖滅理敗常之事，可以爲之而無害。」殊不知此心之靈，炳若日星。所謂微而秘者，人雖可欺，而心可欺乎？况既有是幾於中，則必有是迹於外。積之之久，則微者著，秘者彰，所謂滅理敗常者，皆將暴白而不可掩。其爲脩己之累可勝言哉。

今秉忠以「慎獨」名齋，其自脩之心固已密矣。又能以余之前所聞者爲勉，以後所言者爲戒，則他日所至，必無愧於名齋之初心。固非若余之少志於是，而今尚不克踐所稱者之敢望也。

養志堂記

往年余侍先君子宦游鄢陵，始獲與柳生克新交。間至其居，則生之二親在焉。生因謂余曰：「古人盤盂几杖，有銘有戒，皆所以爲耳目脩德之助也。吾二親幸皆無恙，自惟娱侍之禮或怠，丐我堂名揭之，庶幾觸乎目而警乎心。」余以爲孟子言「養親之口體，不若養志」，遂請以「養志」名之。既而余忝科名，别去二年。今歲冬復至鄠陵，生復謂余曰：「疇昔子所以名堂而勗我者甚厚，更能爲我記其事，以書于壁，則勗我者不其尤厚與？」

余惟飲食、衣服、起居、寢處，凡竭力以事親者，皆所以養其口體也，要不若養其心志爲大焉。語曰：「父母之所敬，亦敬之。父母之所愛，亦愛之。」即孟子所謂「養志」也。然親志未止此也，行欲其脩，言欲其謹，文學欲其進益，道德欲其成就，皆親之望其子者然也。生誠能因孟子之言而又深探親之所欲者，朝夕悚然以求副厥志，則古人可幾，而於斯堂之名無愧矣。

河内縣清化鎮重脩孔子廟記

爰自古初，鴻朴茫昧，人物蚩蚩，羣逐雜處，❶莫克相保。乃有聖人代起，稍爲建制作法，鋤薙强梗，扶植善柔，區鼈羣類，使各安其所。然後生養遂，彝典明。此三五帝王有大造於天地生人，所以享後世之報於無窮。若吾夫子生當周季，風漓俗訛，諸侯恣横，禮法大壞，變而易之，視古爲難。及不得位，乃上本羣聖，下開百王，删定贊述，脩復典禮，以康靖我民彝於悠久，其大德大功，高出千古。盖羣聖人得位行道，澤被一時，夫子又推其道以及萬世，是以享天下後世之報爲尤盛也。

我皇明平定四方，甲兵既偃，文治誕興。凡爲國子民，教人之道，非孔子不行。其報祀也，太學有廟，闕里有廟，天下郡邑學有廟，俾所司各以時飭正祀事。其所以致隆於夫子大功大德永永無極之意，可謂

❶「逐」，雍正本作「遂」。

盛矣。然自公祀之外，鄉里士民有能仰慕其道，協力脩復廟貌，以寓報祀瞻企之萬一者，是亦國家教化所及，人心秉彝好德之發也。

河內縣直北三十里曰清化鎮，鎮之市北故有夫子廟，不知創建始自何時，獨歷代廢復之由有石刻可見。近年屋老瓦落，階廉頹仆，樹木摧伐，墻垣斷圮。牧豎牛羊，踐牧不禁。神不即享，人失瞻依。鄉士孫惟中洎某等，相與勸財僦工，因遺址而脩築之。始於某年某月，成於某年某月。由是覆瓦完固，棟楹宏整，階有等次，樹就封列，宮墻周聳，庭宇邃肅，廊廡講室以次俱興，于以報祀瞻企，❶大慰有衆。既而來求余辭，將鑱之石。

或曰：夫子之道崇于祀典者，不可尚已。清化蕞爾一鎮，復何爲耶？余曰：不然。古者家有塾，黨有庠，術有序，皆所以廣教化也。誠使一鄉一鎮，皆有夫子廟庭，俾報祀講學者有所瞻企，其於教化豈不爲尤廣歟。向所謂鄉里士民，有能脩復夫子廟貌以寓報祀者，是亦國家教化所及，人心秉彝好德之發也。若清化士民所爲即其事，顧可謂一鎮而小之哉？遂書其事使刻之。

具慶堂記

余嘗爲鄢陵柳生克新記養志堂。後三年，生復以書來言曰：「向所謂『養志堂』者，記猶在壁，不敢忘子之嘉誨。前年忝科名，歸復得亢爽之地，作一室爲二親娛

❶「祀」，四庫本作「禮」。

老之所。既成，客有過之者，以吾二親之俱安好也，遂以『具慶』扁其額。子誠不鄙，願仍遺之言，將朝夕視以爲警。」

余時居大憂，志意荒耗，不能即爲之言。後數月，生復以書來，如前所謂而益堅。余乃卹恤而爲之言曰：

生何其幸哉！何其幸哉！人莫幸於逮事其親，尤莫幸於遂所以事之之願也。世之人或怙恃早逝，或存没不齊，欲養無及。或窘於家事，欲養莫遂。是皆孝子之至戚也。有得逮事其親，不爲家事所窘，而遂所以事之之心，豈非幸哉！若柳生者，其殆近是乎。柳生自少即能奮力於學，遂一舉而與于鄉闈之選。于時二親方無恙，生乃退脩于家，率其子弟，力耕畎畝，以具滫瀡，節寒温，朝夕躋于斯堂，以娱養之。或者以「具慶」名焉，是誠足爲慶幸之全備者矣。雖然，人子事親之心，曷有窮極。生於定省之隙，益當因其故學而温廣之，❶期至於道脩德立，則聲名不求而自彰，爵禄不求而自至。更以所得之大者以奉其親，則其慶幸豈不爲尤大？而斯堂之名，亦可以永存於後矣。生其勉之！生其勉之！

余實終天抱戚人也，因生之請，重有感焉。遂書以遺之。

具慶堂記

具慶堂者，海昌沈仲安昆弟之所作以奉親也。仲安昆弟七人，皆有成人之道，而二親尚皆安好無恙。於是相率恪恭勤

❶「温」，雍正本作「推」。

孝，以供子職。猶以二親之高年，居室湫隘，不足以安體而頤神也，遂更相與別構堂以居之。堂之制，棟宇簡易而宏廣深静，廉隅莊峭而完堅雅潔，軒檻洞闢而夏不知溽暑之蒸爍，隩室邃曲而冬不覺嚴寒之凄冽。每晨昏定省，七子儼侍户外。遇良辰佳節，則率諸婦孫羅拜階下。已則更起爲壽，愉愉怡怡，油油秩秩，孝友之風，充乎庭户之内，不知人間何樂可以易此也。

仲安昆弟以是樂之難遇也，遂名其堂曰「具慶」，蓋取孟子「父母俱存，兄弟無故，一樂」之意，以自慶也。既而仲安以邑庠弟子員，學明行脩，登鄉薦，中春官乙榜，遂典教鄭之滎澤。雖去家數千里，而所爲「具慶堂」者，未嘗不發於寤寐。仲安雅與余好，間以其堂之圖與詩文示余，且求爲之記。余遂爲書其作堂與所以名之之意以還之。

絳州重脩廟學記

事有似緩而實急，似迂而實切者，學校是已。絳之學，在州治東北，林木蓊鬱，泉流暎帶。蓋絳之爲州，得冀域之勝，而絳之學又得絳州之勝。自我皇明有天下，即詔内外興學。逮今垂六十餘年，絳學雖舊規具在，而歷載既久，不能無敝缺不飭之處。自常情視之，鮮不以爲迂且緩，而若不切於事者。殊不知絳之人才盛衰，風俗美惡，胥由於此。則郡之事最急而甚切者，宜莫先於學焉。學有敝壞不葺，任其責者顧可坐視以就湮鬱而不理乎？

永樂十九年夏，金華俞君道英來正是

學。始至，視講堂穿漏湫隘不可以居，遂諮郡守尚公志，進諸生於庭，合謀出俸資，因前構而興築之。堂成，視舊制深廣倍焉。既又將易大成殿瓦桷之破朽者，兩廡俱廢，欲重作之。時適有監察御史鎮江裴公、憲副鳳陽郭公實巡歷是州，而嚴其期，而郡守撫寧姚公遂任其事。兩廡既完，乃墁治其壁，姚公洎僚屬各以資命工繪從祀諸賢像于左右。獨中外二門尚未完脩，而適得今太守楊公、貳守賈公視政之初，即徵工鳩材，併力合作，兩門以此俱復。由是，學之廟廡門堂完舊益新，宏邃偉麗，有加於昔。既而俞君遂以預是役者歷以告余，求爲之辭，將鑱諸石以陷置堂壁。❶

余竊惟昔魯侯作頖宮，而《春秋》不書者，所以大其事而不以爲勞也。今絳學之脩，俞公既咨之尚公，而揭之於始；一時之名憲臣、能守倅，又皆繼成於後；諸生復始終盡心盡力，無懈於其間，皆可謂知所重且急，而得古人興復之遺意矣。自茲以往，絳之人才日以盛，俗化日以美，而於國家之教，得以紹敷永久而不墜者，未必不自於茲學也。是不可不書其事以告後之人，俾知所重云。

思親堂記

人之心不能無所思，而思則又有邪正之分焉。此君子所以必慎其幾，而《詩》所謂「思無邪」者，此也。山東孫君思齊氏以鄉貢士游太學，簡拔中學官選，遂來掌永和之教。念其二親高年，懸隔山河，不得

❶「壁」，原作「璧」，今據四庫本改。

朝夕省侍也，每退居宴室，則必深致其思而不能已焉，遂名其室曰「思親堂」，因求爲記。

余以謂人心既不能無思，思所不當思，人欲也；思所當思，天理也。今孫君既能恪盡所職以致忠藎，而又能思其二親不置，其可謂思得其正，而有合於天理之公矣。余想孫君之居斯堂也，覩春日之暄妍，則思其親之坐春風而愛永日也；值夏景之炎熾，則思其親之涼竹簟而納薰風也；秋高木落，則思其親逍遥自得而樂新涼之來；歲華既暮，則思其親之擁爐曝日而却凝寒之逼。朝而思其親之興，夕而思其親之息。四時朝暮之景雖不同，而孫君之思無不觸景而興懷也，其可謂善於思者。雖然，思之之久，誠無不通，孫君又將千里迎養。吾見其二親怡然而來，遂躋斯堂，以思親之所爲奉親之所。平日之思，涣然消釋，而遂承顔悦志之樂，則孫君之心庶乎盡矣。於是乎書。

河津縣重脩廟學記

河津縣學在縣治東北，其規模制度創于前代，興於國初。然歷載久，自廟廡、神門以及堂齋、庖厨，率皆漸至敝壞。恭惟列聖相承，篤意學校，屢詔有司以時省脩，毋俾廢弛。然類多樂因循而務省約，或有穿漏，苟且易一桷，完一瓦，以度目前而已。廣信韋君穎來教是庠，視廟學日就敝壞，大懼無以妥安神靈，作興士類。乃與司訓大名趙君鳳，進諸生於庭而告之曰：「惟是朝夕游處於斯，誦習先聖賢之德音，以脩其身，以及於人。是皆聖廟宗重儒教之至意也。今廟廡、堂齋、神門、庖厨，悉皆如是，而乃坐視不理，其將何以順揚休顯，以永兹教事於無窮？吾輩固欲與爾等謀之於衆，大加脩復，其各勉之。」於是諸生奔走經營，諮之有司，而有司允其議；謀之耆庶，而耆庶協其情。損俸出資，❶惟恐後時。聚材而山木委積，陶埴而瓦甓完堅。工人獻巧，役夫展力。由小而大，由外而内，先作學之兩門，次新神門，次徙膳厨，次作兩齋，因而大之，前爲步廊，後爲退室，次新講堂。獨大成殿兩廡居衆功之後者，蓋殿規宏高而廡宇悠長，視諸功用力爲最大而難，是以作之尤慎而重也。始於某年某月，完於某年某月。工既訖功，韋君將圖堅石，刻其脩復月日，并諸助資相力者示於後，遂推余以爲之詞。

余惟事有當爲而爲之者爲是，沮之者爲非。况學校，王政之大端，又事之當爲而不可緩焉者也。而韋、趙二君子乃能協謀合志，以完脩爲己任。而一時之賢大夫、良吏民又能樂於資助，而無所齟齬。其諸生復能思厥報稱，而始終盡心竭力，無所懈怠。皆可謂知所當爲，而克稱聖朝崇儒勸學之美意矣。是不可不書其事以告來者。

禎槐堂記

洛城之東有槐鬱然於庭者，進士子儀房君之居也。子儀爲洛之故家，其先世皆有隱德，蓄而未發。至子儀之先君子，將營居室而一木忽拆甲於庭，視之則槐也。

❶「損」，四庫本作「捐」。

識者曰：「凡木之生，必曠原深谷，山巔水涯，人迹所罕到者，而後始得以遂其性。否則必完根厚植，易土深種，而始克有以獲其生。今房氏所居，當市郭闤闠之間，而朝夕之所游履。既匪幽閑之地，又非人力之勤，氣化所難施，雨露所難息，而槐乃自生。此必房氏德善所致，爲異日子孫興盛之兆不誣矣。」於是其先君子因爲闌檻以護其周，增水土以養其本，自毫末而拱把，而尋丈，久則喬柯上聳，密葉四布，逮今將三十年。而子儀自校庠一舉而爲宣德紀元之鄉魁，明年遂登第爲名進士。及奉恩旨還家，則見槐陰滿庭。於是徘徊瞻顧，因思其累世積德之深，先人封培之勤，而已得蒙其庇蔭，乃有今日之光榮。遂扁其堂曰「禎槐」，所以志不忘厥初也。又明年春，余赴京師，道經於洛，因獲登子儀之堂。子儀指庭槐而語以故，且求爲記。

余以謂凡德善之積，無有不報。但時之希闊疏遠，有似乎落落而難信者。及夫天定勝人，則若合符契於左右手，蓋無絲毫之爽焉。昔王祐手植三槐於庭，曰：「吾後世子孫必有爲三公者。」已而至其子旦大拜，此蓋人以事而必之天也。子儀之先君子未嘗手植是槐，而有所期必，而槐乃自生，此蓋天以禎吉之兆示諸人也。究槐之生，逮今將三十年，而始克有合，如識者之言，則所謂德善之報又豈終於希闊疏遠而落落難信乎？然則世之爲善者可以無怠矣。子儀年力方富，而尤篤於進脩，積德行義，方自此始。吾意其先世爲善之報尚未已也，請姑書此于壁以俟。

邵陽縣重脩廟學記

余嘗行天下，登名山，涉大川，覽天地之高迴，極萬物之變化，然後有以驗是道之大無不包，而細無不入，初不以遠近而有間也。聖人之道即天地之道，其流行充塞於宇宙間，亦豈有遠近之間哉？昔吾夫子欲居九夷，門人惑之。殊不知九夷雖遠，固不能外是道以有生。聖人所在，即道之所在，又豈有不化之人哉？今去聖人僅二千年，不間海內外華邦蠻區，愚夫小子，皆能道吾夫子之號，而起尊信之心。由是愈見其道之大，而居夷之言非偶設也。

寶慶邵陽縣舊爲邵州，在楚越之交，去中國數千里，古荒服之地，歷世既久，風氣漸開，俗亦寖變。至周元公以道學爲倡，爲駕部員外郎通判永州，權發遣邵州事，視舊學湫隘，遂遷於資水之濱。其釋奠祝文曰：「惟夫子道高德厚，教化無窮，實與天地參而四時同。」今觀其處，地勢爽塏，林木蓊鬱，襟帶岡阜，暎帶激湍，誠講學之佳所也。當時學者既相與翕然從其教，而流風遺澤更久不泯。逮我皇明大崇儒教，廣建內外學，博取天下之俊秀以教育之。于時縣令薛中克遵明命，因元公所遷故址而增築廟學，以新教化，逮今六十餘年，而殿廡、堂齋、神門漸至凋敝。何永芳以進士來知縣事，始至，謁夫子廟庭，視學舍如是，大懼禮典弗飭，教法隳弛。遂委羣材，合甓工，以時興脩之。百廢以次俱完，視兩齋卑陋，復廣而大之。又肖完夫子及配饗從祀諸賢像。工既訖功，乃進諸生於庭，而告以務學脩己治人之要。由是士風一新，詩書禮樂之教，延及齊民。余至其邑，人既交稱其政良，而學官復請記其興學之事以告來者。

余謂永芳不以邵陽僻遠，而能欽服國家崇學之美意，景仰先哲之遺風，作新斯學以興起士類，可謂知所務者矣。因是以驗聖人天地之道，充塞流行於宇宙間者，蓋莫知其所極也。遂書此使刻之。

退思亭記

辰之爲府，當沅、酉之水會。始之作城者，因山水之高下迂直而立板建堞，城中之官署民居，亦皆鑿削土石，夷爲等級，而立棟作屋焉。分司得地勢高下三之二，却顧則連山茂林環其北；前視則江南諸峰列峙層出，嵐靄林輝，遠侵几席；左右俯視則市廛屋瓦之鱗比，嵐影水光之澹灔，皆可坐得其妙。蓋辰據一方山水之勝，而分司又得是府瞻望之美焉。公堂之後，舊擴爲退息之亭。亭之左右疏爲軒檻，外則奇花異木，列秀交蔭。入其中，虛明洞達，爽氣逼人。或扁曰「退思」，蓋取孔子之言以爲我憲職勉也。

余因廣其意而言曰：凡我風紀君子，其或衣繡持斧來涖是邦，亦既以臨見吏民，聽政公堂矣。及退而處於斯也，當何而致其思耶？蓋必理有未明，思以明之。心有未正，思以正之。賄源思所以防遏，積蠹思所以刮磨，聽獄思所以明慎，用刑思所以平恤。善人在下，思以陟之。貪暴鴟張，思以擊之。忠誠思所以効竭，惠澤思所以宣布。是皆思之所當急而不可緩焉者也。其或子女聲色,思以樂之。金貝珠玉,思以攫之。訴訟,❶思所以顛倒是非。法律,思所以巧比條貫。君子異己,思以術而擯斥。邪人附托,思以計而援舉。虚譽,思所以暴揚。隱匿,思所以盖覆。是皆思之不可一日留於心者也。思所當思,則德脩職舉,澤及生人,而榮光將被於無窮焉。思所不當思,則壞法斁紀,而蒙垢玷身者,亦將有所不免矣。然則思之邪正不同,而得失之機兆焉。風紀君子可不慎所擇哉! 復有厚貌深衷,思爲拱默保持之計,不能爲有無者,亦君子所不取也。

余以菲才,承乏風紀,恒懼邪思之淆雜而失其中,及觀是亭之扁而重有契於心,遂推其意而書以自警。且以告同志君子之至於斯者,不惟以江山臨眺之美自適,又當覩斯亭之扁而留意焉。

重脩許魯齋先生祠堂記

新鄭縣西山大隗山之左里曰陽綏,元魯齋先生許文正公所生之地也。先生世家河内,金季其先人避兵是邑,實生先生於里中,金大安己巳歲也。縣學有祠以祀先生,其事具於碑。今碑存而祠廢,士大夫之往來與秀民之向學者,或嗟嘆以爲缺典。江西鄧麟訓導邑庠,乃即夫子宫墻東隙地營屋三間,作先生像於中,以時致祀。既而求記於河南僉憲劉公咸,公以推余。

余猶記往年過是邑,鄧方謀作祠。又二年再至,祠成久矣。鄧之志可嘉哉!

❶「訴」,四庫本作「許」。

於乎！先生之道、之德、之學，所以紹程朱之正傳，淑萬世之人心者，固不待新學小生之贅贊。而獨念是邑乃先生誕生之地，顧祠宇久廢，人心缺然，無以寓敬。鄧能因心興事，作新斯宇，使凡進謁庭下者，如親炙先生，若充然有得而退，其有補於天理民彝不淺矣。遂書其事以告後之人，俾無替於承祀云。

永思堂記

余未二十而失怙，未四十而失恃，終天之思未嘗一日忘於懷。是非强然也，蓋出於天性之不能已也。宣德庚戌春，再會永嘉陳君廷斌於沅州，❶語及思親之故，若出一軌，又非强合也，蓋出於人心之所同然也。既而陳君謂余曰：「吾家故有堂，二親平昔所居也，親没而名之曰『永思』。今宦遊四方，回顧斯堂，雖邈隔江山，而思之之切，實發寤寐。子幸匄我一言，異日倘得便歸，將書之壁以勗所思於無窮。」余曰：「君之思既得我心之同然者矣，尚奚待言哉！雖然，人子於其親之心志嗜好、聲容動作，真若常在耳目，而思之不忘者，固如向之所云矣。至若子之一身，皆親之遺體，又能愈加敬慎，毫髮不損，百行不虧，以思無忝所生，而有以肖親之德，侈親之名，則永思之道，益無不備焉。」

陳君登臺爲才御史，光賁泉壤，會有期日。所謂肖親揚名以全所思者，將不在於此乎。請以是爲便歸之記，并以自勗終天之思云。

❶「永」，原作「水」，今據四庫本改。

拱北軒記

靖州憲署東偏之室，有軒北向，余名之曰「拱北」。其北有崇岡，却倚城堞，觀閣周絡。其巔林木葱青，嵐靄參錯，與夫空衢游雲飛鳥之往來，爽氣清風之披拂，朝夕晦明之變化，開軒舉在目前，可坐而挹也，而皆不爲是。蓋此去京師六七千里，余來者僅三年，仰暮闕廷，固已恒在心目間。居於是而瞻望悠然，此余之所以名軒者然也。且是州古爲荒服，自列而爲郡，漸被休明之化者久矣。人亦孰不相與引領而環顧於内地哉。是則人心之拱北者，天下皆然，又不特余心爲然也。孔子曰：「譬如北辰，居其所，而衆星共之。」余得其言而不得其所以言，方闢是軒而瞻北辰於天上。宣德五年六月廿一日記。

南軒記

宣德五年冬，余至辰之溆浦。取縣志觀之，名士足迹，既所不到，古今題詠，又所絶無，蓋湖北之窮邊下邑也。

余特愛其四山攢拱，衆溪經復，風氣淳朴，民物簡少，頗有古俗，因留旬餘。其憲署後堂東屋，余嫌其蔽昧不彰，遂闢去南壁，易之以軒。積久之蔽障，豁然頓開，晝則日光輝耀，夜則月華穿漏。焚香讀書其下，心神内外融朗洞達，忽若不知吾身之爲小，天地之爲大也。

因念是屋也，向也蔽，今也通；向也暗，今也明。是在人焉耳。况心爲神明之舍，爲此蔽昧者，氣質人欲也。去其蔽而開其暗，其不在我者乎。因治屋而得治心之要，且不敢獨私其明也。遂書其事於軒端，併以啓後之人。

車牕記

河東薛德温官御史近五年，始買小屋兩間於京師，僅容几榻床席。又苦其東壁暗甚，力不能辦一牕。小子淳乃取廢鹿車上轅，卸去兩傍長木，以中方穿櫺，類若牕者，穴壁而安置之。余歸自外來，因嘆曰：「以御史之顯，曾不能辦一牕，致以此物爲之，使富者見焉，必睨目而哂，掩口而走矣。御史之拙於生事乃至乎此。」既而取古書讀其下，則旭日漏彩，清風度涼，心神通融，四體超爽，忽不知天之迴，地之廣，而屋之陋也。復從而自解曰：「吾之屋如是，可謂陋矣。然安之而忘其陋，是居雖小而心則大也。彼貪民侈士，巍堂綺户，可謂廣且麗矣。彼方褊躁汲汲，若不足以自容，日夜勞神憊精，思益以擴大之，是其居雖大而心則小也。小大之説，君子必能辨之。」於是作《車牕記》。

慎齋記

君子苟得一言，皆可以爲終身自脩之要。太原郭彦壁初中南宫乙榜，之同州分教時，便道省其先大夫太守公於開封。太守公勉之曰：「汝以少年得官，加有師道之重，其慎之！」彦壁既拜受其教，所至即以「慎齋」揭其退脩之室。今年秋，彦壁與余會於京師，因語其故，且求爲之記。

余嘗觀慎之一義，而諸經傳取用不

同。有謂慎厥身者，有謂慎厥行者，是皆即可見之事而用力焉。惟曾子、子思慎獨之訓，則欲人謹夫人所不知、己所獨知之地，即周子所謂「幾善惡而慎之，用力莫切於此」焉。彦壁得家庭一言之訓以名其齋，固將以爲終身自脩之要也。又能歷取聖賢之訓，擇其尤切者以致其謹，使此心之幾一發於純全之天理，而不流於夾雜之人欲。則推之言行事物，皆得其慎，功効之大，殆未可量。他日立身揚名，光大其先大夫之訓於無窮者，未必不自於此云。

藏脩室記

尺蠖之伸，非屈不可。君子致用，非精義入神不可。故人之爲學，非致力於靜一之中，亦何以爲發用之本乎？齊安袁廷璧氏自少有志於學，因構室爲肄習之地，而扁曰「藏脩」。及宦既達，而猶不忘其故，間以求予爲之記。

予嘗觀君子之學，發見於顯明之際者，皆由潛脩於幽閒之中。室者，人之私居而幽閒之地也。廷璧方其從事於學也，游於斯，息於斯，其所脩爲何如耶？吾意其有圖書箴戒以脩於目，有琴瑟詠歌以脩於耳，存養以脩其心之靜，省察以修其心之動。至於脩於今，而於當世之務無不講；脩於古，而於事物之變無不考。凡藏而所脩者，無一不致其極，必知尺蠖之極其屈，精究義理以入於神，然後爲藏脩之至也。廷璧用力於前者既已然矣，及其發而爲可見之行，措而爲當爲之事業，以至忠乎君而愛乎民者，皆求伸致用之事，而出於藏脩之際。廷璧其可謂篤於自脩而善於所推者矣！是其善不可不書也，於是乎言。

慕萱堂記❶

萱，忘憂草也。樹之北堂，見詠於《詩》，蓋所以慰母氏之心也。以故後世有慕其母者，必因以名堂焉。齊安崔廷璧早失其恃而獨見鞠於父，既而名薦書，入太學，駸駸乎有仕進之榮。因念其母氏之没，養有弗克全，於是以「慕萱」名其所居之堂，而寓悲思之心焉。

夫人之誠孝，固根於天性而不假於外物。然外物觸其目而動其中，則於天性之發爲尤切。故昔人有不食羊棗以思其親之嗜，有瞻望白雲而思其親之居，是皆觸物興悲者。况萱之所植，每近於母氏之居。母存則萱固爲忘憂之物，母没則萱適足爲增悲之具。此廷璧以「萱」名堂者，實所以發其天性之真，而不可以外物少之也。

今廷璧已階顯仕矣，追想母氏平昔之居，懸隔於數千里之外，雖萱草之芬芳如昨，而母氏之容音邈然。則廷璧端居是堂而感之深，思之切，蓋有須臾之不能忘者矣。雖然，養志，君子之所重也。廷璧誠能以顯揚母氏之心爲心，必潔其身，必脩其職，他日受朝廷之寵錫，偉然爲時之名臣，而斯堂之名因得以傳之永久，則廷璧之母雖亡而有不亡者存。廷璧其勉之。

❶「慕」，原作「暮」，今據四庫本及文義改。

趙城縣徙作縣治記

趙城爲平陽大邑，舊治在城西南汾水上。歷載既久，其城爲水所圮，漸不可居。宣德紀元，蠡縣楊君瓚以進士來知縣事。顧瞻縣治若斯，以謂弗即圖厥改作，而廳堂廨宇之屬，更不數歲，將悉圮爲洪淵矣。遂具其事請於朝，報可既下，楊君乃相方於城之東北。其地負陰面陽，高亢爽朗，南北九十舉武，東西八十舉武。厥既得地，則徙舊益新，陶埴而瓦甓聚，鳩材而山木集。徵工召徒，計日興役。作正廳，作後堂，作儀門，作鼓樓，作六房，以至廨宇、庫藏、犴獄之類，靡不具作。始工於宣德八年九月十九日，訖工於宣德九年三月初四日。既成，屋以間計者得百有五十。垣墉整肅，棟宇宏邃，不侈於前，不儉於後，高下大小，悉中於度。由是徙而居之，人得所止，物有所栖。既而楊君將刻其事於石，而求辭於余。

余聞楊君於邑政之鉅細，能盡心其間，而凡廟學壇宇育材事神之所，既莫不完脩。及興是役，又能程功計日，節財謹用，事不愆素，民不告勞，是皆可書也。遂書其事使刻之，俾知改作之所始。

具慶堂記

具慶堂者，行在浙江道監察御史李公載所作也。公載由科目致身風紀，内綜憲維，外按藩郡，歟歷之蹟，❶在人耳目。既

❶「歟」，原作「剔」，今據四庫本改。

而二親皆以子貴顯受襃封，命服在躬，光動閭里。公載慶二親之高年，而又得際盛世推恩之奇遇，遂作斯堂以奉之。每退自憲署，即左右就養，以盡愛日之誠。間以屬余記。

余與公載爲同年進士，知公載之爲人敏而達。又獲拜其尊府仲儼先生於家，知先生之爲人儒而通。以父之賢而有子似之，是宜德善之積，繼繼一門。其所以饗具慶之福，荷寵錫之光者，夫豈偶然哉？且余聞古語有曰：「德善日積，雖盛而非滿。」公載以强仕之年，駸駸乎榮進之途，其益增脩所爲無怠。吾見其二親年愈高，慶愈隆，而斯堂之名愈顯矣。

重慶堂記

孟子論三樂，而以「父母俱存，兄弟無故」爲之首。朱子釋之以謂：「此人所深願。今既得之，其樂可知。」然既有此樂，且有大父母高年而重慶者，其樂又何如哉？涇陽教諭楊生潤嘗從余學，及登鄉舉，中乙榜，任今職。到官乃闢一室，扁曰「重慶堂」，遂來迎其大父以就養。且楊生大父母俱年近八十，其父母皆年未耄老而康强。有弟五人，俱鴈行少壯。所謂既有一樂而又有重慶之樂者，楊生也。誠爲世之所難得矣。今其大父既就其來迎，行將至涇陽所謂「重慶」者居之。楊生娱侍左右，奉觴獻壽，而其僚友諸生，亦將持酒來以爲慶，其樂盖有不可勝言者矣。然楊生他日又將迎其祖母、父母，諸弟侍行，同會于斯堂之上，則其樂又何如哉！

然孟子又言：「仰不愧，俯不怍，爲二樂。得天下之英才而教育之，爲三樂。」楊生所教雖止一邑之士，其間亦不可謂無英才也。斯二者，又當加勉焉。故兢兢業業以從事於備省之功，於善則實好之，於不善則實去之。俾自一心隱微之處，以達於百行顯明之地，皆求存乎天理之公，而不汩於人欲之私，❶則「仰不愧，俯不怍」之二樂可幾矣。又能思師道之艱，自進其學，自脩其德，而以應人無已之求，而以爲人之矩範。至於辨惑授業之際，當懇懇告諸生以爲學之要，必先致其知而後力於行，期使至於成立，則於「教育英才」之三樂可幾矣。斯二樂者，又能勉焉如此，則庶幾有成己成人之道，于以奉其大父母、父母，而皆安其子之賢，則重慶之樂，殆可全矣。其或俯仰不能無愧怍，教人之道有未盡，雖欲安其親之心，恐有弗能也。

楊生因迎養，以書來求《重慶堂記》，遂書此以遺之。

敬軒薛先生文集卷之十八

❶「汩」，原作「泪」，今據四庫本改。

敬軒薛先生文集卷之十九

門人關西張鼎校正編輯
鄉後學沁水張銓重校梓

記

存化書堂記

襲封衍聖公孔君彦縉作堂，盛積古今書，名曰「存化書堂」，盖取「過化存神」之語，以景慕先聖之至德，且以自勵云爾。正統辛酉春，予至闕里，謁先聖退，遂登其堂。君告予以名堂之意如前所云者，且求爲之記。

予惟先聖「存神過化」之至德，豈易知哉。在當時，❶顏氏知之，曾氏知之，其次惟端木氏幾足以知之。及子思、孟軻氏没，涉秦歷漢、魏、晉、宋、齊、梁、隋、唐之季，知者寥寥焉，罕見其人。至周、程、張、朱四子者作，始克探先聖之至德于千載之上，而繼孟氏百世既絶之知。而朱子猶謂其「過化存神」之妙，未易窺測，顧予何所知而敢記斯堂乎。雖然，嘗誦先聖遺經，以及顏、曾、思、孟、周、程、張、朱之言，而竊求先聖身心之實矣，則其至德或可彷彿其一二乎。盖先聖之心，虛靈洞徹，萬理咸備，而天下之道，千變萬化，皆由此出。但其寂然不動之時，初無聲臭可聞，無涯

❶「當」，原作「堂」，今據四庫本改。

渙可測，此其所存者神與？ 先聖之耳目口鼻四肢百骸之形雖與人同，而踐形盡性則非人所及。 故其身示至教如天之垂象，凡所經歷，威儀、辭氣所接，即羣動無不孚格變易，此其所過者化與？ 夫先聖之至德如是，而君以之名堂，真知所景慕哉。 然先聖之至德，非獨先聖有之，乃天下萬世所公有者也。 况君以神明之胄，亦既知景慕矣。 所謂自勵者，其可忽乎？ 居是堂，讀是書，存是心，脩是身，加之以篤信持久不息之功，將見周、程、張、朱氏之知者，不在乎他姓矣。

山東按察司題名記

古者職風紀、司諫諍各有其官。 我皇明有天下，準酌古今，定立官制。 乃罷諫官，而以言責付之風紀。 凡任御史、按察者，於百司之邪正，庶獄之冤疑，既得扶抑而伸理之，至於國家小大之政，生民休戚之情，又得條陳其得失而疏通其壅蔽，是其關繫治道之大，類非他比。 故自祖宗以來，著令選任風紀，必於端人正士通儒術、識大體者取之。 而雜進之才，弗得以厠其間。 列聖重光，咸用兹道。 今皇上祗若成憲，爰自臨御之初，即簡飭内外憲臣，使各脩其職。 繼命儒臣考定憲綱成書，頒布風紀諸司，俾遵行之。 由是紀綱以之大振，庶政爲之咸新。

正統元年夏，予自内臺來僉山東憲事。 又三年，爲正統四年，金谿王公裕，亦由御史陞秩憲副，嘗與予論風紀之重如前所云者。 將刻今按察諸公之名于石，仍虚其次，以俟後來之爲是職者并刻焉，且屬予記其事。

嘗觀司馬公之記諫院題名也，謂「後世將指其名，而議其忠詐曲直，有可懼者」。今之選任按察，既爲國家所重，所謂扶正抑邪，洗冤澤物，論天下之事，廣視聽之公，關繫治道之大，又非特諫諍之一事。而其列名茲石也，後之人亦將歷指而議之曰：某也賢，而舉其職；某也否，而瘝其官。是其可懼殆有甚於司馬公之所言者矣。然則凡我風紀君子，其可不自重也夫？其可不自慎也夫？

沂濱書舍記

沂，舊魯城南水也，即曾點所謂「浴乎沂」者。水源出平地，流而爲溪，渟泗曲折，甘洌潔清，可遡可浴，可酌可飲，蓋魯地之佳水也。曲阜令孔君公堂作室於其濱，盛積古今書於中。每政暇必出遊，遊必于是。至則水在庭户，清泠之聲以潔其耳，澄虚之色以潔其目，瑩徹之光以潔其心。❶取卷左右俯而讀，仰而思。天地四時、陰陽變化之理，古今萬物真常不息之道，以至上及邃古禮樂刑政、人物世道、因革得失、賢否升降之由，靡不博之於書，約之於心。去其非，取其是，以爲脩己治人之資。是則沂濱之舍豈徒爲觀游宴佚作哉？

孔君，孔聖裔也，必不私其所得。安得春和景明時，尋其室於清沂之濱，讀其書，求其志，又相與樂古人之樂於千載之上。

❶「瑩徹之光」，四庫本作「淡蕩之致」。

約齋記

約有守約、處約、以約之不同。以約者，不自放云耳。處約者，安儉素也。守約則會萬爲一，以一應萬，聖賢傳道之器在焉，曾子、孟子是也。山西右布政使楊公嘗治齋居，以約名之。公自少時砥礪名節，以《詩經》登進士第，給事黃門。繼爲廷臣推薦，陞山西參政，三轉而爲今職。言乎處約，公已宦達矣。言乎以約，公歷官既久，蒞事滋慎。言乎守約，公由明經發迹，固嘗挹郰、鄒之遺風。於三者之義何取邪？

竊思之，公之名齋，殆將兼之也。恒人之處寒素，或不能安履其常，而志饕外物者有焉。公自爲士子，確乎不易其操，於衆人之營營者無以動其念，非能處約之久者乎。自筮仕以至大官，謹致其操，施而不放，非以約者能無失乎。二者是固然矣。獨惟守約者，曾子以是求諸身，孟軻氏以是脩於己、施於人。公既挹郰、鄒之遺風，寧不知探其閫而發其微乎？明會萬爲一，以一應萬之妙，謹脩其身，于以著而爲忠貞之節，形而爲旬化之政，施之無往不可。俾大賢事業，偉然見於數千載之下，則郰、鄒之風，豈徒挹之云乎哉？若然，則彼二者特守約中之一事耳，予故曰公之名齋，殆將兼之也。

唐文學館學士畫像記

四川大參楊公伯玉家藏唐杜如晦以下十八人畫像一卷，各著官爵、姓字、里居，與夫賜品服、年歲，并題贊于其左。蓋太宗爲天策上將時，文學舘十八學士也。當高祖武德四年，太宗以四方寇亂漸迄削平，意嚮儒術，故置是舘於宫側，以杜如晦、于志寧、蘇勗、薛收、蓋文達、薛元敬、房玄齡、李守素、顔相時、蘇世長、虞世南、孔穎達、姚思廉、褚亮、蔡允恭、陸德明、李元道、許敬宗十八人，并以本官爲學士。收卒後，以劉季孫補之。且命爲畫像、題贊，藏之書府，即世所謂「十八學士登瀛洲」者是也。

夫瀛洲，異書以爲海中之洲，非仙者莫能到。世以得學士之列者，若登仙然，當時後世孰不企慕之哉。夷考諸人始終行事，或以相業稱，或以經術顯，或以忠直著節，或以清白砥操，與夫文學之長，字畫之能，雖其賢才有大小之分，然皆不失爲士之行，可謂無愧於「登瀛」之喻矣。獨恨一許敬宗，後來以奸言誤主，貽禍宗社生靈，爲唐室之巨賊大蠹，而亦得以與此清列，何耶？且太宗英主也，自以十八人者極一時之選矣，而猶不能察敬宗之奸邪，知人之難，固如是哉。後之人但知循襲舊迹，以敬宗與諸君子並爲圖像而品題之。然邪正不分，賢否同譽，何以示教？謂宜作此像者，當削去敬宗官稱題贊，直以名目之。而諸君子之像贊官爵，自仍其舊。庶幾觀者有所感激懲勸，亦世教之一助也。

永思堂記

人子生於親之膝下，方其幼也，其親出入顧復，惟恐驚之、痌之、飢之、渴之，蓋未嘗須臾忘其子之身，而欲其安也。及少長也，其親誨諭諄悉，示之以孝弟忠信之道，陶之以詩書禮樂之方，未嘗一念忘教其子，而欲其入於善也。逮其成立，處於鄉則欲其子以賢行自著，仕於官則欲其子以忠廉自脩。是其親之心又曷嘗一日忘愛其子，而欲其始終有所成就哉。親之恩如是，故其没世雖遠，人子之喘息呼吸，即親之遺氣；人子之身體髮膚，即親之遺體。則所以追念其親之撫摩、保愛、教誨、期願之恩，而惻愴悲思之情，出於中心之誠，自不能忘於一息之間，與子之身相爲始終者，是乃天理民彝之至，非由外鑠也。詩人所謂「永言孝思」者，殆以是歟？

楊君伯玉，江西瑞之高安人也。自在鄉里時，已失怙恃。每撫遺體，感遺氣，而追念其二親撫摩、愛誨、期願之恩，泫然憂悲，不能自已，因取詩人「永思」之言，以名其所居之堂。其後伯玉登進士第，爲御史，爲按察僉事，累官至四川參議。所至官舍，必寓以「永思」之名。所謂惻愴悲思之情，出於中心之誠，無間於一息，與吾身爲終始。是乃天理民彝之至者，伯玉白首不渝焉，其可謂能踐永思之孝者已。伯玉兩任風紀，荷國家推恩，皆得贈其親之官如己之秩。榮賁泉壤，光動里閭，伯玉又足以遂永思之情矣。

今參議九年秩滿，前後居顯官者三十年，所至必舉其職，而無纖毫之玷。是皆自永思之孝，擴而爲事上之忠。既忠且孝，有子如伯玉，雖其二親亦可無憾於九原，而是堂之名亦將傳之永久矣。于是乎書。

蒲州重脩廟學記

蒲州廟學，得州治東南爽塏之地。爰自皇明混一寰區，武功既偃，文治誕興，而廟學實肇建焉。今歲月寖久，大成殿以及兩廡、門宇厨庫、棟楹宲桷、盖瓦級甎、丹堊圬鏝，悉有腐橈穿漏、漫漶缺落之處。殿之規制，亦迫於庳隘。每春秋釋奠，鼎鉶、豆籩、几案羅列前後，稠匝周旋，執事殆不可容，薦裸、興俯不中法式，行禮者病焉。

咸寧張公廉，初以鄉進士累官節判是州。未幾，民皆安其政之良。適州缺守，吏民則相率狀其績于朝，遂就陞知州事。念廟學寔國家崇建教道，人才所自出，關繫甚大，一州之政，宜莫先焉，爲郡而不此之急，其何以仰副國家崇重之意。即謀諸寮佐，量功度費，鳩工取材，以訓科辛致老人王景敘董其役。廣大成殿爲間者五，東西廡、門宇、厨庫，悉易其木瓦腐折破壞者，丹堊圬鏝之弗飾者新之。作始於正統十二年二月，訖功於七月。百需之出，公處之有方，民不知費而廟宇落成。又視師生堂齋、退息、庖藏之舍有敝漏者，有狹小者，將次第完脩而改作之。郡博張璁，司訓杜翀、柳儀以書來，求爲記其事。

竊觀《春秋》，凡用民力，雖時且制亦書，見勞民爲重事也。當時魯僖公嘗脩泮宮矣，而不經見者，以學校爲政之先務，雖用民力不可廢也。今郡守張公新理廟學，而且民不告勞，其知爲政之先務者與？昔之爲吏者，類皆以簿書期會爲急，於教道人才漫不加省。甚至崇廟貌以徼福於淫昏之鬼，侈私居以肆志乎宴安之樂，視公之政爲何如？公他政之善尤多，於此見其大者云。

遊草堂記

景泰元年九月二十五日，僉都御史李匡約予洎大理少卿張固、監察御史羅俊，同爲草堂之遊。草堂乃唐杜甫子美避地蜀中時，裴冕爲作於浣花溪者，子美詩所謂「萬里橋西一草堂」是也。當時之草堂廢已久矣，而後世作堂以象之者，則累累不廢焉。至蜀獻王崇尚子美之忠賢，一新其堂，且刻子美蜀中諸詩於板，以示景行前哲之意。每歲時良辰勝日，蜀之衣冠士庶，與夫戴白之叟，垂髫之童，皆知草堂之名而出遊其地。人物車馬雜遝道路，至填溢草堂不能容。由是草堂遂爲蜀中之勝跡。雖朝之縉紳大夫有事於蜀者，亦必至其地焉。

予與李、張、羅四人者，皆以事在蜀。既爲斯約，是日早出中和門，度萬里橋，循錦江西上。時霜降水落，江流之湍急鏘鳴金石者，有以清人之耳。其洄澤之澄碧涵虚者，有以清人之目。與凡近岸之疎篁折葦，遠波之浴鳧飛鷺，皆足以娱心意而供出遊之觀。西行可五六里，有橋曰「遇仙」。過橋有宫曰「青羊」，乃道家者言「老子降於蜀青羊肆」云，後人因即其地以爲宫。宫西行約一里，過溪橋有曰「草堂寺」者，盖因子美之草堂而得名也。寺西行僅半里，門扁曰「杜工部祠」，以子美嘗爲工部郎，故以是扁其祠云。入門有堂三間，以奉子美之神。後有中堂三間，以爲遊者宴息之所。最後有堂三間，覆之以茅，蓋象子美當時之草堂也。予四人者相與觀子美詩刻中有所謂「雲嶺」、「錦江」者，蓋皆在今草堂之西南。然江山雖如故，而詩中所詠當時之物蓋有不同者矣。方徘徊間，四川藩臬都閫諸公皆至，具小酌中堂，有絲竹之聲以侑酒焉。酒半而起，還過青羊宮，復留小酌，至暮而歸。

予惟子美草堂，不過江村一陋室耳。今去唐垂千餘年，當時之草堂已化爲塵土而荆榛矣。後世作堂以象之者，年愈久而名愈新。是豈徒以子美詩之工而凌跨古今，冠絶百世哉。蓋唐至中葉，爲女子小人蠱惑君心，竊弄權柄，紀綱大壞，逆賊横發，黄屋出奔，四海潰亂。其人臣平日載高位，食厚禄，號爲親信而近幸者，率多頓顙賊庭，受其僞職。子美在當時，一布衣耳，亦嘗陷賊中。乃挺然無所汙，其視失節之臣，已不啻麟鳳之與犬豕矣。及其拔賊中，赴行在，肅宗拜拾遺。未幾，竟以直言去官。乃客秦州，入隴蜀，遂寓居草堂。適嚴武鎮蜀，奏爲檢校工部員外郎。或去或來，不離草堂者，僅五載焉。夷考子美平日所作諸詩，雖當兵戈騷擾流離之際，道路顛頓凍餓之餘，其忠君一念，炯然不忘。故其發而爲詩也，多傷時悼亂、痛切危苦之詞，憂國愛民、至誠惻愴之意。千載之下，讀之者尚能使之憤懣而流涕，感慕而興起。則子美之忠，終始不渝又如此，非特不汙賊中之一節爲然也。夫忠在人心，乃天理民彝萬世之所同。故後世慕子美之忠，則慕其爲人。慕其爲人，則併慕其所居之室。此子美之草堂所以屢興不廢，而名永長存也。且自子美草堂以來，以全蜀之盛，歷代之豪族富家，高甍巨桷，❶歌臺舞榭，蔽雲日而出風雨者，不知其幾萬億室也。今皆消滅泯盡，寂無名稱。獨子美區區一草堂而爲後世之所景慕，興葺遊觀，愛賞之不忘，名將與天地相爲悠久。孔子所謂「誠不以富，亦衹以異」者，子美殆近之與！

嘗讀子美詩，有所謂「百花潭」者，今訪諸草堂之側，無此潭。豈歲久而湮塞歟？獨浣花溪在今草堂東北，即青羊宮西來所過橋下溪是也。

時同遊者布政使張惠，按察使茅惟揚，僉事劉福，都指揮李榮、周貴、廉恭，藩臬都閫共六人。其餘文武將吏甚衆，不能悉書。

榮養堂記

榮養堂者，劉君崇善養親之堂也。劉君爲監察御史時，凡任京職者，皆得分其在官之俸於故鄉以養親。劉君遂如例分俸於閩之建安，以爲二親之養。人皆以此俸朝廷之賜，而劉君之二親乃得月受之官廩，以饗其賜，榮莫大焉，故名其二親所居之堂曰「榮養」。中外士大夫之能爲文辭者，咸作序記詩歌以美之，聯爲巨帙焉。景泰元年冬，予以事在蜀，劉君適自御史陞四川按察僉事，間以其帙求爲之記。

予惟人子難得者具慶，尤難得者以其禄逮養也。故曾子有曰：「吾及親仕，三釜

❶「桷」，原作「桶」，今據四庫本改。

而心樂，後仕三千鍾不洎，吾心悲。」豈非以人子得禄逮養者尤爲難乎！劉君種學績文，既取進士高第，始仕即得美官。身既顯榮，其二親皆安好無恙。遂分俸以養其親，既具慶而又得禄以逮養。人子之難得者劉君得之，有曾子之樂、無曾子之悲者，其惟劉君乎！其御史秩滿，復荷國家舉推恩之典，封其父如劉君之秩，封其母孺人，榮名命服皆朝廷之賜。而劉君二親身被其賜，又豈非榮養之尤大者歟。劉君今復陞秩僉事，自是以往，沐朝廷之寵錫，方源源而未已。其所以榮養其親者，又可量乎！

雖然，劉君得禄秩以榮養其親者，皆由於秉公忠、勵清白以盡臣節也。使臣節有一之未盡，則雖得禄秩以榮養其親，人將議以爲幸而致。雖親之心亦有不安者矣。劉君尚益勉其臣之節，而無所不盡，則其榮養其親者，不惟有以厭服於人之心，亦有以安慰其親之心。是堂之名，將傳之永久，而榮其親於無窮矣。

澮庵記

澮庵者，楊君伯玉退居之所也。伯玉發身科第，爲監察御史，爲按察僉事，累官至參議。踐歷顯要者三十餘年，官榮禄厚，所欲可求，諳悉世味也多，其非澮也明矣，而以是名庵何耶？

蓋澮者，寡欲之謂也。伯玉爲士子時，已自以澮名庵，而自勵其學。迄今通顯，所至官舍必寓以是名，而不易其志。誠以士君子立心之要，莫要於澮而寡欲也。寡欲，則世味焉得以移易其志哉！

且貴顯富厚，聲色滋味，皆世味之可嗜者也。古之君子貴於時，富於時，雖勢足以備所聽之聲，窮所視之色，厭所嗜之味，而莫不饗之有節，用之有制，不爲富貴聲色滋味之所淫溺者，澹而寡欲也。使一有所欲，則凡世味皆得以淫溺之。天理滅，人心泯，將無以自立於世矣。此伯玉以澹名庵者，實君子立心之要也。伯玉起居出入，每顧名思義，而自警於心。故其官榮矣，恒以冲泊自守，不知其爲榮；禄厚矣，恒以簡薄自奉，不知其爲厚。所欲可求而遂也，於聲色滋味之不可無者，亦屬厭而已，未嘗窮於欲也。伯玉之立心於澹者如此，凡世味皆不得以淫溺之，其殆可以追蹤於古之君子歟！雖然，澹而寡欲固可尚，誠能寡之又寡以至於無，則進於君子一等矣。會當游伯玉之庵，尚論濂溪之至教。

顓庵記

顓庵者，僉都御史王公退居之室名也。公賦性正直剛毅，無絲毫詭隨人意。自其爲給事時，值國運中否，奸邪柄政，公首率諸同官具章疏，廷論其蠹政誤國之罪。時有與奸邪爲黨者不平其言，從旁沮止其論奏。公勃然奮其忠直之氣，手擊奸黨以死。由是萬口稱快而積憤消，衆正和應而公道復，而公之名遂以聞於天下。

今聖天子登大寶之初，賢公之爲，首自給事擢陞今職。適虜寇入犯京師，遂命公董師以禦之。公即戎服鞭馬赴軍，號令區畫，咸適機宜。部伍行陣，應時整肅。

將帥協謀，❶士卒思奮。乃出奇折虜寇之鋒，而奪其氣。虜既奔北，因驅逐盡境而還。京師既解嚴，而遠邇遂以寧謐。

夫以公之聰敏機辨過人百千等，而有爲之才著于朝廷、著于軍旅者，卓卓如此。而乃以戇名庵，何邪？蓋直者，正道也。曲者，邪道也。戇，實直之別名也。昔漢武帝以汲黯面折其過，乃以戇目之，世因以戇爲愚戇之稱，失其義矣！於乎！使漢廷之臣皆如黯之戇，必能以直道輔其君，而武帝之治其庶幾乎！惜乎直者易疎，邪者易親，曲學阿世子乃至大用，而黯卒不得親幸，遂使武帝之政多疵議也。且公之擊奸黨，折虜寇，保京師，安遠邇，皆由其戇直之氣發于中而施於外者，無所屈撓也。以是名庵，不亦宜乎。

公今董東南之漕運，且巡撫淮甸，固爲當時之急務重任。竊以謂朝廷者，天下之本。今聖天子方舉羣直以收太平之功，行見不日還公于朝，又將以其直氣正道輔成治效，則其豐功偉烈不但如前日所就而已。若然，則益有以稱「戇庵」之名矣。瑄雖孱懦，亦嘗慕直道而行者。他日倘得遊公之庵，尚當學公之戇而請教焉。

忠勤堂記

秉盡己之心謂之忠，効匪懈之勞謂之勤。忠勤者，人臣事君之大道也。自古以來股肱之良，勳戚之賢，曷嘗不篤此道以建名節於當時，垂休光於後世哉。駙馬都尉趙公，昔在太宗文皇帝朝，以世臣子弟

❶「帥」，原作「師」，今據四庫本改。

有才行，被選擇尚太祖高皇帝之賢主。歷事五朝，逮今垂五十年。或奉朝謁於左右，或持使節於四方，盡心效勞，忠勤之行，始終如一日。遂得以親賢簡在列聖之心，受命奉行南京陵廟祀事，且兼掌都督府戎政。前年北虜入寇，太上皇親征，公上章願奮忠効節，以殄除醜類，奉迎鑾輿，靖安邊境。今皇上若曰：「小狄跳梁，行且電掃矣。南京，祖宗陵廟所在，爲根本重地。駙馬都尉既奉祀事，且兼掌戎政，豈可又以邊事勞其行。」遂不允其請。特降璽書，使仍理舊事，復以「忠勤」之辭褒其意。公既拜命於廷，乃取璽書「忠勤」字，大書揭於所居之堂，于以丕昭皇上褒諭之恩。且於其朝夕仰瞻敬止之間，有以接於目，警於心，而勉其臣道之當爲。余嘗登其堂，公仰視大書而語其故，因請爲之記。

余惟公之勉盡忠勤者，垂五十年，其聞譽固已表著於邦家。今兹璽書褒諭之詞，盖即其實以命之。公則拜寵光而增懼，揭堂名而加勉，其忠勤之節，彌久而彌堅者，又可量乎？公戚里富貴人也，乃能脱去凡近之習，卓然以臣節始終自砥礪，豈非聞古昔股肱之良，勳戚之賢，能篤於忠勤者而興起乎！其建名節於當時，垂休光於後世，固有所在矣。公尚益勉之！

夫是堂也，其内之榱題棟宇，高麗深廣，可以肆几席而陳樽俎；外之奇花異木，紛葩羅列，可以娱觀視而供翫賞。余皆不書，獨記其名堂之大者，以爲公勉盡臣道之助云。

雙桂堂記

桂，佳木也而秋芳，其花黄可愛，其香清而尤宜遠聞。近世之士子薦名秋闈者，往往以折桂喻其一時之榮，亦《楚辭》「采菊」、「紉蘭」之義也。寧陽王大經、王大縉兄弟，皆登山東景泰庚午科鄉貢進士，因以「雙桂」名其書室之軒，間求爲之記。

大經、大縉之尊府，嘗與先君子爲同官，今爲順天府尹。大經其第三子，大縉其第四子也。京尹公之先世多有積德，乃大發於京尹公。自科目進身，亟踐通顯。教行於家，諸子蒙詩書仁義之澤，而講貫漸磨者有年。由是大經、大縉兄弟一舉而接武鄉闈。在他人不啻足矣，而大經兄弟乃以「雙桂」名軒者，蓋以謂吾之兄弟已得者，固若折秋桂之聯芳然，豈可以是自足哉？方將退脩于是軒之中，於家庭之教，已知者愈精其知，已能者愈習其能。深駈潜索之久，强勉力踐之篤，必使詩書仁義之道，渾融于一心，散見於行實，宣著乎文章。則他日禮闈之試，大廷之對，亦惟攄發吾之素藴以應之。不惟掇高科若升階之易，亦將有服庶官，措之事業，大有可觀者矣。若然，則大經兄弟向之接武鄉闈者，又將齊名天下，而雙桂名軒之實，亦可垂之無窮，豈但若世之折秋榮而誇耀于一時者之可比哉？是爲記。

唐陸宣公廟記

有唐三百年，逢時建策，所以成翊戴弘濟之大功者，累有其人。至於學術純正，事君以格心爲先，論事以行義爲急，隱然有王佐之才者，余於中唐獨得一人焉，陸宣公敬輿是已。

當建中艱危之際，公居近地，竭忠藎以籌畫機宜，代王言以感召人心。雖提兵討賊，諸將是賴，而其運謀帷幄，再造唐室之功居多。是皆載之信史，天下後世所共知，余置不論。獨推公有王佐之才者，蓋三代之佐皆以正君行義爲本，自漢以來爲輔相者，鮮克知此，而其所論不過人才、政事，故無以清出治之源，明義利之分，以致主於王道。獨公之告德宗者，有曰：「一不誠，則心莫之保。一不信，則言莫之行。誠信之道，不可以斯須去身，必慎守而力行之。」又曰：「民者，邦之本。財者，民之心。心傷則本傷，本傷則枝榦凋悴，而根柢蹷拔矣。」夫知誠信不可不存，則心必正。知財利不可厚斂，則義必行。人君正心行義，使天下萬事粹然一出於天理之公，此王道也。惜乎公言雖大，所告不合，入相未久，即有忠州之行，而卒不得大行其志。遂使後世論唐之賢相，曰房、杜、姚、宋，而公不與。夫豈知公有王佐之才，使時君能用其言，三代之治可待，豈復貞觀、開元之盛而已哉？故善論相業者，當觀其學術規模之大小，不當以事功成與否而高下之也。

史載公蘇州嘉興人，即今之嘉興府，城北有公遺廟，世傳以爲公之故宅，前代碑志備載其事。景泰二年，知府事江西舒君敬上章，以公乃唐之名臣，忠節著於當時，奏議行於後世，其遺廟雖存，自昔以來，官無祭饗。宜量給官錢，俾舉春秋祀事，以褒表忠賢，激勵臣節。詔從其請。

又二年，爲景泰四年，舒君以書來求記其事。

余惟世之爲守者，類以督辦爲能，而於世教風化所關者，漠不留意。獨舒君卓然以表忠勵俗爲急，乃論奏公之事蹟于朝，舉久缺之文以秩登祀典。廟貌益崇，血食不泯，其所以爲天下後世人臣盡忠盡節之勸，而有補於世教風化甚大，是不可不記也。遂具述其事，俾刻之石。使千萬世知崇舉公祀，以樹風教於無窮者，自我天朝始。

寧州重脩廟學記

聖朝建内外廟學，所以崇聖道，養賢才，以臻治道之隆。天下之政，未有重而光於此者。是以列聖相承，莫不申重其事。寧州爲陝右之名郡，郡之廟學營建，既多歷年，漸至敝漏，亦有屋宇當建，而缺於始作者。前有司類多務因循而莫之重，學政因而弗飭。

今知州事山東黄縣劉謙，發身鄉舉，歷官來涖是州。進謁大成至聖文宣王廟庭，周視兩廡神宇學舍，俱宗桷棟楹甓瓦腐壞，風雨穿漏，無以揭虔事神，考業育才。大懼不能仰副列聖申重廟學之意，乃先作大成殿，次及兩廡，又次大成靈星門，易瓦木而完新之，規制悉有加於前。神庫、神厨、宰牲房亦皆事神之宇，不可緩者，悉加新理焉。明倫堂、後堂、東西齋，生徒退脩之室，或仍或增，俱作於廟宇既完之後。其所需瓦木、丹漆、鐵石百物，及工匠役夫，皆處之有法。既儲積有素，又取之在官，不歛一物於民而妨其業。始工於天順元年三月，畢工於次年四月。由是廟學屋宇靡不周備，司訓甯鐸乃具其興工竣事之本末，專人走千餘里來求文，將鑱諸石以垂後。

夫以國家建廟學，有關於治道重且急如彼，劉守乃能知所重而篤意脩建之功如此，固可書已。而爲師爲生徒者，亦豈可不因是感發，而各知其所當務哉？故知隆治道，必本於養賢才。養賢才，必本於崇聖道。則爲師者必當以道率人，爲生徒者必當以道治己。教以道立，才以道成，推之於用，斯道之澤，無往不被。庶幾有補於治道，而上不負國家建立廟學之意，亦於劉守興學之政有辭云。

華州重脩廟學記

道之大，原出於天，而備於聖人。吾夫子爲出類拔萃之聖，孟子推其功賢於堯、舜，故以王者之禮通祀於天下學校。所以崇聖道，育賢才，開太平也。我天朝列聖相承，以道治天下，稽古王政，尤重學校之教。所在郡縣廟學，既宏大其初建之規，或有久而弗飭者，俾有司以時葺脩，務崇祀育才，咸底其實。

今陝西之華州，爲關右大郡。其廟學之建，歷歲滋久，棟楹瓦甓侵凌於風雨，率多敝漏。今西安府知府西蜀閬中楊勝賢，發身太學，前五年來知是州。進謁大成殿，退視學舍，俱有弗飭如前所云者。大懼學政之墜弛，遂謀諸同知李瑞，儲材用，集工匠，先徹廟宇木瓦腐壞者，易之以新好。次及兩廡，俱葺理之。棟楹榱桷，盖瓦級甎，悉壯固於前時。丹雘墁杇之飾，輝煌完堅。又命工畫歷代從祀諸賢像於廡壁，以及奉神之厨庫器用，靡不完具。天順元年，仍改作明倫堂、齋房、會食堂、士子退脩之室，由是廟貌尊嚴，士習有所，俎豆絃誦之風，延及州里。學正張玄乃進諸生而告之曰：「楊公先知是州時，祗承國家崇重學政之典，克脩廟學，咸底完新。今楊公雖陞知大府，是不可以其去而無所記述，以没其善。」乃具其事，遣人來求文於予，將刻之石。

予惟大莫大於道，吾夫子備是道，爲賢於堯、舜之聖。我朝以道治天下，崇重夫子之道，俾通祀於内外學校。盖欲以道育賢才，而資世用也。楊守既知興學爲重，而爲師爲士子者，其可不知所重乎。則爲師者，必當以道率人。爲士子者，必當以道自勵，講是道，求是道。士子之彙進於明時者，咸以道忠乎國而愛乎民。或至禆大化，建大節，亦卓然惟道之與歸。斯學政大有實効，而於楊守興學之功，亦有辭焉。

讀易軒記

四川滎縣龔生文淵，嗜學好《易》，因取朱子《警學贊》首「讀易」二字名其書室之軒，求爲之記。

予惟讀《易》之法，朱子之《贊》備矣，尚奚待予言。請姑述所聞，爲文淵勗。夫畫前之《易》，奇偶之未形者也。伏羲之《易》，奇偶之已形者，今《先天圖》是也。

自圖隱於異學千百年，世之讀《易》者但知自乾坤以下六十四卦，文王之彖，周公之爻辭，孔子之《十翼》而已，而於伏羲先天之《易》則莫之聞焉。至宋希夷陳氏，始以羲圖授穆脩，脩授李之才，之才授康節邵子，邵子乃大爲之發揮，然後知文王、周公、孔子之辭，皆本於先天之畫。由是《易》之本原復明，而朱子《本義》亦明乎此而已。若程子之《傳》，雖未及乎先天之畫，而義理精深，包括廣大，朱子所謂「邵傳羲畫，程演周經」，誠皆「永著常式，彌億萬年」也。

文淵誠能肅容端席於斯軒之下，深探畫前伏羲之《易》，熟玩周、孔之辭，精究程、朱氏之傳義，又必以朱子之《贊》實體之於身心，則於讀《易》之法，彼此交盡，庶乎有得矣。文淵其勉之。

平陽府儒學重脩記

平陽爲山右之大郡，統屬三十有五，而郡學寔人才風化之所自出，爲支屬之所觀法。爲郡之政，固非一端，宜莫先於學政。今姜守德政，三衢名家子，蚤游太學，出令上元。上元爲應天劇邑，素稱難治。姜守歷職九載，事無不舉，遂陞禮部郎官。又三年，陞知是府。涖任之初，進謁大成至聖文宣王廟庭，退見神厨、學舍率多敝陋，及有屋宇當立而未備者，因志諸心。及半載間，值時豐人和，乃區畫埏埴之具，斵削之材，以及甓艧百需。既合矣，於是就工。先作神厨，次作明倫堂，作學門，以及師生宅、居退室、繚垣、道途，靡不完整平直。又表頖宫之扁，覆以重屋。始事於天順五年二月，凡五閲月而工訖，學舍爲之鼎然一新。郡博生徒咸願刻石以紀其事，乃來求余文。

余惟道之大，原出於天。若古唐、虞、三代之教學，雖名有不同，而皆本於道。蓋道之明，即人倫之明，考諸載籍可見矣。自孟軻氏没，堯、舜、禹、湯、文、武、周公、孔子、顔氏、曾、思之道不傳。歷漢、唐以來，間亦設學立經，置師弟子員。然道既鬱而不傳，而其所以爲教爲學者，徒矻矻於訓詁名物口耳枝葉之淺陋，甚至雜於異端，惑於功利，汩於百家衆技之偏曲支離。雖有臨雍拜老，增廣生員如漢、唐之盛，亦不過侈當時之觀美，卒莫能究大道之歸，而復隆古明道明倫之盛。至宋河南二程夫子出，始有以接千載不傳之統。於是發明性即理也，以見道之大原出於天；表章《大學》、《中庸》，明古人爲學之次第，造道之閫奥。以「讀《論語》、《孟子》而不知道，❶雖多亦奚以爲」？周子以「剛柔善惡，中焉而已矣」論爲師之道。張子教人，必欲變化氣質，復天地之性。至朱子，會萃周、張、程子之學，以遡堯、舜、禹、湯、文、武、周公、魯、鄒之道，注釋四書，爲講學之本。又集小學，爲大學之根基，以及《詩》、《易》既有傳義，諸經亦發其大旨。《資治通鑑綱目》則理一天人，義兼巨細，由是教人之法大備。雖所入之途各異，而其要歸皆本於明道明倫，如唐、虞、三代之教然。當時講論極爲明備，而乃屢爲狂言所阨，竟莫能施其教於學政，達其道於天下。逮我皇明統一萬方，道隆千古，内建

❶「知」，原作「如」，今據四庫本改。

國子監，外設府州縣學，而師弟子之所講習小學、四書、諸經史之義理，皆本於周、程、張、朱之説，以求堯、舜以來千古聖賢之道。而前季訓詁詞章、異端功利、偏曲支離諸説，皆不得淆雜乎其真。由是濂、洛、關、閩之學得以備施於學政，盛行於天下，而大有以復古昔明道明倫之盛。

今平陽郡學，人才風化所關，姜守知爲政之先務而新理之，事神育才，咸有其所。爲師爲生徒者，其必仰思朝廷建學之意，篤志講明正學而無怠。庶幾人才所出有實用，而風化之美亦延及於支屬。所謂明道明倫者，將不爲虚語，斯於姜守之興學與有稱焉。於是乎書。

陵川縣廟學重脩記

陵川爲澤州屬縣，廟學自我皇明定天下，即規建置。逮今歷年既久，大成殿兩廡、欞星門，以及堂齋諸屋宇，皆穿剥弗治，事神育才，咸適其宜。知縣事任通發身鄉舉，涖任之初，謁廟視學，大懼學政不脩，乃謀及僚佐，以農隙時斧斤山木，陶埴瓦甓，與凡作屋之不可無者，悉具焉。乃新大成殿，新兩廡，新靈星門，次及明倫堂、東西齋皆新之。棟桷覆瓦、杇鏝丹碧之飾，❶壯固光彩，巍然焕然，皆有加於前時。以至神庫、牲房，與士子會食、退脩諸室，悉皆增葺。始工於天順元年二月，訖

❶「桷」，原作「桶」，今據四庫本改。

於是年九月。教諭張瑄，訓導郭堅、陳祐，乃具興工竣事之蹟，因進士張瓚來求記，將刻石以示永久。

余惟教學乃爲治之本，自唐、虞有司徒、典樂之官，以職教事。至夏、商、周，學政寖備，于時有小學、大學教人之序，灑掃、應對、六藝、三綱、八目爲教人之條。要其歸，則在乎知性分之固有，盡職分之當爲而已。漢、唐歷代以來，雖或亦有學校，求其如唐、虞、三代教人之法，則寥寥焉。蓋唐、虞、三代之時，聖道大明，故教人有其本。自孟子没，道既不傳，故教法失其實。至宋二程、朱子，既有以接孟氏之傳，乃深探隆古教人之法，必由小學、大學、《語》、《孟》、《中庸》以達夫六經之藴奥，其歸亦在乎知其性分之固有，盡職分之當爲。其爲説雖明，值時枘鑿，而三君子之道竟不得大行於學政。

逮我皇明，當文運大隆，於是内外建學，而教人之法一本於程、朱氏之説。由是教人之法，大有以復古道。是豈漢、唐歷代建學之可擬哉！今任尹大新廟學，於事神既竭其虔，而士子之游於斯者，必循序以進其學，以求知其性分之所固有，以盡職分之所當爲。爲子必孝，爲臣必忠。俾大節卓然炳然，斯於國家建學爲有實效焉。于是乎書。

大寧縣儒學重脩記

大寧縣在漢時爲北屈縣，屬河東郡，今爲隰州屬邑。其地僻在河山之間，土皆磽瘠，户僅十里。前之爲邑者，惟租賦簿書期會是急，漫不留意於學政。以故學舍歲久侵凌於風雨，悉皆穿漏圮壞。且無士子退室，而師因以弛其教，士因以荒於嬉，大無以副國家崇教之意。天順三年二月，知縣王溥、主簿梁宏，乃儲積材木，用度既具，遂集匠役即學，徹諸屋之敝者，大而新之。堂凡若干楹，齋凡若干楹，皆高敞宏廣，可以考業其中。是年四月，適山西右參政楊璿行屬至縣，謁廟，又命重脩靈星門、學門，及作士子退室三十間，廩宇十八間。學舍大小，由是悉皆完整。訓導劉翱具其興役訖事本末，來求文刻石以記之。

余惟唐、虞、三代之學，其盛不可尚矣。自洙泗、鄒孟之教微，而道失其傳。至暴秦焚儒書，禁儒語，殄儒生，儒教既廢，秦隨以亡。雖漢興數十年，猶以黄老爲治，而於唐、虞、三代之學政，莫之興舉。武帝雖曰表章六經，罷黜百家，置博士弟子員，而無其本。明帝、唐太宗養老立學之具雖可觀，而無其實。至宋道學諸君子，講明隆古教人之法，雖極詳備，而不得行於當時，是蓋將有待也。洪惟天朝列聖相承，建極於上，立學於下。自京師延及遐壤，絃誦之聲相聞，學政之本末具舉。蓋將遠追隆古，彼漢、唐之侈虛文者，奚足比擬哉。

今大寧雖極僻陋，而學校教法與通都大邑無以異。其學舍未備與敝漏者，大參既有以成其後，縣僚又有以成其前。將見教有成法，而可副國家崇學之意矣。是可書也。于是乎書。

一樂堂記

陝西清水縣儒學教諭廣文李生泉，平

陽解州安邑人。其中鄉舉，依親讀書時，嘗來河津從余講學。及之官清水之三年，爲天順六年，乃以書來曰：「杲迎父母就養，且有兄弟來隨侍，因於官舍中闢一堂爲奉親之所，取孟子『父母俱存，兄弟無故，一樂也』之言，因以『一樂』名其堂，乞記其事，將以自警焉。」

余觀孟子又曰：「仰不愧于天，俯不怍於人，二樂也。得天下之英才而教育之，三樂也。」先儒林氏曰：「此三樂者，一係於天，一係於人，其可以自致者，惟不愧不怍而已。」今李生於可以自致及係於人之樂，皆不敢自居。獨以「父母俱存，兄弟無故」之一樂名堂者，何哉？蓋彼二樂者，皆聖賢之極致，故不敢自居。惟此一樂，幸而得於天，安得不以之名堂哉。然李生既以是名堂，必當盡其實以稱其名可也。其事親則必以古君子自期，先意承顔，左右就養，不但養其口體，又必養其心志，而諭之於道焉。其於兄弟，且敬且愛，必思父母之子，重於己之子，不以妻子之言而有間，不以財利之私而有争，期於《詩》所謂「宜兄宜弟」焉。夫如是，則於堂之名庶乎有實以稱之矣。雖然，彼二樂者，固爲聖賢之極致，而李生不敢自居。然士希賢，賢希聖，亦學者分内事也。李生其必用力於顔子非禮勿視聽言動、克己之目，朝斯夕斯而勿怠，則私可克而禮可復，庶幾乎「仰不愧，俯不怍」之樂矣。李生教育一邑之俊秀，其必以所學之正，推以淑之，俾循小學、大學之序，以及乎《論》、《孟》、《中庸》、六經與凡聖賢之書，必涵養本原，思索義理，篤於實行，各因其資質之高下，使循循勉勉不已，則士子中豈無可與進於道者乎。若然，則雖於「得天下之英才而教育之」之樂不敢望，亦知所從事矣。

然余又有説焉：「父母俱存，兄弟無故」，固天倫之可樂，使李生不能自致於克己之功，教人之方，則心德有未脩，師道有未立，將貽誚於時。而父母兄弟之心亦將慼慼然不寧，抑何以樂斯堂之樂哉？是以余因李生以「一樂」名堂，并舉三樂以告之，俾知所警而自廣焉。

雙桂堂記

山西憲副定興李文英之長子翔鳳，次子鳴鳳，俱以習舉子業，同中天順三年順天府鄉榜，復家居以俟禮闈大廷之試。文英因作堂，名曰「雙桂」，俾二子居，以日進其業。天順六年冬十一月，文英調陜西憲副，道過余於河汾，因語以名堂之意，且求爲之記。

余惟桂乃木之美者也，文英以「雙桂」名堂，蓋以比二子，欲其盡知行之功，以美於身耳。夫人爲萬物之靈，誠欲盡知行之功，以美其身，亦惟求諸經與《大學》、《語》、《孟》、《中庸》以及濂、洛、關、閩聖賢之書所載大訓格言。學問思辯，致知格物，則可明其理。躬行約禮，誠意正心，則可履其事。爲翔鳳者，以是自勉，以率其弟。爲鳴鳳者，以是自勵，以企其兄。兄弟篤於知行之正學，沉潛玩索，勇猛精進，勤脩於一堂之上，仰追千古之賢。至於用力之久，積累之深，將於身心萬物之理庶幾昭灼無疑。於是體而踐之，自人倫之大，以至事物之微，靜存動察，皆以一敬而貫乎其間。則知焉行焉，將兩盡而可美其身，則所蘊者磅礴深厚，由是發而爲文辭，皆自所蘊中流出。他日試禮闈，對大廷，文皆有本，不但高第不求而自至，又將可措之事業以澤物。是豈若口耳記誦，枝葉浮華無本之文，止於釣聲名、干利禄者可比哉。翔鳳、鳴鳳誠不以愚老之言爲迂，而用力於斯，則所成就必有可觀，而於憲副均期望進學美身之意亦不負。將見斯堂之名，可垂之永久矣。于是乎書。

敬軒薛先生文集卷之十九

敬軒薛先生文集卷之二十

門人關西張鼎校正編輯
鄉後學沁水張銓重校梓

哀辭　祭文

愚村居士哀辭并序

愚村居士諱存善，姓劉氏，世爲江西泰和人。居士質貌魁壘，談議偉然。在鄉里，常斥其有以周人之急，尤重然諾，尚氣節，一出言，人即信服之。由是，人咸以鉅人長者稱焉。居士家故饒財，至元季俶擾，羣盜公行剽掠，鄉邑苦之。居士慨然歎曰：「大丈夫不能建功立業，垂聲萬世，猶當小設計慮，保庇一方。」於是盡散其財，糾合鄉民，爲立約束，相與戮力禦寇。居士既倡義，人皆愛護室家，勇於捍守。羣盜聞之，相戒避去而不敢犯，鄉邑卒賴居士之謀以克全於難。于時，有司將上其勞而官之，居士愀然曰：「吾豈以是徼利達哉，吾特盡吾心而已。」遂固止其事而卒不聞。

逮國朝平定四海，蒐舉遺才，有欲薦居士者甚衆。居士曰：「吾少之時，猶無意於進取。今老矣，筋力智慮耗矣，復何能爲哉？諸君幸相愛，使得優游餘日於大平之世，幸矣。」薦者意猶未已，居士乃辭去城郭，退居邑南村，葺茅爲屋，編竹爲籬，決渠以蔬，鑿池以魚，日與田翁釣叟，水陸上下，追攀往來，酣嬉歌呼，一以愚而自混於俗。因更其村曰「愚村」，而自號曰「愚村居士」。居士雖以愚而自屏於野，然士君子愈賢其愚，以爲不可及。及居士卒，鄉邑老稚垂涕曰：「善人長者没矣，吾其何從？」

居士没後若干年，當宣德二年，其孫某以進士第致位憲僉。哀其祖生而禄位不顯於前，没而素行或泯於後也，遂述其事以書來，俾作哀辭以發其潛德之幽光。

余惟居士早能自立於鄉里，散財舉義，遏寇保良，其心固已厚於仁矣。及將録其勞而官之，而復固止不從，其行又何篤於義邪。合仁與義，宜享榮名盛福於太平之世，而又堅辭薦達，退老丘園。蓋其讓而不居，蓄而未發，是宜大有以振耀於後嗣也。故憲僉公兄弟連中科甲，亟踐通顯，居士其可謂不死矣。遂作哀辭以摭其行，以彰其報，以傳于後云：

嗟嗟居士兮，誰之賢如？稟兹魁奇兮，德言舒舒。惟義是急兮，不有積餘。遭時方艱兮，鴟鴞嘯呼。居士孔悲兮，聿良厥圖。倒囊出廩兮，糾兹義夫。式遏寇横兮，以安里閭。事已則去兮，功豈我居。澹若無情兮，浮雲太虚。屬時休明兮，羣賢攸趨。獨守幽貞兮，以辭辟書。恬然退處兮，惟才之愚。野老争席兮，鷗鳥與徒。婆娑水石兮，以樵以漁。何積之遠兮，其發匪徐。賢孫多有兮，乃德之符。居士雖亡兮，不亡者餘。流芬永揚兮，原末本初。嗟嗟居士兮，名誰可逾。

王處士哀辭并序

處士王君友直，祖通州三河人，世多顯者。逮元季兵作，處士從其二兄避地于兗，今爲寧陽人。處士淳實君子也，早失怙恃，移其孝於長，故事二兄如事二親焉。長失二兄，移其愛於幼，故撫諸孤如己子焉。蓄而未發，欲推其有於人，故賙恤鄉里若己責焉。處士既行積於中，名孚於外，有欲以處士充茂才舉者，處士曰：「凡吾所汲汲者，乃任吾性焉耳，豈以是鈞譽干進哉？」遂遠迹江湖之上，放意山水之間，以謝免之。及薦者議息，乃歸鄉里，杜門却掃，日以敦行義、飭閨庭、教子孫爲事，澹然無所慕於外。由是人皆服其真能安分者，而遂弗之强。其後處士之長子賢，今給事公，以科目得鄢陵校官，來迎養處士。既至，則懇懇以爲人師之難，教人所當先爲誨。給事公之師道立，而克遂成就後學者，盖皆得於處士之訓焉。及處士歸，給事公後以官滿，便道省於家，而處士病矣。處士雖疾革，猶以善道誨諸子，而語不及他。及卒，宗族感處士之撫愛者，哭處士如哭親父母，而哀必盡焉。鄉里受處士之賙恤者，哭處士如哭其親戚，而傷必至焉。給事公既以禮葬處士，又立石以表于墓。及服除入朝，擢授今職。嗚呼！處士其可謂有子矣。

夫人之生也，丁亂離之時，鮮克保其生者。而處士免亂厄❶，遭理世，受子孫之養，享太平之福者四五十年，是則處士生

❶「免」，原作「脕」，今據四庫本改。

無所歉也。世之人或多行不義，至於玷身壞名者。而處士力於爲善，克享天年，終於桑梓，安於窀穸，是則處士没無所愧也。人之子孫或不能顯揚其親，至於親没未久而遂泯泯無聞。而處士有子若給事公，既表其行義於墓次，方且汲汲求名公文士之著述，以發揚處士之潛德於無窮，是則處士雖亡無所憾也。嗚呼！處士其可謂不死矣。雖然，自處士觀之，始終皆可以自足，而給事公方駸駸於榮進，思欲更以所得之大者以奉處士，而固已無及，則其抱終天之戚，曷有窮極也哉。余遂作哀辭以述處士之行，以慰給事公之悲，以傳之久遠云：

若有人兮禀朴專，承顯則兮導清源。生草昧兮歷屯艱，徙儒邦兮室家安。時休明兮尚盤桓，篤孝愛兮行寔繁。聞譽洽兮來薦言，徼利達兮吾豈然。賦遠遊兮遡江邊，陟嶔崟兮弄潺湲。倦游歷兮乃言旋，桑麻圃兮松菊軒。掃軌迹兮門常關，篤義方兮謹大閑。子翹翹兮乃儒官，來迎養兮遂承懽。悉誨語兮謹師傳，樂未究兮返家園。乘清氣兮乃大還，即窀穸兮卜高原。風蕭蕭兮白日寒，鳥獸嘷兮愁空山。林木悲兮凋蒼顏，石峩峩兮表新阡。發幽光兮潛德宣，子黄門兮感終天。養不滿兮涕汍瀾，嗟處士兮人所賢。善日遠而日邈兮，是亦可攀。

朱孺人哀辭并序

朱孺人，贈文林郎監察御史朱公則文之妻，監察御史朱鑑之母。孺人世襲衣冠詩禮，克服訓典，允就柔嘉。及歸朱氏，雖弗克逮事舅姑，而能助其夫。竭誠於祀事，以至處外内親黨疎戚，莫不中度。雖嫁久而尤不忘父母，誠孝所感，蓋有異云。孺人方盛年而已失其儷，乃能苦節勞心，自力於衣食。教其子曰鑑、曰鏄，皆有成立，而鑑即監察御史也。鑑既致身清要，遭逢國家舉推恩之典，勑贈御史公以及孺人。時御史公雖久逝，而孺人尚安好無恙。鑑得請歸，將爲孺人榮，而孺人亦逝矣。

嗚呼！孺人爲女、爲妻、爲母各有法式，雖早罹艱屯，而晚得享福。孺人以及御史公皆可無憾哉。鑑既襄大事，求爲之辭。辭曰：

有淑孺人兮，德音孔嘉。胚胎前光兮，歸于其家。誠孝振聲兮，行浹邇遐。所天云亡兮，矢德靡瑕。勤躬教子兮，蘭茁其芽。有降自天兮，龍光賁加。奄逝滔滔兮，悲曷有涯。辭以慰哀兮，孝子其柰何邪。

祭　文

告土神文

敢昭告于后土氏之神曰：

曩爲先考教諭某，卒于官次，家遠不能即歸于先塋，而旅厝于是。實賴坤幽之德，是保是庇。今將遷柩西歸，謹薦庶品，用伸報祭。

遷柩告先考文

洪熙元年十一月二十五日，孝子某謹

以牲醴，頓顙流涕，告于顯考教諭府君之靈曰：

自尊容奄違人世，九月于兹。感時叙之變遷，沸五内而興悲。曩以倉卒未即歸葬，遂權厝于濟水之涯。逼側浮淺，實非神靈所宜。今以吉旦，謹啓攢窆，返柩于故山之陂。敢告。

祭先塋文

維宣德二年，歲次丁未，十二月甲寅朔二十五日戊寅，孝孫進士薛瑄，敢昭告于高曾祖考、考妣之靈曰：

嗚呼！惟我先世，宏大深厚，積善衍慶，以庇蔭我後人。是以藐末不肖，得以蒙其福澤，由進士以發身。逮兹朝命屢降，將拜辭先壠而恭覲紫宸。區區松楸之戀，哀貫衷曲。敢因薄奠以僭陳，惟我先世幽靈冥德，昭昭不昧者，其尚鑒兹懇勤！

祭王侍御文

宣德四年十月初十日，友生監察御史薛瑄，謹以雞酒之奠，致祭于年契侍御王公尚文之靈曰：

惟公中州英俊，夙已有聲，鄉試春闈，實忝共登。奉命南旋，並舟話情。再會梁苑，懷抱瀉傾。一别九載，音信罕通。君登栢府，可謂顯榮。清亮詳雅，人無間稱。我忝同列，有事湖荆。君時南按，睽違莫逢。將謂旋歸，接武大廷。孰知一逝，遂隔幽明。今兹便道，官船暫停。殺雞沽酒，以酹旅封。君如有知，其尚鑒衷！

祭王太守文

宣德四年，歲在己酉，八月乙亥朔二十一日乙未，友生監察御史薛瑄，謹以時羞清酌之奠，致祭于武昌太守王公大惠曰：

嗚呼！惟公質朴忠信，蓋出於天。處心制行，率由自然。在卑不競，在高不騫。風紀清峻，人視侈焉。公任惟久，畏慎乾乾。卒遠尤悔，名禄以全。及秉郡符，操持愈堅。臨事不撓，有嚴有寬。武昌繁劇，剸治實難。公爲數載，屬邑妥安。承接中度，交口稱賢。方冀遠騁，胡不少延。惟我與公，年齒絶懸。公不有挾，交好篤專。昔主公家，留連半年。乃傾囊橐，沽酒割鮮。放懷許與，揮毫成篇。久别一會，笑語蟬聯。孰謂兹來，明幽永捐。進拜旅柩，公不我言。風飄繐帷，塵凝几筵。追念疇昔，有涕汍瀾。返櫬何日，令子在前。義當匍匐，愧因職牽。有負交道，中情曷宣。文以自攻，酒寫忱悁。惟公有知，其尚鑒虔！

沅州禱雨告神文五首

維宣德五年九月二十三日，巡按湖廣監察御史薛瑄，謹齋沐以瓣香告于城隍之神曰：

今兹之歲，自春徂夏，雨暘以時。稻之早者，已穗而可穫矣。而晚稻山田之類尤多，皆焦然困於秋雨之愆期。重念小民皆賴是以爲生，若悉槁死，則國之租税、神之粢盛尚無以給，又何免私室之寒饑？

惟國家之所以棲神以宇、祀神以時者，以神能保庇一方之黔黎。逮茲旱虐日甚，民懸懸有望於神，而神之聰明胡不聞知？御史來按是方，敢以誠告。神其無爽明靈，膏雨賜以時施。謹告。

維年月日，謹差沅州知州李果，以清酌之奠，告于明山之神：

凡山之高大，表爲一方之望者，爲其能興雲雨也。明爲沅之傑然挺出荒服，以神爲之主也。宜乎祀典代承而莫敢去也。逮茲秋旱爲虐，禾將盡稿，而民無以處也。神司膏澤，胡吝不與也？御史緘誠遣告，神必惠然許也。玄雲勃興，斯須雨天宇也。四野大穰，欣欣歡子女也。民獲報祀，進牲醑也。吹擊管鼓，式歌且舞也。御史當侈神之名，播中土也。尚饗。

維年月日，謹差沅州判官周恢，謹以清酌之奠，告于英顯林公之神：

惟神血食茲土，往必有功。其靈莫測，潛與化通。❶沅旱秋甚，百穀悴容。神鑒在下，胡不憫窮？窮莫之繼，百需曷供？御史來按，敢有不公？不公降罰，民實可矜。雨則時賜，俾世其承。毋作神羞，急急如律令。

維年月日，謹差沅州衛經歷岑團，以清酌之奠，告于漢車騎將軍張公之神曰：

赫赫炎靈祚四百，率土孰非其臣子？自東都之政不綱，致四海之流横潰。時豈無智謀之奇才，而皆遑恤逆順之至理。獨

❶「與」，雍正本作「于」。

將軍之先後數奮忠勇而効之以死，雖千古而名永長存，聞者孰不爲之興起。彼奸雄之擾擾於一時，遺臭至今其未已。固知是非之定於將來，豈有力者之所能彼此。相陰陰有肅之叢祠，臨宛宛東流之沅水。在祀典昭然而有稽，豈荒怪淫昏之可比。茲闔境之雨澤愆期，特致詞而析以清醴。❶尚饗。

維年月日，差知州李果，以清酌之奠，告于城隍等神曰：

間者秋旱爲虐，一何極也！是用有祈於羣神，羣神聽果不惑也。有雲鬱興，一雨滿三日也。晚稻將稿，神賜以實也。山稼將枯，神賜以粒也。小民將饑，神賜以食也。百用將竭，神賜以給也。官宜即罰，神賜以釋也。凡百有心，感神德也。何以報神？選肥潔也。詞以侑之，神來格也。神惠其繼之，承事永無斁也。尚饗。

祭户部惠員外文

維年月日，監察御史薛瑄，謹差户部辦事人材趙福，以清酌庶羞之奠，致祭于尚書户部員外郎惠公之靈曰：

惟公渾厚敦朴，狀貌魁然。加以學識，文質幾全。久游庠序，累陟地官。宦成年耋，有榮無愆。瑄以後進，獲陪周旋。款我旨殽，悉我誨言。交雖未久，情則甚專。茲南于邁，惠問其先。謂將促膝，以窮素歡。孰謂一疾，遽爾永捐。哀聞甫

❶「析」，四庫本作「祈」。

及，悲心遥懸。敬遣微奠，寓詞柩前。公識不昧，其惟鑒虔。

辰州府告神文 二首

維年月日，巡按湖廣監察御史薛瑄，謹以香燭，告于城隍之神曰：

國家之所以立祠宇，脩祀典，俾所司行事以時以飭者，以神能福一方之民，而除其所疾苦也。今年夏，是府境内不雨者殆逾旬月，山稼將盡槁死，而下田亦無以成實。若更十日不雨，則百穀將盡，國賦無以供，生民無以食，神之牲醑亦無以給。民之疾苦，莫于是乎極。御史雖愚無知，猶動念于懷，豈以神之聰明而不加恤？抑長民者之弗告邪？果神有待而匪亟也？御史來與神言：旱已甚矣，神其導迎休徵，沛布時澤，除去厲虐，化爲豐碩。則一方侈神之威，感神之德，神饗厥報爲無忝，而民之事神亦無斁。尚鑒。

維年月日，監察御史薛瑄，謹差辰州府同知余存諒，告于漢伏波將軍馬公之神曰：

公生爲名臣，没爲明神，是皆一念忠誠之鬱積。夫豈聲音笑貌矯僞者可得而比倫。御史少讀公傳，見公行事磊磊落落，嘗偉公之爲人。及領節南按，乃得拜公像于壺山之陽，瞻公廟于辰水之濱。屬兹辰境夏旱，百穀將槁，民用憂辛。御史平生以正直自處，豈以是而濫禱于淫昏。獨念公之忠賢，爲祀典之崇重。其精爽烈烈，固宜與山川之氣流通而常存。是用敢以旱告，詞以侑禋。公其妙運化機，大雨兹土，以濯辰人之焦槁，以慰御史之懇勤。尚鑒。

代陳御史作焚黄文

維年月日，行在雲南道監察御史陳詔，謹以清酌之奠，及行在雲南道監察御史勑一通，告于考監察御史之靈曰：

考以孝弟謹厚之行，特達敏絶之才，爰自國初，蒐舉遺逸，弓旌之聘，賁及丘園。靈時欻起，應召歷官。雖止佐邑，推心遠大。以故隱德餘慶，是藴是崇，是衍是施，被及我後人休者廣矣。而男詔以孱愚之資，荷生成之力，克勤克瘁，以育以誨。考業邑庠，發身科目，遂任行在雲南道監察御史，實有風紀之榮。每念音容，悟發寤歎。逮兹三年，遭逢聖天子以孝治天下，率祖宗之憲章，舉追榮之盛典。以謂人臣之盡忠於國者，蓋必有教於其家；寵光之施及其身者，又必上延於其始。由是推恩以行在雲南道監察御史之秩，贈及先躬，以孺人之命，命及今夫人。恩浹幽明，慶兼存没，是皆先德之懿所致，其曷敢忘。謹以前勑一通，用伸告祭。若聖天子褒嘉之意，則具載於訓詞。尚饗。

祭賈昭司訓文

正統三年三月初二日，山東按察司僉事薛瑄，謹以清酌之奠，致祭于司訓賈公之靈曰：

昔遊覃懷，交契最密。德言相酬，經義與析。其懽甚焉，無間朝夕。我丁先憂，返葬河北。大雪隆冬，泣别沾臆。契闊幾年，寒暑屢易。中得一會，暫話往昔。

爲將他年，數展良覿。寧知生死，遽爾永隔。茲叨憲節，部有所歷。道經貴居，公已窀穸。市酒是沽，隻鷄是炙。奠雖云薄，情則孔極。公鑒余衷，其不有識。

祭刑部侍郎曹弘文

正統四年正月日，山東都、布、按三司某官等，謹以清酌庶羞之奠，致祭于行在刑部侍郎曹公之靈曰：

惟公發跡秋官，陟于亞卿。奉命巡撫江淮、山東，持身廉謹，臨事寬平。民感其惠，吏服其公。連數千里，熙然以寧。得人委任，惟國之明。方茲賴仰，一疾俄傾。謹遣薄奠，以達哀誠。尚饗。

祭魏希文文

維正統四年，歲次乙未，閏二月十八日，山東按察司僉事薛瑄，以清酌之奠，致祭于友人魏希文之靈曰：

於乎希文！好古信道，力慕聖賢。顛沛困阨，心不少遷。憶時永樂，俱客玉田。始獲君友，我惟少年。君不有挾，惠與周旋。我即君室，至夕乃還。君來我屋，竟日留連。相與誨告，皆古格言。乃開我愚，乃砭我頑。往復十載，交道篤焉。逮我別去，君心如煎。徒步送我，握手拳拳。逾三十里，解袂長歎。寧知一別，幽明永捐。❶今來君里，密水萊山。俯仰疇

❶「永」，原作「水」，今據四庫本改。

昔，中情慨然。問君妻子，旅食寒單。仁者有後，其不有天。欲尋君窆，道里隔懸。遥設一奠，君其鑒虔。尚饗。

祭王素亨文

正統四年九月十九日，友生薛瑄，謹以清酌之奠，祭于王先生素亨之靈曰：

忝接交游，實篤古道。十餘年間，箴誨懇到。任自湖南，抵宿展好。中失良朋，德孰我造。久要不忘，敢違聖教。聊薦菲儀，辭以申告。

祭少師江時用母夫人文

某氏太夫人之靈曰：

惟靈生於茂族，歸於名門。內範有自，懿德斯存。高堂安其孝敬，中闈底于肅温。在配君子，❶參大藩而資其內助；貽教厥嗣，官少師而鍾其慶源。夫何命服在躬，方享全福，而大化遽及，歸于九原。悲傷貫其宗姓，惻愴動於里鄰。令子既奉命而奔其哀訃，所司復準式而營其壙墳。掩幽堂之石以銘德，樹隧道之碑以刻文。存没榮哀，誠鮮與倫。某等忝與令子接迹朝紳，並陳誠以致奠，庶有格於几筵。尚饗。

敬軒薛先生文集卷之二十

❶「在」，四庫本作「作」。

敬軒薛先生文集卷之二十一

門人關西張鼎校正編輯
鄉後學沁水張銓重校梓

碑

漢伏波將軍馬公廟碑

古有功蓋於一時，名垂於後世，享生民之祀於無窮者。豈非大丈夫抱非常之材識，本之以忠誠，行之以悠久，而有以通神明，貫金石，達古今，而無間者乎。

漢伏波將軍馬公援，天與魁奇，器識宏邁。當漢統中微，新莽竊命，四海橫流之日，乃遠迹邊陲，混身田牧，時人弗之識也。獨其兄況謂曰：「汝大才當晚成，且良工不示人以朴，且從所好。」公亦嘗曰：「大丈夫爲志，窮當益堅，老當益壯。」公之所立，固已見於此矣。及其盡散財蓄，志清時難，遨遊隴蜀，擇所適從。知崛起草竊之徒，皆酣豢富貴於一時，不足以計安生民於萬世也。遂謁光武於洛陽，一見之頃，即以恢廓大度、同符高祖稱之。因委質臣事，效忠戮力，以匡復漢室。若聚米之開示山川，銅柱之威服殊俗，皆公之奇謀偉績。其他蕩除戡靖，維調贊翊之策尤多。中興之功，公無與讓。及天下底定，朝廷清明，雖剖符受封，爵列五等，榮寵並極，而公不以是自佚，嘗奮不顧身，志欲効死邊疆，以盡臣節。及武陵羣蠻撓邊，公遂請行。兵至臨鄉，蠻即摧破。師次壺頭，伐功未就而公卒。先是有以兵事聞于帝者，時遣來監軍之人，素有憾於公。及至軍而公已没，遂厚加誣毁以快其讒，而薏苡之謗亦興焉。

嗚呼！若公之所立，卓偉奇特，駕一世之横騖，挺百代而獨出，猶不免巧夫之唇舌，❶他尚何言！議者又以不從充道而從壺頭，爲公失計。夫曠日老師而費糧，與捷徑出奇以制勝，二端利害甚明，而公之慮審矣。設使如或者之言，從充而進，又安能必保蠻寇之無齟齬乎？是又不得爲公失計也。夫以宗均之常才，矯一節以入羣蠻，猶足以致其震慴來服。若公少緩死，當有他策以致蠻矣，又豈云云者所能測哉？夫其韜晦自養，散財濟難，公之大志也。鄙斥奸豪，獨歸真主，公之大識也。奇謀勇烈，光輔中興，公之大功也。不懷宴安，以死勤事，公之大節也。世之人臣，四者有一焉，猶足以名當時而垂竹帛。公乃兼而有之，而又本之以忠誠積久之心，宜其功蓋一時，名垂後世，而血食無窮焉。向之謗者，風休電滅，漠無蹤跡，曾何損於公之忠賢哉。

今辰即五溪故地，距公没垂千年，而野夫女子猶知道公之威名，在在有廟以祀公。斯又足以見忠義之感人心，不以古今而有間也。我皇明大秩羣神，公廟之在辰者，獨登祀典。有司以時行事，無敢怠弛，人有水旱疫癘則禱焉。廟故有亭，或以爲神出遊之所，址存而亭廢。辰人合志興構，并他屋宇門墻之弗治者，悉完理焉。

❶「夫」，原作「天」，今據四庫本改。

余少讀公《傳》，嘗壯公之爲人。及往來武陵江中，親見所謂壺頭山者。壺頭距辰水行可一日至，彼亦有廟，而脩祀事於辰者，便於人之瞻依云耳。廟亭既新，余遂删取公之大節，俾辰人刻之，并系以詩曰：

矯矯馬公，惟志之偉。志在功名，氣不少萎。貧堅老壯，公言則然。懷奇藴朴，罕識其賢。雲乎鬱鬱，雷乎震震。紫色蠅聲，炎輝斯燼。公晦于時，爰牧爰蓄。飈氛九縣，顧瞻安之。曰述曰囂，狼貪豕飽。鄙不少留，聿求漢道。來覲真主，應對疏通。謂帝大度，高祖則同。遂委臣質，遂効臣節。聚米討羌，悍虜蕩越。四方底平，人懷安娛。公不晏佚，許國以軀。滔滔武陵，蠢蠢雜種。梗化撓邊，負險恃勇。公曰兹役，老臣馳驅。堅請于行，秉節舒舒。不驚不亟，既安且式。試兵臨鄉，蠻即摧辟。扼于壺頭，匪公之尤。天少須假，孰測厥猷。公雖没世，因則成事。乃招乃來，羣蠻無貳。云胡巧夫，❶讒言朋興。❷豈不暫翳，事久滋明。迄兹千載，有顯愈赫。名徹聽聞，功載史册。壺山之南，辰江之滸。公蹟如新，公廟惟古。逮我皇明，祀典秩申。行事以時，委在守臣。惟公忠精，厥德不爽。疫癘旱澇，應求如響。民感公惠，欽服國章。廟亭完構，其敢廢荒。乃圖永久，乃磨良石。我纂其詞，爲示無極。

❶「夫」，原作「失」，今據四庫本改。
❷「興」，原作「輿」，今據四庫本改。

絳州大成廟碑

臨川王汝績，以儒官陞知山西之絳州。始至，進謁大成至聖文宣王。顧瞻廟貌，庳陋年久，宋桷腐撓，大懼弗恭明祀。及荐更釋奠，薦献周旋，迫於狹隘。且風雨穿漏，不足以揭虔妥神，益深悚惕。遂下北山之材，聯爲巨筏，順流而至。擇土埏埴，瓦甓完堅，百用具備，衆工齊作。撤去腐壞，易以新好。廟舊以間計者三，廣而爲七。厥制崇高峻整，宏闊深邃。巍然當座，聖像益尊。顏、曾、思、孟，四公作配。十哲位次，序列左右。禮殿既成，改作從祀賢儒兩廡而擴大之。門宇堂齋，率皆壯麗深廣，克稱頖宮之度。工既訖功，釋奠備禮儀之盛，士習有絃誦之勤。風化之美，延及民庶。汝績乃進諸生而告之曰：「昔周元公有言：『夫子道高德厚，教化無窮，實與天地參而四時同。』我聖朝所以極尊崇之禮，天下通祀而罔間内外者，其不以是與！惟是絳學，祀典人材所關。汝績大懼學政墜弛，有僁彝憲，是用協力一新。財用民功，皆國家有所興事底功，惟祇若崇祀育材之意而已。迄兹有成，誠不可不知所自爾。諸生考業於斯，師法先聖，當以唐、虞、三代學校士習自勵，勿以俗學詞章聲利汩其心。尊道統之正，黜百家之非。居仁由義，竭忠盡孝，庶幾身有古人之學，才爲用世之良，斯實聖朝建學之意。」諸生既旋唯而退，學正劉章等遂以其事來徵文，將刻之石。

余謂汝績能新廟學以祀神育才，而不自以爲功，又勉諸生以正學，是可書也。

爲之銘曰：

惟兹廟學，爰始爰作。厥制陋庳，禮儀靡度。亦窘風雨，圮漏弗支。神罔攸格，士習以嬉。時維汝績，文儒是職。有蘊有施，潭潭秩秩。適求民牧，陟俊拔尤。大廷有命，來守郡符。守來自東，人士咸喜。不以崖威，而尚豈弟。進謁先聖，廟貌罔稱。退謀厥役，靡安靡定。遂鳩羣材，遂興陶埴。百工献巧，齊心一力。撤舊益新，丹堊斵礱。翼翼禮殿，有赫斯崇。周廡堂齋，悉廣其宇。神有妥安，士有常處。工告訖功，汝績有云：兹惟成憲，祇命在臣。乃進多士，敢有誠告。師是聖賢，篤兹正道。明體適用，允罔不休。高視萬古，忠賢可述。彼哉俗學，實頗實側。治己治人，鮮不爲慝。惟順所始，惟端所趨。舍曰無知，不有聖謨。士感守言，匪獨我惠。神人具依，守無我替。乃纂其事，乃來徵辭。麗牲有石，刻以永垂。

永壽縣大成廟碑

乾州之永壽縣，實古豳州之地。縣學大成至聖文宣王殿，創自前代。我皇明混一寰區，首崇儒教。大詔天下建學，立先師廟，俾所司以時致祭，毋俾廢怠。于時，宣聖殿以及兩廡，固嘗新理之。然歷年既久，漸迄敝漏。及創始之際，又卑陋不足以展禮事神。今縣令山西高平郭質，以鄉舉發身，來知是縣。始至進謁聖廟瞻顧，大懼無以仰副國家崇明祀、育賢才之意，退而即欲興脩。然以邑民僅千室，力單財寡，所需之物無自出。遂行視縣城内外遠近官宇園塹隙地，得數百畝。督令有役于官者，假借耕具，給與種子，俾以時種穫其間。積凡三歲，得穀麥若干斛。復借民車，輪至咸陽渭水之次，易木以歸。且先於農隙時，以餘穀僦工埏燒瓦甓，覆盖墁飭。諸物百用既具，乃於天順元年七月吉日，洎其丞馬騏、典史宋準，協心鳩工興作，擴舊大成殿三間爲七間。兩廡舊各五間，今俱增四爲九。以至戟門、靈星門、神厨、神庫，次第改作之，皆高廣壯固有加于前。始事於是月某日，訖功於次年七月。明倫堂兩齋、生徒退習之室，工力小而先已葺脩，獨殿廡神宇鼎新之功爲大。於是教諭薛澄、訓導安廣進諸生而告之曰：「惟是廟學，因循敝漏者數十年矣。今郭令以學古入官之才，於爲政知所重。雖居小縣民寡，事務叢劇之際，能出謀儲用，不勞民力，不取民財，而克底廟貌之成。高廣嚴翼，有盛於昔。以及他宇，亦皆葺理，事神育才，咸盡其道。實有以仰副國家崇重儒教之意。雖古良有司之興學者，殆無以過之。夫令之有善政，不可使無聞於後世。」乃具其事之本末，遣生員張俊、岳凱來求文於予，將刻諸石以示永久。爲之銘曰：

惟此永壽，惟有廟學。十百其年，爰始爰作。或度孔庳，或宇寖隳。神不顧饗，士荒於嬉。有令學古，式臨茲土。乃怵於心，乃惕于覩。顧茲小邑，式寡於丁。睠言興之，孰資於成。我思其方，有田斯植。乃耕乃耘，有年有積。輸之百輛，清渭之涘。以有貿無，萬木委止。工獻其巧，人執其勤。廟廡改作，撤舊益新。葺理之周，爰及百宇。神祀孔彰，士有攸處。師曰斯役，惟令之功。欽服國典，教道日崇。不有纂述，將泯其實。我銘是求，勒示貞石。

濟南府重脩舜廟碑

有大聖人之道，而功被於天下萬世者，固宜爲天下萬世之所崇奉，如濟南府之有舜廟是已。舜耕於歷山，《史記》以山在河東。今濟南府歷城縣亦有歷山，故後人因以立舜廟焉。夫歷山之地不足深辯，獨舜以大聖人之道，功被天下萬世，人得而知之，則濟南立廟以致崇奉者，夫豈過哉。

正統初，瑄以菲才，濫官山東憲司，嘗進謁廟下，因追仰聖道於數千載之上。今去濟南垂三十年矣，方以老病退居河汾。山西憲使王允，郡人也，以書來曰：「吾濟南故有舜廟，歷年滋久，木瓦腐漏，殆不可妥神揭虔。天順二年，都察院左副都御史年富巡撫山東，因謁神廟。見其圮剥之甚，退謂藩臬官僚曰：『舜，大聖人也。是郡之人，既立祠宇以致崇奉，而乃弗治如是，幾於慢神矣。盍圖所以新葺之？』于時歲值少豐，不可興事。又二年，爲天順四年，歲既連稔，民生亦紓。於是都憲洎藩臬，以濟南知府陳銓才可集事，俾董其役。銓量材計工，皆取之帑餘在官，而民不知擾。自殿寢廊廡以及外門，次第俱新。宏廣壯固，皆有加於前時。且擴其隙地，繚以周垣，樹以名木，幽邃清肅，允稱神栖。始事於是歲之正月，踰月而工訖。由是官民小大，咸愜瞻依。斯役也，寔乃崇奉聖神而有關於世教，不可無辭以紀其事。敢丐文俾刻之石，以垂諸後。」

瑄因念數十年前既嘗謁聖廟而追仰

聖道，今茲之舉，固宜有言。夫舜之所以爲大聖者，以其爲人倫之至。而「精一執中」，乃萬世道統之源。禹、湯、文、武之君，皋陶、伊、傅、周、召之臣，孔、曾、思、孟以及周、程、張、朱之聖賢，雖行道明道之功不同，而其相傳之法，實皆遡其流。是其功被天下萬世者，曷有窮極哉。今聖朝方以有虞之道治天下，薄海内外，咸底休風。然則是廟之新，匪徒崇聖道於往古，實有以仰若聖朝爲治之意，是誠大有關於世教也。遂書其事，俾刻之。

東嶽泰山廟重脩碑

東嶽泰山之神，故有廟在山之陽，朝廷有大典禮、大政務，則遣使告焉。廟屋歷年既久，類多圮漏弗治。先是，守臣嘗奏請脩建，而未克底完。天順己卯，泰安州復以其事達之濟南，因以上請，詔允脩葺。于時都憲年公富，方議興役而去。左副都御史賈公銓，繼來巡撫。乃洎巡按、藩臬協議，既擇有幹幕職以董其役，復俾濟南知府陳銓月一往以綜理焉。銓始至泰安州，以謂脩葺嶽廟，所以祗若朝命，致謹大神。然尤當以省民財，重民力爲本。財匱民疲，事亦非可。因詢及守廟者，具言數十年所積禮神之物甚富，遂遣人持市木之巨細，與其他脩屋之不可缺者。及既合，而匠役皆在官之人，而農民不知有役。銓既綜理有法，董役者亦因其意，不亟不徐，功日就緒。始事於天順庚辰秋七月，次年辛巳春三月訖工。殿宇周廊，門觀繚垣，悉皆完治，不陋於前，不侈于後，咸願刻石以紀其事。山西按察使王允，濟南人也，因以書來求文於瑄。

惟孔子有曰：「必也正名乎！」夫明則有禮樂，幽則有鬼神，其理一也。然則祀神之道其可不以正名爲先乎？如嶽鎮海瀆，其在古昔帝王之世，皆以名山大川稱之，初無封號之加。蓋以其爲天地儲形萃秀，神氣流通，能興雲雨以惠物，能出財用以濟民。故雖載在祀典，而不可加以封號。自前季以來，道學不傳，幽明之理不明於天下，邪誕謟妄之説日作。於是有封五嶽爲王爲帝者，有封五鎮爲公者，有封四海四瀆爲公爲王者，而又各加以美號。夫嶽鎮海瀆，其形峙而流，其氣神而靈。古禮五嶽視三公，四瀆視諸侯，而乃崇其號，人其神，名既失正，神豈顧享？洪惟我大祖高皇帝定有天下之初，即稽古祀神之典，乃頒大明詔旨於嶽鎮海瀆諸神曰：「考諸祀典，知五嶽、五鎮、四海、四瀆之封起自唐世，崇名美號歷代有加。瀆禮不經，莫此爲甚。今依古定制，凡嶽鎮海瀆，並去前代所封名號，止以山水本名稱其神。」仰惟詔旨所載，大洗前訛，隆復古制，其所以達幽明之理，嚴上下之分，允宜表正斯世，垂法將來，而爲萬古不易之大典。孔子所謂「正名」者，於斯見之，猗歟盛哉。

今東嶽泰山之神，爲衆嶽冠，聖朝既正其名，秩其祀。而廟有弗治，又俾所司以時脩葺，而巡撫憲臣洎藩臬得綜理其役如銓者，不竭民之財力，而克底完新，皆可謂祗若朝廷之丕休顯命，而致謹於大神者矣。遂序其事，而銘之曰：

一理宰斡，二氣互根。清浮無際，濁墜斯存。柔行剛峙，川洪嶽尊。惟此泰山，造化鍾萃。巃嵸太虛，磅礴厚地。匪魯邦瞻，實衆嶽最。其蓄罔測，其施靡量。玄雲守石，甘雨八荒。功既載溥，厥報宜章。有廟在陽，奉命新葺。重臣是承，守臣是職。民不匱勞，事底完集。殿宇廊觀，聳立縈迴。高下中度，不奢不卑。神氣鬱鬱，流通在兹。昔古山川，明祀有體。夫何前季，封號荐起。儕嶽于天，紊三公禮。逮我聖世，道復古隆。斥絶僭誕，率循大中。嶽鎮海瀆，悉正其名。惟岱宗神，神稱允格。迄兹有役，咸願石刻。述理纂辭，以示無極。

韓城縣重脩學碑

韓城，即古之韓城，襟帶梁山大河，爲今陝右大邑。邑學大成至聖文宣王廟及學舍，創建既久，皆有弗治處。河南湯陰王鼎以貢士來知縣事，既勤庶務，尤重學政。自大成殿以及兩廡、神門、神庫、神厨有圮漏者，悉完理之。重作明倫堂，東西齋俱增舊兩間，擴明倫堂後地作退堂一所，生徒退室，悉脩葺焉。土木盖瓦，級磚繪飾，壯固鮮彩。經始於天順五年正月，至八月訖工。廟學既新，又申舉教條，以勵生徒。咸願刻石以紀其事，乃來求余文。

余惟爰自隆古，神聖御極，未嘗不以學政爲先。盖以人之性出於天，而性即理。理無不善，其氣質則有清濁之異。故不能皆知其性之所有，而全之以復其初。聖神君師億兆，必施治教，俾氣質清濁不齊者，皆有以變化之而復其性。若唐、虞之司徒、典樂，夏、商、周之庠序學校，皆教人之政也。是以當時治化人才，極其隆盛。時至東周，學政不脩，有若孔子之大聖，雖不得位以行其道，而其教之法曰「仁」、曰「性與天道」之類，則皆本於復性。故顔、曾、思、孟皆宗其教而與乎斯道之傳。及孟子没，性學不明。漢、唐間雖或建學立師，而教人之法則異乎古矣。至宋周、程、張、朱，真儒繼出，大有以發揮堯、舜、三代、洙泗教人之法，雖亦不得施之學政，而性理以之大明。我皇明統一寰區，大興文治，内自國都，外薄四海，莫不建學立師。其學政，則純用聖賢教人之法。治化人才之盛，聿追隆古，夫豈漢、唐所能彷彿其萬一哉。列聖相承，咸重斯道，數申敕天下，以時脩舉學政，勿俾廢弛。今韓城王尹祗若上命，克舉學政如此。爲生徒者，其深體聖朝隆古教法，究濂、洛、關、閩之學，以上遡洙泗、堯、舜、禹、湯、文、武、周公之道，必由經以窮理，窮理以復性。爲臣盡忠，爲子盡孝，與凡職分之所當爲者，無不盡斯。於人才風化，有裨於萬一，而於王尹之興學與有辭焉。於是既叙其事，復詩以系之曰：

惟梁有山，惟邑有韓。韓城之學，王尹是完。完之伊何，盖瓦棟宇。神有妥棲，士有息處。釋奠考業，既飭且釐。媚學之子，惟道是資。道體於穆，曰命曰性。性該萬善，全畀神聖。神聖在昔，極建教敷。唐虞肇迹，典樂司徒。延及三代，教法隆備。聖賢相傳，千載一致。盖人之禀，理一氣殊。明誠兩盡，斯復其初。夫何前季，性傳晦昧。學名則同，學實非是。逮我皇明，道際嘉亨。學建内外，復性是崇。兹韓之校，有成斯役。磨石纂辭，以昺無斁。

蒲州廟學重脩碑

蒲州儒學，著令釋奠大成至聖文宣王，仲春、仲秋上丁，凡一其弟子，以及歷代有功於聖門之諸儒，皆配饗從祀於殿廡焉。廟後列堂齋，爲生徒講習之所。事神育才，各有其宇。然或敝於久，或缺於初，皆學政之不可緩者。今徐守孚，浙右台之黄巖人，家世業儒。既由庠序中鄉舉，游賢關，歷事春官。於神典民政，熟於講聞。及來知是州，凡政事先後，次第脩舉。因進謁大成殿庭，以大成門東西廡、神庫、神厨、牲房，皆事神之宇。大成門歲久穿漏，乃葺而新之。兩廡迫隘，不足以周旋禮節，遂擴增其楹數，復外爲周廊，以障風雨。神庫等屋，悉加脩治。生徒雖有講習堂齋，舊乏退息之室，因創增號房數十間。又樹扁學門，以壯觀仰。其材皆儲之於素，匠役取之在官，民不知擾，而役底於成。始事於天順四年月日，凡幾閱月訖工。於是神宇學舍，巍然莫不峻整。又訪郡之先達可爲鄉先生者，尸而祝之，以勵後進。師生樂其崇學好禮，而役之成也，咸願有辭以鑱諸石，乃來求記。

余惟古之學政，考之載籍可見已。蓋自夏、商、周以上之教法，皆可以復人性之善。孟子所謂「學則三代共之，皆所以明人倫」者是也。漢、唐歷代，雖或建學，而道學不傳，又爲異端雜術所淆，而知以復性爲教者，鮮矣。至宋道學復明，朱子序《大學》有曰：「治而教之，以復其性。」如唐、虞司徒之職，典樂之官，以及三代小學、大學教人之次第節目，皆所以復其性。

故又曰「學焉者，無不有以知其性分之所固有，職分之所當爲，而各俛焉以盡其力」者，此也。洪惟我天朝道隆前古，治底文明，内外建學，其所以育天下之英才者，皆以復性爲教。故凡五經、四書、小學、性理書，自周、張、程、朱之説，以達乎堯、舜、禹、湯、文、武、周公、孔子、顔、曾、思、孟之道。學校之講學者既一於是，科目之取人者亦一於是，推之禮樂政治者莫不一於是。是以學政粹然一出於正，而異端雜術不得以淆乎其間。豈漢、唐歷代之學而鮮知以復性爲教者之可擬哉？今徐守既克舉學政，諸生瞻依宣聖諸賢之廟廡，有所興起，必由所謂五經、四書、小學、性理諸書，周、張、程、朱之説，以求古聖賢之道，以求復其性，以追古俛焉盡力之君子，庶幾於學政有實効矣。於是既序其事，而復繫之以詩曰：

惟此蒲學，守克新之。新之伊何，道化在兹。有神之宇，靡不完葺。有士之居，靡不增立。春秋釋奠，禮必虔誠。朝夕礱琢，業必專精。於道自天，全畀神聖。繼天立極，治教斯盛。昔在唐虞，典樂司徒。三代法備，學則有區。區以小大，慮百致一。爰究其歸，復性是極。延延鄒魯，心法相承。曰命曰性，一以貫通。孟氏往矣，正緒邈絶。術裂多岐，理難同轍。宋儒勃興，道統是接。皇明運泰，道隆古先。學建内外，正教是宣。其經有五，其書有四。性理真儒，發揮詳至。于以表章，于以作人。人知復性，化底熙淳。兹頖有政，❶政既理治。勗哉明誠，聲實永

❶「頖」，四庫本作「賴」。

世。

安邑縣脩孔子廟碑

皇明定有天下之初，即隆古聖王之學政，設國子監、郡縣學廟，祀先師大成至聖文宣王及七十二子。凡先儒有功於聖門者，亦皆從祀廟庭。選師儒以育天下之英才，由是學政大備於内外。列聖相承，咸重斯道。今皇上治洽重光，尤重教事，近年復申命憲臣，分督天下學政。天順七年二月，解州之安邑知縣事楊磬，乃祗若上命，以孔子大成殿及門廡皆歲久圮剥弗治，遂集匠役，量工興事。撤去楝桷之腐壞者，悉易以美材，盖瓦亦埏埴堅緻，以至繪彩，無不完飭，又一新聖賢之肖像。既以是月興役，不亟不徐，至八月工訖。師生洎邑之耆庶，雜然相與言曰：「是役也，寔楊令祗若上命，克有成緒。不有所紀，何以示後？」遂來求辭，將鑱諸石。

余惟學政之崇卑，實關世道之隆卑。三代學政崇而世道崇，固無間然。漢、唐歷代亦皆以崇舉學政，饗國長久。惟若秦之廢學政，焚詩書，其効可見。我皇明建學，純法隆古，既正聖賢之祀典；教人之方，則自周子、張、程、朱子以上遡孔、顔、曾、思、孟子、堯、舜、禹、湯、文、武、周公之道，以復性爲先，明倫爲本，而異端雜學皆不得以淆乎其間。是其學政，又非漢、唐歷代可儗。今以安邑一縣，楊磬能舉學政觀之，則自畿甸以達方岳，爲守令者孰不祗承德意，以各舉其學政。而天下之英才，被朝廷教育之恩，陶聖賢禮義之澤，皆將以正學自勉，古人自期，思有以培植國家之洪祚於億萬斯年之久。世道之隆,足以遠追三代矣。楊磬,陝西靈臺人,丁卯舉子,涖政有能稱,學政尤其首者。故咸願有紀,遂次第其事,復系以詩曰:

惟此清廟,聖賢是栖。緜歷歲久,圮剥弗治。皇有大命,俾時葺理。凡在守臣,孰不悚靡。楊令安邑,惟祗惟承。乃作周廡,乃新大成。爰及門宇,無不崇舉。有翼棟梁,有堅甓礎。延於肖像,聿克就新。高宏儼肅,允稱典神。濟濟士子,爰瞻爰止。學仰正傳,人倫天理。有造其德,進釐百工。罄竭忠藎,仰答盛明。匪圖榮肥,式篤仁義。庶學有光,垂實永世。

敬軒薛先生文集卷之二十一

敬軒薛先生文集卷之二十二

門人關西張鼎校正編輯
鄉後學沁水張銓重校梓

墓誌銘

明故奉議大夫山東按察司僉事崔公墓誌銘

山東按察僉事崔公卒于官，將返葬故鄉，其弟理奉公行狀，請銘于其兄同官河東薛瑄。

謹按狀，公諱碧，字仲玉，永平昌黎人。大父彦名，祖妣齊氏。彦名有隱德，鄉人嘗被兵無食，彦名以其家積穀千餘石貸與之食。兵息，取券焚棄，一無所責償。父得，母齊氏，生四子：長即公，次叔琮，次叔璘，次即理。公少有美質，大父母、父母特愛之，遣充縣庠弟子員，習經史舉業。中永樂十五年鄉試，登辛丑進士第。宣德初，拜交阯道監察御史。立事舉職，强幹不屈，籍籍有聲。逮國家推恩，例封父得文林郎、交阯道監察御史，母齊氏封孺人。時公大父母俱高年安好無恙，父母又皆顯受褒錫。公嘗衣繡歸省于家，祖、子、孫三世一門，壽慶光顯，鄉邦以爲榮。正統紀元，調行在江西道監察御史。明年，爲廷臣薦擢，陞今職。分巡部屬，剔濯奸垢，振挈紀綱，事以無墜。竟積勞成疾以卒，正統四年十二月二十三日也，享年四十又九矣。先是，公有疾，因念大夫人已卒，大父、父母俱年老在故鄉，不得朝夕見，愈憂思不置，遣理往迎之。既而大父暨御史君俱弗克來，獨母孺人至。公輿疾迎郊外，相持感泣不已，疾遂增革。公初娶張氏，早卒，贈孺人。再娶劉氏，泰州同知浩之長女，封孺人。公存日，嘗命理之子善聚後己。公没，理如其命。善聚甫四歲，幼不任事，理奉公柩歸，以正統五年四月初二日，葬于故里司家庄鵲鳳山之先塋。銘曰：

胡豐其始，胡嗇其終。命實爲之，嗟嗟乎崔公。

滎澤令張宗原墓誌銘

宗原諱本，姓張氏，濟南歷城人。祖子敬，父直卿，咸以善人稱。衍慶種德，以及宗原。宗原生異凡兒，其父尤器愛之，遣充郡博弟子員。即刻志務學，兩經師授，習舉子業，兼明《書》、《春秋》經。在庠序時，固已見稱于人。丁外艱家居，平原令禮延訓諸子弟。洪武二十六年，遂以《春秋》魁六郡士。明年疾，弗獲預試春官，遂入太學。益師友天下文儒之選者，以廣其學。三十年，中乙榜，授山西應州學正。宗原以師道自勵，率五鼓而作，進諸生，誨以務學成己成物之道。正身率下，嚴毅清苦，雖隆寒盛暑，不少易其勤。厥後北方罷學，改署浙江奉化縣學。其教人如在應州時，固無怠。永樂紀元，仍任應州學正。五年，編管蓟之豐潤。宗原雖居畎畝中，恒以士節自持，不少貶以求合。簡出入，正容體，雖市井負販，望之知敬。有所不合者，亦知其爲端謹士，而不敢慢易也。居數年，志益堅，行益脩，名益著。

有以宗原應詔舉者，遂起自布衣，賜冠帶往使川蜀。未幾，丁内艱。服闋，擇授河南滎澤令，宗原時年已六十餘矣。以其素所蓄積，施于爲邑。正己以束吏，行恕以及民，驅游惰悉歸之南畝，治奸民告訐尤無狀者。中州習俗，男婦無目者多彈琵琶，道鄙俚，歌揚載道。男女聚聽，通宵不止，禮度悉愆，耕織或廢。宗原立皆禁絶，瞽者皆去，境内風俗頓變。宗原尤重育才，時就校庠，令諸生執經問難，從容教語，士皆知奮。宗原始至，人疑其拘儒迂執，不閑於政。而不知明體適用，正儒者事，宗原能推行之。不數年，邑里富庶，士民信服。正統改元，宗原朝正京師。因引年還鄉里，時從士大夫同休致者，徜徉里閭。衣冠偉肅，鬢眉皓然，後生小子莫不望之起敬。郡邑士子，或執書史就問其門者甚衆，而藩臬大臣亦皆禮下之。都指揮李公進，武而好儒，時延宗原于家，講説《春秋》大義，泛及古人臣之盡節盡忠者。李公聽之，欣欣忘倦。而士大夫因是以重李公云。宗原生於某年某月某日，卒於某年某月某日。於乎！士於爲學或不得其方，以至終身顛倒迷繆，鮮克自立者，往往有之。宗原乃能自少至老，於學獨得古人之遺意。爲師而能淑諸人，爲邑而能惠於物，卒至完節歸老於家。其事歷考，殆無可憾哉。

宗原娶王氏，生二男三女。男曰顒、曰頫，女皆適良族。葬得期曰某年某月某日，卜得地曰某山某水某原。李公以其子狀來請銘，則爲之銘曰：

有學有行，有事有業。壯仕老休，旋履罔缺。考終耆年，歸于其穴。鐫石幽墟，以著永極。

故孺人王氏墓誌銘

孺人姓王氏，太原陽曲人。其上世多顯者，以譜牒散失，莫考其詳。獨孺人之父能甫，卓卓有立，克世其家。繼善儲慶，實鍾孺人。乃生而端秀，少而靜淑，長而孝慈。姆教不勞，而婉娩能聽。女工克巧，而績製惟勤。以至佐長者視事親之具，禮相祀事，女行細大靡不能勵。及笄，擇所適，得縣人朱守益，乃故家子，遂以歸之。孺人入朱門，饋禮既舉，公姑胥賀。婦道日脩，長幼咸悦。尤能以勤儉相其配，故家計雖裕，而費出不冗。鄉人有匱乏來假貸於守益者，孺人即罄所有以助施予，雖求者屢至無厭色。遂得享有多福，子女蕃茂，孺人又能自其嬰時悉教之以正。其長子紱者，生有美質，孺人勸守益遣之就學。既入郡庠，孺人夫婦尤能嚴家庭之訓。不數年，紱果以學行有進，登名薦書，游于太學。今皇上在潛邸時，慎選官屬，紱爲吏部所推擇，即授典寶。未幾，守益即世。孺人哀毀若不能生者，乃率諸子盡悴以襄葬事，遂絶膏沐、屏服飾者數十年。益以禮義善道誨諸子，使永守益之慶，而光朱氏之門。紱既服除，上特陞湖廣道監察御史。僅三載，又陞大理寺丞，因得以御史秩恩，勑贈守益如紱之職，孺人受今封。命下，紱即具冠服往奉孺人。榮溢家門，懽傳閭里，而孺人逝矣。

孺人生洪武己未，没在景泰癸酉十二月二十五日，享年七十有五。孺人生四子，長即寺丞君，次曰旺、曰綬、曰纓。女一人，適邑人高名。孫男七人，曰瓛、曰瑢、曰璘、曰瑀、曰理、曰琮、曰瑶，瓛中癸酉鄉榜。寺丞君聞孺人訃，歸謀葬事。乃奉其友刑部侍郎周君之狀，纍然喪服來請曰：「不肖孤卜以景泰五年三月某日，祔葬母孺人于新村先子御史公之塋，敢乞銘。」則爲之銘曰：

有令女德，惟孺人是持。有良厥配，惟孺人是歸。有繁厥子，惟孺人是儀。女婦母道，惟孺人咸宜。故能享有多福，而考終于期。兹孺人之安藏，鎸幽石以永貽。

明故正議大夫資治尹刑部左侍郎孔公墓誌銘

公諱文英，字世傑，系出宣聖之裔。大父諱彦明，娶曹氏。父志學，娶蔣氏。

自彦明值宋季兵作，徙家武安，再徙邯鄲。父志學，又徙陝西安化縣，遂家焉。比再世，皆積行隱德，弗耀于時。志學生五子，次即公也。公生有美質，其父遣入縣庠，從良師友習舉子業。中永樂十五年鄉試，登辛丑科進士。宣德元年初，知江西廬陵縣。未幾，以事至京師，擢任浙江道監察御史。三年，累奉璽書，巡視北直隸民瘼。事訖，條奏所以消弭之方，大荷寵賚。值浙江黄岩有健訟者，搆捏齊民三千人，相聚譸張爲非。公奉勑諭，俾往體量鞫問。公至，則取其文狀，究察端緒所自起，遂得其所以構造者皆羅織之詞，一訊衆情皆服。立遣詿連之衆，獨械首訟一夫來京處治，人皆交口以明果稱之。十年，丁内艱。正統紀元，廷臣奉詔選能御史分理天下軍政。公以廷臣薦，乃驛召至京，改河南道，奉勑清理江西軍伍。九年滿考，陞支五品俸，仍理前事。正統五年，陞湖廣按察使。九年，丁外艱。部屬軍民狀公公平之蹟，相率訴御史乞留。御史會奏，得旨報可，奪情起復涖事。後以事至京師。景泰紀元，今皇上詔擇有文武才謀可鎮邊關者。吏部以公名上，遂陞大理寺卿，俾奉勑鎮守紫荆關，及提督緣邊軍務。公至，練兵有法，設險有要，弛置得宜，關備大飭。内外晏然無警，軍民皆得以樂生興事。六年春，上以刑部左侍郎員缺，且邊關無事，乃驛召公補其缺。次年，爲景泰七年，二月二十八日，卒于官。詔如例遣官諭祭，俻墳安葬。公生當洪武甲戌五月初七日，卒是年月日，盖甲子一周又三歲矣。

公娶陳氏，生子男四，曰宇、曰宗、曰宙、曰宏，女四，孫男三。公性資温厚，居家孝友，接人謙和，於世利澹然，寡嗜好。既力學，尤通吏事，登科爲名進士，治邑爲賢令尹。出入風憲，綱紀卓然。鎮守邊關，事功就緒。入貳秋官，庶獄明慎。其行己歷官，大節可見如此。又歷仕清朝，荷國家舉推恩之典，贈其祖通議大夫、大理寺卿，祖妣淑人，封其父文林郎、監察御史，贈通議大夫、大理寺卿，母封孺人，贈淑人。公加授正議大夫、資治尹，陳氏封孺人至淑人，實有三世疏封之榮。公既没，又荷聖朝褒恤之典，諭祭有文，窀穸有造。其可謂有光前後，善始善終者矣。公之子宗，將以某年月日奉公柩葬于某山之原。乃奉公狀，纍然喪服來乞銘。則爲之銘曰：

有璞必追，有木必材。孰人之瑰，而用與違。君惟其魁，孔牒世輝。有胎有胚，有敷有爲。所持不回，所職不隳。所積既徽，所成惟丕。祖考遠綏，嗣慶世纍。甲子訖推，幽銘永垂。

故沈彦正墓誌銘

君姓沈氏，諱本，字彦正，姑蘇人也。沈之先出聃季，代有顯人，歷宋、齊、梁、陳、隋、唐尤盛。在梁有沈約者，文學伏一時，仕至侍中，蓋君之遠祖云。厥後月湖，仕宋提刑庫官，階迪功郎，於君爲曾祖。月湖生正卿，仕元淛江仁和縣典史。正卿生君考，諱原，業儒不仕。君少以行義稱，嘗構雙桂堂，率兄弟以奉親。親没，每至葬所，輒攀松以泣。已而復爲《瞻松卷》，求名公言以揄其志。君昆弟二人，已爲長。嘗喟曰：「吾先世聞人累累，逮先君子雖歛德不耀，而所以望我後人甚鉅。吾以經紀門户事，於文儒業已無及。幸吾弟慧而敏，誠使其有立，以紹先志，吾可無憾。」俾其弟贄郡先生，以稟學焉。其後果克成就如君所謂。君於逢掖士尤加敬，延賓客必豐殽盛飲，極懽而罷。家頗饒貲，人以匱告，則周之無吝色。在鄉里，能卑身遜言以下人，故尤得衆譽，咸謂其善行出於資性云。君娶馬氏，生四子，男二人，曰旒、曰□；女二人，曰淑清、淑安，皆適良族。君享年六十有五，以疾卒于京師文明之寓館。

子旒奉其喪南還，道過滎陽。時君弟復方爲滎陽令，能而辯，始由貢士知湖廣蕲水，後調是邑。以君之没於外，哭之踰時而哀。遂卜葬期曰良，卜地亦惟良。乃泣而謂余曰：「吾兄將以年月日歸祔于吳縣太平鄉薦福山之先塋，吾縻于職，不得親視其窆，悲曷可勝！敢以狀請子銘。」銘曰：

允矣沈君，不華以質。行由内脩，善斯外及。有弟孔彰，有嗣孔立。甲子一周，五不滿七。與化廓然，可謂無慼。言祔先塋，言曆玄宅。礱石鑱詞，以著永極。

故處士楊君師魯墓誌銘

處士姓楊，諱曾，字師魯，世爲河津舊家。其大父天錫，❶官至監事，家牒不存，莫考其詳。天錫生三子，曰元、曰亨、曰利。元無子，亨仕元國子學録，生希先，仕元絳州學正。利生二子，長繼先，次紹先。紹先生二子：曰曾，師魯；曰侃，師冉。師魯即處士也。處士生而資質端重，不妄嬉戲。少與其弟學益進，聲日彰，駸駸有仕進之漸。處士曰：「弟爲忠，兄爲孝，各行其志可矣。」乃退處龍門之故居，日以省視先塋，飭敬時祀，教誨子孫爲事。未幾，其弟師冉果以學行貢諸南宫，初授湖廣黄州府教授，就陞推官。處士兩寓書戒之曰：「天地間生人至衆，能享官秩者幾何？郡庠，風化之首；府推，理刑之司。二者皆匪易職，汝其勉之！」其弟克遵教戒，遂以文雅明慎見稱於時，而卒遠悔尤，以終其禄於官次。處士享年五十有五，❷終於正寢。其配劉，固無恙。

處士二子，長曰峙、次曰□。女□人，皆適良族。處士歿後□年，其子峙以内外

❶「錫」，原作「賜」，今據四庫本及下文改。

❷下「五」字，原闕，今據四庫本補。

教謹，又克進於學，遂中永樂二十一年鄉貢進士。因念其家世積行之深，先人衍慶之遠，而已得藉其餘澤而獲薦書之光榮。獨墓無刻詞，大懼不任顯揚之意，遂述其行來徵銘於余。銘曰：

有浚其源，有引其流。謙謙處士，讓顯樂脩。進退兩榮，於行爲優。後嗣本德，銘以闡幽。

侍御趙君墓誌銘

君諱寬，字子裕，姓趙氏，河南汝寧人。高祖誠，贈開封府知府。曾大父志善，贈吏部尚書。大父好德，吏部尚書。父毅，工部侍郎兼詹事府少詹事。惟君先祖考四世生仕没贈，皆顯有名位。藴善積慶，以及君躬。君少而聰穎，長而俊爽，壯而恢達。讀書爲良子弟，登科爲名進士，列官爲才御史。其所勵操揭行，惟先德之忠孝是肖是嗣。推其心，盖甚將有爲，而皆弗克自必也。饗年四十，以宣德六年十一月十三日卒於京師。厥配謀以君之柩歸，適君之弟敏來，遂以君之柩歸。卜吉於宣德七年月日，祔葬於鶴莊之先塋。

君所娶尹氏，生二女一男，女素英、桂枝，男通兒。君於兄弟爲次，兄曰恭，弟曰信、曰敏。敏好學而文，與余爲庚子舉子。君與余爲辛丑進士。敏以余與其兄弟皆同年且相好也，遂狀其事來求余爲銘。銘曰：

或衍其源，而不昌其流。或豐其才，而不騁其游。命實尸之，銘以慰幽。

山東按察司僉事楊潤妻陳孺人墓誌銘

孺人諱秀瑛，姓陳氏，山東按察司僉事楊公伯玉之妻，江西瑞州府高安處士仲同之長女也。孺人之生，淑慎端静，天性孝友，雅異凡女。處士爲擇所宜配，得僉憲公之賢，又爲同邑，遂以歸之。孺人入門，恪脩婦道，既逮事僉憲公太夫人趙氏，至事其舅松溪處士如其父，事其姑吴夫人如其母，處娣姒如其弟妹。而又以砥節學力，惟僉憲公是贊是勸。楊氏閨庭雍睦而整肅，僉憲公業脩而行立者，孺人皆與有助焉。及太夫人、松溪處士、吴夫人相繼没，先後孺人相僉憲公治喪祭如儀良多，鄉邦尤稱道之。僉憲公既釋服，遂由鄉薦登永樂乙未進士第，拜浙江道監察御史。值國家舉推恩之典，遂贈松溪處士如僉憲之職，吴夫人與孺人同封。于時孺人從僉憲公官居京師，有貨獄者窺僉憲公出，密齎白金百兩來餌孺人。孺人遽命其長子蕃執送官，卒正以法。宣德四年，僉憲公脩職舉事有聲，繼又荷國家推恩，僉憲公進秩奉政大夫，而孺人已病矣。孺人疾既革，適其子蕃至自江南，是夕卒，正統二年十月日也，享年五十有三矣。

孺人生子男曰蕡、曰芾、曰蔚，與蕃爲四人。女二人，慕貞、永貞，皆未適人。孫男曰顯，孫女曰遇真。明年爲正統三年，僉憲公命蕃以一舟載孺人柩南歸，將以是年月日葬於其縣萬石鄉道士岡鳳山錦水間，從趙夫人兆次。乃狀孺人行實求爲之銘。銘曰：

於乎孺人！爲女賢于父母，惟德之

貞。爲婦宜于其家，惟德之馨。故有貴於夫，而命服在躬。有積其後，而子孫繼承。有考其終，而歸于窆封。是宜銘以掩幽，而永著厥聲。

故奉直大夫蒲州知州張公墓誌銘

天順二年七月十七日，致仕奉直大夫蒲州知州張公卒於其家之正寢。八月初吉，其長子鼎以公狀遣其弟鼐來乞誌銘葬。

按狀，公諱廉，字惟清，世爲陝西西安咸寧人。公高祖德用，仕元翰林學士承旨。曾祖思忠，祖恭諒，考秉文，三世皆蓄善弗耀。秉文娶范氏，生公，有美質。自童稺時已不好戲，異凡兒，父母鍾愛特甚。方十二歲，即遣入郡學，從師友習舉子業。二十二，領永樂癸卯鄉薦。入太學，僅三年，以才中時用，不次選擢刑部照磨。未幾，改除山西臨汾縣丞。佐政有聲，調蒲州判官，用保陞知州事。蒲爲大州，事劇難治。公既正職涖事，乃剗刮積弊，以身率人，自家及官，皆有檢飭。條法教民，作業以時，與民以信。凡賦調不督而集，極力扶植柔善，於豪强則重加繩抑不少貸。尤知爲州急務，脩舉學政，如有不及。寅恭祀典，壇壝祠宇，悉皆脩治。涖事數十年，無非法一事以擾其屬縣。予嘗使川蜀，道過其州，見其廳治落然無事，惟聞誦讀聲。問之，則曰：「課吏讀律，使知畏法，且不暇游惰耳。」若公者，可謂能其職矣。蒲去咸寧甚近，時公父母俱康强，乃迎致就養，極其娛奉。及二親先後没世，俱葬祭盡禮，又可謂能其子矣。公丁内艱時，蒲之軍民合詞保留，又可見其爲人所愛慕焉。及謝事去，時方年五十有二。家居惟教子孫，與宗族朋舊過從爲事，他無所勞其心，又可謂能安於退休者。

公娶王氏，生三子，曰鼎，曰鼐，曰鼒。鼎嘗從予學，中癸酉鄉貢，方待會試于家。女三，長適咸寧士人傅珍，次適蒲州守禦正千户石洵，季適千户孫達。享年五十有七，三子皆在側。鼎洎其二弟以是年九月初三日葬于韋曲，從先兆也。嗚呼！公之行已始終無玷如此，是可銘已。銘曰：

或早其發，而疾其萎。或惠在人，而不及私。或豐於前，而嗇其垂。不萎於早，不偏於施。有躬其裕，有後其貽。胡終無憾，公其咸之。

墓　表

汾陰阡表

河津，古河東地。我先世自得姓以來，即居之，鮮有徙寓四方者。故族屬蕃大，不下數十百家，没而葬于汾陰之南坡者，封樹累累焉。我先考教諭公既卒於河内官次，其年冬，孤子瑄扶柩還鄉里。明年，爲宣德元年，遂以正月十一日葬于南坡之先塋。前三日，自他窆啓先妣齊氏柩，以禮祔。又二年，瑄服除入朝，授廣東道監察御史。瑄竊惟先公先妣鞠育之勤，教戒之嚴，慶澤之深，而藐末不肖，乃有今兹之光榮。先公、先妣既相繼即世，而欲以微禄致滫瀡之奉，固皆無及。是以獨居静處，追慕音容，展轉歔欷，痛心泣血，而莫知所措。因念昔之君子，追惟其親而不能自已者，必有纂述之詞，勒之金石，以發揚先德。若柳子之紀其先侍御，歐陽公之表瀧岡是已。顧小子瑄，曷敢自附於前賢。然念大恩之莫報，抱終天之大戚，而所以表述先德之心，出於悲思繾綣之餘而不能自已者，亦竊冀其萬一焉。是用摭取先公歷官行己之詳，叙次如左：

先公生於元季，甫七歲，先太父即授以四書。先公誦習，晝夜不輟。比十餘歲，皆能暗記，不漏一言。既而以選拔爲縣庠弟子員，益肆力於經史子集諸書。時國家肇運，興創百度。以元季科目文字過於冗衍，而古賦乃詞章之流，遂定新式，皆從簡約，而古賦易之以論。文格既新，士多病於舊習，而卒莫能變。獨先公以經理充爲舉業，即合其程度。先進老生，皆推讓之，而後學小子有所述作，學官儒師必悉令先公爲之删潤焉。洪武甲子，行科舉，先公以《書經》應山西鄉試，一往即領薦。明年，爲洪武十八年，試南宫，授北平真定府元氏縣儒學教諭，年二十九矣。時建學未久，士荒於習。先公以身率之，時束以教條，比及九年，而諸生行業可觀者衆。官滿赴闕，太祖高皇帝詔吏部擇儒官可備顧問者。吏部以二十員名上，而先公與焉。每旦，禮官引入，叙立於丹陛内，百官退乃退。太祖高皇帝嘗御奉天門，命諸儒臣講五經。先公講《書·大禹謨》，音暢義明，克動宸聽。及罷，流輩咸推道焉。凡三閲月，仍授河南開封府鄭州滎陽縣教諭。

其先校官以教無成績，罷去。先公深念教法隳弛，無以稱育材意，乃擇諸生之秀者，列之別室，爲定程法，以嚴督之。餘亦因其資，使進於學。先公率以五鼓而作，終日爲諸生盡所以誘勸磨礱之道。或至日中未食，亦不知倦也。如是者五年，諸生業已就緒。以北方罷學，改官四川馬湖府平夷長官司吏目。其地古西南夷，去中國絶遠。時瑄輩皆幼，先公携持以行，水陸間關萬里。既至其處，則人皆夷獠雜類，野無良田，率芟山而火之，側耕危穫，苟以給食。江流迅暴，每盛夏水漲，則舟楫不通，商旅殆絶。官無廨宇，俸無儲積。先公不以其地僻惡介意，欣然結茅以居，資以衣食，克己守約，一毫無所私於人。或至食不繼累日，怡如也。先妣復能薄衣食、安貧淡以助其廉，於上下以賄交者，一切閉絶。惟於民事則盡心焉，若飢渴之於飲食。故人雖夷獠，亦皆心服而樂道之。

永樂紀元，詔諸改官者悉從舊。明年冬，復任滎陽。舊生卒賴成就而資任用者，比跡相望。任滿，移官玉田，勤誨如在元氏、滎陽時，固無怠，人才亦不減於昔。九年，爲永樂十七年，徙教鄢陵。丁先太父憂，去官。繼丁太母憂，家居五年。起復，爲河内教諭。到官未久，仁宗皇帝御極，朝京師。歸，道病，輿至任卒，洪熙元年三月初一日也，享年七十有一矣。

嗚呼！我先公自讀書應舉入仕，一聽之自然，未嘗少屈以干人。歷官三十餘年，教人治民，必勤必盡，不以秩卑禄薄，而分外有一毫僥冀心。是雖不得大行於時，而操持施措，亦可槩見矣。

先公天資謹厚，簡澹寡欲，幼即不妄

嬉戲。在庠序，端坐終日。出入造次，以禮自持，交友未嘗至於變色。每休假歸，入里門，恭謹過甚。見老少，咸接以敬讓，無毫髮矜傲態。鄉里父老，至今談先輩在庠序有行義者，必舉先公爲首。其在元氏，迎太父母就養，極恭順之道。俸廩餘資，一錢尺帛，皆歸之太父母室，而已無私積。於宗族尤極念恤，於子孫尤極慈愛。事上恭而不諛，處僚友和而不比。奉身極儉，一毳襪或數年不易。食取充腹，而不屑於滋味。衣取雅潔，而終身無文繡。器用粗朴，而不求華巧。衾褥用大布爲之不厭。所至廨宇，因其故而無所增飾。雖或支撑隘陋，風雨不蔽，而居之裕然。囊篋不問有無，惟於爲學爲教，則汲汲若不及，至白首皆然。與衆會集，或縱酒喧嘵，己獨默然静處，若無所聞者。性不喜酒，飲不過三爵。教人以身先之，每日常以鷄鳴而起，未有至旦而出者。教瑄輩爲學，以正心脩身爲切要。瑄少性急易怒，嘗大書于牕曰：「暴怒猶有，亦宜戒之！」瑄自是痛自克治，而不敢恣。戒家人衣食以省儉，或見飲食稍豐，必顰蹙曰：「汝等不知農作之艱難，而乃如是！」其爲學以仁義道德爲本，析經義以先儒氏説爲主，爲文詞以理勝而不爲浮靡。論道以三綱五常爲大，而異端邪怪之説，無以干其思。嗚呼！ 我先公處心制行，爲學之正，自少至老，無所矯易，又可見矣。重以太父母義方之訓培於前，先妣媲德之賢助於内，故居易履順，保節遠尤，永終官禄，歸祔先塋，誠所謂善始善終者矣。而小子瑄又以庚子河南鄉試，忝登辛丑進士第，始仕即叨清要。所謂鞠育之勞，教戒之嚴，慶澤之深，誠不可誣。而罔極之恩，既無所報，用敢僭摭歷官行己之實，流涕頓顙，表於墓次，以明我先公承休於躬，衍慶于後者尚未已。而我後之人，當恪恭孝思，永永服膺先德，以求無忝所本云。

敬軒薛先生文集卷之二十二

敬軒薛先生文集卷之二十三

門人關西張鼎校正編輯
鄉後學沁水張銓重校梓

墓　表

處士牛君墓表

古有司寇牛父，微子之後也，子孫因以父字爲氏，而牛之姓實出於是。隋之弘以德量稱。在唐，豳國奇章公咸階峻顯，堪以太學生爲昌黎公推道，見諸文。宋，臯以勇略爲鄂武穆部將。牛姓著聞者代相望，史不絶書。今處士興，父福淵，大父尚輔。尚輔之先世居山西潞州，有仕至樞密使者，代遠不詳其字與世。自牛父逮處士，亦不知系自何出。至處士大父始居鄢陵，遂爲鄢陵人。比三世皆積善行義，遯跡丘園。

處士娶柳氏女，生子男四人，曰忠、曰麟、曰景、曰良，女四人。良最季，處士視諸子中，惟季質魁壘，且性開敏，宜有立，遂遣充學官弟子員。讀書日有聞，中永樂某年鄉舉，入太學，益廣所聞見。天官才之，上其名於朝，授西安府同知。侃侃有操施，能舉其職。人皆服處士爲知其子。處士雖不治章句業，孝友樂善，出於其性。子季既業儒，餘三子家居，處士教以孝弟和謹，戒以勿崇貨，勿刻貪，服事唯勤厥敷菑，不得惰荒嬉慢。處士尤急人所無，傾囊倒廩無吝色。人有負處士者，必自引咎，弗與之爭。以故家庭閭里，咸服處士之篤於行。子季之爲學也，處士必使嚴其師，擇其友，專精其業。凡伐性敗德隳業之事，絶使不爲。良之爲賢子弟，爲才舉子，爲名太學生，初仕而得佐太府，貴有大夫之秩，固皆處士之善教。且積慶自其先世來者遠且長，而始發於良。作善之報，耿耿其不可誣。福淵娶于氏，生三子，長處士。尚輔娶李氏，生五子，其一福淵也。處士四女，皆適大族士人。處士與柳氏先後没，俱葬其先塋。良爲同知之五年，距處士没若干年矣。因念處士墓表未克刻，無以顯揚其祖考之潛德懿行，以垂示於後人。乃詳其世次行實可知者，以書投河東薛瑄，求爲之辭，用稱薦述之意。則遂删取其書之所載者，刻之墓道。俾牛氏子若孫得以覽觀，皆知其蒙慶澤者，其來有自，且永永無怠於爲善，以思嗣續其世云。

訓導趙先生墓表

故大名府滑縣儒學訓導趙先生，正統八年三月初六日，以疾卒于家。是月二十七日，葬於峨嵋山之先塋。明年夏，其子賦以先生狀走河津，求爲表其墓。

謹按狀，先生諱鼐，字玉鉉，世爲平陽蒲州人。祖諱伯通，考諱良，皆以淳質行義稱于鄉。比兩世，隱德弗耀。先生生有美質，少即端凝不嬉，動止異凡兒。良視諸子中惟先生可教，遂遣受業郡博。比長，習程、朱氏《易》，中洪武二十八年鄉舉。入太學，益從老師儒及四方之英俊，以廣其學識，端其趍向。適天下教職多缺員，所司得請，合太學六館士考其業精行脩者，以補其缺。先生時在選列，授鳳翔府汧陽縣儒學訓導。隴俗獷悍，諸生事弧矢、網罟、漁獵，以荒其常業。先生至，即督絶，嚴條約，以身先之。數年，諸生遵禮教，篤詩書，由科目進而仕于時者累累焉。官滿，調順天府三河縣儒學訓導。教人如在汧陽時，固無怠。九年，丁内外艱。起復，調今任。先生年益高，學益進，行益脩，士子賴其造就者益衆。正統元年，以年逾七十致仕歸。僻居鄉里，疎遠紛囂，安静自頤。雖不出户庭，而蒲之人士皆推爲先進成德，加敬畏焉。及卒，年八十有一。皆曰：「善人逝矣，吾其何如？」奔走賻祭于其門者相屬焉。先生娶楊氏，生子男六，曰馴、曰駪、曰驕、曰駿、曰驄、曰驥，馴傳家學，以《易經》中永樂丁酉科鄉舉，先卒。餘皆紹其家業無墜。女一人，適良族。孫十人。

於乎！先生爲子而能肖其親，爲師而能淑諸人，爲父而能善其後。少而學，壯而仕，老而休，全歸壽考。其可謂卓乎有立，克保終始者矣。夫有善於當時者，宜表見於後世。予故删取其家世行己歷官之槩，表諸墓隧，俾來者得有所覽觀焉。

贈文林郎後軍都督府都事李公墓表

公諱士成，姓李氏，世爲定興人。大父伯通，仕元爲保定路總管，有惠在人。父欽甫，亦仕爲路官。家牒散失，弗克詳其秩次行實。公名家子，生質淳茂，能脱去貴習，恬於紛華。乃優游鄉里，適意山水田園間，日以整齊家法，訓飭子孫，敦美俗化爲事。公有治人才，歛而不施，獨成人之善，急人之厄，周人之乏，若饑渴之於飲食，爲之終身不倦，里閭翕然尚其義。公娶邑人劉氏女，生子男二，長福，次祐。公嘗曰：「祐子守吾家者也，福子可教。」遂教以讀書綴文，服勤儒行。稍長，遣爲邑庠弟子員，使從善師友游，以卒其學。中永樂某年鄉貢進士。初任行在廣東道監察御史，後知滎陽縣，改任都督府都事。于時，公洎劉俱已没世若干年矣。值國家舉推恩之典，勑贈公文林郎、行在後軍都督府都事，劉贈孺人，咸以子貴。福都事官滿，任大理評事，陞山西按察司僉事。福之次子俊，任定興訓導。九年，陞浙江道監察御史。

於乎！有其具而弗克試，施其德而不饗其報者，必顯揚於後，而鍾慶於子孫，此人事天理之必然。公有可用之才，及物之惠，乃獨藴而不出，種而弗穫。逮其没世未幾，果克顯受聖朝褒贈之恩，榮賁泉壤，光耀鄉閭。而其子若孫，又皆以文儒致位風紀，兩秉憲節，内外相望。天於爲善之報，耿耿其不可誣。夫遡其流，則知其源之有自。以公之子孫，咸克衍其流之長，則公之承祖考之餘慶者，益可見其宏深而有本。是宜表見其潛德幽光，以垂示罔極，以爲行義積善之勸云。

趙孟周墓表

有於其親没之久，於凡祀事既以時脩，又念其親之生平行義，著於家庭，著於鄉邦，歷歷在人耳目者，不有所託以圖不朽，將與歲月俱遠，終於泯泯無聞矣。故上自公卿大夫，下至庶人，而欲顯揚其親之善行於無窮者，皆出於降衷秉彝，不能自已之良心。夫何間哉！粤觀漢、唐、宋以來，凡官居野處之人，欲顯揚其親之名者，必求立言之士，述其行實，勒之金石，以耀無窮。所託以圖不朽者，宜莫過於是，君子尚之。

蒲州趙仲博，其始得姓，爲趙城人。遠祖有世昌者，始家於蒲。歷漢、英、良甫三世，至君卿，爲仲博曾大父。大父文簡，生孟周，即仲博父也。仲博於孟周既没，能脩凡祀事不怠。又欲圖垂其親之名於永久，乃走河津，進薛氏之庭，拜而泣且言曰：「仲博，蒲之編氓也。雖世居田里，而凡供民事，無敢後。今竊有請焉。吾先人孟周，承先祖之業，日累月益，家計日饒。然能不以利自專，人有匱乏不足於用者，即斥其餘以周之無吝色。有貸其物不能償者，往往拆其券。性尤孝友謙恭，在州里，接少長貧富一以和，不立崖岸，有纖毫乖争意。與朋友交游，酒食過從，懽笑無倦，全交道始終，至白首無間言。又嘗遊天下名山川，陸走陜、洛、襄、鄧、梁、宋、鄒、魯之郊，舟泛江、漢、洞庭、彭蠡、淮、泗之波。老而歸，子婦羅列家庭，養無違意。杖屨東阡南陌，朋儕童稚追隨，徜徉嬉遊，以樂其樂。竟以壽終於永樂八年正月十九日，葬於城古庄之先塋，逮今四十年矣。雖報本追遠之祀勉脩其一二，尚念其行義著於鄉閭，在人耳目者，未有所託，恐遂湮没無聞於後，懼莫大焉。竊聞先生篤古而文者，倘略其愚且賤，而憫其區區不能自已之心，辱賜之言，以表諸墓。庶先人之善行有所托，而名永長存，幸莫大焉。」

余按仲博之言，其父孟周爲蒲之善人，行義以没世。仲博既脩凡祀事不怠，又圖顯揚其父之行於不朽。所謂降衷秉彝之心，於仲博見之。遂爲次第其言，以表諸墓。俾其子若孫皆知孟周所以承先貽後者，❶一本於善，庶有以繼承不怠，益衍其善於永久云。

故贈兵部主事陳先生墓表

浙江富陽陳復初先生，以宣德十年十月初十日，卒于河南汜水之官次。又十五年，爲景泰元年，始克表于其墓。先生諱原，復初其字也，其裔出陳太丘之後。自漢、晉、隋、唐、宋以來，陳氏仕於其世者，代有顯人，以家牒弗存，不能詳其世次。至先生曾大父子高，大父仲遠，父思明，比三世皆積善行義於鄉里，種而不食其穫，施而不求其報。思明尤讀書好禮，及生先生，有異質，知其必有立也。遂遣游庠序，從良師友，以開發涵養其心性。時未幾，學識驟進不凡，流輩咸推服，以爲不可及。後以明經入太學，益考業於明師儒，且得盡友六舘天下英俊之士，聞見日益富，聲稱日益著。值選學行有成者，分教四方學校，先生遂有山西沁源儒學訓導之命。先生既至官，喟曰：「官無崇卑，顧職所盡何如耳！且天下莫大於道，訓導爲人師，師道在焉。道有不脩，何以盡其職？」乃克其學，以道自勵。早夜懇懇，以啓迪諸生者，皆經籍所載，聖賢所傳三綱五常之道。異端誕妄不經之説，無以干其念。由是學

❶「子」，原脱，今據四庫本補。

子翕然從其化，山右稱善教者，皆推先生爲最。後調閩之興化縣學，兩任江西饒州府、河南鄭州郡庠，皆以舊職。合四任秩滿，陞汜水教諭。又九年，將去而陞秩。諸生狀其善教之績，上章願留以卒業，詔許其請。竟以疾卒于官，享年六十六矣。汜人慕先生之德教者，不但庠序諸生，又延及里閭齊民。既葬先生邑東龍泉鄉之原，復留其家，占籍於汜焉。

先生既有美質，又充之以正大之學，歷教五郡邑，將三十年，無倦之心，始終一致。所至成就人才，隨其器質。弟子名薦書，入官躋仕途，著聲蹟於世者，林立相望。若先生，可謂無忝於師道而能盡其職矣。先生信道既篤，安於所職，無絲毫自貶求人知薦意。性復樂易寬大，接人洞見表裏，坦然明白，不爲防畛崖岸。苟賢矣，雖貧賤禮之有加。苟不肖，雖顯者亦視之漠如也。居家不問有無，尤喜賓客。每客至，即呼酒延款，連日夜不厭。急於行義，嘗斥其餘以賙貧乏。人有死無葬具者，即助之棺椁。其友葉全寄先生以白金百鎰，全亡，召其子以金還之。鄉人孫景原戍邊，客死汜水，先生遣人護其骸骨并妻子以歸。嘗道經睢州逆旅張貴家，見庭槐羣烏，護巢哀鳴。問其故，貴曰：「家貧無以自活，已售此槐以給食。伐者將至，烏懼傷其雛，故哀鳴若此。」先生問槐價幾何，即如其數探囊金，使還市槐者。貴舉家羅拜，槐得不伐，羣烏即噤不聲。先生平昔舉義甚多，此特其一二耳，他不能盡述也。嗚呼！先生自其曾大父以來，皆積善行義，隱德弗耀。至先生，始以文儒起家，益衍先世之慶。又位不滿德，而以教付厥子。其長子鑑，克守家業。次子銓，登進士第，今爲兵部職方司主事。三子鈍，中鄉試禮部乙榜，任大名府儒學教授。銓爲主事三年，例得推恩於其親。於是勑贈先生如其子之官，其配呼氏贈孺人。光寵赫然，動於一時。先生雖没，亦可以無憾矣。夫惟所蓄者久而深，故所發者遠而大，蓋其理有必然也。

余少從先君子典教滎陽，其地介鄭、汜間，余往來嘗抵宿其舘舍。先君子没于覃懷官舍，先生又遣人致賻，復遣銓從余學。故余知先生履歷行實頗詳，用敢序次其事，表於墓左，以明先生所以承休於前而貽榮於後者，皆本於德善之積。不惟其子若孫當永永嗣服無替，而世之人亦得以有所觀覽興起焉。

故嘉議大夫陝西按察使何公墓表

何公諱自學，字思學，其先閩人。遠祖諱瓊者，仕五季之周，爲尚書僕射。瓊子輝，爲屯田郎中，始家金谿，今爲金谿人。公曾大父諱伯啓，大父諱宗哲，父諱秉焕，號緑水翁。比三世皆脩己行義，晦迹弗耀。緑水翁娶曾氏，有婦德，生二子，長即公也。

公資性夙敏，舉止異凡兒。緑水翁知其必有立，八歲即遣從鄉先生游，讀書數遍輒不忘。江西按察司僉事行部至金谿，即選鄉學子弟可充增廣員者，得公大喜，即拔登邑庠，時年十五矣。公遂從孟司訓授《書經》，益肆力於學。比弱冠，已自習熟諸書。世所謂舉業者，綽有餘力。間爲古文詩章，尤渾厚清新，有作者步驟。公試鄉舉，一往即中前列，登宣德丁未進士第。初任刑部河南司主事，公以謂《賁》之《象》曰「明庶政，無敢折獄」，故折獄於庶政爲大。於是早夜以中正明達自勵，盡心獄事，時稱明允。如辯冤獄白能等事蹟，俱入史舘編録。值朝廷選刑官之能者分理天下滯獄，公首被推擇，得閩、浙。公既奉勑以往，雖山郡海邑，惡瘴狂颶，有所不憚，必親至其地，爲疏理其繫囚。二藩既大以遠，人得昭雪而蒙其惠者甚衆。公竣事還，未至而已馳聲京師。適歷官三載，例得推恩，緑水翁封如公之職，曾氏封安人。公復上章乞歸省，詔許之，且賜以楮幣。公并以所得恩賜白金之類悉歸奉二親，一毫不入私室。一時之榮慶孝義，動於里閈。正統三年，公爲廷臣推舉，陞廣西按察僉事。其地乃嶺表百越，溪峒猺獞不時竊發剽攻，甚則獮之以兵。雖得少靖，而民已病於餉運。公於所分巡地，必大示威信。猺獞雖蠻性，亦知畏服，因得減征行之擾。其編民亦雜夷獠，不通道理，每搆訟輒爲譸張，詞不可究詰，動引百十人，連歲不已。公嘗偕奉勑郎審録所部繫囚，其勤慎如在閩、浙時，夷獠積年久滯之獄，咸得伸理。既而丁緑水翁憂，營葬一如古禮，復廬居墓次者三年。釋服，調除山西按察僉事。其憲體益謹，而尤能興學以教人，表廉以厲貪。時大同方宿重兵，以防控荒外，利害繫於守將。公常巡部至其府，作書勸其守將，當恊和共事者，以濟邊功。後來事多如公所料，人服其先識。未幾，復丁曾安人憂，歸家。山西巡撫及三司連章以謂山西邊事方殷，古有金革變禮之制，宜奪情何某以任事。詔從所請。公復官，未逾月，詔陞陝西按察使。公既屢更法司，事任益詳，閑於大體，洞達其細微。及長外臬司，凡端澄聽折，表拔刮剔之政，以次行之。令脩於庭户，風行於方岳。事方就績，竟以暴疾卒，時景泰三年正月二日也，享年五十有六矣。

公初室李氏，繼室徐氏，封安人，俱先逝，今室楊氏。子男二，曰步勳、步恩，女一人，皆徐出也。孫男二，曰源、曰濬。公在陝西，不以家自隨。既卒，公之子步勳自金谿來奔喪，即奉公柩歸，以是年十二月某日葬於其邑之某原。明年，爲景泰四年七月，步勳以吏科給事王君所述公事狀來南京謁余，求表其墓。

余猶記往年公過余河汾，出二書，其一即勸邊將協和共事者，其一與冢宰論進退賢否之法甚備。公又語余，曾爲執政者言，當起退休老成者某等用之。於乎！使此三事得行於時，其有補於世亦豈小哉？且公自爲學，歷官舉職，忠孝大節，灼灼著於當時者，固人所共知。至於與余所論三事，又其所藴而人未知者。余既述狀之所載，并附余之所知，表於隧道之石。俾後之人知公之已試者既如彼，而未用者尚未可量也。

故奉直大夫絳州知州王公墓表

奉直大夫知絳州王公汝績没之四年，爲景泰四年，其子佐奉汝績狀，自江西走京師謁余，請表諸墓。

按狀，公先世居鍾陵，其大父諱忠，宋末爲金谿場官，因家焉，今爲金谿人。自曾大父復茂，至其考處士仲允，比三世皆韜德弗耀。處士娶林氏，有婦行。生公，質異凡兒，處士識其他日必有立，自童時即遣從邑庠良師友，讀書砥行，爲儒者事。公果能專心一力，進脩不怠。比長，通習經史子集，優於舉子業。永樂庚子，江右大比，一薦即榜前列。春官會試，得分教福建政和。公以師道自勵，勤於誨人，出其門而登仕版者甚衆。九年，教有成績，至京師，大臣薦其才可治民，遂陞知絳州。絳在周爲晉國，在漢爲絳侯封邑。其地包汾隰，土陿民繁，産薄税重，人鮮知教而健於訟。前守不數年率以事去，未有滿考者。公至州，以謂人給則教行，知教則訟息。因行其土，利有未興者興之，視民業有偷惰者董之。不數年，民業饒給。乃大脩孔子廟，益廣學宫。篤興禮義，教養具脩，絳俗日變，争訟衰息，獄至空虚。公尤善處事，先時，事有未集者，督以豪猾吏，卒因貪緣爲奸，民茹其毒。公即有事，但書片紙爲期約，布告鄉市，民相勸趋，下不知擾而事亦集。州租率歲遠輸給邊軍，旁郡惟徵銀易米。公則布帛氊裘諸物，任民所齊，❶持取租辦而已，人甚便之。境有蟲類蝗將害稼，公禱諸正神，蟲害隨息。有行劫者出其境，即掩捕如法，人服其明。其他善政甚多，不能悉紀。大者如此，細者可知。公在官九年，考績當去，耆民相率將詣藩臬乞留，公固止之，則相與刻石以紀其政蹟。行有日，暴疾卒。其子佐跣經奉柩歸，以某年某月某日葬某原。生於洪武丙子三月十七日，景泰元年五月二十

❶「齊」，四庫本作「賫」。

七日卒，享年五十有五。

公初娶何氏，再娶吴氏，皆先卒。後娶胡氏，子男二，并二女。長政，蚤卒。次即佐也，爲縣學生。二女皆適人。公在絳時，先遣其家歸金谿。胡氏聞公訃，哭泣喪明。妻貞子孝，又知公之教行於家也。公爲人性坦夷，不爲防畛。篤於孝親追遠。與人交，始終無失。其知絳州時，嘗校文山東，惟視其優於理者取之，後登進士榜於是年舉子爲多，人以公爲能因言以知人。山右多聲妓，官以音樂佐酒，取敗者相踵。公速客不用絲竹，惟禮飲，終宴不譁，其雅致尤不可尚已。

於戲！人才爲難，有才而驗諸設施爲尤難。公之才見於教人治民，灼有成效如此，謂將遠施而止於斯，豈非命耶！雖然，公自筮仕以來，將三十年，克致完節以没，有子克襄葬事，亦可謂無憾也已。公二子皆從余學，故知公尤詳。既按狀，并取所未載者述其行實事業，表於墓道，以告來者。

故處士顧君伯常墓表

夫士君子之積善行義者，不於其躬享厚福於當時，必貽慶厥嗣而獲顯揚於後世。此理之必然也。處士顧君，諱秩，字伯常，別號友石，世爲常州江陰大族。處士曾大父諱仲約，❶妣許氏。大父諱壽之，妣陸氏。父諱誠，號晚節翁，妣楊氏。比三世皆以夫良婦貞，齊内明外著聞，而又皆能斥己之餘，周人之匱，施惠利於鄉里。

❶「仲」，四庫本作「仁」。

至處士，通敏夙成，端方性禀，守三世之家法而擴行之不怠。其配邢氏，荼溪隱君子邢履道之女，織紝、組紃、裁製，凡女事無不勤熟。而又以其餘力兼習《孝經》、《列女傳》等書，粗通其大義。自歸處士，盥饋而舅姑胥悦，脩行而婦道有聞。克相處士，事親奉祭，致謹致孝。處宗族隣里，禮意疎密隆殺，咸有節序。處士所以益大其家者，邢於内助爲多。處士既累世行義不怠，遂鍾慶于寺正琳。琳之生，質厚異凡子。處士早卒，琳大父晚節翁識其有立，遣充校庠弟子員，且俾從良師友朝夕講習書史，啓迪磨礱，以益其學。厥後琳以學行有聞，充貢太學，歷事内臺。吏部以其習於法律，即除南京右寺副。未三年，遂陞署寺正。琳之讞獄，能别白其情而行以平恕。三年考滿來京，將有推恩之命以及處士與其配。琳間持其鄉人何太守所爲處士狀謁余，且泣而請曰：「琳三歲先妣即世，十歲先考亡。時大父晚節翁尚無恙，則誨琳曰：『汝父卒時，嘗撫汝曰：「吾家世業儒，而未有顯者。吾命今不永，汝宜自勉力學問，以圖顯揚，吾地下庶無忝所生。」汝宜無忘乃父訓。』琳時雖少，已自能記其言。逮今二親没世已四十餘年矣，琳不肖，奉遺教敬懼不怠，粗得紹家緒以學以仕，而藉餘慶，以有今兹之光榮。雖有斗斛之禄，欲具朝夕之養，而已無逮。每念鞠育之勞，訓誨之切，輒汍瀾弗禁。罔極之恩，欲報無所。獨念古之人有弗克遂榮養於生前者，尚圖發揚其實行榮名於後世，不有善於辭者，莫克揭其詳。琳不肖，將磨貞石以刻其事。惟先生不鄙而辱賜之言，得表諸墓道，使没者有知，亦將無憾於地下。而顧氏之子若孫覯茲刻者，亦得以知承休委慶有所自。敢再拜以請。」

余謝之，琳請不已。則以謂非前人之善，無以貽諸後。非後人之孝，無以光於前。若琳者，其先世既累積行義，自家及鄉，深厚悠遠。所以貽厥後者，固有所本矣。及始發於琳，以儒業致身廷平，駸駸乎膴仕。乃能深念其二親之早逝，欲纂辭鑽石以發揚其潛幽，又可謂能盡光前之孝矣。遂按何狀，次第其家世積善之實，俾琳刻諸隧道之石，以表著於人人，以觀示於子孫，以垂耀於永久，庶少慰琳追述之心。且使琳繼今以往，覯茲刻表，又當益永孝思，益勵名節，期無忝於乃祖乃親，而益振大其家聲云。

故處士楊禮墓表

凡人子能孝其父母者已鮮，能孝其大父母者爲尤鮮。陝西涇陽縣儒學教諭楊潤，中景泰癸酉鄉貢。天順四年，中禮部乙榜，授前職。既分俸本貫，以養其父母，又迎其大父禮至涇陽官舍，娛奉孝養。幾一年，復求《重慶堂文》於余，以紀其事。及禮歸，天順七年二月初六日卒於家，享年八十矣。其子興既以禮葬之，潤追慕其大父之恩不已，意謂爲孫者能揚祖之名於後世，不使與草木同腐，庶幾古人之孝於萬一。乃狀禮之家世行實，并致書於余，求爲表其墓。潤嘗從余學，因嘉其篤於孝如此，義不可辭。

按：禮之父志文，元大都人，後徙河

津，遂爲河津人。志文雖自他郡僑寓，以爲人好義，故無憎疾之者。所娶孫氏，生禮。禮自少謹厚，承順其親無違怠。及其考妣繼没，葬祭以禮，鄉間稱之。禮既自立，行己以質直朴實。鄉隣有争者來質，則喻以是非，各知曲直，感愧而去。及年既高，又有德，衆推爲耆老。每歲有司舉行鄉飲，邑大夫必延以爲上賓。潤方童稚時，資質可敬，禮遣入縣庠，從師授《春秋》，與朋儕習舉子業。克有今兹成立，鄉人皆以禮有知孫之明之所致。禮娶靳氏，亦柔慈勤儉，相禮成家，先禮一年卒。所生一子二女，子即興也。女一適太學生臺春。興娶張氏，生六子，長即潤也，次滋、次澄、次濟、次浩、次瀚。女三人，皆適良族。

於戲！禮上承考妣之志，下享子孫之養，克終天年，禮葬原域，可謂無憾也已。遂述其事以表其墓，以示永久，以伸潤之志云。

行狀

山東按察司僉事崔公行狀

公諱碧，字仲玉，姓崔氏，永平昌黎人。大父彦名，隱德不仕，太夫人齊氏。父得，母齊氏，生四子，長即公，次叔琮、叔璘，次理。

公生洪武二十四年十一月二十九日，幼有美質。其大父母、父母遣入縣庠，讀書習舉子業。中永樂十五年京闈鄉試，卒業成均，登辛丑進士第。宣德初，授交阯道監察御史，當官謇謇有能聲。正統紀元，調行在江西道監察御史。明年，爲正統二年，爲廷臣薦，陞山東按察司僉事，分巡濟南道。勾稽文移欺瞞滯弛，摘刮奸猾巧訐中傷，大肅以威，而以寬濟之，民吏咸畏服。四年夏，蝗生所部，公行視督捕，立絶。時大暑爍蒸，遂感疾歸。藥石攻砭百端，病勢不可敗。公病中念太夫人既先卒，大父暨父母遠在故鄉，且俱老，不可見，因遣理往迎之。獨齊孺人來，公强疾迎郊外。相見哀感流涕，疾益增劇。是年十二月二十三日卒于正寢。公性孝友，喜賓客，雖貴不忘故舊，故其卒也，皆痛悼焉。

公先室張氏，繼室劉氏，泰州同知浩之長女。公存日，嘗謂其弟理曰：「以而子善聚繼我。」後公歿，理如其命。公父封文林郎、交阯道監察御史，母封孺人。先室贈孺人，繼室封孺人，俱以公貴。葬有日，謹具公之家世歷官行事狀，求作者以圖不朽。

敬軒薛先生文集卷之二十三

敬軒薛先生文集卷之二十四

門人關西張鼎校正編輯
鄉後學沁水張銓重校梓

箴

謹言箴

誦謹言之訓，習謹言之事，將三十年。夕悔其失，寤寐惶汗，而旦或復然。殆將漸流於放，終不克謹，以速尤召愆。汝縱不自愛，獨不念先人遺體之重，降衷秉彝之全？誓自今始，語不妄發，保厥中之静專。至此而猶飾虛詞，尚循故態者，當指正於蒼天。

慎行箴

思厥一身，或動或静。日可見者，皆謂之行。行有天則，至明至正。云胡小子，操履靡定。語默或流於羣妄，應接復牽於多病。是以德業不至於崇廣，馳騖將迷於蹊徑。其自今始，加夕惕以乾乾，欽聖謨而非禮勿動。

懲忿箴

在損著象，懲忿有教。樊昔辨惑，孔亦以告。盖觸物易動，惟是爲先。苟勃然而妄發，必焚如以自煎。德既有乖，生亦受賊。速禍召尤，變故匪測。我思我心，本自湛如。云胡震撼，弗克寧虛。制之有法，必懲必戒。懲摧其暴，戒思其害。惟暴若苗，惟忿若根。根除苗剪，事我天君。天君既安，百職從令。怒或當然，因感而應。應已而休，無迎將留。雖曰顔樂，亦以是求。

改過箴

繼善成性，天然之中。安行者聖，纖失曷從。降有衆人，人有舛駁。自心及身，靡過不作。所貴士賢，希聖希天。希之之要，改過爲先。如思之邪，如事之失。既炳其然，必去必亟。過去善復，日進可期。尤謹再作，迷復斯迷。藐予小子，仰賴先業。氣質庸愚，過兼隱白。亦云有覺，厥治不剛。頻復厲矣，徒發赧惶。恐遂頑然，將不省憶。天畀謂何，而乃自棄。因是發憤，自訟以箴。風雷宜法，大壯宜欽。日悔日改，期無則止。希之之功，勿替終始。

存理箴

惟天生人，惟人有理。理爲之何，物則是矣。圓外竅中，五性渾全。感而遂通，四端秩然。貌色手足，口鼻耳目。以及衆體，至微之物。直温重恭，止肅明聰。或動或静，咸有厥中。身之所接，萬事五品。其理昭如，各有程準。凡此衆善，悉備吾身。放之則失，操之斯存。存之之要，明誠有教。明炳其真，誠踐其道。惟此二者，功不可偏。循之勿失，士賢聖天。

持敬箴

一刻之謹，心在理存。一刻之怠，心放理昏。是知敬之一字，乃直内之樞機，養性之本根。昔在伊洛，道繼孔學。開示羣迷，敬爲要約。其曰主一無適者，欲人必專其念，而不雜於多岐。其曰整齊嚴肅者，欲人必極其莊，而不失於怠隳。斯實内外交養之法，持循之久，自不容私。其及門之士，有曰惺惺法者，蓋必有事焉，而提撕於頃刻。有曰其心收斂不容一物者，蓋中虚無物，而必極其静一。偉哉晦翁！統承二程。小大之學，一以爲宗。慨彼前脩，年代云往。豈無瑶琴，寶匣絶響。在末小子，氣質愚頑。七情内蠹，百妄外干。雖曰爲學，徒侈華博。究厥本真，久矣戕斲。一日大覺，前爲可羞。蓋昧往訓，放心靡收。念彼寸膠，黄流可碧。顛末既陳，期守勿失。

慎微箴

眇忽之間，其動曰幾。究其所極，千里斯違。是以作《易》君子，觀羸豕而著象，因地雷而謹微。言發乎口，雖捫舌其靡及。行達乎遠，知駟馬之難追。惟兢兢焉，❶日嚴乎斯語。庶遠悔尤，而天理靡虧。

大理箴

惟左執法，廷尉象焉。稽古之職，士

❶「兢兢」，原作「兢」，今據四庫本補。

師庭堅。官曰大理，歷兹有年。其名不一，其事則然。盖天之公，陽開陰闔。立法憲天，仁柔義遏。不率典彝，或過或惡。天討以施，低昂斟酌。乃有準臬，職斯常刑。讞厥當否，則歸廷平。廷平攸執，時惟鑑衡。鑑灼隱伏，衡持重輕。持照兩得，克允克明。罰當民服，氣協休徵。惟刑弼教，聖所欽恤。死者弗生，絶者弗屬。而居而官，宜何警肅。勿狥貨利，勿任憎欲。勿偏縱釋，勿好刻酷。有一于兹，靡平靡燭。斁紀瘝官，齎痛欽毒。譬火銷膏，辜亦已速。邈哉千載，乃有良臣。釋之定國，持公體仁。曰民不冤，曰無冤民。功光簡册，慶及子孫。高山宜仰，景行宜遵。小子述成，敬朂我人。

銘

悦心齋銘

人孰無心，心孰無悦。悦匪其正，爲心蟊賊。大哉孟氏，儒林之綱。悦心著訓，式炳以彰。其悦伊何，曰理曰義。理則在物，義則制事。二者匪人，實降自天。得之而悦，天乃斯全。卓卓沈君，齋居云作。扁曰「悦心」，惟孟之學。豈無肥旨？祇飽以酣。弗專弗從，道腴是耽。齋既作止，銘亦書止。日居月諸，勿替終始。

勿欺齋銘

動而未形,此心之幾。幾有善惡,人莫吾知。吾既知矣,其將何爲? 賢有明訓,而曰勿欺。盖欺之爲義,不專所持。雖曰好善,若有所疑。雖曰去惡,若有所縻。謂之勿者,庸以禁止。於斯故知善可好,如嗜甘肥。知惡可去,如厭糟醨。果專專於是道,復念念而無違。則眇眇之善端,可以擴之於天地之涯。美哉張君,令德是順。「勿欺」名齋,顧以自規。庶幾匪懈,賢可士希。

惜陰齋銘

大化茫茫,斯物斯億。人爲物靈,所貴者德。德原於天,心會其極。其體密微,其用周悉。云胡氣拘,所得者失。顧茲百年,曾不瞬息。弗亟循之,將遂迷溺。所以往哲,晷景是惜。惜之惟何,明誠致力。明則道通,誠則道立。從事二者,遑遑汲汲。朝復一朝,日復一日。靡間毫髮,靡懈頃刻。于茲卷舒,于茲語默。慨彼前脩,瞻望靡及。有卓君子,希慕軌則。爰作齋居,爰圖進益。古訓是名,古法是式。由學而仕,勤勵夕惕。豈曰道悠,由近可即。豈曰高山,由下可陟。敢贊一言,以勗無斁。

恒齋銘

有海之瀕,有岱之麓。挺生儀公,質負魁篤。公始知學,旦夕孳孳。顧此彝德，思厥保持。乃博其方，乃要其統。雷風法義，有恒師孔。恒者伊何，悠久常然。立心行己，篤此一言。遂揭齋楣，出入是覿。若鑒神明，若臨師父。爰自筮仕，屢擢屢陞。官有内外，齋無二名。夷考厥跡，昭哉歷歷。持鐸教尊，剖符民輯。溥彼旬宣，江漢是式。允于出納，喉舌是職。晚亞南宫，朝推耆碩。啓沃經筵，忠忱彌積。載承恩詔，懸車故鄉。乘化消息，孰不榮光。繄公之賢，惟恒之幹。夷險一德，終始靡倦。公雖逝矣，名永長存。風流奕世，子子孫孫。孝思維則，安則安倣。匪曰高山，恒齋是仰。

思儀堂銘

昔有令伯，祖母成之。更相爲命，以孝以慈。百世之下，人感其詞。嗟哉陶君，災屯少罹。怙恃兩失，孑然孤遺。皤皤祖母，收拾保持。就燥避濕，驚痌渴饑。孫笑祖悦，孫啼祖悲。祖孫一氣，同安共危。逮兹成人，伊誰之思。惟祖母氏，邈不可追。乃作高堂，肖貌在斯。温温笑語，宛宛容儀。致慤則著，動息無違。令伯是式，令聞是垂。銘以告之，永久勿隳。

孝思堂銘

有巍者堂，伊誰居之。居惟王君，式是孝思。思之云何，曰恃曰怙。匪怙曷生，匪恃曷顧。生我顧我，實惟我尊。怙既先亡，恃罹艱屯。乃績乃紡，乃誨乃養。憫兹藐孤，矢德無爽。歲月既邁，孤亦有成。天胡不吊，恃亦先零。遂蘊遂發，亟踐顯達。祿位日增，孝心彌切。惟此一身，父母肢體。獨享光榮，孝養已矣。而獨何心，安厥敷遺。深居是堂，其有弗思。思之之至，如臨庭户，如聞笑語，如見喜怒。振振王君，孝思孔昭。有通於天，有徹于朝。帝曰孝子，予惟汝錫。錫汝考妣，如汝之秩。御史孺人，有格其神。一世之屈，萬世之伸。王君振振，孝思維則。載銘其堂，永久弗忒。

存誠齋銘

惟天地萬物，實理爲之樞機。本厥一源，諒無不齊。自稟賦之雜揉，紛虚僞之交馳。爰有元聖，乃曰無爲。斯太極之全體，兼動静而靡違。降聖而賢，必由保持。視聽言動，敬以主之。羣邪退伏，誠斯不虧。温温李生，往哲是希。爰居爰處，左箴右規。弦韋是服，絲桐是揮。沉酣古訓，詠歌古詩。斯須動作，靡敢怠隳。窒慾止水，如防如隄。庶邪妄之可閑，冀存誠之在兹。美厥志之名齋，述法言以勵之。

世厚堂銘

惟人秉德，惟始不恌。篤邇行遠，仁理孔昭。云胡昧者，楚越人己。弗惻弗恫，薄亦甚矣。古有君子，家以厚傳。渴猶己致，危猶己顛。乃設寒漿，大飲行旅。乃懸杙索，大濟險阻。其事雖微，其心則仁。能以類推，旁達無垠。爰作高堂，名曰「世厚」。式昭于先，庸戒于後。給事鍾慶，世德是遵。譬之水木，培根浚源。惟厚弗替，乃福所自。視此堂名，欽于永世。

贊

獬豸贊

疾惡者，天地之正性，而人心之所鍾。云胡淪胥其類，不知其醜，而甘與之同？有物于此，匪兕匪虎，非羆非熊，名曰神羊，曠世莫逢。乃能觸回邪而無避，合與論之至公。則彼臧否莫辨者，覩其狀類，寧不爲之愧生於中邪？

又

爾形不類，爾出不世。是盖禀陰陽之精英，具天地之正義。心之靈，既鑑物以靡差。角之剛，復觸邪以無避。宜其端居而百怪惴伏，正視而羣小悚畏。故能與麒麟同遊，騶虞作配。擅執法之英聲，爲國家之美瑞也。

無庵贊

老氏之無，乃無而無。吾儒之無，乃無而有。有非聲色形迹之可求，雖無聲無臭，而實爲造化之樞紐。其在人也，寂然不動者，無聲臭之可窺，實萬象森然已具之淵藪。卓哉無庵，心學是潛。所以啓大《易》之關鍵，識濂溪之指南。其取號也，雖無而實有。其體道也，雖虛而實涵。歛之則約，施之則覃。或翱翔乎武選，或正職於大參。凡其著赫赫之顯蹟，何莫非體立而用兼。及其老而休也，因人事之乘除，悟陰陽之消息。歛疇昔之敷舒，爲所卷之微密。順大化而怡然，乘白雲以高適。凡其貫始終而不二，由其合有無而爲一。彼以天地爲幻妄，以萬物爲粗迹。空諸實有，而爲反道悖理之邪説，以聾瞽斯民，蠹害正道者，又豈可以比擬無庵之直識邪！

王先生畫像贊

其貌充然，其色温然。精心玄思，探索乎岐黄之編，高外化焉。其爲術也，通變審密，而鄉閭稱焉。殆將與張長沙、孫思邈、劉素異世而同傳也耶。

畫龍贊

能大能小，能屈能伸。能顯能晦，能雨能雲。盖至陽之精，爲萬物之神。故其功在天地，功在庶品，功在生民。可敬可畏，可瞻可仰，不可得而馴。非聖者之至德，又安足以比倫。

歸一老人畫像贊

其貌充而全，其神粹而完。識之正，既超軼乎習俗；情之通，復笑傲乎林泉。是宜享簡穰之多福，樂期頤之永年。然則其孤標時服，固丹青之可彷彿；而靈臺春意，豈筆畫之能盡傳邪！

拙巢先生畫像贊

質純氣和，理明心定。篤信好古，拒邪閑正。有言有行，以淑後人。美哉君子，輝光日新。

劉紹僉憲畫像贊

東吴之精，中朝之英。粹乎其質，確乎其聲。察其操，金百鍊而愈固。望其儀，鶚獨立而無朋。推其心，盖欲使善惡之著明。要其歸，實欲觀惠化之流行。是誠所謂有守有爲之君子，而可爲新進晚生之儀刑也。

御史張勉夫贊

東吴之英，中臺之傑，身也繩直，心也玉潔。持所見，不隨俗以低昂。藴其奇，每因事而發越。宜其勁節挺然，忠言剴切。身雖歷乎險夷，功乃歸於潤澤。是猶一鶚之高騫，異乎鷙鳥之累百也。

章　奏

上講學章

大理寺右寺丞臣薛瑄謹題，爲緝熙聖學事：

切見近日有臣下進言，欲開經筵以緝

熙聖學者，雖蒙聖德允納，未見施行。蓋欲俟軍旅事平之日，以開講也。臣愚以爲當聖主中興之時，天步維艱之日，正講論爲學爲治之道，不可一日而緩焉者也。昔漢光武躬擐甲冑，討除羣兇，猶且投戈講藝，息馬論道。軍旅之間，未嘗一日廢學。故能舉羣盜如鴻毛，復大業猶反掌，此講學所以有資於成大功也。唐太宗興義兵，掃除寇亂，一時潛邸從龍之臣，皆文學智謀之士，日久相與論爲學致治之道，乙夜之覽，身忘其倦。故能剗刮僭僞，拯濟生民，此講學所以有資於戡大難也。近者漠北醜虜，雖陸梁爲寇，而内外禦侮，各有其人。堂堂天下，號令一施，風行草偃，非至如漢、唐草昧之秋也。顧可以斯時而少緩講學之事乎？伏望皇上命廷臣集議經筵，儀式務從簡約，不尚奢華，仍博選公卿侍從文學之臣，有學術純正、持己端方、謀慮深遠、才識超卓、通達古今、明練治體者一二十人，使之更代入直。恭遇皇上視朝之暇日，御便殿，即召各臣進講。其所講之書，先《大學》、《論語》、《孟子》、《中庸》，兼講《尚書》、《春秋》，諸史則《資治通鑑綱目》，務要詳細陳説聖賢脩己治人之要，懇切開告帝王端心出治之方。以至唐、虞、三代、漢、唐、宋以來人君行何道而天下治安，爲何事而天下乖亂，與夫賞善罰惡之典，任賢去邪之道，莫不畢陳於前。如此，則勸講之臣庶可日脩其職。講讀官之職既脩，雖皇上聰明上智之資，實由於天錫，而朝夕緝熙啓沃之力，亦有益於聖心。聖學日新，聖德日明。于以脩治道，則正心以正朝廷，正朝廷以正百官，正百官以正萬民，而治道有脩明之效。于以攘夷虜，則脩軍政以簡將帥，簡將帥以練士卒，練士卒以討夷虜，而夷虜有殄滅之期。此講學有資於成大功，戡大難，宜急行之，而不宜緩焉者也。且漢光武、唐太宗，一時英主耳，猶能勤講學於搶攘之時，以收戡靖之績。伏惟皇上有唐堯、虞舜之聖德，將以立殷、周中興之大功。誠於此時舉行開講之事，以緝熙聖學，則神功聖德，高出千古矣。又豈漢、唐二主之可比哉。

臣猥以衰邁懦柔之資，章句迂僻之學，自忝科第，屢叨法從。昔嘗獲罪先朝，放歸田里。分將終老丘園，瞑目溝壑。幸沐皇上龍飛九五，運啓昌期，將以立莫大之治功，故不遺草茅之賤士，拔臣布衣之中，授以清要之職。日夜思慮，愧無補報。故敢昧死妄陳前言，伏望皇上開天日之光，采而行之，不勝懇悃之至。緣係緝熙聖學重事，未敢擅便。謹題，請旨。

乞致仕第一奏

欽差大理寺右寺丞臣薛瑄謹題，爲致仕事：

節該欽奉詔書：「官員之中，有老疾不堪者，並聽自陳致仕。如年未七十，疾病者亦許自陳。欽此。」切照臣年六十三歲，雖未及七十，自幼禀受氣薄，常有怯弱疾病，早已筋力衰微。連年又患眼疾昏花，文書字畫，不能看視。及跌傷臂膊，屈伸不便。景泰元年六月内，在貴州永寧衛，感冒山嵐暑氣，又患風濕痿痺病症，兩足無力，動止艱難，已成痼疾。寒熱不時發作，飲食減少，飢膚瘦弱。至今常服湯藥，調理未痊，委實老病不堪辦事。伏望聖恩憐憫，乞照詔書事例，放歸田里。不勝感戴之至。

第二奏

大理寺卿臣薛瑄，爲老疾乞恩事：

臣今年近七十，禀受原已怯薄，血氣早衰，髮白齒豁，眼昏聽重。加以老病侵尋，乃於景泰六年五月初七，又因將理失宜，邪氣乘虚以入，感發舊病，攻刺腰腹等處，疼痛嘔吐，幾至危殆。旋蒙聖恩特遣御醫調治，已經服藥數日。緣血氣已衰，卒難平復。若不瀝陳愚悃，即今不能掌管印信，深恐曠官誤事。伏蒙皇上宏天地生成之仁，憐臣老病，放回田里。不勝感戴之至。

第三奏

禮部左侍郎兼翰林院學士臣薛瑄謹題，爲老病乞恩事：

切照臣見年六十九歲，氣體既已衰憊，疾病連年發作。天順元年三月内，舊患淋疾，并右臂風氣疼痛舉發，請醫調治，日久稍痊。五月初七日，前病又發，調治至本月二十四稍痊。六月初三日，前病又發，調治至今未痊。緣血氣既衰，藥力無効。疼痛不時，已成痼疾。及兼齒牙豁落，髮鬚盡白，肌膚瘦弱，眼目昏花，委實辦事不前。臣切自念委受朝廷陞用之恩，補報莫伸於萬一，老病轉覺於侵尋。伏望聖恩憐憫衰朽不堪辦事，放回田里，俾得歸骸骨於丘原。不勝戰慄感戴聖恩之至。緣係老病乞恩事理。謹題，請旨。

敬軒薛先生文集卷之二十四終

康齋先生文集

〔明〕吴與弼 撰
宫云維 校點

目録

康齋先生文集卷之二……三八

康齋先生文集卷之五 …… 一四九

康齋先生文集卷之七……二一九

康齋先生文集卷之八……二六〇

康齋先生文集卷之九……二九一

康齋先生文集卷之十一……三四一

康齋先生文集卷之十二……三六七

校點說明

《康齋先生文集》十二卷，附録一卷，明吴與弼撰。

吴與弼（一三九一—一四六九），初名夢祥，後改名與弼，字子傅，號康齋，明江西撫州崇仁人。父溥，字德潤，號古崖，建文帝時爲國子司業，永樂時爲翰林修撰。

吴與弼少穎敏絶人，資稟英異。十九歲時見《伊洛淵源録》，知聖賢之可學，即棄時文之學，謝絶人事，獨處小樓之上，日玩四書、諸經及洛閩諸語録，「收斂身心，沉潛義理」，不下樓者數年，「其志直欲造乎聖賢之域」（婁諒《康齋先生行狀》）。永樂九年（一四一一），因用功過苦致疾，奉父命還鄉授室，從此躬耕食力，居鄉講學。其著名弟子有胡居仁、陳獻章、婁諒、胡九韶、謝復、鄭伉等。天順元年（一四五七），以忠國公石亨之薦，徵至京師，授左春坊左諭德，與弼以衰老固辭不就，凡四具本。英宗遂遣行人送還故里，賜以銀幣，並命有司月給廩米二石，以資供贍。寵遇之隆，「國家百六十年來，秩祀名儒，僅此一見」（《重刊康齋先生文集序》）。憲宗成化五年（一四六九）十月十七日以疾卒，享年七十有九。《明史》卷二百八十二有傳。

吴與弼學宗程朱，卻不以闡述、發揮理學概念爲務，而致力於踐行理學家的道德規範，「希賢」、「希聖」。例如，關於理學家最重要的「天理」一詞，吴與弼只說：「學者須當隨時事痛懲此心，剗割盡利欲根苗，純乎天理，方可語王道。」（《日録》）又說：「聖賢所言，無非存天理、去人欲。聖賢所行亦然。學聖賢者，舍是何以哉？」（同上）並未對這一概念做半點解釋和發揮，但在踐行方面，卻是竭力所爲。他認識到聖賢可以由學而達到，遂立志以聖賢爲效法對象，且終生不怠。他說：「君子之心必兢兢於日用常行之間，何者爲天理而當存，何者爲人欲而當去，涵泳乎聖賢之言，體察乎聖賢之行，優柔厭飫，日就月將，毋期其近效，毋欲其速成。由是以希賢而希聖，抑豈殊途也？」（《厲志齋記》）《明儒學案・崇仁學案》評曰：「先生上無所傳，而聞道最早。身體力驗，只在語默之間。出作入息，刻刻不忘。」「一切玄遠之言，絶口不道。」他的詩文和《日録》中隨處可見關於涵養身心、學聖希賢的記載。《四庫總目提要》稱：「與弼之學，實能兼採朱、陸之長而刻苦自立。其及門弟子陳獻章得其静觀涵養，遂開白沙之宗；胡居仁得其篤志力行，遂啓餘干之學。有明一代，兩派遞傳，皆自與弼倡之，其功未可以盡没。」在明代理學史上占有重要地位。

吴與弼一生貴乎力行，不輕於著述。然「遇有會意處，即形而爲詩」，留下了不少詩句，學之所得則自集爲《日録稿》。弘治元年（一四八八），吴泰出守撫州，將與弼所遺詩文及自集的《日録》裒而成集，名《康齋先生文集》，於弘治七年刊行。這是最早的吴氏文集。是集十三卷，卷首一卷，詩七卷，奏疏、書、雜集一卷，序一卷，日録一卷，跋、贊、銘、啓一卷，墓誌、墓表、祭文一卷。是集卷九、卷十一、卷十三有多處錯簡，篇目亦較爲混亂。

正德十年（一五一五），順德知府彭杰奉侍御史洪邦正之議，重刻《康齋先生文集》。重刻《文集》並跋、贊、銘、啓、墓誌、墓表、祭文爲一卷，凡十二卷，附録一卷。這次重刻，由於彭杰「亟拜蜀藩之命」而頗爲匆忙，「雖誤字略加更定，而脱簡卒未追補」（《重刊康齋吴先生文集後識》），甚至出現了兩個卷十二、無卷十一的錯誤。不但没有留下一篇序言，在有關版本資料中，竟没有人提及這次重刻！

嘉靖初，陳洪謨巡撫江西，鑒於吴與弼「其後微，其祠毁，文亦幾乎晦」，遂會同侍御史秦懋功、陶時莊等共舉祠祀之典，並命撫州郡守林維德再刻吴氏文集。嘉靖五年（一五二六）重刻，沿用了正德彭杰刻本的基本框架，釐正了前刻本的有關訛誤，仍有錯訛，未臻於完美，但優於此前兩個刻本。

後又有萬曆十八年（一五九〇）劉世節刻本、崇禎壬申（一六三二）陳懋德刻本。清代則有文淵閣《四庫全書》本、道光四年（一八二四）本、道光十五年本等。其中，劉世節刻本係劉氏「取舊本屬諸文學校正付之劂氏」（劉氏本《序》），陳懋德刻本係陳氏「因（吴氏）文集久毁於火，因謀諸郡館重鋟」而成，二者均未明所據。乾隆時修《四庫全書》據崇禎本録入，名《康齋集》。道光四年本、十五年本據萬曆本刻補，名《吴康齋先生集》，後者甚至對文集「僭以己意，重爲編次」（劉體重《重刻吴康齋先生集序》）。

本次校點以嘉靖五年林維德刻本爲底本，以弘治七年吴泰刻本（簡稱弘治本）、正德彭杰刻本（簡稱正德本）、萬曆劉世節刻本（簡稱萬曆本）和文淵閣《四庫全書》本（簡稱四庫本）爲校本。

底本「康齋先生文集附録」一卷，原置於目録前，依慣例，改置於書末。又本書目録與正文文題有出入者，依正文文題統一，不一一出校説明。

由於本人水平有限，校點過程中難免有所錯誤，敬希廣大讀者不吝指正。

校點者　宫云維

重刊康齋先生文集序

《康齋先生文集》四卷，❶刻於撫郡舊矣。初本弗善，淪於湮訛。中丞高吾陳公乃命郡守林子維德復刻之。工成，守以公命，請予敘。

夫予何人也，敢敘先生之文哉？先生之學，厲志聖賢，忘情利祿，見乎文者，率有裨於世教，論者曰儒者之高蹈，曠古之豪傑。信矣，弗俟予贅也。若文之重梓，則公之令德也，先生之榮遇也，可無言乎？

先生没而其後微，其祠毁，文亦幾乎晦矣。公撫江右，聞而惜之，因憲副顧君之議，圖於侍御秦君懋功、陶君時莊，共舉祠祀之典。疏於朝，下禮官議之，荷俞允焉。若祠若號，若祀若文，咸如所疏。

祀典新而縉紳相慶，吾道之輝復振矣。蓋先生學五十餘歲而後得聘於朝，没五十餘歲而後得祭於社，以其賢也。時無諸君子相與論薦而表章之。雖賢，孰聞哉？賢而聞矣，弗遇英廟之褒徵，天下無聞也；弗遇皇上之崇祀，後世無聞也。聘且祠，儒者之榮，於斯爲極。國家百六十年來，秩祀名儒，僅此一見。若先生者，蓋得元氣之淳者歟！祠矣，祀矣，足以風天下矣。文焉弗傳，曷所於徵？是以梓其文也。

若公者，蓋曠世而相契者歟！公曰：「康齋之志甚高，守之亦固。」竊讀其文而信

❶「四卷」，當作「四册」，按：本《序》所指撫郡舊刻乃弘治本，弘治本四册十三卷。

焉。見其所謂爲學、爲教者，皆不離乎身心，一言一行，必期聖賢而後已。凡吟詠記述之間，無非道德之寓。至於十策之獻，藹然堯舜君臣之念；四疏之懇，凛然歲寒松柏之操；材識英邁，殆非嚴光之比。是雖服乎父師之訓，其神交默契，未嘗一日而忘孔孟。孔子所謂「未之逮而有志焉者乎」！然程朱之後，克任斯文，安貧樂道，以終其身者，歸先生焉。從游之徒，率多善士，能繼其志，如陳白沙、胡敬齋之輩，清風高節，人今稱之，繼往開來，蓋庶幾矣。若其不事著述者，務實學也；不赴薦辟者，養時晦也；聘而不就者，畢初志也。出處之節，誠足以廉貪而立懦，可以輕議之哉？學者志其志，學其學，必於文焉。考之茲集也，固一代文獻之徵也，與洛閩之録並傳可也。文傳，則其名無窮，公之德可述也。予也可默乎哉？可佞乎哉？

嘉靖丙戌歲季秋九日，賜同進士出身文林郎巡按江西監察御史蜀嘉徐岱謹序

康齋先生文集序

文豈易言哉！論聖賢之文，當取其道而不當泥其詞。夫文所以載道也，道苟醇而正，雖詞有未工，不失爲聖賢之文。脱或昧於道而工於詞，譬之車已虚而徒飾其轅，珠既還而惟買其櫝，秖爲文人之文而已。唐虞三代之六經，孔、曾、思、孟之四書，濂溪之《易通》，康節之《皇極經世》，二程之《遺書》，横渠之《正蒙》，紫陽之《語類》諸篇，傳之萬世而無弊者，惟取其有關於彝倫綱常之道，發揮乎真妙圓融之理故耳，詞雖工不論也。下此以文章擅名者，無慮數十百家，出則汗牛馬，入則充棟宇，曰富矣；春葩競秀，秋卉争妍，曰麗矣。富而且麗，詞亦工矣，而於道無補，後世奚取焉？知此，則可與論康齋先生之文乎！

先生撫州崇仁人，名與弼，字子傅，康齋其别號也。自少穎敏絶人，早侍先考司業公，殊無紈綺子弟氣習。甫弱冠，即棄科舉時文之學，訪求濂洛諸書讀焉，而歸宿於六經、四書。其學亦以古聖賢爲標準，其教人貴乎力行，四方之士慕先生之風者，百舍重趼而至。先生家居以道自樂，遇有會意處，即形而爲詩，而詩皆發於性情之真，點筆立就，不見有斧鑿痕。其碑、銘、序、記諸作，亦一時應酬於人。至若《日録稿》，則先生自集其學之所得，語皆平實，無艱深意。論先生之文，具隻眼者自知之，亦惟取其道焉耳矣，烏可以詞之工不工而容喙其間哉！

先生養高林壑，年幾七十矣。當睿皇重

麗乾坤之日，大臣有以先生爲薦者，遂遣使賫勑幣，起先生於家。既赴闕庭，尋授以左春坊左諭德。儒者被遇之隆，近古所無，此宇宙間一大機會也。賜對便殿，從容啓沃，識者意先生當此時，必罄其平生之所學，必有大議論、大建明以聳動天聽，俾當時之民復見二帝三王之盛。而所陳者十事外，竟無餘論，豈格君之心不在多言，而告君之體固如是邪！雖然，輔導青宮，職亦尊顯，委亦隆重，凡四上章，懇辭弗就，浩然而歸，略不以是動其心。清風峻節，凜乎千古，此何可及哉！

戊申歲，予自南臺奉命來守是邦，先生墓木拱矣。召其子瑓，求遺文，得若干卷，而欲鋟梓以傳。適南海白沙陳先生書來，意復惓惓於是。嗚呼！聖賢之與天地日月相爲悠久者，固自有在，而先生之可傳者必文乎哉！矧知文爲難，顧予何人而敢謂知先生之文可垂遠而傳後，第表章先賢，以風動後人，郡守事也。遂因白沙之言，刊先生之文於郡齋，以償予夙心，用僭序其顛末云。

弘治七年甲寅五月望日，賜進士中順大夫知撫州府事前監察御史江浦吴泰書

勅　諭

皇帝勅諭江西撫州府崇仁縣處士吳與弼：

朕承祖宗丕緒，求賢圖治亦有年矣。永惟勞於求賢，然後成無爲之治；樂於忘勢，迺能致難進之賢。聞爾與弼，潛心經史，博洽古今，蘊經國之遠猷，抱致君之弘略，顧乃嘉遯丘園，不求聞達，朕懷高誼，思訪嘉言，渴望來儀，以資啓沃。夫古之君子隱居以求其志，行義以達其道，而獨善自安，豈其本心？諒爾於行藏之宜，處之審矣。特遣行人曹隆往詣所居，徵爾赴闕，仍賜禮幣，以表至懷。爾其惠然就道，以副朕翹待之意，故諭。

天順元年十月十三日

勅江西撫州府崇仁縣處士吳與弼：

朕惟自古英君義辟，莫不好賢求士，以臻治理，故復位以來，深思先務莫急於此。聞爾與弼，懷抱道德，嘉遯林泉，特遣行人賫捧書幣，造廬徵聘。爾乃惠然肯來，深慰朕懷，欲煩輔導東宮，特授春坊諭德。爾以衰老固辭，朕堅意不允，留之數月，果然病勢弗已，乃知本心非不欲仕，第以不能供職故耳。於是特允所辭，且以嘉猷勖朕，足見忠愛之誠，仍遣行人送還故里，賜以銀幣，用表至懷，復命有司月給廩米二石，以資供贍。爾其優游桑梓，安身樂道，以度遐齡。倘精力未衰，尚其無忘纂述，以繼前賢輔教垂世之意，故勅。

天順二年八月初七日

康齋先生文集卷之一

詩

即事 永樂庚寅，年十九。

吟斷難成調，塵編重繹尋。興亡今古事，精一聖賢心。新月何時滿，寒蛩無數吟。夜深雙過鳥，猶自戀高林。

感懷

人歲恒難百，光陰苦易過。身心須點檢，事業莫蹉跎。豪俊今寧少，庸凡古亦多。要知賢不肖，擇術在如何。

自警 辛卯

讀書悟至言，反躬屢紬繹。頗謂無他岐，立可超凡域。云胡心自戕，作事潛乖昔。俯仰一長歎，慚惶竟何極。乃知直內功，不可弛頃刻。發憤矢自兹，羣邪當遠適。❶ 聖途雖渺茫，敢吝駑駘力？誠當通鬼神，志當貫金石。

❶「適」，四庫本作「跡」。

族叔父仲學先生春月承訪弼時賃屋方定茲別數月矣有懷寄詩 壬辰

憶昨烟花暖正繁，遠勞玉趾到山間。寓居蹤跡應方定，入道工夫總未閒。囊裏有書供月眼，樽前無酒醉春顏。別來新趣知多少，透徹靈臺第幾關。

臘月望日作

欲到大賢地，須循下學工。文章深講貫，道德細磨礱。

春夜 癸巳

十年蹤跡寓神州，故國歸來更百憂。事業有期空仰古，浮沉無計却隨流。誰憐白日難停馭，自覺秋霜易到頭。多少慇懃孤負也，欲從何處覓同游？

宿白梅洲

道傍茅屋是誰家，薄暮東來一稅車。敗壁不堪題姓字，時從籬槿看秋花。

題柏 乙未

潤色還因帶雨榮，柔枝未許拂雲青。風霜莫厭多經歷，自古良材老始成。

過南康 丙申

迢遞見危樓，家家枕碧流。山高雲氣

近，江闊浪聲浮。事業懷先哲，英雄慨昔遊。幾多今古興，斜日滿芳洲。

寄梁訓導

未到都昌縣，相思先計程。連綿官舍飲，浩蕩故鄉情。柳色雨來長，梅香霽後清。極知期待遠，別語細丁寧。

聞笳

扁舟晴泊枉渚沙，葦苗滿目稀人家。夜江漠漠星横斜，東風吹鬢憐春華。隔江誰舫寂無譁，數聲悲響空中笳。響徹碧霄哀更加，悠悠緑水天一涯。

元日丁酉

淑氣已回春，晴光遍八垠。學須年共長，德必日俱新。自得顔淵樂，寧論原憲貧。兩間期不愧，敢負百年身？

贈別王上舍

旅館相逢日，春風二月初。看花杯共把，對月榻同鋪。禮樂沾清化，風雲快壯圖。願公多令譽，綱紀在人扶。

與友人夜話

話盡情難極，中宵眠復興。❶古人俱已逝，後進竟何成。世路應皆醉，吾儕豈獨醒？幾回静想遍，無以答平生。

夢洗馬先生

先生天下士，遇我獨情親。剪燭論心夜，焚香讀《易》晨。己私須盡克，天理必全純。惆悵春宵夢，分明笑語温。

雙燕春日營巢簷間未成而去夏復成之因題絶句

憶昨初開桃李花，銜泥飛傍小窗斜。春風一去無消息，何處歸來更作家？

山中歌次王右丞韻

地寥敻兮山深，聊棲遲兮林木。欲寡過兮身輕，日往來兮幽谷。行愧今兮交疏，心悲古兮趣獨。理桔槔兮灌園，更搴蘿兮補屋。晨光澹兮觀魚，夕陽收兮飲犢。居從静兮積塵，歲願豐兮登穀。戒迂學兮徇名，❷嫌荒志兮干禄。惟造道兮是期，何富貴兮可卜？

❶「復」，四庫本作「更」。

❷「徇」，原作「獨」，今據弘治本、四庫本改。

山行

野水荒村僻，雲林細路斜。晴松張翠蓋，秋果熟丹砂。悵望淹鄉曲，蹉跎改歲華。西風吹薄袂，興緒繞天涯。

訪胡徵君館所

行客林邊至，高人籬外迎。遠乘今日興，細話舊時情。涼夜一樽酒，清秋半壁燈。相看驚老大，蹤跡共浮萍。

雨中漫述

違侍親庭遠，遷居此地新。往來多故舊，問勞總比隣。屋破長防雨，天寒早閉門。卑棲聊自慰，圖史共朝昏。

松下

倦來更向山中憩，滿逕松陰白晝長。藉地不知孤坐久，遺編又誦兩三行。

感興 戊戌

月到芭蕉影半斜，好天良夜興無涯。金風聲滿千竿竹，玉露光生一砌花。

寫懷

悠悠萬古愁，瞑坐無一語。志須自強持，仁擬誰相輔？蕭然環堵間，沉吟寸心苦。荒村秋思多，斷續芭蕉雨。

登擬峴臺

城據東南勝，臺分襄楚名。人烟縈近市，竹樹雜長汀。愁逐登臨散，神因眺望清。窮通看萬物，未易達浮生。

贈戴錦舟先生

尊酒黃城夜，交期是偶然。文章元共貫，❶談笑劇忘年。近臘梅初放，陵寒菊正鮮。同衾坐無寐，高興兩綿綿。

題四景畫

草樹風暄翠欲浮，洞門深處野花幽。素琴不許閒人聽，山自巍巍水自流。

瀑洗層崖浄世塵，陰陰苔徑足南薰。日長誰是山中伴？袖手前溪立白雲。

西風紅葉繞苔磯，水冷烟寒鴈正飛。浮慮盡消身寂寞，得魚無意起竿遲。

村雪寒凝夜色浮，清江如玉着扁舟。風流自得天然妙，心跡何曾泥去留。

墨梅寄同安李宜之

學疏才薄諒何爲，牢落塵蹤閱歲時。秖有梅花共心事，便風吹向故人知。

曉 己亥

曉夢初驚覺，春禽已亂鳴。北風半夜

❶「貫」，四庫本作「賞」。

雨，東旭一窗晴。道在心偏逸，詩成氣轉清。行藏信隨遇，庶以達吾生。

題歙雲詩卷

歙雲南望迥，親舍孝思深。川陸幾年客，晨昏千里心。春風隨使節，夜月照行襟。養志古來重，功名好自任。

送饒提舉之官廣東

奉節承深寵，之官過舊鄉。親闈春廣大，宦路日舒長。嶺樹連雲合，江流過雨涼。倚門應有望，鴈信好頻將。

讀　罷

隱几初收卷，巡簷更出庭。晚雲隨雨散，霽月近人清。客久無違性，吟多獨稱情。榮枯何足問，清白是家聲。

睡　覺

午枕睡熟餘，情神喜宣朗。窗含白日靜，座納微飆爽。❶俯披聖賢書，遺言如指掌。至理諒易求，良心貴有養。安得同志人，輔我加勉强。

❶「飆」，四庫本作「風」。

送嚴府判考滿

柳緑繞江頭，薰風快壯遊。萬山辭楚徼，一水接皇州。郡劇民俱化，銓明課最優。垂衣圖至治，清問有嘉猷。

簡戴錦舟先生

筆硯長爲伍，思深趣轉清。看雲閒隱几，聽雨獨挑燈。俯仰求無愧，窮通不繫情。客邊微恙在，襟抱貴和平。

山中即事

水自幽偏山自深，竹窗花牖晝沉沉。逢人若問浮生事，半是閒眠半是吟。

曉出

際曉出柴扉，清涼過雨時。落花香滿徑，芳樹緑成帷。鳥哢有餘暇，水流無盡期。值予道心長，歸咏正相宜。

遊廣壽寺後園

新竹多垂籜，高花正滿林。雲蘿穿屈曲，苔徑入幽深。翠積叢茅暗，青交雜樹陰。劇便斯結構，端稱讀書心。

秋曉

風來夜枕寒，雲生曉窗雨。旅思共秋清，遥思故山侶。

夢友

園林到何日，羈旅念離羣。擾擾一旬內，依依兩夢君。秋風黃葉下，晴色白雲屯。應有《詩》三百，心期欲細論。

柬陳進士

獨凭吟几坐清朝，閒看行雲面碧霄。忽憶故人秋寺裏，西風琪樹雨蕭蕭。

彝公房

入院先看竹，逢僧不説經。白雲方丈室，清晝一孤燈。積雨匀秋色，殘陽報晚晴。去留無定跡，香盡拂衣行。

寄湖西族叔父仲學先生

茅屋石橋西，相親記舊時。青燈近人早，明月上窗遲。物理推今古，人情較是非。笑談如昨日，寒暑幾推移。

贈別友人

惆悵一年別，慇懃百里來。冰霜苦節在，宇宙壯懷開。白雪傳新卷，青春遞客杯。紛紛楓葉下，獨伴野人回。

閱九韶吟稿

高枕微吟罷，西齋獨坐時。閒澄病中思，細看別來詩。點竄非吾事，漸磨貴自期。

靈臺宜有養，孟子浩然師。

别湖西

送送長村外，新詩詠不休。浮雲日色薄，隨地露華稠。曲徑緣林轉，深溝帶葉流。家山應暫住，更得話綢繆。

同鎖秀才道中即事

桑梓常留念，蹉跎今始還。行行减客路，望望近家山。膠漆故人誼，風霜游子顔。何能謝塵鞅？高卧白雲間。

題庸軒

物理本平常，人心自渺茫。細祛今古惑，多漱聖賢芳。風月清江曲，園林古縣傍。悠悠百年興，長與此軒良。❶

禪嶺即事

傍險躋攀倦，臨高眺望賒。天連蒼野闊，樹帶小村斜。晴靄山何處，寒烟屋數家。躊躕懷往事，容易改年華。

與鍾生同宿東陂

日落辭蓮塘，東陂到已暝。烟霧村徑微，燈花茅齋静。❷細語夜卧遲，月華發清興。黄卷試一開，琅然共歌詠。

❶「長與此軒良」，四庫本作「良與此軒長」。
❷「花」，弘治本作「火」。

夜訪九韶

有客夜扣門，微吟帶星立。主人久青燈，欣然肅而入。勝境失追攀，高堂更歡集。丈夫襟抱開，塵絆嗟何及。

贈九韶

我與生契家，懇懇常告戒。退而省其私，立志能匪懈。相逢索居後，新知頗超邁。深培仁義根，勢利無芥蔕。

山居

偶坐柴門下，得與衆山友。雨後已芳潤，❶雲開更奇秀。澹然忘我形，不覺沉吟久。却憶平昔居，於兹幾翹首。

别九韶叔姪

我心日悠悠，喜與故人遇。相隨更過村，同遊讀書處。研墨倩兒童，頗得臨池趣。青山一分手，山留白雲去。

即事

身外機事閒，心地何優遊。晴行山水曲，步遲境彌幽。歷亂高鳥過，散漫輕烟浮。遺編幸在手，微意仍相侔。

❶「後」，弘治本作「過」。

遊南坑岡

松邊涉幽徑，天青雨新霽。矯首立崇岡，疊嶂羅迢遞。塵慮都淡然，二儀足清氣。妙趣匪言傳，飄飄離人世。

夜坐

青燈夜已分，遺編味方永。一唱而三歎，轉覺寸心炯。麗水金最精，藍田玉偏瑩。云胡苦茅塞，久未臻斯境？

即事

風威遍野號，雪花滿空墜。誰謂惜苦寒，正喜兆豐歲。紅爐坐終日，黃卷静相對。至哉聖賢言，妙契心自醉。

感懷

孤燈讀已倦，就床聊偃仰。平生所踐履，歷歷時在想。中道立苦難，學問少勉强。古人豈易期，中霄獨惝怳。❶

讀孟子

夜氣向虚朗，剪燭更已深。大哉仁義言，沃我萌蘖心。才質各高下，性命無古今。聖賢懇垂訓，而我何陸沉？

❶「惝」，原作「㦻」，今據四庫本改。

睡　起 庚子

久客逢寒食，芳年損病心。幾時鳴雨歇，終日落花深。親夢疑官舍，鄉魂繞故林。晝長春睡起，寂寂寫孤吟。

閒　述

靜裏生詩思，閒中長道心。自應尊櫝玉，不省說籯金。芳樹流春色，空庭落午陰。日和風更澹，此樂有誰尋？

承葉別駕見訪奉柬二首

窗下書生報，門前使客臨。形容驚喜定，情話別離深。風月江山趣，冰霜松柏心。

平生覓同調，幾處得知音？

白雪陽春調，長吟莫厭多。功夫既積累，律呂自諧和。江海猶疏鑿，圭璋藉琢磨。人生誰不學，志向各如何？

憶榮上舍

江館春相遇，鄉心晚益知。青雲持節日，短褐省親時。高誼能分祿，空囊只贈詩。別來消息斷，幾欲到分宜。

買　藥

生涯惟病絆，人事與心違。歲月一身晚，江湖孤夢飛。憂深多爲道，貧慣任無衣。抱布街頭去，新晴買藥歸。

即事

欲識陽和景，四時惟有春。風光三月半，霽色獨吟頻。露葉渾如醉，烟花不擇貧。人心長自小，寧解化工仁。

感懷

易白顏回髮，難升孔子堂。常時思寡過，終歲未成章。萬物人皆備，一心誰不良？如何空潦倒，甘讓昔賢芳？

絶句

新詩盡日恣冥搜，塵世悠悠任去留。興到江山隨處覽，不知身外有閒愁。

楊柳

嬋娟楊柳枝，烟雨涵芳姿。託根近孤松，蒼翠相因依。頗謂顏色好，可同歲寒期。豈知霜未墜，素葉先紛飛。

圃内

長夏日已晚，歸鳥皆投林。幽獨悦兹圃，把書行且吟。花竹流芳净，蔬果生意深。兩間有妙趣，長契静者心。

四月四日

客牀起復眠，中心悵遐慕。嗟我庭中

親，茲旦惟初度。❶ 豈獨別離深，鬢髮久垂素。形留空役神，迢迢滯江路。

宿章廣文館

虛齋罷清話，拂牀事枕席。青燈滅餘燼，斜月流素壁。弟子富書聲，感之增歎息。沉痾久纏綿，那由共茲夕？

贈章廣文

俗情素寡合，獨往欲無言。伊誰寫湮鬱，喜得章澹然。絲蘿託世好，金蘭契忘年。青眼饒故意，白雲多新篇。顧茲蹉跎志，懷古共勉旃。

茂樹

古垣有茂樹，婆娑廣成帷。霜雪根本固，雨露枝葉肥。蒙密自昏曉，靜愛衆鳥歸。此物尚有容，吾心諒何爲？

月夜憶友人

階除境向寂，客思渺無依。美茲風月夕，正是懷人時。欲叙平生心，相見各未期。百年若流水，如何長別離！

❶「旦」，原作「且」，據四庫本改。

題畫馬

有客遺弟子，持示雙馬圖。丹青固妙筆，所擬皆龍駒。一龍嘶青雲，一龍困鹽車。逸氣含變態，病骨森清癯。既遭伯樂顧，絕足逎得輸。❶未遇善自保，飽秣青山芻。

遊北禪寺

入門聞花香，傍砌看花色。花香細而清，花色潔以白。薰風院深沉，亭午人閒寂。悠哉羲皇上，着此忘機客。

棲鳳竹

庭宇肅深沉，蒼翠交梧竹。衆鳥從紛飛，時看鳳來宿。

送人赴春闈

畫省身先達，春闈氣正豪。功名方自負，關塞豈辭勞。黃道中天近，青雲北極高。臚傳知得意，端笏繼夔皋。

柬朱學正先生

伊昔起予深，相逢久別心。老成欣德重，薄劣愧年侵。夜雨添新思，秋風憶舊吟。正期談笑密，還念欲分襟。

❶「輸」，四庫本作「紓」。

不寐

寒鼓三更後，孤衾未睡時。無窮身外事，逐一靜中思。聖域何由入，靈臺久自私。疏檽霜月白，愁況漫裁詩。

覽舊遊

喬樹春風花正開，芒鞋曾記屢徘徊。如今花落年光莫，寒色斜陽又獨來。

山中見梅花

茅庵深處路縈斜，老樹遥看近臘花。何事幽人吟未到，遊蜂先已得春華。

述懷辛丑

風雨春天曉，江山客夢醒。浮沉誰共慰？出處獨含情。得善慚顏氏，傳經憶伏生。經過人事略，何意釣時名？

春夜

千古興懷洙泗濱，無由一接杏壇春。自憐弱質生來晚，空作紛紛世上人。

曉立

靈臺清曉玉無瑕，獨立東風翫物華。春氣夜來深幾許，小桃又發兩三花。

憶九韶

春泥滑滑陰連朝，出門跬步難逍遥。陽和黯然舒藹藹，❶風雨倏倏來蕭蕭。客懷思見故人面，雲山阻絶誰相招？故人隱居蘿谿曲，殘書破硯甘寂寥。奉親常懼歲月速，學古不使子弟驕。躬耕秖願秋穀熟，擊壤皡皡歌唐堯。平生於我誼不薄，松柏寧向秋風凋。愧我崎嶇昧生理，託身在處雲飄飄。何時歸來葺茅屋，與子共種黄精苗？

出城

行行共吾姪，誦詩出城郭。白日皎青天，風光勝於昨。嶺外更峯巒，村邊總花蕚。擾擾行路人，誰識予心樂？

新莊渡

渡頭舟已發，隨意坐芳洲。白石聊爲硯，題詩蘸碧流。

道中作九首

臨渠愛流水，試硯涉還歇。起看碎米花，疑殘去年雪。

眺望覺日遲，經過忘前後。牧唱兒童閒，黄牛滿丘阜。

叢竹夾桃花，清池映高下。世上有丹青，筆底誰能畫？

❶「黯」，原作「雸」，今據四庫本改。按「雸」字不見字書，疑刻誤。

愛景時迴立，❶烟村澹相對。惆悵百年人，此心幾人會？

呼童汲清泚，怡然坐臨池。誰能知我懷，細雨來催詩？

人生得丈夫，萬一幸爲儒。寸心含宇宙，不樂復何如？

紙筆不暫離，琴書恒自隨。欲憂身外事，何日是閒時？

得詩萬事輕，性達頻爵躍。翹首吟未迴，松風度寥廓。

微雨已滑途，行客未堪住。遥問讀書齋，正在花深處。

友人至

獨繞烟村來，共玆玩雲月。細語夜已闌，深意殊未歇。

曉起即事二首

夜思經世務，神倦方熟眠。晨朝氣清爽，良心還炯然。

條風暖雨來，晨烟村冥漠。北牖時獨開，紛紛李花落。

録詩稿

晴日鳥相喚，輕風花亂飛。紅塵休入户，次第正抄詩。

❶「迴」，原作「迴」，據文意改。

客夜玩月❶

靜來悟道機，突奧難言説。但得此心安，從處堪乘月。

縱步

幽花發清香，芳林漲新緑。閒聽山中禽，更倚籬邊竹。

友人至二首

整屨欲有往，故人忽西來。盎然陽春懷，共向東風開。

平生慕克己，茫然靡所獲。今日欣語君，至樂頗洋溢。

覺後

覺來氣宇澄，開牖東林下。缺月五更頭，寒光皎清夜。

村中即事

春光被四野，行欣物華茂。寂寂竹林邊，幽禽語清晝。

胡十見訪客舘值予暫出承候迎村外遂相與敘舊同宿得詩六首

歸步夕陽遲，和風滿襟袖。矯首清溪

❶「客夜玩月」，四庫本作「客玩夜月」。

傍，芳畦故人候。

梅花殘臘時，訪予五峯上。詎知萍梗蹤，春光此同賞。

我歸驚十年，回首如信宿。惆悵謫仙吟，人生鳥過目。

憶子有立年，曾與論耿介。吾今越斯境，事業憐安在？

既罷溪上遊，復向籬邊坐。夜景良可人，誰能即高卧？

交期相惠好，青燈共斯閣。話言雜今昔，心事兼悲樂。

晝寢覺

日净風暄清晝遲，緑陰啼鳥夢醒時。閒窗筆硯無塵雜，幽事宜人又得詩。

讀中庸

一理存乎静，萬事著於微。是以君子心，戰兢恒自持。

彈琴

寂寥春夜間，几閣孤燈照。邈爾形役忘，絲桐正清妙。

琴罷

琴罷詩興來，殘燈獨揮筆。因識聖人心，澹然何意必。

別鎖秀才

覓渡臨清流，故人更同舟。細語昨日詩，別懷總悠悠。送送山之麓，春花多躑躅。長揖東風前，浮生兩相勖。

夢嚴親

江山久離居，薄養那得及。髣髴何處庭，承顔夢中立。天性良固有，深愛成長泣。涕淚泫莫收，曉起衾猶濕。

牛氏東軒

名花散奇香，幽苔多净緑。清晝軒中人，琴書自相續。

感舊遊

石橋門巷落花深，晴日光風鳥亂吟。人事暗隨春夢換，緑楊還似舊時陰。

柬徐廣文

學問無少長，立志夫何如。勉强柔即强，惰慢明亦愚。光景勿云盛，❶容易垂桑榆。年侵勿自畫，爲仁果誰歟？一私誠自窒，❷蕩蕩斯廣居。深功累日月，賢聖途豈殊？勉旃黌宫彦，勇往毋踟躕。莫嫌瑣瑣言，素心不能諛。

❶「云」，原誤作「去」，今據弘治本、四庫本改。
❷「誠」，原作「試」，今據四庫本改。

上頓渡舟中

驅馳年少未應勞，萬事無心任所遭。收拾琴書辭故郡，江山隨處是詩豪。

夜　坐

雨滴空階響，燈懸净壁明。掩書人獨坐，性達正惺惺。

蘄春采芹亭同羅黄二廣文登

名亭極虛敞，英友攜登臨。石池湛寒水，茂樹圍幽陰。久坐得勝趣，劇談延賞心。薄遊慶佳遇，因以書狂吟。

題一丘軒

予以客遊，因訪故人傅秉彜於驛溪，地甚幽僻，林木森蔚，翛然有塵外之趣。予極樂之，秉彜亦陶然，有以適其居也。翼日，相與翺翔村外，既浴而歸，指其居之東曰：「平生種田，此一丘耳。」予笑曰：「一丘固善，❶宜以名軒。」秉彜亦笑而然之，且請文以申其説。鄙才不足以文，聊賦小詩以復焉。

種此一丘田，朝夕恒精虔。衆草不敢穢，瓜瓞斯綿綿。

❶「善」，四庫本作「美」。

寄胡九韶

去家已十日，作客無盡期。悟道達浮生，浩蕩隨所之。榮枯藐毫忽，得失輕銖錙。聞味聖賢道，謾吟今古詩。勝境多獨得，佳興良自知。寄言故鄉友，身心善矜持。

謁濂溪晦庵二先生祠二首

孔孟微言幾欲絶，先生千載續真傳。偶經靈宇增新感，遺緒寥寥若箇編？

平生慨慕古人深，道味先生更所欽。長恨無緣趨末席，靈祠一拜儼如臨。

夢親

欲寫離腸苦，無言下筆難。奉歡何日遂，夢裏暫承顔。

登舟入楚

步出湓城吊古餘，前程又復即舟居。客身到處無榮辱，隨分蕭條兩篋書。

夢慈闈

昊天罔極裂心肝，遺塚荒涼不忍看。魂夢豈知生死隔，承顔浪喜得真歡。

即事

吟覺多情坐不眠，月光涵水水浮天。艫聲細與歌聲協，又有西來夜泊船。

觀濂洛關閩諸君子遺像

平生習迂僻，人物常懷古。自從堯舜來，歷歷固可數。降茲秦漢下，無才繼鄒魯。偉哉宋德隆，夫子生四五。日月麗中天，遠近曷不睹？人心一返正，斯道朗以溥。嗟我小子愚，私淑豈小補？偶從黃卷中，瞻像慰渴慕。因像以求心，益自陶莽鹵。不及猶恐失，誰知此心苦？會當寫斯圖，頃刻恒敬負。

讀易

夏日舒以長，齋内深更静。正襟新浴餘，肅容湛天性。悠哉四聖心，玩味頻起敬。好風生坐隅，竹色鮮相映。澹爾絶外牽，伊誰共佳興？

枕上絶句

賢聖微言玩愈精，夜分無寐獨惺惺。十年醉夢迷南北，一點寒山雪後青。

即事

環堵蕭然隔世塵，日長惟有簡編親。青衿髦士時能訪，出處諄諄話古人。

曉起即事

人心秉至靈，胡爲自狼狽？十年磨一鏡，漸覺塵埃退。清曉旭日升，竹樹欣相對。欲託丹青圖，斯意恐難會。

黄廣文爲僕趣裝

客子去莫留，故人情不淺。離合焉足論，事業宜加勉。恒令此志存，會見長材展。賢聖以爲師，任重而道遠。

黄廣文城外送別

迢遞步暑來，高情重爲別。匆匆話莫窮，努力男兒節。

宿漸嶺

漠漠暮林横緑野，澄澄秋水映紅雲。遠來客舸依沙岸，獨犬一聲何處村。

先生跋云：此辛丑歲歸自武昌詩也。閲稿見之，因感此景何處無之？然必心中無事，乃能見也。

赤壁懷古

今日題詩處，明朝迹又塵。不知江漢水，流盡幾多人。

大冶山中

客路逢人問，前程去已迷。唤回琴劍

侶，斜度小橋西。

重訪盛山人

舍舘曾留宿，園林今更過。米嫌秋熟少，苗歎雨傷多。寄遠書應達，移居事若何。秋風涼冷後，有待碧山阿。

謝家埠舟中即事

憶昔扁舟久寓居，客中風景日能摹。❶重來幾換人間節，佳興如今却勝初。

次梅根

風色蕭蕭生暮寒，月明催棹下奔湍。孤舟繫穩更相勞，又得長江一日安。

舟中即事

緗帙收來霜夜分，月中猶見打魚人。始知各有平生分，勤苦方能立此身。

荻港舟中

寒蘆漠漠夜澄澄，雲盡霜天月倍明。欲問箇中深淺興，青燈孤映讀書聲。

舟次蕪湖寄友

地迥天青蘆鴈呼，西風殘照泊蕪湖。遠書不盡悠悠意，努力人間大丈夫。

❶「日」，四庫本作「自」。

述懷

平生蹤跡慣飄蓬，短棹從教西復東。借問鄉園從別後，一句清思屬中庸。

偶述

十年勤苦學求仁，品彙紛紜未識真。惟有一般堪自笑，行藏酷過古人貧。

舟中觀書憶諸生

燈火夜常半，工夫日又新。濫追先進躅，頻憶故山人。凍竹那妨雪，寒梅自有春。此生何處達，天地即吾仁。

別史儀部

清譽聞來熟，高情交更深。青燈連夜話，黃卷百年心。斯道何難入，深功貴自任。匆匆慚贈處，惆悵託狂吟。

別李鳳儀

途逢渾似夢，驚定始開襟。萬里又分袂，幾時重盍簪。詩書仍努力，窮達莫殊心。邈爾雲山外，頻頻憶舊吟。

訪葉別駕

消息猶難得，逢迎更敢期？寧知爲客際，重忝久要辭。剪燭嫌更短，連牀願別遲。

欲投迂闊分，捨此復何之？

贈丁太常

別駕僑居處，頻過不覺疲。喜通儀部好，更辱太常知。賤子慚何筭，明公貴有爲。聖途如指掌，努力妙年時。

宿黃茅潭隔港

日夕北風起，停橈未有涯。橫江欣得伴，和月宿蘆花。

偶述

欲遵君子業，名教貴昭融。能事參天地，元基慎獨功。

板橋客夜

達得浮生去住輕，江樓遇夜旅魂清。遠書作罷孤燈靜，霜月淒涼鴈數聲。

除日書懷

一歲生涯不離書，明年行止更何如。男兒挺拔今猶古，百倍工夫正屬渠。

除夜次唐人詩韻

青燈幽户照無眠，高興吟哦正浩然。一歲平安私自幸，進脩踴躍入新年。

西軒即事 壬寅

凍消殘雪早春回，幽户條風任往來。黄卷玩餘閒卧後，滿窗春色數枝梅。

觀梅

梅花滿眼感懷新，正月俄驚十日春。花落更開開更落，小窗忙殺讀書人。

柬友人 二首

物物由來根太極，等閒那得識其真。浮生三十端虛度，擾擾俱爲夢裏人。

貧居盡日掩柴關，黄卷青燈不敢閒。克己轉知前日妄，希賢愈覺古人難。

感興

浮生歲月易蹉跎，交誼知心苦不多。幾欲開懷難覓伴，只應懷古獨高歌。

贈黄經歷先生

竹屋長無鴈，花封偶盍簪。雨窗宵並榻，❶雪案晝同吟。往事渾如夢，清歡暫稱心。明朝踏晴色，歸思各雲林。

題琴樂軒

花縣東南里巷深，高軒清樂屬瑶琴。緑

❶「宵」，原作「寒」，今據四庫本改。

陰簾幙閒中世，明月階除静裏心。松韻正幽孤鶴唳，海濤初定老龍吟。山中亦有無絃趣，茅屋何時肯一尋？

夢親 癸卯

夜夜春天夢，依依只在親。山中有茅屋，何日泝歸津？

題三友圖

桃李春晴錦萬堆，蕭然誰數竹松梅。不應處士開新畫，❶雪裏何從表異材。

嚴親寄家譜至

門外歡聲送喜來，天邊家譜到山開。音塵已隔半年後，樂極猶疑是夢回。

南軒夜坐

庭前詩已成，雲間月未没。入户啓南軒，無拘轉真率。草木發天香，遥夜清人骨。

奉寄黄浩中先生

十年兩度侍西軒，細語傾心夜不眠。浮世別離疲野馬，幾回懷古獨雲天。

月夜

迢迢良夜月澄秋，萬象清嚴風露幽。安

❶「應」，四庫本作「因」。

得人心亦如此，廓然慾盡理周流。

題梅竹軒

蓮塘南畔碧山連，梅竹幽深着小軒。接席好風晴滿徑，隔簾香雪夜浮天。題詩興繞賡歌際，讀《易》心遊未畫前。佳致幾時期我共，爲君細和白雲篇。

暫宿新居

青山白雲裏，曠然露平陸。峯巒森遠近，澗溪羅屈曲。辛丑杪秋中，相基蒙吉卜。明年閏月冬，於焉結新屋。癸卯建未初，移居遂所欲。藩籬雖未稠，斗室聊自足。露坐天宇涼，語笑偕僮僕。共想古昔來，誰人此曾宿？

東軒即事

公事纏彌旬，寸心靡敢放。豈惟學古難，人欲誠易蕩。昨宵擬見官，風雨不成往。偶此東窗下，暫焉閒俯仰。徧閱舊時吟，靜思新志向。疑似實自蒙，伊誰一指掌？洙泗跡既陳，洛閩且絶響。安得同志人，靈臺期共養？

十一月朔旦枕上作

立志成人自稚年，中間鹵莽實堪憐。如今轉覺人須學，截日嚴程造白堅。

除夕

慷慨臨除夕，蹉跎又見春。一年非不學，何日是成人？經事才還廣，潛心理漸真。微吟增感激，名教定書紳。

傷農家甲辰

秋穀應多減，春炊固轉艱。頻聞寒雨裏，採蕨滿深山。

十二月十四日絶句四首

弊廬風雨何曾蔽，衣食田園給更慳。積病寒窗塵滿眼，始知無怨實爲難。

始知無怨實爲難，至樂誰如孔與顔？誤把古人輕易看，精脩從此可容閒？

精脩從此可容閒？勘破當年義利關。隨處動心兼忍性，何憂不到古人班？

何憂不到古人班？只把遺經子細看。學久自然查滓化，心斯廣矣體斯胖。

懼衰

少壯空纏疾病過，光陰況復迅如梭。蹉跎容易入衰境，此德此身將奈何？

寒疾未醒兼困於瘡廢書默詠朱子及陸象山兄弟鵝湖倡和詩僭次其韻

先哲高風悉所欽，考亭朱子益留心。滄溟浩浩吞諸水，泰華巍巍失萬岑。理極研精無窔奥，形純踐履更深沉。微軀每恨生來晚，空慕聲容隔古今。

除　夜

一年程課較如何，輕薄還應感慨多。明日又逢新歲月，幾時能出舊巢窠？

元　日 乙巳

回首流年一夢間，靜思身世立應難。工夫百倍須深勉，莫把光陰當等閒。

正月十九夜枕上作 二首

自歎生來後聖賢，下流入道苦難前。何由養得中和性，樂以忘憂理渾然。

樂以忘憂理渾然，後生豈易造斯言？歛然下學無他法，一味深功克性偏。

書所得❶

荊棘場中二十年，中間回首實堪憐。欲從何處求心性，日用由來總是天。

舟宿陶婆灣

夜半扁舟夢不成，細將心緒繹平生。人倫有道何能盡，展轉無端感慨情。

贈九韶

緑蘿谿上舊儒家，脩竹喬松去市賒。南

❶「得」，弘治本作「作」。

畒秋風多熟黍，東園夜雨總肥瓜。聖賢指示方應密，師友相期路不差。孝友一門斯是政，讀書聲裏老生涯。

夜讀康節先生詩後作

田圃工夫日破除，小窗燈火夜詩書。月華皎潔雲輕後，夏景清涼雨霽餘。百體無拘知氣泰，一塵不累識心虛。從今莫惜慇懃學，好古方能屢起予。

夢傅秉彝

一別那勝歲月深，浮沉世務阻相尋。分陰痛惜平生志，夢裏猶懸悵怏心。

午枕

枕簟清涼午夢濃，覺來鳩語太從容。寸心似水無纖浪，認取鄒書夜氣功。

夏夜

月色嬋娟夜正涼，偶然徐步稻花傍。籬多竹樹饒清蔭，池滿芙蕖有暗香。

寄九韶

幽窗遺籍自朝昏，盡日紅塵不到門。頑鈍淬磨還有益，新功頻欲故人聞。

月夜

涼月清襟抱，閒吟氣正和。熟思剛暴性，旦晝梏亡多。

夜讀後對月

青燈讀倦閣遺編，見月多情又不眠。欲識此心虛妙處，沉沉户牖嫩涼天。

省己

希賢事業愧庸才，煅煉磋磨志愈乖。世澤厚深流慶遠，道心連日得悠哉。

月夜

雲盡天心月正圓，可人清景屬南軒。滿懷今古那能寐，緩拭枯桐理舜絃。

變化氣質消磨習俗

由來氣質已偏枯，俗染彌深愈失初。於此不加鏖戰勇，却從何處着工夫？

觀舊稿

十載飄零無定棲，兩年幸隱此山扉。詩書漸覺添新得，心性還應勝舊時。

寄題戴氏水竹居

勝日來良朋，相招出茅屋。壯觀窮名山，所歷清心目。山人白雲端，蒼翠羅脩竹。鶴髮笑相逢，坐談此君熟。苔徑遞幽陰，軒楹凈如玉。塵慮蟬已蛻，道心露新沐。主賓偶一契，題詩愜素欲。徘徊話別遲，夤緣看未足。歸臥梅窗雲，餘興猶可掬。何當載酒來，重尋詠淇澳。

有悟

困窮拂亂力難勝，天意分明增不能。思到此心收斂處，聰明睿知自然生。

除夜二首❶

不惑無聞大聖辭，如今秪有五年期。譬猶萬里關山路，駑足應須日夜馳。

駑足應須日夜馳，丁寧莫枉一男兒。工夫徹後開眉看，萬里青天月出時。

康齋先生文集卷之一

❶「二首」，原闕，今據文例補。

康齋先生文集卷之二

詩

元日 宣德丙午

去年程課略加勤，今歲深期日日新。萬事何如吾道重，丁寧莫枉此生身。

遣悶

講學無功德不脩，不才甚矣可無憂。青春回首今何在，堪歎人生易白頭。

發舟弓家渡

囊書喜上省親舟，千里山川盡舊遊。家慶新歡堪計日，前程漸次減離憂。

贈傅秉彝

洗墨池邊春草長，重來懷舊意茫茫。蹉跎容易青春晚，秋鬢能禁幾點霜。

清苦吟

清苦丈夫志，風霜善自持。陽和非不愛，義命貴安之。

即事

磊落羣峯徹曉雲，柴關閒出爲晴曛。逢人偶學占秧候，活水渠邊手自分。

晝坐外南軒

南窗北牖透晴光，花木參差日正長。舉目無非幽賞處，不知何地是仙鄉。

絶句

竹户風光軟，花軒清晝遲。蒼苔人跡絶，净几獨吾伊。

閒趣

野水雲山隔市塵，日憑閒散養吾真。茅廬周匝多芳樹，行處清香暗襲人。

夢覺作

靜夜迢迢獨覺時，寸心凝歛絶邪思。聰明睿知何從出，作聖之功信在斯。

紗陂

長瀦石罅冰，廣浣溪中雪。清風生夜寒，泓澄浸秋月。

大同峽

秀峙交翠屏，清冷響寒玉。谷鳥時一鳴，蒼苔此幽獨。

曉起

夜氣春融和，曙光晴皎潔。漠漠碧雲端，斜露清霄月。

羅家園

湛湛芳草池，脩脩碧霄竹。倚竹漱春流，清氣滿幽谷。

李家山

攜琴兼載酒，童冠偕躋攀。浩歌碧雲裏，落日松風寒。

徐家山

大路臨青山，蒼苔蔭清樾。幾度縱芒鞋，送賓此爲節。

石泉

石泉千古名，悠悠四時緑。净潔乃素心，白雲一茅屋。

東陂

迢迢透長源，滔滔流晝夜。幾曾瞑目聽，應悟安行者。

東窗誦陶詩

時和風雨調，緑疇日滋長。吾意良淡然，晴窗坐虛敞。竹蔭連琴書，幽苔隔塵鞅。流誦徵君辭，伊誰嗣清響。

偶書

倦出尋常止茅屋，妄想潛消思寡欲。但恨青山雲未深，更欲移居問窮谷。

枕上作

爲學曠鋤犂，事農疏典籍。學弛心性蕪，農惰饑凍逼。二者貴兼之，庶幾日滋益。奈何疾病纏，蹉跎且復夕。

即事

獨步孤村去，從容玩我書。稻苗時雨後，山色晚晴餘。性也何曾染，心兮此正虛。歸來帶明月，夜興更何如。

燈下作

日日勞筋骨，中心未免疑。細思貧賤理，素位合如斯。

贈黃徵士

臥痾白雲中,苦心正懷舊。忽枉故人盼,青山得攜手。晴窗坐南薰,薄言勸春酒。眷然惜離羣,問答殊未久。荒村多寂寥,還能重來否?

寫懷 戊申十月服闋作❶

意緒依依萬感餘,羸軀應向死邊蘇。哀歌欲寫難成調,幾傍霜簷對月孤。

冬夜枕上作

遙憶當年學立身,兢兢常恐暫埃塵。孤風自許追千古,特操何曾讓一人。因病簡編尋曠弛,離羣踐履轉逡巡。中宵忽感平生志,回首空過十七春。

與學者戴輿

煢煢失怙未能言,鞠育劬勞仰母憐。稍及成童知擇善,纔隣弱冠已忘眠。鏡當塵積光難緝,車向途艱勢易顛。從此更敦千古志,躬行心得好拳拳。

自歎

少年不學浪悠悠,老去無成空隱憂。寄語青春强健客,及時黃卷好埋頭。

❶「闋」,原誤作「闕」,今據四庫本改。

寄李子儼

楊柳城頭絮亂飛，慇懃客舍再逢時。山中有約遂何日，覊思悠悠謾寄詩。

感懷

静把平生一細思，可堪桃李不勝吹。何能挽得千溪水，净洗靈臺一片私。

龍窟渡拜先曾祖楚江先生墓

青山遠入避紅塵，遺魄千秋此水濱。荒隴凄涼重拜日，細從諸老問前因。

遷居小陂

小陂橋畔記吾廬，七載經營今始居。一片靈臺無别想，孜孜惟是聖人書。

夜坐

古道寥寥不易尋，秋風楊柳感人深。虚堂寂静無言處，黄卷青燈永夜心。

冬夜懷古三首

二帝三王隆至治，臯夔周召和應同。斯人何幸生斯世，一體君民瑞氣中。

孔孟孳孳論要道，顔曾公萬實同心。滿門師友更酬酢，此樂當時知幾深。

濂洛關閩道中興，游楊黄輔一時生。大明日月當中麗，多少祥雲與景星。

晝寢覺作己酉

病思昏昏午夢還，熟思歷試鼻應酸。欲知松柏孤高處，須向隆冬雪後看。

懷孔御史二首

曾向嚴親舊稿中，覩君尺牘語春容。知予太過深增懼，幾度相思細省躬。

幾度相思細省躬，可堪名勝耻無窮。欲求實勝何由得？黄卷須加百倍功。

晨坐東齋

寂養資良宵，清晨趣應好。芳露盈華園，碧嵐靄春阜。虚齋獨危冠，晴光爛窗牖。一玩謙亨辭，冷然滌心垢。

閒興

貧居日寡營，動息得自眕。自安自重爲眕。時課諸生餘，還共兒童哂。出門望舊山，緣籬採新筍。歸坐夕風清，閒情寄瑶軫。

次學者韻

欲説男兒事，奇功未易收。靈臺須静養，物理貴精求。歲月忽向晚，關山阻且脩。

分陰宜痛惜，驅策莫遲留。

暇日偶成

寸心如水淡無波，四體安舒一氣和。有客到齋終日話，懷開應喜善人多。

病中枕上作三首❶

一念之微須致精，公私王霸要分明。毫埃絲垢宜揩盡，剛立成心大路行。

纖私滌盡未爲難，要識時中是孔顔。此箇路頭何處問，苦心空使鬢毛班。

律身須禮不容疏，公以治心其庶乎。二者歿身而已矣，不知人世有榮枯。

新居即事

幽賞平生志，安居此庶幾。青山環遠近，碧水帶東西。接舍惟樵徑，連雲只稻畦。遺經閒恣閲，心迹總高棲。

改過

四十應當成德時，中心何更有他岐。其終也已宜深察，剔拔毋令利暫縻。

❶「三首」，原闕，目録題下誤標「二首」，今據文例改。後遇此類情形，逕改，不再出校。

即事

養病私欣得自由，日長卧看《魯春秋》。悠然詠到忘言處，一枕清涼午夢幽。

省己

此心一失栽培力，幾向窮途不自持。静裏反躬深省處，風霜却是進脩資。

處困

遇着艱難須用心，毋令放下便淪沉。此關若得千重透，信有人間百鍊金。

寄曰讓祈門訓導

優游新趣佳山水，仰止前謨近聖賢。朱子父母之邦。六籍日須鞭策進，寸心幸莫利名牽。杏壇鐸曉光風滿，蕙帳琴寒霽月懸。從古男兒當自奮，賸將事業答青年。

冬夜步月懷劉悦學先生

讀罷閒吟緩出庭，月華如畫院澄澄。恍思玩《易》京師夜，曾向吾師學看星。

枕上偶成

爲學如登萬仞山，層崖須用小心攀。前頭儘有無窮趣，只是工夫不斷難。

冬至夜枕上作

深造工夫靡敢慳，近來又透一重關。心思只在聖賢上，夢寐不離文字間。斯道極知顛倒易，一身痛惜把持難。微吟又是陽生後，細省迷途駕速還。

晝寢覺作

眇然方寸經綸本，萬感誰憐此地危。常失之動。❶欹枕細思敦艮旨，幾人曾向吉中歸？

寄羅秀才

衰謝無才甘陸沉，何煩青眼特遥臨。驢欣便若平生好，慷慨深投半百心。莫逆尚期清夜話，有懷先寄白頭吟。卜居願與嘉謀協，早向春風聽好音。

中堂即事

燈明几净室清幽，滿眼圖書託士流。滌硯閒書新得趣，廓然泰宇澹何憂。

除夕

擁罷寒爐小酌餘，挑燈又近古人書。一枝粗定身多幸，此地應逢兩歲除。

❶「常」，四庫本作「當」。

元日紀夢庚戌

爲學平生慕至真，孜孜明德與新民。朝來枕上添新喜，夢裏猶深激勸人。

夜讀

疾風吹雨霰交飛，獨撥寒爐夜半時。喜得諸生清苦共，小窗之外尚吾伊。

誦晦庵詩次韻

誅茅遂幽獨，愜此林壑清。大和釀羣卉，天香滿衣纓。病軀無餘事，先人富遺經。自陪二三子，明窗共經營。

待月西齋

遠愛雲山近竹林，芸編堆裏更瑶琴。時行時止憑誰説，待月西齋自養心。

曉枕作

少年意氣凌秋霜，直欲追古豪傑參翺翔。老去何知萬事曠，空令感激增悲傷。嗚呼古人及之良不易，後生慎勿輕流光。

温楚歌

上國曾傳此調清，經年多故忘當丁。虚堂永晝重温處，吟到多情是故聲。

門外閒坐

習静生憎損病心，晚涼門外獨横琴。呼童細剔溪頭樹，爲愛青青雲際岑。

獨步偶成

暫出孤村縱野蹤，晚涼歸詠更從容。盈眸好景新晴後，人在乾坤清氣中。

題唐山書閣

流俗滔滔利是趨，君家高閣獨儲書。絶韋遠紹前人緒，麗澤頻來長者車。香雨芸窗春杳杳，清風蘭砌日舒舒。小陂茅屋應相近，時喜諸郎問魯魚。

私

一念私纔起，風波勢便增。若非鏖戰勇，方寸幾時平？

分

萬事須由命，勞勞徒喪廉。❶若非安得分，儘快未能厭。

名利

眼前名利日紛紜，擾擾何由得性真。置却身心貧富外，始知世有出塵人。

❶「勞勞」，四庫本作「勞苦」。

苦熱觀晦庵詩集

炎熱侵陵夢少安，茅簷無地可盤桓。絶勝黄卷多冰雪，朗誦令人骨髓寒。

讀罷枕上喜而有作

讀書進處心私幸，更把精靈禱上天。願假數年無病困，尚當努力繼前賢。

枕上默誦中庸稍悟一書大旨喜而賦此

句習章燖幾十年，其於統會每茫然。一朝似得優游力，擊節深嗟聖嗣賢。❶

至日感懷

屢醒長更夢，頻添暮景愁。盛時剛易失，多病苦難瘳。長困荆蓁境，終非鸞鳳儔。徘徊當令節，休復慨前脩。

臨流瞑目坐辛亥

物外元無我，閒中别有天。臨流時抱膝，此意向誰言？

寄葉郎中

索居萬事愧吾徒，十載猖狂一薄夫。貧

❶「嗟」，四庫本作「歎」。

病不勝書課減，怠荒常是力行疏。愁來無地堪容足，老去何時可復初？ 忽辱高明千里念，題詩遥望獨長吁。

枕上作

仁者無怨尤，節士多饑寒。至理無定在，君子隨時難。

連珠求藥歸道中作

問藥歸來出白雲，輕身隨處玩餘春。會心偶記前賢詠，得自由時莫厭貧。

懷舊

憶曾彌月寓東坪，童冠相親八九朋。月色滿簾天似水，書聲徹曉院如冰。賢關總擬争先入，塵鞅何期竟久縈。愧我只今空白髮，不堪回首負平生。

夜牧

涼氣蕭蕭露滿衣，碧天如洗月如規。浩歌一曲孤村寂，緑樹陰中牧犢歸。

講罷偶成

萬事應須任所遭，胼胝農圃敢辭勞。西齋講罷心如水，又對涼天霽月高。

東窗偶成

虚窗寂寂隔紅塵，蹤跡雖貧樂甚真。法

帖謾陶閒裏趣，高眠時養病中神。

灌　禾

田頭一一荷鋤過，自放寒流灌晚禾。隨分不辭筋力苦，坐看明月好懷多。

東齋讀晦庵先生詩次韻

朝朝黄卷自埋頭，物外從教春復秋。座接好山青繞屋，門迎活水緑平溝。舊花匝徑紅如織，新竹成林翠欲流。課罷幾回閒徙倚，誰憐心賞十分幽？

贈山中人

徐步春山日未晡，石橋流水竹扶疏。爲求桑柘乘時種，一一煩君手自鋤。

遊　山 自大同東坑過連珠

東風新霽好懷多，又復攜琴訪薜蘿。幽賞正宜窮窈窕，遐觀時喜陟嵯峩。寸心好共寒流淡，一氣應同淑景和。迤邐不妨歸步晚，暖烟涼月助吟哦。

遊　山 自大同西坑過玗溪

麗景尋幽日日宜，杳然身世在皇羲。芳林勝馥徐行際，涼石濃陰小憩時。勝地到來心自醉，吉人逢處話忘疲。夜深更酹家山月，不憚烟村歸去遲。

題桐岡茅屋

遠却囂塵製芰衣，野塘安處澹忘歸。良疇佳圃怡朝夕，白水青山省是非。醉裏乾坤類箕潁，閒中今古在皇羲。人生肥遯如斯足，多少功名與願違。

病中倦卧偶思年二十四時寓居東坪與諸生夜讀賦玩月詩微吟一過神思洒然遂次舊韻

舊吟誦罷病魂清，猶幸靈臺一點明。鍛鍊雖然愧金錫，戰兢不敢忘淵冰。未容餘日甘衰朽，尚擬諸生更老成。世澤依然詩禮在，好將塵慮静中澄。

懶　吟癸丑

時止時行學養痾，人心天氣共融和。好懷却怕詩拘束，不似前時苦思多。

同士當度横琴嶺

仄徑依微落照殘，行臨絶嶺暫怡顔。他年記得耽幽處，烟樹參差遠近山。

寄士當

兩地相思渴一逢，忽從華里共春風。通家不減平生好，指掌深論别後功。翠嶺遥承扶疾送，狂言多謝放懷容。人事相應從漸省，好伸前約向《中庸》。承約來講《中庸》。

同孫脩撰曰恭賦詩留石源黃宅

野徑聯鑣日，山樓對榻時。素心同似水，清興各留詩。

贈曰恭

大地收新雨，春山张舊容。❶高人淹信宿，佳興共和風。麗澤資方好，離歌唱却慵。更懷賢叔氏，何日定重逢。

題友琴軒

欲將心事託雲和，高闢幽軒遠綺羅。好景洽來人似醉，纖私絶處海無波。天高地迥雲烟散，電掣雷轟風雨多。我亦平生耽此趣，把君詩卷重摩挲。

宿黃徵君館

負炎困行邁，息肩稱幽懷。囂塵自兹隔，好景從天來。林静風荏苒，池清月徘徊。細交知己談，佳興何悠哉！

題北溪松隱

縣北溪頭松幾株，婆娑長蔭隱君居。緑陰寂寂閒吟處，清籟悠悠醉夢餘。老幹冰霜饒凍冽，盤根雨露飽沾濡。不知桃李春風態，得擬高標萬一歟？

❶「張」，弘治本作「漲」。

贈宗人士彰

筍輿遥辱到清溪，霜鬢俱憐識面遲。綠酒細論宗族誼，青燈頻析古今疑。光先事業根須厚，爲己工夫志莫移，別後分陰勤愛惜，重逢未卜是何時。

題南園

塵世誰無數畝園，箇中清致幾人憐。石橋近接雲烟墅，苔徑旁通薜荔泉。靈藥嘉蔬紛繞舍，碧桃紅杏爛遮天。幅巾方杖逍遥處，世與羲軒共杳然。

題雙貞堂

孀居重見古今悲，一室雙貞天下奇。粹玉精金同姓字，霜松雪竹表心期。高蹤合繼前賢傳，懿範宜爲後輩師。多少高談仁義者，幾人無愧《柏舟》辭？

題大和堂

天人一理費形容，須向三關透後通。一氣块然穹壤塞，四時順布古今同。絪緼總是吾心妙，保合應須日用功。琴到無絃何所道，始知君子只中庸。

題聽松軒

曾向高軒共好音，乾坤浩蕩境沉沉。恍然指下迷宫羽，不信人間有古今。瀑澗夜寒鳴雨歇，風林晝静落花深。回看勝事已成夢，難寫淒涼一片心。

題竹所

富買江干施竹林，❶洞門苔徑蔚沉沉。略無塵土雜幽夢，時有天風來好音。千畝秋霜君子操，萬竿春雨化工心。筍輿未得乘佳興，漫向良朋寄短吟。

題翕樂堂

宜家信是順親方，歸有餘師好細詳。道要何曾離咫尺，事幾應不過平常。塤篪並入春風軟，花萼長和化雨香。至德苟能躬不怠，滿門和氣自多祥。

題琴室

一室何妨似斗寬，中含太古興瀰漫。春風几席朱絲暖，夜月軒楹玉軫寒。天聳雲峯晴簇簇，花穿香澗暗珊珊。纖埃不動沉檀細，身世分明在杏壇。

❶「施」，四庫本作「脩」。

題野塘新墅

新卜衡茅面野塘，起居長在水雲鄉。庭無塵雜心應遠，架有圖書貧是常。多種桑麻承雨露，任教冰雪積松篁。升沉信有平生分，肯學春花遂艷陽。

宿金石山

問宿仙家陟萃微，❶石壇曠望本無期。輕烟雜樹新晴後，近水遥山薄暮時。興逐高歌春脉脉，心懸往事意遲遲。素懷欲共何人寫，獨詠東風月滿衣。

除日奉和族叔父仲學先生見寄詩韻

弱質何堪終日病，不才誤染一年塵。痛慚舊學功焉用，空感春風歲又新。困鬣正憐魚圉圉，芳心誰似木欣欣。題詩遠謝吾宗老，總抱沖襟未易伸。

除夜感懷

虚堂遥夜憶京師，十八題詩尚記之。二紀光陰何太疾，百年事業竟奚爲？良時孤負追寧及，多病侵淩悔已遲。從此殘魂須愛惜，閒人閒話不相宜。

❶「萃」，四庫本作「翠」。

元日即事甲寅

初晴天氣極清妍，況復琴書共晏然。心静自應春似海，身閒轉覺日如年。親賓漫得諸生應，疾病多便白晝眠。準擬花陰分半榻，無懷世上玩先天。

題雲澗幽居

一帶寒流浸白雲，千林紅葉訪徵君。小橋亂匝青霄竹，古屋多薰舊日芸。細語温淳兼對酒，素琴冲淡更論文。欲尋後會無由得，漫喜諸郎繼典墳。

寒夜

朔風雨霰夜漫漫，病骨偏驚敗絮寒。應有賤貧寒勝我，斯人誰道一般看？

寓寶應寺二首

晝夢無人攪，春窗一味幽。芳心憐露草，清韻愛晴鳩。蹤跡何須泥，琴書且暫留。徵吟時出院，隨意弄寒流。

古塔多高興，重臨又幾年。雲烟清曉際，花柳仲春天。病眼得無恙，塵襟已曠然。題詩人欲去，好鳥正蹁躚。

出城道中

行色一身輕，春山鳥亂鳴。好懷人共賦，佳興自能乘。花塢官橋曉，雲林故里情。素心無物我，取次話平生。

放水

秋風淅淅月輝輝，又是田頭放水時。坐倚老梅怡病眼，偶逢佳興一題詩。

贈友人

琴書深託緑蘿谿，風月何人共品題。流水舊穿幽徑轉，喬林新與碧霄齊。一犂春雨兒耕稼，百甕寒泉自灌畦。隨分無非安穩地，相逢何必問丹梯。

即事

小春風日佳，意適渾無我。兒女笑相隨，緣山摘霜果。

懷曾祖楚江先生乙卯

先生苦學紹專門，貧賤逾知德義尊。惟是刧灰堪恨處，不餘一字示諸孫。

懷曾叔祖脩輔訓導先生

先生清苦古人儔，六籍研精仕更優。愧我癡頑成底事，幾回遥感舊弓裘。

聽小女彈琴

幽棲心跡似洪荒，花木陰陰日正長。讀罷又親窗下枕，薰風一曲午天涼。

同陳正言登李家山次朱子遊山詩韻

靜來榮辱淡無驚，却喜閒身去就輕。心目開明隨地好，山川奇勝自天成。短笻密倚經行穩，磐石徐登發詠清。却憶攜琴曾此憩，塵寰寒暑幾回更。

出　遊

晴光又值小春天，兒女嬉隨度野田。香稻可人時有賴，紅塵隔我利無牽。平岡暫爲尋幽歷，細草聊因養病眠。隨處會心皆妙境，乾坤生意總悠然。

閱舊稿畢偶成丙辰

連日頻將舊稿披，恍然如夢對當時。知非已晚嗟何及，空使殘魂詠小詩。

春　日

物我悠悠付兩忘，莫春天氣體平康。奇花雜映階籬爛，佳木頻分户牖香。童冠芳盟六七輩，聖賢名教兩三行。呼兒杖策嬉遊罷，又復高眠向北窗。

枕上偶成二首

嘗聞《洪範》思能睿，只恐邪思亂性真。能於思處分真妄，便是存心格物人。

妄想能除心即清，心清一氣自和平。時行時止非人力，慎勿憧憧役此生。

偶成

竹樹陰陰隔世塵，吾伊聲裏着斯人。饑餐渴飲聊隨分，信是閒中别有春。

宿周舍

暮色看山罷，清宵寄此樓。細思名教旨，樓有三省字。衰懶是吾憂。

宿湖田萬氏

數家書屋湖山上，我愛湖山幾度遊。下榻又從高閣卧，炎窗風雨似清秋。

木黄嶺

偶從佳地又開顔，久坐涼飈意轉閒。平野曠然清遠目，白雲深處指閩山。

宿慈明寺

一宿蔚藍天，炎襟自洒然。五更涼夢覺，心賞淡無言。

寄宗人士彰

客路迢迢擬訪君，細論心事慰離羣。新晴無奈歸程迫，空向青山望白雲。

山　家

老兄掃徑遥迎客，令弟焚香好煑茶。自有一般淳朴處，稻花流水兩三家。

贈陳廣文承吾師楊弘濟尚書先生命來下顧不肖

偶送隣翁語隔溪，遥瞻騎從識儒衣。九天遠達尚書命，野水荒山倍益輝。

孫氏賢母詩丁巳

曾向遺經慨《小星》，《柏舟》三歎有餘馨。高蹤百世能同調，不負皇天降此生。

秋夜感懷

當年曾苦讀書心，斯道寥寥强自任。不謂厄窮兼疾疹，蹉跎空得雪盈簪。

寒夜枕上作

屋弊風如箭，衾單人似冰。但憐妻子病，敢計此身寧？夙志空懷古，迂謀拙理

生。羸體何所作，❶漫喜此心亨。❷

枕上絶句

風雪無眠夜，泠然細省躬。此心誠易失，物理信難窮。

小年夜俗以歲除前一夕爲小年夜

虚堂明燭小年時，子弄瑶琴父詠詩。會得心中無事旨，樂夫天命復奚疑。

溪畔偶成戊午

偶來溪畔愛陽坡，瞑坐光風養太和。幸託林泉交物少，故於情性得功多。

長塘道中

講罷歸來日向沉，潄涼徐步愛輕陰。❸芳林秀町盈眸好，誰識乾坤造化心！

月夜

月色秋邊白，人心夜半平。一塵元不涴，高枕玩虚明。

❶「羸體」，四庫本二字互乙。
❷「亨」，四庫本作「平」。
❸「潄」，四庫本作「嫩」。

璿慶夜讀喜而賦此勉焉

八歲知勤學，焚膏過二更。聖功從此始，道只在人弘。

中夜偶成

病枕醒來鎮不眠，起看星象聽鳴泉。寸心歛處寧容物，始識天君本泰然。

輓梁節

潁水翺翔邁等儔，亭亭丹桂倚高秋。姓名未達黄金闕，夢寐俄驚白玉樓。堂上幸仍新瀡瀡，庭前堪付舊弓裘。盈虚消息何須計，没有清芬是乃休。

夢戴時雨訓導

記得當年聽説詩，客窗幾度解人頤。清風久矣隔今古，又向良宵一夢之。

懷族叔父仲學先生

憶昨相於古市傍，❶我纔逾冠叔方强。聖賢事業心皆醉，問學工夫日共忙。信是中行難體會，也應夙志易荒唐。秋窗卧病思君處，空愧蕭蕭兩鬢霜。

❶「於」，四庫本作「論」。

蓮塘 己未

蓮没不知年，塘稱尚如昔。念我名不稱，長生諒何益。

何家山

脩竹淩青冥，喬林鬱蒼翠。三世託吾廬，嬉游十經歲。

坑裏

青松夾廣路，緑水連芳塘。茅屋八九家，風俗如虞唐。

南坑

田宜晚粒香，池濟秋陽曝。南坑專此嘉，吾人竟何穀。

南岡

憶年童稚時，逐侶于兹牧。賡歌忘渴饑，皡皡驅歸犢。

對門山

土鼓供兒戲，林果多珍味。風物自依然，流光换人世。

下厥山

爲童多此遊，負薪給吾爨。幾度江湖上，青山夢中看。

于家陂

兒童隨伯氏，漁此供賓庖。江湖四十載，往迹惟神交。

陀上先生別母往京

迢迢陀上路，東去通康莊。當年斷腸別，觀者同彷徨。

承臨川縣侯李降臨弊廬賜以高郵米麻姑酒喜與鄰里鄉黨共分其惠因成此句庚申

泥尊滿貯盱江緑，玉粒遥傳淮甸香。白屋榮沾花縣賜，喜從鄉黨一分嘗。

留贈湖田萬氏二首

病違佳約卧柴荆，虚辱衣冠事遠迎。緑酒喜陪今夕話，又將迂闊瀆高聽。

朝來聽取別時歌，善惡由來不共科。欲向事幾明擺析，工夫不厭讀書多。

贈故里親友

跋涉西還訪舊居，故人心緒總何如。平

生拙學無他技，到處逢人勸讀書。

題柏堂并序

郡庠生周圻，生三歲而府君没。母黄氏，年二十六，以節自誓，嘗手植二柏於府君之墓，今木已拱而黄亦六十矣。族子民熙。縣丞公嚮爲求柏堂二篆，以表其操。自予之復歸種湖也，與圻好尤密，且桑梓相望，嘉吾鄉之有善事，故樂道而爲詩。詩曰：

靈根親傍隴頭安，翠蓋凌空已鬱盤。歲月豈勝和淚數，風霜幾向斷腸看。苦心循是天真易，峻節當兹末俗難。珍重賢郎能不匱，高堂特筆障枉瀾。

奉謝諸鄉隣

草堂遥復種湖濱，此地相將二百春。出處無能慚德義，往來盛禮謝鄉隣。從今厚俗須交善，自古爲居必擇仁。海内喜瞻聲教遠，時雍共作太平民。

小年夜絶句

煌煌銀燭照良宵，樂此昇平荷聖朝。門户恍思前甲子，肅然餘澤感迢遥。

除日

此地棲遲忽歲除，萍蹤如夢對琴書。宗門一一經過處，共喜雲孫復故居。

除夜

妻子團欒身少瘥，故居風景慶時和。老年襟抱無他感，但恨讀書功不多。

寄謝楊憲副贈周禮註疏 辛酉

夢寐周公制作心，遺編厚貺辱遙臨。焚香拜罷時開卷，感激於君定幾深。

題太古軒

軒前化日正遲遲，軒裏幽人自得時。一曲雲和春萬頃，杳然身世在皇羲。

種湖

湖久難稽得種名，鄉隣聊共古今稱。我來幾度遊湖畔，何限徘徊異世情。

大橋

鄉里流傳小小孤，衆流挾束帖如無。伊人何自卑其局，試問爲仁安屬乎？

何陂

萬頃汪洋浸白雲，潛滋暗助發生仁。試於翹望雲霓處，始見深功信有神。

江家山

清眺長便山外山，層巒疊嶂巧回環。箇中自有無窮趣，不惜芒鞋數往還。

城上松

隱隱東南幾萬松，翠華如涌四時同。高標獨傲冰霜表，生意都歸雨露中。

讀春秋

世情詩思兩悠悠，老去何心復夢周。風雨午窗春睡足，閒將吾志向《春秋》。

自訟

徒尔昂藏生世間，可憐此志久希顔。如何白髮龍鍾際，依舊身心就檢難。

約

爲惡都緣自放多，私根隨處費消磨。從今要術須歸約，履薄臨深養太和。

陸大参賜胙

晝省頒膰到蓽門，極知雅意篤斯文。獨慚淺薄將焉稱，細與鄉隣族黨論。

題石憲使慈壽堂

西山淑氣藹蓬萊，華館春風壽域開。信是深功由我積，固應餘慶自天來。蘭階綵繡榮南服，錦卷珠璣應上台。疏簿豈勝膺授簡，日同黎庶仰崇臺。

贈王太守考滿 漳州人

皂蓋朝天日，黎民卧轍時。重臨俱有望，竹馬候歸期。

示兒

青燈父子話從容，貧賤逾知樂意濃。從此莫忘慈教旨，詩書宜早用深功。

豐安道中

宿雨初收淑氣回，春山歸興正悠哉。雲烟處處依微斂，桃李家家自在開。

即事

養拙柴門日久沉，子勤習誦父哦吟。始知陋巷簞瓢樂，千載同符只此心。

奉寄家兄

獨居迢遞憶吾兄，猶記當年童稚情。萬事相看俱潦倒，流光如夢跡如萍。

寄胡子貞

謬爲何自可成章，半百年華感興長。惆悵故人頭總白，青山歸夢遶蓮塘。

晝寢偶成

老境日向逼，學業靡所成。空想古英哲，悵然念平生。

子貞及一舍弟送歸途中口號

久客欣逢故里遊，山中風景值清秋。怡怡切切偲偲處，指點歸途去復休。

宿湖頭

野境雲俱瞑，江空雨未休。問程頻策馬，燈火宿湖頭。

重遊瓜石感懷

偶尔驅馳此地過，故人消息近如何？短筇白髮遥相迓，暗憶流年一擲梭。

夜宿胡氏梅竹軒九韶季恒在焉

梅竹幽棲處，良朋偶盍簪。留連清夜飲，俛仰莫年心。明日又南北，轉頭成古今。平生江海夢，偏向舊遊深。

望家山感懷

望望家山近故丘，西風疋馬悵高秋。舊遊歷歷人如夢，昨日少年今白頭。

追和劉秀野詩韻十首

十載勞經營，得卜寒泉麓。雖乏囊中資，幸安一茅屋。桃李君自花，風月吾人獨。僑居非素心，言歸事耕讀。

我居清溪曲，遶屋羅青山。白雲自來往，脩竹無柴關。翹企古人躅，逸駕容追攀。悠然一瓢飲，不知有塵寰。

莫春春服成，嬉游吾所愛。至哉浴沂心，斯言不下帶。浩蕩六合間，徹視寧有礙。何事千載餘，茲境稀能會。

夙昔聞太華，聳拔何其尊。未遑游汗漫，流傳少陵君。羣峯無遠近，環立皆兒孫。何當脱塵鞅，勝覽躋青雲。

樗散竟奚爲，無禽憐舊井。夙志成蹉跎，星流百年景。俯仰起遐思，空嗟聖途永。閉關事微陽，殘魂此其幸。

我思君子爲，洪鈞豈小補？化日舒以長，仁風被寰宇。下視驩娱如，區區焉足數。安得千載人，誰知此心苦。

王者夫如何，❶乾元物資始。亭毒一何心，家家自桃李。固不令人怒，亦不令人喜。帝力何有哉，皡皡皆仁里。

素心在丘壑，衡茅隱松蘿。時訪李鄴侯，或親郭橐駝。空谷響樵唱，緑野喧農歌。暝然日之夕，不樂復如何？

❶「夫」，四庫本作「大」。

恭默觀我生，兢兢虞逐物。立志在有爲，固當有所不。圖史娱朝昏，雲霞媚巖窟。吾道卜終焉，何心於象笏。

人生何所貴？貴在爲丈夫。古今表表者，脂韋豈良圖？風霜竹凌厲，冰雪梅清癯。壯志一少懈，焉足爲有無？

宿樓府庵中 二首

客路忻同勝友行，貪看山水一身輕。幽棲遠就雲林宿，明月清風萬古情。

歇馬高林是水原，❶時從明月詠潺湲。不知浩蕩滄溟上，萬折東趨路幾千。

宿格山禪林寺

騎從勞英友，秋山共客游。禪窗無寐處，竹月涌寒流。

途中偶成

日斜馬滑驚危石，路暗人疲怯敗橋。雷電屢防風雨至，須臾明月露青霄。

奉寄黄泰莊先輩

惆悵白頭吟，雲山契闊深。何當重剪燭，細叙百年心。

秋夜

清覺當涼夜，靈臺正静虚。寒光皎殘月，

❶「是」，四庫本作「見」。

星象爛聯珠。

東黃季恒

連日青山共好懷，勝游清話兩悠哉。詩筒又促乘流約，佳騎明朝來未來？

洪都稿

舟次打石港感懷

不出門庭十五年，舊游遥歷重淒然。昂藏徒有平生志，容易因循雪滿顛。

璿慶同余李諸友登陸游憩

童冠相呼六七朋，晴沙迤邐並舟行。箇中真意人誰會，慨想當年與點情。

獨坐偶成

曝背檣頭獨詠時，風帆遠近鳥差池。江山舉目皆真樂，底事人心苦自私。

發桂家林

故人迎候暫維舟，行李匆匆去莫留。白首相逢多病後，西風斜日兩綢繆。

宿池港

卧病衡茅久自私，懶心只與白雲宜。那知風雨江湖夜，恍似平生涉歷時。

蓬漏不堪坐起賦此以慰余李諸友

風雨疏蓬共不眠，可憐此志在希賢。誰能萬一朱夫子，林范何勞遠接聯。

次桃樹港與璿慶登岸閒眺

憶昨兒童隨伯氏，趨庭曾此繫扁舟。重來俯仰悲華髮，碌碌空過四十秋。

宿板溪三首

離却篷窗宿此溪，青燈華屋又吾伊。芳筵倦酌辭清醑，隨意閒裁聽雨詩。

詩罷吾伊尚未停，擁爐更喜共殘燈。工夫似此能無間，何患當年藝不成。

跋涉長途未覺疲，晦明不必問前期。寸心始覺元無外，萬事須知各有宜。

辭李氏宴

特感華筵美意深，不才自分實難任。平生非欲多違忤，恐負區區雅素心。

道中見梅

虬枝忽見雪交加，自在芳心閱歲華。客裏但貪春意好，短墻不必問誰家。

望豫章城懷胡祭酒先生

行行漸近豫章城，烟樹微茫兩眼青。野水平橋時獨立，肅然起敬爲先生。

璿慶失金

人亡人得不須憐，佩服嘉謨亦有年。今日失金何足較，自當觀理學前賢。

宿縣榻里有懷往事

塵世悠悠幾古今，偶投仁里一沉吟。山川孕秀知多少，何事先生得獨深。

拜胡祭酒先生

一拜膺門百感并，歸來猶自悵平生。客窗展轉難成寐，風雨蕭蕭永夜情。

留題伍氏館

琴書信宿託高軒，細接襟期意豁然。堂上塤篪春似海，階前梧竹碧參天。江山映帶供真趣，田圃縈環慶有年。不待有心行樂事，自然至樂日無邊。

客夜

苦心遥夜獨覩生，時聽書聲雜雨聲。但得晴明遊覽畢，青山回首數歸程。

喜晴

晨起呼童問晦明，遥天紅碧報新晴。江山豫有登臨約，何處憑高一暢情？

游孺子亭次朱子詩韻

孺子高風固莫尋，紫陽餘韻感人深。乾坤那得有今古，千載斯人只此心。

宿豫章城

白髮悲心事，青陽逼歲除。江成爲客枕，❶寒漏四更餘。

奉次胡祭酒先生詩韻

傴僂百里親先執，猶是當年老長官。絳帳春風酣德教，紅爐瑞氣盛杯盤。客邊病思饑應忘，江上歸心歲已殘。拜得新詩緣路讀，梅花冰雪爲誰寒？

❶ 「成」，四庫本作「城」。

問舟南浦

問舟南去急歸程，江畔晴樓偶一登。南浦西山皆在眼，微吟不盡古今情。

宿南浦❶

客裏逢人漫説詩，從教歸計尚遲遲。時將澤國天然趣，指點蒼茫一教兒。此宿南浦詩也。

發南浦示璿慶及諸生

細雨斜風竹葉舟，長簑短笠泝寒流。呼兒又喜新詩就，麗澤何妨迭倡酬。

野宿

滿江風雨泊孤舟，舴艋能生逆旅愁。佇立漸看西北好，一天明月亂雲收。

月下行舟

客衾局促難安枕，夜半孤舟帶月操。童僕總知歸去好，寒汀魚貫不辭勞。

次槎江

半月謳吟多勝賞，太平處處共時雍。江山又極登臨目，圖畫天開杳靄中。

❶ 詩題原闕，今據目録及弘治本、四庫本補。

次嵩山

長湖東北是嵩山，山下人家面碧灣。今日竹林淸逸處，雲和一曲特開顔。

宿曹溪感興寺

忙衝暝色度寒汀，駐馬禪林月倍淸。東道欲知迎候盛，高歌又益四三生。

早行馬上口占

斷續江村踏月行，誰家茅屋亂雞鳴？讙呼童僕愁迷道，時聽雲林遠近聲。

次湖莽

勝地久聞蓄俊傑，歸鞭今喜到華居。丁寧篤世無他術，禮義多循飽讀書。

崔氏默庵偶成

舊家文物總詵詵，又喜深衣與幅巾。晴色滿窗春可掬，恍然疑對葛天民。

喜晴馬上口占

客路秖愁風雨惡，馬蹄飜得踏晴沙。輕風拂面春如煦，到處江梅着好花。

宿潼湖

霜樹模糊烟水村，投裝遊子夜敲門。久知東道逢迎意，特解詩囊爲後昆。

舟中聽諸生歌詩

行李寧家已有期，雲帆更喜夜風吹。諸生各有平安慶，促膝閒歌往復詩。

贈同行諸生

半月追隨謁國賓，今朝分手重慇懃。還家各記丁寧教，私録工夫日日新。

次婁家洲

翺翔藝苑少年時，曾聽吾伊忘渴饑。他日橘林洲上舘，華顛惆悵舊題詩。洪都稿止此。

聽本宗諸生早讀

金雞聲亂曙光微，已喜吾伊動隔扉。自是日新宜若此，漫題詩句助箴規。

懷孔御史

當年曾辱報親書，意氣深慚過許予。夜雨空懷人似玉，華顛誰念掛鉤魚？

奉和族叔父仲學先生

江湖半月忝爲賓，浪説文章泣鬼神。自是秉彝攸好德，誰憐觀我却非仁？❶倦酣竹葉緣多病，賸賦梅花爲好春。幸免非儀全素履，未妨來往作閒人。

吊先友孫博士先生

憶瞻顔色自兒童，回首官居一夢中。試問寂寥先友記，玉山多在白雲封。

留鳳棲原周氏

中宵涼月添佳興，際曉晴山净好懷。但得主人能好客，幾時無事又重來。

以石竹雪竹諸字贈周余諸友

節序明朝歲已除，青衫猶辱訪僑居。預留拙筆聊相贈，點畫雖疏意有餘。

康齋先生文集卷之二

❶「我却非」，四庫本作「過却知」。

康齋先生文集卷之三

詩

元旦枕上作壬戌

升沉榮悴信由天，莫以私心攪自然。人事盡時須委命，春風隨處詠新年。

奉寄家兄

客裏屠蘇歲又周，詩成無使悵悠悠。春風偶得家山鴈，漫託鄉心達故丘。

寒食有懷九韶同不肖奔喪金陵

昨夜寒窗寐不成，荒迷却憶舊遊情。孤舟反側天涯夢，千里勞君兩眼青。

洪都抄書稿

發新莊渡

雲天雨歇亂山青，新綠添紅一棹輕。前後衣冠催上道，春風共作寫書行。

船頭與璿慶閒眺

江天暝漠艣咿啞，雲樹烟村一鳥斜。船

頭驥子時同坐，久話令人忘算沙。

宿萬石渡示璿慶及諸生

枉渚平林烟雨昏，一篙春漲泊柴門。吾伊莫使新功緩，共擬青燈入夜分。

舟中小立

晴色微開遠近山，倚篷閒看鳥回還。數聲柔艣蒼茫外，又載吾伊過别灣。

鍾陵城南江畔

江城終日雨如麻，病骨侵陵暖尚賒。晴色忽驚春似錦，偶從此地看桃花。

九蓮寺即事

竹樹深深隔世機，野人心事幸無違。簡編隨意閒舒卷，盡日春窗獨掩扉。

承大司成先生惠豫章文集抄録已完偶成鄙句

閩學淵源夙所欽，遺編伏讀更沉吟。餘生苟得分毫益，總是先生嘉惠心。

南浦登舟

漫託城南十日居，禪窗松竹共清癯。桃花晴漲移歸纜，載得新抄幾卷書。

發南浦

杳藹江山遠近樓，桃花晴映緑楊洲。滿船盡是青襟客，誰道春風非勝遊？

豐城史郎中宅

桃李春風訪郄林，青燈猶記舊時吟。圖書滿目人何在，萬里淒涼瘴海心。史以參謀軍事歿于交趾❶

宿龍潭

微雨沾鞍風滿襟，長途無使客愁侵。天光雲影投裝處，流水高山是我心。

宿吉塘

令弟遥迎自豫章，難兄緣道候行裝。春風共喜新晴好，問水看山到吉塘。

宿樟鎮靈峯寺

遥攜稚子訪名山，多謝朋游伴往還。幽意更便良夜宿，光風霽月滿禪關。

别吉塘

數家春樹鳥關關，幾處青青雨後山。勝概倚樓人欲别，詩情多在有無間。

❶「史以」一句，弘治本在詩題下。

經天井

晴指家山路，時詢天井名。春風迎馬首，投轄二生情。

重訪傅秉彝

日明風淡觽柔和，紅樹村村逐望多。笑指竹林曾宿處，遥攜愛子抱琴過。

宿沙溪

紅葉西風遠盍簪，高堂清夜共瑶琴。長歌不覺詩狂甚，一寫平生慷慨心。

宿龍溪

燈火歡迎不憚勞，夜深輿馬度江皋。虚窗一榻平安夢，人在春風醉碧桃。

宿金雞城前

紅葉歸心剛似飛，相逢尊酒别遲遲。衣冠淳雅江山勝，到處何妨一賦詩。

宿五峯

歇鞍遥自客游歸，寳篆蘭膏處處宜。促席細聆眉壽話，和風甘雨共忘饑。

重經彭源李原成先生之居

舊德鄉邦夙所推，争誇玉葉映金枝。風流雲散客來晚，立馬平橋獨步遲。

自赤磵先隴後嶺循北原豐稔坑以出偶成絶句

童冠嬉諧歸去遲，山風淡淡日斜暉。登臨自愜平生樂，杖策摳衣忘渴饑。

游東山原成先生老年久教授于此

貪看形勝不知疲，徐步東山話昔時。流水高山人已遠，尚餘清韻起遐思。

別湖田

際曉晴開一葉舟，故人高誼共悠悠。回頭却憶沙頭別，寒溆模糊烟樹稠。

宿山家

隔嶺望叢筠，方塘宿白雲。客心清不寐，絃誦夜深聞。

靈峯寺即事

松竹禪房深復深，雲和夜度玉泉音。泠然共得惺惺法，記取銀燈不寐心。

宿曰讓宅仲氏侍讀公偶往洪都，❶失一良會。

杖策歡迎荷老親，候門稚子總欣欣。獨憐霽月光風夜，白雪陽春憶遠人。

訪楊德全致政歸

罷郡歸時已白頭，杖藜日看橘林洲。客來若問浮生事，明月清風酒一甌。

宿厚郭胡氏

烟外微聞款語聲，馬前徐問二生名。回頭喜接平生友，擁道難勝盛族情。緑酒歌酣霜夜月，青燈人在玉壺冰。巡簷更數高居好，勝水佳山眼倍明。

留別樟溪王大邦

桑梓連陰三百春，重來謝別訪高門。白頭相眷無他屬，剩買詩書教子孫。

宿城南慈慧寺

尋梅問竹繞城南，喜得幽棲寄此龕。詩罷杳無塵土念，怡然清夢入春酣。

城南識別

滿寺衣冠霽色開，青春華髮映蓬萊。鴻爪雪泥他日夢，江雲渭樹總悠哉。

❶「洪」，原漫漶不清，今據弘治本補。

題臨江寺

霜蹄輕捷快晴光，古寺時眈野趣長。乘興不知沙徑永，題詩人在水雲鄉。

石井山家

清溪詰屈逗雲蘿，白屋青烟緑樹多。散馬平岡人待爨，閒教稚子度雲和。

夢中題畫龍

混闢乾坤，動揺山嶽。霧雨幾千年，雲雷看一躍。

秀才拜五六府君墓二首

斷續崇岡野渡傍，朔雲寒日共荒涼。刼灰容易成今古，文獻凋零事渺茫。

郭五名存事已非，斷畦荒塹二凄其。黄成雖有衡茅在，欲問前因總不知。郭五，前時吾家牧羊者，以絶。黄成係近來看山者。❶

奉別族里

舊鄉三載賴周旋，歸興朝來已浩然。莫怪迂疏臨別語，人間萬事讀書先。

❶「係近來」，原誤作「二」，今據四庫本改。

宿櫟原

移家又喜入青山，跋涉惟憐僕御難。風雨凍途簑笠憊，茅齋烟火暫開顔。

復居小陂

省墓歸來二載餘，青山緑水復相於。❶兩鄉故舊皆青眼，何處人烟不可居。

元日感懷 癸亥

山川依舊歲華新，又見紛紛拜節人。昨日兒童今皓首，蹉跎羞看故園春。

偶成

病軀倦長晝，出門俯清湍。倚笻坐濃樾，支頤不勝冠。遥峯餘奇觀，袷袖長飆寒。呼兒授新句，孤懷渺雲端。

遊羅山

流水濺濺石峭稜，天風嫋嫋景和平。慇懃不惜躋攀力，絶嶺須教一共登。

宿石橋宗人家

遥遥西蜀出長垣，具宣公居西蜀，唐長垣縣男吴

❶「於」，四庫本作「娱」。

兢之後。奕葉青雲鄉名幾百年。❶今日石橋樓閣話，青燈緑酒悵前緣。

示兒

病多自愈憊，夙志竟成空。所屬惟吾子，云何不着功。

次任教授見寄詩韻

獨憐樗散濫時名，何意珠璣落玉京。❷側喜滿城新教化，男兒端不負平生。

奉寄族里

琴劍南來接孟隣，四橋桑梓託情親。三年舘穀春風裏，誰道今人乏古人？

贈別周圻

欲寫離情久倦吟，一尊聊向菊花斟。懸知南北天涯夢，總是平生舊好心。

次任教授倡義哀賻葬余忠母子詩韻兼輓生焉

泮水横經屬老蒼，餘波重被困窮喪。位卑正憶兼山艮，河廣俄驚一葦航。白屋伊威從壁立，浮名蠛蠓任天荒。我歌漫答仁人利，勉爾遺孤勿太傷。

❶「鄉名」，原漫漶不清，今據弘治本、四庫本補。

❷「意」，原漫漶不清，今據弘治本、四庫本補。

除日祀先

病骨支離不自任，强將清酌共兒斟。恍然今古淒其處，老淚難勝罔極心。

除夜獨坐

坐久寒爐頻自撥，❶倦來歲酒不成斟。細看萬事無能處，空憶平生慷慨心。

牧歸途中作乙丑

夕陽歸馬正從容，出峽時迎入峽風。無數好峯羅遠近，朗吟身在翠屏中。

贈王九鼎丹成還郡兼柬任郡博任以御史教授職

歸騎翩翩大藥成，野花啼鳥踏新晴。繡衣時問衡門舊，老鬢蕭疏學養生。

又贈九鼎

離坎功成恊太和，微軀偏幸得春多。何由廣假回生手，遍起羣生遠近痾。

雨後神嶺晚眺

烟收雲歛夕陽殘，高下青松遠近山。白鳥自飛人自度，箇中真意澹忘還。

❶「坐久」，四庫本二字互乙。

贈鄒丘王三生

送送城西道，踟躕故意深。一杯西廨酒，聊贈白頭吟。

題牛氏慈侍堂予昔假舘牛氏，皆未有子，今子且冠矣。

高堂綵戲壽如山，簾幕春風燕語閒。今日老萊頭復雪，庭前依舊舞斑斕。

重宿寶應寺彝公房

玩水看山偶獨來，西風重歷舊樓臺。光陰一紀如旋轂，又聽晨鍾動老懷。

留贈胥經歷與先君極厚，小子交亦深。

連轡錦里偶經過，華髮青燈敘舊多。更欲細聆先子夢，何時飛旆碧山阿？

贈牛昇

昨日追尋今又來，好懷端爲故人開。慇懃更有平生念，羣從何時訪翠崖？

徐陂道中

作客秋成百里歸，❶重岡歇馬步逶迤。觀生恰喜心無事，緩數雲峯獨詠詩。

---

❶「成」，四庫本作「風」。

送陳庸從軍江浦

慈母新成遊子衣，離歌欲唱意遲遲。四方總是男兒事，忠孝惟應兩勖之。

遊西津赤岡故郡遺址

羣峯崒嵂走銅陵，疊嶂蜿蜒落故城。城去山空年自换，十朝興廢一棋枰。

同王九鼎省石井先隴

故郡城頭話十朝，❶飄然石井又聯鑣。高吟共得清秋興，斜日不知歸路遥。

九月壬午承王九鼎同省石井先隴罷宿惠民藥局丙申夜虛堂隱几偶思及之因成此句

江山隨處倚高秋，一榻時從藥局留。明月滿城更向寂，緩攜兒子語街頭。

樟溪即事

一上層軒味自涼，虛明更得讀書窗。泠然睡起閒開卷，白雪陽春四五章。

重宿白楊寺

策馬平橋又問禪，萋萋春草月娟娟。蕭

❶「十」，四庫本作「几」。

然一榻平安夢，夜半溪聲落枕邊。

宿盱江郡庠

迢迢去鄉井，長途日可畏。朝辭白楊阪，莫歷盱江涘。一枝失所託，行邁更靡靡。挹此泮宮賓，傾蓋良偶尔。舉觴叙前緣，剪燭開新製。古人誠我師，匪難固匪易。誦言曰惟熟，析理尤宜細。仁哉後獲心，正誼寧謀利。俛焉日孳孳，汩汩川自至。

自慈明寺東遊龍安鎮

面面春山涌翠華，灣灣流水漲晴沙。客懷恰喜東游好，高下樓臺遠近花。

慈明寺即事

倦客懷歸歸路難，禪房起坐養衰殘。忽驚青嶂嬋娟月，拄頰微吟獨倚闌。

宿南城邑庠

風雨長途倦，歸懷日浩然。息肩芹水上，端爲廣文賢。

寄題程氏春風堂

獨對寒檠事短吟，有懷偏向故人深。却因華扁生新感，惆悵春風萬古心。

東窗獨坐有懷先友泰莊仲綸

舊游久矣悵晨星，溪上梅花歲又更。寂寞柴門多病際，平生雙眼爲誰青？

擬錢塘懷古二首

朔漠心旌日夜懸，義旗遥駐此山川。只疑春物芳菲處，莫是人間别有天。

恩隆義重是君親，忍着南冠一水濱。頓首無衣誰者子，卧薪嘗膽迺何人。

題芸閣示小兒璿慶

幽偏特啓芸香閣，閣上工夫忙未忙。從古共憂時易失，前程誰進日無疆。光風霽月濂溪上，瑞日祥雲洛水陽。户牖盤楹思有戒，拳拳餘意託新章。

題雪窗示璿慶

篤志宜師古，深功貴自今。弄丸元是熟，添火戒非欽。歷歷聖賢對，昭昭上帝臨。老懷何所禱，細寫雪窗吟。

題立雪齋

總總誰無無極真，可勝師道日淪湮。民生三事元如一，何訝當年立雪人。

題樟溪書屋

桑梓陰陰接種湖，湖邊心事寄俞都。從予

授書。風流雲散春光莫，幾對溪頭夜月孤。

題烏岡別墅

烏岡元與柘岡連，卜得幽棲慨昔賢。棟宇謾題新歲月，烟霞仍是舊林泉。高山仰止從吾好，明德惟馨自古然。勿藥會須乘興去，爲君細和武夷篇。

題耕樂軒

風景依稀似有莘，東皋穀雨滿春田。箇中樂事人誰會，日用由來總是天。

足成夢中絶句 夢中成詩，忘前聯。

放犢長村月正明，歸來暫喜病魂清。足成。一衾幽夢春風裏，又度良宵三四更。夢。

牧江家坑

殘經掛角日來游，邃谷青山處處幽。積雨草肥黄犢飽，吾伊聲裏一晴鳩。

江家坑偶成

羣芳深處緑陰涼，童冠相呼受講忙。又與山靈添故事，曾從此地説匡章。

遊山 自二峯尖黄家坪至連珠嶺

盤盤樵徑入雲叢，選勝尋幽到碧空。不意羽翰生病骨，翩翩歸袂又乘風。

東坑幽谷山翁云，日下構亭爲牧者避暑之所。❶

崖傾谷轉水濺濺，物外乾坤自杳然。待得嶺頭幽構畢，時時來伴白雲眠。

東坑幽谷

東坑有幽谷，邈爾浮雲端。陰林白日静，石溜寒潺潺。蒼苔人跡罕，好鳥時綿蠻。我遊日心醉，閒謡澹忘還。

大畲岡望撫州城奉懷任潘諸廣文及五峯親舊

亭亭古木轉繁陰，拂面清風晝滿襟。坐接水雲城郭近，新詩聊爲故人吟。

題潘氏潭江先趾

時從官舍夢家鄉，先趾依稀事渺茫。欲託孝思知有在，潭江烟雨樹蒼蒼。

奉寄族叔父仲學先生

遊子歸時親倚閭，斑衣華髮近何如。生涯隨分田園好，日課諸孫讀父書。

懷晏黎二生予居種湖時，晏海黎普爲使金谿，今亡七年矣。

風雨淒其客路賖，君心無事我心嗟。玉

❶「所」，原作「作」，據四庫本改。

樓人去春寥落，幾對青燈念子華。

寄黄錦章教授同安人，江夏教授。初識同安，再會江夏。

同安烟柳雜晴川，江夏清風十丈蓮。城中兩蓮池。此日相思頭總白，幾時重泛剡溪船？

悼少傅先生

少小親仁長事師，講帷無復再趨期。不眠此夜相思處，敢忘平生刻骨辭？

贈吴生歸覲鍾陵

白髮慈顔日倚閭，青燈遊子正勆書。朝來黄色眉端動，乾鵲聲中慶有餘。

郡庠潘梁二廣文辱載酒偕往石井先隴小酌金石臺而還

石井朝聯二妙來，提壺兼歷古名臺。長空冥漠收新雨，含笑江山暢一杯。

除夜書懷兼柬子貞九韶

溪上尋梅歸去遲，虚堂剪燭坐題詩。精神已是龍鍾後，涉歷翻思少小時。幸得簡編常滿眼，敢辭塵土暫侵衣。家山舊有良朋約，試向東風一問之。

戊辰元日

溪上尋梅雪乍晴，溪頭流水已春聲。呼

兒旋滌芸窗硯，準擬新詩頌太平。

訪子貞九韶同話胡二宅

簾户沉沉午夢餘，新晴天氣景舒舒。和風細拂家山袂，半日清談故友廬。

追次少傅先生壽日詩韻

花盛春城錦萬枝，九天化日正遲遲。運符聖德超千古，身幸儒冠際此時。晨捧絲綸歸玉署，夕陪鴛鷺泛金巵。宿齊預擬明朝直，又悉丹誠向赤墀。

輓盛山人

當年卜築鎮關心，緑水青山幾訪尋。不有高人符往古，何由勝概見于今。圖書映帶供多趣，松竹週遭已茂林。❶ 却念驛溪雲黯淡，芒鞋何處覓登臨？

贈婁諒歸上饒并序

上饒郡庠生周文、婁諒承其府主命來學，諒得寒疾先歸，裁此且贈其行云。

雅志諄諄在廣居，賢侯盛德遠吹噓。獨憐樗散空衰邁，麗澤何時重起予？

壁沼以禦獺諸生咸用力焉詩以紀其成

躬事胼胝少長同，忽於平地見崇墉。溶溶春碧歌於牣，不日還應懋爾功。

❶「週遭已」，原漫漶不清，今據弘治本、四庫本補。

贈周文東歸

日講殘經味正奇，告歸情急忽依依。人生萬事無不有，細誦前賢素位辭。

程庸以種湖所書拙字及鄙句見示悵然有作

陳迹依稀慨昔游，寒窗遥夜意悠悠。他年萍水重相念，何處西風獨倚樓？

贈王九鼎還五峯

四年三度款柴荆，更篤良朋永夜情。每度九韶皆在會。別恨又添他日夢，生涯何處一浮萍。

溪上偶成

偶爾閒行繞碧溪，梅花開處詠多時。固知道理平鋪在，方寸何容半點私？

元日感懷己巳

長風半夜卷頑雲，霽色曈曨映雪分。又感一元新惠澤，微吟隨處詠洪鈞。

哭黄季恒

高誼真情三十年，老懷何忍訣終天。茫茫石馬江頭路，凍雨寒雲倍黯然。

石泉開田

風雨蕭蕭小滿天，四三簑笠事新田。箇中會得艱難意，細和豳風《七月》篇。

病中有懷子貞九韶

老病懷思只故人，故人疾病總酸辛。如何得似平康步，選勝尋幽處處親。

訪表兄鎖秉端伯仲九韶同飲，予二人皆辛未生。

同里同年齋更同，半生多故各西東。清談偶得三人共，兩鬢蕭疏總是翁。

訪表兄章二伯仲

長憶先君念母家，慚予小子近如遐。幸陪花萼相輝好，更喜螽斯世澤賒。

小兒鳴琴

竹樹交加轉午陰，衣冠秩秩院沉沉。雪泥鴻爪他年夢，記得從容抱此琴。

贈李生歸覲并序

正統辛酉，予自鍾陵假道湖莽，歸種湖，瞻坡陀之麓，有族居焉。後七年，李生勖來，請序其族之譜，乃知其爲大陂也。回思舊游，隱約如夢。明年，李生游學歸覲，裁此以贈云。

曾於道上瞻喬木，他日遺文話大陂。吊古未遑重策馬，西風先唱覲親詞。

牧歸馬上口號

掛角殘經一解頤，秋風淅淅日斜暉。會心偶尔微吟好，又向清流飲馬歸。

九日同九韶飲子貞宅

平生佳節嗜狂吟，中歲方知學養心。不問菊花開與未，無端新興爲君深。

寄李宜之

城北南莊入夢頻，歲華偏感老懷新。孤吟展轉寒窗雨，尊酒何時共若人？

客夜述懷

展轉纔安枕屢驚，金雞忽送五更聲。江楓細雨斜風夢，總是衰齡悼古情。

大同原牧歸後坊道中口占授小兒及曾正

斜穿香稻度秋山，細講殘經午始還。幸際時雍身少恙，明朝依舊此開顔。

題小塘茅屋并序

予昔侍親太學，識李君元凱於上舍稠人中。李君罷官歸劍江，先施以朱子《感興》之詩而致其綢繆願交之意，繼以族譜之故來訪小陂，時年幾七十矣。虛心進善，每見益親，晉伯可愛，豈欺我哉？近與其族孫恪談，迺悉李君平生誤愛，且請賦其小塘茅屋焉。嘗觀其世譜，知諱琮，侍郎府君爲小塘始遷之祖。又觀其先文，知府君爲有德之士，所垂既裕，嗣之者賢，宜乎詩書其族，愈久彌彰也。詩曰：

茅屋何年占小塘，宋元甲子幾星霜？清門種德高徵士，紫誥推恩秩侍郎。快睹雲來繩步武，能令山水益輝光。一經從此尤珍重，日向蘭階迓百祥。

遊禪峯庚午

孟春時物泰，條風應新律。良辰豈重來，嘉會那可忽？膏車飭謝屐，小子伊疇匹。四人爲疇，兩人爲匹。幽賞歷嶇嶔，勝覽窮峭崒。慕陶得自然，鄙殷躬怪咄。詠歸歡未央，重遊更何日。

遊南岡及下陂山水

朝出蘿谿坂，夕返蓮塘曲。烟樹眺參差，岡巒媚重復。道泰物本小，慮澹意自足。山人留酌斟，舊侶論心腹。歸來美清夜，雲和暢寒玉。

小憩覺溪徐氏

昔誦前賢傳，今即高人居。奉規賢子孫，努力躬三餘。

登黄柏最高峯由聶家峯、李家山而下，小兒及亨、慶、烈生從。

局促倦埃氛，遊衍稀儔侣。驥子能娱人，慕韓躭岣嶁。青天卷片雲，春山霽寒雨。杖策不知疲，魚貫何容與。遂躋淩霄峯，徘徊以延佇。長空極遐矚，松陰相款語。日昃澹忘歸，清風助高舉。

牧黄嵐坑

朝來抱微痾，殘編減新課。出門悵何之，言歸無所作。忽乘谷口興，偶此崇岡坐。契彼造化微，覺我頹齡惰。振衣一嘯歌，烟村夕陽墮。

遊黄嵐坑

桃李薰太和，晴光爛如許。寧知明日花，不有宵來雨。芳原縱遊衍，呼童供笑語。徘徊緑蘿峯，悵望清溪漵。皞皞固同胞，熙熙盡吾與。悟彼静者心，樂此動時趣。烟村歸去遲，❶暝色迷雲墅。程子云：「静後覺得萬物皆有春意。」

遊黄嵐坑

微雨霽芳原，❷散步春溪曲。歡呼及童竪，策馬驅黄犢。入崦竹翛翛，❸面岡杉簇

❶「去」，原漫漶不清，今據弘治本、四庫本補。
❷「微」，原漫漶不清，今據弘治本、四庫本補。
❸「崦竹」，原漫漶不清，今據弘治本、四庫本補。

簇。展我懷中書，坐向林間讀。不有巢許心，那知箕潁躅。但得風日佳，朝朝來此牧。

牧轉岡頭

搴裳陟崔嵬，沉吟不知去。塵襟一蕭散，❶逸興迷雲樹。梅殘誰氏花，麥漲朝來雨。隣牧左右來，往事更相語。預期明日晴，重作青山侶。

遊龍門七寶寺

病軀愜初景，動息頗自由。不息風雨倦，來貪山水幽。穿雲路窈窕，搏空行遭週。危峯傑筆卓，疊嶂翠屏稠。契我遺世想，遂此物外遊。

題素庵并序

正統辛酉冬，予歸自鍾陵，息肩湖莽，李氏南溟飭其宗，以迓禮於從子世熙之堂。崔氏文瓛翁古服來臨，酒數行，懽然賦詩而別。後七年，南溟脩世譜，話舊小陂，索素庵大書以歸。又二年，持以求賦。詩曰：

一點虛靈天地參，忍將至貴墮春酣。請看天澤初爻旨，是我蓍龜與指南。

題厲齋并序

予寓種湖時，將拜頤庵胡先生於豫章，

❶「一」，四庫本作「頓」。

李生恪在舘下，屬兒輩，致其尊府世熙及其外祖默庵崔翁願識之勤，歸途乃遂其請。明年，二公冒風雨復予劍水，至則予去矣。屢有期於小陂，而翁向耄。近世熙過我，翁則物故。俯仰疇昔，不能不爲悵然也。茲賦世熙厲齋之詞，雖以勖李氏，尚亦有激於崔云。

韋弦何用佩諸身，矯枉扶偏各有因。細向堪輿觀萬物，反躬皆足熟吾仁。

不寐

愁來不成夢，夢回心耿耿。定力嗟學微，長夜誰予警？

同熊生渤牧後坊因登絶嶺

節候適清和，田家雨新足。芳林牧馬來，露草萋以緑。乃有儒一生，吾伊蔭脩竹。暢我仁知心，躋攀散遐躅。一覽長天雲，真趣良可掬。

同諸生遊陰源

山水夙所歆，朋游固其好。風雨雖滯淫，窮源竟須到。幽意蔚沉沉，歸懷晴浩浩。良辰不可常，更擬山陰棹。

新堂即事

平生山水心，於焉得休卜。一堂雖甚

卑，素意良自足。坐看風雨來，已喜無霑漉。賦詩紀吾成，古人有芳躅。

題凝翠字後

游衍趁良時，歡心慕浴沂。飽耽山水趣，書罷更留詩。

登連珠峯

閣中罷鳴琴，芳筵謝斟酌。捫蘿一搴裳，奇峯酬素約。天風起蕭條，山雨來溟漠。時馳千里目，四際雲烟薄。會當斯結亭，勝覽翔寥廓。

同諸生遊倒桐塍❶

東皐霽甘澤，我心日悠悠。出門玩時物，因之白雲丘。行行不知遠，遂歷羣峯頭。浩歌酣萬態，斜景風颼颼。眷言顧諸子，去矣仍夷猶。渺然出塵想，奇功歸一游。

沼上編茅爲亭取程子秋日之詩名曰自得夜坐其中因成此句

幽懷不能寐，攬衣造新亭。曲池湛華月，芳樹還冥冥。羣峯遠映帶，一水近回縈。坐久歡未竟，夜迴氣逾澄。寂感玄化微，伊洛歆餘馨。

❶「塍」，原訛爲「⿰土⿱龹貝」，據四庫本改。

夏日偶成

卧痾止衡門，何以娱長日？卷舒架上書，游戲閒窗筆。南畝課農餘，東園薙蔬畢。務我分宜然，無勞知難必。道泰身自亨，作德心斯逸。長歌書座隅，庶用箴吾失。

遊石牛埠

時止時行任自然，離離香稻小春天。微蹤何足符佳夢，自是民彝篤好賢。

贈别熊崇義

不憚風霜跋涉遥，翩然來訪白雲橋。嘉賓盛處歸懷好，茂對良辰話久要。冬至近。

題李章勉學齋

浮生事業易蹉跎，百歲光陰定幾何。不覺秋霜空滿鬢，玩君華扁謾高歌。

攜小兒方家坪拜先隴曾祖妣顔氏，祖妣章氏。

方家坪側接蓮塘，二代銘旌託此藏。孱薄每慚荒世德，閫儀空感孝思長。

寄朱孟直教諭❶

青春桃李憶成均，兩造高門劍水濱。聞説軒車能我顧，無端舊夢欲書紳。

❶「直」，四庫本作「真」。

楊溪故居

童稚長懷故里居，顧瞻茂草向桑榆。溪頭細接雲仍話，勉爾重新教子書。

曲岡道中

疋馬寒村偶獨過，壯懷莫景悵如何。梅花滿眼無人問，謾對虬枝一放歌。

狹原洪氏

芒鞋又作葛天民，童冠追隨五六人。緑樹池塘投轄處，梅花如雪畫如春。

雪夜偶成

四簷風雪夜漫漫，獨撥殘爐對歲寒。細憶晏庭詩思切，是知仁者敢偷安。

中原橋黃氏

憶年童稚飽經過，半百光陰奈若何。萬事悠悠空白髮，一杯慷慨爲君歌。

溪上偶成

萬緣由命不須嗟，遮莫飛騰莫景斜。偶度小橋流水曲，緩從梅下玩孤花。

康齋先生文集卷之三

康齋先生文集卷之四

詩

讀韓子 辛未

重雲密雨鎖春寒，病思無端强自寬。逝矣古人心獨在，遺編一一静中看。

寄謝王醫博高危諸醫士李王諸親友

驥子南遊學舜絃，春城淹疾友琴軒。神功深賴陽和力，杜云：「陽和醫百草。」青眼頻煩故舊憐。

題黄氏花萼樓

神京曾忝仲聯行，鄉國相於季氏良。花萼樓深春晝永，自天多福正穰穰。

題水竹居

結架媚閒曠，敻然面寥廓。水環白雲限，竹帶青山郭。雲霞生我衣，魚鳥同人樂。曰予固静者，煑茗相賓客。意遣澹忘歸，會心彌洒落。緬懷恍如夢，賦詩酬舊約。

程庸承府主命李觀光章取則皆集小陂講顏子喟然之章賦此以勉焉❶

二生忽喜後先來，無德相資愧爾才。黃卷有師當自勉，關閩濂洛是梯階。朱子云：「四子，六經之階梯。《近思録》，四子之階梯。」

牧大同原楊林坑即事壬申

既輟黃嵐遊，却入同原嬉。三陽時向交，暖律回春暉。人情惜舊好，物態含新輝。悠哉四聖心，静向林間窺。單騎日日來，飄飄澹忘歸。偶攜二三子，麗澤同箴規。與諸生説兑卦。

與楊珉遊大同原予遊原方憩，林薄適楊生來訪，欣然賦此。

林西日月長，講罷無餘事。東皋策吾馬，聊爾川原憩。風景惟莫春，烟芳媚初霽。理會塵外心，道酣淡中味。惠然嘉友來，共此無懷世。

枕上作

蕭然陋巷日希顏，獨把遺經静處攤。準擬朝來風日好，遍隨晴色踏春山。

❶「李觀光章取則」，原作「李章觀光取別」，今據四庫本改。

以事入城假宿西廨彭氏癸酉

細雨斜風困馬蹄，年過六十未知非。客窗展轉難成寐，定力何能一庶幾。

暫寓程庸氏屈府主王侯賁臨夜承郎君伴宿

春風堂上降鸞凰，瑞氣祥烟日正長。翠竹碧梧歌不足，高燒銀燭夜煌煌。

閒中偶述

花木沉沉庭寂寂，蒼苔盡日稀行跡。支頤窗下一沉吟，人間幾片韓山石。

絶　句於三峯尖之中峯，架以小木，覆以雜薪，爲牧所之涼棚。

一棚新架白雲端，四達天風九夏寒。野性慣隨樵牧侶，時時來此獨危冠。

東坑幽澗

一水泠泠逗密林，無名花草匝幽陰。苔磯終日不知暑，滌盡平生擾擾心。

題菊窗

清霜籬落任天真，可信虛窗別有春。陶屈依稀千載後，餐英裛露豈無人？

遊金陵稿

宿熊璣氏七月

江湖遠適爲求醫，首寓高齋愜故知。良夜好天忘倦處，清風明月細談詩。

發孔家渡

茫茫新漲漾晴洲，華髮寧知非勝游。未了平生山水債，又從臨汝附扁舟。

次打石港

當年曾此泊晴灣，細讀鄒書「不立巖墻之下」

章。向夜殘。始信萬緣端有命，欲爲君子却誠難。

哭傅秉彝

獨步來彝洗墨池，秋風禾黍正離離。一丘舊隱成春夢，非慟夫人而爲誰？

守風青草洲

青草洲邊幾日留，風來北極正颼颼。箇中欲問行藏意，未達中庸是我憂。日與程庸説《中庸》。

答舟人 過蒙褒譽❶

徒竊虛名實陸沉，慇懃空負秉彝心。那由回得西飛馭，❷截日深功斷自今。

南康舟中

滿懷今古悵悠悠，舉目江山盡勝遊。華髮又堪來幾度，可無新句詠清秋？

志喜

裊裊風帆快客程，良朋時共話平生。忽驚蜀浪半江濁，又接淮山一帶青。

重宿南莊

四十年前此寓居，華顛重宿意何如？不堪潦倒渾無似，謾託狂歌寄我吁。

龍井道中 八月

石壁話龍湫，青山夢裏游。長亭新霽雨，隨處詠高秋。

次練潭

半野雲烟薄，長空新月多。息肩知有

❶「過蒙褒譽」，四庫本作「過家」。
❷「飛」，四庫本作「風」。

處，燈火練潭河。

橫山雙港道中

晴色添詩況，山名認土音。❶無勞鄉國夢，日詠古人心。

閣中即事時作兩家文字

盡日文章慨作家，青冥樓閣寂無譁。雲山時獨攬秋色，風露誰同玩月華？

窗間獨坐

閣上詩應罷，窗間月復明。好懷未忍寐，端坐憶平生。

贈江淵

久重才華識俊明，偶從此地共茅亭。幾時更對何鄉榻，細寫江東渭北情。

八月十三夜何家圩玩月

訪古微私不易酬，心期江漢日悠悠。行藏信有平生分，謾向涼天詠素秋。

墻下對淮山獨坐

徐步閒來藉草吟，淮山面面感人深。若爲飛度晴嵐表，一覽中原暢夙心。

❶「土」，四庫本作「上」。

十四夜同李進士玩月

別却鄉園縱遠觀，前期浩蕩路漫漫。何知今夜高秋月，❶萬里清光此共看。

別何家圩道中口占授宜之占去聲。隱度其辭口以授人，曰口占。

昨夜巡簷同霽月，今朝聯轡共秋山。恍思三十年前夢，信是人生會合難。

寄贈李春

天柱峯前憶舊知，江湖秋興總如飛。金臺早得春消息，好寄東風汝水西。

貽南莊李氏

淮水秋風歸興濃，片帆日指大江東。滿門長幼俱青眼，華髮向時又一逢。

獨步江岸

江岸逶迤獨步來，日光恰喜密雲開。能消幾兩南風力，咫尺青宵是鳳臺。

次西梁磯屬和州

西梁磯下繫孤蓬，磯自峩峩水自東。莫

❶「知」，四庫本作「如」。

莢不知經幾換，幾人曾此詠秋風？❶

登西梁磯尾

暫縱稜層咫尺蹤，江山一覽已增雄。脱令病骨生輕翰，飛步危巔又不同。

江岸獨步

咫尺金陵到尚難，朔風猶未退狂瀾。平蕪渺渺不知處，獨數江南江北山。

具慶堂爲桐城黃金題

愛汝清溪壽二親，雲箋晴染坐生春。九天會沐思波闊，戲綵堂前百福新。

永感堂爲桐城朱善題

欲報劬勞慨昊天，青燈耿耿思綿綿。顧我舊游揮客淚，與君同廢《蓼莪》篇。

別金陵道次五顯舊游口占授章余李三友

客中欣遇二三生，送送無端故國情。佳麗山川同一覽，樓臺高下鳳凰城。

旅次曉立

江湖日夜數歸期，乾鵲聲聲曉爲誰。籬菊忽驚銀燦爛，畦蔬時接翠葳蕤。

❶「秋」，四庫本作「和」。

次東舘頭上元縣地

侵星問道高橋側，斜日息肩東舘頭。欲卜前程知有在，躋行潦止不須愁。

宿杜家村

杜家橋外杜家村，細雨斜風暮到門。多謝主人憐老大，盤飱杯酒夜温存。

句容樊知州宅

飽聽邦民頌去思，玉樓人去已多時。陽春白雪慚吾輩，流水高山吊子期。

宿徐村

跋涉泥途不憚劬，晚晴又得旅懷舒。清溪濯足看山罷，松竹林頭認寓居。

宿案頭丹陽地

癖性從來厭市墟，息肩時託近鄉居。金風禾黍秋連野，緑柳池塘月照廬。

發丹陽

遥牽高纜別丹陽，明日青山指浙江。謂我何求寧足校，寸心對越是蒼蒼。

舟中九日

去年九日遥思子，今日重陽子憶親。自昔懷居非達士，由來安土屬吾人。

吕城壩

雲散青霄月放明，時聞前岸浩歌聲。平生湖海希蹤跡，始向丹陽識壩名。

戚墅鋪武留地

晴穫農人喜，安流舟子閒。平林戚墅鋪，迥野浙西山。

蘇州絶句次唐詩韻二首

萬態循環故復新，塵寰知换幾回春。我來又發姑蘇詠，可信浮漚等昔人。

斜風細雨菊花天，今夜何知此水眠。他日舊鄉談舊跡，青山却意夢中船。

過吴江縣

一棹吴江上，寒烟楓落時。無才堪賦詠，聊誦古人詩。

次嘉興

程程客路問前蹤，又繫城頭傷李篷。懷古心期何處寫？一江烟浪雨冥濛。

舟中曉望

吴江欲盡越山來，東日融融霽景開。桑柘稻粱連沃壤，人烟村落在無懷。

長安壩崇德地

崇德橋頭暮剥船，❶迢迢江岸帶星牽。長安壩上停篙處，楊柳陰中伴月眠。

望越中山

牽路晴明不憚難，船頭時見越州山。前程信有自然妙，莫把天心當等閒。

平林舟中二首　杭州地

盡日舟行不見山，離離香稻與桑間。❷倚篷獨詠凝晴望，何處雲端一翠鬟？

平林山後又看山，知在錢塘勝概間。老大薄游顔獨厚，絶無新句膾人寰。

晝夢覺作

一枕平安晝夢濃，起題紅葉數青松。老於世態無心處，到處身疑是夢中。

❶「剥」，四庫本作「剌」。
❷「與桑間」，四庫本作「映柴關」。

錢塘絶句

曾擬錢塘吊古詞，薄游今乃感於斯。❶西風何恨平生思，斜日從誰一詠之？

錢塘留柬程庸

準擬名山復並游，朔風無奈日颼颼。金陵已失連枝喜，吴會仍爲落葉愁。南指片帆應迅速，北來行李莫淹留。丹楓黄菊同歸夢，定約三衢與信州。

觀潮

先聲隱隱遠如雷，高浪排空雪作堆。欲記新題何處寫，伊誰一醉菊花杯？

發錢塘

鄉音無寐共清宵，昨夜與鄉人月下話之。得伴何妨歸路遥。夜半開頭更喚夢，月明如晝競乘潮。

即事

西風淒切濕雲多，東日朦朧午始和。佳菊叢叢誰採擷，好山處處自吟哦。

子陵釣臺

王孫舊是布衣倫，歲晚如何又屈身？

---

❶「感」，四庫本作「戲」。

不有先生高致在，滔滔俱羨拂鬚人。

即事 舟人唱曲吹簫，殊勝蠻音聒噪也。

歌聲纔罷又簫聲，暢我孤篷客裏情。他日欲知牽路處，丹楓黄菊亂山青。

大浪灘 洪武間，先君奉命往福建，有《大浪灘謡》。

先君遺墨識名灘，使節曾經此往還。改罷新詩吟未了，舟人又指富春山。

近衢州

水原將盡話西江，紅葉歸心日夜忙。猶愛越山看不飽，焉知孤棹尚他鄉？

過衢州

夜半朔風遒，灘聲急去舟。推篷雲月裏，髣髴看衢州。

題徐氏村居

跋涉遥尋玩易蹤，幽棲近在縣南峯。松篁共聽今宵雨，禮樂多存太古風。俯仰浮生一夢寐，相看華髮兩龍鍾。酒酣細和辛夷什，丹桂叢蘭思正濃。

别徐希仁

彼此浮生類轉篷，青山端似夢中逢。明朝努力加餐飯，又隔南雲少便鴻。

常山道中

後先已喜轎咿啞，驛路泥乾不憚賒。回首故人程漸遠，青山從此白雲遮。

玉山舟中

獨坐船頭愛日光，好風又喜片帆揚。雲山簇簇緣誰碧，岸菊叢叢爲我黄。

與周文婁諒二生

自歎虚名忝士林，慇懃孤負二生心。暮雲春樹他年夢，傑閣高軒記短吟。

發廣信

雙棹飄飄逐急流，青衫猶自立沙頭。明朝矯首東雲外，須憶雲峯是勝游。

曉發

舟師晴唤急前程，短棹侵星帶月鳴。❶却憶宵來何處宿，孤衾和夢聽歌聲。

宿横石

横石岡頭路，人疲日又斜。平林茅屋近，有店即爲家。

❶「鳴」，四庫本作「明」。

次上清

迢遞還鄉路，程程日逐西。雞鳴時問境，十里是金谿。

野橋小憩

晴日催歸路，平橋又息躬。雲峯四面碧，霜葉一溪紅。

孔方道中

逆旅程難進，疲肩重日增。歸期無用數，俯首事孤征。

宿小嶺

旋糴山田米，來供野店炊。一枝聊暫寄，不必問爲誰。

小嶺店中即事

雲白山青路，回頭却已遥。故人應在邇，詩話定今宵。

童子餽蔗

童丱伊誰氏，悠然念兩翁。❶慇懃霜蔗贈，知我困途窮。

❶「兩」，四庫本作「爾」。似是。

白水寺

危石疏松一水寒，軒楹正在水中間。平安半榻還鄉夢，却憶千山與萬山。

同公迪飲車氏

嚴瀨扁舟話舉林，詩情遥向故人深。一杯賓館論文酒，細寫高山流水心。

瑤湖渡

斜日明官渡，平沙散馬蹄。一生勞面北，短卒急征西。

宿周圻氏

千里歸心逐月明，平林曲徑款柴扃。故人問藥入城郭，愛子難兄共短檠。

次種湖

鄉隣宗黨總欣欣，旋摘霜柑意甚真。送送長村不知遠，華顛應念客歸人。

還鄉道中

晴山今日是歸期，正值橙黄橘緑時。囊篋不論羞澁否，示兒聊僅百篇詩。金陵稿止此。

寄上饒汪秀才郡中諸俊彥

客裏微軀病莫任，金蘭多負秉彝心。不眠幾動山陰興，無鴈能飛懶拙吟。汪於婁諒家求予大書「懶拙」二字。

登東坑稍箕窠最高峯

寒窗倦局促，兹晨脱樊籠。遠隨伐木伴，暘谷舒孤蹤。奇峯發高興，迤邐緣霜叢。沃噍有山果，爽袂來天風。是時雨初霽，心賞超鴻濛。

黄李四生習易小陂寒窗旬月間六經風雪賦此以勞之

新功近喜四生深，夙夜沉潛四聖心。六出六經功愈苦，凍毫特賦雪窗吟。

新正峽中作甲戌

積雨逢春却好晴，石橋又聽澗泠泠。沙頭飲馬閒停轡，時止時行理本平。

贈饒李四生雪夜勞以酒而勖以詩

緑酒酬高誼，新詩祝遠程。各堅松柏操，共固歲寒盟。

偶述

病來文籍久相抛，閒看松篁雪後稍。懶性避人非敢傲，平生厭結口頭交。

即事

濯罷清流似浴沂，輕風拂面課農歸。北窗一覺羲皇夢，又喜雍容事講帷。

題石泉

莫訝涓涓勢在蒙，陰崖應與八溟通。試看萬折趨東處，何險能紆遠到功？

源中即事

疋馬長源又獨來，野園時見菊將開。忽驚往歲看花處，天外孤吟越儌回。

仰止堂詩并序　乙亥

景泰癸酉，予歸自浙，擬假道塘坑，一訪饒氏迪功公故迹而弗果，華裔烈與尊公景德慨念不已，予亦爲之悵然也。暮景駸駸，斯游恐莫遂矣，姑爲賦其仰止之堂，少答誤辱之勤云。其詞曰：

紫陽餘韻著清江，主一流風有叔暘。桃李莫矜新錦繡，松筠須復舊冰霜。

題黼丘并序

李公迪，其先彭原中山人，徙居黼嶺之下，五六世矣。公迪出贅五峯，而以舊里爲號，不忘乎初也，以黼易佛，用夏變夷歟？

何處雲嵐是黼丘，中山近在屋西頭。五峯風月諳來久，誰道鄉關日在眸？

寄李全父子

董帷奕葉託情深，又喜曾玄屢盍簪。珍重前模須仰止，一經端勝滿籯金。

夢與三人觀張擬同訪朱子丙子

曠百千秋相感深，依依不識是何心。金雞忽報春窗曙，惆悵殘魂帶病吟。

胡氏落成族譜亭

連雲芸棟夙蜚聲，又喜來仍建此亭。勖爾詩書舊箴砭，待看金石倍光晶。

題周氏竹坡

梅仙峯側緑青青，渭水瀟湘共杳冥。試借琅玕來莫倚，洞門風露接蓬瀛。

病中口占授瑞康寧壽

不覺行年七十近，忽驚卧病二旬多。絶勝明月清風夜，人在呻吟夢裏過。

贈何生濳還番禺

家慶新歡動里閭，黄花緑酒厦渠渠。客窗日月何多也，羲畫麟經伴起居。

詩罷憶陳生憲章

汝歸榮覲樂無涯，聽唱良朋契闊詩。中道若逢煩寄語，雪窗高榻待多時。

適上饒稿

飲黄衍氏

後先輿馬盛衣冠，訪古詢今到考槃。早向龍潭資麗澤，一緘爲我報平安。

宿楓山車氏莊

明月清風夜，殊非遠别時。薰衣欄食罷，❶爲爾細談詩。

❶「欄食」，四庫本作「荼宴」。

楓山道中口占授車胡二生

惆悵楓山道，當年此息肩。重來如昨日，時序夢中遷。

宿南山傅氏

春閲南山文，冬訪南山屋。盤旋佳主人，蒼崖蔚松竹。

宿上清真應觀

細雨長途暝，投裝處處艱。何如高枕夜，清興在玆山。

貴溪道中口占寄車傅二生

一杯何必盡君歡，知己須將古道看。客露喜逢風雪霽，詩筒早爲寄平安。

楊林橋

野水平橋路，行行霽景開。地名時記取，他日或重來。

貴溪邑庠作

昨夜淒風霰鳴屋，今宵月滿清江曲。預欣明發行李輕，早趁茅簷弋陽宿。

弋陽道中

日短前途遠，天寒問宿忙。亂雲迷望眼，細雨濕行裝。

宿晚港茅店

跋涉泥途困，棲遲茅店安。長風收細雨，淡月四更寒。

晚港鋪

四野同雲暝，長村細雨飛。橋傾人病涉，凍水漂寒肌。❶

宿宋村次唐人韻

茅店又安眠，前程聽自然。餘魂知有幾，不必問流年。

旅夜感懷

經過今古客，一日幾千强。旅店無眠夜，高山慨紫陽。

坑口鋪

回頭候火伴，遲遲行復歇。山鋪時問名，陰崖忽逢雪。

❶「漂」，四庫本作「慄」。

宿上饒妻氏怡老堂

梧竹交加映晚晴，清風蘭砌有餘馨。重來賓舘酣春酒，高詠南山萬古情。

宿古梁周文氏

石徑盤盤逗碧流，喬林鬱鬱拂雲稠。幾年心事空相繫，今日題詩向此丘。

別周村

雲山端似夢中游，芸舘高情兩日留。暮景重來恐難必，臨行餘興又登樓。

西塘道中贈二周生

長途遊子急前期，晴色無心管别離。緑水青山勞遠餞，梅花新句爲君題。

上樓店即事六首❶

且淹山店雨，莫計前路岐。路岐泥潦深，跋涉令心悲。

斗室息微軀，店大圍羣僕。凍雨淒風行路難，且攤黄卷從吾欲。

僮御忡忡怯風雨，得借茅廬即堪處。但令踈食無乏供，琴劍何妨淹逆旅。

筆硯爲伍書作朋，寒簷不覺朝昏改。静

❶「上」，四庫本作「工」。

中滋味將語誰，一日詩情闊於海。

一室他鄉遠，四簷寒雨聲。主人憐夜永，添火坐深更。

雨歇月朦朧，中宵卜去蹤。夙興僮御喜，争詑曉雲紅。

迷途

山路少人行，憑誰一問津。迷途應已遠，返復枉傷神。

歸興

計程不日踏鉛山，借問行人去路難。君子見幾寧有俟，浩然歸興白雲間。

宿橫峯二首

龐眉齊考兩如賓，欲把香醪慰遠人。報道聞糟也應醉，一枝聊息夢中身。

好趁瓜期雨又來，蕭蕭入夜滴羈懷。霽行潦止元無係，且賦新詩和打乖。

重經晚港鋪

官橋傾圮不知年，官渡行人苦渡錢。奉勸行人無用較，從來虧客仰誰憐？

弋陽道中望圭峯諸山

峭拔立雲端，能生逆旅歡。但惜世無摩詰手，不能移向畫圖看。

應林道中奉懷紫陽夫子

昔誦夫子詩，今履夫子路。夫子一去夜漫漫，往復行人自朝暮。

安仁道中奉懷紫陽夫子

此爲並岸東行路，❶高句藏心亦有年。今日偶來親舊跡，七閩惆悵白雲邊。

宿白沙吴瑪氏二首　時瑪任陝西都司斷事

歸坂驅馳逐落霞，筍輿迢遞到君家。春來應有西飛鴈，多病新詩不足誇。

令弟從官去，難兄好客深。青燈白沙夜，詩律細論心。

小漿鋪道中

借問歸程漸不多，烟村風景倍融和。誰家童子嬉牛背，入谷時聽放牧歌。

夢桃花

旅夢一枝斜，嫩紅初吐花。無端春信息，知爾報儂家。

夢舟得風

何許一歸篷，停篙泝便風。草堂應咫尺，清夢月明中。

---

❶「並」，四庫本作「正」。

題新路口舖

我僕痛時將絶糧，長亭忽喜近黄塘。青襟胄子知無恙，準擬談詩共夜窗。

題李章芸香閣

字向金陵書，閣從五峯坐。緑酒共深更，劇談忘爾我。閣上遺經凡幾編，好惜分陰勖新課。

題程庸讀書閣

旅思摇摇倦淹泊，息肩重喜登斯閣。❶閣中無物不堪詩，舉目咫尺皆真樂。賦詩不盡析薪情，負荷丁寧二雛學。

宿山家

午爨辭景雲，夜宿投庵下。山中俗朴長幼淳，也解聞風禮賢者。自愧虚聲誑世間，到處令人誤驚詫。

訪饒烈 三首

逆旅初從遠嶠回，迂途風雨爲君來。高軒一到留詩别，暮阻歸心向酒杯。

暮阻歸心向酒杯，憐君意氣更遲回。龍潭麗澤荒蕪久，好約良朋次第來。

好約良朋次第來，百年時序日相催。分陰須惜更須惜，不學何由造達才。

❶「斯」，四庫本作「新」。

主翁暮歸

中心欲投轄，風雨催歸鞍。夢迫大刀頭，長歌雙玉盤。

奉東塘坑諸親友

久客寧容忘式微，瓜期日念去遲遲。聞君好爵端孤負，棹雪山陰定有時。

道中口占授饒烈饒嶽二首

風雨聯鑣遠送時，高談雄辨解人頤。知君自有男兒志，肯負平生師友期？

仲父前程日見功，遠追祖德爾宜同。從今好篤男兒志，莫負皇天降此衷。

經馬茨塘

雪景漸清和，琴書此地過。不須留客飲，且喜爲君歌。

宿西廨彭氏

宿雨天清路不賒，高堂緑酒映燈花。金雞聲裏微吟覺，歸夢分明先到家。上饒稿止此。

題戈氏玉溪書閣

常説螢窗在玉溪，何如今夜此題詩。相逢莫只談金好，無競維人貴有兒。

稅場墟道中口占授戈英

驥子當年此載歌，金蘭氣誼感君多。西風老鬢寒山曲，斜日仍同律呂和。

早禾陂道中口占授戈英

傍午蒙開日漸融，暫停輿馬步從容。平生山水應深樂，指點遥空杳靄中。

別戈英

送送晴村兩贈詩，高歌足以慰離思。龍潭懸待春消息，早致雙魚慎勿遲。

宿嵩山

華髮蕭蕭候我勤，峩冠博帶氣温淳。兒孫競詑重遭遇，昨夜燈花報喜新。

長湖章氏絶句

金昆已矣悵鴻冥，玉季森森兩眼青。躍馬隔溪曾失意，揮毫今日却多情。

口占授章獻章朴

先後籃輿送我勤，交情歲久見漓淳。弟兄歸去皆傳語，事業應須日又新。

荷塘口占授族孫福寧

古市衝蒙濕，❶山橋踏月忙。隔林詢白塔，隱几卧荷塘。

塘坑絶句

雞鳴踏月復前期，愛日如烘霽雨時。青眼滿堂春似海，揚州詩興溢南枝。

鴈塘道中

人事周旋愧不遑，歲云暮矣趁歸忙。筍輿傲兀長鬚困，簑笠欹危度野塘。

除夜次唐詩韻

銀燈守歲未應眠，一聽陽春小兒輩歌詩。自灑然。更祝明朝風日好，梅花滿眼踏新年。

丁丑元日不肖前丁丑上學，先君此年五月赴京。

往事渾如夢，春風忽又新。浮生空白髮，依舊一蓸人。先君詩云：「夢郎方五歲，已解誦詩書。兄弟恩雖重，師生禮必拘。齋居應密邇，路徑不縈紆。自此能勤學，終當作大儒。」

❶「蒙」，四庫本作「雺」。

人日贈丘孔曼

人日題詩雪滿篁，寫向伊人念舊鄉。惆悵百年前故事，高曾筆硯接南窗。先生高祖號南窗。

春夜述懷

多病無安枕，長更事短吟。園林初雨歇，花柳已春深。身世雙秋鬢，乾坤獨苦心。明朝風日好，何處快登臨？

曉枕作

四時更代謝，萬事相翕張。升沉任吾運，何須較短長。風雨塵窗不知老，日進遺編三兩行。❶

暮春行

學不講，德不脩，二者誠吾憂。日親古賢聖，殘膏賸馥供涵泳。青春告暮我不聞，落花飛絮從紛紛。

喜晴

陽春正二月，霖雨何其多。午窗斂暝色，高陸揚洪波。昨宵乃何宵，高天衆星羅。清朝太陽升，萬象成熙和。餘花須載酒，因之一長歌。

❶「三兩」，四庫本作「誦幾」。

後坊坑

風景和明春服新，緩吟疑在魯沂瀕。行臨磐石遲回久，時有低飛鳥近人。

舊遊感興

既歷覆船岡，更嬉西岸圳。俯仰舊游心，光陰迅一瞬。

夢中作

烟消霧散，海闊天高。歷塊過都，乃見爾曹。

石泉望靈峯有懷周婁二生

杖策閒來步夕陽，雲峯遥望意何長。峯前二妙相暌久，魚鴈東西兩渺茫。

夕涼獨坐

緩步階除愛夕涼，微吟隱几久虛堂。行穿山月紛紛白，庭散簷花細細香。

山庭夜坐

庭樹陰陰過雨涼，冰輪正照坐中央。等閒真意須當認，莫學浮生一樣忙。

六月十七日沼上玩月

碧沼溶溶月照懷，好風時送嫩涼來。細思黃卷自警編多新益，懿行嘉謨實快哉。

予書月臺字月既畢臺字誤落筆而爲壹又書鈎以足之惜無出處也徐思曩在石泉時東窗對一鈎之月有缺月五更頭寒光皎清夜之句感懷賦此

曾對東窗月一鈎，五更心事澹如秋。蹉跎不覺空霜鬢，爭奈年華似水流。

沼上對月

又對青霄月一鈎，金波玉露正宜秋。自應暮景重加勵，遮莫年華似水流。

雞鳴候曉坐對東林殘月宛然昔者之景又續鄙句

坐對東林月一鈎，寒光皎皎近清秋。當年心事今何在，碌碌那堪日下流？

避暑普濟堂

三伏炎蒸午倍瘥，長原疊嶺困經過。竹林深院宜人處，冰簟清風一氣和。

同宗人嗣昶輩拜羅原岡先隴

清風朝辭上壽坊，溽暑午拜羅原岡。岡頭卜兆三百祀，鬼神守護雷潭傍。澄空一矚醉心目，楚山崒嵂吴江長。

避暑刀峯祠

竹裏投裝暑正隆，緩尋幽事向刀峯。芃芃香稻連疇緑，㶁㶁寒流一澗通。

宿吕家壕先隴右畔李宅

眷眷先塋是夙心，肩輿又事遠追尋。行雲流水良隨遇，胡文定公云世事當如行雲流水，隨所遇而安可也。步月看星此竹林。

同族人拜吕家壕先隴

昨日虚勞遠候迎，竹間今喜款柴荆。西風一激荒山隴，何限慈孫孝子情？

宿吕坊寺

罷浴清溪步夕涼，四簷風月宿僧堂。依稀却憶高曾上，桑梓連陰是故鄉。

遊園

呼童時作後園游，淡日涼風踏素秋。花映東西紅錦爛，果連南北緑雲稠。

贈饒鎮游襄陽

湖海平生志，山林老病身。何由出南徼，同爾望西秦。

中秋夜玩月次許郢州詩韻

四海同瞻此夜圓，樓頭漸喜出雲烟。❶蟾光玉潔秋中候，桂影冰清雨後天。吟處紛紛侵卧内，夢回穆穆滿庭前。詩成惟有疏星伴，萍梗明年憶去年。

即　事

借得禪房久寓居，閒中轉覺日舒舒。二三童冠相於好，卧聽琅琅小學書。

離　寺

遥爲松楸此寓居，清風明月二旬餘。宵來紅葉催歸夢，明月青山是舊廬。

同宗人允基拜羅岡先隴

古寺相尋兩度來，孝思共寫百年懷。西風紅葉桐園曲，四望青天一快哉。

對月偶成

夕陽扶杖步前庭，歸踏繁陰霽月清。靈府偶然無一物，静中意思驗周程。

即　事

浮世升沉一聽天，竹窗養病日高眠。杖藜偶散東林步，丹桂秋香又一年。

❶「頭」，四庫本作「臺」。

曉枕作

多病蘇來體自輕，吟邊又喜氣和平。行雲流水曾聞命，何用君平卜此生？

諸生助移門樓詩以勞之

魚貫相於冠與童，浩歌聲裏氣如虹。明朝飽挹溪山勝，多賦新詩頌爾功。

牧南岸嶺次横渠先生韻

碌碌浮生一夢中，並游無侶古今同。偶因晴牧閒行好，絶壁孤吟萬壑風。

夜讀滕元發墓誌并序

尹開封時，民有王穎者，爲隣婦隱其金，閱數尹不能辯。穎憤悶至病傴，杖而訴於公。公呼隣一問，得其情，取其金還穎。穎奮身仰謝，失傴所在，投杖而去，一府大駭。

理枉能令傴者伸，古今何處覓斯人？沉吟無計起公死，徒向塵編感興新。

同晏洧游鋪前山

小春天氣暖如烘，山果漫山黑間紅。緩步崇岡清眺罷，悠然歸詠夕陽中。

游　山二首　歷獅子石、馬鞍山，至峽而止。

客歸曾此眺層巔，獨步重來十五年。人事幾多隨候革，山光水色自依然。

勝遊欲罷駕言還，山水盤迴趣更玄。試問丹青難狀處，朗吟人在白雲邊。

同小兒游山自後坊西岡嘴登山，度坳入原，歷獅子石而歸。陳達遇於原中，同行。

幸得身閒心自休，呼兒時作小春游。千山莫景難描畫，磐石何妨又少留。

游　山二首　由二峯尖至西坑原頭而歸

爲愛雲山深復深，筋骸粗健强登臨。一般真意誰能辨，矯首蒼茫獨詠心。

勝地曾經託趣深，和風晴日喜重臨。筋骸又老四三載，何限依依悵舊心？

游　山

童冠相呼作勝遊，經霜山果正優優。林泉好處將詩買，康節詩。紅日銜山詠未休。

三峯亭

一亭危構接雲烟，亭罷基存境宛然。重賦新詩留故事，清風從此更誰邊？

牧後坊

遮莫風霜暮景侵，又因晴牧事幽尋。隣

童供命諸生侍，一曲真筌擊壤吟。❶

後坊牧歸

林泉隨處境幽幽，争奈浮生不暇游。日日杖藜歸去晚，野心端被白雲留。

同諸生登聶家尖

尋常多愛此峯游，蹤跡疏來已卜秋。他日會心峯愈勝，小詩難寫興悠悠。

與諸生授康節詩道傍石

好詩歌罷樂忘憂，不管浮生歲月遒。忽意暮春曾此坐，獨吟時喜鳥相求。

曉枕作

饑寒難免切身憂，富貴由來不可求。日用信從吾所好，萬緣有命豈人謀？

曉枕感懷二十年前，嘗辱九韶妄以「年彌高而德彌邵」見譽。

年高德邵是難能，曾辱良朋妄見稱。碌碌光陰空二紀，不堪惆悵憶平生。

傷傅秉彝

竹窗琴劍寓經旬，洗墨池邊跡已陳。惆

❶「壤」，原誤作「禳」，今據四庫本改。

悵玉樓吟望久，眼中那復覓斯人？

曉枕作

窮通夭壽寧非命，消息盈虛自是天。試詠黃流歌玉瓚，諄諄箋注慨前賢。

饒烈使名長春**問訊日暮途遥旅宿無衾惻然成詩**

暝色馳驅山正深，投裝安問有無衾。解衣雖荷主人眷，寧慰風霜永夜心。

獨坐偶成

爲己工夫何處尋，須知至要在于今。它山之石能攻玉，寧問陽舒陰慘心。

自警

日日寒簷讀我書，觀生愈似掛鈎魚。人情固莫分輕重，事體焉能知卷舒？百行自應誠是本，一身端合道爲樞。聖賢龜鑑昭昭在，爭奈靈臺不易虛。

閲去年日録簿此日寓婁諒氏悵然成詩

去年今日正陽生，覓句論文暫鯉庭。東鴈不來西夢切，❶杖藜何處問君平？

❶「東」，四庫本作「北」。

贈程李二友

又報衝泥二妙來，遠傳天使意悠哉。寒爐擁罷霜簷立，明月清風共此懷。

題譚大參慶壽堂

北闕恩波浸正深，南山瑞氣福駢臨。夜光明月春盈卷，總是萊衣愛日心。

奉題程僉憲清風亭

世間何沴善侵陵，强者誰歟抗鬱蒸？萬姓低垂炎海裏，洒然天表見斯亭。

康齋先生文集卷之四

康齋先生文集卷之五

詩

新正重沐縣侯賁臨茅舍敬裁二十八字充一笑耳戊寅

誤辱明時降玉音，賢勞吾宰歲寒心。前溪過雨春流駛，試問恩波深幾深。

贈太守林侯

匪才焉敢厠儒流，光寵頻煩誤我侯。從昔斗筲何足算，願均慈造遍林丘。

迎恩橋詩并序

天順丁丑十有二月甲午，郴陽曹侯奉詔枉聘與弼，辱經青石橋，門生呂邦翰屋以表焉，與弼名曰「迎恩之橋」，而詠歌以詩云。

青石流傳亦有年，迎恩於此慶堯天。山呼北闕晴雲表，玉燭祥光正煜然。

皇華亭并序

天使郴陽曹侯辱臨神嶺，閭閻老稚莫不交慶，門生金谿車用式表亭其上，僕名曰「皇華之亭」，嶺曰「皇華之嶺」，恭裁小詩以紀盛事云。

皇華勝嶺舊名神，使節遥臨雨露新。草木從今皆可敬，一亭晴映萬山春。

天使亭詩并序

天使郴陽曹侯辱臨聶家尖，門生金谿車用正表亭其上，僕名曰「天使之亭」，尖曰「天使之峯」，恭裁小詩以紀盛事云。

伊昔奇尖號聶家，名峯今喜屬皇華。誰人領得峯頭趣，舜日霓旌拂曉霞。

集慶亭并序

天使郴陽曹侯大參、山東譚侯僉憲、同安程侯旌節暫駐於大園之上，門生陳庸、李章亦侍語次，庸作亭以表必遇，僕名曰「集慶之亭」，而詩以詠歌焉。

拜罷天書使節歸，徽音暫此駐旌麾。閭閻荷慶何多也，共仰文光煥壁奎。❶

綵雲亭并序

天使郴陽曹侯辱臨馬鞍山，門生陳子球表亭其上，僕名曰「綵雲之亭」，山曰「綵雲之山」，恭裁小詩以紀盛事云。

旌旆騰輝鼓吹雄，青山盡屬綵雲紅。羣黎奔走矜奇遇，❷滿路謳歌日正中。

奉陪天使重游皇華亭

前日風雲擁護多，兹晨氣色倍清和。遥

❶「壁」，四庫本作「璧」。

❷「黎」，原作「藜」，據四庫本改。

空一矚春無涘，共聽重歌勝嶺歌。

天使臨胡氏族譜亭喜添勝跡詩以紀焉

華亭雄構野塘濱，天秩昭昭篤大倫。品彙一經時雨化，山川出色境增新。

天使游山歸旌旆暫停戴禄氏

喧天笳鼓踏新晴，踏遍春山幾處亭。旌節暫停歸興好，梅花溪上問諸生。

天使歸五峯綵旗聯句

綸綍夙傳丹闕表，旌麾遥賁翠微中。四民瞻仰乾坤大，萬竈歌謡雨露濃。競詫皇華人似玉，頓令白屋氣如虹。祖筵簫鼓騰三市，驛道風雲壯五峯。

徐廖二友承天使命來戊寅

車輿燈火遞相譁，互認前村處士家。款款細傳天使語，春風早約上京華。

題饒氏祖德亭并序

饒安用中者，予故入也，僉憲陝西，有聲。諸孫循者，予子壻也。嘉乃祖之才，重循能仁其先，故樂爲書之。

男兒能不負儒冠，贏得功名萬古看。❶
幾度懷人吟不寐，梅稍殘月五更寒。❷

❶「贏」，原誤作「羸」，據四庫本改。
❷「稍」，四庫本作「梢」。

棠溪道中

細雨新泥江路長，忙衝暝色急投裝。筍輿非忍長鬚困，爭奈先塋不敢忘。

南原道中

茅屋石橋西，行行日未低。地名時問訊，春輿入新題。

吕中良引拜羅原岡李氏夫人墓

馬鬣巍巍久已平，狀元空憶舊時名。若無故老慇懃意，徒有慈孫繾綣情。

葛藤科先隴

蓬科不見當時葛，馬鬣猶傳舊日名。星火程期京國夢，春風花柳故鄉情。

經方昇氏

難兄客邸共鄉心，令弟高居辱愛深。問訊若逢南鴈使，春風早寄白頭吟。

贈石井黃徐二生

愛爾黃徐二秀才，重逢故意倍悠哉。他日松楸勞夢寐，頻期魚鴈到金臺。

天使曹侯枉顧金石臺

一上名臺百慮消，況承使節在青霄。黄徐預擬忘憂物，程李同歌擊壤謡。

羅原岡詩并序

上下羅原岡，先塋所託，❶蕪没已久，得復舊物者，周氏孔文、吕氏本誠、中良邦翰數公之力也。欣幸之至，情見乎辭。

冷派衰宗各渺茫，荒山寒溆久凄涼。東風爲我回春色，衣被羅原幾處岡。

贈廖良齋崇傑行人歸樂安

馬嘶芳草正清明，高下風花遠近亭。他日金臺談舊雨，青山總是故鄉情。

贈鰲溪茂宰林侯

秋月窗前天似水，春花縣裏日如年。民謡若達觀風使，處處流傳茂宰賢。

寄張璧

雙塚遥依鳳水傍，朝烟暮靄久荒涼。維持曾荷尊公愛，又喜如今得令郎。

次白玗李大章贈行韻

髣髴當年暫接顔，忽勤縞紵辱柴關。何

❶「託」，四庫本作「記」。

曾實行出人上，空惹虛名在世間。樗散豈宜私雨露，駑慵只合老雲山。誤蒙明詔乘春去，嫩蘂濃花滿目斑。

同程庸諸生遊集慶亭

皇華嶺畔又奇峯，峯上新亭結構雄。亭子主人良得意，來遊多侶共春風。

承判簿戴侯掌教陳君下顧

聯騎儒冠顧匪才，❶春風揖別話金臺。殘書數卷青山曲，滿賴餘光燭草萊。

承天使遣胥余二生枉顧茅舍

暫坐清溪暢病身，又瞻聯轡兩儒紳。行裝自促無勞迓，定在旬餘躡後塵。

奉別鄉隣親友

流傳遐邇盡虛聲，君子從來耻過情。惜別誤蒙鄉里敬，匪才何以答昇平。

贈李晏諸生

我承明詔遠觀光，付爾琴書與雪窗。好篤男兒燈火志，莫隨浮俗一般忙。

外孫瑞康索詩

明日朝天去，今宵索我詩。莫添離別

❶「騎」，四庫本作「轡」。

思，喜有盍簪期。

金臺往復稿

西津舟中口占授同宿諸生

馳驅西日四三生，❶共宿津頭風雨情。須信萬緣皆有命，肯將行止問君平？

發張家石

黄昏西北浮雲歛，清曉東南霽月明。紅日滿窗春睡穩，拍天新漲棹歌聲。

貴溪道中

懶慢宜閒不得閒，衰齡却事道途間。曉程匆遽嚴牽路，晝夢依稀在故山。

奉寄臨川傅貳令

令聞宜民夙所欽，琅玕欲報愧微吟。更煩細問南來鴈，日夜天涯念萬金。

周文婁諒徐綖棹艑遠迓

暫親鉛槧向清流，忽遇波心蕩漾舟。老去久於浮世淡，重逢端似夢相求。

❶「馳驅」，四庫本作「停舟」。

草萍驛

暫息草萍驅，❶心安即我廬。萬山新雨霽，半枕黑甜餘。

白石鋪道中

早稻青青小麥黃，杜鵑聲裏野花香。好山遞送程程秀，咫尺雲帆是浙江。

寄龍游洪茂宰

沙頭傾蓋重青年，別後重歆單父賢。好看歲寒冰雪表，管教松柏轉巍然。

贈梁布政尊公諱潛，與先君同官翰林。

曾陪崇禮南京街名。少年游，一隔江湖五十秋。碌碌那堪今日會，空憐歲月白人頭。

寄嚴州劉太守

我愛霜松託趣深，慇懃特表歲寒心。❷贈「霜松」二大字。當年縞紵休相訝，還所贐。遥寄新詩詠斷金。

❶「驅」，四庫本作「驛」。
❷「特」，原作「持」，今據四庫本改。

贈伍御史

與居共飲西江水，却向錢塘話舊鄉。拙筆「正直」二大字。漫持雖偶爾，男兒從古貴流芳。

王憲副順德堂

錢塘江上接珠璣，顧我何堪順德題。思遍古人無健筆，斷雲殘照畫橋西。

楊太守雪艇并序

同郡楊彦魁以名御史知姑蘇之明年，予往京，❶過貴邦，辱扶疾兩顧驛舘，葢誤知我之過者也。

一艇寒凝雪滿窗，棹歌聲裏鐵爲腸。把君詩卷摩挲久，人在冰壺月似霜。

次楊太守見贈韻

承家曾讀魯《春秋》，多病因循漫白頭。野性只應木石侣，道心深愧聖賢儔。萬緣久分同春夢，束帛何期賁晚丘。畫舫濫爲偕計客，偶陪高興一登樓。

贈畢王二進士

丹桂亭亭兩妙齡，相逢江上話詩情。冰霜自是男兒志，穩步青雲萬里程。

---

❶「往」下，原衍「一」字，據弘治本删。

姑蘇驛館即事驛官置酒鳴琴

尊酒爲歡偶共斟,江清地迥夜沉沉。感君流水高山意,暢我光風霽月心。

桐鄉舟中

兩日勞勞晝夢長,斜風細雨度桐鄉。卧薪自是男兒志,何事廖廖數越王?

贈鄭御史

江上相逢話舊知,與故人徐希仁同學兼姻。姻門蘭雪予所贈徐二大字。共心期。行春大展經綸手,碌碌何煩索小詩。

陸主事紫微庵先隴所在

一庵遥託紫微坡,馬鬣巍巍事若何。惆悵孝思維則處,始終名教爲君歌。

皇華館即事

沉沉臺館緑陰濃,一榻高眠詠午風。時止時行皆樂地,夢魂依舊白雲中。

陸大參宅

成均高誼古人儔,江右仁風播更優。今日德門恭一拜,白雲埋玉幾春秋。

滸墅鋪舟中

一席中流快好風，平疇時喜看吳農。推篷細話林林趣，❶總在乾坤生意中。

白鶴溪鋪舟中

我愛佳名白鶴溪，客情舒處又題詩。分明畫得無懷世，楊柳家家賣酒旗。

次羅憲副見贈韻

蹉跎夙志久隨流，到處逢人愧白頭。濫奉天書趨魏闕，猥蒙春酒醉常州。聖門道遠良難進，賢轍風高不易儔。安得魯戈回白日，重將舊業共君脩。

邗城

丹陽古渡接瓜洲，萬頃黃雲麥正秋。一榻午風清夢覺，又題新句過揚州。

高郵湖

圖經旋展認邗州，童稚傳聞老始游。一曲倚樓懷古調，烟空漠漠水悠悠。

渡黃河次唐人昨夜微霜初度河韻

平生從跡半樵歌，歲晚昏眸始識河。名姓誤叨天上薦，琴書端似夢中過。洲連碧水

❶「林林」，四庫本作「園林」。

浮埃少，自瓜洲來水穢濁之甚，至清河口清矣。席滿薰風逸興多。却憶青山同學侶，可勝名教兩蹉跎。

憶　家

獨吟沂泗向黄昏，漠漠雲天遠近村。前月小陂今夜思，細分詩帖與諸孫。

杜主事榮壽堂乃尊受封贈。

堂上嚴親八十强，天恩厚處錦袍香。多才令子方騰踏，百福如川日正長。

徐　州

前月兹晨別小陂，通宵風雨泊西陲。看山問水何鄉客，帆指彭城薄暮時。

贈宋知州蘄州人，名誠，字彦實。

沙頭載酒話蘄州，勝水名亭悵舊游。聞道彭城多善政，盤根正屬有爲秋。

即　事

一灣未盡一灣連，處處垂楊蔭道邊。高纜勢寬夫力緩，行行喜帶夕風牽。

王錦衣望雲思親詩卷

使節馳驅南復南，高堂華髮夢毿毿。一杯春酒歸心切，指日雲邊落錦帆。

曹天使重慶堂

餘慶重重見老萊，斑衣華髮映春罍。青山門巷時時掃，待領天邊紫誥回。

平野望鄒魯次少陵韻問士人，北去魯城九十里。❶

古意千秋上，孤蹤九夏初。高山方仰魯，洪道已過徐。慈教三遷外，雄韜百戰餘。堪輿頻悵望，風日共躊躕。

望魯山

闇水仍相阻，河堧又獨行。茲山含萬態，於我故多情。

夢家

百體衰慵兩眼花，雲山久已隔紛華。宵來魯水橋邊榻，一片離魂只在家。

濟寧道中時阻淺登陸

一逢勝地憶平江，夾河楊柳陰陰，皆平江伯遺愛。緣道薰風滿緑楊。豈獨陰涼人共惜，助予詩興更無疆。

濟寧南城驛庭前多種椿與白楊

庭樹陰陰轉嫩涼，琴書喜博濟寧航。短

❶「北」，四庫本作「此」。

歌不盡悠悠興，泰岳峯前送夕陽。

夏　至

晝雨聊城逢夏至，暮雲江右憶儂家。東林新籜知成蔭，南畝香粳想俵花。

録詩後作

無事偏宜白晝長，薰風多送午窗涼。思家恐有南飛鴈，預寫新詩待寄將。

王錦衣贈梅聖俞集

早自歐編慕聖俞，晚從汶水得明珠。慇懃欲表將軍愛，又向思親錦卷書。

端午前一日作

端午明朝是，鄉園此際思。南歸人未卜，北去日隨時。道遠諸孫弱，家貧老母慈。榮枯自有分，無使淚空垂。

寫詩後又題

新詩寫就即封題，只候河邊鴈字飛。消息定於何日達，夢魂夜夜大江西。

臨清端午王錦衣饋粽

且食將軍粽，休論故國情。離家從兩月，挈榼任諸生。碧艾仍懸户，香蒲可泛觥。稚孫嬉作隊，誰念日邊行？

盜　名

實若虛兮有若無，如斯方表聖門徒。盜名似我真堪鄙，愧爾昂藏一丈夫。

武城對月

一鈎清照故園心，獨倚薰風又一吟。惆悵麥秋今夜宿，諸生共聽玉山琴。

泊　武　城

長年捩柁棹謳停，淡月疏星泊武城。若使九原人可作，絃歌聲裏拜先生。

陪天使及王錦衣登陸閒眺取徑徐步坐滕家鋪綠陰候舟小兒陪二使習射

見説行逢對摺灣，相招取徑縱遐觀。河山指罷仍留射，好似雩壇春服還。

登德州梁家莊驛樓

一賞薰風瞰水樓，樓頭清興暫相留。明朝知隔幾程驛，綠樹人家記德州。

題德州梁家莊驛館粉壁四牡聘賢二圖

左是皇華右聘賢，苦心於此豈徒然？中原萬里能無孕，不在商巖即渭邊。

書姜米巷壁

雲山萬里去吾廬，萍梗那知此寓居。晝夢每便風帳静，夜懷幾共月窗虚。樂天知命憂何在，安土敦仁愛有餘。他日多情時北望，慇懃却憶壁間書。

客夜即事

庭户沉沉夜未央，碧天如水月如霜。一星爲幸何多也，獨許寒芒伴耿光。

得小陂消息

辭家三見月團團，幾望南雲路渺漫。忽報遥臨桑梓客，曉窗徒履問平安。❶

移寓宗人建一

素佩行雲流水詞，一枝何處不堪依。慇懃况有吾宗子，小閣虚窗懶正宜。❷

題南薰閣

玲瓏傑閣面南城，滿座薰風解我情。玉軫珠絲秋月夕，幾回清興繞虞庭。

題南薰坊寓居

一柏亭亭傑閣西，婆娑厚蓋未經題。他

❶「徒履」，四庫本作「倒屣」。
❷「正」，原漫漶不清，據四庫本補。

日哦吟南斗外，時時夢想與雲濟。

贈王醫士

杏林春色滿窗紗，好是當年董奉家。我借餘光輝客邸，神功特向衆人誇。

奉呈忠國公

翠柏蒼松幾歲寒，菊窗竹牖共平安。百年勳業寰❶中滿，萬古聲名鼎上看。

奉別文安伯

彤墀執手話綢繆，雙硯慇懃誼更優。明發青山白雲裏，龍樓鳳閣夢神州。

奉別李尚書學士

神交尺牘比南金，況復雄文重盍簪。錦繡欲酬何所禱，和羹慰滿四民心。

奉別彭吕二學士

幾陪鴛鷺肆愚言，玉趾頻煩坐客氊。歸夢已隨秋興遠，寸心猶在五雲邊。

奉別主客諸公

聖賢事業細曾論，別語諄諄問所存。尚友軒中銘座處，紛紛慎勿惑多門。

❶「業寰」，原爲小字。

奉別孫黃二姻舊

客裏情親孫與黃，夜來歸夢繞秋江。西風黃菊青山曲，細把平安報舊鄉。

孫氏叢桂堂

莫説當年竇十郎，君家叢桂互流芳。靈臺更有天然妙，不待秋風也自香。

孫氏更造八里橋改名通濟

八里新更通濟名，乃知仁者用心宏。誰人更續生生德，好共千秋萬載馨。

十友餞別城東五里曹天使、孫郎中、秦員外、倪員外、張主事、陳主事、孫主事、黃員外、劉都事、王進士。

疏頑無以答昇平，況辱羣英遠餞情。明日青山回首處，五雲遥憶讀書聲。

重宿通州驛舘二首

五月篷窗觸熱多，清涼臺舘此調和。故人重進杯中物，獨酌燈花一放歌。

細數燈花事短歌，南歸魂夢白雲窩。獨憐葵藿微私切，惆悵何心製芰荷。

別二孫生

客裏過從喜二生，雲和夜夜玉壺冰。❶長河記得臨分語，莫把靈臺泥俗情。

中秋新橋驛次去年詩韻

何處中秋對月圓，新橋旅泊近人烟。西江皓彩阻千里，北闕清光隔九天。畫舫獨吟河水曲，銀燈高照驛樓前。時逢鄉友談萍梗，華髮添明又一年。

登陸偶成

曠望晴蕪外，聊爲曹濮吟。静觀浮世事，端合付無心。

奉謝都水車主事

争奈舟人貪利涉，寧知見險却當需。指麾非仗仁人力，顛沛洪濤尾盡濡。

崇武即事

一舸秋風晝枕清，樓臺時見博平城。思家款款南歸夢，戀闕依依北望情。獨倚滄浪懷古調，細詢輿地閲圖經。明朝放櫂晴嵐塢，遍憶琴書水上萍。

❶「玉」，原作「王」，今據四庫本改。

古城舟中

朔風微雨艫和鳴，已度鍾吾問古城。北路漸遥南路近，伊誰一寫箇中情？

贈金通判并序

名鎬，字孟周。尊公名砥，國子典籍，與先君官舍隔壁而甚相得，於不肖過蒙與進。孟周在官亦有聲，予爲大書「冰壺」二字以貽之。

少小爲隣今老夫，淮陰重喜話冰壺。男兒肯負平生志，正好明時展壯圖。

經蚌殼湖

前月玆晨濫寵嘉，恭承天語侍文華。片帆容易幾千里，獨詠西風野水涯。

高郵湖

長空漠漠水雲平，北極風高一舸輕。菊有黄花歸夢切，青山日計撫州程。

孟城驛

高柳收帆處，平蕪縱目餘。都將今古興，盡向驛樓書。

即事

船頭船尾富歡聲，高掛雲帆四體平。免牽纜之勞。時見南陲山隱約，明朝定擬到金陵。

發儀真

壩上停篙博柁樓，江邊解纜别真州。滿懷秋思無心寫，獨看岷峨萬古流。

舟中見紅樹

船頭時作望鄉吟，難寫浮生去住心。忽忽不知爲客久，誰家紅樹報秋深？

白螺磯

柔艣和鳴人力齊，急流競度肯遲遲。❶試將衆理依斯看，萬事心同不足爲。

牽路宿上元地❷

江北郵程晝夜貪，寒蘆已喜屬江南。青山門巷無勞夢，消得東風幾日帆？

題淡然卷子

東風紅紫競芳菲，萬葉千葩恐後時。誰

❶「度」，四庫本作「渡」。
❷「宿」，原作「已」，今據四庫本改。

道大羹玄酒味，却能醫得兆民彝。

發石頭城

舊游歷遍問歸程，晴色東風一舸輕。楊柳堤邊吟望處，青山猶是石頭城。

板石磯

紅葉黃花歸興濃，青山夜夜夢巴峯。磯頭記得蕃昌路，西日一帆蘆荻風。

次荻港二首

漠漠寒蘆一港通，衣冠迎候禮從容。已陪徐步鳳凰嶺，更與遥談獅子峯。

晴蕪眺罷事霜毫，點染秋雲散海濤。餘興歸來眠未得，蘆花寒月滿江皋。

十里青山與廬州相對❶

羣岡聯絡接銅陵，何代流傳十里名？隔岸翠屏相映好，片帆歸詠正秋清。

銅陵舟中

歸心日日數郵程，楚水吴山次第迎。安樂有窩時在眼，❷只憐無計答昇平。

❶「州」，四庫本作「山」。

❷「在眼」，四庫本作「有限」。

梅根次辛丑歲詩韻

輕風疏雨送微寒，淡月疏雲泝急湍。年少舊題今白髮，浮生猶幸一身安。

重脩余忠宣公墓堂詩并序

劉清廉大之參政四川也，❶經同安，付白金於懷寧丞胡詮，助脩余忠宣公之墓并敘禮之堂。詮以訟之麗乎罪者役焉，民不勞而事集云。詩曰：

薇垣參輔隆風教，花縣郎官尚典刑。顧我疏頑何似者，敢將名姓污丹青？

胡貳令索詩題尊府方伯公一曲軒

畫省高車久已懸，花封才子正青年。鑑湖一曲幽棲處，明月清風水拍天。

同安即事

幾日扁舟繫淺沙，獨吟夜夜夢燈花。青山贉有平生侶，頻説天邊客到家。

鄱陽舟中

詩卷書來興轉佳，好風應念客天涯。明朝再假一帆力，指日琴書可達家。

❶「大」，四庫本作「文」。

進賢道中

詩思鄉心共落霞，連村紅樹勝春花。少年髩鬚曾遊處，獨立蒼茫兩鬢華。

蔗林

夢回夜半候雞聲，時聽舟人問水程。明發揚舲過百里，好山却看故鄉青。

謝家埠

連檣金鼓氣飛揚，共喜郵程近武陽。詩興無端吟不徹，霜林處處奠紅芳。

奉陪天使金陵王侯游山十首

皇華亭

皇華曾喜見名亭，使節重臨勝倍增。愧乏長才歌盛美，漫將下里頌昇平。

集慶亭

集慶當年衆所誇，四民重喜拜皇華。一壺春酒供多興，歸從如雲擁鼓笳。

天使亭

簫鼓喧騰日正融，烝黎滿路慶時雍。旌麾隱映紅雲表，天使重臨天使峯。

綵雲亭

綵雲亭子碧雲岑，舜日重霑雨露深。紅樹溪橋春似錦，高吟細寫北來心。

駐節亭

遥傳天語下青霄，使節榮瞻駐此橋。燕喜有筵供勝會，舊家文物話唐朝。

塔山

窮鄉誰道塔山名，惟是樵歌牧笛聲。豈意遠承天上使，翩然下此駐霓旌。

石溪先隴

石溪橋畔蔚松楸，疊鼓清笳導勝游。好是丹青難狀處，百年心事共春秋。

石原

清明風日小春天，旌旆翩翩會石原。借問皇華輝映處，昇平文采萬人傳。

蘿溪重慶亭

雪窗螢案飽儲書，兩沐旌麾奉使車。請賦新亭留勝跡，畫簷高映緑蘿居。

赤岡

赤岡斜抱小陂南，鄉邑流傳富美談。紅葉清霜風日媚，送迎天使此停驂。

送天使王侯回朝綵旗聯句

九重雨露堯天大，萬國衣冠舜日明。草

木光華南服重，風雲慶會北歸榮。

金臺往復稿畢

康齋先生文集卷之五

康齋先生文集卷之六

詩

元生陪往寶塘小憩路口鋪己卯

晴山聯轡日遲遲，立春五日。小憩郵亭啜茗時。少長森嚴環侍好，舊鄉細誦帝鄉詩。

宿下城丘孔曼

先朝心事共春秋，此日投裝話白頭。莫把光陰牽俗態，勉教孫子繼前修。

賜金墾田

濫向文華辱賜金，側身北望五雲深。都將至渥歸南畝，瓜瓞綿綿萬古心。

親農歸途中次舊放水詩韻

迎恩橋畔獨經過，課僕西疇事早禾。却憶去年今夜興，淮陰去棹好風多。

坐沼上有懷京師冠蓋

倦拋鉛槧暫揮鋤，浴罷觀魚聽鳥呼。乘興不知吟坐久，無端秋思繞皇都。

憶去年今日八月初四

去年今日侍文華，天語諄諄過寵嘉。三度丁寧歸去後，好書多做貢皇家。

憶去年今日八月初七

去年今日拜彤墀，天語温淳賜勑歸。中使傳宣天使道，好生看顧荷皇威。

憶城東寄餞行十友

聯鑣接軫憶城東，綺席珍盤別醑濃。南北雲泥懸隔久，高情常在夢魂中。

奉寄夏官羣彦

司馬羣英嘉惠深，聯名錦軸重南金。當時愧失摳趨禮，別後難勝悵望心。

寄王經歷劉都事二鄉友爲尋妻弟善才

外氏零丁一轉蓬，欲從何處問孤蹤？盍簪得遂平生願，總屬王劉雨露功。

奉題懷寧伯雙驥圖二首

汗血俱曾成大功，丹青凜凜著英風。人間自有男兒事，傑出方名世上雄。

競功雙驥大功成，造父王良總擅名。設使當年無伯樂，何由千古著雄聲？

奉寄忠國公令郎君

僑居幾欲拜蘭階，多病因循愧夙懷。翠竹碧梧霄漢迥，五雲深處望三台。

奉寄廣寧侯二郎君

曾接親庭花萼輝，亭亭玉樹映金芝。聖明文教超千古，萬軸牙籤好及時。

寄太常高博士

傑作鋪張天地心，大音寥闊國之琛。清風明月停雲處，不信人間有古今。

寄太學鄭助教

自古文章貴作蒙，夫君當代富才華。案頭夜夜增光艷，留與兒孫仔細誇。

寄湯教諭

麗句流傳衆所歆，稱揚太過實難任。雖云甚矣吾衰也，餘齒猶宜座右箴。

奉寄南康郡侯

一接沙頭金玉相，時從舟子話龔黄。幾時一鼓滄浪棹，細和匡山白鹿章。

沼上芙蓉花開

去年花盛客天涯，今歲花開人在家。萬事只應隨分好，不須憔悴對年華。

作遠書罷卧自得亭

羣緘裁罷一身輕，又向高秋卧此亭。遥想故人天上夢，可知衰病日伶俜。

拜表歸途中作

記得重陽拜表歸，乾坤清氣映晴暉。紅黃山果驚新候，又喜題詩野水湄。

青雲亭

欲得靈臺拔俗紛，❶特將亭子倚青雲。朝朝剩汲寒泉澗，❷細點明時輔世文。

遊塔山

去歲兹晨發望江，風帆夜泊小姑傍。來歌此地懷萍梗，紅樹新晴候欲霜。

遊天使峯

天使峯頭境絶奇，重游恰近小春時。晴

❶「紛」，四庫本作「氛」。
❷「澗」，四庫本作「潤」。

明風景堯天媚，安得情懷不賦詩？

遊綵雲山

選勝歸時興未闌，微吟更坐綵雲山。出塵亭子休孤負，須把遺經日此攤。

寄郡庠陳廣文并序

郡庠司訓陳先生兩辱枉顧山中，有懷成詩，敬以奉寄笑覽，幸幸。

濫竊時名負愧多，勞君兩辱碧山阿。墨池泮水宵來夢，紅樹西風寄短歌。

寄邑庠陳廣文并序

不肖將赴金臺時，承判簿戴侯、邑庠廣文陳君枉顧衡門，不肖贈詩有「滿賴餘光燭草萊」之句。別後辱陳君兩垂青眼，久稽奉答，有懷成詩，敬以呈上笑覽，幸幸。

荐辱餘光燭草萊，瓊瑶久矣負高懷。孤吟幾對黄洲月，芹水清風不易裁。

至日

歲華又值一陽生，豫汛庭堂賀太平。萬壑金雞天欲曙，四簷霜月雨初晴。學隨年長嗟衰邁，道與時亨荷聖明。閒傍溪梅尋嫩蕊，新詩興緒繞虞庭。

遊三峯尖

晴明又喜躡雲烟，舊跡來游興浩然。心

事滿懷題不盡，長吟回首五雲邊。

賀吳營元氏駐節亭成

積李崇桃燭令晨，雙溪雄峙一亭新。百年勝事光先躅，千載清芬激後人。

題新齋壁

莫懷端合惜年華，莫枉閒工事筭沙。收斂寸心歸寂寞，芸編堆裏是生涯。

同丘孔曼游勝覽亭

積雨初收遠岫明，盈眸生意黍苗青。偶乘佳興良朋共，細詠新詩向此亭。

遊霓旌亭

一歷青雲眼倍明，羣峯聯絡自天成。遲回盤石忘歸去，誰共斜暉俯仰情？

憶前年今日五月十六

前年今日拜宸旒，天語親承錫命優。幾度忸怩疏薄質，洪鈞浩蕩若爲酬。

憶前年今日五月十七

前年今日拜文華，疏薄何叨過寵嘉。謝病曾無一字補，可勝衰眼日添花。

憶前年今日五月二十二

前年今日説《中庸》，内閣羣英眷注濃。分惠御桃嘗主客，歸鞭姜米步從容。

七月二十六日作二首

流光一飛電，夙志良堪羞。末契何所託，塵編日遮眸。

窗得竹林幽，亭有荷池勝。淺薄諒何爲，於焉託餘命。

車泰使歸喜而作

山暝風高雨打衣，敲門知自玉墀歸。椿萱綵服千重慶，臺閣雲牋萬丈輝。

敬梅軒爲楊侍講題

雲塢虯枝處士栽，玉堂詩卷映三台。肅焉敬止哦吟處，難寫孤芳萬古懷。

憶前年今日八月十九

前年今日急郵程，時向街頭慨武城。此際獨吟仍獨卧，滿懷秋思向誰傾？

憶前年今日九月初七

前年今日達龍灣，人在滄江杳藹間。夜傍石頭城繫纜，舊游觸目是鄉關。

憶去年今日九月初九

去年今日五更興，旌旆翩翩度野亭。精白一心懸北極，肅恭拜表進虞庭。

覽戊寅日録作

竹窗時止一時行，誰共清風明月情？忽憶前年今日興，登高人在石頭城。

沼上亭玩芙蓉花

今歲花時幸粗康，雖貧却乃士之常。秋亭玩罷歸來好，竹影扶疎旭日涼。

憶前年今日戊寅十月十二日，行李自金臺抵家，天使及郡侯臨川、崇仁二縣官，郡縣師生皆會于此。

前年今日荷皇恩，冠蓋盈庭客滿門。霜鬢荐驚新歲月，涓埃未答志空存。

遊山詩

小春風景日清妍，游衍鄉園又一年。身幸平康心寡係，杖藜隨處詠堯天。

後遊山詩

昨日登臨興未窮，重游喜得數生同。峯頭徒倚忘歸處，詩在雲烟杳藹中。

寄萬叔璨

赤磵松楸跡久荒，荐勞青眼意何長。瓊瑶未報身衰邁，幾向南雲夢北堂。北堂，蓋指叔璨母，先生妻之姑也。

至日講堂朝賀

金雞催曙鼓聲雄，濟濟班行院肅雍。迎福共瞻剛長日，堯天歡舞萬方同。

即　事

偶傍溪頭詠落暉，烟村清眺意遲遲。低回細憶前年興，逐一閒歌驛道詩。

書鄭伉卷子畢偶成

殘經講罷慨虞唐，步月歸來興未央。詩卷寫闌吟更好，又揮餘墨兩三行。

德　政　歌并序

桐廬吕侯廷和宰洪之進賢期年矣，甚得其民。有儒一生，相厥耆老顧予請頌，歸率其子弟詠歌舞蹈於和風甘雨之中，以服侯清化美事也。重以吾邑令君李侯之命，遂走筆以復焉。陳子憲、朱文貫、吴志廣、陳子寧者，四老也。傅海者，諸生也。歌曰：

我憶絃歌武城宰，流風餘韻今安在？懷古。卓哉吕侯英妙年，碧梧翠竹何娟娟。念今。

却金海隅光使節，寒露玉壺浸霜月。形容清節。牛刀小試鳴南州，長天雕鶚橫高秋。丹誠烱烱慈仁父，反風滅火并伏虎。德政。琴堂有教肅簪裾，犴獄雖設期空虛。省刑。南隣北里童與冠，含哺鼓腹相泮涣。民安。春郊桑柘漲叢叢，秋原禾黍迷西東。物阜。隣封野人拜佳政，樂與輿人共涵泳。結上。桃李陰陰清晝長，牙籤玉軸森琳琅。書籍。列聖羣賢屹相向，著龜指南如視掌。聖賢示人之意昭然在册。河海何曾擇細流，泰山固不辭土壤。不自滿假。百尺竿頭事若何，濯纓一曲滄浪歌。務造其極。朱子云「百尺竿頭更進一步」，「自求多福」。

贈四老歸進賢

花縣仁風日念兹，黄眉銜雪到茅茨。予攸好德何能爾，信是人人共此彝。

重庵歌爲陳子憲題

借問仁者何樂山，巍峩屹立天地間。以木巽火是曰鼎，君子正位以凝命。浮生歲月疾於飛，庵中心事其奚爲。去斯二者將安歸，蕭蕭華髮映黄眉。不遠百里求新詩，詠歌付與孫與兒，奕葉仰止庵之楣。

除夜感懷

曾賦山房一味清，永樂壬辰除夜詩云：「誰家除夜無杯酒，我獨山房一味清。」沉吟舊夢轉多情。千山萬水迷歸路，羞照秋霜鬢數莖。

同胡冕陳鳳鳴宿路口鋪辛巳

鄉情詩思共悠悠，燭盡宵闌立未休。記得丁寧簷際語，好來芸館話春秋。

晚坐自得亭

春田課僕暫親農，亭子閒來坐晚風。幸得微軀能勿藥，崇桃又見一年紅。

題程僉憲驄馬行春詩卷

行行無用避桓驄，霜雪何妨雨露功。緣道生靈迎望處，鐵冠遥在萬花叢。

題全歸詩卷爲應僉憲父題

遍歷儒冠四十年，榮膺上壽際堯天。跬步敢忘曾氏教，臨深履薄日乾乾。

送原憲使考跡赴天官

清笳急管擁崇臺，萬里風雲接泰階。花柳漫村春似海，伊誰一訪少陵才？

重宿呂坊龍歸寺

曾爲松楸此寓居，二旬風月體舒舒。天上歸來重宿處，青燈細看舊時書。

宿楊溪

疾風飛雨宿楊溪，虛室孤吟憶舊時。不是本原深且厚，雲仍何幸至於斯？

楊溪晚眺

一水逶迤抱竹居，羣峯稠疊映天衢。遲回獨散平橋步，二百年前是我廬。

拜山泉先生墓

長從家集慨窮經，述作尤深感至情。巴岡遺隴低回處，飽挹山泉一味清。

立秋

十七歲立秋詩「丈夫壯志須高遠，燈火辛勤貴自强」。

茅屋秋風已滿林，老懷却憶少年吟。丈夫壯志今何似，空感平生燈火心。

寄傅裘

洗墨池邊佳問來，月窗重感故人懷。幾時池上翬飛好，佇見新碑向竹開。裘立墨池記碑，覆以亭焉。

送傅裘北歸

扶疾秋山百里來，桑榆細寫別離懷。式微歌罷情如海，共喜新碑吉日開。

游羅原岡諸族姪咸在

上下羅原岡上路，西風斜日共躋攀。新詩付與吾兒道，奕葉當思繼述難。

重宿經舍寺

重宿招提覓舊游，百年心事在松楸。江村送客歸來好，明月清風詠素秋。

自楊溪過葛藤科

港下歸鞭問葛藤，名科山水總含情。朋游迎送秋江晚，古渡寒流月影清。

曉枕偶成

戊寅此日吟淮水，辛巳今朝病故園。時序暗隨生紀換，寸心依舊五雲邊。

枕上偶成

萬事隨緣不用憂，好將行止範前脩。當茲歲晚尤宜惜，獨對黃花詠未休。

戊寅此日九月初五

戊寅此日度真州，壩上問書幾字留。薄暮喜投楊子宿，青山近接石城秋。

西游稿

辭家口占授諸生

我去尋師適楚邦，歸期應在日初長。殘書破硯須深護，跬步分陰好自强。先生擬拜舊師楊弘濟之墓

狹原道中

小春風雨路初乾，又向名原話考槃。却憶十年前勝事，門前驥子蹤游觀。

宿北澤

雲塢濛濛濕不開，長途行李後先催。前山寓宿詢名姓，曾向龍潭問學來。

北澤道中

濛濛宿雨又開晴，僮御奔忙四體輕。紅樹青山溪曲屈，勝游隨處是詩情。

溢源道中

度坳躡嶺一徐行，回首雙峯獨注情。更出前村舒病眼，時從牧豎得源名。

重宿墨池傅氏

洗墨池邊正己堂，問舟西去又投裝。兒孫總解隆先執，更把前題續兩行。

宿桂林

冒雨衝泥宿桂林，卑尊奔走事師心。一壺春酒談經罷，獨詠青燈坐夜深。

次前韻寄示兒

到處虛名動士林，平生孤負秉彝心。過情却更憂吾子，新造從兹冀日深。

贈進賢吕茂宰二首

薄劣何勤誼薄雲，野橋迎候度朝曛。綿綿却憶宵來雨，誰道荒村擁令君？

西去尋師學士家，遠勞旌旆駐晴沙。分岐細話男兒事，珍重清芬百世誇。

題正心齋

涵養工夫敬是宜，鑑空之體本如斯。須知道理平鋪在，順應何容一點私。

宿三江口

雨脚朝來又似麻，問舟並午踏晴沙。平林繫纜推篷處，星月交輝雜綵霞。

舟中獨坐次邵詩韻

一棹初逢積雨晴，客邊贏得寸心清。地偏時喜北風軟，天迥獨看西日明。懷古正貪詩逸響，可人更聽艣柔聲。尋常自有無窮妙，争奈浮生識未精。

舟中即事二首

篷户青燈照夜長，觀星玩月水雲鄉。候當小雪寒猶淺，十月初旬始降霜。

風勁天高夜已霜，孤篷閒倚面朝陽。移灣細憶曾遊處，静聽吾伊書滿航。

萬石渡舟中

抄書曾作豫章行，記得扁舟夜此停。異日重來頭盡雪，不堪惆悵憶平生。

舟近豫章

雙艣和鳴暮景横，相將喜見豫章城。病軀粗健何妨老，隨處高歌頌太平。

寄家書

鄉人逢處話鄉心，明發西歸送好音。我在客邊安所遇，家庭只管惜分陰。

船頭曉立

檣頭曉對豫章城，南浦西山是舊盟。俯仰古今雲聚散，新題何處獨凝情？

奉柬大司成先生令嗣

未遂生芻一束忱，白楊幾感老懷深。金昆玉季停雲處，攀折江東渭北情。

柬伍伯遜

擬向高軒一日留，碧梧翠竹共綢繆。晚來懶慢休相訝，❶老病人扶不自由。

寫家書後作寄璿子二首

今日慈顏值令晨，滿門和氣想氤氳。江山到處逢迎好，不必多情憶遠人。

晏子傳書久達家，諸孫親果任喧譁。慇懃寄語青燈伴，逐日新功好倍加。

又柬伯遜

聞道高軒遲我過，別離偏感老懷多。片帆豈不相思切，其奈餘魂逆旅何！

❶「晚」，四庫本作「覺」。

不寐

展轉寒更夢不成，細思時止與時行。蹉跎徒有男兒志，枉向塵寰老此生。

發豫章

掛席西歸儒子亭，❶小陽春煦快輿情。❷滿懷今古憑誰問，獨對寒山一帶青。

昌邑山舟中

紅日銜山暮景明，揚舲共喜夜風生。中天月好長湖穩，五六雲帆作伴行。

船頭對月偶成

篤斯懿德任吾真，寧計朝晡苦與辛。黃卷兩行歌一曲，陶然日作葛天民。

夜讀

聽罷吾伊宵向殘，月明清興正相關。近貪黃卷多新益，獨對韓檠又一攤。

不寐

清夜迢迢境閴然，百年心事在韋編。可

❶「儒」，四庫本作「孺」。當是。
❷「小陽春」，四庫本作「小春陽」。

堪夙志渾孤負，空得浮生雪滿顛。

宿珠璣湖

閒從火伴問名湖，愧乏珠璣媚此都。一水浮空帆暝漠，孤烟帶野樹模糊。

琴罷歌邵子詩

羈思鄉心近若何，吾伊聲罷聽雲和。美茲明月清風夜，細唱陽春白雪歌。

夜枕作

辭家已是一旬餘，試把新詩訊起居。待足求安元有誠，日憑青簡味真腴。

舟近潯陽郭追次辛丑歲游此詩韻

霜日融融晝夢餘，身閒隨處是安居。萬緣有分無勞計，頻向麟經玩特書。

讀春秋

塵網那勝久陸沉，青燈遥夜照孤吟。化工妙契何由得，慷慨平生盡筆心。

舟中閒眺

巑岏翠壁倚雲端，紅樹人家帶碧湍。偶尒會心爲客處，只疑身在夢中看。

次盤塘

整履聊爲澤畔吟，前村獨往事幽尋。衡茅細接窮閻話，又感平生生物心。

旅夜次工部落日平臺韻

旅棹無眠夜，寒衾獨詠詩。江湖今日興，宇宙昔人詩。蟣蠓身如夢，蜉蝤鬢久絲。冬來多雨雪，驥子念瓜期。

黄磜舟中

好山奇絶自天開，道上誰人入壯懷。我惜桑榆難再賦，只應圖畫共徘徊。

漁陽口追次辛丑歲詩韻

琴書又泛楚江舟，年少題詩今白頭。緑水青山新唱和，雪泥鴻爪舊朋游。

宿散花軒❶鄉人索詩❷

野水荒洲宿散花，鄉心羈思共天涯。明朝再得東風便，去住留詩屬及瓜。

夜説中庸

舊學荒涼偶一燖，悠悠空志百年心。慇

❶「軒」，原作「料」，今據四庫本改。
❷「鄉人索詩」四字，四庫本入題。

懃誰向吾兒道，聖者猶聞惜寸陰。

次未起程時枕上所作韻

少日深惟道是憂，老來愈覺德難脩。幾於名教徘徊處，剔盡殘燈未忍休。

聽誦孟子三樂章

一聽鄒書三樂辭，肅容斂衽起遐思。係天人處猶能得，自致云何不念玆？

寄進賢呂茂宰

臺皂勞峴久，車輿出餞隆。趨承慚有道，觀感激頹風。白髮人何補，青雲氣正雄。題詩江漢上，翹首豫章東。

寄李晏諸生

湖海扁舟遠，園林數子勞。丹誠憐爾輩，玉案愧吾曹。昨夜金沙目，何時汝水舠。綵雲連集慶，細酌盍簪醪。

金沙雜詩十四首

淹泊依沙岸，棲遲枕碧湍。遥空風勢遠，竟夜雨聲寒。幸免蓬窗慮，欣投棟宇寬。明朝重汛掃，筆硯共平安。

獨撥寒更火，頻挑旅次燈。懷人方有賦，觀我澹忘形。變態能相好，鄉心不用縈。情知旋旆日，定在一陽生。

湖上風威盛，雲邊夜氣清。晚來收細雨，更盡見孤星。久客休相念，明朝定放晴。

興闌眠未得，次第覓詩成。

深夜仍飛雨，詰朝未放晴。疾風吹地轉，高浪蹴雲平。翰墨充人事，琴書理性情。焉知萍梗跡，日詠此郊坰。

病後新功減，閒來舊夢清。閉門終日坐，撫景百年情。道在詩書重，身恬去就輕。寸心何所繫，潦止霽斯行。

霰雪時驚户，風濤益撼空。殘盃初泛緑，衰火恰添紅。玉軫調應罷，塵編興未窮。化工何處覓，江漢正朝宗。

平野風收怒，高天日露華。懷人阻石首，作客且金沙。店餅聊供飯，❶園蔬可當茶。擬乘明發興，訪舊遍隣家。

偶踏新晴好，寧教逸興慳。悠悠江夏水，隱隱漢陽山。野趣方延佇，柴扃未擬還。薇垣來舊侶，攜手重鄉關。

孤潔瞻新月，高明仰列星。陰霾知幾日，此去想多晴。寡欲存神妙，忘機養性靈。殘經寒漏永，❷至教在麟經。

月淡天如水，明霞露已霜。❸畦蔬舒晚翠，籬菊傲孤芳。琴劍仍文事，江山且武昌。閒窗宜養病，未用説吾鄉。

誰道心如面，今人即古人。公卿能下士，觀感盡興仁。寓跡金沙上，新亭野水濱。題詩慚鹵莽，孤負秉彜真。

共詑金沙勝，衣冠日日來。高情知好德，薄分愧非才。緑水春光動，青山霽景開。檣頭賓不顧，端似舞雩回。

綵筆晴揮罷，澄江晚眺時。生涯從作客，物態盡歸詩。鄉侶新情密，柴關獨返遲。

❶「餅」，四庫本作「黍」。
❷「經」，四庫本作「編」。
❸「明霞」，四庫本二字互乙。

經過多愛惜，次第見民彝。

鍾鼓候和鳴，衣冠遲夙興。鈞天萬壽日，大地一陽生。禮樂霑清化，車書荷聖情。金沙留勝跡，曾此賀昇平。

晝夢覺作

時光已是陽生後，歸計應當晝夢餘。天外琴書雖樂土，山中松竹乃吾廬。

周長史崇德堂

棘垣拔秀亦云終，花萼聯輝誼正隆。不是德馨寧致此，百千似續固宜崇。

丘布政公餘十詠

冉冉晴雲漾楚天，滔滔新漲下岷川。欲知退食委蛇妙，聽唱陽春白雪篇。

劉僉憲挹清軒

載籍餘芳漱有年，臺臨麗澤更泠然。天光雲影徘徊處，擬共何人賦此軒。

廖教授求箴語

興戎出好片辭間，利害分明欲順難。從此書紳宜痛省，擴充四勿日希顏。

歸　興

覓得江頭汝水船，朝來歸興已翩翩。鄉山故舊逢迎處，細説名邦舘穀賢。

別武昌

羈懷竊幸一身强，又喜琴書別武昌。借問同舟人客姓，新晴作伴好還鄉。

曉發蘭溪

共訝宵來雨打篷，深憂舴艋困途窮。詰朝忽喜東方好，大地曈曈青滿空。

卦　口二首

流光又值大寒時，清夜閒吟卦口詩。薄莫江頭疏雨歇，雲開莫恠月來遲。

青山日日數歸期，江上扁舟去尚遲。夜半疾風雷雨作，孤衾卦口夢醒時。

宿南湖觜

共喜西風好，何嫌夜柁勞。更闌雨脚斷，雲薄月華高。慰勞頻分果，丁寧穩着篙。隣舟燈火近，杙纜向江皋。

康　山

北風條暢一帆輕，西日紅明又報晴。翹

望鄉園程尚遠，康山新興共誰乘？

蔗　林

已喜歸帆逗蔗林，新晴尤愜客邊心。雲箋揮罷如椽筆，又向平沙事短吟。

發桂林

浮空瑞色曉皚皚，半掛雲帆帶雪開。夜夢家庭勤汛掃，亦知早晚客歸來。

鑿石潭懷廖廣文

素氊已辱温存厚，❶花被何當過愛多。微吟鑿石潭邊枕，細憶金沙洲上歌。

宿黃城艾氏

借得銀鞍冒雨行，投裝仍訪舊門生。時逢相識綿綿話，總是鄉關故國情。

黃家原道中

出得黃城望故山，皇華近在翠微間。回頭舊友遙追逐，細酌芸窗慰客顏。

歸　來

歸來松菊總平安，墻角梅花雪後看。新錦堂中武昌友人惠錦。春晝永，清談日接故人歡。

❶「素」，四庫本作「青」。

元　旦壬午

履端莫怪起來遲，老病身衰只自知。俯仰鄉關多暇日，萬方鍾鼓樂清時。

人日承李賈二縣侯下顧

湖海歸來百慮輕，梅花仍結歲寒盟。聯翩更辱賢侯趾，錦繡重增白屋榮。

適閩稿

辭家口占授小兒及諸生

適楚歸來又適閩，桃蹊柳澗踏清晨。服膺素有前賢命，流水行雲任我真。

孫坊道中

桃李漫村麥隴肥，吟邊春思轉霏微。未了平生山水債，寸心遥向七閩飛。

南原道中

出得平田問地名，望中時見舊山青。楊溪隔山水。林頭忽喜詩情好，獨樹紅芳在杳冥。❶

宿楊溪

衣冠先後辱遥迎，一笑春風故里情。生

❶「獨」，四庫本作「深」。

意望迷平野迴，老年人在夢中行。

晝夢覺作

冥冥細雨滯行裝，且復高眠向此窗。識得静中滋味别，始知禪客最爲忙。

題彭原李氏門扉諸子弟不在家

宿雨初收踏好晴，匆匆行李促嚴程。東風吹我彭原袂，何限先師執友情。

小憩游頓寺

偶從花下一閒吟，窗户玲瓏竹樹深。習習條風知客意，特來清我出塵心。

宿太原寺

午詠招提游頓花，太原更宿老禪家。病軀偏爱幽棲好，高枕虚堂皓月華。

宿太平寺

春風一宿太平禪，桃李芳菲霽月圓。明發青山懷雪爪，❶筍輿人在白雲邊。

宿白雲庵感懷

曾服前賢孤立辭，空山獨夜感於斯。何由得拜龍門道，一寫平生慨慕私。

❶「爪」，原誤作「瓜」，今據四庫本改。

杉關道中

行裝已出杉關道，閩水閩山愜素心。身幸平康僮御樂，春風桃李可無吟。

邵武道中

到處濺濺小澗通，回頭頻憶白雲蹤。每逢佳境凝眸久，細數春山遠近峯。

邵武即事

東家昨日問爲誰，西舍今朝走馬追。孤負滿城冠蓋念，只緣衰邁倦參隨。

官原道中

村村桃李謝芳菲，處處山藜雪滿枝。和氣薰人春欲暮，東風淡蕩任吹衣。

茅包錦

偶然見説茅包錦，此語端爲知者辭。慎勿妄將茅作錦，免令堪鄙又堪嗤。

歇雨鶴山廟

北落村原冒雨過，籃輿暫駐鶴山坡。呼僮啓鑰供鉛槧，旋寫新詩一共歌。❶

❶「一」，四庫本作「且」。

歇雨太白橋

一上籃輿雨又來，前程有定莫關懷。棲身喜寓長橋好，坐待高山雲霧開。

宿太白店中

泥途不必歎淒其，順應當隨逆旅時。但令努力加飧飯，毋惜琴書歸去遲。

獨樹桃花

家家桃李謝芳菲，此樹夭紅何獨遲？莫是東風不欺得，濃粧留與客題詩。

近建陽

考亭已近素懷開，不負籃輿千里來。明日青山歸興好，草堂應念遠人回。

別考亭書院

考亭拜罷賦歸歟，昨夜青山夢舊閭。沿道若逢相識問，慇懃細說建陽居。

發建陽

行裝曉發建溪陽，共喜平康返舊鄉。想見篳門迎迓處，桐花時候詠新秧。

贈文公先生令孫伯升

百里郎君躍馬來，恭承家命顧非才。南雲拜罷春如海，剩賦新詩寫永懷。

去年楚地賦家雞，今歲閩邦話本支。一一聞孫煩寄語，超羣拔俗是男兒。

界牌鋪道中

前途急急意遲遲，寧忍名邦別所思。記得嶺頭惆悵處，濛濛細雨濕征衣。

武夷道中

細數前程歸興濃，停輿更戀武夷峯。棹歌九曲今猶昔，誰和千秋萬古風？

贈崇安于茂宰

見説金臺一盍簪，偶經花縣更論心。要知禮下誠吾事，須信勞謙是乃箴。

發崇安

清明雨歇曙光妍，祖道衣冠謝別筵。晴塢每貪花簇簇，春流慣聽澗濺濺。

宿分水嶺

躡盡崎嶇山復山，白雲堆裏宿閩關。蕭蕭風雨清明候，千里琴書此地還。

鉛山道中 四首

亂石叢中一轎過，水源窮處感人多。高蹤邈矣乾坤古，白雪陽春奈若何？

平生迂拙寸心孤，何幸身親往哲途。借問山川羣草木，當年曾識晦翁無？

雲開雨歇放新晴，處處春風佩玉鳴。忽喜舊游峯在目，細將心事惜平生。

赤土亭前日欲沉，客程趁宿競分陰。筍輿傲兀歡聲動，指日行裝到故岑。

寄贈金太守

拜罷滄洲返薜蘿，道經貴郡好懷多。本圖遍覽鵝湖勝，無奈晴春歸興何。

安仁道中

日麗風暄三月三，安仁登陸望龍潭。路經舊識猶能憶，不必逢人問指南。

宿三山陳氏茅店

遠客寧家已刻期，山妻稚子正相思。疏星預報朝來喜，茅店新詩夢覺時。

宿大嶺鋪

蕩石亭前風雨來，敲門大嶺夜深開。家人想見懸思久，沿道歸期日日催。適閩稿畢。

載進賢呂茂宰所贈采石春慰勞後坊塘土功之衆

花縣郎君采石春，何由得及寂寥村？土功沾惠交歡處，共説流傳子更孫。

贈別于準通判

惜別問官居，宜思位莫虚。有爲兼有守，庶以答除書。

迎恩橋口占授于準

玉壺春酒別情深，滿向迎恩橋上斟。惆悵爲君歌一曲，拳拳報國愛民心。

載宋憲侯所贈佳醞勞黄柏土功之衆

霜臺春色到荒山，共沐清風醉碧湍。碣石水留三伏跡，❶新詩細寫萬人歡。

倦寐偶成

衰齡精力有限，塵慮幸莫相干。日味二三青簡，黑甜半枕平安。

偶　成

殘書破硯貧中樂，虚閣明窗静裏心。送客偶看溪上緑，還家時息竹邊陰。

❶「三」，原作「二」，今據正德本、四庫本改。

隆孫誕日四周歲矣漸解人事可愛詩以志焉

祖德多年種，孫謀奕葉貽。夢蘭游宦日，戊寅歲安庭，九月二十日，夢蘭花高哉一樹。奉勅到家時。到家生十日。❶美質衆所念，佳晨四見之。學詩兼學禮，早作好男兒。

寄饒景德

分忝絲蘿辱愛多，可勝近況抱微痾。樂天知命嘗聞教，晚節尤宜養太和。

賀聖節

茅屋雞聲夢覺時，倉惶扶病着朝衣。恍思承詔明光日，咫尺天威拜玉墀。

曉枕偶成絶句奉贈吕中良父子指示羅原岡先隴

四顧荒山總闃然，忽開雲霧覩青天。伊誰施去聲此回生力，細寫荆溪父子賢。

諸生助移大門詩以勞焉

貽厥雲仍百世謀，青山緑水興悠悠。寒泉細汲芸窗硯，各賦新章荅勝游。

除夜

正愧道迷前聖統，何期朋誤遠方來？朱

❶「生」，四庫本作「坐」。

子門對云：「道迷前聖統，朋誤遠方來。」小陂風雪當深夜，細勸虛堂守歲盃。

元　日癸未

虛度流年七十三，强顔北望又朝參。空憐蘧瑗知非晚，欲共何人話指南？

教諸孫誦詩

日親黄卷坐忘疲，夜撥寒爐卧更遲。淡淡生涯隨分足，諸孫同唱老夫詩。

小陂東橋成詩以勞衆力云

伐木年年結構勞，常懷良法在甄陶。忽看勝跡留千載，十日辛勤賴爾曹。

東　游　稿

余李二生來訪文昌庵七月

江湖總别四三秋，偶向文昌話舊游。好記行雲流水趣，各期努力紹前脩。

午　爨　平　塘

停午平塘爨，森森竹樹居。欲馴僮御禮，旋戒飭襟裾。

長　林　道　中

歇轎來磐石，支頤面好峯。道傍秋水

净，嶺背夕陽紅。

宿橫路

暝色迷周道，高天久露星。塤篪相和處，燈火後先迎。

午嬰玉灣

曾承縞紵賁荒山，欲報瓊瑶久未閒。賤跡何堪符吉夢，蔥蔥春色藹門闌。

宿崖山 貴溪地

問姓爲劉族，題名是塔橋。投裝人總喜，星象爛青霄。

新安道中見紅樹

晴轎疾於飛，平橋寓目時。忽驚新節序，紅樹又催詩。

宿漁椿 弋陽地

草蹻投安夜，繩床卧穩時。一枝聊暫寄，明日不須期。

石弄晨炊

客路晨炊好，幽哉石弄居。一軒瀟洒處，净几展吾書。

午爨響石鉛山地

籃輿午暫停，幽事愜詩情。綵筆閒揮罷，悠然對翠屏。

宿安定里

昨日無所期，今宵獲安定。但教靈府虛，隨處江山勝。

齊原道中

偶逢澗石坐繁陰，愜我平生習靜心。風露不知勞遠役，蜻蜓無數伴清吟。

題齊原嶺涼亭

齊原嶺上架虹梁，來往令人感意長。嗣續更期諸好事，好將名姓共流芳。

宿鵝湖寺

疲軀暫息贊公房，山雨蕭蕭午夢涼。榮辱不驚清夜枕，四更雲月吐寒光。

宿福生觀廣信城

山郭逢時雨，花軒納晚涼。芙蓉隔秋水，客子急行裝。

板橋道中玉山地

遮眼避長風，虛心省厥躬。百年須爲道，萬事貴乎中。

草萍道中常山地

晨促行裝度草萍，夜來微雨喜新晴。望中總是雲山色，吟處時聞野鳥聲。

白石道中

白石當年曾有賦，清秋此日更停輿。回頭火伴閒相語，琴劍何時返故居？

蔣蓮鋪

當年曾此課兒詩，擾擾臺輿渴飲時。物候幾經新節序，布衣猶是舊心期。

重宿徐氏村居

曾此賦村居，重來十載餘。玉樓人久化，蘭砌事堪書。

宿鄭氏村居

依稀餘墨象湖傍，堂扁拙筆存焉。鶴去山空事渺茫。嗣續喜看仁愛重，燈前聯跪告新章。

宿毛村衢州上流三十里

扁舟旅泊暫天涯，一夜歸心又夢家。行李但教西路穩，東籬計日詠黄花。

舟子索詩蘭溪地

款款鳴橈話會溪，好留餘跡向新詩。正貪緑水青山勝，恰值風恬浪静時。

贈嚴州張太守并序　二首

天順壬午十月十五日，夜夢嚴子釣臺，春色明媚，一人軸一詩。既覺，只記結句「賦詩頻」三字。明年七月，晝寢書閣，有懷金臺舊游，因記主客張公誤知過獎之言，惕然慚忸，悵怏久之。時張久知嚴陵，雖佳問常聞，而良覿靡由，乃發興江東之行，拜我文公婺源祖居，遂一相求。八月丙申，果盍簪焉。情見乎辭，仍用夢中「賦詩頻」三字云。

江山隨處賦詩頻，況此論心共故人。遥傳尚友軒中譽，爲德兼誇更爲民。

昔年曾託霜松趣，戊寅爲前劉太守寫霜松。此日重爲雪柏吟。桃李任教春似錦，高標依舊歲寒心。

宿資福寺步月謁思范亭

亭子何年没，荆榛老衲開。羣公不日復，諸傑四時來。景行秋乘月，吟詩夜步苔。會心香妙處，晉簡文帝在華林園曰：「會心處不必在遠，翛然林水，❶便自有濠濮間趣，不覺鳥便來親。」杜詩：「心清聞妙香。」何必泥銜杯。

鍾潭鋪建德地

不必勞歸夢，琴書已離東。忽驚秋槿盛，人在萬花叢。

鍾潭嶺

東游舊友論心好，西返新詩得趣頻。又喜野花緣道涌，嫩紅滿眼似迎賓。

下崖鋪

細攬羣峯秀，閒吟一水清。當街跪亭長，新句幸留名。

蛇嶺

頻坐羊腸坂，仍思蛇嶺詩。畏途看漸減，歸計莫嫌遲。

分路鋪

午爨來分路，青山四面圍。憑詩記幽絕，千里此中歸。

宿紫蓋峯法照寺淳安地

出嶺望奇蹤，遥知刹在峯。月階秋皎潔，花砌夜玲瓏。

❶「翛然林水」，四庫本作「翳然林木」。

合橋鋪二首

俄辭紫蓋峯，❶行邁從迤邐。尚懷棲鳳堂，清風洒蘭砌。❷爲寫「紫蓋峯」、「栖鳳堂」、「清風亭」額。❸

日日賦詩頻，吟邊興有神。秋花隨地好，疑是夢中春。

懷張太守二首

寄語文章守，遊人去已遥。新詩吟不徹，春興一何饒。

一見尋歌歸去來，寧能兩地不徘徊。從今遇有東飛鴈，剩寫新詩慰爾懷。

十二夜淳安邑庠彭羅二廣文對月

良時已喜中秋近，勝會難逢此夜清。極口細談先聖道，開顔共寫故鄉情。

贈淳安鄧茂宰

山川迢遞行人倦，舘穀慇懃茂宰賢。借問琴堂深淺興，雪中脩竹正蒼然。號雪竹。

❶「我」，四庫本作「俄」。
❷「洒」，原漫漶不清，今據四庫本補。
❸「額」，原脱，今據四庫本補。

宿向果寺二首

一宿招提境，歸心樂意濃。東流碧沼靜，西照夕陽紅。

此日留新墨，他年憶舊蹤。塵龕誰是伴，明月與清風。

喜晴

昨日雲生雨，今朝月照人。山川雖險阻，徒御少酸辛。

黄柏道中

細雨微沾處，危橋穩步時。平安人自慶，回首詠漣漪。

五城道中

曲澗泉孤溜，高山雲四垂。逢人承問訊，長者是爲誰？

磨石道中

晴色催詩興，歸期慰客懷。朱鄉看漸近，襟抱共誰開？

宿璜川

細雨朔風寒，揮毫墨未乾。中宵頻出户，微月露雲端。

塔坑

莫道歸心切，其如度嶺難。萊衣勞夢想，行李此看山。

樟木鋪

偶從樟木詢歸路，亭長諄諄爲指南。他日有時懷勝覽，筍輿曾此駐晴嵐。

喜晴

漠漠秋雲合，濛濛曉雨來。正愁山脚滑，俄喜日華開。

宿曉湖

旋浸霜毫寫曉湖，金尊美酒夜相娛。綿綿細接隣封話，明日青山指故都。

古坑

擾擾征途客，無非利是心。嗟予何事者，端爲好賢深。

宿白石

出原喜近故園疆，度石來投逆旅裝。夫婦俱能崇禮義，弟兄總解重文章。

宿楗頭村茅屋

烟汀一曲淡涵秋，獨詠餘暉坐粟州。東客倦時西路近，度坳歷坂不須愁。

寄安仁李茂宰

游子歸時詩滿囊，晨風吹動桂花香。可知懷古登高處，雲白山青東路長。緣道多助夫力。

宿李章氏觀拙墨卷子

老去仍游越，歸來偶合歡。卷從燈下展，墨在夢中看。東游稿畢。

游　園

爲客他鄉遠，游園新興長。畦蔬盈嫩翠，林橘吐微黃。

題林茂宰橋東書屋

幽棲籬落野橋東，多種芸香與桂叢。童冠沂雩春杳靄，吾伊燈火夜玲瓏。一從黄榜蜚聲遠，幾度青山入夢濃。幼學壯行男子事，留傳冰蘖滿花封。

寒夜偶成示諸生

塵窗寒夜正遲遲，寂對殘燈獨詠詩。小子學詩方避席，諸生讀《易》俟摳衣。飫聞玄聖從吾好，須信文王是我師。流俗汨人非一日，昂藏莫負好男兒。

癸未除夜二首

歲月如流又一年，長更念舊轉悽然。老懷欲共何人寫，吟對燈花未忍眠。

吟對燈花未忍眠，丁寧明日早朝天。老懷有賦何多幸，四海車書正晏然。

康齋先生文集卷之六

康齋先生文集卷之七

詩

甲申元日

列炬蕭蕭宿雨鳴，開軒冉冉曉雲晴。新春又拜唐虞化，舊學重燖孔孟情。

題慈訓堂

剩採隋和詠斷機，洛陽芳躅指程子之母。孰同歸？奉盈執玉今猶昔，姓字宜垂奕葉輝。

贈程李二生赴京

老態偏於故舊深，聯翩二妙重遥臨。春風共有朝天興，穩步青雲聽好音。

即事

萬事蹉跎忝士林，虛名孤負秉彝心。寒爐剩辱花封炭，進賢呂茂宰。春廩遥承皂蓋金。廣信金郡侯。

秋夜懷舊

玉階金殿沐恩濃，舜日堯天不世逢。遲暮豈勝多病際，夜吟身在夢魂中。

芸谷 并序

車亭請大書「芸谷」以爲尊公用軾之扁，且請賦焉。詩曰：

謀生不惜滿籯金，富買羣書子孫讀。杖藜何處可娛人，時訪芸香遍幽谷。

梅月軒

鄱陽高致一軒開，雪砌霜簷月映梅。銀世杳然天似水，暗香疏影夢初回。

蘭軒

羣經醲郁德惟馨，内重由來外自輕。軒即是蘭蘭即我，人誰不仰國香清？

雪窠

桃李家家春滿林，伊誰一寫雪窠心？請看風急天寒夜，聽唱蒼松翠柏吟。

中和齋

堂堂大本固無偏，達道雝雝自粹然。氣質萬殊非我性，克治何惜日乾乾。

饒循生辰

初度欣逢有立年，兩家具慶總怡然。黄柑緑橘開新薦，博帶峩冠秩此筵。風俗固宜由我厚，典章應只在人傳。從今日與二三子，細講高堂十七篇。

贈祁門四生

朱鄉遥憶舊年懷，今喜名邦四子來。寄語家山多俊秀，好將朱學謄栽培。

贈孔昭

橋門北舍日相親，鄉國參商四十春。偶共小陂風月夕，細談舊夢兩情真。

宿墨池傅氏

洗墨池邊又一臨，西風重感百年心。當時弟子俱華髮，細話牀頭立夜深。❶

午爨白沙寺

沿道逢人問白沙，樵蔬喜達老禪家。竹林清趣微吟罷，素壁題名日未斜。

宿桃昱寺

白沙已度詢桃昱，短景天寒日又斜。松竹園林清浄處，高眠都似未離家。

午爨壁邪寺

停午衝泥到壁邪，石壇花木又僧家。清香一炷簾櫳静，含笑揮毫向日華。

❶「立」，四庫本作「雪」。

宿湖溪吴氏

書舍曾留詠，籃輿今息肩。芝蘭多繼武，金玉總怡然。

燈　花

吟坐久忘眠，銀燈花燁然。明朝風雨霽，行李早言還。

喜　晴

風雨怯途窮，疲軀歸興濃。寒衾孤夢覺，旭日滿窗紅。

别　謝　步

遺編已返司成宅，行李言還賤士家。紅日清霜新雨後，高吟隨處看梅花。

江頭敘别口占

信宿高居賸好懷，江頭遠送合門來。雲帆若遇東流便，更有新詩爲爾裁。

宿白沙寺

壁上重歌昨日詩，古橋送客立多時。天低又恐雲生雨，半夜疏星愜素期。

書東寮壁

雲卧東寮夜，寒裝北返時。欲留他日跡，素壁更題詩。

宿北澤廟

當年歇雨暫棲遲，千里琴書適楚時。他日重經來問宿，雙峯對罷夜談詩。

宿陳鳳鳴氏

會心境界無非樂，得意軒窗即是家。霜樹模糊連碧落，雲山隱約隔紅霞。

石橋感興

石橋小立感懷多，借問當年事若何。不識天人相勝理，朔風凄烈漫長歌。

陳傅二廣文攜酒登仙游山

勝會難逢真快哉，晴明風日共登臺。玉壺細酌題詩罷，緑水青山歸去來。

留吴營元氏

花封歸轎正騣騣，駐節亭前日向沉。莫怪有孤投轄意，一詩聊慰遠迎心。

乙酉元日

銀燭煌煌壽域開，衣冠濟濟拜蓬萊。寒泉細汲春窗硯，又喜微詞頌泰階。

雪夜

衾裯加厚尚愆和，慨彼牛衣更若何。信是萬緣皆有命，達人心事漫長歌。

東窗即事

積雪經旬倦出村，日將名教淑諸孫。疎狂每恨知非晚，性命誰人可得聞？

課寶賢隆孫新詩

改罷新詩課二雛，鴈行端拱侍寒爐。朝朝聖訓宜深服，養正工夫信在初。

感興

問學無功行莫脩，過情聲聞負朋游。回頭難返西飛景，逐日徒增老去憂。

璿慶生辰

三樂堂中朋盍簪，玉壺清話共春襟。新功更有新詩勖，克己良規各洗心。

孫生景福復來接果不肖忽七十有五而生亦六十有五矣感思今昔遂成此句

妙手頻來奪化工，幾回笑語共春風。筋骸容易成遲暮，百歲光陰一夢中。

奉陪判簿劉侯登皇華亭

萬落千村社雨晴，人心天氣共和平。閭閻希識花封貴，争仰皇華嶺上亭。

三月十三月下感懷

戊寅此夕月華清，步月溪頭惜別情。濫沐皇恩天共闊，餘齡猶幸一身輕。成化乙酉三月十三夜，東門玩月，有懷往事，因成此句。天順戊寅，此夜諸孫同乃祖母步月東門，賤子將去京時也。

閨中感懷

一瞥浮生似夢過，男兒德業竟如何。回看夙志寧無感，萬事悠悠東逝波。

閨夜

淡月巡簷罷，虛窗發興濃。區區一何幸，生長典墳中。

妹壻徐士英久逝多病未遑致奠春夜有懷遂成此句

欲成哀些久愆和，慘慘悲風奈若何。幾

度竹窗春思亂，感君氣誼負君多。

書罷將就寢燈花燁然漫成此句

書罷倦忘眠，銀燈花燁然。道心方炯炯，詩思更綿綿。撫景時雖邁，謀生事貴專。古人如可作，日願執其鞭。

哭同窗黄于珩

憶昔官居白下窗，讀書同几坐同牀。忍看華髮交期盡，一炷清香淚幾行。

隆孫誕日賦詩爲壽十月初二

戊寅此日次南康，乙酉兹晨壽爾觴。養正工夫宜百倍，勖哉高舉早升堂。

寒夜偶成

自歎生來聞道晚，誰憐老去立身難。塵窗不寐微吟處，霜月澄澄夜未闌。

東游饒州稿

東游口占授小兒及諸生二首

推窗已喜疏星爛，隔竹猶貪缺月明。素達行雲流水趣，琴書又作小春行。

一息猶存未敢閒，幾車行李又江山。逐時舊典供朝夕，隨地新詩賦往還。

宿經舍渡

族里卑尊惕宿心，篷窗僮御課新吟。虛舟到處棲身好，依舊青燈坐夜深。

長山晏氏

問疾曾飛晏海詩，更從羣從叙宗支。它日長山疑夢處，諸生濟濟夜眠遲。

章山傅氏

常憶章山吉士情，傅剛爲庶吉士，久逝。偶乘良便造君庭。諸子來長山迎至其家。揮毫還慰平生誼，濟美堂前好弟兄。

太平寺絶句

連日禪房晝夢濃，人情物理静時功。宵來更擬尋瀟洒，浄几明窗寫訓蒙。朱子訓蒙詩。

又絶句

石炭紅生夜正遲，銀燈花爛未眠時。客身無恙心虛寂，細寫閩山性命詩。

喜晴

陰風號怒客心悲，添火加衣養病時。黄卷埋頭不知午，滿窗紅日又題詩。

寢息偶成

人事全稀心似水，書程多暇日如年。任教大野風仍壯，漫喜寒爐火正然。載渴載饑都委命，時行時止一由天。小陂程課無勞計，想見諸孫各勉旃。

離太平寺二首

十日禪房養性靈，晴光又喜一陽生。明朝何處尋梅去，時向新詩記太平。❶

雲棧璀璨翰如飛，剩載詩書使者歸。共喜江頭新雨霽，重臨舴艦又囊衣。❷

夜發龍頭山

正羨沙頭縮項鯿，上流忽聽夜行船。滿湖柔艣和鳴處，萬里青宵月向圓。

鄱陽懷古

西風斜日次鄱城，細憶當年仗義名。似此男兒真罕比，❸微詞何處吊芳馨？

❶「時」，四庫本作「特」。
❷「艦」，四庫本作「艋」。當是。
❸「比」，原作「此」，今據四庫本改。

發磨刀石

問得前程去莫遲，月篷催着夢中衣。湖山一覽陽應復，早向梅花賦《式微》。

晝寢夢小兒鳴琴

勝游欲罷動歸心，晝夢時聽驥子琴。日用只知爲善樂，平生不識滿籯金。

獅子山

獅子磯頭一棹過，客邊心事近如何？寒更往轍知非切，暖日遺編得意多。

觀語類後作

平生朱訓不離紳，舟上微言日夜親。❶又喜朱鄉山水近，幸哉亦是及門人。

景德舟中

幾展寒衾未忍眠，殘燈旋剔又舒編。雖云甚矣吾衰也，一息猶存合勉旃。

至日

閉關旅食浮梁日，歸夢寒更景德舟。天心見處從羲覓，物理窺時向邵求。

❶「日」，四庫本作「月」。

晚起

道上行人繫客心，燈花忽喜照更深。寒衾睡穩歸懷好，今日良朋定合簪。

別舊生祈門謝復謝希林饒晉

今日良朋果盍簪，還家各務惜分陰。新春有約龍潭上，好與兒曹共此心。

發景德鎮

十日窑頭繫客船，靜中黃卷夜忘眠。開頭正值陽來復，水色山光媚晚天。

重經獅子山

陽復春來一棹還，簡編新課日希顏。船頭火伴時相命，掩卷推篷又看山。

獨夜懷古

懷古心期孰與論，客邊程課自朝昏。梅花溪上春光好，一味新功勵子孫。

鄱陽舟中傷九韶

時借隣舟向日吟，天涯忽動故園心。始知一失鍾生耳，宜絶當年伯氏琴。

重宿磨刀石

緣岸人家富竹林，猗猗偏稱客哦吟。若爲覓得梅花伴，好結歲寒三友心。

賁粥禦寒

五更炊黍候行舟，端爲霜嚴風更遒。但得寸心存養熟，自然天理日周流。

種湖比隣相勞

結伴歸時正快哉，娟娟新月照吟懷。慇懃更辱隣舟問，何日重過故里來？

宿檜石

團團紅日欲銜山，喜得鄉人作伴還。繫纜汀沙回首處，饒河孤棹渺茫間。

燈花

晴色歸程日向前，銀燈花復照遺編。兒孫接處無他喜，往復新詩三十篇。

宿魚門

夢裏光陰一擲梭，壯懷偏感舊游多。昂藏空有男兒志，滿鬢秋霜奈若何。

吴氏會景樓

東去書程日有功，西歸臨眺更從容。兩間真意無窮外，一點虚靈變態中。

宿漸嶺

俯仰浮生一轉蓬，不眠興緒月明中。茫茫盡是迷途轍，碌碌何時得反躬？

贈吴璽北歸并序

謝家步東溪吴璽字邦玉者，先正文正公草廬之族也。予嘗爲乃祖題「東溪書舍」焉。成化乙酉冬，璽相予東游，往復二旬，慇懃備至，又送至桂林乃别，裁此爲贈。

兩旬高誼動人多，又共西歸信宿歌。記得桂林分手語，龍潭春色早相過。

宿打石港

讀書有益專心晚，克己無功積悔多。從此更加鞭策力，餘生一味致中和。

即事

行李初從千里回，塵窗旋掃養靈臺。微言玩罷更何事，時向溪頭訪早梅。

題程希善梅月

舊舘多情坐夜闌，清晨梅月爲誰寒？

載瞻負荷孜孜處，玉殿承恩始拜官。

輓李章

平生積學未經施，玉折徒增士友悲。存順没寧男子事，晨窗慰爾五峯詩。

重宿連樊橋胥氏

連樊橋畔重投裝，清夜迢迢故意長。樓閣玲瓏春滿眼，梅花新句賦晨窗。

重宿下窑寺

暝色忙衝倦客旋，寒燈又宿下窑禪。憶從天上歸來日，明月清霜夜半船。饒州稿畢。

次集慶亭詩韻

偶共朋游話五峯，乃知世上有豪雄。但憐南北雲泥迴，徒向清宵仰下風。❶

奉寄李學士

曾向韶華惜寸陰，直期心契古人心。竟無定力勝塵鞅，空有虚名玷士林。書爲病來荒素業，詩因老去倦長吟。如何黄閣仍留念，白雪陽春辱遠臨。

❶「清宵」，四庫本作「青霄」。

曉枕作

德性難馴學力微，空憐蘧瑗晚知非。從今何以酬餘齒，博約須令莫暫違。

寄秦參政

浄几明窗尚友軒，道情詩思共悠然。春宵幾度相思夢，霽月光風各一天。

小兒初度

家幸平康爲樂天，世遵清白矢心堅。園林百果春如海，几閣羣書日似年。

贈别程庸牛演庸任雲南同知，演任贛州千户。

雲南萬里之新任，贛上千山復舊官。武略共瞻中土重，文韜總喜遠隅安。壺漿柳陌春風軟，燈火芸窗夜雨寒。慎勿輕爲兒女態，功名留與後人看。

下窑寺贈牛演丙戌

晴山聯騎度花陰，駐勒頻傾故舊心。彼美禪關清夜宿，玉壺春酒又同斟。

宿桂家洲

疾風吹浪蹴雲浮，捩柁停橈泊桂洲。巨舫得依深繫纜，孤篷高枕夜無憂。

吴氏南軒

寢息隨時忘陸沉，銀箋揮罷自長吟。庭前花草宜人處，生意新霑雨露深。

枕上偶成

静夜迢迢客夢回，高吟清興正悠哉。窺窗更喜銀河爛，定有晴光燭九垓。

重宿九蓮寺

曾寓禪房十日居，重來不見舊時書。閒窗一榻春宵夢，細憶流年二紀餘。

分枇杷絲頭柑歸種

曉露春泥劚石苔，遠分蒼翠入雲栽。靈根細沃南歸處，杖策扶兒日日來。

夜興

晝寢房中應接稀，青燈夜雨獨吟時。但令心廣身長泰，不管東皐歸去遲。

喜晴

極目長天宿雨收，客窗春興轉悠悠。滿庭花草同人意，流水行雲任去留。

大司成頤庵先生二郎君懷珠玉下顧次韻奉酬

客窗重篤弟兄忱，竹樹交加午院深。喜極翻令清淚墮，凄風折盡百年心。

曉　枕

一榻平安客慮稀，夢迴春漏正遲遲。東阡西陌嬉遊處，攲枕孤吟記此詩。

游　園

杖策游園處，乘風坐沼時。生涯從淡淡，歸計任遲遲。萬事信隨遇，一身當自持。熟思今古轍，至善是吾師。

對　月

照户東升月，隨緣北住人。寸心元似水，兩鬢任如銀。得失幾無定，榮枯事有因。素諳名教旨，敢不日書紳？

九蓮寺南軒

食罷閒來對橘化，❶春風庭院寂無譁。浮雲流水何心計，幽興饒時即是家。

對　竹

生涯忘旅泊，出户又斜曛。雪檻沉吟

❶「化」，四庫本作「花」。

久，青青對此君。

即事

送別禪關話別遲，舊生重誦舊吟詩。相看霜鬢空衰謝，從古深功貴及時。

客夜

徐步吟苔砌，遥空對塔燈。禪扃終日卧，病骨暫時輕。寵辱元無繫，詩書素有情。心隨身共止，庶以達吾生。

饒氏東閣

香南山上僑居日，金鳳橋西小憩時。虚閣明窗清晝永，雲箋留字更留詩。

即事

舊館欣重宿，新晴愜令晨。塵紛無所繫，花鳥自相親。嘉惠諸生盛，清樽院主頻。素聞亨困旨，貴在熟吾仁。

對雨書懷

形容雖老矣，蹤跡任飄然。夏雨淹三市，春風憶九蓮。豫章寺名。觀生時學《易》，習静日同禪。利用崇吾德，忘機不識圓。

寶應雜詩四首

萍梗何勞計，簞瓢且寓居。清心宜雨樹，供病慶時蔬。身憊多便枕，神疲少近書。

故人頻問訊，吾道近何如？

隨遇安時命，尋幽養性靈。登臨多旨意，講誦有儒生。所貴知通塞，尤宜適寢興。當爲斯是理，不必計枯榮。

遠近摶空翼，高低接樹花。曉烟香正妙，新霽日初斜。積學如攻木，無謀似筭沙。知非吾輩晚，堪鄙又堪嗟。

隱几焚香罷，巡簷待月來。客懷不落莫，詩興頗悠哉。處世憐無賴，爲儒愧匪才。先師去日遠，蒙吝藉誰開？

覩桐林書屋余知州規❶**與友琴軒**李州判勉**小簡藹然故意感而有作**

一簡諄諄辱愛多，知君微恙少愆和。佇看勿藥來新喜，重向桐林共放歌。

橙

葱蒨亭亭愛一橙，日供清趣映簷楹。明朝回首懷萍梗，記得沉吟此際情。

偶過北院

講罷殘經思已荒，徐經別院暫徜徉。靜來春意君知否，晝寢房櫳日正長。

寢起

不堪人事日匆匆，老病惟便一味慵。徙倚閒庭高枕後，遥看西塔夕陽紅。

❶「規」，原漫漶不清，今據四庫本補。

重過北院

幽僻禪房又獨來，窗邊襟抱静中開。薰風爽氣飄晴幔，緑樹濃陰轉午臺。

甥館五月初四日

端午懷甥館，蒲觴兩度斟。徘徊經茂草，誰共黍離心？

初五日

竇應逢重午，甥門憶往年。形容愁裏異，時序夢中遷。如玉人何在，❶爲箕事渺然。客窗吟不寐，展轉曙鍾天。

坐塍間看耕

出户頻頻候月升，扶筇款款看秋耕。世間萬事惟勤好，只恐兒孫未我聽。

新移蜜檀柑金橘皆已結實日供清趣

蜜柑二顆逢時雨，金橘盈枝更可人。借問山家那有此，新年分得下窑寺名春。

飼魚

碧沼澹怡神，遺編暫一伸。病軀何所事，時作飼魚人。

❶「如」，四庫本作「依」。

紀夢

二妙聯英清且閒，高蹤那得到柴關。哦吟曉枕思君處，簷雨蕭蕭秋夢還。

沼上獨坐

病眼昏花少近書，時從碧沼坐觀魚。支頤細憶平生志，行止何能與道俱。

自訟

平生立志在希顏，逸駕那知不易攀。餘生碌碌嗟何及，羞看青編凡聖關。朱子云：「物格知至處，便是凡聖之關。」《語類》。

仙游山

訪古餘情詠緑陰，金風滿徑滌煩襟。静觀萬物生生意，契我虛靈無事心。

小憩下窑寺竹裏

嶰谷沉沉足午涼，郄枝寂寂散秋香。會心不覺孤吟久，信是閒中日月長。

塔下小立候小兒輩

寢起乘風步屧遲，緑陰清晝獨吟時。遥空極目青雲表，乾鵲聲聲爲阿誰？

題鳳橋書屋并序

臨川饒大誠世爲南塘大族，先考士榮遷五峯之金鳳橋，今爲五峯人，予既賦其東閣，復屬筆于西塾云。

衆理森嚴盡在書，朝經暮史志何如。須將萬事皆依理，先聖前賢定不迂。

贈余知州

昨日高談聽友琴，李州判號友琴軒。今朝細語向桐林。余有桐林書屋。幾時更遂龍潭約，浄几明窗叙夙心。

奉寄舊侯鶴州周使君

英辭頻辱賁荒墟，逆旅曾勞枉使車。閩嶠阻深龜鶴遠，時看玉珮與瓊琚。

和康節清風吟

長短高詞播大篇，誰知妙處在無言？微涼一動煩歊外，流水桃花共杳然。

夢黄季恒

別却安樂窩，遠爲覊旅客。夢我平生人，形容宛如昔。

饒貳令淡庵

解組歸來老布衾，遐齡細和淡庵吟。菜根醃醋男兒事，車馬輕裘故舊心。

杏林清趣爲過省躬題

昨夜東風動九垓，董林生意滿根荄。欲知化育功深淺，細看嬌紅次第開。

憶　家

小陂晴色映佳晨，和氣融融近小春。遥想諸孫稱慶處，相看俱念客邊人。

分棲鳳竹

吴氏南軒棲鳳竹，雨餘膏沐帶花分。明朝冉冉龍潭上，佇見千兒與萬孫。

發漸嶺

寸心無怨亦無尤，何處棲身不自由。焉有閒情牽瑣瑣，逡巡學德是吾憂。

泊周家渡

朔風微雨月朦朧，周渡相將夜落篷。内省秖應隨遇好，前程不必計窮通。

不寐

客夢醒時宵向分，欲將行止共誰論？黄流褻味君休問，只管吾心存不存。

舟中即事

紅葉連村歸興濃，黄柑帶雨更玲瓏。倚篷小立蒼茫外，詩在雲烟杳靄中。

重宿下窑寺

入院閒吟對雨時，夢醒貪看月流輝。驅馳倦客西歸晚，不待雞鳴急早炊。

盱江謝郡侯遣鍾掄潘玉來習鄉射禮二生歸裁此以贈之

彌月龍潭講禮回，從容行李不須催。黄堂風采超今古，何處閭閻不看來。

贈陳崇書教諭考績赴天官❶

芸閣蘭燈利斷金，驪駒朝唱白頭吟。恩波闊處多魚鴈，細寫歲寒松柏心。

至日次杜韻

翼翼趨朝候鼓催，共瞻小往大應來。新

❶「績」，原作「跡」，今據四庫本改。

功煅煉當如錫，❶夙志驍騰孰肯灰？欲見天心時訪柳，閒窺物理獨尋梅。❷平生几案惟書册，談笑何曾到酒杯？

曉枕作

黃卷新功日又加，愈知聖道浩無涯。長更寧忍貪高枕，争奈昏昏兩眼花。

夜枕作

一德蹉跎不易成，空憐兩鬢久星星。雪窗欹枕無眠夜，誰共新功觀我生？

雪夜晚眺

寶鏡團團掛碧霄，翠屏隱隱隔平橋。回頭更會梅邊境，緩步微吟擊壤謡。

即事

又出柴關踏雪晴，養心隨處抱遺經。含英咀實嘗聞命，莫向塵寰枉此生。

夜枕作

脚板何曾夢孔顔，百川東逝可西還。須當痛惜桑榆日，莫把光陰當等閒。

❶「如錫」，四庫本作「思奮」。
❷「閒」，原作「閑」，今據四庫本改。

勇

驅山塞海未是勇，借問如何學日新。斂收不可斂之氣，伏櫪安流勇乃真。

宿西廨彭氏二首

詩成頻聽曙雞聲，却喜靈臺一點明。須識宴安真鴆毒，足知憂患乃吾生。

平生雅志在希顔，歲晚工夫始識難。但保寸心長似鐵，何妨萬水與千山。

次桂家林

繫纜沙頭朋盍簪，新吟兼唱舊時吟。懷開不覺笑談久，總是平生鐵石心。

責躬

中歲知非已過時，老來空賦責躬詩。一生總被虛名誤，千慮難逃實德疵。無計可回前日月，有功終作後男兒。戰兢盡此桑榆力，衛武朝朝是我師。

重宿太平寺

琴書欣有託，故舊念重逢。蹤跡炎涼異，心期禮樂同。

寒夜獨坐

夜半殘燈坐不眠，孤吟霜月小寒天。昏昏病眼時無恙，又託精誠向簡編。

獨坐

尋得幽偏養性靈，衰年惟喜少逢迎。簡編隨意閒舒卷，盡日禪房一味清。

省躬

一身衰謝渾無賴，萬事蹉跎總不能。何以激昂偷惰氣，博文約禮是餘生。

觀語類爲政以德章感程子而作

尤人只見無虛日，罪己何曾有實功。莫把寸心矜立雪，但專一味慕春風。

喜晴

偶來知己話忘疲，撥盡寒爐別去遲。開户忽驚晴送喜，旋添雪水寫新詩。

雪夜

雪滿園林風滿軒，聖賢對語夜忘眠。新知滋味私欣處，何幸蒼蒼假我年。

宿朱坊

華顛客子已還家，夜讀扁舟燈又花。料得餘生無別喜，聖經賢傳是生涯。

宿沙河

夢回試省有何思，只念因循學過時。幾向平常猶易失，志當造次愈難持。

次桂家林夜宿江岸傅氏避風雨

已喜琴書達桂林，却愁風雨打寒衾。漫移棲息投安處，又稱青燈夜讀心。

次松林渡宿江岸吴氏

蒼山古渡認松林，寓宿江皐舍舘深。少長肅雍揮翰罷，銀燈花映讀書心。

次小陂頭登陸

寒衝暝色小陂頭，烈火黄柑禮數優。歸去摩挲青玉案，獨慚鐵畫與銀鈎。

曉枕作

義利須明判兩途，斬釘截鐵是嘉謨。不於生死路頭悟，何以能爲大丈夫！

夜枕作

四簷風雪夜漫漫，今古興懷事幾般。數口幸然無凍餒，羣生寧免少饑寒。

夜枕作

失便宜是得便宜，倚伏循環不必疑。俯仰但令無愧怍，前程一聽老天爲。

賀彭九彰落成新居

穆卜高居諧吉兆，翬飛華棟協清朝。三陽交處天心泰，百福臻時瑞氣饒。

讀易絶句丁亥

消息盈虚萬不齊，等閒誰識此心微。春窗燈火無言處，剛悔因仍學《易》遲。

病後作

老來日月信無多，擬向春風詠太和。局促塵窗淫雨裏，一年桃李病中過。

病起游園

並游無侣又春風，況復兼旬百病攻。幸有餘芳晴爛漫，微吟緩步太和中。

客夜

黄州橋畔閣澄澄，近水遥山映晚晴。高枕不知行李倦，清風明月是平生。

即事

曉牧清溪課二雛，從來養正在於初。詠歸虛閣閒眠處，又喜新知叶聖謨。

即事

浴罷歸來月滿林，又從虛閣學澄心。萬緣有命宜隨遇，不用逢人話陸沉。

寢起

寢息將興日射窗，又憑吟几納微涼。乾坤闊遠身心寂，信是閒中興緒長。

偶題

無事時來自得亭，秋風淅淅晝陰清。尋常在世無它技，精白于天是此生。

辰孫誕日

鳳閣歸來歲二更，庚辰之載汝纔生。又逢初度裁新什，祝爾詩書與日增。

寧壽同日同時生

辰孫既有新詩律，寧壽那無善祝規。流俗浮情休借問，先民遺範是依歸。

即事

灌罷時蔬又坐亭，游魚潑潑沼澄澄。天光雲影徘徊處，誰共當年一鑑情？

卧自得亭

養病時來沼上眠，託身物外自悠然。區區爲幸誠多也，隨處先師有格言。

曉枕

萬事悠悠東逝波，秋風摇落興如何？曉窗寂歷無言處，獨唱蒼松翠柏歌。

陳僉憲輓章 高第弟子項判府命賦

絳帳當年交有道，青衿遺愛感無窮。門生故吏今重見，誰共摩挲慨古風？ 關西楊焕然每見漢碑有門生故吏之稱，輒摩挲興歎。

與豫章吴生沼上亭子話舊

兩地關心久别情，相招亭子話平生。青藜緩步歸來好，細詠新詩對短檠。

曉枕作

危者平兮易者傾，聖謨宜敬不宜輕。獨

憐暮景無多子，❶篤實新功敢暫停？

數日桂花香

丹桂秋香又一年，老懷不必思華顛。聞香隨處堪乘興，浮世升沉一聽天。

沼上芙蓉花開

玩《易》亭中歸去遲，芙蓉忽喜映清池。流年自換人依舊，爲己工夫日百之。

次己卯歲芙蓉花詩韻

忽驚花吐興無涯，認取平安是我家。萬事不須閒著意，只應隨分閱年華。

又偶成

萬緣由命不須愁，晚節蹉跎是我憂。羲畫周文同坐卧，夕陽西去水東流。

偶成

富貴無心生有涯，朝昏務去是矜誇。高眠玩《易》微吟處，又對芙蓉滿眼花。

玩月

萬事無端不繫情，讀書終日掩柴扃。金風動地頑雲散，四望青霄霽月明。

❶「子」，四庫本作「了」。

候饒循

暝倚虛庭玩偶奇，紛紛涼月滿絺衣。悠然真意無言表，忽報階前客子歸。

與吴貞游東陂石泉

初冬天氣已嚴霜，霽色家家穫稻忙。紅樹題詩歸步緩，不知何處是仙鄉？

和田園樂

冰泮雪消舜日，含哺鼓腹堯天。南畝萬簑春雨，東皐千井朝烟。

隆孫誕日

人生須作好男兒，得業從來貴及時。虛度光陰真可惜，幾時能聽老夫詩？

寒夜

霜葉燒殘更寂歷，寒灰撥盡獨沉吟。細看隱隱雲雷象，默感生生造化心。

夜讀感懷

爲聖爲賢當日事，流風餘韻後人思。殘魂何以酬初志，允出名言兹在兹。

閣夜

金雞已報霜天曙，芸閣重歌紫陌吟。誦金臺吟稿。百歲光陰渾似夢，十年身世若爲心。

至日即事

化日曈曈照曙筵，儒衣秩秩拜鈞天。杖藜碧澗談經罷，梅柳迎春又一年。

同諸孫出村觀雪景

塵窗黃春日埋頭，時喚諸孫度雪橋。極目長村雲漸薄，幾多寒餒望青霄。

即事

墻角溪頭日日來，境幽偏稱病中懷。簡編隨處微吟罷，時探梅花次第開。

雪夜懷恪一輩爲求羅盱江

風急天寒念遠游，唱籌何日問歸舟。四方幸喜多青眼，觀主宜人不必憂。

曉窗偶成

希賢希聖事何如，頑鈍之資費琢磨。素服前言焉敢憧，但憐來日苦無多。

雪夜懷堅二時在盱江

獨憐游子未歸時，夜半無眠有所思。稚子弱妻風雪裏，孤村心事夢依依。

題玉灣李大章午風亭

賤跡何勞紀，名園自足揚。午風新氣象，喬木舊輝光。德義聲猷遠，詩書興緒長。經過時有賦，題向鄭公鄉。

立春感懷戊子

日日潛心向伏羲，曉窗高詠立春詩。梅花滿樹方驚眼，又對千紅萬紫時。

擬呈趙劉二侯

衡茅衰卧正呻吟，枉沐旌麾欲降臨。稍待條風向明媚，遠從花塢候車音。

劍山酆氏淑景亭藏世系碑

新碣巍巍結架雄，支流雖異本原同。載瞻載仰翬飛表，春在乾坤浩蕩中。

藍頭書屋爲新喻何琛題

新種芸香屋數椽，青山緑水映華顛。欲知自下升高處，人十能之己必千。

曉枕作二首

滿眼梅花看未飽，朱櫻處處又舒紅。一年好景休孤負，細認洋洋發育功。

兩眼昏昏日抱痾，書程全減睡魔多。春深何處無顏色，李白桃紅奈若何。

即事

一春多病倦游嬉，又對鶯啼燕語時。疏竹短墻流水曲，衆芳深處詠歸遲。

坐東門外樟樹根

脈脈春流一澗盤，新晴錦繡萬花攢。小詩留與兒孫誦，老大曾於此考槃。

自得亭即事

一亭蕭洒隔紛囂，坐卧於斯興自饒。雨後落紅殷滿地，崇桃相對尚妖嬈。

自得亭對雨書懷

剛恨平生學聖難，餘齡程課肯容慳。洛閩幸有階梯在，精白斯心日夜攀。

題弋陽吴茂宰雙白軒

物則民彝本粲然，奈何多蔽損其天。誰憐雙白同吾意，遥賦新章更勉旃。

中秋玩月次舊韻并序

永樂己亥、庚子寓五峯甥舘，正統庚申、辛酉、壬戌寓種湖，景泰癸酉寓安慶，天順丁丑寓吕坊寺，戊寅寓新橋驛，癸未寓歙縣，成化丙戌寓五峯。

戊子中秋月又圓，小陂新雨净風烟。襟期美惡元由我，身世浮沉一聽天。細數流光懷旅次，獨醒殘夢立簷前。達生知命應須服，慎勿憧憧役暮年。

宿斯和嶺徐氏

青山投宿問斯和，安樂真同邵氏窩。幸記松楸隣貴里，雲仍奕葉假經過。

奉柬彭澤族里❶

小春新霽快行裝，力病南來拜響塘。十三府君墓。寄語華宗賢後裔，先塋宜護不宜傷。

宿種湖

筍輿遥自響塘歸，故里歡迎逐夕暉。青燈緑酒綿綿話，總念桑榆見面稀。

宿羅原岡

彭澤迢迢宿種湖，羅原岡上又停車。夜分獨散青霄步，一點靈臺合太虛。

❶「柬」，原誤作「東」，今據四庫本改。

偶　成

年將八十待何爲，賢有良謨聖有規。逐日孜孜無别想，幸時相賞莫相違。

即　事己丑

滿圃芳菲積雨摧，東陽新霽病懷開。兒扶杖策閒游處，尚有殘紅待我來。

璿慶生辰二月

良辰大壯綺筵開，細酌諸生介壽杯。珍重相觀而善處，麟經羲畫養靈臺。

寄嚴陵張太守

金臺高誼連三月，嚴瀨離情又六年。駐馬江干何日遂，暮雲春樹夢相牽。

自得亭二首

曉立雞聲月，晝坐綠陰風。兩行名教旨，千古此心同。一塵不動處，萬籟無聲時。高卧清風裏，微吟自得詩。

不　寐

老去逾憐學聖難，日新程課敢容慳？細思夙昔無眠處，涼月紛紛五夜闌。

輓豫章胡昭

璧水才華夙分深，九蓮高誼古人心。衡茅新約成春夢，何處凄涼問斷金？

東軒即事

東軒高卧處，竹影亂虚簷。借問軒中事，新功細學謙。

八月十四夜玩月 庚子閣夜詩韻

滿林涼月映更初，高枕虚窗玩《易》餘。老去倦爲湖海客，年深幸託竹松居。知幾漸覺工夫密，安分寧論活計疏。企仰聖謨頻浩歎，襟期何日得純如？

輓饒州吴別駕

男兒何者是豪雄，德義存心任轉蓬。雖死猶生雙白志，廉頑立懦仰英風。

次前己丑暮秋拙吟以策餘齒

舊跡沉吟久，新功感慨多。形容空老去，抱負竟如何。顔孟雖相遠，路岐寧敢他。先民有成憲，程課日漸磨。

九日次杜韻

當年謝病辭金闕，此日高登在鳳臺。嘉禮特蒙天使盛，客懷時向故人開。程庸。浮沉轉盼成今古，寒暑驚心幾往來。萬事蹉跎空白髮，餘齡程課爲誰催？

懷閭巡檢承以羲軒羣聖之道見勖，夜拏舟伴宿。

戊寅此日接吴航，歷叙羲軒重大方。伴宿跪辭勞夢想，尺書何日達南陽？

隆孫初度十月

前日慇懃話夢蘭，玆晨喜氣藹門闌。鵬程萬里男兒事，夙夜孜孜學孔顔。

康齋先生文集卷之七

康齋先生文集卷之八

奏疏

辭左春坊左諭德四本❶

第一本❷

天順二年五月十六日，臣吳與弼謹奏：爲薦賢事。於天順元年十二月初四日，欽蒙差行人曹隆齎捧勅書禮幣，降臨衡茅，以臣爲才而徵聘赴闕。聞命驚惶，恍然自失，罔知攸措。

竊緣臣雖幼承父師之訓，粗涉書史，而弱冠沾疾，加以立志不堅，是以虛名雖出，實學全無。迨夫暮年，疾病愈深，夙志彌怠，自愧虛度此生，付之長歎，螻蟻微軀，何意復蒙聖明齒録？夫卑辭厚幣，惟賢可以當之，而臣何人，敢膺曠古所稀之盛典哉？恭惟皇帝陛下睿知聰明，聖神文武，四方風動，萬國歸仁，而崇儒重道之盛心，圖治濟時之美意，實與天地同大，日月齊明。凡有血氣者，莫不欣忭，況在於臣，敢不踊躍恭命？謹於當日望闕謝恩祗受訖，日陪鄉隣老稚，謳歌舞蹈。伏惟大得民之盛，何幸逢於今日？而負且乘之譏，實難免於輿論。於是肅將勅幣，謹用緘封，俟春氣和暖，扶疾隨使，齎赴

❶「四」，原作「第一」，據目録改。
❷「第一本」，據目録及下文例補。

闕廷，以圖辭免。

臣於三月十六日上道，五月十五日至京，十六日引見，蒙聖恩授臣左春坊左諭德。臣以菲才，既未經辭免禮幣之榮，又安敢冒昧以受寵擢之重？謹將原賜禮幣進上，伏望聖慈矜臣愚戇，憐臣見患兩足風痺，大施曠蕩之恩，特回所命，放臣歸田，少全微分，日歌頌雍熙於水邊林下，以畢餘齡，不勝萬幸。

第二本

伏蒙十六日聖恩，授臣左春坊左諭德，臣尋具本辭免。十七日，奉聖旨不允所辭，兼蒙過假褒詞，益令孱薄不任震驚。

伏念臣所以懇辭者，非敢有高世之心、潔身之意，亦非敢有矯激沽名之妄，實以學德荒疏，疾病纏繞，苟不自量，冒昧供職，必有曠官之譏，又必有失儀之罪。非惟貽玷於聖明，亦且取笑於後世。是以不避斧鉞，冒瀆天威。至於廷對之餘，賁以紗羅，勞以羊酒，分雖難當，不敢有孤至恩，即踊躍拜賜矣。伏望聖慈哀臣愚誠，聽臣辭免，容臣儒衣儒冠，日近清光，以圖報稱於萬一。臣無任懇切待罪之至。

第三本

伏蒙聖恩，❶授臣左春坊左諭德，臣再具本辭免。二十二日，奉聖旨不許辭免。伏念臣一介庸夫，材非令器，誤蒙聖明甄録，初徵赴朝，加以不世之寵，授之美官，而促令供職。此急於用才之盛心，曠古帝王之希典，實千載之奇逢，正臣子報効之秋也。緣臣學

❶「伏蒙」以下五十字，多處漫漶不清，據四庫本補。

識疏謬，素多疾病，見患痰咳、頭風及兩足風痛，苟不自量，冒昧供職，徒速罪戾，無補明時。臣聞漢蔡邕嘗見異書，唐李邕願一見秘書，臣僻處山林，異書固未嘗相接，秘書尤難得見，叨遇聖明，何幸如之？伏望聖慈哀臣愚誠，聽臣終辭，俾於下處暫且調攝，俟疾略蘇，乞賜一接秘閣羣書，少益管見，或備顧問，圖答涓埃於萬一，不勝幸甚。干冒天威，無任懇悃惶懼待罪之至。

第四本

欽蒙聖恩，授臣左春坊左諭德，已三具本辭免，天意未回，不蒙俞允。

臣竊思豈惟學識疏淺，委是弱質早衰，新病雖除，而舊疾仍在。且犬馬之齒已幾致仕，精神血氣皆非可以鞭策之時。伏望聖慈哀臣愚懇，聽臣終辭，不勝幸甚，無任懇切惶懼待罪之至。

陳言十事

臣吴與弼謹奏：爲陳言事。

臣竊伏念臣學術疏謬，器識庸凡，誤蒙聖明甄録。至京以來，日夜惶懼戰越無地。且聞士大夫清議，謂臣至京日久，全無建明，大失朝廷寵拔之意。責臣當矣，待臣厚矣！臣固嘗伏讀勑書，天語諄諄，渴欲臣來，臣心豈不欲再仰天顏，一進蒭蕘之言，上酬清問萬一？顧臣草野鄙人，初赴闕廷，苟不自量，冒昧有陳，必干非分。是以徬徨怵惕，心雖切切而意更遲遲也。竊思臣犬馬之年已幾七十，丹衷徒在，宿疾彌纏，誠恐涓埃未答而一旦身先朝露，上孤聖明眷注，下負士大夫屬望，罪不勝誅矣。是以忘其鄙淺，輒敢撰次先聖賢格言，竊附己意，條爲十事，僭擬進呈，粗備瞽御之箴，非有所建明也。今者欽蒙聖恩，放臣歸田，俾全愚分，天地覆載，日月照臨，捐軀殞命，曷足云謝？謹昧死以所言上塵睿矚，少致感恩戀闕拳拳之萬一，謹具如左。

其一曰崇聖志。

臣聞顔淵曰：「舜何人也？予何人也？有爲者亦若是。」公明儀曰：「文王，我師也；周公豈欺我哉？」程頤曰：「莫説道將第一等讓與别人，且做第二等。言人便以聖爲志，言學便以道爲志。」朱熹曰：「要須做人難做底事。」孟子又曰：「責難於君謂之恭。」周敦頤曰：❶「伊尹耻其君不爲堯舜。」伏願陛下斷然以堯舜自任，雍熙自期，天下幸甚！

臣初至京師，聞輿人之誦曰：「我皇睿知，我皇仁聖，我皇勵精圖治，日不暇給，太平之盛可坐而待矣。」然則願陛下納天下於恭和之中，躋生民於仁壽之域者，豈獨微臣之私爲然？舉京師皆然，臣自鄉里至於道途，萬姓莫不然也。《書》曰：「天視自我民視，天聽自我民聽。」陛下躬上知之資，膺天人之眷，際承平亨嘉之運，而當春秋鼎盛之日，誠大有爲之機會，千載一時也。程顥曰：「志不可慢，時不可失。」司馬光曰：「時乎時乎，誠難得而易失。」朱熹曰：「時乎時乎，不再來，如何可失？」伏願陛下奮乾綱之雄斷，順天應人，任重致遠，勿貳勿疑，天下幸甚！

其二曰廣聖學。

臣聞聖雖生知，未嘗不好學。孔子學不厭，文王望道而未之見是也。或問於程

❶「敦」，原作「惇」，今依通行本改。

顥兄弟曰：「生而知，要學否？」答曰：「生而知，固不待學，然聖人必須學。」朱熹垂拱奏劄陳大學之道曰：「清閒之燕，願博訪儒臣知此道者，講而明之。考之於經，驗之於史，而會之於心，以應當世無窮之務。」伏惟陛下聰明睿知，固不假學習而能，然於萬幾之暇，日召儒臣講讀經典一二條，未必不少益聖聰而增輝聖政之萬一也。聖明留意焉，天下幸甚！

其三曰隆聖德。

臣聞湯武於盤盂、几杖、刀劍、户牖，莫不刻銘以致戒，是以聖德日躋。孔子贊《易》之辭曰：「日新之謂盛德。」《書》曰：「德惟一，動罔不吉。」又曰：「惟德動天，無遠弗届。」孔子曰：「爲政以德，譬如北辰，居其所而衆星共之。」又曰：「德之流行，速於置郵而傳命。」子思曰：「君子篤恭而天下平。」伏願陛下法成湯不自滿假之心，體《大易》「終日乾乾」之意，將見聲名洋溢乎中國，施及蠻貊。舟車所至，人力所通，天之所覆，地之所載，日月所照，霜露所墜，凡有血氣者，莫不尊親而配天矣。惟聖明留意焉，天下幸甚！

其四曰子庶民。

臣聞《書》曰：「亶聰明，作元后，元后作民父母。」夫子之生也，饑欲食而寒欲衣，疾痛痾癢之欲其安逸，皆於父母乎是賴。父母愛子之心無所不至焉，是以文王視民如傷也。孔子贊《易》之辭曰：「先王以茂對時育萬物。」程頤釋之曰：「王者體天地之道，養育人民，以至昆虫草木，使各得其宜，乃對時育物之道也。」孟子曰：「王者之民皡皡如也。」又曰：「君子所過者化，所存者神，上下與天地同流。」朱熹釋之曰：「聖人德業之盛乃與天地之化同運並行，舉一世甄陶之。」《書》又曰：「衆非元后，何戴？ 后非衆，罔與守邦。」又曰：「民惟邦本，本固邦寧。」孟子曰：「保民而王，莫之能禦也。」伏願陛下篤父母斯民之心而不已焉，何皞皞之不可致哉？ 惟聖明留意焉，天下幸甚！

其五曰謹命令。

臣聞管仲曰：「出令當如流水，謂順民心也。」孔子贊《易》之辭曰：「擬之而後言，議之而後動。」《書》曰：「慎乃出令，令出惟行。」伏願陛下命令之施，必詢謀僉同，得其至當之歸，然後執此之令，堅如金石；行此之令，信如四時。 致丁寧之戒，以諭其始；驗從違之實，以要其終。 必令行禁止而後已。 又必諄復成湯祝網之意，以致拳拳欽恤之心焉。 惟聖明留意焉。

其六曰敦教化。

臣聞張載曰：「爲天地立心，爲生民立道。」子思曰：「脩道之謂教。」門人問於孔子曰：「既富矣，又何加焉？」曰：「教之。」朱熹曰：「此道理雖人所固有，若非聖人，如何得如此光明盛大？ 人不曉得，我説在此教人曉；人不會做，我做下样子在此與人做。 只是要持守此道理。 教常立在世間，常如此端正，纔一日無人維持，便顛倒了。 惟其所以説『天佑下民，作之君，作之師。 惟其克相上帝，寵綏四方』。 天只生得人，付得此道理與人，做與不做，却在人。 所以又爲之立君師作成之，既撫養之，又教導之，使無一夫不遂其性。 如堯舜之時，真箇是『寵綏四方』。 世間不好底人，不定疊底事，纔遇着堯舜，都妥帖平定了。 所以謂之『克相上帝』，蓋助上帝之所不及也。 自秦漢以來，講學不明。 世之人君，固有因其才智做得功業，然無人知明德、新民之事。 君道間有得其一二，而師道則絶無矣。」吕祖謙説《思齊》之詩曰：「聖人流澤萬世者，無大於作人，所以續天地生生之大德也。」程頤曰：「古之盛時，未嘗不教民，任其自生自育，只治其鬭而已。」又釋重坎大象之辭曰：「夫發政行教，使民熟聞聽，然後能從，故三令五申之。若驟告未喻，遽責其從，雖嚴刑而驅之不能也。」伏願陛下頒誥吏民，俾天下曉然知朝廷意之所在，然後庶幾吾教易得而入焉。惟聖明留意焉，天下幸甚！

其七曰清百僚。

臣聞《書》曰：「無曠庶官。」又曰：「百僚師師。」伏願陛下於人才之際，精加鑒別，無曠官之失，而有師師之美，天下不足平也。苟賢否混淆，雖有良法美意，孰與行之？而膏澤豈能下於民哉？惟聖明留意焉，天下幸甚！

其八曰齊庶政。

臣聞《書》曰：「德惟善政，政在養民。」又曰：「庶政惟和，萬邦咸寧。」又曰：「六卿分職，各率其屬，以倡九牧，阜成兆民。」然則六卿者，庶政之原，而九牧之表也。萬國賴以咸寧，兆民賴以阜成。昔仁宗鋭意太平，開天章閣，召宰輔賜坐，給筆劄，俾條陳所欲爲者。伏願陛下誥勑六卿，各詳所司，利當興，害當除，悉條呈進。陛下博采羣議，議定頒行，而責成於六卿焉。庶政和，而太平不難致矣。惟聖明留意焉，天下幸甚！

其九曰廣言路。

臣聞舜闢四門，明四目，達四聰，聖人以天下聰明爲聰明也。朱熹曰：「爲政不在於用一己之長，而貴於有以來天下之善。」伏願陛下廣延視聽，洞照八荒，將見嘉言罔攸伏，而萬邦咸寧矣。惟聖明留意焉，天下幸甚！

其十曰君相一德同心。

臣聞天氣下降，地氣上躋，天地交泰而萬物生。君臣之間，必誠意交感而治功成，是以聖人感人心而天下和平。《書》曰：「后克艱厥后，臣克艱厥臣，政乃乂，黎民敏德。」杜甫曰：「上有明哲君，下有行化臣。」君臣交盡其道而治功不建者，未之有也。然圖治非艱，致治惟艱，毋急近功，毋規小利，必處之以裕，持之以漸而後可，是以聖人久於其道，而天下化成也。夫然後將見四時調，風雨順，百穀豐登，而四靈畢至矣。惟聖明留意焉，天下幸甚！

謝恩表

撫州府崇仁縣民人臣吴與弼謹奏：爲薦賢事。臣以菲才，誤蒙聖明徵聘，於去年五月十六日，欽授臣左春坊左諭德，凡四具本辭免，乃蒙俞允，賜臣歸田，以其年十月十二日抵家。臣誠歡誠喜，頓首頓首。伏以臣猥以愚庸，起自草萊，遽登臺閣，龍顔春煦，聖德淵微，曠古之奇逢，固大有光於名教；非常之至渥，豈宜叨被於凡流？臣誠惶誠恐，頓首頓首。

臣有以早衰犬馬之齡，懇辭鵷鷺之署，何意涓埃未答於萬一，雨露洊降於無涯，宸翰昭回，榮逾黼黻；金帛璀璨，重比丘山；過憫餘生，特頒月廪；仍勞軺傳，重辱皇華。凡在斯文，咸歆盛美；顧兹微喘，愈益慚惶。雖君父之慈，曲賜全於生成，而臣子之私，實難勝於負戴。瞻望宸極，答謝無由，無任感恩戀闕激切屏營之至，謹差學生車泰奉表陳謝以聞。

書

上嚴親書辛丑

三月二十八日，見丘彦庸，知大人復職回，合家皆平善，不勝喜幸。初只想老奶奶先生外祖母。春月回鄉，及見丘彦庸，言未有回日，男遂於二十九日給引前來省侍。日夜痛自咎責。

思爲兒時，未省人事，而大人遠赴太學。十二歲方隨伯父至京，父子初見，皆不相識。居京時，大人嘗夜卧語男云：「吾昔在外時，思爾不見，淚下多少矣。今爾在傍，宜努力進學，期于成人。」當時男未知此言之切也。及年十八九，雖略知讀書，志氣太鋭，自謂古人不難到，每輕前人，忽慢行事，大人雖時時切責之，而其狂妄之心，終不能改。年二十一，回鄉，粗涉人事，然後漸知力行之果不爲易。又天之所以拂亂其所爲者，恒極其至，兼以疾病纏綿，茫然不知道路所由，安得而順乎親哉？身雖隔千里之遠，而夢魂無一日不在於親之側也。每中夜痛心，罪不容於死。去年六月來侍，冀得一面親顔，盡告十年所歷，思自奮于後日，而罪惡貫盈，親心未回，抱痛還鄉。天下豈有無父之國？信如窮人無所歸也。去歲，古崖不知以何事拒先生，先生負罪引慝，早暮號跪累日，終不納。是年冬，先生復往省，古崖感先生純孝，父子如初。今年重欲來省，就迎老奶奶回，徘徊悵怏，欲進復却。男不孝之軀，何足恤？惟益大人之憂耳。本欲爲悦親以來，而返重親之憂，豈人子之心哉？於是舟至湖口，既不敢下，又不敢回，遂至湖廣。自湖口至湖廣，凡一月，遇人未嘗敢談家世，惟恐累大人之德。今以禾熟，附舟回家，偶遇四川朋友，遂拜字奉報。男自今年正月來，多看四書，頃刻不離，頗覺身心粗有所得。於聖賢分上用工，亦似有下手處。方知天之所以窮苦於身，吾親所以責備於行者，恩何至哉？

噫！男雖進德有日，而大人年向晚矣，惟大人善自解，爲祖宗念，萬幸萬幸。六月初四日，寓武昌舟中。男與弼百拜。

與徐希仁訓導書

僕聞天下之至美者，莫如聖人之道，昭明易見，簡易易行。然世鮮能之者，不學故耳。原其故，有二焉：懵然無知而不事夫學者，庸人也；學焉而弗克者，未誠也。惟其未誠也，是以事物交前，理欲互戰。順理乎？繫累於欲；從欲乎？有所不屑。撓乎其中，濊乎其心，苟一念之或失，則聖人之道斯遠，而習俗之溺彌深，幾何不并其少有所得者而亡之，惡在求能充哉？是雖曰學，與不學同也。僕坐此患十年餘矣，抱濊朝夕，亦云至矣。今年從春來，一以《大學》、《語》、《孟》、《中庸》熟玩。一日，恍然似粗有所見，乃喟然歎曰：「聖人之道，果易曉也，果易行也，而今而後，吾知免夫朝夕之濊，而有以超然樂乎羣物之表矣。」因益加力焉，所見益似親切。於是又歎曰：「世俗固吾棄，吾庶幾以自與；世俗固吾笑，吾庶幾以自得。吾方聖賢之親，而遑恤其他乎哉？」

僕辱厚於足下有年，古人重於交友者，資以輔仁，僕敢自私哉？足下嘗向僕稱道慨慕人之善，則知聖人之道之爲美。又向僕致自不足之歎，則豈非同於僕之懣邪？今將釋子之懣，而進子於樂地，不難矣。蓋爲之之機在我，而爲之之方則具於聖賢之書，胡爲而不勉之也？僕近走江湖，歸得風疾，艱於步往，未得罄所言於左右，惟尺書不惜時賜遠臨，幸甚。

與章士言訓導書

近閱舊稿，得足下往來詩數幅，重感故人之誼，因憶去年僕赴京省親，時辱贈言，引堯、舜、周公、孔子爲我標的而期我造焉。噫！此大賢所宜希者，豈區區小子所敢妄意？僕竊嘗觀古人道德著于一身而事業光于千古者，豈無其由？不自小其量而用心純也。足下之云，蓋所以廓我之量而純我之心，輔仁之功，一何大也！

夫聖至於堯、舜、周公、孔子，無以復加矣，而其量豈自足？而心豈少息哉？後之英雄之士、卓然特立者，其量蓋期于堯、舜、周公、孔子，而其心亦以堯、舜、周公、孔子之心爲心，一念慮，一動作，數聖人常在目前，道德視數聖人爲未克，事業視數聖人爲未大，用力孜孜而不足，量詎容小而心敢不純哉？故能卒有所就。降及其次，則以先進大賢自期而用力於德行事業者，亦無不至，而亦各得其效。夫期於聖人雖未至，不失爲大賢；期於大賢雖未至，不失爲賢者。世俗見其磊磊落落以自表見於後者，迺謂天生，非勉可至。語古人則置之度外，語時人則曰某吾過之，某猶吾也，某雖過我，猶不能甚，凡百一以時人自局，靡然以古人爲難企，而毅然安於小藝之易成，不弘其量而雜用其心，小有所得，志驕氣盈，以爲人生所事止於如此。嗚呼！此古人之所以爲古人，而今人之所以爲今人也與？僕雖不敢當足下之所期，亦不敢不以習俗爲戒而奮志乎古之大賢也。

犬馬之年三十有一矣，六歲入小學，七歲而學對句，十有六歲而學詩賦，十有八歲而習舉子業。十有九歲得《伊洛淵源録》，觀周、程、張、邵諸君子出處大概，乃知聖賢之學之美而私心慕之。於是，盡焚應舉文字，一以周、程、張、邵諸君子爲心而自學焉。學之累歲而行與時違，或以爲古而不達時宜，或以爲迂而闊於事情，或謂之僻，亦謂之怪，笑讓兼極。僕雖不敢盡忘初志，亦不能不少徇于時。徇時之心日深，而初志日懈，兼以疾病相纏，居恒慼然不悦，茫然無措，感今懷古於風晨月夕，蓋有不勝其愁歎者矣。今年自春初，專玩《大學》、《語》、《孟》、《中庸》，覺漸有所得，舊疾稍減而精神稍益，沈潛晝夜，反覆身心，然後知聖賢之道，豈獨古而不達時宜？豈真迂而闊於事情？豈誠僻而且怪？向之轗軻齟齬於十年之間者，於聖賢之道，見之未明，行之未力也。時議豈欺我哉？

賴天之靈，祖宗之澤，父兄師友之教，今得少有所持循以進，何其幸也。然日月逝矣，少壯不再，過時之失，不無憾焉。以足下之明，了此素矣，而僕復瑣陳于足下者，誠謂令嗣震才美少年，冀足下善誘之至于道，毋使其他日有如僕過時之悔也。非足下之舊故，不敢以此瀆；非令嗣之可學，不敢以此勉。惟裁處之。傅、婁諸生進學有益，可愛可敬，勉之，勉之。僕近客歸，得風疾，不能遠出，末由良覿，頻頻示教，幸甚。

與傅生書

區區數月惟看四書，比與足下別時所見似不同矣。客歸，重訪一丘軒，足下教學未回。見士望，知潯陽書皆到。向承足下送至江滸，言自今當從新用工，不識別後果如何？得區區書後又如何？聞區區回鄉又如何？若只欲糊口，似衆人，則可謂云耳已矣。欲更向上一步，做好人，以光祖宗，以大門户，以垂後昆，則宜偕令嗣至山中，有以相告。區區居家遠俗事外，日與二三子讀書窮理，樂堯舜之道而已，此外非所敢知也。

與傅秉彝書

別後日新如何？區區自正月初一日至十五日，玩得《論語》一周，十五夜誦《大學》并《或問》，亦一周，身心似少有長進。人能如此接續用工去，何患無益？秖是或作或輟，則終不濟事耳。昨日讀真西山《大學衍義》，觀其叙堯、舜、三代之盛，君之所以爲君，臣之所以爲臣，皆本於《大學》格物、致知、誠意、正心、脩身之功。漢、唐之治，君之慕學，雖或甚篤，臣之輔導，雖或甚切，然於《大學》之道不明，是以卒於漢、唐而已。然則人之爲學而不本於《大學》，皆非也。足下之志果何如邪？

令嗣前日臨別言，或四月至吾山中。今方正月，而待四月，其惰慢不立爲何如？且或之一字，尤可見其惰慢之實。噫！其不可教也明矣。足下亦踵覆車之跡乎？夜來又看《衍義》叙經史所載兄弟之事，宜親近而不宜疏遠，宜忠厚而不宜刻薄。痛快深切，讀之令人悚然，毛髮皆豎，念不得與士望兄弟一共觀之。

與九韶書

别後兩奉書，想皆達聽。區區客城十餘日，假館牛千户宅，意甚適也。有人自京師回，言吾親正月到家，復職，長幼皆安，又一樂事。但賤體半月來病瘡苦人，亦順受耳。早晚多看《中庸》，似有小益。凡人宜以聖賢正大光明之學爲根本，則外物之來，有以燭之，而吾心庶得以不失。此心一失，幾何不爲水之流蕩，雲之飄揚，莫之據哉！吾之所恐此而已，所慕此而已。汲汲若不及，茫茫若有亡，不知日之夕、昏之旦也。詠懷數詩，乃餘事云耳。不審吾友奉親理家之餘，用力於四書，所得何似？少壯難再得，勉之勉之！大丈夫毋爲習俗所溺也。不具。

答九韶書

十二日共談半夜，翼日餘樂猶妙，正先賢所謂「學必講而後明」，「道誼由師友有之」，「惟聖人知朋友之取益爲多，故樂得朋友之來也」。此數語，雖恒能道之，必親得其效，然後知聖賢言語有味。十四夜玩月，待足下不至。十五夜與豐城鍾生、東陂王生二三人月下鼓琴，觴詠甚快，而足下又不與，深令人相憶。厥後莫聞消息，恐足下滯于疾。今日辱書，果如鄙憶，宜善養心，以自調理。來書謂把捉不定，動與心違，此豈直足下之患？迺區區之常患也，足下今始知耳。人患不知己病，能略自知，正好刻苦用工。子顒、令弟欲相從，甚善，敢不如教？但自己要立志耳。使回，匆匆奉答。不具。

與傅秉彝書

人不可以不聞道，而道亦未嘗不可聞也。用一時之力，則有一時之功；用一日之力，則有一日之功。積之之久，氣質自然化矣。近與足下談數日，觀足下豈懵然無知者比哉？苟能從事於斯，他日得賢父子一助，其爲幸也莫大焉。昔有人見濂溪先生，甚慕其道，而自惜年已老矣。先生曰：「無害也，但能聽吾説，則庶幾。」其後果有所得。由是觀之，人患不爲耳。予雖不敢希濂溪先生之萬一，而足下之年，則少於濂溪先生之所誨者，可不勉哉！

與黄景章教諭書

久别而一見，暫處而即别，豈直足下情有不釋，而區區亦奚能恝然哉？然人生出處，自各不同，離合亦其常耳。惟相期於斯道，愈久愈固，則雖遠近異處，而此心未嘗不親慰也。别來又半月，思足下之誼，每增感激，則知足下之於僕矣。近無便舟，因鄉人而至大冶，寓于普濟寺。寺極幽曠，學中師友日相往來，永嘉朱廣文老成可親，諸生亦多純朴。寺僧能禮儒者，亦客中一勝事。進脩新益何如？有便可以字示。途間所得拙文三篇，附上。見日未期，保愛。不宣。

與九韶帖

近别後深思，人生只如此碌碌，混衆度日，義理俱無所知，孤負降衷，何異羣物？歲月如流，强壯能幾，可勝歎哉！數日讀《四將傳》畢，昨日温燖《春秋左氏傳》及《穀梁傳》至夜，看得一公粗有意思。而賤婦病甚，敢煩賢友相過，明早偕往種湖問醫，幸甚。

與子端帖

子端遭人倫之變，而能不爲習俗所移，可謂難矣。敬羡敬羡。吾讀書人，深增愰愧。專此奉賀。

與族兄伯廣帖

歲裏讓一哥相過，言老兄目下顧賤地，欲遣子來學，拜聞不勝欣抃。仕敬兄亦欲教子，甚盛事也。合族能如此，祖宗幸莫大焉。不宣。

與吴宗謨帖

癸卯歲邂逅道途，承眷眷同姓之好，邀話市祠，得挹清風，至今感感。屢欲一訪貴里，遍拜宗親，以多故久未遂所願也。前歲承致中下顧，得詢動履，曾屬以奉勸各房子弟讀書，未審近來何如也。良覿何時，冀順序保愛。

復萬叔璨書

伻來，喜審遠道寧家、合宅納福爲慰。重拜厚貺，兼承佳筆，感愛多矣。賤子自春多病，近來尤甚。學德荒疏，無足道念。去歲蒙遣令郎相過，不勝欣躍，惟不才無能啓迪，貧家寂寥，缺禮尤甚。方自愧悚，而令郎尋以家務歸寧，弗得從容共學，至今怏怏。幸賴春融，勿深責也。尊堂姑姑，亟欲拜庭，少致問安之誠，多事遂爾蹉跎，并乞寬恕爲禱。

與胡昇

夜來會鎖生途中，話久夜半方別，意思甚好。此公言自別許久稍能循序讀書，漸學把捉身心，可敬。又言節省家務，用志稍專；近欲買屋鑿池，今皆罷念，此又可敬。話間志甚踴躍，擬與足下頡頏而進。得渠如此，衰懶有望矣。

與友人書壬寅

去歲小孤奉書已達，且聞不以鄙言爲妄，戒酒進學，非喜聞過而勇於行者能如是乎？可喜可敬。

近會吴德讓，言足下忽有虚弱之疾，此讀書過苦所致，最宜善自調攝。區區向時不曉事，其進太鋭，往往盡力於書，且高大其聲，耗喪元氣，極爲大害。居京時，得疾，已不敢大聲讀書。居鄉，曾於友人家講《大學》數日，精神疲甚，舊疾復作，自此不敢過用精神。每讀書，但隨力所到爲之，少倦則止，惟此心不可間斷。爲學本當日就月將，優游涵泳，方能持久。若要急迫速成，徒自苦耳，終不濟事。

大抵聖賢授受緊要，惟在一敬字。人能衣冠整肅，言動端嚴，以禮自持，則此心自然收斂，雖不讀書，亦漸有長進，但讀書明理以涵養之，則尤佳耳。苟此心常役于外，四體無所管束，恣爲放縱，則雖日夜苦心焦思讀書，亦恐昏無所得，脱講説得紙上陳言，於身心竟何所益？徒弊精神，枉過歲月，甚可惜也。此區區平昔用功，少有所見如此，足下其諒之。

上嚴親書 癸卯

與弼田圃之餘，書籍雖不敢廢，然學漸覺長而德覺愈難脩矣。鄉村僻處，無師友之資，兼以多病，家務無可委託，不得大進。而歲月不延，卒墮小人，無由少望聖賢藩籬，時發浩歎，無所容身。諸弟正好用工，萬望大人善養之，俾不才而才，不中而中，甚幸甚幸！所讀書，宜只以小學、四書爲急，次及諸經本文。其子、史雜書，切未可輕讀。男少有所得，渾在小學、四書、《語略》、《近思録》、《言行録》。時先生尚未見《程氏遺書》、《朱子語類》。於此數書，苟無所深得，則他書易壞心術，其害非淺淺也。此大人常以訓男，今漸覺之，而用力晚矣。可勝歎哉！

十月書云：今年田圃之餘，惟玩心《論語集註》，其有得處，直不知手舞而足蹈也。自八月來，又覺大長一格。孟子所謂「四端」，逐日省察體驗，而凡所以持身，所以處家，所以接物，似各有所持循。所恨者，獨學寡陋，無師友以講明之耳。曰讓言大人的發諸弟回鄉，此誠遠慮，實不肖男之深願素志也。蓋不惟鄉里純朴清儉，可以爲進學德之資，抑早有以知稼穡之艱難，則他日可不流於放逸。惟大人斷之無疑，急急遣行是禱。所儲書籍，并大人平昔親筆諸稿及親友書札，亦望發與曰讓，至誠護回爲妙。

乙巳閏七月書云：❶深懼不能大進于學，上玷先世，近辱父師，日夜痛心，不遑起處。又曰：《晦庵先生文集》千萬發回。近來覺得文公先生言語，愈深切著明，但用工不逮耳。

十二月書云：十一月初八日，訪鄉親黃子霄季子自京歸，伏聞大人萬福，合宅均安，愁容頓破，懽意曷勝！繼聞明春大人有祭掃之歸，骨肉有完聚之期，此一大樂，又何幸也！與弼居鄉循常，晚穀稍登，但恨困於疾疢，書籍荒蕪，身心彌怠，不敢擬于人列。歲月駸駸，血氣日減，弱冠奮拔之志，今安在哉！孔子曰：「年四十而見惡焉，其終也已。」豈不然乎？諸弟於學，想猶未嗜覆車之轍，❷誠不願其蹈也。士友自京來者，深言其富貴相，於後難處於鄉。❸男默自惟念，生長於飽暖之中，居養所移，無足怪者。伏望大人善教，俾裁損舊習，素净來歸，漸親稼穡，日與鄉里士友漸磨，其進其成，實未可量。祖宗積累，宜必獲此，而男日夜之所深望也。

❶「七」，四庫本作「六」。
❷「想」，四庫本作「初」。
❸「於」，四庫本作「習」。

與九韶書丙午

別後多病，侵陵甚苦，亦順受耳。知行新功，逐日有進。近承送朱子《經濟文衡》至，每日敬觀。正如溪澗恰漲，繼以驟雨也。意緒儘多，非筆所悉。兼足下不曾有積累着實工夫，難一時驟語也。大要入門只在撥置他書，一以四書及伊、洛、關、閩諸子，專心循序熟讀，勿忘勿助，優柔厭飫於其間，積久自然有得，不可强探向上。此味真難知之，正文公所謂「雖淡而實腴」也，不肖亦何幸而忽臻斯境！痛快痛快！

來喻謂較前去年差勝，甚善。但用心不宜太苦，進鋭退速，實非虚語。足下精神甚短，體弱致然，宜倍加保養，以圖萬全。

復曰讓書

山椒一別，不覺經年，懷想之情，彼此共之。不肖自去冬來學之功，不謂不苦，日用亦不敢謂不得其力，但病體衰憊，家務相纏，無由猛進。而日月不延，企仰古人，相去萬萬，此朝夕所甚痛心者也。今秋忽得教帖，乃知進德之志不怠如此，豈勝欣躍？書窗展玩，以慰別懷，因以自激書尾，欲令寄言。猥蒙不鄙，惡得而默？但足下已自言之矣。

來書云「嘗肆力於四書」，此可謂不枉用其力而得學之本矣。僕雖欲言，奚言哉？豈惟僕也，雖聖賢復生教人，又豈出此？僕與足下別後工夫，亦只此書而已。

足下又云「雖能一時理會紙上陳言，於身心竟無所裨」，此語尤有意味，正好商量。

蓋人患不知反求諸己，書自書，我自我，所讀之書徒爲口耳之資，則大失矣。今足下既自知無益身心，則當漸向有益。惟專心於此，篤信之，固守之，深好之，讀以千萬而不計其功，磨以歲月而不期其效，優柔厭飫於其中，則日新之益，自有不期然而然者矣。

與曰讓書❶

念昔奔喪初還鄉時，以情事未申，罪逆深重，不遑寧處，而百憂俱集。其於賢妹及吾子，曾不能少盡恩禮，雖達者不芥于意，寧不大自歉于中邪？閣下之官之日，正不肖獲稻黄柏，遥望去塵，豈勝愧感？恒欲東訪，一寫所懷，奈困憊之餘，未得少蘇，此志未易可遂，而尺牘之敬且闕如也。知罪知罪。中蒙疊寄佳貺，拜領祗益慚悚耳。與年云閣下能祗勤所職，可喜可敬。

嚮黄柏途中所言四書、五經本文，循序俱下，遍數讀過之志，尚能爾乎？不肖於去臘，遷居小陂，庶事草創，俱屬艱難，秪隨分耳。惟血氣益衰，學德不前，無以洗不孝不弟之罪之萬一，重累父兄師友屬望，日夜驚怛，無地自容。新歲，鄉里間有子弟相遇共學，日以多病，少能與之精進，益加惶懼。

徐妹夫近承訪，且有意來，此亦美事也。令郎在侍，宜篤教之，熟讀小學、四書、五經本文，養其德性，毋令疏放。閣下課程亦不出此，大要小學書尤不可不痛加工夫，須逐篇逐條玩味入心，見聖賢教人之意，昭然見於言外，如此庶幾有進。愚意常以爲後世萬事之不逮古先者，闕此以爲之基也。小學既

❶「書」下，案原目録有小注「戊申」二字。

熟，方好用功。四書五經，須令成誦，使其言如自己出，則味自別。

古人云「讀書千遍，其義自見」，非虛言也。四書五經本文既熟，方可讀註，旁及子、史。讀書如不循序致精，只欲泛然雜看，終不濟事，徒弊精神，枉過歲月，大可惜也。區區平生陷此病痛，悔無及矣。以閣下之年之資，千萬日趲向上，毋忝所生。學者某，近年全然隋了，役於利慾，罔克自持。原其所由，正以平昔小學功疏，讀書鹵莽，根本不立，故外物易以動搖。可戒也！可戒也！

徽州及各縣有何書籍？幸一一惠及爲感。末由盍簪，惟冀保愛。不宣。

與九韶子濡帖

今日承家兄帖示，蒙諸親鼓樂導葬，不勝感懼，已奉字託家兄告免。再煩二賢友宛轉於諸親友一言，務必得免，則幽明俱拜，大德不淺也。

與傅秉彝書

承遣令嗣遠辱送葬，兼貺賻儀，不任哀感之至。第二令嗣有志于學，此誠美事。愚意欲賢友今歲田暫與人佃種分穀，長嗣早晚照顧家務，令中子來學。明歲又作主張。賤子襄事後，只有讀書最切，擬整理些書籍，須得數學者抄寫。交游中有的當者，可擇與令嗣偕來。嗣裘亦間來受學，不宜苟且因循歲月。如賤子此時歲月已去，百病侵陵，難得向前，日夜痛恨，徒自苦耳，悔何可及！心事萬萬，何由一面？又云幼令嗣尚未知學，須用拘束，令其熟讀小學、四書、五經本文，足下亦宜痛加努力，庶後人有望也。

回憲司經歷書

僕以不才，誤蒙憲司列位大人以爲可用，待垂褒薦，致屈尊嚴，枉顧蓬門，一聞車馬之音，驚惶戰懼，汗流浹背，無所逃罪。

竊惟僕幼受國恩，未答涓埃，正當踊躍以繼清塵，少圖微效，然僕自二十一歲沾疾，一向纏綿有加無愈，全然不能進學。是以虛名雖出，實學全無，誤蒙齒録，徒增愧赧。兼以見患頭風等疾，動作艱阻，雖欲奮身，實不能得，此皆大人親目所見者。伏乞回司於列位大人前，申此下情，乞賜別選英俊，以副朝廷求才盛意。貸僕歲年，使得逐漸醫治，但身一健，凡有指麾，即當欣抃趨事。冒瀆尊嚴，無任悚懼俟罪之至。

回清漳王太守書 正統己未

與弼不幸早嬰多病，晚益纏綿，竊伏山間，苟延喘息而已。其於學德，有弛無進，重玷父師，抱愧萬萬，方措躬之無地，尚奚有於四方之志哉？

近者伏蒙誤愛，以與弼可以驅策，特辱褒薦，遣使臨門。聞命震驚，受恩感激，不知所措。夫嘉善而矜不能，固大人君子爲政之體。顧僕何人，敢膺兹寵？伏望鈞慈察其無似，哀其疾病，俾得以遂其畎畝之私，不勝幸甚。謹遣學生黃節奉書申覆，兼致謝悃。干瀆尊嚴，無任恐懼俟罪之至。

上石憲使璞書庚申

撫州府崇仁縣百姓吴與弼，見患風氣等疾，謹遣弟與性稽顙拜書于憲使河南大人鈞座前，與弼輒布腹心，仰干造化。

與弼自幼隨親宦遊于外，家山丘墓曠於祭掃。年歲既久，不免爲人占侵盜葬，已嘗遣弟與疇具訴于官。人頑健訟，慢延至今，不遵遷改。伏惟大人性行峻潔，學識高明，德政洽於羣情，威刑服於衆志。凡抱寃負屈，得以見直于秋霜烈日之表者，幾千萬人矣。而吾祖獨懷羞於九泉，何哉？蓋爲之子孫者，怯懦逡巡，不能伸情于上而然耳。不孝之愆，其何以逃？

竊謂禮莫貴於重本，罪莫大於忘先。與弼幼承父師之訓，粗知自守，曷敢僭踰？今日冒昧瀆犯威重而不避斧鉞之誅者，誠以本不敢不重而先不敢有忘也。伏望鈞慈俯垂聽察，矜其哀悃，特賜施行。俾公法明于上，私情申于下，則死生受賜，子孫敢忘？干冒尊嚴，無任戰慄俟罪之至。

與黄鐸書

胡生齡望者，區區祖居種湖隣友胡子熙之子也，充臨川邑庠生，欲於曰讓處請《春秋》之學，煩吾友舘之。待彼葬事畢，引去求見。凡百于賢伯仲，青眼爲禱。

答周圻書

承喻諸葛武侯治蜀，服罪輸情者雖重必宥，理則然矣，然所謂必宥者，謂如律之自首法也。自首款内有云「其損傷於人於物不可倍償」云云，「並不在自首之律」。若無斟酌之宜，而一概從輕，正朱子所謂只見所犯之人爲可憐，而不知被傷之人尤可念也。鄙見如此，漫以奉復，不宣。

答陸參政友諒書

不肖奔喪時，蒙倡義哀賻，周旋備至，豈勝哀感？自是而後，常於稠人廣坐稱揚盛德，聞者莫不悚然起敬起仰。

今年春，正慕想間，忽辱教帖，拜聞榮膺大藩之寄，南服之民幸莫大焉。兼拜賓楮，佳紙美味，尤深感感。兹又拜書，獲知蒙備厚禮於先人之墓，繼惠以胙，益歎仁人君子之高風雅度邈乎其不可及也。其於師友之誼厚矣，於風俗激昂多矣，顧小子曷足以承下風之萬一哉！祇增愧感而已。使回，謹此申覆，無任哀感恐懼之至。

答族人宗程書

許生來，承書問，知足下拳拳於學，深以爲慰。邇者，因念吴族近代以來，不勝衰替，而吾宗種湖爲尤甚。不肖早既慆慢，中益病苦，萬不如人，悔莫追矣。父兄宗族無德以動之，鮮有一人能以振起後昆、光顯祖先爲意者。惶恐惶恐。楊溪、彭澤二族，不能不深有望於士彰與吾宗程也。勉之勉之。

與黄季恒書 辛酉

行李往來，知貴恙安愈，不勝爲慰。賤子到此，病體不佳，兼苦於瘡。四月初，方少緩痛，遠人事，養病觀書，頗爲自在。雖居市，不異山間也。諸生授業，皆略有緒，但恨吾友隔遠耳。子顔、勵節二親契同此申意。未會間，各冀保愛。不宣。

奉頤庵胡祭酒先生書

近别，伏想尊候起居萬福爲慰。與弼十二月十三日南浦問舟，十四日早行，十八日抵家，諸生及璿慶席尊庇皆獲粗安。竊伏惟念與弼率意拜造，少申謝悃，瞻仰門墻，負罪感恧，特蒙鈞慈緩其逋慢之誅，備沐款教之至，仁人君子之心固如是矣。璿慶雖幼，均拜隆愛，何感如之？贈言過許，内省欿然。雖爲閭里之榮，實重父師之辱，愧悚愧悚。擬明春來親德音，❶攜數生拜假《程氏遺書》及《三禮》諸書抄録，但未知家事如何，行得否也。今因王生行便，敬此申覆，企仰西山，無任瞻戀激切之至。不具。

與伍伯遜書

得假華舘，辱愛良多，重承厚贐，尤所不勝。近别，想動履清勝爲慰。不肖十八日抵家，諸生及小兒皆席庇粗安。每於親友話次，未嘗不樂道賢主人伯仲和樂之意，以爲薄俗勸。敬羡敬羡。今因王生行便，專此馳謝。不宣。

答黄季恒書

伻來，辱茶肉之貺，甚荷。承諭牛租，俟

❶ 「音」，原作「因」，今據四庫本改。

面奉具詳。令郎生員固知太幼，❶然區區絶跡公門，高明所素悉者，雖愛莫能助也。

答任教授書

同安舊游，風流雲散，音問寥闊，二十年矣。周圻到山間，忽知閣下來教敝邦，歡喜之餘，恍然如夢。繼王常至，則教鐸已施，出人意表。敬仰敬仰。鄒觀來，辱華牋及筆墨書籍之貺，兼承吾師少保楊先生遠命，尤以爲感。細詢泮水新政，不覺撫掌，歎賞無已，實吾邦之幸而斯文之光也。與弼離羣索居，舊學荒涼，懶病日向衰憊，負我良朋多矣。陽春白雪，稱道過情，何敢以當萬一？秖益愧赧耳。鄙句奉酬，漫爾備禮，無復思致，幸恕昏惰。種湖之行，必有一日承問，❷冀以道自任，益堅雅操，至誠樂育，榮膺天寵。不宣。

答郡侯王仲宏帖

衰卧衡茅，光陰徒謝，日切負愧平生知己，是惶是恐。風雨中，忽承命使頒胙，何感如之？拜貺之餘，愈增悚懼耳。使回，謹此申覆，無任激切屏營之至。

復建昌郡侯謝士元帖 侯遣諸生習鄉射禮

岑寂中，猥蒙使介書幣駢臻，披雲霧而覩青天，何快如之！第恨學術荒疏，無能奉答儀章萬一爲歉。引領南雲，有懷罔既。使

❶「生員」，四庫本作「往質」。
❷「承問」，原作「末間」，今據四庫本改。

回，謹此奉復。

與上饒婁克貞書

久不聞問，辱三月十二日書，審侍奉吉慶爲慰。又知令弟高升，賢友進學不已，二郎讀書，尤以爲喜。於小兒友分，責善輔仁之功至矣大矣。同諸生捧誦之餘，快哉快哉，豈勝傾感！謹書置壁間，朝夕以爲盤盂之戒。示及所疑，當俟面講。謁杜祠之作，非區區所望於賢者，棄而勿治可也。蘄春王侯，正懷想間，忽聞動履，何喜如之？且承惠書，事雖中阻，意已領矣。齊壽之屬，樂於受簡，但年來衰病益昏，無好語耳。姜友諎文，安敢食言？惟是秃筆寫字，有孤盛意也。良晤未期，下學上達，日進無疆，是所禱也。

雜著

吴節婦傳

節婦諱某，航溪黎友和女也。聘爲處士吴彦升婦，歸未幾而處士歿，時節婦年二十一。有子一人，曰通，纔四歲。節婦以節自誓，清儉謹畏，處人所難，人亦無不敬羡之也。

子通於與弼爲族兄弟，常謂之曰：「吾母孀居，今四十餘年矣，志節凛如一日。育我教我，報恩無所，宜得文以識，庶昭于後嗣，抑少慰人子惓惓之心。吾弟其成斯美乎？」屢諾而未就。

今年春正月，重以族叔父仲學先生命，迺感而言曰：人之大倫五，曰君臣、父子、夫婦、長幼、朋友是已。五倫各有其理，而理具於吾心，與生俱生。人之所以爲人，以其有此理也。必不失乎此心之理，而各盡乎五倫之道，庶無忝於所生。若節婦者，自少至老，守志不渝，教育子婦以振其家，可謂能不失此心之理而能爲人婦、能爲人母矣。噫！是亦人道之當然，固無足深歎。然人欲横流，良心斲喪而人道不虧者鮮，則節婦之行，惡得不表暴以勸于世哉！

洪熙乙巳正月丁亥，族子與弼謹識。

觀湖説

崇仁東四十里有坪曰白沙，吴氏世居之。坪有大小五湖。湖之主人孟晦翁走書謂予曰：「元孫淡軒著《觀湖説》，亡於兵燹。」復求其説於予，且有屬乎全體大用及洗心滌慮之云。

予尚翁之志，乃爲之説曰：觀湖之瑩然瀞緑，物無遁形，則知不可以一私累乎吾心之高明；觀湖之不息，則知委之有源，而吾心不可不加涵養之力；觀湖流之必溢而行，則知進脩之有其漸，而助長之病不可有焉。是皆湖之勖吾志者。如此，其月到天心處、風來水面時之樂，則在乎其人焉。若夫藉湖之風月以流連光景，則詞客所爲，非吾儒所尚，亦非翁之請也。

勸學贈楊德全

人之所以異於禽獸者，以其備仁、義、禮、知四端也。四端一昧，則失其爲人之實，而何以自異於禽獸哉？然蜂蟻之君臣，虎狼之父子，豺獺之報本，雎鳩之有別，則以物而猶具四端之一。人而陷溺其心於利欲之私，流蕩忘返，反有不如一物者矣。欲異於物者，亦曰反求吾心固有之仁、義、禮、知而已。欲實四者於吾身，舍聖賢之書，則無所致其力焉。

豐城楊德全，遊太學歸覲，與予同舟，談論累日，慨然有志乎此，而慮其還鄉，或汨於人事，且俗染未易革也。徵言爲進脩之方，復以爲戒。

予曰：天下之事，公私、理欲、義利、善惡兩端而已。其勢常相低昂，此重則彼輕，彼重則此輕，輕重分而利害判矣。知者不患彼勢之重，顧吾所以積累增益吾勢之力何如耳。子歸，净掃一室，置古聖賢格言於几。事親之餘，入室正襟端坐，將聖賢之書熟讀玩味，體察於身，一動一静，一語一默之間，必求其如聖賢者，去其不如聖賢者。積功既久，則其味道希賢之勢日重，而舊習夙染之勢日輕，不患不造古人門庭矣。凡親友相見，一以是忠告而善道之，則秉彝好德之心，人所固有，吾見其相與踊躍共進于此，又何患乎人事之汨哉？勉之勉之，無怠。

學規 庚戌

一、須用循序熟讀小學、四書本文，令一一成誦。然後讀五經本文，亦須爛熟成誦，庶幾逐漸有入。此箇工夫須要打捱歲月方可，❶苟欲早栽樹，夜遮陰，則非吾所知也。

一、學者所以學爲聖賢也，在齋。務要講明義理，脩身慎行爲事。如欲涉獵以資口耳，工詩對以事浮華，則非吾所知也。

一、古人讀書皆須專心致志，不出門户。如

❶「捱」，原作「厓」，今據四庫本改。

此痛下工夫三五年，庶可立些根本，可以向上。如或作或輟，一暴十寒，則雖讀書百年，吾未見其可也。

勞諸生禦水患時溪水泛溢將及屋，諸生築堤禦之。

諸生用心力救水，甚善。此之謂「盡己」也。事雖莫濟，分則盡矣。

遣晏海黎普使金谿

早晚所讀書，及視聽、言動、得失、應事、接物當否，途中人家宿泊，凡交游姓名，皆須逐日札記，歸日要看。凡交處之際，務要禮貌、從容、恭謹，不可傲忽。

康齋先生文集卷之八

康齋先生文集卷之九

序

臨川陳氏家譜序

臨川陳君正言，以其高祖玉田推官及祖蘭雪聘君所筆其先世次事蹟，倣歐陽氏法，爲之譜，命厥妹壻吴與弼序焉。

昔嘗聞諸先子，談在元茶陵陳氏之學之賢。及寓甥舘，手澤具在，益深起敬。其居臨川，則由玉田推官于撫，幼子隨侍。既致政，阻于元鼎之沸，遂家五峯。賢孫叔恭，不失其家學。仲氏叔華，繩武而起。於是臨川之陳，不異茶陵之陳矣。嗣其世者，能不思所以奮拔而可甘同於流俗哉？

大塘胡氏族譜序

學者胡昇，率其族人子璋、孔、明、春、暘、鳳儀、應、塤等，奉其族之譜來告曰：「吾始祖諱諒，居成都濯錦橋。二世諱讓，仕于撫，因家大塘。七子：德、信、誠、義、居、寂、貴。其後族繁地逼，各卜其家，於是有厚郭之派焉，則寂其祖也。有田東上郊之派焉，則德其祖也。蘿谿之派，則義之後，而鳳儀其胤也。東陂之派，則璋也其胤。薪坪之派，則明也、暘也其胤。昇也，塤也，世居大塘，而同爲居之派焉。信、誠、貴，嗣已無續。昇等懼原遠而末益分，或遺本初而遂亡之也，將礱石刻三代祖于上，而小註于其下，奠厥大塘之舊址，庶幾各系世得以申其追遠之誠。然而未知所以孝也，幸先生有以訓。」

予幼侍親京師，耳熟先君子稱誦吾里大塘文物之盛，至今長老往往尚能道其概。覩遺文，經故地，未嘗不斂衽而徘徊也。苟無請，吾猶勖以振其族，況二三子之懇懇乎？吾聞應、塤之先君子文易簀命子之辭曰：「某，爾來前，吾與爾訣：雖貿爾田，必教爾子以《詩》、《書》。」博哉言乎！《詩》、《書》之道大矣！讀而知之，可以養情性，尊德行；可以措事業而垂無窮，豈特一家一人所當服也？昇也其倡而宗之，爲父兄者，廣乃先兄之遺言，毋膠於流俗，毋攪於利誘，毋以貧賤而懾、富貴而驕；必卓乎其不撓，而毅然久且裕，而養羣子弟，而俟其化，率而宗之。爲子弟者，奉若諸父兄之教命，必正其志，敏其力，弘其德，期底於成功。吾見族之多賢矣，由是慕義懷仁者，聞其風而仰其族，過其里而式其閭，莫不咨嗟以歎曰：「幸哉！胡氏之有後也。」豈不可謂孝也乎哉！昇等拜曰：「敢不祗承以省厥躬以進？我後人求無負先生之辱。」於是乎書。

蘿谿胡氏族譜序

菊軒胡公，嘗命其子執中、族孫世衡録其世系，緘致先子求序。既許矣，未就而歿。以語與弼間齊書帙，輒覩舊題，爲之悵然。先志世衡公之子鳳儀，遂跪而前曰：「噫！先志也。先生其終惠乎？予小子，退而緝脩之以請。」夫道人之善以示來者，固君子之心，而況於父師之兮乎？

胡氏自宋已前，世居大塘，再徙蘿谿。

由蘿谿以來，百數十載，菑畬經訓如一日也。或出或處，聯芳競秀於兩宋之間者，雖譜牒闊疏，而可互見於李、徐二公之序，亦云盛矣。咸淳之際如清伯、梅村、卜村，至元以後如省堂、蘿谿，國初如青山、倣古輩，皆一時之穎出其宗而手澤存焉者。其他沐過庭之餘潤，以縫掖其衣者，前後纍纍也。後昆之往來於予者，方進而未止焉。其經史百家、古今碑刻及當時交游翰墨，雖荐罹兵燹，存十一於千百，然猶大櫃小篋，長箋短幅，燁然而相輝也。故嘗以謂談吾鄉詩書家，必曰胡氏；語胡氏，又必歸之蘿谿。

嗟乎！盛衰靡常，惟德是視。未暇遠稽，姑驗以近里之某家岡、某家園，聞之長老，其盛時户多者百餘，少者不下五七十、三五十。經其地，名則是，事已非矣。高甍巨桷，爲他姓之室者有焉；荒墟野蔓，爲狸鼯之藪者有焉。訪其嗣，不一聞也。當其快意時，或貴耀鄉閭，或富誇阡陌，挾其所有，孰不欲傳之子孫以百千其世？而一旦如彼，何哉？禮義不循，而惟知利以爲利故也。胡氏亦嘗盛於蘿谿，而子孫乃猶絃誦于其地，愈久而新者，豈非世有以遵夫周孔之名教而然邪？德之淑慝，戚休以之，豈不較然哉？後之覽者，亦將有激於斯歟？

豐城于氏族譜序

于族舊譜既多亡逸，彦實氏乃旁求密訪，掇拾於殘廢之餘，徵諸銘刻之文，復譜之，以請序於予。

其先山東之益都人，漢廷尉定國之裔。曰元素字季友者，宋通判吉安，子孫因家南昌之豐城。曰華字去非者，號竹圃，與晦庵朱子同時，朱子嘗贈以詩，有「折節慕前脩」之句。仕至房州守，盡力兵間，甚有功惠。曰友信字盛卿者，仕元爲都昌尹，以賑荒績，進秩集賢提舉，再遷龍興治中，兼知路事。子汝能，以蔭仕廣東宣慰司都事。父子俱有存筆，率溫厚和平，藹然仁慈孝友之意，是代以善相承者也。今其胤散居鄉邑，及乎旁郡。彥實以其尊府贅諸孫，是居敷山，於分最長。聯屬其宗，尊卑情文，不異聚居者焉。

竹圃墓在邑之興能坊，爲人屋之者數十年。彥實累訟，經歲未決，一日奮然歎曰：「與其理于訟，孰若白於我邪？」於是齋戒沐浴十日，率其族之父兄子弟，躬畚鍤者積日，而壙以暴，誌以見。撤諸屋凡若干楹。乃敬脩而封之，以復其初。人咸謂于氏譜既微而復著，墓既晦而復顯，莫不慶其先君而賢其後人。予亦以驗夫福善之機爲不爽，又以嘉夫于氏中興之有兆焉。蓋耳目一新之時，正激昂蹈厲之日。思昔聖賢不世之遇而有以勸于學，思昔仕以敬其事而有以進于行，思昔篤於家而所厚者不敢以有薄，豈不愈賢矣哉！而將來之慶，吾知其汩汩乎川之方至也。雖然幾不可玩，志無容貳，彥實既分尊於族而協於其衆，盍黽勉其往，以無失諸事會也歟！

豐安程氏族譜序

昔四明時原貞、浦城章士言、三衢徐希仁教郡庠時，予適寓外氏，往來墨池良密，一時俊士若傅綱輩，相與甚善。後周譚、陳萬諸公繼學事，予又主於墨池者數。若梁節輩，相與不減傅綱諸人。故予於郡庠，非一日之雅。近以省墓之故，僑寓種湖，若周觀、周圻十餘士，聯翩而來。程庸、李章者，嘗一宿於其家，而承其父祖之歡。庸族父志宏嘗述其世系一通，尊公希善倣歐陽法，復爲之譜，命庸以請序。

程氏世居洛中，至駐泊公仕宋，爲太醫令。高宗南渡，改臨川令，因家臨川之豐安市。紹興中，割穎秀、惠安二鄉隸崇仁，而豐安屬崇仁，即今之西舘市。其後諱畿者，徙侯原。諱淵者，徙劉仙岡。諱平者，徙銅山。諱才者，徙大嶺。諱利者，徙金谿。庸之曾祖幼亨教諭，徙五峯。仍豐安居者，僅二三家。夫族分若此，苟無法以聯之，不幾於汗漫無統而遂忘其先邪？是則志宏之系，希善之譜，不大有功於名教哉？雖然，又有大者焉。程自得氏以來，莫盛於河南夫子，所謂三代而下一人而已者。予年十八九時，嘗讀子朱子《孟子集注》，至「無有乎爾」之章，掩卷太息，以爲盡人也。惟夫子接不傳之緒於千載之下，每誦其詩，讀其書，想像其爲人，恨不生於其時。又嘗適楚，遥起敬於夫子所生之境，而極其瞻望咨嗟之意。嗟乎！高山仰止，誰無是心？庸也講夫子之道於予矣，況爲之鄉人，又同姓，宜何如？

五峯李氏族譜序

郡庠生李章，游於寓舘之二載，以交之厚也，承乃父祖之命，請題其家乘焉。

李氏世居吉州谷口。諱讓者，字遜夫，登宋淳祐進士第，仕信州貴溪令。讓生傑，字孟才，贅于撫之臨川幕原，因以爲家。傑生華、實。實無子。華徙五峯，生益、順、静。谷口之譜亡于益。益、順無子。静生恕，恕生原祥，原祥生敏、章。予宿五峯，而知其家庭所屬。豈不以謂世所貴於名宗著姓者，代有聞人，德業脩而聲猷遠也？然則門户重輕，不在於章乎？《詩》云：「無競惟人。」章其似之。

五峯余氏族譜序

自予居種湖，郡庠生來游寓舘者十數士，予爲題其家乘者三人。余忠氏亦繼來請。

譜牒之書，本爲不忘其初而作，于以傳信將來。而世之作者，或失其實，甚至於借重他人而遂迷其所出，何其惑歟！然則譜牒徒爲誇耀之具哉？余氏所譜，雖可知五六世，然皆實也。且族之顯晦在人，如忠者，年方殷，可以積學而有待，惟篤其志以不懈。安知余氏之族，不由忠以重乎？奚其借。

韓家嶺周氏族譜序

郡庠生周邦大氏，曩承府主命，聘予小陂。已而予徙種湖，裒然與其朋十數士來，講學于寓舘，而邦大桑梓尤近，故游從之好、問學之功爲尤篤。每相與談復古矯俗等事，未始不慨然增氣，恒誓以《詩》、《書》世其家業。又思以强其宗，乃删脩其族兄民熙縣丞公所述族譜，徵予言以爲序，且以爲勸。

周氏自九一府君由郡城水西門贅于南鄉杜家坑杜氏。杜無後，而周益繁，今稱韓家嶺周焉。予獲接其族之父兄子姓，而嘉邦大志於敦其本，序而諗之曰：族之興，在夫尚德者衆。則觀感者深，而尤在夫兆之者之厚其躬也。

五峯余氏族譜序

祖者，生民之所自；而族者，祖之支。是以祖雖遠而氣脉貫焉，族雖衆而本原同焉。此君子所以貴於尊祖而收族歟。然非藉於譜，則遠者有時而或忘，衆者有時而或離，譜所以追遠而統衆也，不其重哉？而世鮮克舉之者，弗思耳矣。蓋有祖非其祖、族非其族而譜者弗思之甚也。是故人不可以無譜，爲譜貴於無所苟焉耳。

五峯余生奉譜致迺父祖之命，以請題。予嘉是譜之善，而喜生方勵志於問學也，故樂與言之。生謂誰？郡庠弟子規，從予游於種湖云。

樟溪王氏家譜序

王氏世居臨川之樟溪，郡庠生常徵於諸父，譜其可知之世，奉以請益於予。自予居種湖，郡庠來游之士，各脩其譜，予皆不辭而序焉。然奚足輕重其譜哉？常事予最久，誠能尊其所聞，以日新而不已焉，必有以淑于家以及于其族矣。譜有不重者歟？徒文焉耳，雖百序，其何益？

吉塘張氏族譜序

正統壬戌春，予攜兒子諸生抄書豫章胡先生，李恪、張循亦繼諸生至。既而，循偕兒實侍予劍江，承祖景常、父嘉謨命，禮予其家。二生誠足念，兒輩恪重贊，遂一游焉。

因以訪名山於樟木之鎮。二三勝友，壺觴勞中道，俱至鎮之靈峯而止。張氏少長，追逐後先，益懽。明日，復于始游之地，倚樓賦詩而別。甲子仲冬，張脩族譜成，二生復以父祖命來請題。噫！吉塘，予舊游，而張氏，予故人也，其可以辭哉？

張之先三十六府君，由撫州打鼓嶺徙居清江之官塘。二世熙，三世掀，四世徹。徹三子：韜、簡、超。簡三子，一子徙下塘，一子徙漁塘。超三子，中子載，徙西塘。季子建，徙吉塘。建而下，亡其世次，今譜自可知而已。昔族分，各盛其地，號五塘張氏，而官塘爲最。韜七世洽，考亭門人，著作公，尤其特然也。景常祖子孫咸歎思著作之爲人，而篤循等于學。夫著作之賢，人當企傚，況族胤乎？然流俗滔滔，志紹其世者幾？則張氏不其賢矣哉？嗚呼！廓是心用弘于德，曷量其至邪？張氏勉乎哉！烏知他日之吉塘，不猶昔日之官塘乎？又烏知諸塘不相觀而起乎？張氏勉乎哉！

五峯朱氏族譜序

五峯朱生邦政、邦憲，師友於予久，故得其族之詳。

五世祖諱天瑞，字國祥，家豐城之杭橋，後於姑，因姓龔氏。二生謀於同門周邦大，咨於其尊，據祖筆宗派事實作譜，以復其姓，而附先正草廬吴公、邵庵虞公諸賢詩文于後。國祥仕元鹽運司都目。其從政也，所在著聲，草廬稱其爲有用之器焉。因官而家于撫，子孫克世其美。二生志皆存乎祖德者，族之衍，蓋未艾也。予獲睹杭橋譜，❶其先本孫氏而嗣於朱，竊惜其並列二族，而未暇斷以大義，如南軒所記。又聞此特入嗣一派耳，其舊族固衆也。國祥其入嗣之朱歟？抑舊族之朱邪？

湖莽李氏族譜序

劍江之北曰湖莽，李氏世居之。按《説文》，莽文從四屮，衆草也。湖地草衆固然，或改作茫，失之矣。

李之先來自臨川，可見之世，曰勝，曰詠，曰孜，代承于善。孜次子從，❷字伯順，生五代晉天福丁酉，卒宋天聖乙丑。當是時，居湖莽蓋七八世矣。伯順於兄弟敦遜讓，於衆務施德，寬厚人也。三子：珪、琮、琊。琮析小塘，琊析大陂。琮子秉，琊子襄，珪孫冕，皆以儒術登仕籍。秉與司馬公、范蜀公爲同年，冕於晏元獻爲甥舅，於蔡君謨、王荆公爲寮屬，率際當時名賢，以薰德而厲行，自是衣冠接武，族益著矣。譜續於紹定間應龍、士華，再續於晦可，刻梓於燾，元季亡於兵。訪得故刻於煨燼之餘，訛其大陂之派，與故老考補於甲午歲者，鑑也。刻直圖於國朝洪武甲戌者，鑑與德、扶及進也。正統丁卯，旭佐杲、光輩命其子弟奎、恪遵歐陽法重爲譜。先文之僅存者，正其訛誤，闕其疑，以附於圖，而續增事蹟。繼焉游從之暇，致諸父祖之懇，示予請題，而旭等繼至，蓋拳拳乎爾祖者，而恪也五七載始克遂迺志云。

❶「譜」，原誤作「諸」，今據萬曆本、四庫本改。
❷「孜」，原誤作「牧」，今據四庫本改。

潭江潘氏家譜序

吳興潘君弘道，訓導臨川郡庠，訪予種湖之上，而遣子學焉。再訪予小陂風雪中，又聯鑣石井先隴而登金石之臺。以其故，頗及其先之概。

潘氏世居烏程之潭江，弘道尊府君祥卿，洪武辛未始婿苕溪王莊而家焉。既而潭江之族悉厄于疫，祥卿且弗永年，故弘道近欲追世譜，訊先塋，有不可得之歎。予爲賦潭江先址詩，以述其情意，謂雖無以髣髴吾先矣，然即桑梓之地，以顧瞻烟雲竹樹而徘徊焉，亦足暢孝思之萬一云耳，抑使後之人知潭江嘗爲潘氏居也。弘道未之愜，馳書以咨鄉之耆舊，尚冀聞其大較焉。既不可得矣，則譜其可知，命使來告曰，丐吾要之一言。❶仁矣哉！君子之用心。且曰「不敢輒有附益，惟傳信是尚」，尤得作者之體云。弘道考績伊邇，便道東歸，拜潭江之涘，時有新製，宜飛以示我。

種湖高街韓氏族譜序

韓爲種湖舊姓尚矣。予復居故里，於韓爲同社。韓之彦曰永春，愛敬於我，三載如一日。季父孟暄，猶永春也。二公懼丘壠之或蕪以湮也，率衆脩治而封樹焉。懼昭穆日遠而日忘也，謹祀田以勤拜掃焉。懼族屬日繁而日疏也，合少長以篤其倫焉。復作譜以爲紀載之本，而屬予爲序。予以二公相與之厚也，故不辭而爲之書。

❶「吾」，四庫本作「君」。

高畲吴氏族譜序

吴氏由鄱陽馬鞍山徙進賢軍山湖之梭渚，是爲諱蟾府君。三子：昇、燦、晃。昇析黄源，晃析楓林。燦生梅坡，梅坡生九一，九一生長一，長一生大一，大一生仲二。仲二三子，其季庚三，由梭渚徙南昌鍾陵鄉之高畲。庚三生祥卿，祥卿生伯亨，伯亨生嗣賢。嗣賢娶宫氏，生貞。貞早失怙，曠於學問。既長，恒感慨，欲從師，食貧養親，未暇也。年四十，始游吾門，同儕久益敬愛之。予嘗贈以覲親之詞，而題其柏舟之堂，兹復序其族之譜云。

棠溪黄氏族譜序

嚮予拜掃於紫石之坑，識地主黄君克從、吴君旭高。今年秋，克從以其所作族譜，屬旭高將其中子亢宗來謁。

黄本姓金，其先處州人。當宋高宗南渡時，金氏以武臣鎮臨川，居城西隅，子孫因家焉。莫詳何代以逃難易今姓。孝宗隆興間，有細二府君者，徙崇仁穎秀鄉之棠溪，是爲棠溪黄氏。克從之先大父遠山公懼忘其本初也，克從生，即名以金。少長，且屬譜焉，其用心厚矣。與其表姓于名，孰若復其姓之爲愈哉？克從既繼作譜之志矣，推命名之意以復姓，惟在一斷云爾。

彭原李氏族譜序

昔先子學邑庠時，受《詩》於困學李先生，繼受《春秋》於先生尊府中山君。予小子與弼，於聞孫子儼、族孫公迪皆辱愛焉，而公迪數來講於學。去年秋，公迪致子儼君之命，以其族之譜來屬序。

按李氏系出南唐，當南唐之二世，以大弟景達爲撫州大都督，封齊王，居郡城曹家巷之慶延坊。則齊王固始遷之祖，而舊譜以宜春王從謙爲第一世者，誤矣。譜創於六世孫翠蘿居士，自是代有譜焉。十二世孫叔權，十四世孫志道，十五世孫義安，咸增脩之。而叔權謂舊譜往往簡略，遂推源尋派，訪求悉紀，善矣。志道以書官、書名寓勸懲，爲尚史例，時之序引者同聲相和，以爲真得史氏法。夫譜牒不爲尊祖、敬宗、收族而作，徒爲予奪之書邪？其間固有非勸非懲而著之若法院，李等抑又何歟？設子孫不幸，大義當絶，如包孝肅公所戒之類，自當不繫諸譜，又奚名爲乎哉？

義安又謂丁元季兵燹，器物圖籍無寸遺，偶得先譜於兵士之手，遂加葺理。干戈搶攘之秋，拳拳譜牒而先緒賴以不墜者，義安之功也。其義例法歐陽氏，則自子儼二君始。族雖散處而情誼相屬者，世守祀田，子儼君歲一舉祀而會族之禮行焉故也。款洽之際，盍益相勖於無忝爾祖哉？

務東周氏家譜序

周，吾母家也，世居務東。有文五府君者，娶裴氏。府君歿，二子皆幼，鞠於舅氏，遂因舅姓，而家于裴坊，今四世矣。周君顔仲，與其從子允昂作譜以復其姓，❶而偕周氏婿傅君汝恭，往詢其世務東。則族之耆舊皆已物故，子孫多散處於外，文五府君而上，莫得而考。惟鄉隣尚能談周氏之盛，皆曰樓下周焉。

嗚呼！與弼十歲別母，京師游，又十歲歸，母卒七寒暑。踣地號天墓側，欲絶不能。今又四十年矣。每瞻望裴坊雲物與經是山川，心輒如割，尚忍題斯譜邪？尚忍題斯譜邪？

裴氏族譜序

裴氏其先，閩之全州人，宋季以游宦流止撫之崇仁。先譜亡逸已久。近彦文君偕弟彦信君慨世系寥闊，諸塋無所紀録，迺命與弼爲之序。

與弼，周出也。周之先以幼孤鞠於舅氏裴府君。與弼幼來外氏，辱府君家惠愛厚，故不敢以不敏辭。夫裴君伯仲譜牒已謹，先壠可以不忘如魏公矣。若其立身立德，如傳所云，則尤裴君之素願，而後人所當盡心也。

豐城戈氏族譜序

戈氏世居臨川西鄉之七里原。國朝洪武初，由七里原析豐城之玉溪者，諱純，字祥重也。宣德中，祥重諸孫瑛游予小陂。於時，戈氏豐裕矣。瑛，孟氏敏義相慈親，主其家，指甚衆而家肅雍也。予間適水邊林下，而瑛從焉，因語之宜及是時以勉于學云。今

❶「允」，四庫本作「元」。

年夏，敏義以其賢尊某所刻族系爲譜，譜成，命瑛復有請焉。

予何言哉？亦惟向所勉者以勉之耳。然學豈直詞章誦説爲哉？俾稱戈氏族者，不徒曰士人焉，又曰君子焉。爲之子孫者，不徒曰學爲士人焉，又曰學爲君子焉，不亦善乎？苟惟措其心於言語文字之末，而不免於猩猩鸚鵡之誚，君子奚取焉？抑豈予之所望，而亦夫人所當戒也。

呂氏族譜序

劍池之南曰塘下，有呂族焉，居有先後而派各不同也。其一曰呂王廟者，唐時派也。其一曰成公之弟祖儉，謫吉州，罷官寓劍池之木瓜林。子世隆，由木瓜林而來。裔子傑之居館下也，嘗致其尊公開先先施之辱於予，乃六月丁丑，肅將其族姓之書，不遠百里，冒暑謁告曰：「惟世代之念，敢踵門而陳懇。」又曰：「先譜流落叔世，紅巾之變，雖幸存於某氏，而購未得也。故祠有碑，勒臨江孔氏之文，兵燹殘闕，無足徵。自寺丞而上，據家藏謄録，系圖而書。自寺丞而下，據家世授受而書。」蓋其族有德玉翁者，元季寓鍾陵，洪武中來往故里，當此時年八十餘，約其生，當在元中葉前。耳目所接，去宋未遠，凡世代遷徙之由，經履之概，歷歷能道。而國初鄉隣遺老往往知其世者，亦多傳。至於開先始紀諸册，非開先之留心，不日遠而日微哉？大矣！子繼述之勤也。

三復之餘，掩卷而歎曰：嗚呼！秦漢而後，繼孔孟絶學者，程朱氏而已。而申公父子際程，成公兄弟際朱，千載一時之慶，重萃呂氏一門，何其盛哉！予小子，猥以不腆之辭，厠名芳籍之末，又何幸歟？而子孫能不興起其仰止之心，而激昂其脩德之志也邪？

吴營橋元氏族譜序

元氏其先河南人，字子晳者，唐永泰中由進士令崇仁，子孫世居衙後之米倉巷。今則官易其地，以爲縣治之公宇，而元氏亦家禮賢鄉之吴營橋矣。邑志載，縣南五步有令君遺愛碑，刺史顔真卿爲之書，久亡。令君之十五世孫、宋咸淳進士凱，字仲和，號梅屋，嘗續脩其世譜，既逸。十八世孫璵，字伯禹，母黄氏，讀書知史，能記先系以傳。自令君之二世至十二世，則無徵矣。十九世孫德高，命諸子貴淵、貴沂、貴源依舊系倣歐陽氏以譜焉。

予幼侍親京師，聞先子每樂道元氏子孫來謁，必喜曰二元之後。蓋二元者，伯禹、伯常，爲邵庵文靖公之高第弟子也。家藏遺墨，既遭元兵，復罹水患，殘編斷簡，實於諸孫貴澄氏。竊溉芳潤，未始不慨然起我高山之想，而伯常贈雪樓之子之詩註云：「文憲嘗序先世文集。」則儒術固盛於二元之前矣。又嘗親德於德高翁，藹然故家文獻之裔，間以譜序見屬。既聞命矣，而貴淵、金、玉三人者，躍拜庭下，蓋篤其先澤之心勝，而忘予之淺薄也。未幾，翁暨冢嗣先後淪喪，予亦久淹于疾。近貴源率諸子姓以譜來授，則貴沂亦已逝矣。感歎存殁之餘，謹識而歸之。

長湖章氏族譜序

章生獻，嘗示以先文，而知其爲尚儒之族也。獻弟朴，從予拜胡先生於豫章。其還也，朴與從兄文英迓於南浦。明日，識賢尊定夫於嵩山，而文英尊公清夫羣從，競欲賓致。長湖俊夫，躍馬隔溪，追莫及矣。今年夏，文英奉諸父之命，來告以其族之世曰：「章氏世居臨川之白城，派分南樓北店。譜牒燬于兵，不可追其代序矣。吾祖諱震者，由南樓壻豐城方岳洲之朱，冒厥氏，而家焉。震生亨可，亨可生原永，徙南昌之長湖，號桑洲白城。檢校公於桑洲爲族叔父，而同爲南樓派也。檢校公元季平賊立功。北店與檢校公之後無嗣已久，而白城無復章氏之胄。長湖一系，僅存如綫，惟負荷之弗任，而無以永其家也。謹因脩譜復姓之初，敢乞言焉。」

吾聞章氏世讀書尚質，而桑洲之規其胤曰：「勉爲士，毋淪于技。」又曰：「欽乃祖考，篤爾同姓，乃堂以隆祀而序族焉。」懿哉！所垂之遠也。桑洲逝而法如昨，可嘉矣。然流俗難祛，而故步易失，爲之綱維防範者，代可乏人哉？此清夫輩所爲懼而有請也。夫且所貴乎士者，豈徒申其佔畢之謂？必文行相資，禮樂兼善，然後無忝士之名。苟華而不實，豈君子所當勉哉？嗚呼！敦祖法，崇實學，章氏無疆之休，其不在茲乎？其不在茲乎？

狹源洪氏族譜序

景泰庚午孟冬，予游秋山之頭，有立馬拱道側者，問而知爲洪生也。後二月，❶游其里，因以訪之，而識其族焉。明日，作朋走風雪來謝，詢其世，宋忠宣公之裔云。未幾，洪生奉先子伯朋所作族譜謁告曰：「先世居餘

❶「月」，四庫本作「日」。

干，嘗結昏豐城玗溪陳氏。元有陳仲益者，講授洪都，高祖伯仲游焉。虞文靖公以女弟歸于我，遂因玗溪以居，而仲祖復餘干，再世由玗溪析臨川之狹源。先君著譜稿具即物故，小子禎偕諸父作朋、諸兄祥重，相與掇拾遺墨，就正有道，願借重一詞於夫子，九原爲不忘矣。」

嗚呼！忠宣父子文學節義稱天下，所謂曠百世而相感者歟。接胤嗣，披珠玉，能不勃如歛容哉？雖然，譜輕重係乎人，人賢否徵諸德。勖哉！爾父兄子姓，悉其心以象賢焉。俾他日臨川之譜與餘干相交映而俱重，則足慰作者心，而奚假於予言？

周氏族譜序

周君子瓛偕其族人公輔、隱南及外氏子黄子良三人者，以隱南尊公所脩收族之譜，相與删訂而重脩之，以請序於予。周氏世居邑南之文家橋，静軒處士徙桑溪。周君，静軒之六世孫，而公輔爲七世孫。隱南今徙沙堤云。

嗚呼！世之於譜，率多浮詞溢美以相高，甚矣，好誇之弊也。夫惟犖落之士，振其宗於德義、詩書之懿以不怠焉，爲足以顯其親於無窮而著其譜於不朽，奚事乎馳其心於外哉？周君其有感於斯歟？族人子姓抑知勉矣夫。

鄉塘周氏族譜序

豐城周順，閒從游山間，步月溪上，因以及其家世焉。

其先臨川之戰平里人，今居豐城西鄉之

鄉塘。鄉塘之先，由山塘而來。舊譜火於洪武間，不可知其遷徙之由矣。僅存一圖於族人伯敬賚居之澳源。按圖重爲譜者，伯張大猷也。因是譜而加邃密焉者，尊公士肅、仲父士倫也。回禄災餘，前蹟寥闊。近代以來，尚義而嗜學者，累累有之，而胡烈婦事，尤壯偉，皆著之譜矣。傳謂先祖有美而不知，不明；知而不傳，不仁。嗚呼，知而傳者固善，擴充之以世其美者，不尤善乎？順也其倡而宗以力於世，其美哉！

西廨彭氏族譜序

五峯之西，西廨之濱，有彭氏焉。其先都昌人，不詳何時徙五峯。字從善者，樂施人也，爲橋凡八十，由五峯之太山徙今地。❶舊有譜，流落田西曾氏久。近彭君九璋，命其子回、從子俊咨於族人九經、九鼎，合族之長幼卑尊，僉謀請于曾。既逸矣，輒次第其可見之世，勒諸石，且屋之爲族譜之亭，以展禮焉，族之興也勃然矣。

嗚呼！孰謂升降之幾而不繫於人哉？予嘉彭君輩之鋭於首義，而族之樂於隨也，於是乎言。

興國汪氏族譜序

興國汪氏鴻、潛二子之學於予也，其州牧樊侯不知予之無似，徒以虛聲誤其辱。鴻父兄宗族由侯故，益激其尚德之心焉，而侯之與汪多矣。鴻歸之九年，潛復領其合族之歡心，以諸兄從魁等所著世譜請于不德

❶「太山」，四庫本作「支出」。

之文。

汪氏世居興國之牌港，仲敬府君由牌港徙樂平里之同步。牌港之東有祖墓，曰蔣府君，子孫世祭掃之，豈興國始遷之祖與？譜亡於兵，無所徵，必欲爲之傅會，是誣也。今譜自可見之世而闕其疑，得之矣。潛之來，鴻以親喪沮。潛與吾兒讀《春秋》，凡兩月而歸。家慶禮畢，爲我謝諸父兄，而語諸鴻。樊侯獎勵之重，得不服膺書紳，勉爲令族，以光爾祖而答賢侯邪？事會難逢，而時無再至，其念之哉！侯名繼，金陵人，去官久而民益思之云。

同安李氏家譜序

李氏諱雷奮者，由鄱陽界田丞同安之同城，子孫因家懷寧望城岡之檀冲，中徙同安城北之南莊嶺。永樂丙申，予省覲太學，次同安傳舍，聞孫思誠招致南莊之上，以教其二子性之、宜之，而季子尚在孩提也。後三十有七年，重訪舊游，則思誠與冢嗣久物故，宜之與季崇之克隆先訓，博交當世縉紳以充其才性，而以詩書華其户庭，褎然爲同安著姓，可嘉也。適成其族氏之編，而請文焉。予感夫逝者之不可作，而重其後之有徵，足爲李氏慶也。於是乎書。

述溪方氏族譜序

方氏其先安陸人。鎮國君文，仕元，爲江西、福建等處征蠻統制都元帥兼招討使，封鎮國公。子明威將軍，仕撫州萬户府總管，授世襲五世總管。君伏節大明，洪武初，子孫家臨川之述溪與崇仁之郭墟。予種湖故址於述溪桑梓連，故得與方生文照游，且嘗屬其世德不可以無述也。既而生以《書經》領薦教同安。景泰癸酉七月壬午，訪予同安城北南莊李氏之寓，欣然以族氏書成告。

夫事患後時，幾貴早斷。世澤將斬之餘，紀載少稽，不逾遠，莫究而遂忘其先邪。懇乎生之用心也！廓是心以念鎮國、明威著功于其始，而慨總管以節善其終，追逸駕而貽嘉謀，家法當如是矣。

同安黃氏家譜序

予寓桐城何家圩，嘗見禮於黃氏翠屏翁與仲子永常焉，論其世系之記述，而知其族孫金之有志於斯也。已而，會金於秣陵，款洽連日夜，乃記憶尊公菊窗所授，次第之以請，且曰十五載之心事云。

黃氏其先由鄱陽徙桐城之鹿兒城，譜以兵燹而亡。原仲府君國朝初徙近地之蔡家坂，今同高祖之親聚處一地，指逾三千，食祿者日衆，而業儒者日多。夫先積之徵如此，而金也復倡其宗，益隆於善，方來之慶可量哉！金爲禮闈乙榜進士，復會多士，就試神京。蓋將推其家族以達于邦，宜愈自克矣。

同安丘氏族譜序

予以尋醫問藥之故，息肩桐城何家圩丘氏之里。國子上舍生丘士安承其尊公志原之命，賓致鯉庭，以家譜請爲序。

丘氏世居同安小南門同安坊，元季之變，志原大父濟民挈家逃難，流寓同城。考君仲華贅于邑南何家圩周氏，因以爲家。志原君躬勤瘁以立其門户，豐裕矣，遣子學邑庠。既升胄監，仍隆師別墅，以淑諸孫，年過八十而篤勵之志不少懈。古人云：「廣積不如教子。」丘氏有焉。子孫其勿替引之哉！

上饒婁氏家譜序

昔上饒周文、婁諒，承其父兄之命來游小陂。未幾，諒得疾，歸行，祖之贈有「麗澤何時重起予」之句。後五年，予自金陵經貴郡，暫留賓館，接諸父兄子姓，而觀厥世譜焉。

婁氏其先信陽人，元季有諱子福者，與其鄉人逃難南奔，因家信城之盈濟坊。在信陽故大家，今上饒爲著姓。撫卷之餘，病催歸志，起予之云，徒成虚語。豈惟生有不豫，而予亦焉能惄然哉？雖然，學之方，凡目視、耳聽、口誦、心惟，善者從而否者改，皆足以發吾聰明而崇吾德業，此古人所以貴於能自得師也。況生也，觀光禮闈，俊游日富，樗散如予，雖日同堂而共席，奚能以資麗澤之萬一哉？厠名芳籍，愈以自歉耳。

上饒周氏族譜序

周氏世居上饒古梁之周村，譜亡于兵，昭穆世次與其遺蹟，子孫皆不能追憶矣。惟傳聞宋有堂名天恩，御爲記，亦不存焉。近茂傑審理公嘗命族子文譜其可見之世。

正統戊辰，文與其友婁諒游舘下，以語予。後五年，予自金陵經貴郡，青燈話舊婁氏之堂，昔者之來，跋涉晨昏，忘其飢渴。蓋當是時，惟懿德是尚而不知疏薄之無足與，徒虚譽是信而不知實德則病，是以誤生之辱也。雖然，予覆轍宜戒，而生夙志不可以不篤，世德不可以不求。堅金蘭之誼，增華譜之重，顧自力何如耳？

黃氏族譜序

金谿黃衎、黃衍，氏一而族殊也。近各著其世系以爲之譜，皆莫詳其所自來相承。衎之先，由南豐雙井徙臨川之广下，由广下徙金谿之嵩湖。衍之先，由崇仁古塘徙金谿之程坊。程坊與嵩湖桑梓連，而衎、衍締交密，故誼同兄弟焉。然平仲世希，而善終者難，是以歲寒然後知松柏也。豈惟交哉？先正謂今之學者如登山麓，方其迤邐，莫不闊步。及到峻處，便逡巡。苟能遇難而益堅，何遠弗至也？

二生並學吾門有年矣，愼斯言也以往。輝黃氏之宗而生邑里之光也，何有交云乎哉？

五峯黎氏家譜序

嘗與故人黃季恒論五峯舊族，因及其子婿黎淳家世，淳亦間語焉。

黎氏，浙人也，再世仕臨川，子孫遂家五峯。三世諱益，葬南鄉孟婆峯，號尚書墳。四世號月樓，讀書尚書墳，所葬十八里鋪，號學士墳，皆莫究其履歷之實。月樓當宋末，罷官，復於尚書墳所構日新書院以教授，元累徵不起，號南隱。所居後名黎家坑。五世諱謙。六世諱友直，中元鄉貢進士，赴春官，道卒。七世字伯中，是爲淳曾祖。故有譜，近燬於其族人之手。淳所譜，特舊藏神位及粗聞家世所傳耳，其詳不可得而考矣。

惜哉！使譜脩於伯中時，先譜固無恙而記憶爲猶近。今去伯中三十年矣。更三二十年，代序異而人事殊，欲爲之譜者，不尤難乎？淳也其於是舉，良足嘉哉！是爲序。

舉林車氏族譜序

車氏，莫詳其所始，世居臨川長寧鄉之稠源。五府君者，徙金谿歸德鄉之舉林。譜倡於十世孫用烈，而贊襄於用正、用彰、用徹也。五峯李公迪賓其西塾久，予知車氏由公迪焉。近進用烈嗣子泰業舘下，復爲請大書其堂曰「尚義」，樓曰「讀書」。

既而，予歸自金陵，經車氏，與公迪論文尚義之堂，而顧瞻讀書之樓，以歎曰：車日大而舉林其日重乎！蓋義者，天爵之貴；書乃聖言所在。雍容是堂，登降是樓者，能不奮思以有作哉？姓隨事顯，地以人勝。用昭師友之誼，而壯厥孫謀，族氏之光，孰大焉？因譜乞言，序以勖之。

金谿南山傅氏族譜序

金谿未縣時，爲臨川之上幕鎮。傅氏其先有伯仲曰行厢、行唐者，由上幕之五岡析永奉鄉之硤口莊。行唐居城上，行厢居東岸。東岸尋更名白鱔。

行厢生師璵、師瓊，師瓊徙西山。師璵季子曰某，徙掩坑。掩坑之四世曰商佐，徙鶴溪。鶴溪之六世曰公世，徙南山。師璵白鱔之五世曰安濳，宋建炎初募民應詔爲社兵，累功荐進，秩授世襲。勑云：「父子兄弟，將權世世之相傳；族黨比閭，軍士人人之素習。」蓋西山之後曰安道，及商佐、安潛子根，皆協力濟功者。白鱔之九世曰子雲，鶴溪之五世曰陸，俱事陸文安公。南山之四世曰景賢，從陸氏之後俊游。文丞相開府江西，辟玉山令，以率義兵。五世曰德華，漱陸餘潤於外氏，即陸廢基建學舍堂以事三陸，贖義莊以養士。六世曰籌，師草廬吳文正，仕元中書省檢校，使閩浙，革命後歸休田里。十二世曰芳，因内兄車泰業舘下，既而奉父祖命，復屬泰以請序其族之譜。譜始於祐，續於籌、雅、晟，其易歐氏法，則自今日焉。

予嘗客歸，自浙經芳里，假宿連洋，是爲諸陸之鄉。詢其遺蹤與其苗裔，盼盼其山川雲物而遲遲吾行者，❶非以夫人之賢哉？誠厥心以希賢焉，安知曠百世而相感者，不猶今之視昔也邪？有懷往躅，用策芳云。

荆溪吕氏族譜序

寶塘之北，汝水之西，曰荆溪，吕氏世居之。厥初，蓋由浮梁而來也。其鄰生吳曾氏致尊公子通之命告予，以吕氏邦翰、公翰兄弟者，既納粟受旌矣，而日駸駸於義事焉。乃咨於其族之長本誠、從父中良，僉謀於族之長幼卑尊，構奉先之堂，脩收族之譜，屬里生陳達以譜請序。

嗚呼！是舉也，不其重矣乎？程子之不忘本，魏公之孝之大，真知言哉！然流俗滔滔，知而信者恒少。因吕請，著之以諗來者云。

❶「盼盼」，四庫本作「瞻盼」。

西汀鄧氏家譜序

鄧氏其先，由建昌而來也，世居崇仁惠安鄉之西汀。予嘗游止其地者數，接其祖父子孫四世，驩如也。前之開業者事乎先子，後之繩武者辱於不肖焉。東平吴生世光，近來小陂，雪窗話舊，嘉鄧氏既有田以供其祀，復爲譜以謹其世。予時契闊西汀二十載矣，聞善相喜，嗟歎久之。創譜者廣淵，徵予言者騏與長，而贊襄者吴生也。譜無夸事，文略浮辭，貴傳信焉耳。

唐山戴氏族譜序

景泰丙子，唐山戴君子穎倡義作祀先之堂。天順戊寅春，仲氏子顒偕其族孫亨、慶、正同脩其世譜，來屬題。

系出唐刺史叔倫幼子芮。舊圖世次有疑，今斷以南唐始遷之祖諱英，字邦彦，葬本里之百畝阡者，爲第一世。予以王程星火，未暇詳覽，耳目所接，則元有字元叔、號元齋者，富而重儒，六子皆承家學。字懋純、號山雪者，爲第五，洪武初教諭邑庠，先子所事也。字仲本、號務本者，爲諸孫訓導西齋，經業尤邃。山雪冢嗣仲暘君，豪烈尚義。子會君者，爲元齋曾孫，敦厚莊重，邑士侯孟恒稱爲鄉里人物之冠。數君子者，前後輝映，而唐山之名四馳，增重鄉邑矣。子穎君居族之長，而長幼服其德；子顒君建讀書之閣，而子姓無敢慢。堂之成，通族之力；譜之脩，二三子之志云。

荆溪華氏族譜序

華氏少一府君者，由南豐徙居崇仁惠安鄉之荆溪。至五世曰顯宗者，析本里之清塘。昔友人黄季恒嘗從予省墓紫石坑，經荆溪，指華氏伯良之居曰：「是蓋素仰先生者，盍一訪諸？」予辭未遑也。後十載，重經焉，質諸其隣友吴子通氏，而黄君之言爲信。時黄君物故久，而平時誤嚮往予者，率晨星矣。惟伯良年過七十而迎候康强。適華庭新構，境物春明，暄妍之至❶，童稚咸欣，而嗣子廣告予以疇昔之夜，實夢夫子染翰於斯，宛然今日也。予既答以紀夢之詩，而伯良相好無已也。復偕其族人正倫，屬門人王忠彭回來請序其族氏之書云。

孫坊孫氏族譜序

天順戊寅春，予將有北京之行，遍省先塋，經孫坊孫紹先氏，得暫叙世好。既而，紹先以其世譜請予不腆之文，蓋令祖清所翁先友也。先子寄詩有「藕花溪畔竹林幽，步屧西風記昔游」之句。予兒時拜儀表於先子官舍，翁既歸鄉，辱爲忘年之交，鄙詞致奠，有云「抱衾裯以共宿，語達旦而不寐」，又云「當春暮之趨庭，辱縞苧之深意」。且繼祖妣寔惟孫氏爲志，廣之親派，而與恭者念予尤厚。夫既叨友朋之誼，重以親戚之好，安敢吝于紹先之勤哉？孫氏派析豐城，奠居種坊，後裔蕃衍，著孫坊之名焉。世有祀田，族

❶「暄妍」，原作「春予」，今據四庫本改。

歲一合，僉欲作祠而未遂也。祠成，他日歸田，又當爲之記云。

種湖章氏家譜序

章氏祥四府君由五峯壻南鄉之官員嶺中，二府君由官員嶺壻種湖，因以爲家。季子軫以去族日遠，迺考譜於五峯故里，藹然孝敬之心。惜遺老凋謝，無所於咨，僅詳曾祖而止。然能不謬所從，以免崇韜之誕，又以見軫之賢也。謂予有里閈之好，師友之誼，請爲序焉。

胡氏族譜序

友人胡子貞持其族譜一通見示，且曰昔國初宗老子爲公之脩譜也，一以祖宗親之而收其族，不以族之貧富異其心。故吾一派獨以貧而見系於全譜者，公之力也。予聞而嘉，子爲公之仁族，子貞之知感，皆非淺之爲丈夫者矣。爲子貞者，其率夫同派之親，漸磨乎禮樂，涵泳乎詩書，日新又新，上可追前代聲華之美，下可貽子孫無窮之謀，又何貧富之足論哉？若夫齊家之要，睦族之方，具有聖賢成法可攷而知；褎然而倡，在子貞固宜勉翕然而和，又衆人所當踴躍也。

豐城胡氏族譜序

豐城胡清，雖未識而問遺嘗相及，情固通也。清卒之五年，弟源以其族譜來請序。

胡氏世居成都濯錦橋，諱諒者，與韓昌

黎同年進士，仕汀州守。❶長子讓，仕撫州幕屬，因家臨川之大塘。撫州之孫可朋由大塘徙豐城厚郭之富塘。富塘之十四世曉峯居士徙銅湖，曉峯子庭瑞徙渼港，庭瑞孫宗玉徙邑南，是爲清祖也。清近以市之隘也，卜宅同造，而源仍在邑。家世遷徙不常，易迷所自，爲兄弟憂，故著譜謹本支，而未暇旁及，勢然也。譜成，其族人九韶、友人于彦實與有力焉。

長山晏氏族譜序

昔者，長山晏海氏謁予小陂，從游近地之覆船岡、大同峽，詠歸，甚歡也。繼學於種湖，率弟漳與其羣從淵、源，連厥外姻，纍纍而來。海方悉其力於蚤夜而得病歸矣。予寄詩有「頡頏多少金蘭友，日日賢關遲早來」之句，海竟抱伯道之悲以謝於世，不相聞問者十載。淯、溟紹其家學於小陂之三年，漳復攜其子彦相與切磋之，而涇亦繼至。豈獨慰予之思，抑以快九泉之志焉！既而，漳等奉諸父宗衡、宗敬之命，以所脩族譜請序。又悔平生所願而未遂者，固予所樂道也。

晏氏其世次顯晦、遷徙不常，諱墉者，唐咸通中舉進士，卒官江西，始著籍高安。墉生延昌，自高安徙臨川長樂鄉之沙河。延昌生部，部生旦、固、諫、清、亮、聰、貞、漸。固生殊，是爲元獻公。旦以子貴，累贈少保濟南郡公。旦生洵，以兄殊薦，主洪州豐城簿，累官至某官，贈光禄大夫，開國侯劉沆雅所推重。洵生奕，蔭授大理評事，徙長山。奕生承。承生紹休，知道州江化縣。紹休生

❶「汀」，原漫漶不清，今據四庫本補。

光、元、免，各以經學顯，號稱「三晏」。元，常州司法，嘗尉淮陰，治劇有聲。元生澈，秘書校勘。澈生紱、績。績字伯庸，嘗纘脩其世譜，黃義剛善之。紱生執中，執中生慧老，慧老生安民，安民生霆，霆生夢洙，夢洙生天祐，天祐生繼殊，繼殊生璉、琦、琰、璿、璣。自洵以下，雖粗見歷官而事功多無所稽。通其旁支，可知大歸者，穎、洵輩凡十餘人。

嗚呼！晏氏可謂多才矣。任繼序之重者，能無高山景行之心哉？

樂安草堂易氏族譜序

天順戊寅春，將有北京之行，樂安易生祐爲使永豐，還且別矣，復留止焉，語及先世遷徙之由。既而，與其族兄純以譜見屬。

蓋諱柬者，兄弟三人，自建昌南城竹由市而來。宋靖康乙巳，柬主崇仁簿，子孫家天授鄉齊城里之杭橋。字仲謀者，家齊城里之草堂，今屬崇仁。字仲裔者，家臨川惠安鄉之西館，今屬崇仁。仲謀生煥臣，煥臣生光明，光明生文貴，文貴生處仁，處仁生仕勝，仕勝生以仁，爲純、祐之曾祖，代以耕學相承。

嗚呼！予素慕樂安山水之秀而未獲游，荷邑彦之過知於我而多未識，因易譜而厠不腆之文，豈不大污於名山勝水，而重辱我知己也哉？

橋溪饒氏家譜序

昔予復居種湖時，鄰翁饒志堅氏遣諸孫燁來學。燁乃予所命之名，而字之曰「子光」也。天順戊寅正月辛未，燁偕其同里生曾正、危拱衡雪小陂，❶問訊京師之行，而正也告予以燁承諸父兄之意，屬序其家之譜。

饒氏其先由南豐社背徙臨川南鄉之種湖，素以淳謹稱於鄉。而燁者，予蓋假名與字，勖以輝華其身於其家、於其族，而不知燁之用心爲何如也。日月逝邁，感念今昔，悵然書以復之。

餘姚楊氏族譜序

餘姚楊侯文琳參政江西之三年，奉勅以軍務臨弊郡，束書遣使命僕曰：「吾先河南汴州人。諱僖府君者，宋高宗時扈從南渡，遂家越之餘姚。世系荐罹兵燹，乃者譜自六世祖辛三府君而下，生娶卒葬、行諱官歷粗具，願序於氏焉。豈惟感存歿於一門，且賴永光斯譜矣。」

噫！此楊侯之謙德，知我之過誤也。昔楊侯初遷秩畫省時，適僕叨聘寓金臺，與道致治之誠溢於承顏接辭之頃，尋徵輿論，夙著蘭臺。夫以瀟洒出塵之資，蘊瑰瑋奮拔之志，篤兹以往名門華譜，安得不益大而益重？矧族之俊乂觀感而興起者，固不可量。瑣瑣贅說，徒爲贅焉耳。

豐城曲江熊氏族譜序

豐城之北，曲江之濱，有熊氏焉，曰松澗先生，字子超者，爲第一世。松澗而上，及松澗而下，其遷徙之由與夫官歷隱德之跡，代遭兵燹，無可徵矣。惟世傳一系於十七世孫豫章之家，亦不免於殘闕焉。十六世孫崇

❶「危」，四庫本作「范」。

壽，嘗以所聞見生娶卒葬述諸簡牘。十七世孫婉，因系與述，倣歐陽氏圖而譜之貴篾，從弟用端樂於鋟梓。婉承親命，屬所知張循、戴禄徵予文，予以病辭。婉懇請之，必欲得而後已。先正云：「人之所以與天地日月相爲長久者，元不在此。」則文之有無，何關得喪？矧不佞如予者，奚文之足云？

嗚呼！流俗滔滔，知德者鮮，安得起雲谷於九泉，以咨所謂長久者哉？

上饒祝氏族譜序

祝氏世居上饒，其鄉靈峯佐溪之鳳凰墩。故儒家諱高，字維東者，贅某鄉渭川姜啓詵氏，遂冒其姓。啓詵年老無子，維東力勸圖後。啓詵固辭，且曰：「暮境尚冀息耶？」維東扳諸姻戚，固以請，遂得妾生子。維東屬纊之日，顧諸子鼎新、付新等曰：「姜氏似續，幸有人矣。爾其復吾姓，脩家乘，丐文作者。」季子永新近以諸兄命，從其鄉先生婁克貞謁予小陂，致先子之屬。文詞非予所長，縱强爲之，空言何補？然則其學道乎道凝厥躬，是謂有德。道德之懿，爲世禎祥，以顯父母，貽孫謀。君子能事，孰大於此？《詩》曰：「無競維人。」祝生勉乎哉。

送按察使原侯序

江西提刑按察使陽城原侯，初由正統乙丑進士歷浙江、廣西二道監察御史，嘗巡按江西及審刑撫安、北直隸諸州，遷今官三載矣。報政伊邇，霜臺諸賢最乃績，曰所在著廉能之譽。以僉憲同安程侯嘗辱於臨川吳與弼也，授之簡而命以文。

夫廉者，德之符；能者，才之施。德一而才二，才施於所宜施也。其在己爲吉人端士，其示人如青天白日，人之仰之如景星慶雲。其及物如和風甘雨焉。然學有純疵，❶志分淑慝。從古以來，負聰明卓犖之資，而枉其才者多矣。若吾原侯者，善於用其才也歟？揚休光，動羣寮，豈偶然而已哉？抑聞儒者逢時生靈之慶！聖明在上，正豪俊有爲之秋。功高社稷，名重丘山，又僕之私於吾原侯者焉。

送進賢邑宰呂廷和序

竊嘗論邑宰之美，必以武城、單父、晉城爲巨擘焉。一則絃歌播聞，一則不下堂而治，一則學者風靡。三邑生靈何幸際於斯日也。有民社之責者，聞風能無興起？桐廬呂侯廷和之宰進賢也，名其退食之所曰「正心」，治之左曰「善教」，右曰「善政」，社學曰「涵養良心」，非志於希賢者乎？三載考績，將赴天官，願攀轅者衆口一辭，亦可以見秉彝之在人心，固無古今之異矣。職其邑之教者，蔡貴、沈經、涂瓚三君子，具書命使，請言以爲贈。夫言，宓二子，親炙聖人之化，程伯子亦學聖人之學者，學固當以聖人爲依歸。去聖雖遠，微言尚存。玩其言以得其心，何遠之不可到哉？「日知其所無，月無忘其所能」，吾於呂侯是屬。

臨川岡上李氏族譜序

鄉者，予以家難滯五峯，諸生車泰、車亨

❶「疵」，原作「疪」，今據弘治本、四庫本改。

輩相與周旋，僑寓旬時。李希者，由泰而來也，且資以成其族氏之書，而請文爲序，以慰通族尊祖敬宗之心。屬者四三子講學小陂，復申前懇。

李氏其先，由南豐雙井遷臨川積善鄉之嘉村。五世諱發，由嘉村遷湖東。七世諱安祥、諱桀、諱立極，遷近地之岡上。諱祀、諱榮，仍湖東。代爲淳謹之族。夫謹家牒而不忘乎先塋，固孝之大，而立身揚名，尤先務之急。豈惟族黨之光，抑一方風俗所繫。古語云「富貴易得，名節難保」，可不念哉？

臨川鳳棲原周氏族譜序

周氏其先，世居建康句容之鄢家巷。號梅窗者，徙南康蓮花峯下。梅窗生定式，宦游建昌之南豐，因家焉。定式生純仁，贅五峯黄知軍氏，遂家郡城之仁孝坊。純仁生文明，仕元兩浙鹽運司提舉。文明生立禮，鹽運司丞。立禮生彦海、達海。達海主饒之樂平簿，嘗脩其世譜，虞文靖公爲之序。七子。曰伯宗者，主南昌進賢簿，生仲彬，由五峯贅鳳棲原許伯高氏，遂家於樓前。曰伯莊者，生仲謙，贅窑前胡氏。四子：叔炯、叔焕、叔燦、叔熺。予往盱江，兩經其地，皆假宿。叔焕、叔熺氏伯仲不知予之無似，而過於崇重焉，留周之詩有「但得主人能好客，幾時無事又重來」之句。許、詹二生，嘗從宿者，偶論疇昔，則伯氏久物故，而家庭之誤愛我者，猶昨也。未幾，叔炯嗣子麟咨於季父叔熺，偕從弟茂、輝、介、詹生來，請題其續脩之譜。

噫！予老且衰，兼北京之行在邇，重來既不可擬，而離别之思方殷。惟周氏充誤愛不德之心，以益培其所秉之彝，則豈直光周氏之族，抑以快予之私云。

天順戊寅閏二月辛巳，同郡康齋吴與弼書于小陂東窗。時宿雨初霽，韶華滿目，佳興與人同也。外孫寧壽給紙墨，雖禿筆無鋒刃，然情思則暢云。

康齋先生文集卷之九

康齋先生文集卷之十

記

厲志齋記 辛丑

事必有志而後可成，志必加厲而後不怠。蓋志乃心所向，而厲則自强之謂也。農之於耕，工之於藝，商之於貨，莫不皆然，況士之爲學乎？世之志於學者，孳孳早暮，不可謂不勤也。其所求，言語文字之工、功名利達之效而已。志雖益勤，學雖益博，竟何補於身心哉？是則非聖賢志學之旨矣。聖賢教人，必先格物致知以明其心，誠意正心以脩其身。脩身以及家，而國，而天下不難矣。故君子之心必兢兢於日用常行之間，何者爲天理而當存，何者爲人欲而當去，涵泳乎聖賢之言，體察乎聖賢之行，優柔厭飫，日就月將，毋期其近效，毋欲其速成。由是以希賢而希聖，抑豈殊途也？

予年弱冠賦厲志詩曰：「夙興夜寐，孳孳惟義。矢有成人，毋安暴棄。」當是時，於聖賢爲學之方頗得其萬一，而自謂古人有不難到者。不意多病侵陵，與事乖迕，而志益荒，碌碌於衆人之中，倏忽十更寒暑。此心一靈，或興感於中夜，或發憤於窮途，日時既往，悼道無成。昔者之志，回視如夢。其悲歎之極，蓋無復有意生於世也。此無他，志不加厲之過也。友人傅秉彝名其子嗣裘讀書之齋曰「厲志」。予一日訪其齋，命嗣裘請益。予感其齋名同予詩也，因告以自得之由與自棄之實，而勉其不可不造厥極焉。秉彝善予言，且請記諸壁云。

松濤軒記丙午

臨川之屬境曰清溪，山谷深邃，泉石幽美，於焉卜築者，邑人胡伯恭也。伯恭，逍遥徜徉士，田園足以供朝夕，子弟足以服勤勞。繞徑多松，毋慮百株；厥土肥沃，而松益茂。時天風驟興，則奇聲異吹，蕭颯林莽，震蕩宇宙。恍焉如黄河沸，如碧海騰；鏗乎《咸》《韶》奏，鏘乎笙簧鳴，揚揚游游而莫測焉。一聽之餘，萬慮都消，精神頓爽。爰葺崇軒，暢兹清致。良辰美夕，輒宴集朋好而共其勝。契軒中之趣者，未嘗不心醉而忘疲，起坐久而不知歸也。軒未名，或請於伯恭。伯恭狀其似而命之曰「松濤」，屬予文以記之。予觀人心之感，因物以宣，感而正焉，斯其美矣。

夫草木之鳴，非不多，惟松也不粗不厲，不噍不悲，是物之善鳴得聲之清者。伯恭樂焉，不亦宜乎？雖然，樂物者不徒耽其趣，必有益於己也。故淵明樂菊，隱節以勵；濂溪樂蓮，君子是勖。今伯恭於松濤，尚思其清，以潔乎心。心潔而百行從可正，百行正則人道備矣。伯恭勉乎哉！予於伯恭有同郡之好，而高伯恭之所尚也，於是乎言。

世美堂記乙丑

武毅將軍伯崇寓書於予曰：先子暨崇，皆不幸早孤，賴祖母汪，恭承先緒，以至於今日，奉養有堂，願吾子名之，且申其説以教我焉。惟太夫人遐齡八旬，而孀居者五十載，峻節凜然如一日，柏舟之志亦何以加？予小子厠姻門之末，❶尚仰餘光，況子孫哉？宜崇有以請也。

伯氏自元以來，代樹武功，詩書兼茂，而太夫人繼以孤風遠操，輝映後先，奚啻景星慶雲之爲祥、麒麟鸞鳳之爲瑞？所以表著伯門，非左氏所謂「世濟其美」者乎？予撮左氏之詞，大書以復之，而勉崇以脩厥德，敬乃負荷，俾君子咸曰伯氏有子，則所以孝太夫人者，旨甘之奉云乎哉！予逮事先曾大父耆德之典刑。先尊讀書太學，忝侍筆硯之側；太夫人養疾京師，與給湯藥之役。暮年多故，江湖阻深，無以寓其契闊之思；遠書珍重，何喜如之。他日泊舟江浦，拜慶稱觴於世美之堂，又當爲君賦焉。

唐山書閣記

昔伏羲肇畫於龍馬之圖而文籍生，列聖繼作，紀載漸繁，皆所以出治道、立民極焉。後世風氣日殊，諸子百家雜出，而塞聖途、害人心者非一，此文籍之弊，世道之不幸也。所以正人心、息邪說、詎詖行、放淫辭者，無所不用其極，而後列聖之緒賴以不墜。然自古有志者少，無志者多，知任道者每憂之。所以正人心、息邪說、詎詖行、放淫辭者，無所不用其極，而後列聖之緒賴以不墜。然自古有志者少，無志者多，知而信者恒寡，能不爲他岐所惑而卓然自立於斯道者尤難其人。

嗚呼！世患不讀書，讀書者又患不能以正而入於邪。夫惟善學者必本之聖人之教，居敬窮理以脩其身，真積力久，然後知彼

❶「姻」，原漫漶不清，今據四庫本補。

一切世俗之學舉不足爲，而吾所以參天地、贊化育者，其道弘矣。

唐山戴君子顒，爲閣於堂西，子弟藏脩其上，而咨讀書之方於予。吳與戴世有通家之好，而先君嘗事子顒大父於邑庠，諸子姓又皆辱從游，其可無辭以對？戴君不予謬，遂書以爲《唐山書閣記》云。

饒氏世系堂記

昔臨川饒迪功叔暘，受《春秋》於朱子門人張主一氏，遂世業焉。彭原李中山氏壻於饒，得是經以授先子。而饒於吾外氏五峯陳爲世契，於不肖子爲新好，❶是以饒君景德命其中子烈、長孫嶽之來學也，予不敢以常師弟子例視。而烈情誼日洽，告予以其尊公將刻所續世系於石，作堂於故址後嶺而奠焉，於以致孝敬而合族屬，願先生有以發之。

予觀梅邊公之序譜也，從論盱、撫諸饒同出五代太守亮，而盱有亮墓。焉知未有亮墓時，盱、撫豈皆無饒氏邪？又謂從兄楚林嘗之盱南象岸饒氏，其老人語以塘坑迺其分派，録譜歸而尋燬。譜既無徵，老人語未必可據爲信，且不聞始派之祖爲誰，事寥闊，亦無足云云也。惟曰遡而上可知者十一世，而開蹟塘坑者不可知，是爲的論。又云族盛於建炎，中微，逮祖伯仲，藏書萬卷。譜云伯諱釜，年十五中神童科。❷仲諱鑾，即叔暘，年七歲亦中神童科，時號大小神童。後之人粗知先緒者，梅邊作譜之功也。小神童公之曾孫熙、燾，俱事草廬吳文正公之門，見草廬

❶「子」，原作「予」，今據四庫本改。

❷「五」，四庫本作「二」。

《邵庵序記》及伯宗吳公之誌雪崖所續之譜。而熙教詔陽時，刻草廬所勉《首尾吟》於學之座右，以敬勤師命云。

夫主一炙朱子性命之教，而草廬亦聞朱氏而興者，饒氏奕世師承若此，孝子慈孫拜斯堂，念厥祖，寧不勃然以起邪？殆必有以躡吳而企朱，以傒塘坑之故事，而感此心之同然於將來者，不愈深乎哉？

麟經軒記

昔孔子感麟而作《春秋》，故後世目爲麟經焉。臨川饒迪功叔暘氏，受是經於紫陽夫子高第弟子主一張公，❶遂世業之。迪功之八世孫烈，游吾門之三載，懼先緒之或荒也，乃偕從子嶽，日與吾兒復討論焉。予嘉乃志，爲題其几硯之處曰「麟經之軒」。先儒之說是經者，有曰「經世之大法」，又曰「窮理之要」；有曰「非理明義精，殆未可學」，又曰「必優游涵泳，默識心通，然後能造其微」。

嗚呼！方策徒存，師友非古，安得神交心契聖人於千載之上，以免於畫筆儗化工哉？雖然，豪傑之士固不以古今之異而貳其心也。刊落浮華，一味道真，俛焉日以孜孜，惡知其不循至於洒然之域邪？噫！甚矣，予之無似而景則桑榆矣。記此雖以勖烈而勵吾子，抑以自訟云。

雙松堂記

彭回者，吾姨氏子也。其奉親之處，有二松並秀簷楹，游從之暇，嘗求予大書雙松

❶「夫」，原誤作「天」，今據四庫本改。

之堂，以壽其親。親悅，命來請記。

松之操稱於宣聖，松之趣詠歌於古今賢士大夫，固非庸草木可倫擬矣。婭氏彭君，敦謹謙信人也，嗜朱子小學書，居恒誦繹於斯堂之上焉。回以從兄弟子來後，愛教兼篤，得代終之道者，吾姨氏也。恩禮勝侍，復有小星之行焉，不其賢乎哉？以耽古訓之君子而配允賢焉，無忝彼松矣，是足書也。

彭君，字九璋。姨氏，茶陵儒族，玉田推官玄孫云。

西廨彭氏祀田記

彭君九璋脩其世譜，勒諸石而屋之，爲族譜之亭。相厥成者，賢配陳與胤子回也。陳又以爲亭成而無財，則禮於何資？乃贊夫子割田七畝，供粢盛籩豆之費。回以親命屬予記。蓋欲登降是亭者，世守勿壞，且益敦於禮以隆孝敬焉。嗚呼！世以賄徼福異端，愚夫愚婦一轍也，孰有若彭君祀田之舉哉？記以爲勸，不亦宜乎？

孝思堂記

人之生，樂莫樂於父母之具存。番禺陳生獻章，方娠而嚴親棄世，則不幸之大者也。賴三遷之教，中戊辰乙榜進士，篤漆雕之信，復淹吾館。每痛鯉庭之永隔，感孟機之多違，聞者動心焉。家僮之返，予爲大書「孝思」，題其白沙之堂，而文以廣其意曰：

君子之於親，跬步不忘於孝，矧幽明之異，侍養之曠哉！然全其大，必當略其小。慈顏無恙，伯氏綜家，正自求多福之時也。及是時，悉其心以立乎己，俾人知陳氏之有子，先君爲不亡矣。陳生勉乎哉！伯氏朝夕爲我申其説，於定省之餘，亦足少慰倚門之況云。

一樂堂記

予讀《孟子》書至「三樂」章，未嘗不廢書以歎曰：「嗟呼！一樂之事，君子所深願欲而不可必得，衆人得之而不知其樂者多矣。世衰道微，甚至於父子不用其情，兄弟相爲讐者，一何心哉！」善夫！張子敬夫之言曰：「三樂中，不愧不怍，其本必有不愧不怍之樂，而後有以全其二焉。」

番禺何生潛其知言哉！既以一樂名其戲綵之堂，復承父兄命，遠求不愧不怍之説於予。予方愧怍之惟甚，奚暇及於人邪？無已，則爲申孟氏之旨，與凡聖賢開示之方，及踐履之實，俾黄卷中自爲師友以進也。他日歸覲，滿門和氣，藹如春風，一樂之勝，天下孰加焉？復爲恕予之無似而細道聖賢之心跡，以爲家慶壽，未必不劃然撫掌於斯堂之上云。

麗澤堂記

番禺謝生胖，隨其舅氏何生潛、鄉執陳生獻章來游吾舘，資二生以輔仁。予嘉其氣相得而志相合也，爲講《大易》重兑之象，而紬繹夫子體象之辭，以掖其進焉。

兑之爲卦，陽實在下，陰虚在上，爲澤之象。重兑爲二澤附麗之象，二澤附麗，互相滋益。聖人謂天下互相滋益之大者，惟朋友講習云。然則講習云者，辭章口耳乎？管、商、老、佛乎？是蓋非徒無益而反害焉者，豈聖人贊《易》之心哉？ 乃若美在其中而暢於四支，知周萬物而道濟天下，斯其所謂益者與！

三生中，謝年最少，予恐其受益二生多而先施或少焉，故以「麗澤」大書於其筆硯之伍以勖之，❶而持書馳其家山之堂，以慰父兄之思云。

天恩堂記

予嘗題上饒周村周文氏之世譜，先籍荐罹兵燹，無所於徵。當宋時，莫詳何代，有堂名天恩，御爲記，亦復不存。景泰丙子仲冬，予入閩，迂道上饒，訪文郡庠。明日，同造周村，其族祖茂纖率諸子弟冒雨遠迓，森然舊家文彩，可愛也。擁爐夜話，僉請大書「天恩」，復以顔其新構之堂。蓋不忘乎君親，猶元公周子之名溪焉。元公之家廬，道雖脩阻，而舊號乃著於所寓，則故園池臺，與夫松楸桑梓，豈不髣髴乎朝夕，而少慰戀本之誠哉？

周文氏距全盛時雖既寥闊，猶幸傳聞故事得以名堂，今日則夫先君典刑謦欬，庶幾如在。慨慕之餘，又以起孝子慈孫之仰於無窮，因微以致著，推舊而爲新。其聞元公之風而作邪？ 抑秉彝人所共而惻怛慈愛之意，異世而同符哉？ 是心也，其天地生物之心乎！ 驗諸日用之間，凡非有所爲油然以生者，皆是心也。充是心以弘厥德焉，在周生固其所，而族氏爲咸宜；惟繼序之益勤，則流慶之益遠。將見天恩之堂與周氏相爲悠久，豈直一時之光榮而已邪？ 苟徒曰文具

❶「伍」，四庫本作「旁」。

而已耳，豈請者與記者之心哉？

雲居山房記

左蜀安岳之南有山曰雲居。山之麓，孫處士良迪居之。居富良疇，而家素裕。

處士幼孤，事母孝，克勤先業，屋益潤焉。讀書尚義，濟貧者婚，周窶者葬，新大成之殿，繕八里之橋，能人所難，亦處富之常道也。彼嗜利之輩，溺而不止者，喪厥心焉耳。

處士之孫茂，幼承祖訓，賜戊辰進士，今爲春官郎中，於吾妹壻爲同寮，且共西江之派。以其故，遇我特密。春官子橘，久予寓館，共兒輩學，資性可冀繩武。處士之積益足徵焉。

嗚呼！世率以虛譽誣其祖者，與不明不仁均乎不孝。然則「雲居山房」之書，可傳信耳矣。其山水之佳勝，予既未始游，固不得而書。山房之細行，亦在所略云。

浣齋記

南陽李先生退食之所名曰「浣齋」，自爲記，以浣心之説爲答客之辭，而下問浣之之方於予，非借聽於聾乎？無已，願有復焉。

竊嘗以謂身垢易除，心垢難克。夫心，虛靈之府，神明之舍，妙古今而貫穹壤，主宰一身而根柢萬事，本自瑩徹昭融，何垢之有？然氣稟拘而耳目口鼻、四肢百骸之欲，爲垢無窮，不假浣之之功，則神妙不測之體，幾何而不化於物哉？予幼承父師之訓，嘗讀先儒釋日新之旨，每恨洗滌工夫未聞焉。又讀夫子贊《易》洗心之章，聖人妙用，未易窺測也。於是，退而求諸日用之間，從事乎主一無適及整齊嚴肅之規，與夫利斧之喻，而日孜孜焉。

廉隅辨而器宇寧，然後知敬義夾持，實洗心之要法。等而上之，聖人能事可馴而入。顧庸資滅裂，弱志逡巡，卒歸於廢弛，自棄前功，良可惜哉！先生則不然，才識學行既超等夷，而遭逢聖明，相吾君以永清四海者，固平生抱負亦大丈夫分内事耳。以予之箴，爲先生之禱，且以就正云。

尚友軒記

春官主客諸公名其退食之所曰「尚友之軒」，屬予記之。予假舘是軒久，資麗澤之益多，可無言哉？

嘗聞覓名珠必巨海，求良玉必名山。君子欲成其德，必先民是程也。振衣千仞岡，濯足萬里流。卒之孤風遠操，有以續前芳而激來世者，非所志之大而能然邪？是以人之生，不患氣質之不美，而患立志之不高。予也資既庸劣，聞過甚晚。年十八九時，觀明道獵心而知迷途之當改，讀孟氏卒章而知逸駕之難追。每味聖賢言行於千百載之下，而慨慕其精神風采於千百載之上，恨不生於其時，立於其門，一蹴而造其域焉。然志雖鋭，未悟其方；功雖勤，未領其要。中遭疾疹，而定力不固，事與願違矣。回視夙心，恍然一夢。或食而廢，或寢而興，長吁永歎，不如無生。迨夫血氣益衰，精神益減，時一動懷，未始不痛心而疾首也。此予平生尚友之志，止於如是而已。

嗚呼！人無再少，時無再來。五穀不熟，不如稊稗。凡我同志，亦有感於斯與？羣彦不予謬，俾書軒之壁云。軒之主人郎中孫茂、員外郎秦顒、倪讓，主事孫曰讓、張永也。

桑溪記

桑溪周君子瓛學邑庠時，予嘗主於其齋，又嘗一造桑溪而承親戚之歡。蓋周乃黄倩，而黄則吴出也。後四十載，恭攜兒子重上君子之堂，拜先子手跡，有云「恨未一會」，又云「惟力學以膺遠大」，末云「甥女孺人妝次」。仁人君子於親親之誼，固如是矣。於時，冬景融和，盎然春候，周君夫婦年皆七十而康寧，子孫滿前，細論疇昔，琴一曲，酒數行，暢詠而别。他日，黄氏子良致二老慇懃，謂不鄙桑溪而辱游焉，顧爲記之。

嗟乎！雪山增重，草木可敬，豈欺我哉？顧予何人而足語此？表桑溪者，不在於周乎？託以俟之。

節壽堂記

界分截然之謂節，文從竹可徵也。人倫物理，莫不有自然之節，順之爲貴，凌則瀆矣。世有節士節婦之稱，非以其克順乎固有之天邪？

吾宗有字子堅者，讀書俊拔人也。配周氏、同邑某人女，年三十有三而嫠，抱遺孤昂，秉節不違。天順甲申，年九十而康寧，昂請大書爲壽。予以「節壽」名其奉養之堂，鄉隣觀者咸加歎賞，爲吴氏慶。明年，復屬族弟某請記。《洪範》壽居五福之首，是壽誠足貴也。然躋其域者雖有，康寧而壽者難，節而壽者尤難。記以慰孝子慈孫之心，不亦宜乎？

墨池記

傅君秉彝，臨川驛溪人也。永樂中，予訪君驛溪，過於知我，館穀歡甚。間滌硯於池，君躍然笑曰：「他日應謂吴先生嘗洗墨於斯也，由是咸知驛溪之有墨池焉。」君逝矣，嗣子裘欲立石池上，求文以記之。

古之君子使高山仰止之心，不能自已於數千百世之下者，豈偶然之故哉？或性命道德之純，或文章政事之懿，或節義之踔絶，或遺愛之滂洋，或功高宇宙而不居，或名揚竹帛而不有。殘膏賸馥之沾溉，流風餘韻之漸被，宜乎入人之深而動人之切。是以懷其人必有以重其跡，覽其跡必有以得其心，而歆嗟慨慕之無涯矣。甘棠勿剪拜，草木皆可敬，豈欺我哉？

予也立志弗堅，爲學無勇，徒竊虚名以誑於世，傅君不以靡薄玷斯池，而反取其跡，豈溺愛者不明乎？然强顔受簡而不辭者，所以表孝思之無窮，而著金蘭之高致。抑使覽者知予之不佞，直以過情之聞，誤友朋之辱，庶幾反躬，無蹈覆車之轍云。

耻齋記

予嘗慨古今人品之不同，每若薰蕕之異氣，冰炭之殊性，陰陽晝夜之相反，豈其才之故哉？抑氣習然邪？抑由其心之有通塞，故臧否以之而判邪？一有賢知，非其生質之良，必其務學之懿，如江右僉憲吕侯是也。侯之言曰：「歷官二十餘載，事事不逮于人。取孟氏之旨，以『耻』名夫退食之齋，日以自勵，而下詢於芻蕘。」

夫「耻」者，吾所固有羞惡之心，惟其梏之反覆而失是心也。漫不覺知，訑訑自廣，人莫己若，人欲肆而天理微矣。惟侯之心，其不自滿假，檢身若不及之，誠乎上而追友千古，進善其有窮哉！心一也，勝於物則靈，掩於物則昏；人一也，有耻則可教，無耻大不幸。企仰高風，恍然自失，恨不痛策駑足，遥攀逸駕，顧兹歲晚，徒傷噬臍。古不云乎「失之東隅，收之桑榆」？尚冀抖擻餘魂，迅改迷途，以從事耻齋之後塵云。

蘭軒記

羣草木非無香，而蘭之香獨妙天下者，非以其細而婉乎？是曰幽香，不類君子玄德哉？稱尚古今，宜矣。永嘉吕公本讓，種蘭以勖諸子，善於爲喻也。夫子謂誰？今巡按江西監察御史君洪也。僕竊伏山林，側聆餘韻，喜而不寐。近臨弊邦，遣使辱書，益歆風采，可謂能子矣。且以「居竹涵養」大楷相命，尤見用心之遠。

居竹，先子故號；涵養，今日良規。念嚴訓之在目，宜體蘭之加勉。蘭之爲卉，禀二氣之清，根既殊科，香固絶倫。吾人於學，可不務厥本哉？涵養者，立本之方也。日新又新，則積中者日盛，發外者日著，豈直播譽一時，會應流芳百世，增蘭故事，爲他日美談，大丈夫當如是矣！僕也舊學愈荒，晚節彌怠，悚望騫騰，撫卷悵然。

坦齋記代進府作

水本平，浪鼓於風；道本平，詖生於欲。風恬浪静而水得安流，欲消詖去，道得平鋪。

一補過之或吝，則危機之是履矣。

善夫，康節堯夫之言曰：「面前自有好田地，天下豈無平路岐？」是以聖人之心如止水，無適而非坦道焉。君子之學，舍聖何歸？欲師於聖，其廓然而大公，物來而順應乎！居敬窮理明諸體，養氣集義利諸用，而曰聖不可學，吾不信也。

慈谿馮某伴讀於予，有志焉，故以「坦」名齋。致仕而歸也，告予言以爲桑榆之警，且以爲記云。

省庵記

無極之妙，充盈宇宙而該貫吾心，何可須臾離哉？然事幾萬態，❶大和難保，不有精鑒以爲權度，難乎免於流俗架空之患矣，甚則差之毫釐，謬將千里，安求其人心不死而天理常存也邪？《商書》之省躬，《魯論》之三省，良有以哉！竊謂動容周旋，無不中理者聖；隨事致省，不敢違理者賢；曹不知省，日趨小人之域如走者，聖賢之罪人也。不曰賢希聖、士希賢乎？

大哉，金侯希賢之志哉！宜乎其民之多譽也。俯省微軀，資既庸，志彌惰，駸駸衰暮，枉此生於醉夢，企仰華庵，徒增浩歎，何顔受簡？侯名銑，字宗潤，淮陰人，今守上饒云。

思善堂記

父子之道，天性也，其有不愛乎？反是者，喪其天耳。是以孝子之於親，視於無形，

❶「態」，原作「熊」，今據正德本、四庫本改。

聽於無聲，況其顯者哉？云云。其逝也，嗣子永既屬題其墓文之蓋，兼請贊其所寫之真，皆未暇也。復馳書千里，俾記夫思善之堂。

仁哉！其用心歟。昔程叔子之於伯子也，干誌於持國，干書於叔曼，讀孫、韓二簡，令人三歎而不已。張氏子汲汲乎惟親善之不傳是懼，豈異世而同符，抑秉彝人所共邪！

嗚呼！流俗滔滔，知德者鮮，非徒忘先，且辱親焉。立身行道，揚名後世，幾何人哉？張君早以高科著聲郎署，其爲郡也，澤加於民，令聞旁達，可謂媲美前休矣。然太山高矣，太山頂上不屬太山，則君子之志固不可滿，而事業豈有窮哉？夫惟知周萬物，然後道濟天下，故君子貴乎仕而優則學，公退必讀書也。明公持英妙之姿，當强仕之秋，萬里鵬程，高舉在我，黄卷新功，數飛示焉。

蘭軒記

蘭之産，恒在幽遠，而花葉浄素，類君子闇然自脩；天香暗襲，清人肺腑，類君子德之及人，心醉而誠服，是以古今尚焉。淮王殿下軒以蘭名，厥旨微哉！教帖遠臨，高辭典雅，傑筆清嚴，使者之誦曰「乾乾朝夕，羣經是耽。其德與日俱新，學與年俱積」，可不叩而知得於蘭也，不亦深乎！周敦頤曰「道充爲貴，身安爲富」，賢王之謂矣。蘭哉，蘭哉，二而一者也。

中和齋記

天順甲申四月庚戌，淮王殿下遣使沐書幣，命大書「蘭軒」、「梅月」、「雪窠」、「中和」

諸扁。蘭軒既僭記之矣，十有一月庚申，復辱書幣，不罪其粗鄙，猶俾記夫「中和」之齋。

夫梅月之清咏，雪窠之雅操，與夫蘭軒之德馨，心融神會，而收功於中和之極致，穹壤之間，何樂如之？鋪張盛美，宜有其人。芻蕘之言，何足形容萬一哉？無任感恩激切，屏營俟罪之至。

康齋先生文集卷之十

康齋先生文集卷之十一

日録

夢孔子、文王二聖人在南京崇禮街舊居官舍之東廂。二聖人在中間，與弼在西間。見孔聖容貌爲詳。欲問二聖人生知安行之心如何，又彷彿將文王書一册在案披玩，似《文王世系》。乙巳

夢侍晦庵先生側。先生顔色藹然，而禮甚恭肅焉。起敬起仰也。

夜枕思宋太宗燭影事，深爲太宗惜之。人須有「行一不義、殺一不辜而得天下不爲」之心，方做得堯舜事業。不然，鮮有不爲外物所移者。學者須當隨事痛懲此心，剗割盡利欲根苗，純乎天理，方可語王道。果如此，心中幾多脱洒伶俐，可謂出世奇男子矣。

與隣人處一事，涵容不熟，既已容訖，彼猶未悟，不免説破，此間氣爲患。尋自悔之，因思爲君子當常受虧於人，方做得。蓋受虧，即有容也。

食後坐東窗，四體舒泰，神氣清朗，讀書愈有進益。數日趣同，此必又透一關矣。

聖賢所言，無非存天理、去人欲。聖賢所行亦然。學聖賢者，舍是何以哉？

文公先生與學者論躬行云：「若易時，天下無數聖賢了。」噫，實用其力者，方知其難，可勝歎哉！

日夜痛自點檢且不暇，豈有工夫點檢他人邪？責人密，自治疏矣，可不戒哉？明德、新民雖無二致，然己德未明，遽欲新民，

不惟失本末先後之序，豈能有新民之效乎？徒爾勞攘成私意也。

貧困中事務紛至，兼以病瘡，不免時有憤躁。徐整衣冠讀書，便覺意思通暢。古人云：「不遇盤根錯節，無以別利器。」又云：「若要熟，也須從這裏過。」然誠難能難能，只得小心寧耐做將去。朱子云：「終不成處不去便放下。」旨哉言也！

文公先生謂延平先生終日無疾言遽色。與弼常歎何脩而至此。又自分雖終身不能學也。文公先生又云：「李先生初間也是豪邁底人，後來也是琢磨之功。」觀此，則李先生豈是生來便如此，蓋學力所致也。然下愚末學，苦不能克去血氣之剛，平居則慕心平氣和，與物皆春，少不如意，躁急之態形焉。因思延平先生所與處者，豈皆聖賢？而能無疾言遽色者，豈非成汤「與人不求備，檢身若不及」之功效歟？而今而後，吾知聖賢之必可學，而學之必可至，人性之本善而氣質之可化也的然矣。下學之功，此去何如哉？

夜病臥，思家務，不免有所計慮，心緒便亂，氣即不清。徐思可以力致者，德而已，此外非所知也。吾何求哉？求厚吾德耳。心於是乎定，氣於是乎清。明日書以自勉。

南軒讀《孟子》甚樂，湛然虚明，平旦之氣略無所撓。緑陰清晝，薰風徐來，而山林閴寂，天地自闊，日月自長。邵子所謂「心静方能知白日，眼明始會識青天」，於斯可驗。

與弼氣質偏於剛忿，永樂庚寅，年二十，從洗馬楊先生學，方始覺之。春季歸自先生官舍，紆道訪故人李原道於秦淮客館，相與攜手淮畔，共談日新。與弼深以剛忿爲言，始欲下克之之功。原道尋以告吾父母，二親爲之大喜。原道，吉安廬陵人，吾母姨夫中允公從子也。厥後克之之功雖時有之，其如鹵莽滅裂何！十五六年之間，猖狂自恣，良心一發，憤恨無所容身。去冬今春，用功甚力，而日用之間，覺得愈加辛苦，疑下愚終不可以希聖賢之萬一，而小人之歸無由可免矣。五六月來，覺氣象漸好，於是益加苦功，逐日有進，心氣稍稍和平。雖時當逆境，不免少動於中，尋即排遣，而終無大害也。二十日，又一逆事排遣不下，心愈不悦。蓋平日但制而不行，未有拔去病根之意。反復觀之，而後知吾近日之病，在於欲得心氣和平而惡夫外物之逆以害吾中，此非也。心本太虚，七情不可有所。於物之相接，甘辛鹹苦，萬有不齊，而吾惡其逆我者，可乎？但當於萬有不齊之中，詳審其理以應之，則善矣。於是中心洒然。此殆克己復禮之一端乎？蓋制而不行者硬苦，以理處之則順暢。因思心氣和平，非絕無於往日，但未如此八九日之無間斷。又往日家和平多無事之時，今乃能於逆境擺脱。懼學之不繼也，故特書於册，冀日新又新，讀書窮理，從事於敬恕之間，漸進於克己復禮之地。此吾志也，效之遲速，非所敢知。洪熙元年乙巳七月二十一日，與弼識于南軒。

南軒柱帖云：

幽静無非安分處，清閑便是讀書時。

知止自當除妄想，安貧須是禁奢心。

淡如秋水貧中味，和似春風静後功。

壁間大書云：力除閒氣，固守清貧。

病體衰憊，家務相纏，不得專心致志於聖經賢傳，中心益以鄙詐而無以致其知，外貌益以暴慢而何以力於行乎！歲月如流，豈勝痛悼。如何！如何！七月二十六日近暮書于南軒。

數日家務相因，憂親不置，書程間斷，胸次鄙吝，甚可愧耻。竊思聖賢吉凶禍福一聽於天，必不少動於中。吾之所以不能如聖賢而未免動摇於區區利害之間者，察理不精，躬行不熟故也。吾之所爲者，惠迪而已。吉凶禍福，吾安得與於其間哉！大凡處順不可喜，喜心之生，驕侈之所由起也。處逆不可厭，厭心之生，怨尤之所由起也。一喜一厭，皆爲動其中也。其中不可動也，聖賢之心如止水，或順或逆，處以理耳，豈以自外至者爲憂樂哉！嗟乎！吾安得而臻兹也？勉旃勉旃，毋忽。七月初二日書於南軒。

處家，少寬裕氣象。

屢有逆境，皆順而處。

理家務後，讀書南軒，甚樂。於此可識本心。

枕上思在京時，晝夜讀書不間，而精神無恙。後十餘年，疾病相因，少能如昔精進，不勝痛悼，然無如之何。兼貧乏，無藥調護，只得放寬懷抱，毋使剛氣得撓，愛養精神，以圖少長。噫！世之年壯氣盛者豈少，不過悠悠度日，誠可惜哉！

晝寢起，四體甚暢，中心洒然。安貧樂道，何所求哉！

當念歲月晚而學無成，可懼也。然既往亦不得而追矣，繼今隨精力所到而進，毋怠其志而已。視古人自少至老始終一致者，不勝其慨愧矣！

一事少含容，蓋一事差，則當痛加克己復禮之功，務使此心湛然虚明，則應事可以無失。靜時涵養，動時省察，不可須臾忽也。苟本心爲事物所撓，無澄清之功，則心愈亂，氣愈濁，梏之反覆，失愈遠矣。

觀《分門近思録》，聞所未聞，熟所未熟，

甚有益於身心性情。又感朋友之有是書以相益也。❶

觀《近思録》，覺得精神收斂，身心檢束，有歉然不敢少恣之意，❷有悚然奮拔向前之意。

二月二十八日，晴色甚佳，寫詩外南軒。嵐光日色，隱映花木，而和禽上下，情甚暢也。值此暮春，想夫舞雩千載之下，❸此心同符。丙午

夜讀《論語》，深感九思之説於目下用功最切，❹亟當服膺。

夜觀童子照魚，靜聽流水，有悟川上之歎及朱子安行體用之旨。

夜立堘間，❺靜思踐履篤實純粹，君子不可得也，誠難能也。心所深慕，而無由臻斯境，可勝歎哉！

觀農。因瘖藉芳，閒卧堘間，靜極如無人世。今日雖未看書，然靜中思繹事理，每有所得。

峽口看水，途中甚適。人苟得本心，隨處皆樂，窮達一致。此心外馳，則膠擾不暇，何能樂也？

晁公武謂康節先生隱居博學，尤精于《易》，世謂其能窮作《易》之本原，前知來物。其始學之時，睡不施枕者三十年。嗟乎，先哲苦心如此，吾輩將何如哉！

觀花木與自家意思一般。

看田，至青石橋，遊觀甚適。歸，焚香讀書外南軒，風日和煦，攬景樂甚。讀書，理亦

❶「又」，四庫本作「足」。
❷「恣」，四庫本作「忘」。
❸「夫」，四庫本作「昔」。「下」，四庫本作「樂」。
❹「九」，四庫本作「子」。
❺「堘」，四庫本作「庭」。

明著，心神清爽。

一日，以事暴怒，即止。數日事不順，未免胸次時生磊嵬。然此氣禀之偏，學問之疵，頓無亦難，只得漸次消磨之。終日無疾言遽色，豈朝夕之力邪？勉之毋怠。

枕上思近來心中閒思甚少，此亦一進也。

寢起讀書柳陰及東窗，皆有妙趣。晚二次事逆，雖動於中，隨即消釋，怒意未形。逐漸如此揩磨，則善矣。

親農歸，以眼痛廢書，閒閲舊稿。十六七年之間，歲月如流，而學行難進。俯仰今昔，爲之悵然。又感吾親日老，益自悽愴不勝。

大抵學者踐履工夫，從至難至危處試驗過，方始無往不利。若舍至難至危，其他踐履，不足道也。

蒔蔬園中，雖暫廢書，亦貧賤所當然。往親農途中，讀《孟子》，與野花相值，幽草自生，而水聲琅然。延佇久之，意思蕭洒。

小童失鴨，略暴怒。較之去年失鴨，減多矣。未能不動心者，學未力耳。

觀《草廬文集》序，諸族多尚功名富貴，恐吾晦庵先生不如是也。惜未睹先生全集。

外南軒讀《孟子》一卷，容貌肅然。午後眼痛，四體俱倦，就寢，心無所用。思歸鄉十五年，歷艱實多，不堪回首。

坐外南軒，滌硯書課。緑陰清晝，佳境可人，心虚氣爽。疑此似躡賢境，惜讀書不博耳。

枕上默誦《中庸》，至「大德必受命」，惕然而思：舜有大德，既受命矣。夫子之德，雖未受命，却爲萬世帝王師，是亦同矣。嗟乎！知有德者之應，則宜知無德者之應矣，何倏而可厚吾德哉！

夜徐行田間，默誦《中庸》，字字句句，從容詠歎，體於心，驗於事，所得頗多。

上不怨天，下不尤人，君子居易以俟命，小人行險以僥倖。燈下讀《中庸》，書此，不肖恒服有效之藥也。

與一鄰人談及不肖稍能負重，私心稍悦。

每日勞苦力農，自是本分事，何愠之有？素貧賤，行乎貧賤。

小女瘡疾相纏，不得專心讀書，一時躁急不勝。雖知素患難，行乎患難，然歲月不待人，學問之功不進，不得不憂也。其實亦因早年蹉跎過了好時節，以致今日理會不徹。三十年前好用工，何可得邪？

緩步途間，省察四端，身心自然約束，此又靜時敬也。

知弗致，己弗克，何以學爲？丁未

因暴怒，徐思之，以責人無恕故也。欲責人，須思吾能此事否。苟能之，又思曰：吾學聖賢方能此，安可遽責彼未嘗用功與用功未深者乎？況責人此理，吾未必皆能乎此也。以此度之，平生責人，謬妄多矣。戒之，戒之。信哉「躬自厚而薄責於人，則遠怨」，以責人之心責己，則盡道也。

因事知貧難處，思之不得，付之無奈。孔子曰「志士不忘在溝壑」，未易能也。又曰「貧而樂」，未易及也。然古人恐未必如吾輩之貧。夜讀子思子「素位不願乎外」及游、呂之言，❶微有得。游氏「居易未必不得，❷窮通皆好；行險未必常得，窮通皆醜」，非實經歷，

❶「素」，原漫漶不清，今據弘治本、四庫本補。
❷「必不」，原漫漶不清，今據弘治本、四庫本補。

不知此味，誠吾百世之師也。又曰「要當篤信之而已」，從今安敢不篤信之也。

觀《文章正宗》，感學德無進。四十向逼，終於小人之歸，豈勝悲痛？

以事難處，夜與九韶論到極處，須是力消閒氣，純乎道德可也。倘常情一動，則去道遠矣。

枕上熟思，出處進退，惟學聖賢爲無弊。若夫窮通得喪，付之天命可也。然此心必半毫無愧，自處必盡其分，方可歸之於天。欲大書「何者謂聖賢，何者謂小人」以自警。

自今須純然粹然，卑以自牧，和順道德，方可庶幾。嗟乎！人生苟得至此，雖寒饑死，刑戮死，何害爲大丈夫哉！苟不能然，雖極富貴，極壽考，不免爲小人。可不思以自處乎？

與學者授《論語》，讀至「年四十而見惡焉，其終也已」，不覺惕然。與弼年近四十矣，見惡者何限？安得不深自警省，少見惡焉，斯可耳。

燈下外南軒，觀年二十時所作論三篇，不勝悲歎。何者？昔時志向的然以古聖賢爲可學可至，今逡巡苟且二十年，多病侵凌，血氣漸衰，非惟不能至聖賢，欲求一寡過人且不可得，奈何？奈何？安得好學茂年，痛傾此意！

學德無成而年光空老，平生之志不得遂矣。感恨何窮，無容此身。傷哉！

凡事誠有所不堪，君子處之，無所不可，以此知君子之難能也。

胡生談及人生立世，難作好人。僕深味之。嗟夫，見人之善惡，無不反諸己，可也。

戊申

讀《易》倦，觀晦庵先生年譜，慨先哲之

精勤，愧駑輩之滅裂，惘然自失。奈之何哉！據今地位，努力向前。

途間與九韶談及立身處世，向時自分不敢希及中庸，數日熟思，須是以中庸自任，方可無忝此生。只是難能，然不可畏難而苟安，直下承當可也。

讀罷，思債負難還，生理蹇澁，未免起計較之心。徐覺計較之心起，則爲學之志不能專一矣。平生經營，今日不過如此。況血氣日衰一日，若再苟且因循，則學何可向上？此生將何堪？於是大書「隨分讀書」於壁以自警。窮通得喪，死生憂樂，一聽於天，此心須澹然一毫無動於中，可也。

倦卧，夢寐中時時驚恐，爲過時不能學也。

與九韶痛言爲學不可不勇，❶而此公自無奮發激昂、拔俗出羣之志。予歸，深爲之太息。徐思方自悼不暇，安有工夫於他人邪？嗚呼，日進無疆，屬之己乎？屬之人乎？勉之又勉，勿爲外物所困。

近晚往鄰倉借穀，因思舊債未還，新債又重，此生將何如也？徐又思之，須素位而行，不必計較。「富貴不淫貧賤樂，男兒到此是豪雄。」然此心極難，不敢不勉。貧賤能樂，則富貴不淫矣。貧賤富貴，樂與不淫，宜常加警策，古今幾人臻斯境也！

早枕思處世不活，須以天地之量爲量，聖人之德爲德，方得恰好。嗟乎，安得同志共勉此事？

處大事不能盡善，意甚怏怏。兼以寒疾時作，風足攻人，讀書工夫間斷，昏昏竟日，痛感何由得入聖賢境界也！

❶「勇」，原漫漶不清，據弘治本、四庫本補。

早枕思當以天地聖人爲之準則，因悟子思作《中庸》，論其極致，亦舉天地之道以聖人配之，蓋如此也。嗟夫，未至於天道，未至於聖人，不可謂之成人！此古昔英豪所以孜孜翼翼以終身也。❶

食後處事暴，彼雖十分不是，然我應之自當從容。徐思雖切責之，彼固當得，然不是相業。

人生但能不負神明，則窮通死生，皆不足惜矣。欲求如是，其惟慎獨乎！董子云：「人之所爲，其美惡之極，乃與天地流通，往來相應。」噫，天人相與之際，可畏哉！

人須整理心下，使教瑩淨，常惺惺地，方好。此敬以直内工夫也。嗟夫，不敬則不直，不直便昏昏倒了。萬事從此隳，可不懼哉！

與友人夜別徐家山，歸思一日數事頗當。

凡事須斷以義，計較利害便非。

貧病相因，讀書不前，何以爲力行之資？

人須於貧賤患難上立得脚住，克治粗暴，使心性純然，上不怨天，下不尤人，物我兩忘，惟知有理而已。

觀《晉史》成帝見王導必拜，及幸其宅，拜其妻。反覆詳其始末，爲之掩卷太息。丈夫際遇如此，而功烈不過若是；其付託之重不減伊周，而致主澤民，視伊周何如哉？雖其志安於小成，亦學力有所不逮耳。信知人生須自幼力學，期於踐形，必臻其極，然後爲無愧也。孔子曰：「居則曰不吾知也，如或知爾，則何以哉？」又曰：「用之則行。」嗚呼！

❶「翼翼」，原脱一「翼」字，今據四庫本補。

安得反西飛之日而痛加學歟？

今日覺得貧困上稍有益。看來人不於貧困上着力，終不濟事，終是脆愞。

教人須是循循善誘。

玩《中庸》，深悟心學之要，而歎此心之不易存也。

克己逡巡，無所成就。四十而見惡焉，其終也已。

熟思平生歷試，不堪回首。間閱舊稿，深恨學不向前，身心荒怠，可憂可愧。今日所當爲者，夙興盥櫛，家廟禮畢，正襟端坐，讀聖賢書，收斂此心，不爲外物所汨，夜倦而寢，此外非所當計。窮通壽夭，自有命焉，宜篤信之。

數日守屯困工夫，稍有次第。須使此心泰然超乎貧富之外，方好。

觀史，時見古人卓卓之行，不勝感激，益思自奮。

當學之難進，乃見希賢之不易也。

心是活物，涵養不熟，不免摇動，只常常安頓在書上，庶不爲外物所勝。

看乙巳年《日新簿》，惕然于心。繼讀《論語》，觀聖賢教人丁寧之意，益思自奮須用刻苦。

以事暴怒，即悔之。須持其志，毋暴其氣。

應事後即須看書，不使此心頃刻走作。

數日養得精神差好，須節節接續去，莫令間斷。

上無師，下無友，自己工夫又怠，此生將何堪邪？

細觀《近思録》，乃知聖賢教人之法備在方策，而自己學力未至，以致齷齪無量。安得良朋共執此文，細細講明，以爲持己處事之資也？

斬截日新。

精白一心，對越神明。

經旬，學德廢怠，夢寐中亦屢悵歎。爲小女授《論語》，感聖人之微言，悚然思奮。安得良朋輔我此志？

途逢故人，兩鬢已斑，不覺愴然。問其年，方四十。頃之，此公熟視予鬢亦已斑矣，益爲悽惻，久之方别。既而思平生碌碌，只此衰謝。少壯不努力，老大徒悲傷，豈不信哉！夜歸，書此於東窗。噫，書又終可得而讀邪，君子果不可得而成邪？

新居栽竹夜歸，吾妻語予曰：「昨夜夢一老人，攜二從者相過，止於門，令一從者入問：『子傅在家否？』答云：『不在家。』從者曰：『孔夫子到此相訪，教進學也。』」與弼聞之爲之惕然而懼，躍然而喜，感天地而起敬者再三，脊背爲之寒慄。自此以往，敢不放平心氣，專志於學德乎？敢吝駑駘之力乎？

往新居授書，甚喜學有新益。

聞友人所爲顛倒，益自警省實下工夫。

看《禮記》倦寢，思平生經歷之艱，益歎古人之不易學。

看《語略》，惕然憂念學德不進，何以立世。己酉

苟一毫不盡其道，即是自絶於天。

坐門外，圖書滿案，子弟環侍。乘緑陰，納清風，羣物生意滿前，而好山相賓主。覽茲勝趣，胸次悠然。

早枕細思學德無進，歲月忽晚，回首平生，恍然一夢，可勝悼哉！繼今分陰須用痛惜，毋蹈前非也。

看《近思録》甚有所得，鄙吝之懷爲之

豁然。

夜大雨，屋漏無乾處，吾意泰然。庚戌

夜默坐，思學不能進，朋友又無向前者。❶此道日孤，意思忽忽，無聊者久之。

涵養本源工夫，日用間大得力。

青石橋刈稻，往回村外，與物皆春。

晚穀不收，夜枕思家用窘甚，不得專意於書，展轉反側良久。因念「困窮拂鬱」能堅人之志而熟人之仁，敢不自勉！

夜觀《晦庵文集》累夜，乏油，貧婦燒薪爲光，誦讀甚好。爲諸生授《孟子》卒章，不勝感激。臨寢，猶諷詠《明道先生行狀》，久之頑鈍之資爲之惕然興起。

途中看《言行録》，歸及隔溪，藉草臨流，觀書甚樂，杳然塵外之趣。

中堂讀倦，遊後園歸，絲桐三弄。心地悠然，日明風静，天壤之間，不知復有何樂。

早枕痛悔剛惡，偶得二句：「豈伊人之難化，信吾德之不競。」

所得爲者不敢不盡分，若夫利鈍成敗非我所計也。此心須常教灑然。

時時痛加持志之功，務消氣質之偏。

游園，萬物生意最好觀。辛亥

安貧樂道，斯爲君子。

遇逆境暴怒，再三以理遣。蓋平日自己無德，難於專一責人，況化人亦當以漸。又一時過差，人所不免。嗚呼！難矣哉，中庸之道也。

近來愈覺爲人之難。學不向前，而歲月不待人。奈何！奈何！

枕上思《晦庵文集》及《中庸》，皆反諸身心性情，頗有意味。昨日欲書戒語云：「温厚

❶「朋」，弘治本、正德本作「勝」。

和平之氣，有以勝夫暴戾逼窄之心，則吾學庶幾少有進耳。」今日續之云：「欲進乎此，舍持敬窮理之功，則吾不知其方矣。」蓋日來甚覺此二節工夫之切，而於《文集》中玩此話頭，益有意味也。

夜思承父師付託之重，士友期望之深，竦然增懼。思有以自拔於人欲，而未知其方也。

日來處困，稍覺有力。六月初一日，早枕念歲月如流，事業不立，豈勝慨歎！

七月初五日，臨鍾帖。明窗浄几，意思甚佳。平生但親筆硯及聖賢圖籍，則不知貧賤患難之在身也。

人之遇患難，須平心易氣以處之。厭心一生，必至於怨天尤人。此乃見學力，不可不勉。

貧困中事事纏人，雖則如此，然不可不勉。一邊處困，一邊進學。

七月十二夜，枕上思家計窘甚，不堪其處。反覆思之，不得其方。日晏未處，久方得之。蓋亦别無巧法，只隨分、節用、安貧而已。誓雖寒餓死，不敢易初心也。於是欣然而起。又悟「若要熟，也須從這裏過」。

中夜思日月逝矣，事業無進，展轉不寐以達於旦。

凡百皆當責己。

夜誦《明道先生行狀》，不勝感激。會心處，不知手之舞、足之蹈也。

日來正心工夫稍有意思。

昨晚以貧病交攻，不得專一於書，未免心中不寧。熟思之，須於此處做工夫，教心中泰然，一味隨分進學方是。不然，則有打不過處矣。君子無入而不自得，然是難事。於此可以見聖愚之分，可不勉哉！ 凡怨天尤人，皆是此關不透耳。

夜説朱子《感興詩》，因告戒諸生。語意抑揚，彼此皆極感激。

先哲云：「身心須有安頓處」，蓋身心無安頓處，則日間擾擾於利害之中而已。此亦非言可盡，默而識之可也。

暮春遊園，心廣體胖，豈虚語哉！壬子

窮厄已極，不可支撑，兼病益困，然亦安分，不敢起怨尤之念。而所以益進吾之學、益堅吾之志者，不敢不勉也。

卧看康節詩，遂熟睡。方惺，意思佳甚，不啻封侯賜金也。雖極貧窶，此命也，不害其樂。

於《近思録》中所得，比向日大有逕庭，中心洒然，如沉痾去體。

觀百卉生意可愛。

晴窗親筆硯，心下清涼之甚，忘却一身如是之窘也。康節云：「雖貧無害日高眠。」

窮通壽夭，一聽於天，行吾義而已。

月下詠詩，獨步緑陰。時倚脩竹，好風徐來，人境寂然，心甚平淡，無康節所謂攻心之事。

倦後暫寢，起，書先哲格言。明窗浄几，清風徐來，不知天壤之間復有何樂，此身何幸至此也。

昨日於《文集》中又得處困之方。夜枕細思，「不從這裏過，真也做人不得。」「增益其所不能」，豈虚語哉？

日來甚悟「中」字之好，只是工夫難也，然不可不勉。康節詩云：「拔山蓋世稱才力，到此分毫强得乎？」

正月初一日，夜來心氣和平，維今學德宜加勉也。癸丑

有困極詩云：「困固平生甘，不意如此

極。前程一聽天，多憂諒何益？」又云：「本心所主渾由己，外物之來一聽天。」

早觀花草，生意甚佳。食後，意思稍不快，以窘極故也。尋開解之，所得爲者，厚吾德耳，窮通非我所能也。

山中獨行，甚樂，萬物生意盎然。時陟岡頂，四望，不勝之喜，欲賦山椒一覽詩。

處困之時所得爲者，言忠信，行篤敬而已。

早觀生意可樂，殘月尚在，露華滿眼，箇中妙趣，非言語所能形容。東齋柱帖云：「窗前花草宜人意，几上詩書悦道心。」

寄身於從容無競之境，遊心於恬澹不撓之鄉。日以聖賢嘉言善行沃潤之，則庶幾其有進乎！

「不怨天，不尤人，下學而上達」，非聖人其孰知此味也哉！

人之病痛，不知則已，知而克治不勇，使其勢日甚，可乎哉？志之不立，古人之深戒也。

勿忘勿助，近日稍知此味。天假以年，尚幾少進，窮通得喪，可付度外也。

患難中好做工夫，所謂「生於憂患，死於安樂」也。然學力淺者，鮮不爲所困耳。嗟乎！梁棟之具，非禁風耐冰雪，安能勝其重哉？

男兒須挺然生世間。

三月二十日，食後授書。宿雨初霽，生意充滿，甚可樂也。看《春秋》。近午，霽景可人，日甚舒長，天地闊遠。但病體全乏精神，不免寒饑，亦隨分耳。眼前隨分好光陰，誰道人生多不足？

夜枕，深念不得益精神以進乎學也。

夜坐，思一身一家苟得平安，深以爲幸。

雖貧窶大甚，亦得隨分耳。夫子曰：「不知命，無以爲君子也。」

東齋對月，花竹參差，清景可愛，聽諸生誦聲，甚樂。時遊於外，緑陰清夜，真趣悠然。

昨夜思舊時歲月事蹟，爲之慨然。今日時復在懷。嗟乎！德業不立，而時駸駸晚矣。

先儒云：「道理平鋪在。」信乎斯言也。急不得，慢不得，平鋪之云，豈不是如此？近來時時見得如此，是以此心較之往年亦稍稍向定。但眼痛廢書一年餘，爲可歎耳。甲寅

處大事者，須深沈詳審。

早枕思平生踐履愧於聖賢者多矣，至今不能自持。欲大書「不敢尤人」四字，以自勵也。

眼痛不敢看書，暫誦《詩經》，甚覺意味深長。但不敢久讀，爲之悵歎者久之。乙卯

暫閱舊稿，二十八年前事恍如一夢，豈勝感慨。

讀韓子《與李翺書》，大有感於吾心。

看韓文倦，睡夢中恍思少年日月，不勝感愴而醒。「聰明不及於前時，道德日負於初心」，信哉！

五月初一日，看韓文。晴色滿簾，清風透户，花草盈欄，幽景可愛。

時出門外，卧緑陰納凉，甚樂。

七月二十一日，對野講誦。近晚，曳杖逍遥野外，甚適。

看《晦庵文集》，大有感激。

十二月二十九日，祀先，一日多憂。學者既少，而有志者尤少，大爲世道慮也。丙辰

朱子云：「從容深宴養。」旨哉言也！

看《言行録》，龜山論東坡云：「君子之所養，要令暴慢邪僻之氣不設於身體。」大有所省。然志不能帥氣，工夫間斷。甚矣！聖賢之難能也。

累日看《遺書》，甚好。因思二程先生之言，真得聖人之傳也。何也？以其説道理不高不低，不急不緩，温乎其夫子之言也。讀之自然令人心平氣和，萬慮俱消。

倦睡覺來，坐東齋，看《朱子文集》。天晴日永，竹樹扶疏，清景可人，意思甚樂也。

觀《晦庵先生語録》，慨然於斯道，❶不自知其年之邁、氣之衰而病之多也。

涵養此心不爲事物所勝，甚切日用工夫。

中夜，夢中痛恨平生不曾進學，即今空老，痛哭而寤。

出遊陂畔，遂於澗底坐。久向日，甚適。省察身心，幸有少進。

村外閒行，《遺書》在手，徐步自後坊坑過大同源，觀山玩水而歸於峽裏。憩久，枕石藉草而卧，暖日烘衣，鳴泉清耳，有浴沂佳致。

夜枕省己，稍有益，欲大書「多言害道」、「吉人之辭寡，躁人之辭多」、「思無邪」、康節四妄吟於東西齋。

枕上思平生學德不進，展轉不安，雞鳴方寐。

看朱子「六十後長進不多」之語，恍然自失。嗚呼！日月逝矣，不可得而追矣。

觀《伊洛關閩言行録》，惕然大感於懷，益思奮勵。以往不知其氣之衰，病之憊也。

十一月單衾，徹夜寒甚，腹痛，以夏布帳

❶「於」，四庫本作「慮」。

加覆。略無厭貧之意。

閒遊門外而歸。程子云：「和樂只是心中無事。」誠哉是言也。

近來身心稍静，又似進一步。

暫閲舊稿，偶得胡文定公蓋有「名蓋天下，致位廟堂，得行所學」一段，不勝感慨。

枕上細思，從今須進步，不敢自絶於天。窮通得喪，聽乎天命，雖餓死溝壑，不可喪此德矣。

近日多四五更夢醒，痛省身心，精察物理。

「世間可喜可怒之事，自家着一分陪奉他，可謂勞矣。」誠哉是言也。

先哲云：「大輅與柴車較逐，鸞鳳與鴟梟争食，連城與瓦礫相觸，君子與小人鬭力，不惟不能勝，兼亦不可勝也。」

正月十七夜，夢王生花如蘭滿地。己巳

所憑者天，所信者命。辛未

八月初二夜，夢日有食之，既，與弼從旁吹之，火焰即熾，尋復其明。

四日早寫稿。紅日當窗，秋花映日，清風緑陰，意豁如也。壬申

涵養吾一。癸酉

沼上看《自警編》三二條，甚好，益知人當以聖賢自任也。

學《易》稍有進，但恨精力減而歲月無多矣。只得隨分用工，以畢餘齡焉耳。

山千形萬狀，觀者自得之可也；文千形萬狀，作者自得之可也。

讀奏議一篇，令人竦然。噫！清議不可犯也。甲戌

今日思得隨遇而安之理。一息尚存，此志不容少懈，豈以老大之故而厭於事也。

累日思平生架空過了時日。

與學者話久，大概勉以栽培自己根本，一毫利心不可萌也。

晚知書史真有益，却恨歲月來無多。乙亥

江西伍恒有書，知程庸奉府主王侯命去大司成先生家借《朱子語類》抄對，欲刊板以揚絶學、惠後來，喜不自勝，恨不即覩盛事之成也。

東窗親筆硯。好學至於不尤人，學之至也。

浴罷，坐東窗，親筆硯。竹風拂几，緑陰滿地。

看彈章，令人竦然。付學者抄寫。

午前治圃。貧賤之理當然，不敢辭勞。

獨游隔溪，數步而回，無可與者。

仁之至，義之盡。

見人之善惡，無不反諸己。

二月初一日，云昨夜夢同三人觀漲，擬同訪朱子，不勝悵歎而覺。有詩云：「曠百千秋相感深，依依不識是何心。金雞忽報春窗曙，惆悵殘魂帶病吟。」丙子

吉人爲善，惟日不足。凶人爲不善，亦惟日不足。

得便宜是失便宜，失便宜是得便宜。

康節詩：「閒窗一覺從容睡，願當封侯與賜金。」亦不必如此説。朱子「從容深宴養」好。

傳羹送麵，貧士克己爲義者。

萬事付之無心可也。

三綱五常，天下元氣，家亦然，一身亦然。丁丑

一日未死，一日要是當。

偶擷芳水尾，悵然舊游，得二句：「偶爾舊游行樂處，擷芳溪曲玩春流。」

動静語默，無非自己工夫。

游隔溪，擷芳。暮春天氣，一團清樂。看漚田，晚歸，大雨。中途雨止，月白，衣服皆濕。貧賤之分當然也。

靜坐獨處不難，居廣居應天下爲難。

事往往急便壞了。

不學則老而衰。

五月二十五夜，夢孔子孫相訪，云承孔子命來。兩相感泣而覺。至今猶記其形容。

胡文定公云：「世事當如行雲流水，隨所遇而安可也。」

卧看《自警編》，惕然自省，持己不可不嚴也。

毋以妄想戕真心，客氣傷元氣。

夜坐門屋，梧桐月照，清風徐來。

料得人生皆素定，空多計較竟何如。

天意順時爲善計，人情安處是良圖。

請看風急天寒夜，誰是當門定脚人。

十二月初十夜，夢云：「萬家喬木動清風。」

凡事不可用心太過。人生自有定分，行己則不可不慎。庚辰

看史數日，愈覺收斂爲至要。

不失人，亦不失言。

打點平生《日録》，感慨係之矣。

人生須自重。

「不怨天，不尤人，下學而上達」，當佩以終餘齒。

夢云：「自晝者德不進。」又云：「自知不足者，可大受而遠到。」

日行吾義，吉凶榮辱非所計也，聽天所命。

食後高卧東窗，羲皇上人乎？

夢誦詩云：「丁寧莫伐簷前樹，聽我高堂紅杏歌。」

又夢云：「矯矯高樓卧白雲。」

食後倦寢，夢朱子父子來枉顧。辛巳

趨炎者衆人所同，尚德者君子所獨。

夢云：「等閒識得東風意，便是橋邊鳥鵲春。」

高卧閒窗，緑陰清晝，天地何其闊遠也。

游後坊，登山椒，坐磐石，意甚適也。欲構覽秀亭於此，無陟降之勞。暮歸，新月一鈎矣。

閒卧新齋，西日明窗意思好。道理平鋪在，着些意不得。

彼以慳吝狡僞之心待我，吾以正大光明之體待之。

看前、去年《日録》，倦寢。細思平生學力止於此，精神日向衰憊，俯仰悵然，空生世間也。壬午

《詩》云：「戰戰兢兢，如臨深淵，如履薄冰。」七十二歲方知此味，信乎希賢之不易也。

夜静卧閣上，深悟静虚動直之旨，但動時工夫尤不易云。

程子云：「五倫多少不盡分處。」至哉言也。

「學至于不尤人，學之至也」，吾聞其語矣，未見其人也。

看《儀禮圖》，閲舊《日録》，倦寢。程子七十歲化，犬馬之年七十二矣，何如？何如？

夜來枕上静思，一味聖學帖然，終此餘喘而已。癸未

觀《遺書》數條，西照明窗，玩夫子之言，如飲醇醪，不覺心醉也。

徐步墻内，看秧坐塍，❶靜中春意可樂也。甲申

靜中觀物理，隨處有得。

看乙巳、丙午《日録》，感發多矣。乙酉

閲近數年《日録》，萬事不必計較，徒勞心耳。廓然而大公，物來而順應。大公，仁也；順應，義也。

曉窗，自誦云：「欲成美績，須究良圖。」非夢也，忽自然如此耶？誦，豈鬼神有以警我耶？當大書於壁，日求少進。

「當事之危疑，見人之措置」，邵子之教也。丙戌

《遺書》云：「人當審己如何，不必恤浮議。志在浮議，則心不在内，不可應卒遽事。」玩聖賢之言，自然心醉，不知手之舞、足之蹈也。

曉枕誦《易》，看去年《日録》，惕然興感，不敢不以聖賢自任。日思奮勵，庶不負友朋之誼也。

夜看《語類》，不忍釋卷，但虚病不敢久也。

德性學問，不敢少怠，但恨歲月來無多。

學聖人無他法，求諸己而已。吉凶榮辱，一聽於天。

君子顧自處何如耳，豈以自外至者爲榮辱哉？

天道福善禍淫，君子但當謹守先聖賢名教，居易以俟命而已。

昨夜夢誦云：「豈能存養此心之一。」豈鬼神教我哉？

午後看《陸宣公集》及《遺書》《易》，一親聖賢之言，則心便一。但得此身粗安，頃刻

❶「坐」，原漫漶不清，今據正德本、四庫本補。

不可離也。

倦寢，得句云：「逐日從容深燕養，憧憧慎勿役私心。」

閲舊跡，偶見先友羅得昌先生手帖，爲不肖困於官糧事。嗚呼噫嘻！「若要熟，也須從這裏過」。

聖賢氣象，須臾不敢不勉。

觀壁間帖，故友孔謂繡衣巡按江西時，與先子書有云：「前與與弼契兄接談時，頃探其中，蓋有威武貧富之所不能屈移者。今雖蹇滯，異日當爲令器，不必慮也。」惕然重書以警惰。孔後任河南參議。戊寅歲，僕在金臺時，聞久亡矣。戊子

「隨處」，惟歎聖人難學。

雨後生意可愛。將這身來放在萬物中一例看，大小大快活。

日夜惟知聖人好，但庸資實難企也。

憩亭子看收菜，卧久，見静中意思，此涵養工夫也。

程子云：「天地間可謂孤立。」

憩亭，玩《語類》三兩條，不勝痛快。

朱子云：「此道日孤。」

早夜思，餘齡一味學聖人，克其不似聖人者。

夜卧閣，思朱子云「閒散不是真樂」，因悟程子云「人於天地間，並無窒礙處，大小大快活」，乃真樂也。勉旃，勉旃！

張思叔詬罵僕夫，程子曰：「何不動心忍性？」朱子云：「不哭底孩兒誰不會抱？」又云：「處順不如常處逆，動心忍性始成功。」

午憩亭，静中胸次瀹然。

午後看《日録》。大晴，❶仰思物理。

❶「大」，四庫本作「天」。

今日觀《書》感慨多矣，但精神短，不敢久，可惜少年日月也。

恰别處一近事，薄哉風俗。嗟乎！自己德不可不厚也。戒之，戒之。

看《晦庵文集》，倦卧，仰思至理有契，不覺拊席。

寫文集一紙。曠百世而相感者，抑不知何心也。

觀《晦庵文集》，親先生之教，令人超然於世，萬慮俱消。竊思當時立於其門者，宜何如哉！乙丑

家事時嬰懷，亦當順理而行，情順萬物而無情可也。

倦卧，仰思古今國家治亂得失，及人家盛衰得失，爲之凛然。

無時無處不是工夫。

暫遊大門之外，桃李爛然，日麗風暄。先王以茂對時育萬物。

日親聖賢嘉謨，何幸如之！但恨讀之晚矣。

早憩自得亭，親筆硯。水氣連村，游魚滿沼，畦蔬生意，皆足樂也。

施爲欲似千鈞弩，磨礪當如百鍊金。

年老厭煩，非理也。朱子云："一日未死，一日要是當。"

歲月如流，而學德有退無進。有志之士，其興感乎？無感乎？

玩《遺書》。噫！不知所向，安知斯人之爲功？聖人之責人也常緩，便見只欲事正，無顯人過惡之意。

觀五峯舊稿，感慨係之矣。

夜思平生經歷，五更方寐。聖人未嘗忘天下，果哉末之難矣！

逐日親聖賢名教，甚幸！但漸期寡過

而未能也。

玩《易》，默而繹之，不勝痛快！ 但恨歲月來無多。

早盥櫛後，東軒親簡編，竹日明窗。思初回鄉時，石泉柱帖云：「欲到大賢地，須循下學功。」回首近六十年矣，大賢地何日到邪？

於事厭倦，皆是無誠。

天下之至賾而不可惡，天下之至動而不可亂，廓然而大公，物來而順應。倦卧，養病，思已往踐履及聖賢名教。卧起，天向暝矣。

雖萬變之紛紜，而應之各有定理。

康齋先生文集卷之十一

康齋先生文集卷之十二

跋

跋伊洛淵源録

永樂己丑冬，姑蘇别駕李侯能白寄此集於先君，與弼燈下閱之。伏覩道統一脉之傳，不覺心醉，而於明道先生獵心之説尤大悚動。蓋平昔謂聖賢任道之統者，皆天實篤生，非人力可勉，遂置聖賢於度外而甘於自棄。及覩此事，乃知所謂程夫子者，亦嘗有過，亦資於學也。於是思自奮勵，竊慕向焉，既而盡焚舊時舉子文字，誓必至乎聖賢而後已。

辛卯冬，與弼歸鄉里，而京師官舍被火，意此書必煨燼矣。居常思一再讀而不可得。今年春，齎先君遺籍於蓮塘故址，忽喜無恙，遂奉至小陂茅屋，日敬玩味，以酬素願。

嗚呼！與弼迷途少改，實始此文，於以見朱夫子纂集垂惠後學之功盛矣。而李侯遠贈之勤，其敢忘哉？

跋尚友二大字

舊生孫而安寄以名筆佳墨，❶其子訥奉至小陂，將有省覲之行，附此以答遠意云。

❶「生」，四庫本作「友」。「而」，四庫本作「爾」。

跋忠國公石亨族譜

右忠國公石氏族譜一通,命僕題焉。夫公元勳盛德在天下,著太常而重彝鼎,所以顯其親而光其族也。至矣!雖能言之士,無所容喙,況在於僕,敢贅乎哉?

天順戊寅七月二十一日,門下士臨川吴與弼拜觀。

跋秣陵陳氏家譜

都指揮陳君弘道枉顧寓舘,既而攜嗣子珦繼來,且以家譜命題。

夫世間能事,惟在讀書脩身而已。珦也崇乃志於詩禮之訓而益篤焉,則所以躋其美者,可量乎哉?

跋饒烈給假歸帖

此初入齋時帖也。歲月不易得,回首倏八載矣。舍魚取熊掌,在於所志何如耳。

跋徐氏族譜

昔三衢徐君希仁教吾臨川也,予寓五峯外氏,因以得陪餘論,嘗辱其世譜之命而以不敏辭焉。君既調官,且歸休林泉矣。每欲一訪鄭公之鄉,今乃始諧夙願,而君已老。握手嘘唏,語笑未洽而予以多病迫歸,君猶以舊命命我。噫!先德之美,自足名家,淺薄焉能爲有無?而知我之過,無以謝萬一,益顔厚耳。

跋四老西游圖

四老者，進賢陳子憲、吴志廣、朱文貫、陳子寧也。西游者，索崇仁吴與弼歌其令君吕侯之賢，❶以風厥鄉人也。黄眉皓髮，年皆七八十，跋涉凍途而甘心焉者，秉彝好德之誠也。相行者，邑生傅海也。予既賦絶句詩以贈其歸，而好事者復圖以表焉。

贊

黄在中遺像贊

藴昂霄之志，負泛駕之材。事業嗟其已矣，山林邈自藏輝。朱顔皓齒，鶴髮桃顋；春風態度，秋月襟懷。昔予拜翁於中壽，雖病革而禮諧。翁謝世之八年，瞻圖像而肅齋。噫！詩卷長留，天地繼述乎？後者宜愈遠而愈佳也。

戴文振遺像贊

緊親仁於齠齓，❷恒信宿於高門。晚接隣於華里，拜遺像於諸孫。

銘

硯銘

何産之異，何保之良。所瀦涓滴，所濟

❶「崇仁」，原作「臨川」，今據四庫本改。
❷「齓」，四庫本作「齡」。

汪洋。

啓

回饒氏議親啓

伏以人歆令聞金蘭契朱陸之高軒，世篤嘉猷珠玉際吴虞之逸駕。未獲展門墻之敬，忽枉飛姻好之牋。伏承某人第幾位令嗣房下第幾孫男某茂才，資格英佳，箕裘閒熟，以某幾小女粗諳織紝，未習德容，特蒙略齊鄭之嫌而俾聯秦晉之匹，猥承雅眷，敢不恭依？雖蕭嶺飛甍之偉莫可攀緣，而紫陽覆瓿之期實深屬望。感兹榮幸，倍萬等夷。謹奉狀謝，伏惟照察。謹狀。

孫氏求婚啓

伏以仰止名宗，久篤朱陳之好；不量非偶，復通秦晉之歡。以某男某，器識凡庸，才猷薄劣，伏承令姪敏堂徵士第一小娘子，性質温厚，德容靖嘉，妄意好逑之祈，遽辱於歸之諾，戰越無地，欣幸曷勝！謹齋沐以諏辰，敢肅恭而告吉。

回饒氏議親啓

翺翔槐市，膠漆夙忝於椿庭；問訊花封，絲蘿新好於蘭砌。拜嘉良厚，爲慰實多。伏承令姪某進士第三令嗣茂才，梧竹高標，豈輕匹配？而某第二小女，襪線庸品，偶叶蓍龜。韓朱門墻數仞，誠難於企及；李黄步武異世，固望於同歸。慶荷之私，敷陳罔既。

墓誌銘

孫君墓誌銘

君諱隆，字仲迪，姓孫氏，世爲豐城之敷山人。予距君居限一嶺耳，然未識也。他日，遇於劍水之濱，容儀魁以整，詞氣雅而温。予雖寡合，而心竊奇焉。已而，賓予於其家，敦禮而尚德，名宗故族之翹然者也。

正統丙辰正月丁丑，君以疾卒，享年六十有七。將以其年十一月庚申葬於其鄉之某所，❶其内外親戚賓友咸以君嘗辱予，宜託以銘。季子勉將伯兄昂之命來請。予適病，勉意益處不易，❷於是叙次其世而銘之曰：

唐處士諱瑫字伯玉者，宣宗時葬敷山。宋迪功郎監潭州南岳廟諱約之者，於君爲八世祖，始倣歐陽氏法爲之譜。伯玉而下，系次有闕。譜自南唐倉監諱行琰始。行琰生仁耶，仁耶生敬忠，敬忠生餘慶。餘慶四子：景連、景運、景純、景陽。❸四景以來，胤日益庶，力學爲善，代有令聞。而景純者，乃君之十二世祖也。曾祖諱惠，字和仲。祖諱暠，字從達。父諱某，字友文。

君少孤，凡所以立其家、啓其後者，皆躬辛以致之。而相厥志者，配徐氏也。子四人：昂、勉、操、持。女二人。孫十人：洪、浩、澄、淵、淑、治、温、演、溥、濟。系曰：❹孫

❶「某所」，原漫漶不清，今據四庫本補。

❷「處」，原墨丁，今據正德本補。

❸「景連景運」，四庫本作「景運景福」。

❹「系」，四庫本作「乃銘」。

居敷山，❶遠自於唐。德門文苑，族世厥芳。爰暨君身，適丁中微。❷惟君奮邁，於祖有輝。既富而壽，亦云福只。慎終刻詞，是謂有子。

牛君墓誌銘

五峯主人牛君將葬，仲子演致其臨終之命曰：「欲銘我，其吳先生乎？」嗚呼！君知我者，惡得不銘？

君諱琛，其先由河南官游于薊，因家遵化縣之王家莊。大父諱彥，贈昭信校尉撫州守禦千户所百户。父諱均美，撫州守禦千户所百户致仕。傳子忠，尋陞副千户，封厥考武略將軍副千户，母田氏宜人。既而調贛之會昌。會昌君卒，子暹嗣。暹未有後以卒，夏官以次君當踐會昌，君以微疾讓弟斌。斌卒，君復讓諸子，夏官竟官君子澄。君爲人端毅疏暢，勤禮而泛愛，尊賢若不及。家庭之間，肅然以和。先府君建博文堂，聘名縉紳以講授。君與仲氏俱讀書通大義，卒克拔等夷爲大家。知我實由於仲氏，而君固一致焉。托門墻僅四十載，豈偶然而已哉？

君生洪武戊申十二月十三日，年八十三。氣體倦勤，内屬家事，外與親交。訣遷正寢之二日，乃曰：「明當去矣。」翌日果然，正統己巳五月二十六日也。君娶黄氏，繼室周氏。子四人：長昱，學於予，諸父甚愛重之，蚤世矣。澄，會昌千户。演、溥與吾兒游。女一人，適撫州正千户夏昶。澄等以景泰冬十一月己酉葬君臨川銀錠塘之先兆。

❶「居」，原作「若」，今據四庫本改。

❷「丁」，四庫本作「于」。

銘曰：

於昭世德，博文有堂。克敬克紹，雝雝鴈行。先兆于歸，銀錠之臧。

孺人黄氏墓誌銘

天順戊寅正月，予以詔命將赴金臺，鰲溪熊、易二生道其所善寶塘謝愈盛上謁天使之舘而通贄於予。既而，二生屬子壻饒循，謂昔日愈盛失所恃，纔逾旬耳，假拜使以登君子之庭，爲丐銘之地，幸夫子矜憐之。予固辭焉。十月，謝病歸田，二生復以屬循，且曰必欲得夫子銘，然後愜於人子之心。辭之數，而請益勤焉。

嗚呼！「民之秉彝，好是懿德。」誰無人子之心哉？生之膝下，喘息呼吸，氣通於親，古今一耳。然愛其親有篤不篤者，存其天有多與寡也。謝氏子於子道不其厚矣哉！雖欲終辭，詎可得邪？竊嘗悲世人子有幸焉、不幸焉，有大幸焉、大不幸焉。幸不幸之中，又萬不齊焉。生而弗及見其親者矣，夙喪親而弗克記憶者矣，生弗克致其養、死弗克致其葬者矣，變故不一，所不忍言，而人子抱無涯之痛者多也。謝氏子其於親也，未嘗違旨甘，家富而親，壽考以終，可謂幸矣。又得吾銘以慰人子報親之忱，予亦大爲之慶焉。於是誌而銘之。誌曰：

孺人生洪武乙卯正月十九日，鰲溪天授鄉麻溪黄叔獻女，寶塘青雲鄉謝永昇婦。歸，弗逮事其舅，而奉姑甚孝，爲謝氏淑人。天順戊寅正月甲子，年八十四以卒。卒之日，慟及臧獲，可以考德矣。十二月癸酉，祔葬本里周坊姑氏兆右。永昂先二十年卒。❶子二人：曰愈堅，早世，孺人撫其孤遺，以教以婚。曰愈盛。孫四人，曾孫五人。銘曰：

寬裕慈惠，壽考是宜。於昭令子，千載銘諸。

邵楚材墓銘

醋兒其名楚材字，泒出河南邵其氏。伊父見育鄭將軍，吾考實維鄭君壻。而父歿時爾年稚，吾家與居已經世。四十四壽女二人，卒於正月歲丁巳。葬爾臨汝石泉山，誌爾墓兮百千禩。

易孺人墓銘

緊張有母慈且淑，劍水淒涼久埋玉。哀哀孤子遲我銘，圖報昊天難遂欲。寒暑互往歲月遒，出入起處常幽幽。安得特書不一書，晶熒金石寬吾憂。我聞中心怛以惻，紀德述行固其職。母生癸酉卒丙寅，葬惟丁卯湖名墨。妣系熊兮考南維，祖克俊兮氏曰易。十六歸作嘉謨配，代絶有道無亢悔。薰蒸融液家以成，年不足兮衆所矜。我歌不磨千載名，恃此庶以慰冥冥。孤子長跪淚盈盈，生死肉骨惟先生。猗歟孤子其爲誰，曰循千載受予經。

❶ 前稱「永昇」，後稱「永昂」，同指一人而異名，當有一誤。弘治本前後均作「昇」，正德本則在文後注曰「昇、昂二字欠考」，四庫本則前後均稱「永昂」。

墓　表

黃先生墓表

君諱寬，字浩中。幼孤，弱冠始知學問，中更苦節。慕先正草廬之爲人，號曰「希吴」。與人談，每樂道吴之學。於書無所不讀，而《易》尤深。恬默自守，紛華不少介乎其意。晚歲德益茂，平居恂恂，鄉閭無少長翕然尊師之。雖教授在乎闤闠，而未嘗一履公門。世居縣北君贅橋東，厭其喧囂也，徙近郊之某處，號曰「草庵」。地既幽曠，園池竹樹，日向清雅，而諸子皆克世其業，充乎有以遂其永矢之樂焉。

嗚呼！人咸多君之樂易近人，而其中有介然不可移者存，則恐未盡識也。於其家嗣之請，表其墓轍，❶敘而爲之。詩曰：「温乎其外兮，衆所見也。介乎其中兮，吾所羨也。」

東臯居士墓表

居士姓吴氏，字士奇，號東臯，代爲東平名族，與寒門通家累世。予小子，久獲親炙几杖，故相知爲周。大父從道，篤於教子，遍禮名儒，以爲之師。尊公某，克承家法，故居士於學甚早。少長，遭逢亂離，艱險備歷，故於才甚通。爲人豪邁閒曠。客至，倒屣相迎，款語詩書，忘其朝夕。酒半輒高歌，激烈有蕭洒出塵之想。名居曰「東臯舒嘯之軒」。

❶「轍」，四庫本作「輒」。

軒之大書曰「左右圖書」、「古今風月」。先子寄贈詩有「東皐先生英傑人」，又曰「長日襟度温如春」，誠哉是言也。永樂　年　月卒，葬近地之蜈蚣山。年文於其墓曰：

蜈蚣之脉宛蟠虬，白鷺之水静相繆。層巒疊嶂森連鈎，佳哉形勝雄斯丘。有美一人儒者流，於焉埋玉諧佳謀。高風欲考靡來由，鑱厥金石垂丕休。

孺人羅氏墓表

孺人諱奴娘，處士羅遜卿之女，配胡君環卿。胡氏世蹈朴厚，孺人以貞閒惠恭之質相其夫、子。雖處阨窮，而宜家之道靡渝。胡君之禮孺人，亦猶孺人之尊胡君也。年六十四，永樂七年閏四月十七日以疾卒。葬南坑塘北。又二十六年，諸子立石表墓，而徵文於予。予幼承孺人撫愛之慈，且知德實深，迺序而詩焉。詞曰：

德美以宜其配兮，足承累世之淳龐。雖嗇於其躬兮，後其昌。

蔣節婦墓表

戴生享慶以祖妣墓未銘，懼夫節義久將堙没不傳也，恒戚於其心，乃咨於其父，請族祖子潁君譔其世與行，丐予文以表焉。

節婦諱滿奴，姓蔣氏，世爲南昌豐城人。曾祖諱鈞，字洪仲。祖諱沐，字叔新。父諱椿，字子莊。母黄氏。節婦年二十餘歸配唐山戴子鼎氏，逾紀而子鼎君卒，有子纔五歲。戴故大家，當是時，孰不欲乘其危以兼其有？節婦介特，愈嚴以勤，卒能完其家，無毫髮喪。教其子以及其孫不少替，君子以爲難。嗚呼！疾風知勁草，不其然乎！姒氏姑、婦亦皆以節終，時號一門三節。冰霜互冽而金玉交輝。盛矣哉！銘曰：

超逸駕兮往哲是程。激薄俗兮壺彝惟馨。玄廬載銘兮永流厥聲。

孺人汪氏墓表

三衢之常山邑庠生徐仕，承尊公希仁命，請其母孺人墓石之文。予與希仁知己，仕舊生，其何辭？

孺人姓汪氏，諱鳳娘，世爲常山士族。高祖諱文環，登元進士第，仕翰林編脩。曾祖諱紹，柳州教授。孺人年二十七歸。希仁游邑庠，得專經術，爲進士，以孺人綜家也。既而，偕希仁官臨川，歸。希仁調山東，孺人以姑老弗往。希仁厄於詿誤久，三子皆遠省，時鄉里門户甚迫，孺人極力以應，卒無敗事。希仁謝事，自邑徙近地之新溪，凡平生開創與結架之勞，多資賢助焉。孺人生洪武丙辰二月初一日，卒景泰癸酉六月初十日。八月壬申，葬十八都蒙撑橋頭先兆之側。子三人：畊、學、仕。孫　人。曾孫　人。

祭　文

祭外叔祖蘭雪先生

惟公簪纓茂裔，詩禮名閥。行端而固，學富而精。惟仁克壽，存順没寧。嗟予小子，姻忝於甥。贄未追席，哭不及庭。徘徊軫念，禮負幽明。拜瞻靈幔，恒以中情。一觴敬酹，神其鑒誠。

祭湖山黃先生

稟於天者秀拔，學於己者清勤。三振鐸於芹水，兩考最於成均。屢攝司成之位，譽益著於縉紳。既致政而歸來，儀表重於鄉隣。福已軼乎中壽，佳子姓之振振。忽微疾而奄逝，蓋天厚乎仁人。嗟小子之孱薄，早蒙開導之諄諄。恩未酬於萬一，宜承訃之悲辛。淹疾阻於往哭，何衷曲之能伸。顧頑兒以敬遣，聊菲儀以是陳。嗚呼哀哉，尚饗！

祭外祖母伯氏夫人

嗚呼！夫人育秀大家，配美高門。猗歟二氏，克武克文。惟是夫人，資懿德尊。峩峩偉節，壯氣凌雲。天相眉壽，福祉孔繁。夫人逝矣，不亡者存。嗟我小子，幼沐深恩。曰攜曰抱，曰涼曰溫。於師於友，於冠於婚。以長以成，難乎具論。厚德不報，痛徹心魂。幽明永隔，日月其奔。奄及歲除，怛焉如焚。病莫驅走，是遣諸孫。往酹一觴，腸裂聲吞。嗚呼哀哉，尚饗！

祭孫仲迪

嗚呼！昔我與公邂逅於劍江之濱，投分於片言之頃，遂承步暑，同歸仁里，信宿相留。雖再覯止於二三，而愛我不啻平生。方擬春和，杖策攜琴，重來謁公，遍訪名山，以酬舊約，而公棄我以逝矣。嗚呼哀哉！適此卧病，不能往哭，祇遣一觴，永訣終天。尚饗！

康齋先生文集卷之十二

康齋先生文集附録

劄付

江西等處承宣布政使司：爲表儒先、隆祀典以扶植風教事。禮房准勘合科付：承准禮部准字二千四百二十八號，勘合前事，祠祭清吏司案呈本部，連送該本部題。本司案呈：奉本部送禮科抄出欽差巡撫江西等處地方都察院右副都御史陳　題：據江西按察司呈：准本司清軍副使顧應祥關先該：本職帶管分巡湖東道，巡歷撫州府崇仁縣地方。公務之暇，遵照憲綱事理，詢訪先賢墳墓。據該縣學廪膳生員黄幟等呈，稱本縣肆拾伍都處士吴與弼嫡曾孫吴瑾近年病故，遺有貳子，年幼，流離失所，不能存活。又稱先任提學副使邵寶曾將淫祠壹所改爲吴聘君祠，被火燒燬，迄今無錢脩理，祭祀不能舉行等因，行間隨據崇仁縣知縣王鐸帶同本縣壹都肆圖排年里長余莧爵、吴茂萱等稟，稱本都仙遊山道觀原額田糧捌石叁斗伍升，係遠年拾伍都吴勉等施捨，田少糧多，道徒差役重疊，借債數多，盡將好田寫還債主耆都大户陳曰倫、黄貴榮、吴勝四、張璉九等。産去糧存，本山賠納不過，道徒逃絶，排年被其負累。乞將本山改祀吴與弼，就將田業作爲祭祀之資，養贍遺孤，所遺虚糧清出，歸還得業大户，彼此兩便。本職審係風教重務，隨即率領知縣王鐸、儒學訓導歐文瀚並通學生員黄幟等，出郭貳里，親詣仙遊山看踏，委有廢觀壹所，前後屋宇見存，内塑浮丘、李、郭叁僊等像。隨查

《大明會典》，並非應祀之神，就令該縣撤去僊像，迎吴聘君神主入内，暫且安放，具由通行。呈蒙巡撫右副都御史盛　批：此舉足以崇重前脩，激發來學，仰依擬施行。清軍御史陶　批：名儒後裔，正宜存恤，給與道觀田糧事，亦相應依擬處置施行。續據知縣王鐸稟稱，仙遊山道觀田糧，各鄉大户俱各樂從，共清出田壹拾捌畝，該糧玖斗伍升肆合，作爲祭田，給與吴與弼幼孫吴忠、吴恕永遠管業。其餘糧米柒石叁斗玖升陸合，仍歸還得業之人輸納。本職又行親自踏勘相同外，爲照：爲政之道，風化爲先；鼓舞之機，實存乎上。處士吴與弼，學者稱爲康齋先生，性本沉潛，學惟踐履，躬耕隴畝，不求聞達。監察御史涂謙、陳述、山西按察司僉事何自學、撫州府知府王宇屢薦不起，後以忠國公石亨之薦，英廟特遣行人曹隆禮聘至京，授以春坊諭德。不就而還，卒老於家。至今鄉之後進，多有聞其風而興起者，其亦可謂有功於風化者矣。議者或少其無所著述，或議其受知權臣。本職以爲聖人之教，何俟於言語文字之末？石亨之薦，尤足以驗秉彝好德之心。及其屢疏求退，不受官禄，若有逆知亨之必敗，則其見幾明決，尤足多者。夷考康齋之父古崖先生名溥，以禮闈首選，歷任國子司業。今康齋没未百年，而子孫貧無寸土，其家世清白，不事生産，即此一節亦足以廉貪立懦，況其反身踐履，佑啓後人之功，誠不可泯！如此人物而不得專祠於鄉，何以爲勸？今雖將已廢淫祠呈允改爲棲神之所，緣未經奏准，誠恐日後豪强復行侵占，如蒙轉達議處，賜之祠額，俾有司時一祭享，使天下四方咸知爲善之人自有身後之益，未必無補於聖明之治。等因，備關具呈到。臣查得處士吴與弼，❶江西撫州府崇仁縣人，幼有異質，讀書窮理，累辟不就。謂聖賢可學而至，則因淳公之言而發憤；謂師道必尊而立，則守伊川之法以迪人。四方來學之士不納贄見之儀，自食其力，一介不苟於取予，躬行實踐，鄉人化之。天順間，英宗皇帝遣行人曹隆齎敕書束帛造其廬，與弼不受官職，且辭幣帛。至京師，上召吏部，命爲左春坊左諭德，引見文華殿，對云老病不能供職。上謂大學士李賢曰：「此老非迂闊者，務令就職。」與弼終不就，屢辭乃允。復遣行人王惟善送歸，賜詔褒嘉。歸家，進脩不倦，名譽傾一世，雖庸人孺子亦知其賢，正所謂聖世之逸民、儒者之高蹈，相應崇重，以勵士風，以裨世教者也。臣會同巡按御史秦　、清軍御史陶　議照：化民立教，惟在於樹之風聲；而舉祀建祠，正所以昭其德範。方其貴近之薦，固可以見好德之同心；及夫官爵之辭，尤足以驗其先幾之特見。蓋重和之疏於龜山亦無嫌，而明堂之留在漢儒爲多愧。若與弼者，其出處不至於失己，而學術何待於立言？人品如此，所宜表章。今其後嗣淪落於閭閻，而香火寄棲於道觀，上無以存先朝禮聘之美，下無以啓後學仰止之私。副使顧應祥欲清道觀之田以供其祀事，而鄉民余萈爵等欲以祭田之入併恤其遺孤。此可見與弼之賢，非惟儒者欲宗其道，而編氓亦知所嚮慕矣。況其祠宇已經改作，立有神主在内。詢之藩臬諸司及鄉之士大夫，莫不皆以爲宜。臣奉命一方，叨與保釐之責，風教所關，義豈容默？如蒙乞勅禮部查議，奏請賜之祠額，申之祭品，就將前項祭田所出，令有

❶「臣查得」，原漫漶不清，今據弘治本補。

司每年買辦以時致祭，仍賜諭祭文一道，非特可以慰儒先不泯之靈，而亦足以昭皇上崇德禮賢之盛節也。其於風教，豈小補也哉！緣係表儒先、隆祀典以扶植風教事理，未敢擅便，爲此具本，專差承差鄒東昇親齎，謹題請旨等因。題奉聖旨：禮部知道。欽此欽遵。隨該巡按監察御史秦　、陶　等題，同前事，俱奉聖旨。該部看得巡撫江西等處地方都察院右副都御史陳　、巡按監察御史秦　、陶　等題稱，江西撫州府崇仁縣處士吴與弼蒙英宗皇帝禮聘，授以春坊諭德，不就而還，卒老於家。已將本縣仙遊山道觀撤去仙像，迎主入内供祀。清出田畝，該糧玖斗伍升肆合，作爲祭田，給與子孫永遠管業。乞要賜之祠額、祭品、祭文，有司致祭一節，爲照：處士吴與弼乃本朝名儒，後學瞻仰，其於立祠致祭似不爲過，借若勞費於民，卒難興舉。今既該彼處撫按官員議，將神非應祀之觀已改祠宇，民所不耕之田以供祭祀，揆之事理，似亦相應合。無候命下之日，本部行移江西布政司轉行該府縣官裁定祭品，將前項祭田所出買辦祭物，令有司正官以時祭祀，仍行翰林院撰擬祠額祭文，賜給前去。欽此欽遵施行。緣係表儒先、隆祀典以扶植風教，及奉欽依禮部知道事理，未敢擅便。嘉靖四年九月十四日，本部尚書席　等具題。十七日奉聖旨：是吴與弼既係先朝禮聘名儒，准立祠致祭。欽此欽遵，擬合通行。爲此除外，合就連送仰付該司類行江西布政司轉行府縣官，裁定祭品，將前項祭田所出買辦祭物，令有司正官以時致祭，毋得科擾不便。等因，備付。准此，擬合就行。爲此劄仰本府當該官吏照劄備去勘合内事理，轉行該縣掌印官裁定祭品，止將前項祭田所出買辦祭物，令正官以時致祭，毋得因而分外科擾，取罪不便。須至劄付者。

計開：

賜處士吴與弼祠額名「崇儒」。

春秋有司致祭處士吴與弼文：

維嘉靖　年，歲次　月朔　日，江西撫州府崇仁縣某官　欽奉朝命致祭于處士吴公曰：

惟公性本沉潛，學惟踐履，先朝徵士，一代名儒，尚志養高，甄陶後學，禮宜秩祀，用致優崇。兹惟仲春秋，式陳俎豆。明靈如在，尚克鑒歆。

嘉靖伍年貳月貳拾肆日行。

本年叁月拾柒日，又奉布政司劄付，呈奉巡撫衙門詳允批示裁定祭品。

計開：

豬一口　羊一口　果子伍品　黍二升　稷二升　粱二升　時菜伍碟　酒三爵　帛一疋　香一炷　燭一對　稻二升

薦　剡

山西按察司僉事臣何自學謹奏：爲舉揚清節事。查得正統六年十一月初一日節該欽奉詔書内一款：民間果有真才實行，堪稱任使，許按察司具實奏舉，以憑試用。欽此。臣聞自古有國家者，必有清節之士，懷抱才德，不輕仕進，如漢之周黨，宋之种放、邵雍、孫復。當時咸加褒贈，以勵風節。訪得江西撫州府崇仁縣儒士吴與弼，係已故國子監司業吴溥男，守素尚義，言行不愧於古人，好古通經，學術足開於後進，待妻子如賓客，視財利若鴻毛，即今年過五十，不求聞達於時，惟開義塾於家，弟子慕義而樂從，鄉人聞風而敬式，真儒林之清節，聖代之逸民。如蒙准奏，乞勅該部起取到京，考察其實，量授文學清職。如不願仕，量乞褒嘉，俾之還家，以遂其志，亦足以敦士風，勵節行。緣係薦舉人材事理，未敢擅便，謹具奏聞。

正統十一年　月　日

雲南道監察御史臣凃謙謹奏：爲薦賢事。臣訪得江西撫州府崇仁縣處士吴與弼，淹貫六經，博通諸史，至於安邦安國之謀，行軍設法之計，無不優長，誠聖代之遺逸，有用之良材。如蒙，乞勅該部起送來京，量加褒擢。緣係薦賢事理，未敢擅便，謹具奏聞。

景泰元年　月　日

山東道監察御史臣陳述謹奏：爲舉保賢才事。伏覩詔書内一款：朝廷治政，務在得人，果有懷材抱德、通今博古、文章超卓、名行相稱之人，許該司府縣正官及風憲官舉保赴京考用，不許濫舉。欽此。臣先差江西清軍，復差審刑，訪得撫州府崇仁縣儒士吴與弼，乃已故國子監司業吴溥之男，賦性端凝，居家孝弟，經史該博，理學貫通，守道安貧，動循矩度。約年六十，心忘仕進，躬耕隴畝，以教其鄉。其教人之法，本之以小學、四書，持之以躬行實踐，益久益勤，人多感化。臣觀宋儒程頤以司馬光薦，由布衣而爲侍講；蘇洵以歐陽脩薦，由布衣而爲主簿；元儒許衡，亦由布衣召，起爲京兆提學，繼爲國子祭酒。若此數儒，有功當時，有功後學。

臣竊以吴與弼德脩於己，行孚於人，學宗程、許，文法歐、蘇，絶跡公門，不求聞達，以道自高，人所推重，真儒者之高蹈，盛世之逸民。養高丘園，蓋亦有年。累次薦舉，不屑就已。仰惟國朝自太祖高皇帝以來，崇儒重教，列聖相繼，垂九十年，文化之盛，超軼前代。皇上中興大業，政宜奬用賢才，以勵風教。如蒙准言，乞勑該部遣使優加禮聘赴闕。或如宋哲宗之用程頤，則以之侍經筵，必有資于聖學；或如元世祖之用許衡，則以之任太學，必有益于後進。緣係舉保賢才事理，未敢擅便，謹具奏聞。

景泰三年　月　日

江西撫州府知府臣王宇謹奏：爲開讀事。臣訪得本府崇仁縣儒士吴與弼，通貫六經，旁該史傳，明聖賢之道，躬踐履之實，隱居教授，自守甚堅，年逾六十之上，不求聞達於時，宦達願交而不應，鄉閭仰德而知欽。其文學才行，可以無愧古人，超越流輩，似此賢才，堪以薦舉。如蒙，乞勑該部行取赴京，量加擢用。緣係薦舉賢才事理，未敢擅便，謹具奏聞。

景泰五年　月　日

忠國公臣石亨謹題：爲徵聘處士事。臣聞自古帝王之治天下，莫不求賢以自輔，若成湯之聘伊尹，高宗之求傅説，漢武帝之迎申公，宋哲宗之徵程頤，有益於君德，有資於治道，載諸經史，耿耿不磨。洪惟我朝，法古爲治，尊賢使能，但天下之廣，山林之下，尚有高蹈遠引之士，懷抱道德，嘉遯丘園，不干仕進，不求聞達者，若非朝廷以禮求訪，何由見用？切聞江西撫州府崇仁縣處士吴與弼，係已故國子監司業吴溥之子，潛心六經，淹貫子史，動遵古禮，行著鄉曲，恬然自守，不求仕進，實儒者之高蹈，士類之矜式，出爲世用，必有可觀。如蒙准奏，伏望皇上以前代帝王求賢之心爲心，特遣行人一員賫奉勅書禮幣，敬造其所，敦聘至京，崇以禄位，俾展嘉猷，不惟增輝聖德，亦且有補名教。緣係徵聘處士事理，未敢擅便，謹具奏聞。

天順元年　月　日

序

贈康齋吴先生還家序

竊惟道在天下，無物不有，無時不然，必聖賢者出，乃能明而行之。苟無聖賢，道固自若，初無一毫之或損也。爲聖賢者，豈有他哉？能不繆於是道而已。若夫衆人，任其自繆，不著不察，惟學者能知斯道之彷彿。奈何擇之弗精，執之弗固，失之多而得之寡，大抵獲十一於千百者也。

豈惟後世爲然？雖聖門高弟，顔、曾之外，未見復有純之者。寥寥千載，迨宋興，則有周、程、張、朱出焉，始見發明而允蹈之。然聖賢世不常有，殆無異於麒麟、鳳凰之稀蹤。今去數賢又若是其久也，間有一二豪傑之士，頗能振作，其於斯道之全體，終有憾焉。嗚呼艱哉！若撫州康齋先生，蓋有得於斯道者也。

余官吏部時，凡自撫來者，必詢動履造詣何如，卒亦未有知其詳者。余嘗致書以伸景慕之私，既而累歲訖無消息，意其引避者宜然，不復計念。後有出於其門及游宦其地者，交章論薦，竟亦不起。天順改元，余始入閣，言及先生學行，總戎石公慨然上疏以薦之。於是朝廷特遣行人賫帛往聘於其廬。既至京師，上喜其來，朝見之日，即拜左春坊左諭德，召至文華殿，從容顧問，寵賚有加。第以衰病不能供職，固辭不就。上堅意不允，留之數月，見其病勢弗已，特允所辭，賜以勅書，賚以銀幣，仍遣行人送還故里，復命有司月給食米，冀有精力脩書傳世。聖心眷望如此其盛，實曠世所未聞也。

昔者范文正公謂嚴子陵與漢光武以道相尚，子陵之志出乎日月之上，光武之量包乎天地之外。微子陵不能成光武之大，微光武不能遂子陵之高，而使貪夫廉，懦夫立，是大有功於名教。以今觀之，皇上之量尤大於光武，先生之志不下於子陵，君德由此而益光，士風於是乎大振，恬退之習自然興起，節義之尚莫不争先。不惟有功名教，而國家元氣將必藉此而益厚矣，豈曰小補之哉？

余與先生既得面接，見其學極高明，動遵古禮，有深造自得之樂，有篤實光輝之美，願留而不可得。告别之際，游其門者乞余言以贈之。

嗟夫，余言烏足軒輊！第敘所由，以寓健羨之意云，於是乎書。凡公卿大夫之贈行者，亦附其名也。

天順二年歲在戊寅秋夷則月之吉，賜進士資善大夫吏部尚書兼翰林學士知制誥南陽李賢書。

行　狀

康齋先生行狀

先生姓吴氏，始祖諱兢，汴州人，貫知經史，方直寡言，唐睿宗時累遷諫議大夫。七世孫諱宣，娶蜀主孟昶女，徙居撫州，子孫因家臨川之種湖。高祖諱景南，號南窗，工詩，吴文正公序其集。曾祖諱審，號楚江，博學，詞藻清麗。祖諱涇，號逸愚，徙居崇仁之蓮塘。父諱溥，字德潤，號古崖，國子司業，剛介自守，所爲詩文有《古崖集》。母裴氏。

先生以洪武二十四年十二月十二日亥時生。逸愚夢祖墓一藤盤旋而上，問墓傍一老人此爲何藤，答曰攀轅藤。翌日，生先生，因名夢祥。長諱與弼，字子傅，號康齋。繼母鄭氏。

先生資禀英異，八九歲時已負氣岸，讀書鄉校，嶷然有立。侍親京師，習舉子業，科第可期矣。永樂己丑，年十九，一見《伊洛淵源録》道統之傳，心慨慕焉。及覩明道亦嘗有獵心，乃知聖賢之必可學。遂棄舉業，謝絶人事，獨處小樓之上，日玩四書諸經、洛閩語録，收斂身心，沉潛義理，視世之所尚舉不足爲。其志直欲造乎聖賢之域。其詩曰：「九仞始一簣，千里方跬步。」又曰：「誠當通鬼神，志當貫金石。」蓋不下樓者二年。

辛卯冬，以用工過苦致疾，遂還鄉。遭風，舟幾覆，衆皆驚怖失措，先生獨正襟危坐。舟定，問其故，曰：「吾守正以俟耳。」居鄉，動必以禮。或誚其迂，或哂其僻。先生介特凛然，不少變於俗。蓋其涵養體認之功深，而定力已如此。每省親太學，粗衣弊屨，人莫識其爲司成之子。里閭之人多横逆，弗與校，益厚其德，久而從化。中歲，家益貧，衣食不給，風雨不蔽，躬親稼穡，手足胼胝，非其義一介不以取諸人。好學之篤，不知晝夜寒暑，雖在途，或夜牧，或枕上，亦默誦精思，無一雜念。敬義夾持，明誠兩進，自强不息，日新程課。世利紛華，毁譽欣戚，不一動其心。古之聖賢嘗形諸夢寐，昨非今是，日改月化。門人胡九韶嘆曰：「先生可謂日進無疆者矣。」

先生剛毅疾惡，慕明道之和易，凡遇逆境，必加含容，用力既久，渾然無復圭角之露。然當風頹俗靡之中，壁立萬仞，非剛毅不能也。深慨嗜利者多，師道不立，四方來學者，却其束脩，雖饑寒切身，有所不顧。嘗語學者曰：「吾平生得患難進了學。」九韶曰：「惟先生遇患難能進學，在他人則惰志矣。」嗚呼！天所以困窮拂鬱其身，蓋欲堅志熟仁而勝大任也。

及其工夫貫徹，不怨天，不尤人，動静語默之間，莫非鳶飛魚躍之妙矣。其事親，則致其孝。親心或有不順，負罪引慝，終亦底豫。幼失所恃，事繼母如所生，待異母諸弟友愛兼篤。夫婦之間，未嘗有惰容。接朋友以誠敬，講論義理，每忘寢食。待親賓，隨其所遇，不强其所無。間有寒士欲就學者，克己爲義而館穀之，惟恐人不入於善。歲凶，餓莩相枕，勸諭富民，發廩賑濟，全活者甚衆。里有灌蔭溝池，久堙爲田，率鄉人開壑脩築之，人有所賴。倡明正學，遠近尊信，皆知崇禮義，斥異端，惟恐不遵其教爲耻。

先生於世味淡然。年十九，嘗從楊洗馬學，見先生器識超卓，未嘗以弟子禮相待，情義極厚。洗馬位居保傅，屢寄聲於先生，竟無一字相達。先生道益高，譽益廣，天下仰之，縉紳尚德之士累上章褒薦，俱引疾弗起。

天順元年十月，忠國公石亨上疏論先生學行之高，士類爲之矜式，朝廷宜禮聘至京，崇以禄位，俾展嘉猷。英宗皇帝允其言，遂遣行人曹隆賫詔，仍賜禮幣，往起先生于家。

十二月，行人奉詔至小陂，二年三月上道，五月壬寅至京，欽授左春坊左諭德。先生上疏辭職，[1]疏載文集。上召入文華殿，從容顧問。尋遣使賜紗羅、羊酒、柴米。續奉聖旨：朝廷久聞高誼，特用徵聘，今惠然遠來，朕深嘉悦。然幣以將誠，官以命德，禮非過也，不允所辭。

士友咸勸先生就職，先生曰：「淺陋之學，衰病之軀，豈堪任使？苟就職，便須屹然風采，動于朝端，方不負天書期待之重。豈敢爲竊禄之官？」甲辰，再疏辭職，奉聖旨：固知本心不干仕進，亦不煩以冗務，特處以宫僚之職，不必再辭。戊申，學士李賢請旨召先生入内閣講《中庸》。己酉，三疏懇辭，奉聖旨：固辭雖得難進之義，揆之中道，無乃過乎？欲觀秘書，可勉就職。丙辰，先生令子璩赴吏部告疾，部以疾聞。上知先生終不可以强留，略有允辭之意。七月庚寅，四疏，終辭。奉聖旨：既年老有疾，不能供職，准辭。丙申，進封事十策：一曰崇聖志，二曰廣聖學，三曰隆聖德，四曰子庶民，五曰謹命令，六曰敦教化，七曰清百僚，八曰齊庶政，九曰廣言路，十曰君相一德同心。十策載文集。己未，召入文華殿，上眷注無已，丁寧纂脩書籍，賚以銀幣，給以月廪，復遣行人王惟善送歸，仍賜詔褒嘉，以示拳拳之意。先生既辭，上令内臣傳旨，勅行人惟善曰：「天氣近寒，吴與弼年老，一路好生看顧，莫教他費力。」上之眷遇亦云至矣。先生拳拳愛君之誠，豈忍遽去？豈不欲行其所學，以繼二帝

[1]「上」，原脱，今據正德本補。

三王之治？顧乃懇辭者，蓋有不得已焉耳。

己卯九月，遣門生車泰進謝表。已載文集。壬辛巳冬，先生適楚，拜舊師楊少傅之墓。壬午春，適閩，拜朱子考亭，以申平生慨慕之懷。己丑十月十七日卯時，以疾卒，享年七十有九。

先生間氣所鍾，挺然獨立，上無所傳，聞道甚早。其爲學也，尊德性以極乎道體之大，道問學以盡乎道體之細。反躬實踐，隱顯一致。其成德也，人欲盡而氣宇和，大本立而達道行，知足以周萬物，道足以濟天下，其心歉然，未嘗自以爲足也。

先生風格高邁，議論英發，善啓迪人，聽其言者，莫不踴躍思奮。恒舉程子之言勵學者曰：言人當以聖爲志，言學當以道爲志，然進脩不可躐等，必先從事於小學以立其基，然後進乎大學以極夫體用之全。讀《論語》則以博文約禮爲要，《孟子》則以求放心、充四端爲本。《中庸》則謹乎存養省察之功，以致中和之極，明《太極》以知性之原，究《西銘》以識仁之體。《易》宗程朱而鄙後學新奇之説。《書》則古文，雖致朱子之疑，或者以爲僞書而删之，先生以爲古文雖平易，而義理亦精深，固不得而去取也。朱子《詩》解已無餘藴，《春秋》則本程子而資胡氏之發明。《三禮》則講而習之，以見聖人品節之精。嘗嘆宋末以來，箋註之繁，率皆支離之説，眩目惑心，非徒無益而反有害焉，故不輕於著述。異端雜説不接於目，俗儒之説一覽而得失瞭然，理明義精也。程朱之言不忍釋手，心契道合，無古今之異也。所爲文，皆積中發外之實，清明峻潔，曲折迂紆，讀之使人自然興起。詩則本乎性情，原於義理，優柔雄渾，有盛唐興致。《日録》紀日新之功，發自得之蘊。大小楷得晉體，自成一家而妙造於化。天文、地志、律曆、醫卜，罔不究其説。若先生，可謂全人矣。

嗚呼！紫陽没世，道統無傳，所尚者文詞訓詁、功名利達而已。先生奮乎百世之下，覽前迹而啓其任道之機，遠續洛閩之絶學，誠曠古之豪傑也。平生歷患實多，務學甚苦，竟不獲少試於時，惜哉！

先生永樂壬辰始居石泉，宣德戊申居小陂，正統庚申居種湖祖基，二載而復居小陂。成化八年十月乙酉，葬本邑五十五都羅原岡。娶五峯陳氏。子一人，瑓。女三人，長適豐城胡全，次適同邑饒循，幼承臨川饒協。

先生没有年矣，瑓以諒受學門下，俾狀先生之行。顧諒之淺陋，何足形容萬一？特述聞見之梗概，以詔後世云。謹狀。

弘治元年六月望日，門生上饒婁諒狀。

祭　文

門人番禺陳獻章祭文

嗚呼！元氣之在天地，猶其在人之身，盛則耳目聰明，四體常春。其在天地，品物咸亨，太和絪緼。

先生之生，其當皇明一代元氣之淳乎！其始未知聖人可學而至也，則因淳公之言而發憤；既而謂師道必尊而立也，則守伊川之法以迪人。下學上達，日新又新。啓勿忘勿助之機，則有見乎鳶魚之飛躍；體無聲無臭之妙，則自得乎太極之渾淪。弟子之在門墻者幾人，尚未足以窺其閫域。彼丹青人物者，或未暇深考其故，徒摭其一二近似之跡描畫之，又烏足以盡先生之神！

章也生長東南，摳趨日少，三十而立志，五十而未聞道。兹也欲就而正諸，慨弗及先生之存。先生有知，尚鑒斯文。

康齋先生文集附録

鳴謝

《儒藏》精華編惠蒙善助，共襄斯文；謹列如左，用伸謝忱。

本焕法師　壹佰萬元

智海企業集團董事長　馮建新先生　壹佰萬元

NE·TIGER時裝有限公司董事長　張志峰先生　壹佰萬元

張貞書女士　壹佰萬元

北京大學《儒藏》編纂與研究中心

本册审稿人　王國軒　陳　新　孫通海

本册責任編委　甘祥滿

圖書在版編目(CIP)數據

儒藏.精華編.二五一/北京大學《儒藏》編纂與研究中心編.—北京：北京大學出版社，2014.4

ISBN 978-7-301-11969-3

Ⅰ.①儒… Ⅱ.①北… Ⅲ.①儒家 Ⅳ.①B222

中國版本圖書館CIP數據核字（2014）第060284號

書　　名	儒藏（精華編二五一） RUZANG（JINGHUABIAN ERWUYI）
著作責任者	北京大學《儒藏》編纂與研究中心　編
責任編輯	沈瑩瑩　武　芳　王　琳
標準書號	ISBN 978-7-301-11969-3
出版發行	北京大學出版社
地　　址	北京市海淀區成府路205號　100871
網　　址	http://www.pup.cn　　新浪微博：@北京大學出版社
電子郵箱	編輯部 dj@pup.cn　總編室 zpup@pup.cn
電　　話	郵購部 010-62752015　發行部 010-62750672　編輯部 010-62756449
印 刷 者	北京中科印刷有限公司
經 銷 者	新華書店
	787毫米×1092毫米　16開本　84.25印張　765千字
	2014年4月第1版　2023年10月第2次印刷
定　　價	1200.00元

定價:1200.00元